大学堂匾

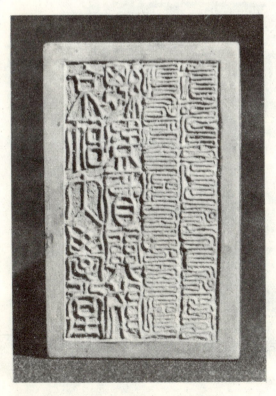

京师大学堂总监督关防

京师大学堂钟

孙家鼐奏折

管学大臣奏办学堂折
七月十五日

大学堂

为奏行事本大臣具奏大学堂事宜创始拟派员赴日本游历考察学务一摺光绪二十四年七月十四日具奏本日奉

旨依

议该衙门知道钦此相应钞录原奏恭录

谕旨 咨行

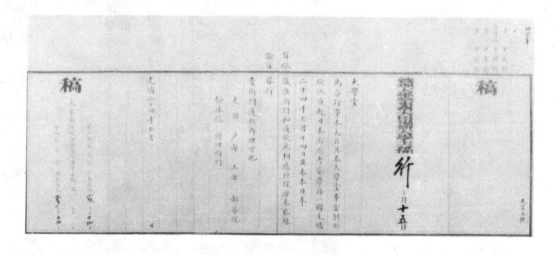

孙家鼐奏折

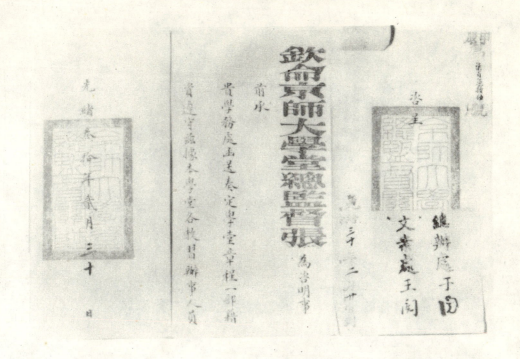

张亨嘉奏折

张亨嘉奏折

首任管理大学堂事务大臣吏部尚书孙家鼐

暂行管理大学堂事务大臣
吏部右侍郎许景澄

管理大学堂事务大臣
工部尚书张百熙

京师大学堂总监督四品京堂李家驹

京师大学堂总监督
南书房行走朱益藩

首任专职京师大学堂总监督刘廷琛

暂行署理大学堂总监督柯劭忞

京师大学堂总监督劳乃宣

京师大学堂总教习吴汝纶

京师大学堂章程（光绪二十四年拟定）

謹擬京師大學堂章程

第一章 總綱

第一節 京師大學堂爲各省之表率萬國所瞻仰規模當極宏遠條理當極詳密不可因陋就簡有失首善體制

第二節 各省近多設立學堂然其章程功課皆未盡善且體例不能畫一聲氣不能相通今京師旣設大學堂則各省學堂皆當歸大學堂統轄一氣呵成一切章程功課皆當遵依此次所定務使脉絡貫注綱舉目張

第三節 西國大學堂學生皆由中學堂學成者遞升今各

光緒二十八年十一月

欽定大學堂章程

钦定大学堂章程

京師大學堂章程

第一章　全學綱領

第一節　京師大學堂之設所以激發忠愛開通智慧振興實業謹遵此次

諭旨端正趨向造就通才為全學之綱領

第二節　中國聖經垂訓以倫常道德為先外國學堂於知育體育之外尤重德育中外立教本有相同之理今無論京外大小學堂於修身倫理一門視他學科更宜注意為培植人材之始基

京师大学堂续订图书馆章程

大學堂續訂圖書館章程

第一章

第一節 本堂庋書籍之所舊名藏書樓現照奏定京師大學堂辦圖書館散於檔組仍計藏書樓之名而於章程則標為圖書館並設經理官以掌其事

第二節 圖書館除遵守奏定大學堂章程暨圖辦藏書樓時原行章程不再複載外凡此次續定章程堂內教員辦事員學生等及本館各員均應一律遵守

第三節 經理官由總監督選擇委任掌理館中書籍事務及簡銅所圖供事過差各人均稟承於總監督

第四節 經理官應常川住館除星期年普假及有要事請假外不得擅離職守

第五節 圖書館供事人掌書籍出入登記簿錄整理各書循圖規榜查收發書籍及各項筆墨等事均承經理官之命

京華印書局印

京师大学堂讲义

京师大学堂编中等教科书

京師大學堂編本

本國中等教科地理志

本國中等教科地理志目錄

疆域
四界
極點
廣袤
地勢
　崑崙山系
　天山山系
海岸
　渤海
　黃海
　東海岸

本國教科地理志　目錄

一九○三年京师大学堂仕学师范学合影

京师大学堂足球队

京师大学堂旧址

京師譯學館各職教員曁丙丁戊三級學生合照

译学馆界碑

一八六二年在北京设立的同文馆

译学馆大门

京师大学堂考题

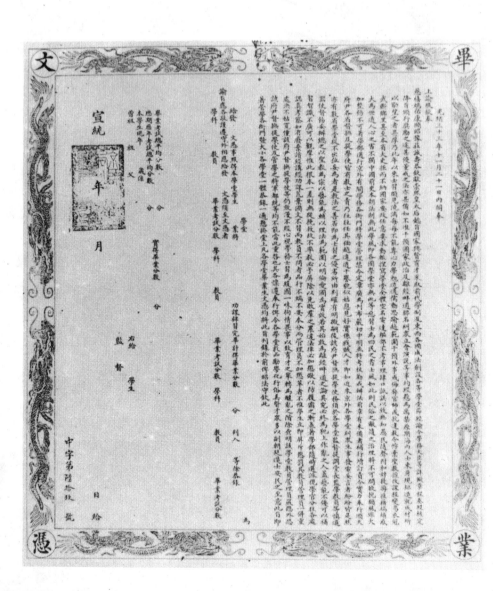

毕业证书

北京大学史料

第一卷
(1898—1911)

北京大学校史研究室 编

北京大学出版社
·北京·

新登字(京)159号

图书在版编目(CIP)数据

北京大学史料 第一卷:1898~1911/北京大学校史研究室编.—北京:北京大学出版社,1993.4
ISBN 7-301-02171-2

Ⅰ.北…
Ⅱ.北…
Ⅲ.北京大学－史料
Ⅳ.G649.281

北京大学史料 第一卷

书　　名:北京大学史料 第一卷 1898~1911
责 任 者:北京大学校史研究室 编
标准书号:ISBN7-301-02171-2/G·181
出 版 者:北京大学出版社
排　　印:北京大学印刷厂激光照排排版　印刷
发 行 者:北京大学出版社发行
地　　址:北京大学校内
版本记录:787×1096毫米　16开本　38印张　920千字　插页8
　　　　　1993年4月第一版　1993年4月第一次印刷

北京大学校志编审委员会

主　任　吴树青
副主任　王学珍　王效挺
委　员　（按姓氏笔画为序）
　　　　　王义遒　马树孚　古　平　成汉昌　李安模
　　　　　庄守经　苏志中　汪永铨　张丽霞　张爱蓉
　　　　　陈守良　赵存生　赵亨利　郝　斌　胡妙慧
　　　　　侯仁之　黄槐成　萧超然　梁　柱

北京大学校史研究室

主　任　王学珍
副主任　王效挺

主　编

王学珍　郭建荣

前　言

北京大学是中国著名的高等学府。北京大学的前身京师大学堂始创于1898年。它是清朝末年维新运动的产物，当时是中国的最高学府和最高的教育行政机关。1912年5月，京师大学堂改名为北京大学。

北京大学曾经是中国新文化运动的中心，是著名的"五四"运动的策源地，是在中国传播马克思主义和科学、民主思想的最初基地。

从1898年迄今，九十多年来，它聚集了许多各个时期中国最著名的专家、学者，培养了数以万计的思想进步、学有专长的人才，积累了很值得总结和研究的丰富经验。为了给进一步研究北京大学校史、中国近现代科技文化教育史以及中国近现代史提供依据和参考，特别是为建设有中国特色的社会主义高等教育提供借鉴，北京大学校志编审委员会决定搜集整理、编辑出版一套较为完整、翔实可靠的《北京大学史料》。

本书是《北京大学史料》的第一卷，内容限于京师大学堂部分(1898—1911年)，以后各卷将按历史时期陆续出版。

有关京师大学堂的史料，由于年代久远，历经战乱，文物文献随所属单位的分合、多次迁徙转移，不少已经散失。此次，我们查阅了北京大学综合档案室、北京大学图书馆以及校外有关单位保存的档案约500卷及大量书刊、实物和照片，辑录了有关京师大学堂的史料约600件。虽然不论就其系统性或全面性来说，均有不尽如人意之处，但尚不失脉络大端。

这些史料，基本属于"地近则易核，时近则迹真"的范围。它们大都采自历史档案及《清实录》、《光绪朝东华录》、《清朝续文献通考》、《谕折汇存》、《皇朝蓄艾文编》、《皇朝经世文新编》、《清光绪朝文献汇编》、《清代档案史料丛编》、《政艺丛书》、《戊戌变法》、《戊戌变法档案史料》、《学部官报》、《京报》、《顺天时报》、《申报》、《大公报》、《东方杂志》、《教育杂志》等文献。这些资料中不无鲁鱼亥豕、墨色模糊之处，对此，我们在保持原貌的原则下，尽可能进行了订补；对原件年代不详者,进行了考证,酌予注明;文出多处者,进行了相互参核;原件缺损者,则以□代之。为便利阅读,对原文予以断句标点、并按简化字排印。

本书的编纂工作由王学珍、郭建荣主持,参加编纂的有尔联柏、朱飞云、贺寿鋆、杨洁及校史研究室的其他同志。

在本书的编纂过程中,得到我校图书馆、综合档案室等有关部门的大力支持,并得到中国第一历史档案馆、中国历史博物馆、中国革命博物馆、首都博物馆、北京图书馆、首都图书馆、中国书店、北京师范大学等单位的支持和帮助,还得到了朱明瑞、康右铭、潘乃穆、李志明、魏自强、谭名声、陈穗翘、姚湘芹、杜凤珍、宋声洪、陈立铭、王秀婷等校友的帮助,在此一并致谢。

限于水平,加以时间仓促,疏误之处,在所难免。诚恳地希望读者赐教指正,或提供资料线索,以便补充完善。

编　者

1992年11月30日

目 录

第一篇 兴学之议

一、论议

广学校篇(光绪八年,王之春) …………………………………………………… 3
西洋学校之盛(光绪十七年正月初三日,薛福成) …………………………… 3
论学校(光绪十八年,郑观应) ………………………………………………… 4
变法自强疏(光绪二十一年闰五月,胡燏棻) ………………………………… 5
学校总论(光绪二十二年,梁启超) …………………………………………… 7
京师学堂条议(光绪二十三年,姚文栋) ……………………………………… 11
京师创立大学堂条议(光绪二十三年,熊亦奇) ……………………………… 11
拟请京师创设大学堂议(〔美〕李佳白) ………………………………………… 13
上译署拟请创设总学堂议(〔美〕狄考文等) …………………………………… 14

二、奏折

康有为上清帝第二书(光绪二十一年四月初八日) …………………………… 19
刑部左侍郎李端棻奏请推广学校折(光绪二十二年五月初二日) …………… 20
总理衙门议复李侍郎推广学校折(光绪二十二年五月初二日) ……………… 22
孙家鼐议复开办京师大学堂折(光绪二十二年七月) ………………………… 23
康有为请开学校折(光绪二十四年五月) ……………………………………… 25
会议兴学事宜折(光绪二十七年) ……………………………………………… 27
刘坤一、张之洞奏育才兴学四事折(光绪二十七年八月二十日) …………… 28
袁世凯、张之洞奏请递减科举(光绪二十九年) ……………………………… 34
袁世凯等奏请立停科举以广学校折 …………………………………………… 36
监察御史胡思敬奏学堂十弊六害折(宣统元年七月初三日) ………………… 38

第二篇 京师大学堂之创办

一、开办京师大学堂谕折

光绪二十四年正月二十五日为开办京师大学堂上谕 ………………………… 43
光绪二十四年四月二十三日为举办京师大学堂上谕 ………………………… 43
光绪二十四年五月初八日为开办京师大学堂上谕 …………………………… 43
江南道监察御史李盛铎奏京师大学堂办法折(光绪二十四年五月十二日) … 44
总理衙门奏筹办京师大学堂并拟学堂章程折(光绪二十四年五月十五日) … 45

孙家鼐奏覆筹办大学堂情形折(光绪二十四年六月二十二日) …………………… 47
光绪二十四年六月二十二日为孙家鼐奏大学堂大概情形上谕 …………………… 48
孙家鼐奏大学堂开办情形折(光绪二十四年十月二十日) …………………………… 49
光绪二十五年三月二十七日为整顿大学堂谕 ……………………………………… 49
光绪二十六年正月为详京师大学堂情形谕 ………………………………………… 50
许景澄请暂行裁撤大学堂折(光绪二十六年六月五日) …………………………… 50
张百熙奏请大学堂改隶国子监(光绪二十七年九月十六日) ……………………… 50
为切实举办大学堂谕(光绪二十七年十二月初一日) ……………………………… 51
为同文馆归并大学堂上谕(光绪二十七年十二月初二日) ………………………… 51
外务部为恢复大学堂知照管学大臣张(光绪二十七年十二月初八日) …………… 51
张百熙奏筹办京师大学堂情形疏(光绪二十八年正月初六日) …………………… 52
为张百熙奏筹办学堂情形一折上谕(光绪二十八年正月初六日) ………………… 55
张百熙奏筹拟学堂章程折(光绪二十八年七月十二日) …………………………… 55
张百熙奏请添派张之洞会商学务折(光绪二十九年闰五月初三日) ……………… 57
命张之洞会同张百熙荣庆厘定学章(光绪二十九年闰五月初三日) ……………… 57
管学大臣张百熙等奏遵旨重定学堂章程妥筹办法折
　　(光绪二十九年十一月二十六日) ……………………………………………… 57

二、管学大臣及大学堂总监督

光绪二十四年五月十五日谕派孙学鼐管理大学堂事务谕 ………………………… 60
光绪二十五年六月初十日着许景澄暂理大学堂事务谕 …………………………… 60
光绪二十七年十二月初一日上谕派张百熙为管学大臣谕 ………………………… 60
光绪二十九年十二月二十一日命张亨嘉充京师大学堂总监督 …………………… 61
张亨嘉奏报移交关防文卷于曹牧等(光绪三十二年正月十二日) ………………… 61
曹广权奏报代理大学堂事务折(光绪三十二年正月二十日) ……………………… 61
光绪三十二年正月二十二日命李家驹充京师大学堂总监督 ……………………… 61
学部为奏准李家驹任大学堂总监督事知照有关部门
　　(光绪三十二年正月二十八日) ………………………………………………… 62
李家驹到任呈报学部文(光绪三十二年三月初一日) ……………………………… 62
学部致朱益藩电(光绪三十三年六月二十日) ……………………………………… 62
吏部知照学部著朱益藩任大学堂总监督(光绪三十三年六月二十一日) ………… 63
学部示朱益藩任大学堂总监督电(光绪三十三年六月二十五日) ………………… 63
朱益藩到任呈报学部文(光绪三十三年八月初一日) ……………………………… 63
吏部知照学部着朱益藩仍在南书房行走(光绪三十三年八月初四日) …………… 63
学部为奏准改大学堂总监督兼差为实缺事知照大学堂
　　(光绪三十三年六月三十日) …………………………………………………… 64
吏部为刘廷琛任大学堂总监督知照学部(光绪三十三年十一月二十九日) ……… 65
刘廷琛到任京师大学堂呈报学部文(光绪三十四年正月十六日) ………………… 65
奏请简员署理京师大学堂总监督折(宣统二年八月十八日) ……………………… 65

吏部知照学部着柯劭忞暂行署理大学堂总监督(宣统二年八月二十三日)············ 66
劳乃宣因病请以刘经绎代理学堂事务事咨呈学部(宣统三年十二月初六日)··········· 66
奏遴员派充分科大学监督折(宣统元年闰二月)·· 66
覆吏部本部遴员派充分科大学监督未奏明为实官文(宣统元年三月初十日)··········· 67
大学堂监督将升二品··· 67
京师大学堂历任负责人(附简介)·· 67

三、大学堂关防

礼部为铸领大学堂关防事知照大学堂(光绪二十四年七月初八日)······················ 75
礼部为补铸大学堂关防事知照大学堂(光绪二十八年正月)································ 75
礼部知照大学堂请领铸妥之关防(光绪二十八年二月初二日)····························· 76
礼部知照管学大臣补铸关防领讫(光绪二十八年二月初十日)····························· 76
大学堂为启用总监督关防咨呈学务大臣文(光绪三十年正月二十五日)··············· 76
张亨嘉为移交大学堂进士馆关防呈学部文(光绪三十二年正月十二日)··············· 76
大学堂总监督请铸关防折(光绪三十三年十月初二日)······································· 77
学部为大学堂总监督关防由木质改铜质奏折(光绪三十三年十一月初五日)········· 77
学部为另铸大学堂总监督关防事知照各部(光绪三十三年十一月十二日)············ 77
礼部为铸大学堂总监督关防查询学部大学堂总监督系何品文
　　(光绪三十三年十一月二十三日)··· 78
学部为大学堂总监督系何品级复礼部文(光绪三十三年十二月初八日)··············· 78
礼部知照学部领取大学堂总监督关防(光绪三十四年三月十二日)······················ 78
学部知照礼部领取大学堂总监督关防事(光绪三十四年三月十七日)··················· 78
刘廷琛派员领取大学堂总监督关防呈学部文(光绪三十四年三月二十一日)········· 79
礼部为大学堂总监督关防事知照学部(光绪三十四年三月二十三日)··················· 79
刘廷琛为大学堂总监督关防事呈学部文(光绪三十四年三月二十四日)··············· 79
学部为启用京师大学堂总监督铜质关防知照礼部(光绪三十四年四月十三日)······ 79
柯劭忞呈报学部接受关防日期(宣统二年八月二十五日)···································· 80

四、大学堂总章程

总理衙门奏拟京师大学堂章程(光绪二十四年五月十五日)································ 81
钦定京师大学堂章程(光绪二十八年十一月)·· 87
大学堂章程··· 97

五、为举办大学堂派员出洋考察

孙家鼐为奏准派员赴日考察学务事知照各有关衙门
　　(光绪二十四年七月十四日)·· 131
外务部为派员出洋考察学务事咨复大学堂(光绪二十八年五月初九日)············· 132
驻美大使为送美国各有关学堂授课章程事咨京师大学堂
　　(光绪二十八年十一月初一)·· 132
沈兆祉申报赴日考察学堂情况(光绪二十九年闰五月十二日)···························· 133
学部为商科大学监督赴日本考察事咨行驻日大使(宣统二年十二月十九日)······· 133

六、其他

孙家鼐议复五城建立小学堂疏(光绪二十四年六月十七日) ……… 135
光绪二十四年六月十七日为孙家鼐议复办小学堂折谕 ……… 135
光绪二十四年七月初五日孙家鼐奏须多设中小学堂折 ……… 135
政务处奏遵议设立学部折(光绪三十一年十一月十四日抄) ……… 136
翰林院代奏编修许邓起枢条陈厘订学务折(光绪三十一年十一月十六日抄) ……… 137
分科大学牌示(宣统元年) ……… 140
分科大学暂设经文两科(宣统元年) ……… 141
学部奏选入大学经科肄业人员片(宣统元年五月十七日) ……… 141
学部奏请准外国学生入堂肄业片(宣统元年十一月二十九日) ……… 142
宣统二年分科大学情形记略 ……… 142
《清史稿》记京师大学堂 ……… 143
大学成立记 ……… 143

第三篇　大学堂所属各部

一、预备科

奏设预备科(光绪二十八年正月初六日) ……… 147
总理学务处准大学堂开办预备科并添招师范生知照各处
　　(光绪三十一年二月十日) ……… 147
总理学务处准大学堂开办预备科并添招师范生知照大学堂
　　(光绪三十一年二月) ……… 148
学部咨行大学堂分派大学预科师范两监督文(光绪三十二年年七月初二日) ……… 149
咨大学堂桂抚电拣发各员有系师范馆两年生拟令留京毕业文
　　(光绪三十三年三月初七日) ……… 149
大学堂预科招生考试日程(宣统元年正月) ……… 149
学部奏大学堂预备科改为高等学堂遴员派充监督折(宣统元年三月初六日) ……… 149
大学堂初招预备师范科记略 ……… 150

二、师范科

奏设师范馆(光绪二十八年正月初六日) ……… 151
奏设京师优级师范学堂并遴派监督折(光绪三十四年五月十六日) ……… 151
咨吏部大学堂优级师范毕业生签分部司务办法文(宣统元年五月十五日) ……… 151
学部就毕业生任职事咨各衙门(宣统元年九月初二日) ……… 152

三、进士馆

光绪二十八年十一月初二日为进士馆学员授职事谕 ……… 153
奏定进士馆章程(光绪二十九年十一月) ……… 153
政务处奏更定进士馆章程折(光绪三十年八月十七日) ……… 156
筹设京师法政学堂酌拟章程折(光绪三十三年二月初一) ……… 158

进士馆沿革略………………………………………………………………… 158
四、译学馆
　　拟定大学堂译学馆章程……………………………………………………… 160
　　奏定译学馆章程(光绪二十九年十一月)…………………………………… 169
　　管学大臣为译学馆添招附学生示谕………………………………………… 174
　　京师译学馆建置记(光绪三十年十月十一日)……………………………… 175
　　京师译学馆始末记…………………………………………………………… 176
　　京师译学馆同学录叙(宣统三年)…………………………………………… 177
　　大学堂译学馆各项文告……………………………………………………… 177
五、医学馆
　　孙家鼐奏请另设医学堂折(光绪二十四年七月二十四日)………………… 182
　　为设医学堂事上谕(光绪二十四年七月二十四日)………………………… 182
　　孙家鼐奏拟医学堂章程折(光绪二十四年七月二十九日)………………… 182
　　奏定京师大学堂医学实业馆章程(光绪二十九年)………………………… 183
　　拟改医学馆为京师专门医学堂折(光绪三十二年十二月十三日)………… 186
　　咨医学馆课程办法从速见复文(光绪三十二年八月初一日)……………… 186
　　医学实业馆略记……………………………………………………………… 186
六、博物实习科
　　大学堂呈请学部核定博物品实习科课程及规则文
　　　　(光绪三十三年六月初九日)…………………………………………… 187
　　京师大学堂博物品实习科有关规则及课程设置…………………………… 187
　　刘廷琛为博物实习科生毕业事咨学部文(宣统元年四月二十日)………… 188
　　刘廷琛复福建提学使文(宣统二年正月十二日)…………………………… 189
　　博物品实习科简记…………………………………………………………… 189
七、译书局
　　协办大学士孙家鼐奏请译书局编纂各书请候钦定颁发并请严禁悖书事
　　　　(光绪二十四年五月)…………………………………………………… 190
　　孙家鼐代梁启超奏译书局事折(光绪二十四年六月)……………………… 190
　　梁启超奏译书局事务折(光绪二十四年五月)……………………………… 191
　　就译书局事上谕(光绪二十四年六月二十九日)…………………………… 193
　　上海译书分局为开办情形呈报京师大学堂(光绪二十八年七月二十七日)… 193
　　上海译书分局向京师大学堂呈报开用钤记日期(光绪二十八年七月二十七日)…… 194
　　京师大学堂译书局章程(光绪二十八年)…………………………………… 194
八、分科大学
　　学务大臣奏请设分科大学折(光绪三十一年十一月初九日)……………… 197
　　学部奏请设分科大学折(光绪三十四年七月二十日)……………………… 197
　　大学堂为开办分科大学致学部呈文(光绪三十四年十月初四日)………… 198
　　学部复吏部本部遴员派充分科大学监督系属兼差不作实官文

(宣统元年三月初十日)······200
　学部奏筹办分科大学情形折(宣统元年十一月二十九日)······200
　学部奏办京师分科大学并现办大概情形折······200
　学部奏分科大学开学日期片(宣统二年二月十五日)······202

九、其他
　同文馆归并大学堂谕(光绪二十七年十二月初二日)······203
　奏设仕学馆(光绪二十八年正月初六日)······203
　张百熙为大学堂变通办法及器物免税事奏折(光绪二十八年十一月十九日)······203
　大学堂编书处章程(光绪二十八年)······203

第四篇　教学与管理

一、各项具体条规
　京师大学堂规条(光绪二十四年十二月)······209
　京师大学堂禁约(光绪二十五年二月)······211
　京师大学堂堂谕(光绪二十八年)······212
　京师大学堂光绪癸卯重订规条(光绪二十九年)······215
　京师大学堂详细规则(光绪三十年)······229
　　附录　1. 学务大臣为更改月考期考奖赏学生办法咨复大学堂文
　　　　　　(光绪三十一年三月十九日)······246
　　　　　2. 札各省提学使司年暑假表照印封发各学堂遵办文(光绪三十二年)······246

二、课程设置
　孙家鼐奏设大学功课折(光绪二十四年八月初四日)······247
　预备科课程设置(光绪二十八年)······247
　师范馆课程设置(光绪二十八年)······247
　仕学馆课程设置(光绪二十八年)······247
　分科大学课程设置(光绪二十九年)······248
　附奏大学堂增设满蒙文学一门片(光绪三十三年)······248
　咨复大学堂附设博物品实习科课程均属切实可行应准照办文
　　(光绪三十三年)······248
　博物品实习科课程(光绪三十三年)······248
　咨大学堂预备科学生准其单习一国语文(光绪三十三年二月二十三日)······256
　咨复大学堂速将预备师范两科学生所习科目及讲义等咨部文
　　(光绪三十四年十二月初四日)······257
　札译学馆甲级学生毕业需补授算学理化图画各科文
　　(光绪三十四年五月十八日)······257
　分科大学牌示功课科目(宣统元年)······258
　　附录　1. 译学馆教科书目录······259

2.大学堂送师范旧班讲义请学部甄择文
　　　（光绪三十二年十一月二十六日）……………………………………… 264
三、考题举例
　　师范馆各类考题选…………………………………………………………… 265
　　京师大学堂十月十九日考试师范生题目…………………………………… 268
　　京师大学堂宣统元年年假考试题目………………………………………… 269
　　大学堂译学馆第一次期考各科试题………………………………………… 271
　　大学堂译学馆毕业考试规则、日程、试题等……………………………… 275
四、毕业考试
　　大学堂为按章免考事知照顺天督学（光绪二十九年五月初九日）……… 279
　　咨复大学堂学生年终考试应加给修业证书文（光绪三十二年十一月初五日）…… 279
　　学部为奏准处罚不守考规学员事知照大学堂（光绪三十二年十二月十六日）…… 279
　　学部准大学堂师范生毕业考试文（光绪三十二年十二月二十九日）…… 280
　　大学堂报送师范生履历册请假册学生笔记呈学部文
　　　（光绪三十三年正月初九日）……………………………………………… 280
　　大学堂为师范科毕业考试、典礼事呈学部文（光绪三十三年二月初八日）…… 281
　　学部为师范生毕业考试、典礼等事咨复大学堂总监督 …………………… 281
　　大学堂为学生补毕业考试事咨学部文（光绪三十三年四月初四日）…… 282
　　学部为师范生补毕业考试事咨复大学堂（光绪三十三年四月十一日）… 282
　　大学堂为报送学生补毕业考试成绩咨学部文（光绪三十三年五月初一日）…… 282
　　学部为派员稽核大学堂功课知照大学堂（光绪三十三年十二月二十二日）…… 283
　　刘廷琛为学生毕业考试呈学部文（光绪三十四年十一月十七日）……… 283
　　刘廷琛呈学部毕业考试分堂表（光绪三十四年十二月初三日）………… 283
　　学部大臣训词……………………………………………………………… 284
　　学部为赵乾年等补考事知照大学堂（宣统二年三月十三日）…………… 284
　　刘廷琛为在堂生不得参与考试举贡事咨呈学部文（宣统二年三月二十八日）…… 284
　　学部就毕业考试办法知照大学堂（宣统二年十月二十九日）…………… 285
　　学部为博物科毕业考事咨复大学堂（宣统二年十二月十九日）………… 285
　　督学局为博物科学生复试核定分数事咨京师大学堂（宣统三年二月十四日）… 286
　　学部为复试分数明定限制折咨行大学堂（宣统三年闰六月十五日）…… 286
　　强迫留学回国学生考试……………………………………………………… 287
五、国内学务往来
　　孙家鼐咨行各省送交学堂章程、教习姓名、学生额数等
　　　（光绪二十四年十一月二十七日）………………………………………… 288
　　湖北巡抚为京师大学堂委员赴鄂考察学务事咨复大学堂
　　　（光绪二十八年四月十一日）……………………………………………… 288
　　湖广总督为送学生衣冠等品以供参酌仿效事咨大学堂
　　　（光绪二十八年十一月二十五日）………………………………………… 289

刑部考核法律学堂各员为防冒名顶替咨请大学堂派员监察
  （光绪三十二年六月十九日）……………………………………………289
译学馆招生考试为防抢冒咨请大学堂派员认识
  （光绪三十二年九月二十一日）………………………………………289
京师第一初级师范招生为防抢冒事咨请大学堂派员认识
  （光绪三十二年十一月初三日）………………………………………290

六、大学堂运动会

总监督为大学堂召开第一次运动会敬告来宾文（光绪三十一年四月）……291
大学堂为运动会改期呈学务大臣文（光绪三十一年四月二十四日）………292
李家驹为大学堂第二次运动会事呈咨学部文（光绪三十二年三月廿四日）……293
大学堂第二次运动会敬告来宾文（光绪三十二年四月初二日）……………293
大学堂第三次运动会告示（光绪三十三年二月二十七日）…………………297

七、其他

大学堂为教学咨取海关通商总册知照外务部（光绪二十九年四月十五日）……298
外务部为调用海关贸易总册事复照大学堂（光绪二十九年四月二十日）……298
学部为征集教育品参加南洋劝业会咨行京师大学堂（宣统元年九月十五日）……298
为参加义大利万国赛选机器及各等新法会学部咨大学堂
  （宣统二年九月十八日）………………………………………………299
学部为免实习学生车费咨商邮传部文（宣统三年四月初六日）……………301
学部复大学堂请免实习学生车费文（宣统三年四月二十一日）……………301

第五篇　职教员

一、大学堂职教员调用、请奖等

孙家鼐为大学堂总教习事请旨遵行疏（光绪二十四年五月二十九日）……305
张百熙奏举吴汝纶为大学堂总教习折（光绪二十七年）………………………305
为大学堂总教习事上谕（光绪二十八年正月初六日）…………………………305
湖南巡抚回复大学堂调范源濂充助教文（光绪二十八年十一月十五日）……306
大学堂调德文教习知照山东巡抚（光绪二十九年正月初七日）………………306
大学堂为调辜汤生、汤寿潜入堂事知照湖广总督、浙江巡抚
  （光绪二十九年正月二十九日）………………………………………306
大学堂为停派教习差使知照刑部（光绪二十九年二月初六日）………………307
张百熙等为姚锡光派充大学堂副总办咨行吏部文
  （光绪二十九年三月初七日）…………………………………………307
大学堂为梅光羲办事悉心通敏知照湖广总督（光绪二十九年四月二十九日）……307
大学堂调英文助教知照各部（光绪二十九年五月初九日）……………………308
吏部为任大学堂副总办姚锡光事知照大学堂
  （光绪二十九年五月二十九日）………………………………………308

学部奏聘大学堂教习(光绪三十二年) ………………………………………… 309
附奏请派译学馆监督片(光绪三十二年) ………………………………………… 309
慎选分科大学之各科专门教习(宣统元年) ……………………………………… 309
吏部为汪凤藻恳辞分科大学监督事知照学部(宣统元年三月初二日) ………… 309
分科监督会商开学办法及聘请教员(宣统元年) ………………………………… 310
柯劭忞为汪凤藻丁忧日呈报学部文(宣统二年八月二十一日) ………………… 310
刘廷琛为格致科监督汪凤藻守制等情咨明学部(宣统三年三月初十日) ……… 310
京师大学堂法政学堂日本教员五年期满请赏给宝星折(光绪三十四年三月) … 311
京师大学堂教员管理员照章请奖折(光绪三十四年三月) ……………………… 311
奏请赏给京师大学堂东西洋教员贾士蔼等宝星折(宣统元年六月十八日) …… 312
学部奏请赏给服部宇之吉文科进士片(宣统元年六月) ………………………… 312
奏京师大学堂办学人员拟请照章给奖折(宣统二年正月) ……………………… 313
札译学馆监督该馆司事供事等应无庸给奖文(宣统二年二月) ………………… 314
奏译学馆办学人员分别请奖折 …………………………………………………… 314
奏请奖译学馆监学恩禄折(宣统二年六月) ……………………………………… 315
会奏仕学进士两馆办学各员请奖折(宣统二年十二月) ………………………… 315
附录　奏定任用教员章程(光绪二十九年十一月) ……………………………… 316

二、职教员待遇

上海译书分局职员薪水单(光绪二十八年七月二十七日) ……………………… 318
大学堂为免扣奉委出京人员资奏折(光绪二十九年四月十八日) ……………… 318
朱益藩为俸银俸米请学部转咨度支部文(光绪三十三年八月十一日) ………… 318
学部为大学堂监督俸银俸米咨送清册行吏部、度支部文
　　(光绪三十三年八月二十五日) ……………………………………………… 319
宣统二年正月大学堂员生弁夫等薪饷草册 ……………………………………… 319
全堂员司薪水夫役工食银两请册(摘录)(宣统三年十月初六) ………………… 320

三、聘请外国教习

总理衙门为义国大使荐意国教习事咨大学堂
　　(光绪二十四年六月二十三日) ……………………………………………… 322
总理衙门为德国大使荐德国教习事咨大学堂(光绪二十四年七月初一日) …… 323
孙家鼐拒德、意自荐教习咨复总理衙门(光绪二十四年七月初十日) ………… 324
总理衙门为意国大使执意荐举意国教习事再咨大学堂
　　(光绪二十四年八月初八日) ………………………………………………… 324
孙家鼐为意国大使荐教习事咨复总理衙门(光绪二十四年八月初九日) ……… 325
外务部为洋教习合同事知照大学堂(光绪二十九年二月) ……………………… 325
学部为聘请外国教员事咨民政部(光绪三十四年七月初二日) ………………… 325

四、其他

光绪二十七年教习名单 …………………………………………………………… 328
教习执事题名录(1903—1906) …………………………………………………… 329

分科大学经文两科职教员名单(宣统二年)·················· 331
职教员名单·················· 332
职教员概况记略·················· 346

第六篇　学生

一、招收学生

谨拟大学堂考选入学章程(光绪二十八年)·················· 351
庶吉士入大学堂、知县签分到省入课吏馆学习期限谕(光绪二十八年十一月)····· 353
督宪袁准京师大学堂咨请暂缓咨送预备科师范生札(光绪三十一年八月)······ 353
学部关于招生办法知照大学堂(光绪三十三年八月十八日)·················· 354
大学堂行文各省考选预备科新生(光绪三十四年八月)·················· 354
大学堂出示招考预备科学生(宣统元年)·················· 357
催饬选送经科大学学生(宣统元年)·················· 358
为各省选送分科大学生学部奏折(宣统元年五月十七日)·················· 358
学部请由各省选员入经科大学肄业(宣统元年五月二十三日)·················· 358
学部调取经科学生(宣统元年)·················· 359
学部咨复大学堂该堂中学未毕业各生碍难升入正科所筹酌添旁听生可照准文
　　(宣统二年正月二十四日)·················· 359
咨送大学堂经科学生履历文(宣统二年二月十一日)·················· 360

二、各地送学生入考大学堂

奉天学政为送师范生事咨大学堂文(光绪二十八年九月十一日)·················· 361
甘肃学政为无合格生送入大学堂事咨复文(光绪二十八年九月十四日)·················· 363

三、各地送非考学生入堂肄业、听讲等

户部为送万秉鉴入大学堂听讲事咨大学堂文(光绪二十八年十一月)·················· 365
管学大臣为内阁人员入堂听讲事呈内阁文(光绪二十九年正月二十九日)·················· 365
杨秉权请入学听讲禀贴及印结(光绪二十九年十二月)·················· 365
荣庭请入学听讲禀贴及印结(光绪二十九年)·················· 366
觉罗嵩绪恳请复学禀贴·················· 366
觉罗嵩俊恳请复学禀贴·················· 366
学务处为新进士在学堂充当教习及总理学务事宜者应如何办理咨大学堂
　　(光绪三十年八月十二日)·················· 367
大学堂为准蒋举清入堂听讲复学务大臣文(光绪三十年八月二十九日)·················· 367
学务大臣为新疆学生蒋举清事知照大学堂(光绪三十一年六月十九日)·················· 367

四、部分省府学生津贴文件

两广总督为学生津贴事咨大学堂文(光绪二十九年九月初一日)·················· 368
两广总督为核查在堂粤生以给津贴事咨会大学堂(光绪二十九年九月)·················· 369
两广总督为养士养志为先、粤生津贴不可过厚由咨会大学堂

　　　　　(光绪二十九年十一月二十九日)…………………………369
　　两广总督决定在京粤生匀给津贴事咨学务处(光绪三十一年三月初八日)…………370
　　两广学督陈明在京粤生津贴事咨学务处(光绪三十一年四月二十三日)…………372
　　两广总督详明在京粤生津贴办法(光绪三十一年四月二十三日)……………………372
　　河南大学堂为豫生津贴事咨商京师大学堂(光绪二十九年九月二十三日)…………373
　　大学堂为江西学生津贴事咨请学务大臣咨复江西抚院
　　　　　(光绪三十一年正月二十六日)……………………………………………………375
　　为安徽学生津贴事咨大学堂(光绪三十一年正月二十七日)…………………………375
　　陕西巡抚为学生津贴事咨明大学堂(光绪三十一年二月二十三日)…………………376
　　大学堂呈请学务大臣转安徽学生名册(光绪三十一年四月十一日)…………………376
　　学务大臣转安徽学生名册……………………………………………………………377

五、学生停差、请假等
　　大学堂为学员停派差使咨工部文(光绪二十九年六月初六日)………………………379
　　浙江学政为周钜炜、李思浩请假事咨大学堂(光绪二十九年八月二十四日)………379
　　江西学政为学生蔡岘在省城开办蒙学事咨大学堂
　　　　　(光绪二十九年十月初二日)………………………………………………………379
　　江西学政为学生请求续假事咨大学堂(光绪二十九年十月初十日)…………………380
　　江西学政为学生邓钧因家贫辞学事咨大学堂(光绪二十九年十月初十日)…………380
　　浙江学政为周钜炜请求续假事咨大学堂(光绪二十九年十一月初八日)……………380
　　大学堂知照江苏学务处准陶国梁回本省学堂肄业……………………………………381
　　大学堂为学生回衙供职事咨内阁文(光绪三十二年七月初五日)……………………381

六、有关学生用具支给办法
　　请示预科学生学堂用品如何支给文(光绪三十一年三月初四日)……………………382
　　批准预科学生比照师范生发给学堂用品文(光绪三十一年三月十九日)……………382

七、学生毕业、给奖等
　　(一)预备科
　　学部为大学堂毕业生请奖事咨会议政务处文(宣统元年六月二十四)………………383
　　附:大学堂预备科学生毕业分数等第单(宣统元年六月十八日)……………………384
　　(二)师范
　　咨大学堂查照师范生毕业考试分数册暨等第分数表列榜晓示文
　　　　　(光绪三十三年二月初五日)……………………………………………………389
　　咨复大学堂师范生笔记成绩查照转发文(光绪三十三年二月初六日)………………389
　　学部奏准大学堂师范生毕业照章给奖折(光绪三十三年三月十五日)………………390
　　补奖大学堂优级师范生顾德保等折(光绪三十三年七月初十日)……………………390
　　请变通奖给大学堂优级师范蒙古毕业生折(光绪三十三年七月二十日)……………391
　　咨复吏部大学堂毕业得奖司务各员签分办法文(宣统元年七月二十日)……………391
　　毕业生支领派遣费具单(宣统元年八月三十日)………………………………………393
　　附录　1.大学堂师范科学生毕业分数等第单(光绪三十三年三月十五日)…………393

2.大学堂师范科学生毕业分数等第单(宣统元年六月十八日)……396
　　3.大学堂师范科毕业仪式册……403
(三)进士馆
　咨复进士馆新内外班学员办法文(光绪三十二年九月初八日)……404
　奏陈进士馆学员毕业考试办法折(光绪三十二年十一月二十五日)……404
　赐游学毕业学生出身谕(光绪三十二年九月)……405
　考试进士馆毕业学员折(光绪三十二年十二月二十日)……405
　附奏进士馆毕业考列优等最优等各员准其呈请改外片
　　　(光绪三十三年二月二十一日)……406
　奏明进士馆部属中书奖励班次折(光绪三十三年二月)……406
　为进士馆毕业学员授职谕(光绪三十三年二月二十九日)……406
　奏进士馆游学毕业请照章会考折(光绪三十四年五月二十二日)……407
　为进士馆游学毕业学员给奖谕(光绪三十四年九月二十一日)……407
　奏进士馆游学毕业学员续行回国者拟随时补考折
　　　(光绪三十四年十二月十二日)……408
　学部奏会考进士馆游学及外班各员毕业情形折(光绪三十四年六月初六日)……409
　会奏带领进士馆游学毕业学员引见折(宣统元年)……409
　学部奏考进士馆游学毕业学员文(宣统元年十二月)……410
　奏会考进士馆游学日本毕业学员折(宣统二年八月)……410
　学部等会奏考试进士馆游学毕业酌拟等第分数折……411
　学部奏进士馆毕业奖励折(光绪三十三年)……411
　附录　1.进士馆毕业学员考试成绩单(光绪三十二年十二月二十日)……412
　　　2.进士馆出洋游学及外班学员毕业考试分数单
　　　　(光绪三十四年六月初六日)……415
(四)译学馆
　咨复译学馆添招丁级学生办法文(光绪三十二年十一月初九日)……416
　咨复译学馆招考学生须在中学二年以上始予收考文(光绪三十三年六月)……416
　札译学馆所拟优待名额应准照办唯丁级生应祗免学费文(光绪三十四年)……416
　又奏译学馆毕业学员签分京外办法片(宣统元年闰二月)……417
　奏译学馆甲级学生毕业请奖折(宣统元年闰二月)……418
　大学堂咨本部分科大学译学馆毕业生亦有升入资格自应一律收考
　　　请查照备案文(宣统元年七月初九日)……418
　奏译学馆乙级学生毕业循章请奖折(宣统元年十一月)……419
　咨吏部译学馆乙级毕业各员签分办法毋庸限制文(宣统元年十二月初八日)……419
　奏补考大学堂译学馆毕业学生分别请奖折(宣统二年六月)……420
　奏译学馆丙级毕业生请奖折(宣统三年)……420
　奏译学馆乙级补习学生毕业请奖折(并单)(宣统三年二月)……421
　附录　1.京师译学馆甲级学生毕业清单……422

　　　　2.京师译学馆乙级学生毕业等第清单……………………………423
　　　　3.京师译学作丙级学生毕业分数单………………………………426
　（五）仕学馆
　　奏仕学馆毕业学员照章分别给奖折（光绪三十二年八月十五日）………427
　　学部奏更正仕学馆袁励贤奖励片（光绪三十二年）………………………428
　（六）医学馆
　　光绪二十九年医学馆考试……………………………………………………429
　　咨医学馆应照新章五年毕业文（光绪三十二年五月十九日）……………429
　　请奖医学实业馆毕业学生折（光绪三十二年十二月二十六日）…………429
　　附奏医学馆毕业生请比照岁贡就职片（光绪三十三年）…………………430
　（七）博物实习科
　　咨复大学堂博物实习科应展习一年如元法展习应即给凭不给奖励文
　　　　（宣统元年七月二十五日）……………………………………………430
　　奏京师大学堂附设博物品实习科学生毕业请照中等工业学堂给奖折
　　　　（宣统三年三月十五日）………………………………………………431

八、关于学生毕业服务等

　为学堂毕业生着照所拟学堂选举鼓励章程办理谕
　　　（光绪二十七年十月二十五日）……………………………………………433
　附奏大学堂师范毕业生义务期限之内不得兼营他业并准援案免扣资俸片
　　　（光绪三十三年三月十五日）………………………………………………433
　通行京外查明大学堂师范毕业生效力义务情形报部文
　　　（光绪三十四年五月初十日）………………………………………………433
　本司呈覆学部札查京师大学堂师范毕业各生是否效力义务应饬查报文
　　　（光绪三十四年）……………………………………………………………436
　学部奏酌拟各学堂毕业请将学生执照章程（光绪三十四年七月三十日）……436
　咨大学堂总监督饬滇省学生依调服务文（宣统元年闰二月十三日）…………437
　咨大学堂请将滇籍各生派回服务文（宣统元年六月十四日）…………………437
　师范生分派各省…………………………………………………………………437
　咨大学堂按照川东陕桂赣等省复电酌派师范生服务文（宣统元年五月十三日）……437
　咨内阁各部大学堂师范班两次毕业生请就原官原班得有举人奖励者
　　　仍应照章服务文（宣统元年九月初二日）………………………………438
　学部奏请停止各学堂毕业生给予实官奖（宣统三年七月十七日）……………439

九、留学

　外务部为慎查出洋学生事咨京师大学堂（光绪二十八年十一月初八日）……440
　湖广总督张之洞奏约束鼓励出洋游学生章程（光绪二十九年八月）…………440
　管学大臣奏派学生前赴东西洋各国游学折（光绪二十九年十一月初三日）…441
　学务处为考验出洋毕业学生酌拟办法知照大学堂
　　　（光绪三十一年四月二十七日）……………………………………………442

为考验出洋毕业学生酌拟办法折 …………………………………………………… 442
学部奏进士馆变通办法遣派学员出洋游学折(光绪三十二年七月初七日)……… 442
学务处为德员拟带中国学生赴德事咨大学堂文
　　(光绪三十一年十月二十二日) …………………………………………… 443
学部为师范旧班学生择送英美法等国肄业专门学校咨大学堂文
　　(光绪三十三年二月初四日) ……………………………………………… 443
大学堂告示出国游学事(光绪三十二年二月初八日) ………………………… 444
咨呈外务部译学馆出洋学生表册请查照文(光绪三十三年九月三十日)……… 444
直隶总督袁准出使比国大臣杨咨开续派学生须习法文分饬津海关道
　　大学堂查照札(光绪三十四年) …………………………………………… 446
咨外务部汇送译学馆出洋学生履历清册文(光绪三十三年正月二十七日) …… 446
学部奏准请游学毕业回国义务限内不得调派片(光绪三十三年三月廿九日) … 447
奏官费游学生回国后皆令充当专门教员五年片
　　(光绪三十三年三月二十五日) …………………………………………… 447
为游学毕业生给奖上谕(光绪三十三年九月十六日) ………………………… 447
宣统元年考取游美学生 ………………………………………………………… 448
宣统二年考取留美学生 ………………………………………………………… 448
会奏庶吉士钱崇威等游学毕业及出洋供差期满带引折(宣统二年九月) …… 449

十、接受留学听讲

外务部为俄员游观京师大学堂事知照学部(宣统元年五月初二日) …………… 450
学部为俄员游观大学堂事知照外务部(宣统元年五月十九日) ………………… 450
外务部为俄员入大学堂听讲咨学部文(宣统元年八月初一日) ………………… 450
学部为俄员入大学堂听讲咨大学堂文(宣统元年八月初五日) ………………… 451
京师大学堂为俄员入堂听讲事复学部文(宣统元年八月初八日) ……………… 451
学部为俄员入大学堂听讲事知照外务部(宣统元年八月十一日) ……………… 451
外务部为俄员入大学堂听讲等事知照学部(宣统元年八月二十二日) ………… 452
学部为俄员入大学堂听讲等事知照外务部(宣统元年八月廿八日) …………… 452
外务部为俄员入大学堂听讲咨学部文(宣统元年九月三十日) ………………… 453
学部为俄员入大学堂听讲咨大学堂文(宣统元年十月初八日) ………………… 453
咨复外务部速复俄使转告毕业生迪德生前往大学堂听讲并单开
　　星期钟点文(宣统元年十月十九日) ……………………………………… 453
学部奏请准外国学生入堂折(宣统元年十一月二十九日) ……………………… 454
奏准外国人入经科(宣统元年) ………………………………………………… 454

十一、其他

大学堂学生马其则等恳请咨究劣绅植党霸阻学务禀批
　　(光绪三十二年六月初二日) ……………………………………………… 455
大学堂师范生鲍诚毅等控本籍奸徒朋煽毁学恳电究禀批
　　(光绪三十二年五月初九日) ……………………………………………… 455

致苏抚查东台毁学情形电(光绪三十二年五月初九日)……………………… 455
饬学部礼部议定学堂冠服程式(光绪三十三年)………………………………… 455
学部关于学生罢考和考试作弊事咨大学堂总监督(光绪三十三年十月二十八日)……
………………………………………………………………………………………… 456

第七篇　图书与仪器

一、藏书楼与图书馆
大学堂为藏书楼提调给咨回省事咨呈吏部(光绪二十九年四月三十日)………… 461
大学堂藏书楼所有光绪二十五年冬季添购各种书籍价银部册数目存案请册…… 461
京师大学堂续订图书馆章程……………………………………………………… 462
藏书楼史略………………………………………………………………………… 465

二、有关省府部向大学堂送运借书
云南提督咨送云南通志一部呈大学堂文(光绪二十八年十一月十二日)……… 466
江苏巡抚咨送大学堂圣谕像解百部(光绪二十九年八月二十五日)…………… 466
使日大臣蔡咨送大学堂西伯利亚大地志一部(光绪二十九年八月二十五日)… 466
使俄大臣胡咨送大学堂铁路图五幅(光绪二十九年九月初四日)……………… 467
江宁提学使呈送大学堂书价费用清册(宣统二年正月二十六日)……………… 467
江南官书局呈报大学堂书价包装费运费等项(宣统二年正月)………………… 468
江南官书局送呈出售江南淮南书局书籍及寄售各书价目清册(宣统二年正月)… 468
广东巡抚为送书事咨大学堂(光绪二十八年十月十九日)……………………… 472
广东布政使为送书事呈大学堂文(光绪二十八年十一月十四日)……………… 472
广东巡抚为调书事咨复大学堂(光绪二十八年十一月二十四日)……………… 473
管学大臣咨复湖广总督解书十七籍至大学堂事(光绪二十九年正月十七日)… 473
湖北巡抚为赍送书籍事咨呈大学堂(光绪二十八年十二月初四日)…………… 474
湖北巡抚咨送大学堂译书目一本(光绪二十九年七月初五日)………………… 474
湖北巡抚咨送译书播告事至大学堂(光绪二十九年十一月初八日)…………… 475
湖北提学使为购书事呈大学堂文(宣统元年八月十一日)……………………… 475
江苏巡抚为赍送书籍事咨明大学堂(光绪二十八年八月二十九日)…………… 476
江苏巡抚为送书事知照大学堂(光绪二十九年四月初九日)…………………… 476
管学大臣为收到所解书籍咨复两江总督(光绪二十九年五月十九日)………… 477
浙江巡抚为送书事知照大学堂(光绪二十九年二月初六日)…………………… 477
湖南善后局拟送书目及标价咨呈大学堂备选(光绪二十八年十二月十八日)… 479
大学堂为选取书籍事知照湖南巡抚(光绪二十九年二月二十日)……………… 480
大学堂为提运书籍事知照湖南巡抚(光绪二十九年八月十八日)……………… 481
湖南提学使为解送书籍并请归还书籍垫款事呈大学堂文
　(宣统二年正月二十九日)……………………………………………………… 482
上海译书分局呈大学堂译书稿文(光绪二十八年十二月十五日)……………… 485

沈兆祉请撤销在上海译书分局附设印书局事呈咨大学堂文
　　(光绪二十九年正月二十八日)……486
沈兆祉呈大学堂译书稿文(光绪二十九年四月二十五日)……487
沈兆祉呈大学堂译书稿文(光绪二十九年八月二十九日)……487
沈兆祉呈大学堂译书稿文(光绪二十九年十一月二十九日)……487
沈兆祉为送译稿事呈学务大臣文(光绪三十年六月初二日)……488
大学堂收藏顺天府志知照顺天府(光绪二十九年五月十三日)……488
大学堂为领到大清会典三部咨复学部(宣统二年二月二十六日)……488
国子监为借书事咨复大学堂(光绪二十八年八月初十日)……489
翰林院知照大学堂送新译各书(光绪二十九年十二月十七日)……489
轮船招商总局为运送书籍事知照大学堂(光绪二十九年六月十九日)……489
通知天津招商局运大学堂所译各书(光绪二十九年七月初三日)……490

三、图书仪器的购置
大学堂委派屠寄搜集新书(光绪二十九年六月二十七日)……491
大学堂札委姚锡光采办书籍仪器(光绪二十九年十月十五日)……491
大学堂为购办书籍事呈学务大臣文(光绪三十一年十月十八日)……491
学部为国外购书款事知照大学堂(光绪三十一年十一月十七日)……496
大学堂咨请各省提学使购书寄京文(宣统元年八月初九日)……496
大学堂为购买仪器款银呈学务大臣文(光绪三十一年四月初九日)……497
大学堂为进口标本请免税事呈学务大臣文(光绪三十一年九月二十四日)……497
大学堂请领矿物矿物标本呈学部文(宣统二年十二月初七日)……498
光绪二十九年至三十年大学堂译书局购买西国书籍报销清册……498

第八篇　经费

一、户部等拨大学堂经费
户部筹拨京师大学堂兴办经费及常年用款奏折(光绪二十四年六月)……511
户部为增拨大学堂经费事知照吏部(光绪二十四年七月初二日)……511
孙家鼐代奏译学馆经费折(光绪二十四年七月初七日)……512
户部知照大学堂具领经费时间事(光绪二十四年七月初八日)……512
许景澄为大学堂经费事呈孙家鼐文(光绪二十五年十一月二十五日)……512
许景澄奏大学堂经费、学生额数折(光绪二十六年三月十五日)……513
大学堂为支领经费知照户部(光绪二十六年四月十二日)……514
张百熙奏请将华俄银行息银全数拨归大学堂片(光绪二十八年正月十一日)……514
张百熙为华俄银行存款结算事致外务部咨呈(光绪二十八年正月三十日)……515
张百熙为请曾广铨协办交涉事宣致外务部咨呈(光绪二十八年正月初七日)……515
张百熙为大学堂与华俄银行自办结算支用事致外务部咨呈
　　(光绪二十八年二月二十七日)……515

外务部为补立大学堂存款单折并亟待拨款事致璞科第札文稿
　　（光绪二十八年三月）……………………………………………… 516
张百熙为清算息银及支用筹款事致外务部咨呈（光绪二十八年四月二十八日）…… 516
外务部为筹款径送大学堂查收应用事致璞科第札文稿（光绪十十八年五月）……… 517
张百熙为华俄银行筹办业经照提事致外务部咨呈（光绪五月十七日）…………… 517
外务部为拨用华俄银行息银事致管学大臣暨户部文稿（光绪二十八八月十九日）……
　　……………………………………………………………………………… 518
张百熙为已札华俄银行提用息银事致外务部咨呈（光绪二十八年八月二十九日）
　　……………………………………………………………………………… 519
宝至德为息银余款如何办事事致外务部禀文（光绪二十九年六月二十二日）…… 519
大学堂为华俄银行核付经费呈外务部文（光绪二十九年六月二十八日）………… 520
外务部为拨发大学堂息银事致华俄银行副代表文稿（光绪二十九年七月）……… 520
宝至德为拨交大学堂息银事致外务部禀文（光绪二十九年七月）………………… 521
外务部为声复逐年拨交大学堂息银数目事致户部咨文稿（光绪二十九年七月）… 521
学务大臣知照华俄道胜银行改写存款名目（光绪三十年二月初二日）…………… 521
总理学务处为提存华俄银行息银事致外务部咨呈（光绪三十年六月二十三日）… 522
学部为大学堂新建斋舍、添置木器等项费用咨复大学堂
　　（光绪三十一年正月十一日）…………………………………………… 522
学务处奏光绪三十年分收支各款折稿（光绪三十一年九月二十九日）…………… 522
学务大臣奏为学务经费折（光绪三十一年十一月）……………………………… 524
学部为提取大学堂华俄银行息银事致外务部咨呈
　　（光绪三十三年五月二十三日）………………………………………… 525
学部为请拨美国减收庚子赔款作分科大学经费奏折
　　（光绪三十三年九月十八日）…………………………………………… 525
学部奏分科大学经费、选址等事折（光绪三十四年七月二十日）………………… 526
会同度支部奏分科大学开办经费按年筹拨部款折
　　（光绪三十四年七月二十日）…………………………………………… 527
学部为大学堂提取华俄银行息银事致外务部咨呈（宣统元年六月初十日）……… 527
译学馆、大学堂支领经费文（宣统元年九月初三日）……………………………… 528
复大学堂前学务处及本部奏筹奏提各款各省当永远遵行已驳复
　　浙抚并咨度支部在案文（宣统二年七月十九日）……………………… 528
学部为减经费事知照大学堂（宣统三年五月二十五日）………………………… 529

二、各省认解京师大学堂经费（部分）

山西巡抚为筹解大学堂经费事咨呈大学堂文（光绪二十八年五月初十日）……… 530
江苏巡抚为筹解大学堂经费事咨京师大学堂文
　　（光绪二十八年五月十七日）…………………………………………… 530
江西巡抚为筹解大学堂经费事咨呈大学堂（光绪二十八年七月）………………… 531
江苏巡抚为解大学堂经费事咨大学堂（光绪二十八年八月二十七日）…………… 532

福建布政使为解大学堂经费事出具印领文凭(光绪二十八年九月)·················· 532
福建巡抚为汇解大学堂经费事咨京师大学堂文
　　　(光绪二十八年十月初七日)·················· 533
浙江巡抚为认解经费事咨大学堂(光绪二十八年十月十六日)·················· 533
两广总督为广东省认解大学堂经费事咨大学堂文
　　　(光绪二十九年八月二十八日)·················· 533
广东巡抚为解大学堂经费事复大学堂文(光绪二十九年九月二十四日)·················· 534
江西巡抚为筹解大学堂经费事咨大学堂文(光绪二十九年九月二十九日)·················· 535
江西巡抚为解送大学堂经费事咨明大学堂(光绪二十九年十月初五日)·················· 536
直隶详解京师大学堂经费银两折(光绪二十九年十一月初二日)·················· 536
直隶总督为解大学堂经费事咨大学堂文(光绪二十九年一月十四日)·················· 536
湖南巡抚为在京湘生津贴事咨大学堂、译学馆(光绪三十一年正月)·················· 537
广东巡抚为缓解大学堂经费事咨大学堂(光绪三十一年四月十九日)·················· 537
支应处咨复各省督抚解到各种津贴银收到日期(光绪三十二年三月)·················· 538
京师大学堂第三、第四学期各省津贴汇报·················· 539
咨催各省速解大学堂欠解经费文(光绪三十二年九月二十六日)·················· 540

三、大学堂部分收支项目

许景澄呈报大学堂光绪二十五年九月份收支情况
　　　(光绪二十五年十月十二日)·················· 543
照译大学堂账目·················· 544
汪大燮为大学堂托办经费事咨大学堂(光绪二十九年五月二十三日)·················· 545
汪大燮为移交大学堂托办经费事宜咨大学堂文
　　　(光绪二十九年八月初十日)·················· 545
杨枢为大学堂托办经费事咨大学堂(光绪二十九年九月初七日)·················· 546
宣统二年大学堂经费收支帐残页·················· 546
光绪三十一年至宣统二年京师大学堂经费统计·················· 548

第九篇　房产与基建

一、房舍与家俱

为派奕劻等办理大学堂工程上谕(光绪二十四年五月十六日)·················· 555
总理衙门奕劻等奏筹办大学堂工程折(光绪二十四年六月初二日)·················· 555
为大学堂校舍上谕(光绪二十四年六月初二日)·················· 555
许景澄为移交大学房屋、家俱等呈内务府文(光绪二十六年六月二十九日)·················· 555
许景澄为移交大学堂房屋事咨复内务府(光绪二十六年六月二十九日)·················· 556
内务府为移交校舍知照大学堂(光绪二十七年十二月十四日)·················· 556
学务大臣为大学堂修建斋舍复大学堂文(光绪三十年二月十七日)·················· 556
奏请拨望海楼地方苇塘官地建筑农科大学片(光绪三十四年)·················· 557

建筑大学堂图书馆意见书(宣统三年二月初一日)……………………………… 557
二、京西购地及德外建校
京师大学堂在京西购地统计(光绪二十六年至二十八年)………………… 559
顺天府为原卖户在大学堂地基私自栽种饬查等事咨复大学堂
　　(光绪二十九年八月初三日)……………………………………………… 562
学部奏准以黄寺地方建分科大学事咨行大学堂、直隶总督
　　(光绪三十一年十一月十六日)…………………………………………… 562
学部咨请步军衙门派兵看守建分科大学之地基
　　(光绪三十一年十二月十五日)…………………………………………… 563
学部札饬吕长纯会同办理黄寺分科大学建筑基地
　　(光绪三十一年十二月二十三日)………………………………………… 563
吕长纯等奏报德外校址四界不清事(光绪三十二年正月初七日)………… 563
德胜门外建分科大学需派兵弹压知照步军统领衙门
　　(光绪三十四年七月十六日)……………………………………………… 564
德胜门外建分科大学通告(光绪三十四年七月十七日)…………………… 564
学部为分科大学工地派兵事知照步军统领衙门(宣统元年三月十八日)… 564
学部为分科大学工地派弁勇巡逻事知照步军统领衙门
　　(宣统元年四月初十日)…………………………………………………… 565
筹办分科大学工程处人员名单(宣统二年)………………………………… 565
筹办分科大学工程意见书…………………………………………………… 566
京师大学堂房舍概况………………………………………………………… 567

三、其他
民政部为大学堂围墙坍塌待修事咨学部文(光绪三十三年七月十一日)… 569
学部为修复大学堂围墙事咨大学堂文(光绪三十三年七月二十二日)…… 569
巡警部为大学堂的墙外污水秽土事咨学部文(光绪三十二年五月二十四日)… 569
京师大学堂总监督为卫生事复学部文(光绪三十二年六月初四日)……… 570
学部为大学大堂卫生事复巡警部文(光绪三十二年六月十一日)………… 570

第十篇　学生运动

一、学生爱国拒俄运动
记京师大学堂学生拒俄事(《大公报》1903年5月3日)…………………… 573
京师大学堂师范、仕学两馆学生上书管学大臣请代奏拒俄书
　　(光绪二十九年四月)……………………………………………………… 573
京师大学堂师范馆学生请政务处代奏疏争俄约事(光绪二十九年四月)… 575
京师大学堂学生公致鄂垣各学堂书(光绪二十九年四月)………………… 576

二、限制学生干预政事及参与社会活动
关于学生读经书、习洋文、着操服以及限止女学生参与社会活动等规定

(光绪三十三年四月十八日)……………………………………… 578
学部为查禁学生开会结社事咨行大学堂(光绪三十三年十二月初一日)………… 579
学部为遵旨不许学生干预国家政治、联盟纠众、立会演说等知照大学堂
　　　(光绪三十三年十二月初六日)……………………………………… 580
学部为董戒学生专心向学不得干预他事咨大学堂文(宣统二年四月二十九日)…… 581
学部为严禁学生干预政事、罢课纠众等情咨明大学堂
　　　(宣统二年十一月二十六日)………………………………………… 582

第一篇 兴学之议

一、论　　议

广学校篇　　　　　　　　　　　　王之春
（光绪八年）

西学规例极为详备，国中男女老幼，无论贵贱，自王子以至于庶人，至七八岁皆入学。在乡为乡学，每人七日内出学费一本纳。在城为城学，每人一月出学费一喜林。如或不足，地方官捐补。其曰乡曰城者，特就地而言之，其实即乡塾也。塾中分十余班，考勤惰以为升降；其不能超升首班者，不得出塾学艺。乡塾之上有郡学院，再上有实学院，再进为仕学院，然后入大学院。学分四科：曰经学，法学，智学，医学。经学者，第论其教中之事，各学所学，道其所道，无足羡也。法学者，考论古今政事利弊及出使通商之事。智学者，讲求格物性理，各国言语文学之事。医学者，先考周身内外部位，次论经络表里功用，然后论病源、制药品以至于胎产等事。更有技艺院、格物院，均学习汽机电报织造采矿等事。又有算学，化学，考验极精。算学兼天文地球勾股测量之法，化学则格金石植物动胎经卵化之理。再有船政院、武学院、通商院、农政院、丹青院、律乐院、师道院、宣道院、女学院、训瞽院、训聋喑院、训孤子院、养废疾院、训罪童院。余有文会、印书会。别有大书院数处，书籍甚富，任人进观。总之，造就人才，各因所长，无论何学，必期实事求是，诚法之至善者也。

《蠢测危言》第十三篇，《各国通商始末记》卷十九

西洋学校之盛　　　　　　　　　　薛福成
（光绪十七年正月初三日）

西洋各国教民之法，莫盛于今日。凡男女八岁以上不入学堂者，罪其父母。男固无人不学，女亦无人不学，即残疾聋瞽喑哑之人亦无不有学。其贫穷无力及幼孤无父母者，皆有义塾以收教之。在乡则有乡塾，至于一郡一省，以及国都之内，学堂林立，有大有中有小，自初学以至成材，及能研究精微者，无不有一定程限。文则有仕学院，武则有武学院，农则有农政院，工则有工艺院，商则有通商院。非仅为士者有学，即为兵为工为农为商，亦莫不有学。其书多，曲折赅备，有读之十年不能罄其奥者。平时所见所闻，莫非专门名家之言，是以习之而无不成，为之而无不精。近数十年来，学校之盛，以德国尤著，而诸大国亦无不竞爽。德国之兵多出于学校，所以战无不胜。推之于士农工贾，何独不然？推之于英法俄美等国，何独不然？夫观大局之兴废盛衰，必究其所以致此之本原。学校之盛有如今日，此西洋诸国所以勃兴之本原欤？

《出使四国日记》

论学校

郑观应

（光绪十八年）

　　学校者，造就人才之地，治天下之大本也。古者家有塾，党有庠，州有序，国有学。比年入学，中年考校。一年视离经辨志，三年视敬业乐群，五年视博习亲师，七年视论学取友谓之小成；九年知类通达，强立而不反，谓之大成。而又教以弦诵，舒其性情，故其时博学者多，成材者众也。比及后世，学校之制废，人各延师以课其子弟，穷民之无力者，荒嬉颓废，目不识丁，竟罔知天地古今为何物，而蔑伦悖理之事，因之层出不穷，此皆学校不讲之故也。

　　今泰西各国犹有古风，其学校规制，大略相同，而德国尤为明备。学之大小，各有次第，乡塾散置民间，由贫家子弟而设，由地方官集资经理，无论贵贱男女，自五岁以后，皆须入学，不入学者，罪其父母。（即下至聋瞽喑哑残疾之人，亦莫不有学，使习一艺，以自养其天刑之躯。立学之法，可谓无微不至矣。）

　　初训以幼学，间附数学入门、本国地理等书，生徒百数以内者，一师训之；百数以外至千数，则分数班。每班必有一师，此班学满，乃迁彼班，依次递升，不容躐等。察其贫者，免出脩脯，稍赡者半之。郡院学者之修脯，亦不过一钱至半元而止。院中生徒，亦分数班，班有专师，有专教算学之师，有专教格物之师，有专教理学、重学、史鉴、地舆、绘画、各国语言文字之师。期满考列上等，则各就其艺能，或入实学院，或入技艺院。其实学分上下两院，皆以实学为主。约分十三班，初入院在末班，每班留学一年，阅十三年，编历诸班，方能出院。上院考出，入大学院，免三年军籍。下院虽列首班，仍充军籍，三年可入技艺等院。大学之掌教，必名望出众，才识兼优者，方膺此任。院中书籍、图画、仪器，无一不备。

　　一经学，二法学，三智学，四医学。经学者，教中之学（即是耶稣、天主之类）；法学者，考古今政事利弊异同，及奉使外国，修辞通商，有关国例之事；智学者，格物、性理、文字语言之类；医学者，统核全身内外诸部位、经络表里、功用病源、制配药品、胎产接生诸法。技艺院者，汽机、电报、采矿、陶冶、制炼、织造等事物。格物学院与技艺院略同，大抵多原于数学，数学则以几何原本为宗。其次力学，力学者，考究各物之力量。化学者，考核金石、植物、胎卵、湿化各物化生之理。其次为天学、测步、五星、七政之交会伏留。其次为航海之学，必娴于地理、测量、驾驶者，方能知船行何度，水性何宜，台飓沙礁若何趋避。武学院课与实学院同，但多武艺、兵法、御马诸务。通商院则以数学、银学、文字三者为宗，其于各国方言土产、水陆路程、税则和约，以及钱币银单条规则例，公司保险各事，无不传习。农政院、丹青院、律乐院、师道院、宣道院、女学院、训瞽院、训聋喑院、训孤子院、训罪童院、养废疾院，更有文会、夜学、印书会、新闻馆，别有大书院九处，书籍甚富，听人观览借钞，但不能携之出院。每岁发国帑以赡生徒。其教法之详，教思之广如此。

　　大抵泰西各国教育人才之道，计有三事。曰学校，曰新闻报馆，曰书籍馆。而学校又有三等：一初学，以七岁至十五岁为度，求粗通文算、浅略地理、史志为准，聪颖者可兼学他国语言文字。中学以十五岁至二十一岁为度，穷究各学，分门别类，无一不赅。上学以二十一岁二十六岁上下为度，至此则精益求精，每有由故得新，自创一事，为绝无仅有者。

　　夫欲制胜于人，必尽知其成法而后能变通，而后能克敌。彼萃数十国人材，穷数百年智力,掷亿万兆资财而后得之,勒为成书,公诸人而不私诸己,广其学而不秘其传者,何也?彼实窃我中国古圣之绪余,精益求精,以还之中国,虽欲自私自秘焉,而天有所不许也。后之视今,亦犹今之视昔,彼泥古不化,诋为异学,甘守固陋,以受制于人者,皆未之思耳。

今中国既设同文、方言各馆,水师、武备各堂,历有年所,而诸学尚未深通,制造率仗西匠,未闻有别出心裁,创一奇器者,技艺未专,而授受之道未得也。诚能将西国有用之书,条分缕析,译出华文,颁行天下各书院,俾人人得而学之,以中国幅员之广,人材之众,竭其聪明才力,何难驾西人而上之哉!

《盛世危言》第一卷

变法自强疏　　胡燏棻

（光绪二十一年闰五月）

奏为因时变法,力图自强,谨条陈善后事宜,恭折仰祈圣鉴事。臣闻五帝殊时,不相沿乐,三王异世,不相袭礼,盖穷变通久,因时制宜之道不同也。上年倭人肇衅,陆师屡挫,海军继失,寇焰猖狂,神人共愤。我皇上不忍两国生灵久罹锋镝,以大字小,舍战言和,虽两害从轻,计不能不出于此。然自古驭外之策,断无一意主和,可以久安之理,唐于吐蕃,宋于金人,是其明鉴。今辽河以东,失地千里,虽由俄、法、德三国合起而争,许还故土,但倭人仍有从容商议之理,恐不免枝节横生。台湾、交地,近复激战变端,倭人能否不起责言,固难预料,然此风一开,事变一日亟一日,及今而不思改计,窃恐数年之后,大局更不堪设想。

目前之急,首在筹饷,次在练兵,而筹饷练兵之本源,尤在敦劝工商,广兴学校。伏查国家赋税所入,岁有常经,今忽添此二万万两之兵费,非借洋债,从何措置?以最轻利息六厘计算,每年需息银一千二百万两,而陆续偿还本银,尚不在此数。且自上年用兵以来,关内外各路添兵购械,所借华洋商款,应偿本息,已属不少。此外,奉、直两省善后事宜,仍须节节增修,次第兴举。北洋海军,亦不能不从新创办,以图补苴,约计购船置械,非数千万金不能成军。此后水陆所需,每岁又不下千余万金。入者只有此数,出者骤然加增。虽曰责百农以筹划度支,亦恐无从应付。窃观泰西各国,无论军饷工程,千万之需,咄嗟立办,何者?藏富于民,多取之而不为虐,而民亦乐输以奉其公。彼其器械日制而日精,商务日开而日盛,水陆之兵日练而日强。盖董劝之始,国家设各项学校以培植之。艺术既成,分各项官守以任使之,故民有人人自奋之思,始有蒸蒸日上之势。今中国土地之广,人民之众,物产之饶,为泰西各国所未有。办理洋务以来,于今五十年矣,如同文、方言馆,船政、制造局,水师、武备学堂,凡富强之基,何尝不一一仿行?而迁地弗良,每有谁橘为枳之叹,固由仅袭绪余,未窥精奥,亦因朝廷所以号召人才者,在于科目;天下豪杰所注重者,仍不外乎制艺试帖楷法之属。而于西学,不过视作别途,虽其所造已深,学有成就,亦第等诸保举议叙之流,不得厕于正途出身之列,操术疏斯,收效寡也。

日本一弹丸岛国耳,自明治维新以来,力行西法,亦仅三十余年,而其工作之巧,出产之多,矿政、邮政、商政之兴旺,国家岁入租赋共约八千余万元,此以西法致富之明效也。其征兵宪兵预备后备之军,尽计不过十数万人,快船雷艇总计不过二十余号,而水陆各军,皆能同心齐力,晓畅戎机。此又以西法致强之明效也。反镜以观,得失利钝之故,亦可知矣。今士大夫莫不以割地赔费,种种要挟为可耻,然今时势所逼无可如何,则惟有急谋雪耻之方,以坐致自强之效耳。昔普法之战,法之名城残破几尽,电线铁路,处处毁裂,赔偿兵费计五千兆佛兰克,其数且十倍今日之二万万两。然法人自定约后,上下一心,孜孜求治,从前弊政,一体蠲除,乃不及十年,又致富强,仍为欧洲雄大之国,论者谓较盛于拿破仑之时。今中国以二十二行省之地,四百余兆之民,所失陷者不过六七州县,而谓不能复仇洗耻,建我声威,必无是理。但求皇上一心振作,破除成例,改弦更张,咸与维新,事苟有益,虽朝野之所惊疑,臣工之所执难,亦毅然而行之。事苟无益,虽成法之所在,耳目之所习,亦决然而更之。实心实力,行之十年,将见雄长海上,方驾欧洲,旧邦新命之基,自此而益巩,岂徒一雪割地赔费之耻而已。

臣之愚昧,何敢挟其刍荛之见,轻言变法。但纵观世运,抚念时艰,痛定思痛,诚恐朝野上下,高谈理学者,狃于清议,鄙功利为不足言;习于便安者,又以为和局已定,泄沓相仍。设或敌国外患,猝然再举,更虑抵御无方。然则卧薪尝胆,求艾疗疴,其尚可稍缓须臾耶?微臣早夜焦思,今日即孔孟复生,舍富强外,亦无立国之道,而舍仿行西法一途,更无致富强之术。用敢不揣冒昧,就管见所及,举筹饷练兵,重工商,兴学校数大事,敬为我皇上缕析陈之。

一、开铁路以利转输也。(略)

一、筹钞币银币以裕财源也。(略)

一、开民厂以造机器也。(略)

一、开矿产以资利用也。(略)

一、折南漕以节经费也。(略)

一、减兵额以归实际也。(略)

一、创邮政以删驿递也。(略)

一、创练陆兵以资控驭也。(略)

一、重整海军以图恢复也。(略)

一、设立学堂以储人材也。泰西各邦,人材辈出,其大本大源,全在广设学堂。商有学堂,则操奇计赢之术日娴。工有学堂,则创造利用之智日辟。农桑有学堂、则树艺饲畜之利日溥。矿务有学堂,则宝藏之富日兴。医有学堂,则生养之道日进。声、光、化、电各项格致有学堂,则新理新物日出而不穷。水师、陆师各项武备有学堂,则战守攻取日习而益熟。乃至女子亦有塾政,聋哑亦有教法,以故国无弃民,地无废材,富强之基,由斯而立。至其学堂之制,不必尽由官设,民间绅富、亦共集赀举办,但国家设大书院以考取之。今中国各省书院义塾,制亦大备,乃于八股、试帖、诗赋、经义而外,一无讲求,又明知其无用,而徒以法令所在,相沿不改,人材消耗,实由于此。

拟请特旨通饬各直省督抚,务必破除成见,设法变更,弃章句小儒之习,求经济匡世之材。应先举省会书院,归并裁改,创立各项学堂,将现在京师学署、上海制造局已译各种西学之书,分印颁发;一面仍广译格致新闻,及近年新出西史,延积学之西士,及中国久于西学有成之人,为之教习。尤必朝廷妥定考取章程,垂为令典,务使民间有一种之学,国家即有一途之用,数年以后,民智渐开,然后由省而府而县,递发推广,将大小各书院一律裁改,开设各项学堂。即民间亦必有自行集资设立者,将见海内人士,嗰嗰向风,而谓一切工商制造之法,货财之利,水陆之军,不能媲美欧洲,臣不信也。

日本自维新以来,不过一二十年,而国富民强,为泰西所推服,是广兴学校,力行西法之明验。今日中国关键,全系乎此。益〔盖〕人材为国家根本,盛衰之机,互相倚伏,正不得谓功效之迂远也。以上各条或变通旧制,或创行新法。臣愚,亦何敢谓所言尽属可行,第变通尽利,力求富强之道,舍此不图,更无长策。自来殷忧启圣,多难兴邦,时局转移之机,正在今日,伏愿皇上法五帝三王制作之遗意,敕下部臣疆臣通筹合议,断自宸衷,俯采而施行之,上以固亿万年有道之基,下以慰薄海臣民之望,臣不胜战栗迫切之至,谨恭折具陈,伏乞皇上圣鉴训示施行,谨奏。

《光绪政要》卷二十一,《变法自强奏议》卷一

学校总论　　梁启超

（光绪二十二年）

吾闻之《春秋》三世之义,据乱世以力胜,升平世智力互相胜,太平世以智胜。草昧伊始,蹄迹交于中国。鸟兽之害未消,营窟悬巢,乃克相保,力之强也。顾人虽文弱,无羽毛之饰,爪牙之卫。而卒能槛絷兕虎,驾役驼象,智之强也。数千年来,蒙古之种,回回之裔,以房掠为功,以屠杀为乐,屡躏各国,几一寰宇,力之强也。近百年间,欧罗巴之众,高加索之族,藉制器以灭国,借通商以辟地,于是全球十九,归其统辖,智之强也。世界之运,由乱而进于平,胜败之原,由力而趋于智。故言自强于今日,以开民智为第一义。

智恶乎开,开于学;学恶乎立,立于教。学校之制,惟吾三代为最备。家有塾,党有庠,州有序,国有学,立学之等也。八岁入小学,十五而就大学,入学之年也。六年教之数与方名,九年教之数日,十年学书计,十有三年学乐诵诗,成童学射御,二十学礼,受学之序也。比年入学,中年考校,以离经辨志为始事,以知类通达为大成,课学之程也。《大学》一篇,言大学堂之事也;《弟子职》一篇,言小学堂之事也;《内则》一篇,言女学堂之事也;《学记》一篇,言师范学堂之事也。管子言农工商,群萃而州处,相语以事,相示以功,故其父兄之教不肃而成,其子弟之学不劳而能,是农学工学商学,皆有学堂也。孔子言以不教战,是谓弃民,晋文始入而教其民,三年而后用之。越王栖于会稽,教训十年,是兵学有学堂也。其有专务他业,不能就学者,犹以十月事讫,使父老教于校室(见《公羊传》宣十五年注),有不帅教者,乡官简而以告,其视之重而督之严也如此。故使一国之内,无一人不受教,无一人不知学;《兔罝》之野人,可以备捍城;《小戎》之女子,可以敌王忾;贩牛之郑商,可以退敌师;斫轮之齐工,可以语治道;听舆人之诵,可以定霸;采乡校之议,可以闻政;举国之人,与国为体,填城溢野,无非人才,所谓以天下之目视,以天下之耳听,以天下之虑虑,三代盛强,盖以此也。

马贵与曰:"古者户口少而才智之民多,今户口多而才智之民少。"余悲其言;虽然,盖有由也。先王欲其民智,后世欲其民愚,天下既定,敌国外患既息,其所虑者,草泽之豪杰,乘时而起,与议论之士,援古义以非时政也,于是乎道以钤制之。国有大学,省有学院,郡县有学官。考其名犹夫古人也,视其法犹夫古人也。而问其所以为教,则曰制义也,诗赋也,楷法也,不必读书通古今而亦能之,则中材以下,求读书求通古今者希矣。非此一途不能自进,则奇才异能之士,不得不辍其所学,以俯焉以从事矣。其取之也无定,其得之也甚难,则倜傥之才,必有十年不第,穷愁感叹,销磨其才气,而无复余力以成其学矣。如是则豪杰与议论之士必少,而于驯治天下也甚易,故秦始皇之燔诗书,明太祖之设制艺,遥遥两心,千载同揆,皆所以愚

黔首,重君权,驭一统之天下,弭内乱之道,未有善于此者也。譬之居室,虑其僮仆,窃其宝货,束而缚之,置彼严室,加肩镭焉,则可以高枕而卧,无损其秋毫矣。独惜强寇忽至,入门无门,入闺无闺,悉索所有,席卷以行,而受缚之人,徒相对咋舌,见其主之难,而无以为救也。

凡国之民,都为五等:曰士、曰农、曰工、曰商、曰兵。士者学子之称,夫人而知也。然农有农之士,工有工之士,商有商之士,兵有兵之士。农而不士,故美国每年农产值银三千一百兆两,俄国值二千二百兆两,法国值一千八百兆两,而中国只值三百兆两。工而不士,故美国每自创新艺,报官领照者,二万二百十事,法国七千三百事,英国六千九百事,而中国无闻焉。商而不士,故英国商务价值二千七百四十兆两,德国一千二百九十六兆两,法国一千一百七十六兆两,而中国仅二百十七兆两。兵而不士,故去岁之役,水师军船九十六艘,如无一船;榆关防守兵,几三百营,如无一兵。今夫有四者之名,无士之实,则其害且至于此。矧于士而不士,聚千百帖括、卷折、考据、词章之辈,于历代掌故,瞠然未有所见,于万国形势,瞢然未有所闻者,而欲与之共天下、任庶官、行新政、御外侮,其可得乎?

今之言治国者,必曰仿效西法,力图富强,斯固然也。虽然,非其人莫能举也。今以有约之国十有六,依西人例,每国命一使。今之周知四国,娴于辞令,能任使才者,几何人矣?欧、美、澳洲、日、印、缅、越、南洋诸岛,其有中国人民侨寓之地,不下四百所,今之熟悉商务,明察土宜,才任领事者,几何人矣?教案、界务、商务,纷纷屡起,今之达彝情、明公法、熟约章、能任总署章京、各省洋务局者,几何人矣?泰西大国,常兵皆数十万,战时可调至数百万,中国之大,练兵最少亦当及五十万为千营,每营营哨官六员,今之习于地图,晓畅军事,才任偏裨者,几何人矣?娴练兵法,谙习营制,能总大众,遇大敌,才任统帅者,几何人矣?中国若整顿海军,但求与日本相敌,亦须有兵船百四十余艘,今之深谙海战,能任水弁者,几何人矣?久历风涛,熟悉沙线,堪胜船主、大副、二副者,几何人矣?陆军每营,水师每船,皆需医师二三人,今之练习医理,精达伤科,才任军医者,几何人矣?每造铁路,十英里需用上等工匠二员,次等六十员,今之明于机器,习于工程学,才任工师者,几何人矣?中国矿产,封镭千年,得旨开采,设局渐多,今之能察矿苗,化分矿质,才任矿人者,几何人矣?各省议设商务局以保利权,今之明商理,习商情,才任商董者,几何人矣?能制造器械,乃能致强,能制造货物,乃能致富,今之创新法,出新制,足以方驾彼族,衣被天下者,几何人矣?坐是之故,往往有一切新法,尽美尽善,人人皆知,而议论数十年不能举行者。苟漫然举之,则偾辙立见,卒为沮抑新法者所诟詈,其稍有成效之一二事,则任用洋员者也。而轮船招商局,开平矿局、汉阳铁厂之类,每年开销之数,洋人薪水,几及其半;海关厘税,岁入三千万,为国饷源,而听彼族盘踞,数十年不能取代。即此数端论之,任用洋员之明效,大略可睹矣。然犹幸而藉此以成就一二事,若决然舍旃,则将并此一二事者而亦无之。呜呼!同是圆颅方趾,戴天履地,而必事事俯首拱手,待命他人,岂不可为长太息矣乎?

若夫四海之大,学子之众,其一二识时之彦,有志之士,欲矢志独学,求中外之故,成一家之言者,盖有人矣。然不通西文,则非已译之书不能读,其难成一也。格致诸学,皆藉仪器,苟非素封,末由购置,其难成二也。增广学识,尤藉游历,寻常寒士,安能远游,其难成三也。一切实学,如水师必出海操练,矿学必入山察勘,非藉官力不能独行,其难成四也。国家既不以此取士,学成亦无所用,犹不足以赡妻子、免饥寒,故每至半途,废然而返,其难成五也。此所以通商数十年,而士之无所凭藉,能卓然成异材为国家用者,殆几绝也。此又马贵与所谓姑选其能者,而无能之人,则听其自为不肖而已。姑进其用者,而未用之人,则听其自为不遇而已。豚蹄满篝之祝,旁观犹以为笑,况复束缚之,驰骤之,销磨而钤制之,一旦有事,乃欲以多材望天下,安可得耶,安可得耶?

然犹曰洋务为然也。若夫内外各官,天子所以共天下也,而今日之士,他日之官也。问国之大学,省之学院,郡县之学官,及其所至之书院,有以历代政术为教者乎?无有也。有以本朝掌故为教者乎?无有也。有以天下郡国利病为教者乎?无有也。当其学也,未尝为居官之地,其得官也,则当尽弃其昔者之所学,而从事于所未学。传曰:"吾闻学而后入政,未闻以政学者也。"以政学犹且不可,况今之既入官而仍读书者,能有几人也。以故一切公事,受成于胥吏之手,六部书办,督抚幕客,州县房科,上下其手,持其短长,官无如何也。何以故?胥吏学之,而官未学也。遂使全局糜烂,成一吏例利之天下,祸中腹心,疾不可为。是故西学之学校不兴,其害小,中学之学校不兴,其害大。西学不兴,其一二浅末之新法,犹能任洋员以举之,中学不兴,宁能尽各部之堂司,各省之长属,而概用洋员以承其乏也,此则可为流涕者也。

不宁惟是,中国孔子之教,历数千载,受教之人,号称四百兆,未为少也。然而妇女不读书,去其半矣,农工商兵不知学,去其十之八九矣,自余一二,占毕伊嘎以从事于《四书》、《五经》者,彼其用心,则为考试之题目耳,制艺之取材耳,于经无与也,于教无与也。其有通人志士,或笺注校勘,效忠于许郑,或束身自爱,归命于程朱,然于古人之微言大义,所谓诵《诗》三百可以授政,《春秋》经世先王之志者,盖寡能留意,则亦不过学其所学,于经仍无与也,于教仍无与也。故号为受教者四万万人,而究其实,能有几人,则非吾之所敢言也。故吾尝谓今日之天下,幸而犹以经义取士耳,否则读吾教之经者,殆几绝也。此言似过,然有铁证焉。彼《礼经》十七篇,孔子之所雅言,今试问辍学之子,能诵其文、言其义者,几何人也。何也?科举所不用也。然则堂堂大教,乃反藉此疲敝之科举以图存,夫藉科举之所存者,其与亡也相去几何矣。而况今日之科举,其势必不能久,吾向者所谓变亦变,不变亦变,与其待他人之变,而一切澌灭以至于尽,则何如吾自变之,而尚可以存其一二也。记曰:"下无学,贼民兴,丧无日矣。"传曰:"小雅尽废,则四彝交侵,而中国微。"气我儒教,爰自东京,即已不竞。晋宋之间陷于老,隋唐以来沦于佛,外教一入,立见侵夺,况于彼教之徒,强聒不舍,挟以国力,奇悍无伦。今吾盖见通商各岸之商贾,西文学堂之人士,攘臂弄舌,动曰《四书》、《六经》为无用之物。而教士之著书发论,亦侃侃言曰:中国之衰弱,由于教之未善。夫以今日帖括家之所谓经,与考据家之所谓经,虽圣人复起,不能谓其非无用也。则恶能禁人之不轻薄之而遗弃之也。故准此不变,吾恐二十年以后,孔子之教,将绝于天壤,此则可为痛哭者也。

亡而存之,废而举之,愚而智之,弱而强之,条理万端,皆归本于学校。西人学校之等差、之名号、之章程、之功课,彼士所著《德国学校》、《七国新学备要》、《文学兴国策》等书,类能言之,无取吾言也。吾所欲言者,采西人之意,行中国之法,采西人之法,行中国之意,其总纲三:一曰教,二曰政,三曰艺。其分目十有八:一曰学堂,二曰科举,三曰师范,四曰专门,五曰幼学,六曰女学,七曰藏书,八曰纂书,九曰译书,十曰文字,十一曰藏器,十二曰报馆,十三曰学会,十四曰教会,十五曰游历,十六曰义塾,十七曰训废疾,十八曰训罪人(所拟章程皆附于各篇之后)。

今之同文馆、广方言馆、水师学堂、武备学堂、自强学堂、实学馆之类,其不能得异才何也?言艺之事多,言政与教之事少。其所谓艺者,又不过语言文字之浅,兵学之末,不务其大,不揣其本,即尽其道,所成已无几矣。又其受病之根有三:一曰科举之制不改,就学乏才也。二曰师范学堂不立,教习非人也。三曰专门之业不分,致精无自也。故此中人士,阁束《六经》,吐弃群籍,于中国旧学,既一切不问,而叩以西人富强之本,制作之精,亦罕有能言之而能效之者。昔尝戏言,古人所患者,离乎夷狄,而未合乎中国。今之所患者,离乎中国,而未合乎夷狄。推其成就之所至,能任象鞮之事,已为上才矣。其次者乃适足为洋行买办冈必达之用,其有一二卓然成就,达于中外之故,可备国家之任者,必其人之聪明才力,能借他端以自精进,而非此诸馆诸学堂之为功也。夫国家之设学,欲养人才以共天下,而其上才者仅如此,次下者乃如彼,此必非朝廷作人之初意也。今朝士言论,汲汲然以储才为急者,盖不乏人,学校萌芽,殆自兹矣。其亦有洞澈病根之所在,而于此三端者少为留意也乎。

抑今学校之议不行,又有由也。经费甚巨,而筹措颇难,虽知其急,莫克任也。今夫农之治畴也,逾春涉夏,以粪以溉,称贷苦辛,无或辞者,以为非如是则秋成无望也。中人之家,犹且节衣缩食以教子弟,冀其成就,光大门闾。今国家而不欲自强则已,苟欲自强,则悠悠万事,惟此为大,虽百举未遑,犹先图之。吾闻泰西诸大国学校之费,其多者八千七百余万,其少者亦八百万。(小学堂费,英国每年三千三百万元,法国一千四百万元,德国三千四百万元,俄国五百万元,美国八千四百万元。中学大学共费,英国每年八百六十万元,法国三千万元,德国二百万元,俄国四百余万元,美国三百余万元。)日本区区三岛,而每年所费,亦至八九百万,人之谋国者,岂其不思撙节之义,而甘掷黄金于虚牝乎?彼日人二十年兴学之费,取偿于吾之一战而有余矣,使吾向者举其所谓二万万而百分之,取其一二以兴群学,则二十年间,人才大成,去年之役,宁有是乎?呜呼!前事不忘,后事之师,及今不图,恐他日之患,其数倍于今之所谓二万万者,未有已时。追痛创复至,而始悔今之为误,又奚及乎?今不惜糜重帑以治海军,而不肯舍薄费以营学校,重其所轻,而轻其所重。譬之孺子,怀果与金示之,则弃金而取果;譬之野人,持寸珠与百钱示之,则遗珠而攫钱。徒知敌人胜我之具,而不知所以胜之具,旷日穷力,以从事于目前之所见,而蔽于其所未见。究其归宿,一无所成,此其智视孺子、野人何如矣。

西人之策中国者,以西国之人数与中国之人数为比例,而算其应有之学生与其学校之费。谓小学之生,宜有四千万人,每年宜费二万二千六百万元;中学之生,宜有一百十八万四千余人,每年宜费五千九百万余元;大学之生,宜有十六万五千余人,每年宜费七千一百万余元。今不敢为大言,请如西人百分之一,则亦当有小学生四十万人,中学生一万一千八百四十人,大学生一千八百五十余人,每年当费三百五十六万元。中国房屋衣食等费,视西人仅三分之一,则每年不过一百余万元耳。犹有一义于此,中国科第之荣,奔走天下久矣,制艺楷法,未尝有人奖励而驱策之,而趋者若鹜,利禄之路然也。今创办之始,或经费未充,但使能改科举,归于学校,以号召天下,学中惟定功课,不给膏火,天下豪杰之士,其群集而俯焉从事者,必不乏人。如是则经费又可省三之一,岁费七十余万足矣。而学中所成之人材,即以拔十得五计之,十年之后,大学生之成就者,已可得八千人,用以布列上下,更新百度,沛然有余矣。夫以日本之小,每年此费,尚至八九百万,而谓堂堂中国,欲得如日本十二分一之费,而忧其无所出邪,必不然矣。

《时务报》第五册、第六册(光绪二十二年八月十一日、廿一日),《饮冰室文集》丙申集

京师学堂条议　　　　　　　　　姚文栋
（光绪二十三年）

一、东西洋各国都城，皆有大学堂，为人材总汇之所，每年用费至二三十万之多。盖以京师首善，四方之所则效，万国之所观瞻，故规模不可不宏，而教法不可不备。

一、西国教民养士之法最为近古，自八岁以上无人不学，自十室以外无地无学，此所谓乡学也。于其京城及都会之地，添建大学堂，此所谓国学也。专设学部大臣，以总理全国之学政，故其人材奋起，国势日强。今中国一时未能遍设乡学，先设大学堂于京师，亦可树之风声。

一、美国学堂，分古学、今学两门，此犹英国议政会之有旧党新党也。说者谓：旧党能保守成法，使坚固不摇，新党则博采新法，以补益之。途虽分，而相为表里，故能尽善尽美。今欲考求西学，必先考求中学，务使学者融贯中西，参合古今，方能蔚成国器。

一、学生本有三等，有小学生、有中学生、有大学生，各有一定课程。小学卒业入中学，中学卒业入大学，此西国通例也。兹拟以年岁为序，分作两班，自十二岁至二十岁以内，汉文、洋文并教，是为幼班。二十岁内外，汉文已通早已成名者，专教洋文，听其自用汉文功夫，是为头班。此两班概系学生名目，按月给予膏火，考课时并有奖赏。其年在三十以外，不能再习洋文，而欲考求西学者，准其每日来院，在洋教习处问业，不发膏火；如能与洋教习共译有用之书，启迪后学者，酌给花红津贴，由众公议。

一、学中诸生，分科习业，论文字语言，则有英、法、俄、德四国之殊；论学术，则有天算、地舆、格致、公法各项之别。凡此各学，固不可不备于一国，而断不能求备于一人。故延订教习，各须专门，方有精诣，毋得惜费兼摄，致有因陋就简之讥。

一、藏书楼须有两处，一藏中国图书，一藏洋书洋图。学天文者，须有观星台；习格化诸学者，须有陈设器物之所；为矿学者，须聚各种矿质；考求动物植物者，须有草木园及禽兽苑，又须有玻璃房畜养水族。以上均须布置，方可为切实之学。学中又须有看报处，购聚中外各报，以拓见闻。又须有印书处，凡有新著，随时印出。

一、武学与文学须分两院，俟文学办有成效，再议接办武学。

一、派员总管学务，凡司事丁役一切人等，赏罚黜陟，权归于一，勿任旁人牵制，庶免丛脞之虑。

《皇朝经世文新编续集》卷五

京师创立大学堂条议　　　　　　　　　熊亦奇
（光绪二十三年）

暴秦以降，先王之道存，而先王之法亡。亡之中，传之西。西人拾之，又从而精进之，故其国政与教分。道其所道，道无足观。而法我之法，法乃转胜。通商立约以来，彼不解取我之道以益所本无，我转得采彼之法以还吾固有。以道御法，法行道行。彼法先来，吾道终往，全球大一统之规，将基诸此。夫道一而已矣。法在下为艺，在上为政。前拟官书局设一新学馆，开风气，育人才，不过粗引其端。因而扩充之，非广设学堂不可。学堂者以吾道为体，以我法参彼法，兼艺与政为用者也。古之为民者四，曰士农工商。今之为民者五，增其一，曰兵。士不能农工商兵,而不可不通农工商兵之学;农工商兵不必能为士之学,而不可不专学其学。顾其始要,皆必原于小学。请为小学设二科,送子弟聪颖者入之。曰音训,中国六书,兼及各国语言文字,学所由入门也。曰测算,兼及天文历法律度量衡,学所从措手也。士者农工商兵之耳目,亦农工商兵之枢纽也。

　　士之学曰大学,请为大学设二科,选子弟小学有成尤聪颖者入之。曰格致,水、光、火、气、声、力、化、电无不赅,所以学为艺,备农工商兵之用也。曰政治,职官、赋税、典礼、法律、军政、邮政、工程、交涉无不具,所以学为政制农工商兵之宜也。有士斯可有农工商兵,农工商兵之学,不曰大学,曰专学。请为专学设六科,选子弟小学有成,性有所近者入之。农者,工之本也。农之科二,曰种植,因天时,察土宜,尽人事,地上之利无不兴。曰矿石,明相度,善开采,精熬炼,地中之藏无不出。如是而工有所资矣。工者,农之委商之源也。工之科一,曰制造。化果壳为酒饧,变丝麻为布帛,易金木石土为舟车宫室器用。机栝有必精,工力有必省。如是而农有所授,商有所因矣。商者,农工之流也。商之科一,曰转运,公司以厚其资本,银行以通其有无。汽船火车以捷其转输,电报信局以神其消息。利权有必揽,利源有必扩,如是而农工有所通矣。兵者,农工商之卫也。兵之科二,曰水师,外洋内港,风潮沙礁有必详,兵船炮台雷弹机轮有必习。曰陆师,马队、步队、枪队、炮队、工程队,奇正分合有必熟,攻法、守法、追法、退法、安营法,疾徐隐见有必娴。如是而农工商有所保矣。大学,士所独也;小学、专学,士农工商兵所同也。凡三学六类十科,科设一堂,堂为若干斋,斋分若干事。纲举目张,巨细必举,可无混杂之虞。或兼或专,因材而笃。毋挂漏,毋杂糅,毋作辍,毋凌躐。复为总堂,日集十堂之秀,讲明吾道纲常名教之大,修齐治平之全。求其所当然,及其所以然,濡染而熏陶之,优柔而餍饫之。托始京师,推行各省,师师济济,不可胜用。以道御法,法行道行,彼法先来,吾道终往。三年而国势张,十年而国体尊,数十年百年而为大国师,为万国王。全球大一统之规,舍是其将焉往?彼茫茫然谋富于商,不知求之农工。皇皇焉责强于兵,不知求之士农工商。舍本逐末,顾此失彼,蒙诚不识其可也。若夫节目之繁猥,条理之缜密,非尺幅可终,今姑从略。

　　一、西学须从语言文字入手,兼习图算,是为第一级课程。盖不通文字语言,则无由读西书。不习图算,则天文、地理、格致诸学皆无由入门。故西洋蒙馆,无不以作字、绘画、笔算、心算等为初课也。一、语言文字,虽不必远寻希腊罗马古文,而英、法、德、俄四国之文,不可不备。论西国通人,无不兼通数国。今各学生问津伊始,难责以兼人之量,只可各占一科。一、自各国通使往来,又有贸易交涉。凡为士商者,不能不知地球大势,及他国衰盛强弱之由。故西人之教初学,必以地球图说及各国史乘为先,尽人所当共知,二者不可偏废。今亦仿用其例,定为第二级课程。一、多识于鸟兽草木之名。古人诗教则然。西人有植物、动物等学,亦同此意。不但识其名,更当尽物之性也。此二学最浅显,当为第二级课程之附。一、格致、化学为养民富国之本,公法、条约为睦邻御侮之本,定为第三级课程,令各学生分途学习,以成专身名家。一人皆戴高履厚,焉可不知天地。通天地人为儒,亦古之志也。故天学地学,亦定为第三级之课程,期其专精一学。一、天学与算学相表里,算学与格、化诸学相表里。凡算学由浅入深,自初学以至成材,其用最广,其功不可间断,须参合中西,故洋、汉两课并及之。一、地学有考地形者,有考地质者。地形之学舆图是也,已载第三条矣。地质之学兼金石,质言之,实为农学、矿学之本,与格、化诸学亦相为表里。一、农学、矿学、商学,固以算、格诸学为本,然西洋近年已各设专科,今当仿行之,俾为格、化及算学者各专一门,以底实用。一、制造一科,凡深于测算、格致者，自能知之，不复列为专门。一、以上课程，虽以西学为主，条令简约可行，不复尽拘西例。故道、法、医三大科，在西洋大学中最为专精切要之学，兹非遑及。一、此论课程大概，其详细节目，俟延订教习后，再当斟酌尽善。

  学条十规，仿照天津育材馆成例。一、每日上午八点钟至馆，下午五点钟散馆，不得迟来早去。一、每日习汉文四点钟，洋文四点钟，午膳一点钟。一、所有课程，教习分班排定，按序肄业，毋得儳越。一、师道宜尊，请业请益，皆当起坐。见教习礼貌必恭，毋得简慢。一、肄业之时，各宜专心壹志，其互有质疑问难之处在所不禁，惟不得谈闲笑语。亲友亦不得来访交谈，致荒馆政。一、诸生每日功课毕后散学，及每月放学之息游，原所不禁，惟切须自加防检，毋得荡其心志，致肄业不能专进。一、读书行己二者交修，诸生来学毋得矜奇立异，以世俗浮伪之习为戒。立心行事，力趋笃实，相期远大。人贵自立，毋待烦言。一、每月逢星房虚昂日放学一日，夏月入伏日起放学廿日，十二月十六日起至次年正月十五日止放学三十日。此外概不得放学。一、洋文所需书籍笔墨纸张各件，由馆中供给，汉文所需书籍各件，由诸生自备。一、馆中预备各种书籍，只准在馆看阅，毋得携带出外。

《晚清文选》

拟请京师创设大学堂议[*] 〔美国〕李佳白

  侧闻大皇帝锐意求治，通谕各省讲求新学，设立学堂。天津初创育才馆，近更有大学堂之设，各省或改设书院，分立课程或别创学堂，广延教习。而有志之士，每与朋侪聚首讨论辩驳，不遗余力，几使闻而知之者莫不兴起。凡以新学之有裨实用，且抑体圣天子造就人才振兴国势之至意，故皆不敢怠荒。乃〔及〕京师首善之区，尚未开办（上海为通商总汇，宜乎得风气之先，乃为之士者类皆懵无所知，官斯土者又如秦人视越人之肥瘠，甚至书院为育才发轫之地，亦复毫无整顿，是可慨也），意者其有所未暇欤？且夫人之有身，五官效用于寸心，四体受命于元首；夫是以坐作进退，视听言动，罄无不宜也。京师者，人身之心与首也。提纲挈领，则势如建瓴；外重内轻，则动且滋患。抚时论事，京师总学堂之设，又乌可须臾缓哉？谨伸末议，用备采择。

  一、设立总学堂之意，务宜合各等学问荟萃一处。无论学问之出于何人，来自何邦，但视于人有益，皆当采用，不使少有阙漏，则能育各等人才，即能备各等器使，而于富强之道，交涉之事，自不难于措手。

  二、总学堂应有之各等学问，如中西文法文理、中西史鉴、政事学、律法学、富国策、地理学、地势学、算学、格致学、化学、天文学以及机器学、矿学、金石学、工程学、农政学、身体学、医学，并中西各等性理学、性灵学，必须并蓄兼收。

  三、总学堂虽备有各等学问，然一人之聪明才力势必不能兼学；即兼学矣，亦必不能兼精。故总学堂之内，必设各等专门学堂。其最要者，如政事律法学堂、格致学堂、矿学堂、工程

---

 * 此文原无日期，但据文中天津"更有大学堂之设"（天津中西学堂创办于光绪二十一年，亦有称天津大学堂者）而"京师首善之区，尚未开办"推断，此文当在光绪二十一年至二十四年之间。——编者

学堂、农政学堂、医学堂、博文学堂,皆是就学者才之所长,性之所近,入一专门学堂,各尽心力以学之,务造其极而止。

四、总学堂于各等专门学堂之外,亦可立一大学堂。大学堂者,备有各等学问,所以练人之全才也。按西国设立大学堂亦无定法,有设于总学堂内者,亦有设于总学堂外者,要皆为全才之总学专门而设。大学堂之下,又有中学堂、蒙学堂。

五、设立总学堂,必求尽美尽善,不可照寻常办法。若照寻常办法,则与中国已设之学堂无所区别,既不可谓之总学堂,复不可谓为尽美尽善之办法。倘使学生仅能通西国语言而不能通其文义,或能通算学、格致之浅诣而不能得其深邃,此不过蒙学、中学之程式,断难立上等总学堂规模。

六、设立总学堂,不但平时宜申明条教讲解名义已也,必使一切学生油然自生爱国之心,即一切教习务须扫除习气。无论西人、汉人,亦必具有益中国之心,成有益华民之学。

七、设立总学堂之意,欲求中国之大益也。若在外省分立学堂,无论为中、为大、为总,不过一方有益,仍于大局无裨。今于京师立一上等总学堂,能使天下才智之士萃于京师总学堂之内。他日学成,或出而效用于各省,或出而教习于各地,则枢机仍握于京师,既不至散而无纪,亦何患尾大不掉。盖今日时势,无论何事,必先于京师办起,而次及于各省。一则因势利导兴举较易,一则行权辨义,体统斯尊。

八、立总学堂于京师,不但能扩众人之才智,尊朝廷之体统已也,亦可扬国家之声名。方今泰西各国,因中国不愿学各等学问,亦不肯广设学堂,使人学各等学问,遂致咸生轻视之心。若总学堂既设,由中及外,由近及远,人才辈出,国势日强,西国将尊之、敬之、爱之、畏之之不暇,安有轻视哉?

具此八议:总学堂之设不可缓也明矣。然论者谓现在开办新法,筹款为难,不知总学堂一事,若能妥立章程,教以实在学问,既无流弊,款亦不多。朝廷决计举行,四方莫不响应。铁路尚不惜费,学堂何难筹款,况学堂之有益更非铁路之可同日语乎?

《皇朝蓄艾文编》卷十四

上译署拟请创设总学堂议 *   〔美〕狄考文等

呜呼!今之中华,非复昔之中华矣,国大而弱,民贫而愚,人虽众无所用之。唯大而弱,故日见侵夺,唯贫而愚,故日形衰耗,痼疾不瘳,败征屡见。持此不变,数年之后,强邻环集,按图索骥,瓜剖豆分,虽有善者,无从措手。昔之罗马雄邦,今之斐洲三土,大梦未醒,垂手听割,可为殷鉴。欲救其弊,非自强不可。国欲强,必先富;欲国之富,必先富民;欲民之富,必先开民智。民由愚而智,斯由贫而富,国自转弱为强,立竿见影,如响应声。然民非能自智也,唯在上者有以愈其愚。愈愚维何,莫先于兴学。兴学之举,厥利孔多,请偻指数。当中华全盛时,外

---

* 本文原无日期。按文中有"在西京添设一学堂,悉照东京大学之规制,定于本年五月间开学"等语,西京即今京都。又据日本文部省《教育百年史》,此文当写在1897年春。又京都大学于1897年6月22日开学。此文当写于1897年(光绪二十三年)春。——编者

邦仰之如在天上,交涉既繁,相知遂深。西人出其长技,士夫瞠目不解。彼巧我拙,情见势绌,斯轻蔑之心生矣。今一旦兴学,步武泰西,觇国者遂听风声,乐观善举,知人才蔚起,国多桢干,刮目相看,欻手而退。其利一。往者朝廷轸念时艰,特诏中外大僚荐举奇才异能之士,而应者寥寥。非有才能而不举,实无才能之足举也。夫人才虽生于天地,要恃君上教育以成之,非同由参野术之可搜寻而获也。未尝尽一日培养之功,而欲坐收才俊满前之效,天下有此便易事乎?今一日兴学,则人知自爱,淬历观摩,以成其才,望风归往,向日抒诚。学校如林,新机勃发,岂不奇杰蔚起,大慰圣主宵旰之渴望哉?其利二。华人往往耻言西学,自中日和议成后,警悟之士察往知来,顿觉昔非。欲求今是,唯未知朝廷意向所在,恐屠龙技成,枉费千金,颇多观望。今一旦兴学,是明示天下,以响用西法之意。学成则禄在其中,其势甚顺,其机至捷,争先恐后,莫能禁遏。其利三。内地风气未开,谈及西法,每多讳言。虽心服其盛,仍口刺其非。滨海各省,通商已久,居民夙与外人相习,乐从彼法者百倍内地,自备资斧往外洋游学卓有成立者,实不乏人。朝廷守旧不变,隐有携贰之心。今一旦兴学,励专一之志,择善而从,号召群人收拾人心,在此一举。其利四。东西两洋,国势勃兴,推厥所由,实维议院与报馆。目前中国情形遽难仿效。以议院言,非但少堪充议员之人,亦并少能举议员之人。以报馆言,非但少堪充主笔之人,亦并少能阅报章之人。今一旦兴学,则识字之民日以多,办事之才日益众,于是创设议院以通上下之情,广开报馆以合遐迩之势,储才于斯有基勿壤。其利五。有此五利,并无一害。夫两利相权,则取其重;两害相权,则取其轻。利害适均,事更可举,况从古未闻有兴学而受害者,何惮而不为之。或曰是固然矣。

第国家承明制,以时文取士,科举一道,学者最为留意。今特兴西学,恐多窒碍。向日时文取士,本非善策,中华知者已多。以余论之,科举最重首场,四书文必遵朱注,乃得入彀,是时文固以朱子为宗矣。不知朱子在南宋时,业已深鄙时文,后世乃以朱子所不乐者尊朱子,朱子肯受之乎?今略举朱子论著数条,以谂观者。衡州石鼓书院记云,今日学校科举之教,其害有不可胜言者,不可以为适然而莫之救也。学校贡举私议云,名为治经,而实为经学之贼;号为作文,而实为文字之妖。主司命题,又多为新奇,以求出于举子之所不意,于所当断而反连之,于所当连而反断之,为经学贼中之贼,文字妖中之妖。又云,怪妄无稽,适足以败坏学者之心志,是以人才日衰,风俗日薄。《语类》云,算法甚有用,若时文,整篇整卷要作何用耶?徒然坏了许多士子精神。又问:今日科举之弊,使有可为之时,此法何如?曰:更须兼他科目取人。又问:今日之学校,自麻沙时文册子之外,其他未尝过而问焉。曰:怪他不得。土之所以教者不过如此,然上之人,曾不思量时文一件,学子自是着急,何用更要你教。你设学校,却好教他理会本分事业。观此诸条,朱子谓时文无用,算法有用,欲兼他科目取人,又欲设学校教学者理会本分事业。所云本分事业,当指有用诸学言。若使朱子见今日时文,更不知若何鄙弃。见今日之算法与泰西精要各学业,更不知若何倾倒,若何仿效。宗朱子者,当求朱子全量所在。若不读朱子之书,且重违朱子之意,亦何贵乎尊朱耶?士子吾无责焉矣,今之大人君子,有转移风会之责,何不寻味朱子之言,力崇实学,以扶儒业而防奇祸耶?

呜呼!中国宜立学堂之故,吾既明白痛快切直言之矣。然不审定下手之处,与应办之方。《商颂》曰:"邦畿千里,唯民所止。"汉谚曰:"城中好高髻,四方高一尺;城中好高眉,四方且半额;城中好大袖,四方全匹帛。"言京都为天下宗仰,上有好者,下必有甚;小民可与乐成,难与虑始。风气之开,其端在上。故京都必先立一总学堂,以为通国之倡,乃可以号召直省,而畲然从风。登高一呼,远近响应。声非疾,其势便也。总学堂云者,谓荟萃群学于一处,本末兼赅,洪纤备举,应有尽有,无少阙略者也。集千狐腋以成一裘之温,备百鸡蹠,以供一餐之饱,合群学育群才,以待九重之驱策,亦犹是也。以各衙门体制言之,合六科给事中、十五道御史,隶之都察院;合英、法、俄、美诸股章京,隶之总署,合十四司以为户部,合十八司以为刑部,其余亦合中有分,分必有合。

今建立总学堂,则凡中西文字、经史、政事、律例、公法、兵戎之学,天算、地舆、测绘、航海、光、电、声、化、汽机之学,身体、心灵、医理、药法、动植物之学,农政、商务、制造、工程之学皆入之。为此,诸学可以明天地之性,可以集身心之益,可以通五洲之故,可以收万物之用,可以阜民财,可以开民智,可以裕国帑,可以树国威,可以雪积耻,可以涤积弊,可以靖内乱,可以平外交,可以保旧疆,可以延新命,可以振儒风,可以距诐行,可以合万国,可以大一统。众善毕集,获益孔多。不必问其出自何人,来自何邦,谁承其流,平时则兼收并蓄。谁宣其化,遇事则待用无遗。《论衡·谢短篇》曰:"知古不知今,谓之陆沈。"然则儒生所谓陆沈者也,国家兴此诸学,俾儒生得谢陆沈之短,图报岂有涯哉?总学堂既立,规模宏大,包罗富有。入此中者,其可以恣情渔猎,奄有众长乎?非也。凡人之性,善于将将者,或拙于将兵;长于治民者,或短于治赋。因才器使,立奏肤功;违才易务,登车败绩。

西国最重专门之学,为何种学术即另有何种文字。字母虽同,拼法各异,不习其业,即不识其书。惟其不相通融,故能各臻极诣。中国则不然,今日谈兵,明日折狱;昨犹议礼,后又考工。学校本不分明,用人遂无把握,往时有出洋学生,在西国陆师学堂肄业三年,忽自请兼习海军战法。教习晓之曰,"陆战奥妙,青年入学,皓首不能尽其蕴,子慎勿以为未足而兼营他业也。"是故陆军将领,不可以贰水师提督;商轮管带,不足以壹兵舶心志。偾事在一朝,腾笑及四远,覆辙具在,宜鉴前车。故总学堂虽包众美,悉取专长,宜选其尤要,分科各立专门学堂(最要者如律法、政事、格致、矿学、工程、农政、博文之类,固宜设专门学堂,但此总学堂既系为通国而设,应尽备以待通国之讲求,不可缺一;如有未全,随时增入),听诸生自择性之所近以为学,再令教习通核诸生才之所长以为教,精诣深造,勿辍业以嬉,勿见异而迁,勿避难就易。其有殊禀英姿,博学多通者,听其兼综他艺,勿为限制,以优礼之。但此中阶级,非可躐等,宜由博而反约,勿未博而遽约,是又宜于各科专门学堂之外,别立一大学堂。大学堂者,备有多种学问,以练人之全才。诸生始入蒙学堂,粗习各学开端;再进则入中学堂,增习数业;又进则入大学堂,扩充识力。既已通晓诸学崖略,然后诸生辨志,教习因才,升诸专门学堂,从此致精,以收实用。大学堂与总学堂相似而不同,故西国大学堂,有在总学堂内者,有在总学堂外者,择其合宜而仿设焉可也。所贵有此总学堂者,非徒取其备有诸学名目,饰美观听已也;贵其作育上等之人才,而国家得收上等之实效也。试以家塾课读譬之。爱惜子弟者,必为之延聘明师,招致益友,购署精要书籍、古碑法帖,明窗净几,笔精墨良。朝考夕稽,月锻季炼。学业之成就,自在意计之中。若循例入塾,循例从学,父兄自谓吾事已毕。宽与严,听之先生,勤与惰,随其子弟,则美质荒嬉中才自弃矣。故有贤父兄,然后有良师友;有良师友,然后有佳子弟;有佳子弟,然后可望以显亲扬名、光大门闾。《孝经》云:"居家理,故治可移于官。"知家塾之宜,认真讲求,则知国学之不可视为泛常矣。

中国旧有之学堂,如同文馆、方言馆之类,大率经费无多,规制未备,难云尽善。今议创立专门总学堂,不宜因陋就简,虚应故事,所当竭力振作,精益求精。直至毫发无憾而后即安。昔中国创设海军之初,日本议院大员副岛种臣讥之曰:"中国积习,往往有可行之法而绝无行法之人,有绝妙之言而断无践言之事。今既脱胎西法,特设海军衙门,章程既立,意兴渐阑,而中国海军之事亦既毕矣,有名无实,奚足为患。"迨至中日交绥,战事结局于刘公岛,始信副岛之言确不可易。举一反三,痛自悔改,是在当轴。窃谓学堂之设,视海军尤为本图,慎无于举办之初偶贻讥讪也。

总学堂之总字,赅有二义:一谓为群学总汇之区,一谓为通国总会之所。请设譬以明之。人之生也,五官百体备,而后成其为人。耳听目视,手持足行,鼻司嗅,口司饮食言语,缺一不可。然五官,百体之能;知觉运动,又全恃脑筋为之主理。脑筋分布遍身,以总脑髓结为根源,由脑分筋一再分枝,变为极细之线通至全身。有知觉脑筋,有运动脑筋。知觉脑筋主通报,运动脑筋主传令。倘无脑筋,则五官百体皆为死物。有此脑筋则全身灵活,痛痒相关。一国犹一身也,脑筋主理五官百体,学堂启发通国智慧。学堂分布通国,如脑筋之分布全身。总学堂设立于京都,如脑筋结居于头壳之内。全身脑筋听命于头壳内之总结,则全国学堂,自必受管摄于京都之总学堂。未有头壳内之总结不灵,而五官百体内之脑线能无害者。亦未有外省偶设一二学堂,而能裨益通国者。是故总学堂为通国之表率。京都既建总学堂,外省各府厅州县,不能不建蒙学堂、中学堂暨大学堂、专门学堂。京师之总学堂,又为通国之归宿。凡通国造就之人才,毕得升进观摩于其中。如此则薄海内外,嚅嚅向风,朝廷之体统,由此愈形尊严;万国之观瞻,由此弥昭郑重矣。

或谓京都建此通国专门总学堂,外省又应分建各等学堂。事体重大,经费难筹,言之匪艰,行之维艰,恐终成画饼也则奈何?士等窃谓国于天地,必有与立,所倚以立国者,人才也,而人才必有学堂中出。前奉上谕特允诸臣推广学校之请,是建学为今日急务,早在圣明洞鉴之中。中国地大物博,果使经营得宜,将见金钱流溢,何事不举?尝见单门寒族,培养子弟,虽极艰苦,其父兄节衣缩食,诱使向学,蕲至成才,身食其报。家国一理,作之君者作之师。皇上力任培养之责,当轴诸公财成辅相,以人事君,仔肩甚重。方今敌国外患,纷至沓来,不有群才,奚能挽救,爇忧周阋,为将及焉。持危扶颠,正在今日。不宜隐情惜已,轻描淡写,听其自为转移。呜呼!当局则虚与委蛇,旁观又爱莫能助,葵藿徒倾,刍荛可采,其有未尽,容俟续议。

右为文学会董事泰西各国寓华教士、教习等所议创设总学堂之条陈,贱名亦与其列,已呈请总署王大臣采择施行矣。按文学会之设,专以振兴中国文学为己任。各董事寓华年久,救世情深,窃见近日情形,不患贫,不患弱,特患无人才。欲造就人才,必先振兴文学;欲振兴文学,必先广设学堂。想明理诸巨公,必能俯采刍荛,不以人微言轻而置之也。然而鄙见所及更有不能已于言者,凡设学堂无论其为大学、为小学、为总学、为专学,均须妥定规制严立课程。欲求规制之尽善,在于总办之得人,欲求课程之尽善,在于教习之得人。总办苟不得其人,则定章必不能周妥,办事必不能公平。纵使教习得人,或有龃龉而不安于位,玩忽而不精于勤者矣。教习苟不得其人,则教导必不能合法,奏效必不能克期。纵使总办得人,或有束手而无策,疚心而徒劳者矣。今诚欲得人而理,敬为当轴献二策焉。

一、为借材应急之法。拟先由国家延订西国精通文学素工教授之名人,俾充总办教习之选。一事权以专其责,限年月以竟其功,而一切有名无实假冒谙洋务之人,概置不用,以免阻挠倾轧之弊。仆前应督办大学堂盛容台之嘱,翻成泰西学校全规三卷,规模大备,条理井然,且于师范学堂之课程规制一篇之中,三致意焉。良以中国振兴新学,不患无治法,而患无治人。若徒令一二稍知西学之人,为之总办,为之教习,无论将来之必无成效,但观其目前开办之始,所有刊刻之规制、课程大都紊乱失序,已足令有识者齿冷。故曰开创之初,不能不借材异地也。

　　一、为出洋肄习之法。凡事初创不得不假手于人,继而力能自为,仍复权归于己,往往然也。中国初设西学堂,一面延聘西人使经理之教导之,一面即当选择国中聪颖之满汉子弟,如京师同文馆各官学,如外省方言实学储材各馆,不乏已通西文之学生。令其分赴各国,初习语言文字,继入分门之专学堂。速则四年、六年,缓亦不过十年、八年,必能学成回国,以充总办、教习之选,岂终假手他人哉!

　　日本维新以来,设立各等学校,即照以上二法切实行之,今已明著大效矣。日本东京向有分类之大学堂,生徒甚多,成材不少。近因学额不敷,已在西京添设一学堂,悉照东京大学堂之规制,定于本年五月间开学。照彼都人士所述,设立新学之情形,谓非筹集经费之难,营造房舍之难,选取生徒之难。所难者,选派合宜之教习耳。日人出洋学习已历二十年,学成返国之人实已不少,然以之充当初中各班之教习,则有余,以之充当上等各班之教习,则仍觉其不足也。观于此论而叹才难一语,今古同情,中外一辙。日本大兴新学尚有乏才之虑,况中国今日之情形呼?夫学必有师,谁不知之。师严而后道尊,恐华人尚未知之也。尝见今之延聘西师者,而叹其于尊儒重道之意犹多未尽矣,或薄其薪水,或杂其居处,或损其体面,更或严定合同以束缚而驰骤之,甚或以各项课程责诸一人之身。谁甘以明通博雅之西儒,俯就范围于迂拘粗率之华官乎?故为今日计,当视教习一项差使,实尤要于练兵、征税各差使,不但当优其薪水,且当精其居处,厚其供给。师道立则人才出,可为中国望之矣。又况出洋学习之举,可以并行不悖,他日回华即供教习之选。多得一华师,即可少延一西师,不及二十年,中国办理学校之权将尽归于华人之手矣,岂不懿欤? 美国林乐知跋

《皇朝蓄艾文编》卷十四·学校一

二、奏　折

康有为上清帝第二书（节录）

（光绪二十一年四月初八日）

富而不教，非为善经，愚而不学，无以广才，是在教民。学校之设，选举之科，先王之法盛矣。然汉、魏以经学举孝廉，唐、宋以词赋重进士，明以八股取士，我朝因之，诵法朱子，讲明义理，亦可谓法良意美矣。然功令禁用后世书，则空疏可以成俗；选举皆限之名额，则高才多老名场。况得之则词馆而踬公卿，偕于旦夕；失之则耆硕不闻征聘，终老茅营。题难，故少困于搭截，知作法而忘义理；额隘，故老逐于科第，求富贵而废学业。标之甚高，束之甚窄。甚至鉴于明末，因噎废食，上以讲学为禁，下以道学为笑。故任道之儒既少，才智之士无多，乃至嗜利无耻，荡成风俗，而国家缓急无以为用。法弊至此，亦不得不少变矣。若夫小民识字已寡，或有一省而无礼律之书，一县而无童蒙之馆，其为不教甚矣。

夫天下民多而士少，小民不学，则农工商贾无才。产物成器，利用厚生，既不能精；化民成俗，迁善改过，亦难为治，非复畴群生之意也。故教有及于士，有逮于民，有明其理，有广其智。能教民则士愈美，能广志〔智〕则理愈明。今地球既辟，轮路四通，外侮交侵，闭关未得，则万国所学，皆宜讲求。宋臣姚燮谓："我之所为，彼皆知之，彼之所为，我独不闻，安得不为所制乎！"尝考泰西之所以富强，不在炮械军兵，而在穷理劝学。彼自七八岁皆入学，有不学者责其父母，故乡塾甚多。其各国读书识字者，百人中率有七十人。其学塾经费，美国乃至八千万，其大学生徒，英国乃至一万余。其每岁著书，美国乃至万余种。其属郡县，各有书藏，英国乃至百余万册。所以开民之智者亦广矣。而我中国文物之邦，读书识字仅百之二十，学塾经费少于兵饷数十倍，士人能通古今达中外者，郡县乃或无人焉。

夫才智之民多则国强，才智之士少则国弱。土耳其天下陆师第一而见削，印度崇道无为而见亡，此其明效也。故今日之教，宜先开其智，武科弓刀步石无用甚矣。《王制》谓："裸股肱，决射御，出乡不与士齿。"此武后之谬制，岂可仍用哉！同治元年，前督臣沈葆桢请废武科，近年词臣潘衍桐请开艺学。今宜改武科为艺科，令各省、州、县遍开艺学书院。凡天文、地矿、医、律、光、重、化、电、机器、武备、驾驶分立学堂，而测量、图绘、语言、文字皆学之。选学童十五岁以上入堂学习，仍专一经，以为根本；延师教习，各有专门。学政有司会同院师，试之以经题一论，及专门之业，通半中选，不限名额，得荐于省学，谓之秀才，比之诸生。五年不成者出学。省学书器益多，见闻益广，学政督抚会同其院师，每岁试其专门之业。增以经一论、史一考、掌故一策，通半中选，不限名额，贡于京师，谓之举人。五年不成者出学。京师广延各学教习，图器尤盛，每岁总裁、礼部会同大教习试之，其法与省学同，不限名次，及半中选，谓之进士，三年不成者出学。其进士得还为州县艺学总教习，其举人得为分教习，并听人聘用。其诸生得还教其乡学塾，及充各作厂。其文科童试，即以经古场为正场，自占经解一、专门之学一；二场试四书文一、中外策一、诗一,亦及格即取,不限名额。每场考试,人数不得过三百。增设学政,每道一人,可从容尽力矣。其乡会试,头场《四书》义一、《五经》解一、诗一,纵其才力,不限格法,听其引用,但在讲明义理,宗尚孔子;二场掌故策五道;三场问外国考五道,及格者中,不限名额。殿试策问,不论楷法,但取直言极谏、条对剀切者入翰林。其文科、艺科愿互应者,听。其有创著一书,发明新义,确实有用者,皆入翰林,进士授以检讨,举人授以庶吉士,诸生授以待诏。如是,则天下之士,才智大开,奔走鼓舞,以待皇上之用。其余州县乡镇,皆设书藏,以广见闻。若能厚筹经费,广加劝募,令乡落咸设学塾,小民童子,人人皆得入学,通训诂名物,习绘图算法,识中外地理、古今史事,则人才不可胜用矣。

《康有为政论集》(上),《戊戌变法》(二)

刑部左侍郎李端棻奏请推广学校折

(光绪二十二年五月初二日)

臣闻国于天地,必有与立,言人才之多寡,系国势之强弱也。去岁军事既定,皇上顺穷变通久之义,将新庶政,以图自强,恐办理无人,百废莫举。特降明诏,求通达中外能周时用之士,所在咸令表荐,以备擢用,纶綍一下,海内想望,以为豪杰云集,富强立致。然数月以来,应者寥寥;即有一二,或仅束身自好之辈,罕有济难瑰玮之才,于侧席盛怀,未能尽副。夫以中国民众数万万,其为士者十数万,而人才乏绝,至于如是。非天之不生才也,教之之道未尽也。

夫二十年来,都中设同文馆,各省立实学馆、广方言馆、水师武备学堂、自强学堂,皆合中外学术相与讲习,所在皆有。而臣顾谓教之之道未尽何也?诸馆皆徒习西学、西语、西文,而于治国之道、富强之原、一切要书多未肄及,其未尽一也。格致制造诸学,非终身执业,聚众讲求,不能致精。今除湖北学堂外,其余诸馆,学业不分斋院,生徒不重专门,其未尽二也。诸学或非试验测绘不能精,或非游历察勘不能确。今之诸馆,未备器图,未遣游历,则日求之于故纸堆中,终成空谈,自无实用,其未尽三也。利禄之路,不出斯途。俊慧子弟,率从事帖括,以取富贵,及既得科第,遂与学绝,终为弃材。今诸馆所教,率自成童以下,苟逾弱冠,即已通籍;虽或向学,欲从末由,其未尽四也。巨厦非一木所能支,横流非独柱所能砥,天下之大,事变之亟,必求多士,始济艰难。今十八行省只有数馆,每馆生徒只有数十,士之欲学者,或以地僻而不能达,或以额外而不能容,即使在馆学徒一人有一人之用。尚于治天下之才万不足一。况于功课不精,成就无几,其未尽五也。

此诸馆所以设立二十余年,而国家不一收奇才异能之用者,惟此之故,曰:然则岩穴之间,好学之士,岂无能自绩学以待驱策者?曰:格致、制造、农、商、兵、矿诸学,非若考据、词章、帖括之可以闭户獭祭而得也。书必待翻译而后得读,一人之学能翻群籍乎?业必待测验而后致精。一人之力,能购群器乎?学必待游历而后征实。一人之身能履群地乎?此所以虽有一二倜傥有志之士,或学焉而不能成,或成矣而不能大也。乃者钦奉明诏设官书局于都畿,领以大臣以重其事。伏读之下,仰见圣神措虑,洞见本原。臣于局中一切章程虽未具悉,然知必有良法美意,以宣达圣意阐扬风化者。他日奇才异能由斯而出,不可胜数也。

惟育才之法匪限于一途,作人之风当偏于率土。臣请推广此意,自京师以及各省府州县皆设学堂。府州县学,选民间俊秀子弟年十二至二十者入学,其诸生以上欲学者听之。学中课程,诵《四书》、《通鉴》、《小学》等书,而辅之以各国语言文字,及算学、天文、地理之粗浅者,万国古史近事之简明者,格致理之平易者,以三年为期。省学选诸生年二十五以下者入学,其举人以上欲学者听之。学中课程,诵经史子及国朝掌故诸书,而辅之以天文、舆地、算学、格致、制造、农桑、兵、矿、时事、交涉等书,以三年为期。京师大学,选举贡监生年三十以下者入学,其京官愿学者听之。学中课程,一如省学,惟益加专精,各执一门,不迁其业,以三年为期。其省学、大学所课,门目繁多,可仿宋胡瑗经义、治事之例,分斋讲习,等其荣途,一归科第,予以出身,一如常官。如此,则人争濯磨,士知向往,风气自开,技能自成,才不可胜用矣。

或疑似此兴作,所费必多。今国家正值患贫,何处筹此巨款。臣查各省及府州县率有书院,岁调生徒入院肄业,聘师讲授,意美法良。惟奉行既久,积习日深,多课帖括,难育异才。今可令每省每县各改其一院,增广功课,变通章程,以为学堂。书院旧有公款,其有不足,始拨官款补之。因旧增广,则事顺而易行;就近分筹,则需少而易集。惟京师为首善之区,不宜因陋就简,示天下以朴,似当酌动帑藏,以崇体制。每岁得十余万,规模已可大成,中国之大,岂以此十余万为贫富哉。或又疑所立学堂既多,所需教习亦众,窃恐乏人堪任此职。臣以为事属创始,学者当起于浅近,教者亦无取精深。今宜令中外大吏各举才任教习之士,悉以名闻,或就地聘延,或考试选补。海内之大,必有可以充其任者。学堂既立,远之得三代庠序之意,近之采西人厂院之长,兴贤教能之道思过半矣。然课其记诵而不廓其见闻,非所以造异才也。就学者有日进之功,其不能就学者无讲习之助,非所以广风气也。今推而广之,厥有与学校之益相须而成者,盖数端焉。

一曰设藏书楼,好学之士,半属寒畯,购书既苦无力,借书又难其人,坐此孤陋寡闻无所成就者,不知凡几。高宗纯皇帝知其然也,特于江南设文宗、文汇、文澜三阁,备庋秘籍,恣人借观。嘉庆间大学士阮元推广此意,在焦山灵隐起立书藏,津逮后学。自此以往,江浙文风甲于天下,作人之盛,成效可睹也。泰西诸国颇得此道,都会之地皆有藏书。其尤富者至千万卷,许人入观,成学之众,亦由于此。今请依乾隆故事,更加增广。自京师及十八行省省会,咸设大书楼,调殿板及各官书局所刻书籍,暨同文馆、制造局所译西书,按部分送各省以实之。其或有切用之书,为民间刻本官局所无者,开列清单,访明价值,徐行购补。其西学书陆续译出者,译局随时咨送,妥定章程,许人入楼看读,由地方公择好学解事之人经理其事。如此,则向之无书可读者,皆得以自勉于学,无为弃才矣。古今中外有用之书,官书局有刻本者,居十之七八。每局酌提部数分送各省,其费至省,其事至顺。一奉明诏,事即立办,而饷遗学者,增益人才,其益盖非浅鲜也。

二曰创仪器院也。格致实学,咸藉试验。无远视之镜,不足言天学。无测绘之仪,不足言地学。不多见矿质,不足言矿学。不习睹汽机,不足言工程之学。其余诸学,率皆类是。然此等新器,所费不资;家即素封,亦难备购。学何从进,业焉能成。今请于所立诸学堂咸别设一院,购藏仪器,令诸学徒皆就试习,则实事求是,自易专精,各器择要而购,每省拨万金以上,已可粗备。此后陆续添置,渐成大观,则其费尚易措筹,而学徒所成,视昔日纸上空谈,相去远矣。

三曰开译书局也。兵法曰:"知己知彼,百战百胜。"今与西人交涉而不能尽知其情伪,此见弱之道也。欲求知彼,首在译书。近年以来,制造局、同文馆等处译出,刻成已百余种,可谓知所务也。然所译之书,详于术艺而略于政事,于彼中治国之本末,时局之变迁,言之未尽。至于学校、农政、商务、铁路、邮政诸事,今日所亟宜讲求者,一切章程条理,彼国咸有专书,详哉言之。今此等书,悉无译本。又泰西格致新学,制造新法,月异岁殊,后来居上。今所已译出者,率十年以前之书,且数亦甚少,未能尽其所长。今请于京师设大译书馆,广集西书之言政治者、论时局者、言学校农商工矿者,及新法新学近年所增者,分类译出,不厌详博,随时刻布,廉值发售,则可以增益见闻,开广才智矣。

四曰广立报馆也。知今而不知古则为俗士,知古而不知今则为腐儒。欲博古者莫若读书,欲通今者莫若阅报,二者相须而成,缺一不可。泰西每国报馆,多至数百所,每馆每日出报多至数万张。凡时局、政要、商务、兵机、新艺奇技,五洲所有事故,靡所不言。阅报之人,上自君后,下自妇孺,皆足不出户,而于天下事了然也。故在上者能措办庶务而无壅蔽,在下者能通达政体以待上之用。富强之原,厥由于是。今中国邸钞之外,其报馆仅有上海、汉口、广州、香港十余所,主笔之人不学无术,所言率皆浅陋不足省览。总署海关近译西报,然所译甚少,又未经印行,外间末由得见。今请于京师及各省会并通商口岸繁盛镇埠,咸立大报馆。择购西报之尤善者,分而译之。译成,除恭缮进呈御览并咨送京外大小衙门外,即广印廉售,布之海内。其各省政俗土宜,亦由各馆派人查验,随时报闻,则识时之俊日多,干国之才日出矣。

五曰选派游历也。学徒既受学数年,考试及格者,当选高才以充游历。游历之道有二:一游历各国,肄业于彼之学校,纵览乎彼之工厂,精益求精以期大成。一游历各省,察验矿质,钩核商务,测绘舆地,查阅物宜,皆限以年期,厚给薪俸,随时著书归呈有司。察其切实有用者,为之刊布,优加奖励。其游惰而无状者,官则立予黜退,士则夺其出身。数年之后,则辎轩绝域之士,斐然成章,郡国利病之书,备哉灿烂矣。或疑近年两次所派游历学生未收大效,不知前者所派游历,乃职官而非学童。在中国既未经讲求,至外洋亦未尝受学,故事涉空衍,寡有所成。其所派学生又血气未定,读中国书太少,遽游历绝域,易染洋风,虽薄有技能,亦不适于用。今若由学堂选充,两弊俱免。其所成就,必非前此之所能例也。夫既有官书局大学堂以为之经,复有此五者以为之纬,则中人以上皆可自励于学,而奇才异能之士,其所成就益远且大。十年以后,贤俊盈廷,不可胜用矣。以修内政,何政不举?以雪旧耻,何耻不除?上以恢列圣之远猷,下以慑强邻之狡启,道未有急于是者。若抑蒙采择,乞饬下中外大臣妥议章程,遵旨施行。

《时务报》第六册(光绪二十二年八月廿一日),《光绪朝东华录》(四)

总理衙门议复李侍郎推广学校折

(光绪二十二年五月初二日)

侍郎李端棻奏请推广学校以励人才一摺,本日奉上谕:着该衙门议奏。钦此。臣等查该侍郎原奏所陈各节,大抵以时事多艰,人才凋乏,朝廷之旁求虽切,荐剡之奇杰罕闻。因推原于立学之方,育才之术,蕲以树风声而开趋向,浅学扩其闻见,通才益便精研,其在于今,诚为切要。综观环球各国三十年来,莫不以兴教劝学为安内攘外之基;崇学者积治以富强,虚伪者积衰以贫弱,事如操券,成效炳然。则今日广励学官,诚属自强本计。惟是施行宜为之次第,条理必致极精详。近日风气大开,士崇新学,词林郎署,愿就同文馆肄业者颇不乏人。外间各省书院,亦多有斟酌时宜,于肄业经古以外,增加算学制造诸课者。臣衙门于去年十二月议复御史陈其璋推广学堂奏内，请旨饬下沿江沿海将军督抚，于已设学堂者量为展拓，未设学堂者择要仿行，听令官绅集资奏明办理，亦即该侍郎所谓推广学校励人才而资御侮之意，业经奉旨通行各省遵办在案。如内地各府县绅耆闻风向慕，自可由督抚酌拟办法，或就原有书院量加程课，或另建书院肆习专门。果使业有可观，三年后由督抚奏明该衙门，再行议定章程，请旨考试录用以昭激劝。其藏书楼、仪器院、译书馆三节，均可于新立学堂中兼举并行。西人报例，有专谈时务者，有专谈艺学者，时务之报，译者尚多，艺学之报，译者寥寥，而为用甚广，亦不妨令学堂中选择译之，以收知新之助。凡此，皆朝廷所乐为鼓舞，惟在地方官之劝导有方，而兴学校以嘉惠士林，要仍视人士之乐于向学。若地方自安僻固，无意讲求，虽加提倡，固亦无益也。该侍郎所请选派游历一节，与臣衙门奏派同文馆学生出洋学习所议章程大意略同。游历诚多多益善，而过多亦虑经费之难支。应请嗣后游历诸学生由学堂选派者，即由学堂筹给资斧；由商局选派者，即由商局筹给资斧。出洋时仍由督抚给与文凭，到洋后仍由出使大臣一体照料。推广之中，仍存限制，庶几事无窒碍，可以经久常行。以上各节，均系就臣衙门奏定成案，量与扩充。如蒙俞允，恭候命下，即由臣衙门通行各省，责令实力奉行，以期得收实效。至该侍郎所请于京师建设大学堂，系为扩充官书局起见，应请旨饬下管理书局大臣察度情形，妥筹办理。

《时务报》第七册（光绪二十二年九月初一日），《皇朝经世文新编》第六册（学校上）

孙家鼐议复开办京师大学堂折

（光绪二十二年七月）

奏为遵筹京师建立学堂大概情形，恳恩拨款开办，恭折复陈，仰祈圣鉴事：本年七月十三日，准总理各国事务衙门咨开，议复刑部左侍郎李端棻奏，请推广学校以励人才折内，京师建立大学堂一节，系为扩充官书局起见，请饬下管理书局大臣察度情形，妥筹办理等因，奉旨依议。钦此，钦遵咨行到局。臣查本年正月总署原奏，请立官书局，本有建设学舍之说，臣奉命管理书局，所奏开办章程，亦拟设立学堂，延请教习。是学堂一议，本总署原奏所已言，亦即官书局分内应办之事。刻开办书局，时近半年，各处咨取书籍，译印报章，草创规模，粗有眉目。惟苦于经费不足，只能略添仪器，订购铅机，搜求有用之图书，采摭各邦之邮电，俾都人士，耳目见闻，稍加开拓而已。

若云作育人才，储异日国家之大用，则非添筹经费，分科立学不为功。独是中国京师建立学堂，为各国通商以来仅有之创举，苟仅援前此官学义学之例，师徒授受以经义帖括，猎取科名，亦复何裨大局？即如总署、同文馆、各省广方言馆之式，斤斤于文字语言，充其量不过得数十翻译人才而止。福建之船政学堂、江南制造局学堂及南北洋水师武备各学堂，皆囿于一才一艺，即稍有成就，多不明大体，先厌华风，故办理垂数十年，欲求一缓急可恃之才而竟不可得者，所以教之之道，固有未尽也。此中国旧设之学堂，不能仿照办理也。

泰西各国，近今数十载，人才辈出，国势骤兴，学校遍于国中，威力行于海外，其都城之所设大学堂，规模闳整，经费充盈，教习以数百计，生徒以数万计。其学有分四科者、五科者、六科者，仍广立中学小学，以次递升，暗与中国论秀书升之古制相合，遂以争雄竞长，凌抗中朝，莘莘群才，取之宫中而皆备，非仅恃船坚炮利为也。

当兹事变日多,需才孔亟,以薪艾卧薪之意,为惩前毖后之方,亟应参仿各国大学堂章程,变通办理,以切时用。第各国分科立学,规制井然,而细译其用心致力之端,终觉道器分形,略于体而详于用。故虽励精图治,日进富强,而杂霸规为,未能进于三代圣王之盛治者,亦其学限之耳。况外国学校经费充溢,千狐集腋,非一日所成,骤欲一蹴而几,安得有此财力。此外国大学堂之法,亦有不能全行仿办者也。臣与在局诸臣,悉心筹议,深知此事定制之难,创始之不易。且中国堂堂大国,立学京师,尤四海观瞻之所系,一或不慎,则徒招讥议,无补时艰,反不如不办之为愈矣。刻仍内外函商,周咨博访,务求悉臻美善,以期仰副圣明。谨先将现在筹办大概情形,胪为六事,缕析为我皇上陈之:

一曰宗旨宜先定也。中国五千年来,圣神相继,政教昌明,决不能如日本之舍己芸人,尽弃其学而学西法。今中国京师创立大学堂,自应以中学为主,西学为辅;中学为体,西学为用;中学有未备者,以西学补之;中学有失传者,以西学还之。以中学包罗西学,不能以西学凌驾中学。此是立学宗旨。日后分科设教,及推广各省,一切均应抱定此意,千变万化,语不离宗。至办理章程,有必应变通尽利者,亦不得拘泥迹象,局守成规,致失因时制宜之妙。

二曰学堂宜造也。书局初开,为节省经费起见,暂赁民房,一切已多不便。今学堂将建,则讲堂、斋舍,必须爽垲宜人,仪器、图书,亦必庋藏合度。泰西各国,使署密迩,闻中国创立学校,亦将相率来游,若湫溢不堪,适贻外人笑柄。拟于京师适中之地,择觅旷地,或购民房,创建学堂,以崇体制。先建大学堂一区,容大学生百人,四围分建小学堂四所,每学容小学生三十人。堂之四周,仍多留隙地,种树莳花,以备日后扩充,建设藏书楼、博物院之用。

三曰学问宜分科也。京外同文、方言各馆,西学所教亦有算学、格致诸端,徒以志趣太卑,浅尝辄止,历年既久,成就甚稀,不立专门,终无心得也。今拟分立十科:一曰天学科,算学附焉;二曰地学科,矿学附焉;三曰道学科,各教源流附焉;四曰政学科,西国政治及律例附焉;五曰文学科,各国语言文字附焉;六曰武学科,水师附焉;七曰农学科,种植水利附焉;八曰工学科,制造格致各学附焉;九曰商学科,轮舟铁路电报附焉;十曰医学科,地产植物各化学附焉。总古今,包中外,该体用,贯精粗,理索于虚,事征诸实,立格以待奇杰,分院以庋图书。风会既开,英才自出,所谓含宏光大,振天纲以赅之也。虽草创规模,未能开拓。而目张纲举,已为万国所无,他日并包六合之机,权舆于是矣。

四曰教习宜访求也。大学堂内应延聘中西总教习各二人,中国教习,应取品行纯正,学问渊深,通达中外大势者,虽不通西文可也。外国教习,须深通西学,兼识华文,方无扞格,如实难其选,则拟先聘一人,脩脯必丰,礼敬必备。中西教习,一律从同,此燕昭筑黄金台,以待天下贤士之意也。四小学堂,每堂延中西教习各一人,亦须学正品端,足为师表者,乃膺其选。西师所教,先以英法为言,如能兼习德俄,尤便翻译书籍,应俟届时察酌办理。

五曰生徒宜慎选也。大学堂学生,年以二十五岁为度,以中学西学一律赅通者为上等,中学通而略通西学者次之,西文通而粗通中学者又次之。仍分三班,给发薪水,头班月八金,二班六金,三班四金,由同文、方言各馆调取。内外各衙门咨送及举贡生监曾学西文者,自行取给投考。惟中西各学,均须切实考验,第其优劣,分别去留,仍须性行温纯,身家清白,方能入选。四小学之学生。年以十五岁为度,便于学习语言。创办时额数无多,暂由满、汉各官员子弟中报名投考,亦须中文粗通、识字稍多者方能入选,不足再出示招考,由乡邻具结,确系读书世家,乃准与考。考取入学,自备薪水,不出束脩,数年后中西各学俱通,升入大学堂,始给薪水，以示鼓励。

六曰出身宜推广也。学而不用，养士何为；用违其才，不如不用。中国素重科目，不宽予以出身之路，终不能鼓舞人才，拟参酌中西，特辟三途，以资激励。一曰立科。光绪甲申，礼部议覆潘衍桐折，请立算学一科，以二十名取中一名，然屡届人数，均不满额。拟援此例，立时务一科，包算学在内，乡会试由大学堂咨送与考。中式名数，定额宜宽，应俟学堂规模大定之时，请旨办理。二曰派差。学生应试不中者，由学堂考验，仿西例奖给金牌文凭，量其所长，咨总署派往中国使馆，充当翻译随员，或分布南北洋海军、陆军、船政、制造各局，帮办一切，以资阅历。三曰分教。泰西各国，有所谓师范学堂者，专学为师。大学堂学生，如不能应举为官者，考验后，仿泰西例奖给牌凭，任为教习。各省立学之始，皆先向京师大学堂咨取充当，则师资自有，俯仰无忧，京外各学堂，亦可联为一气矣。

此六事者，准今酌古，原始要终，实已兼包中外。以后详细办法，或应行推广，一切未尽事宜，容当博采群言，随时奏明请旨。惟是开办之始，筹款为先，泰西各国学校，岁需几与官俸兵饷相等，有多至华银八千余万两者。英京大学堂岁支九百万镑，故尔规模宏整，俊彦云兴。中国总署同文馆岁费二十余万两，天津医学堂岁费十万两，各省同文、方言各馆，水师武备各堂，岁费十余万、数万两不等。大抵草率狭隘，日久因循，卒未闻成就一人，足以上济国家之急，固缘办理之未善，亦苦于经费之不敷耳。

今京师创立大学堂，款太多则筹措维艰，款太少则开销不足，思维再四，昕夕旁皇，伏念学堂一事，屡经臣工条奏明旨饬行，良以时局多艰，亡羊补牢，非有人才，不能自立。今设学堂于辇毂之地，耳目近接，稽察易周，臣等仍当慎选真才，力求核实，以上副圣主瘝痪求贤之至意。

内外诸臣，受恩深重，以人事君之素志，具有同心，岂宜惜此区区，致挠盛举！应请旨饬下户部飞饬南北洋大臣，无论何款，按月各拨银五千两，解交户部，作为京师学堂专款。自奉旨之日为始，由臣饬派局员，按月领取，俾得从容布置，刻期一载，当可告成。此款比之泰西，固属泰山之毫末，即较之各省学堂、同文各馆，亦尚系酌中之数、得半之间，而不敢斤斤于体制所存，率请多拨者，实以无征不信。创始维艰，俟他日成效已彰，人才渐出，续行奏请，添拨款项，广置生徒，以渐推行于各省。庶循名责实，慎始图终，海宇倾风，贤才辈出，师师济济，为国干城，内治外交，永不必借材异地。此则皇上之洪福，臣等之素心，抑亦宗庙社稷之神灵所默为呵护者已。所有筹议学堂大概情形，及请拨款开办缘由，谨缮折上陈，乞皇上圣鉴训示。谨奏。

《光绪政要》卷二十二，《变法自强奏议汇编》卷四，《皇朝经世文新编》第六册，《时务报》第二十册（光绪二十三年二月十一日）

康有为请开学校折

（光绪二十四年五月）

奏为请广开学校，以养人才，恭折仰祈圣鉴事。窃臣以狂愚，请废八股，荷蒙圣明嘉纳，立下明诏施行，薄海回风，洗濯固陋，咸更新历学，以赞休明。夫以千年之弊俗，而一旦扫除之，非皇上之神武英断，何能致此？岂愚臣之梦寐瘝思所能及也。天下回首面内，想望更化之善治，肇应千载之昌期，在我皇上矣。其鼓荡国民，振厉维新，精神至大，岂止区区科举一事已哉？虽然，譬诸治病，既以吐下而去其宿疴，即宜急补养以培其中气，则今者广开学校为最要矣。

吾国周时，国有大学、国学、小学之等，乡有党庠、州序、里塾之分，教法有诗书、礼乐、戈版、羽籥、言说、射御、书数、方名之繁，人自八岁至十五岁，皆入大小学。万国立学，莫我之先且备矣。《诗》曰："周王寿考，遐不作人。"言文王于人才作而致之，非赖自然生而有之也。故兔罝野人，可为干城腹心，介胄武夫，能说诗书礼乐。人才既多，则国命延洪，故作人则能寿考也。后世不立学校，但设科举，是徒因其生而有之，非有以作而致之，故人才鲜少，不周于用也。臣不引远古，请近校于今欧、美各国，而知其故矣。

欧、美之作其国民为人才也，当吾明世，乃始立学，仅从僧侣，但教贵族，至不足道。及近百年间，文学大兴。普之先王大非特力，馆法名士窝多于其生苏诗宫而师之，聘柏罗斯其于瑞士，而创国民学，令乡皆立小学，限举国之民，自七岁以上必入之，教以文史、算数、舆地、物理、歌乐，八年而卒业，其不入学者，罚其父母。县立中学，十四岁而入，增教诸科尤深，兼各国文，务为应用之学。其初等科二年，高等科二年。初等二年者，中学必应卒业者也。自是而入专门学者听之，专门者，凡农、商、矿、林、机器、工程、驾驶，凡人间一事一艺者，皆有学，皆为专门也。凡中学、专门学卒业者，皆可入大学，其教凡经学、哲学、律学、医学四科。自是各国，以普之国民学为师，皆效法焉。英大学分文、史、算、印度学、阿喇伯学、远东学，于哲学中别自为科。美则加农、工、商于大学，日本从之。

夫学至于专门止矣，其所谓大学者，不过合各专门之高等学多数为之，大聚天下之书图仪器，以博其见闻，广延各国之鸿博硕学专门名家，以得其指导，而群一国之学者，优游渐渍，讲求激厉，而自得之。凡各州能备此者，皆可谓为大学，非徒在国都而已。总而言之，小学、中学，教所以为国民，以为己国之用，皆人民之普通学也。高等、专门学者，教人民之应用，以为执业者也。大学者，犹高等学也，磨之砻之，精之深之，以为长为师，为士大夫者也。其条理至详，科学至繁，荷兰、比利时、瑞典、丹麦以蕞尔国而能独立者，以诸学并立，大学岿然，人才不可胜用故也。普胜法后，俾士麦指学生语之曰："我之胜法，在学生而不在兵。"以百业千器万技，皆出于学，作而成之故也。彼分途教成国民之才，如此其繁详也，我乃鞭一国之民，以从事于八股枯困搭截之题，斩人才而绝之。故以万里之大国，四万万之人民，而才不足立国也。

近者日本胜我，亦非其将相兵士能胜我也，其国遍设各学，才艺足用，实能胜我也。吾国任举一政一艺，无人通之，盖先未尝教养以作成之。天下岂有石田而能庆多稼者哉？今其害大见矣，不可不亟设学以育成之矣。今各国之学，莫精于德，国民之义，亦倡于德，日本同文比邻，亦可采择。请远法德国，近采日本，以定学制，乞下明诏，遍令省府县乡兴学，乡立小学，令民七岁以上皆入学，县立中学，其省府能立专门高等学、大学，各量其力皆立图书仪器馆。京师议立大学数年矣，宜督促早成之，以建首善而观万国。夫养人才，犹种树也。筑室可不月而就，种树非数年不荫。今变法百事可急就，而兴学养才，不可以一日致也，故臣请立学亟亟也。若其设师范、分科学、撰课本、定章程，其事至繁，非专立学部，妙选人才，不能致效也。惟圣明留意幸察，伏乞皇上圣鉴。谨奏。

《康有为政论集》（上），《戊戌奏稿》页十二至十四，《不忍杂志》第四册

会议兴学事宜折

(光绪二十七年)

政务处
礼部　谨奏：为遵旨会议具奏事。光绪二十七年八月初二日，奉上谕：各省设立学堂，所有延请师长、妥定教规，及学生卒业应如何选举、鼓励，一切详细章程，着政务处咨行各省悉心酌议，会同礼部复核具奏，钦此。迄今数月，除州署直隶总督袁世凯将开办山东学堂章程奏到外，其余各省均尚未奏复。前据刘坤一、张之洞电奏，请将学堂各生分别鼓励，明降谕旨：奉旨着政务处妥议具奏，钦此。本月十五日复奉谕旨：将袁世凯原奏暨单开章程通行各省，仿照举办，着政务处会同礼部将选举鼓励章程速行妥议具奏等因，钦此。

臣等窃惟学堂之设，固宜宏奖以鼓舞士气，尤贵核实，以作育真才，不可不优其进取之途，亦不可不防其登选之滥，即以东西各国学堂章程而论，皆系由小学堂、中学堂、大学堂以次递升，毕业后始予出咨，自可按照办理。拟请将各省小学堂毕业学生严加考试，功课合格者，选入中学堂，毕业后考取合格，再送入大学堂，毕业后考取合格，准发给凭照。作为优等学生，由该督抚学政按其功课严密扃试，拔其尤者，分别拟取等第，咨送京师大学堂复试，候旨钦定作为举人、贡生，仍留下届应考，愿应乡试者，听。举人积有成数，由京师大学堂严加考试，拔其尤者，拟取等第，咨送礼部，奏请特派大臣考试，候旨钦定。作为进士一体殿试，恭候钦定名次引见，量加擢用，因材器使，优予官阶，不拘庶吉士、部属、中书等项成例，庶多士观感奋兴争，自濯磨而通才将辈出矣。查袁世凯办法，以通省学堂，一时未能遍举，先于省城建立学堂，分斋督课，其备斋、正斋即隐寓于小学堂、中学堂之规制，意在循序渐进，而成效可期。现经钦奉明谕，令各省仿造举办。所有此项肄业各生，自应酌照将来选举章程，以俟鼓励。拟请俟专斋毕业后，即由该督抚学政严加考试，拔尤拟取等第，咨送京师大学堂复试，候旨钦定。作为举人。贡生，其取定之人，仍俟积有成数，由京师大学堂严加考试，拔优拟取等第，咨送礼部，奏请特派大臣考试，候旨钦定，作为进士，听候殿试录用。其余未尽事宜，应俟各省学堂奏明，开办后随时酌定，请旨遵行，以期仰副朝廷劝学育才实事求是之至意。所有遵旨会议学堂选举鼓励缘由，谨合词恭折具陈，是否有当，恭候圣裁。再，此折系政务处主稿，合并声明，伏乞皇太后、皇上圣鉴训示。谨奏。

十月二十五日奉上谕：政务处会同礼部奏，遵旨核议学堂选举鼓励章程一折，学堂之设原以鼓舞士气，作育真才，自当优其进取之途，尤宜防其登进之滥，报阅所拟章程，尚属妥协，着照所请，饬令各该省，将小学堂毕业学生考取功课合格者，送入中学堂肄业，俟毕业后考取合格者，再送入该省大学堂，毕业后取其合格者给照。作为优等学生，由该省督抚学政按其功课严密考校，拔尤拟取，咨送京师大学堂复试，候旨钦定。作为举人、贡生，其贡生仍准下届应考，愿应乡试者听。俟举人积有成数，再由大学堂严加考取，咨送礼部，奏请特派大臣考试，候旨钦定。作为进士，一体殿试，分别等第，再领引见，量加擢用，不拘庶吉士、部属、中书等项成例，以广通材，而收实效。前据袁世凯奏，先于省城建立学堂，分斋督课，其备斋、正斋即遵小学堂、中学堂规制，业经谕令各省仿照开办。所有此项学生，着俟专斋毕业后，即照此次所拟选举章程一律办理,以示鼓励,钦此。

十二月初一日奉上谕:兴学育才,实为目今要务,京师首善之区,尤宜加意作养,以树风声。从前所建大学堂,应即切实举办。着派张百熙为管学大臣,将学堂一切事宜责成综理,务期端正趋向,造就通才,明体达用,庶收得人之效应,如何核定章程,并着协心妥议,随时具奏,钦此。

初二日奉晓谕:昨已有旨饬办京师大学堂,并派张百熙为管学大臣,所有从前设立之同文馆,毋庸隶外务部,着即归入大学堂,一并责成张百熙管理,务即认真整饬,以副委任,钦此。

《谕折汇存》卷 22(光绪二十七年)

刘坤一张之洞奏育才兴学四事折

(光绪二十七年八月二十日)

先是刘坤一、张之洞奏。臣等钦奉光绪二十六年十二月初十日上谕:法令不更,锢习不破,欲求振作,当议更张。着军机大臣大学士六部九卿出使各国大臣各省督抚,各就现在情形,参酌中西政要,举凡朝章国故,吏治民生,学校科举,军政财政,当因当革,当省当并,或求诸己,或取诸人,如何而国势始兴,如何而人才始出,如何而度支始裕,如何而武备始修,各举所知,各抒所见。通限两个月详悉条议以闻等因。钦此。

仰见我皇上惩毖多难,必欲扫积习以济时艰,感泣之余,且愧且奋。臣等尝闻之《周易》、"乾道变化"者,行健自强之大用也。又闻之《孟子》,"过然后改,困然后作,动心忍性,增益所不能"者,生于忧患之枢机也。上年京畿之变,大局几危,其为我中国之忧患者,可谓巨矣。其动忍我君臣士民之心者,可谓深矣。穷而不变,何以为国?然则修中华之内政,采列国之专长,圣道执中,徇为至当。惟是中国贫弱废弛之弊,或相沿百余年,或相沿二千余年,一旦欲大加兴革,必须规划周详。确有下手之处,然后血气生而宿疴自去,疣痈决而元气可支。窃谓中国不贫于财而贫于人才,不弱于兵而弱于志气。人才之贫,由于见闻不广,学业不实;志气之弱,由于苟安者无履危救亡之远谋,自足者无发愤好学之果力。保邦致治,非人无由。谨先就育才兴学之大端,参考古今,会通文武,筹拟四条:一曰设文武学堂,二曰酌改文科,三曰停罢武科,四曰奖劝游学,敬为圣主陈之。

一、设文武学堂。取士之法,自汉至隋为一类,自唐至明为一类。无论或用选举,或凭考试,立法虽有短长,而大意实不相远。汉魏至隋,选举为主,而亦间用考试,如董晁、郄杜之对策是也。唐宋至明,考试为主,而亦参用选举,如温造、种放之征召是也。要之皆就已有之人才而甄拔之,未尝就未成之人才而教成之,故家塾则有课程,官学但凭考校,此皆与三代学校之制不合。现行科举章程,本是沿袭前明旧制。承平之世,其人才尚足以佐治安民。今日国蹙患深,才乏交敝,若非改弦易辙,何以拯此艰危。然而中国见闻素狭,讲求无素,即有考求时务者,不过粗知大略,于西国政治,未能详举其章;西国学术,未能身习其事。现虽举行经济特科,不过招贤自隗始之意,只可为开辟风气之资,而未必遽有因应不穷之具。考《周官》司徒之职,《小戴礼·学记》之文,大率皆以德行道艺,兼教并学,学成而后用之。此外见于经传者,乡国之学,皆兼六艺,大夫之职,必备九能,书、礼干戈,司成并教,寄象鞮译,王制分官,海外图经,伯益所传,润色专对,《论语》所重。又按三代之制,庠序之称曰士,卒伍之称亦曰士,实为文武合一,文武并重之明征。若孔子兼通文武,学于四裔,尤圣人躬行垂教之彰彰者。此后汉举使才,唐采回历,隋志经籍,多收方言,明初文科,亦兼骑射。钦惟我朝康熙年间,测天造炮,皆用西人,内府地图,创用西法之经纬线。此图所刻铜板,即用东洋铜板之阴阳文。尼布楚界碑,兼用三体文字。乾隆年间,西域同文志,兼列清、汉、蒙古、西番托忒回部之书。至于内廷功课,八旗授官,皆系文武兼习。祖宗旧制,洵足为万代法程。今泰西各国学校之法,犹有三代遗意。礼失求野,或尚非诬。其立学教士之要义有三:一曰道艺兼通,二曰文武兼通,三曰内外兼通。其教法之善有四:一曰求讲解不责记诵,一曰有定程亦有余暇,一曰循序不躐等,一曰教科之书官定。颁发通国一律,大小各学,功有浅深,意无歧异。其考校进退章程,皆用北宋国学积分升舍之法,才能优绌,切实有据。既不虞试官偏私,亦不致摸索偶误。故其人才日多,国势日盛。德之势最强,而学校之制,惟德最详。日本兴最骤,而学校之数,在东方之国为最多。兴学之功,此其明证。其学校教法,大率少年者先入小学堂,先教以浅近文理算法史事格致之属。小学堂又分初等、高等两种,小学成后,选入中学堂。所学门类甚多,名曰普通学。如国教、格致、算学、地理、史事、绘图、体操、兵队操、本国行文法、外国语言文字行文法等事,皆须全习。惟外国文字只兼习一国。无论大小学堂,皆有讲国教一门,皆有学兵队之操场。日本之教科,名曰伦理科,所讲皆人伦道德之事,其大义皆本五经四书。普通学毕业后,发给凭照,升入高等学堂习专门之学。自此以后,然后文武分途,或文或武听其便。惟文武皆必先习普通,至专门之学。习文事者名高等学校,英分经、教、法、医、化、工六科,又另设专门农、商、矿学。法与英略同,德又另设专门工学。日本高等学校,亦分六门:一法科,二文科,三工科,四理科,五农科,六医科。每科所习学业,各有子目,其余专门各有高等学校。查日本门目与中国情形较近,欧美无学不兼讲西教,日本无学不兼讲伦理。习武备者名士官学校,略分地理、战史、战法、军械、测绘、工程、经理、军医八门,兼习外国文字,兵式体操、兵队操、行军操、射的、击刺、乘骑、游水等事。射的即枪炮打靶,击刺即短刀刺枪互击。习文事者,高等学校毕业后发给凭照,略如中国举人,分类量能而授以官。其愿再学者升入大学校,大学校毕业领照者,略如中国进士。习武备者,普通毕业后,先入营练习半年,方入士官学校,士官学校毕业后,仍须入营练习三年,方为毕业。第一年学为兵,第二年学为弁,第三年即在其营内充弁。其弁亦名下士官,其分际略如中国把总、外委、额外,此堂毕业后发给凭照,其国家即用为各军少尉。自少尉以上皆名士官,大尉、中尉、少尉略如都司、守备、千总。自官少尉以后,可在本营叙劳任转。若仅由充兵出身者,官至特务曹长为止,曹长略如把总。仅由士官学校出身者,官至大佐为止,大佐略如副将。中佐、少佐如参游。若欲为大将、中将、少将者,仍须升少佐、中佐后,再入陆军大学校三年。习水师者,名海军大学校,其海陆大学校,体制与文事大学校同。大将如统兵大臣,中将、少将如提镇。以上所举皆日本官名,取其易晓。各国学制、教法节目,虽有小异,用意事事相同。其大、中、小学之年限,无论文武,大率三、四、五年不等。等级渐深者,子目亦渐加多。其东西各国今昔章程微有不同者,大约西繁而东简,西迟而东速,昔专一而今变通。如西国马上不放火枪,日本近三年始于马上操枪之类。其学校监督,皆用武官为之。以武官于礼节规矩,最为谨严详密,文职偶有脱略,武官断不通融。此外国学校教士官人之大略也。臣等谨参酌中外情形,酌拟今日设学堂办法。拟今州县设小学校及高等小学校,童子八岁以上入蒙学,习识字,正语音,读蒙学歌诀诸书,除四书必读外,五经可择读一二部。家塾、义塾，悉听其便，由绅董自办，官劝导而稽其数，每年报闻上司可也。十二岁以上入小学校，习普通学，兼习五经，先讲解后记诵，但解经书浅显义理，兼看中外简略地图，学粗浅算法至开立方止，学粗浅绘图法至画出地面平形止，习中国历代史事大略、本朝制度大略，习柔软体操，三年而毕业。绅董司之，官考察之。十五岁以上入高等小学校，解经书较深之义理，学行文法，学为法论词章，看中外详细地图，学较深算法至代数、几何止，学较深绘图法至画出地上平剖面、立剖面、水底平剖面止，习中国历史大事、外国政治学术大略，习器具体操，兼习外国一国语言文字之较浅者，此学必设兵队操场，三年而毕业。官司之，绅董佐之，毕业后本管知府考之，分数及格者给予凭照，作为附生，送入府学校。分数欠者留学府。设中学校，十八岁高等小学校毕业取为附生者，入中学校习普通学。其有监生世职职衔愿入普通学者亦听，但须酌捐学费，与附生一律教课，其有营弁营兵文理通畅能解算法绘图考验有据者，亦准收入此学，温习经史地理仍兼习策论词章，并习公牍书记文字，学精深算法至弧三角、航海使船法止，学精深绘图法，至测算经纬度、行军图、目揣远近斜度止。习中国历史兵事，习外国历史律法格致等学，外国政治条约即附于律法之内，并讲明农、工、商学之大略，习兵式体操，兼习外国一国语言文字之较深者，词章一门亦设教习，学生愿习与否，均听其便。弁兵入学者，专学策论，免习词章，此学亦必设兵队操场，三年而毕业，学政考之，给予凭照，作为廪生，送入省城高等学校。省城应设高等学校一区，大省容二三百人，中小省容百余人。屋舍不便者，分设两三处亦可，但教法必须一律。非由中学校普通学毕业者不能收入。拟参酌东西学制分为七专门：一、经学，中国经学、文学皆属焉；二、史学，中外史学、中外地理学皆属焉；三、格致学，中外天文学、外国物理学、化学、电学、力学、光学皆属焉；四、政治学，中外政治学、外国法律学、财政学、交涉学皆属焉；五、兵学，外国战法学、军械学、经理学、军医学皆属焉；六、农学；七、工学，凡测算学、绘图学、道路、河渠、营垒、制造军械火药等事皆属焉。共七门，各认习一门。惟人人皆须兼习一国语言文字，此学亦必设兵队操场。至医学一门，以卫生为义本〔本义〕，为养民强国之一大端。然西医不习风土，中医又鲜真传，止可从缓，惟军医必不可缓，故附于兵学之内。并另设农工商矿四专门学校各一区，专以考验实事为主，机器药料试验场皆备，亦三年而毕业。其普通学成愿入此四学者，听。入此四学者，中国经学、文学皆令温习。无论何学，皆有兵队操场。其习武者，专设一武备学校，择普通毕业之廪生愿习武者送入。四书、中国历史、策论，人人兼习，其余悉依外国教课之法。并专习一国语言文字，或仿日本并设一炮工学校，专学制造枪炮之法，均三年而毕业。文学生高等学校毕业后，除农、工、商、矿专门四学另为章程外，此七门学生，学律法者派入交涉局学习实事，名曰练习学生；学兵法者派入各营学习实事，亦名曰练习学生；其余五门学生，均随其所愿，派入农、工、商、矿等局兼习实事，名曰兼习学生。均以实在局、在营一年为度。农、工、商、矿四专门学生三年毕业后，农学派赴本省外县山乡水乡考验农业，工学派赴本省外省华洋工厂考验制造，商业派赴南北繁盛口岸考验商务，矿学派赴本省外省开矿之山炼矿之厂考验操练，均名曰练习学生，亦均以实在出外游历练习一年为度。其武学生武备学校毕业后，令入营学习操练一年，半年充兵，半年充弁，以实在营一年为度。合计在学肄业及出外练习文武各门，均四年学成。先由督抚学政考之，再由主考考之，取中者除送入京师大学校外，或即授以官职，令其效用。大学校学业又益加精，门目与省城所设高等专门学校同，三年学成会试，总裁考之，取中者授以官。此大中小学教法门目等级年限之大略也。

其考用之法，高等小学学成者，本管知府考之；普通中学学成者，学政考之。均不弥封，县送府考，府送学院考，均须详注分数。知府学政考取榜示，亦须注明分数，不准浑沦取进。高等专门学习者，督抚学政分文武两途考之。应分几场，临时酌定。取者作为优贡，武者作为武优贡。其文事由他途径入普通中学，荐送农、工、商、矿四专门学非由生员者，及由普通中学毕业径入四门专学非由高等学毕业者，其武事由弁兵径送入普通学非由生员者，一并准其与考。其优贡所取人数，视本省中额加倍，钦派考官会同督抚学政，亦分文武两途考之。应分几场，临时酌定。考其专门之学及各国语言文字，非优贡不得与考。大率督抚学政所取优贡，即系录送乡试之意，应试人少，且诸学有须面试者，勿庸糊名易书，考中者作为举人。其非由生员出身及非由高等出身者，作为副榜，择其中式前半若干名，分别送入京城文武大学校。所以止送一半入大学校者，一为京师大学若欲全容天下举人，费用过多，故减半送京，以节经费。一为分半就职，俾得及时效用，以应目前急需。其有未获送入大学校者，及已经送京而不愿入大学校愿就职者，听。其未送大学校而不愿就职，自愿留学以待下科者，亦听。就职者，文授以七品小京官及六七品佐贰首领，分部分省候补或充各局委员；武授以守备千总等官，发营差委。考官照学政例，准带幕友二三人，同考官由外省酌量访求聘委，不拘官阶，亦不必本省人员。京城设文事大学校、水军陆军大学校各一，学业又益加精，门目略与省城专门学校同。学成者，钦派总裁大臣考之，作为进士。廷试后，文授以部属知县等官，武授以都司守备等官。均令分部分省分标候补，优其序补班次，勿庸归选。如朝廷需用编书修史应奉文字之词臣、宿卫禁廷之侍卫，应随时听候谕旨考选，不在科举常例之内。统计自八岁入小学起，至大学校毕业止，共十七年。计十八岁为附生，二十一岁为廪生，二十五岁为优贡举人，二十八岁为进士。除去出学入学程途考选日期外，亦不过三十岁内外，较之向来得科第者并不为迟，此大中小学层递考取录用之大略也。其取中之额，即分旧日岁科考取进学额，以为学堂所取生员之额，分乡会试中额以为学堂所中举人、进士之额，优贡应请新定学堂之额，大率比本省中额加倍而略多。初开办数年，学堂未广，取中尚少，前两科每科分减旧日中额学额三成，第三科每科分减旧额四成，十年三科之后，旧额减尽，生员、举人、进士皆出于学堂矣。至日久才多以后，应仿各国章程，视其学业分数以为中额之多少，并可不拘定额，以昭核实而资策励，总须较旧额之数有增无减。此学堂取中额数、移拨旧额、日后并不限以定额之大略也。或谓废八股则人不读经书，不尊圣贤，不宗理学。不知八股始自前明，自汉至宋皆无八股。何以传经卫道，代有名儒，忠孝节义，史不绝书，即如周、程、张、朱，乃理学之宗主，其时未尝有八股也。或谓废八股则人不能为文，不知文章之美者，莫如春秋之左、国，战国之诸子，两汉之马、班，唐宋之八家，其时未尝有八股也。或谓废八股则旧日专攻帖括者无进身之路。不知历来擅长八股诸名家，亦必系学赡才敏文笔优长之士，其最著者前明如唐顺之、归有光，国朝如韩菼、方苞辈，即不由场屋，岂患无自见之学，登进之阶。故能为好时文者，考试策论，固属优为，兼习诸学，亦非难事。无论少年易于改业，即二十五岁以上至五十岁者，除外国语言精微算法外，何事不能通晓。若从此三科十年以后不能中式，而又不能改习诸学，则断非有才有志之人，国家取之，无益于用。然此辈仍可为小学、中学、经书、词章之师，其衰老不第而学行尚有可取者，可由督抚学政访察考选，朝廷优予体恤，六十岁以上者酌给职衔，五十岁以下者广设其途，分别举贡、生员，用为知县佐贰杂职，详见酌改文科专条，似亦足以安宿儒而慰寒畯矣。捐纳既停，即中等儒生，岂患无出路哉！此裁减旧日学额中额，仍将从前举贡、生员分别录用之大略也。论外国设学之定法,自宜先由小学校办起,层累而上,以至中学、高等学、大学,方为切实有序。惟经费太绌,师范难求,只可剀切劝谕,竭力陆续筹办。若必待天下遍设数万小学、数百中学,然后升之高等学、大学而教之用之,至速亦须十年。时事日棘,人不我待,刻舟胶柱,必致空言误事。今日为救时计,惟有权宜变通,先自多设中学及高等学,始选年力少壮通敏有志之生员迅速教之,先学普通,缓习专门。应各就省城及大府酌量情形,迅速筹办,以资目前之用。取才由粗入精,立法由疏入密,凡事何莫不然。将来小学林立,中学亦多,则循序渐进,取才既裕而教法亦不劳矣。查三十岁而入官,科名不得为晚,自初学以至学成,十七年而成文武兼备之人才,造就不得为迟。惟事急需才,恐难久待。查日本文武各种学校,皆有速成教法,于各项功课择要加功,于稍缓者量加省减,刻期毕业。应请旨饬出使大臣李盛铎,切托日本文部、参谋部、陆军省,代我筹计,酌拟大、中、小学各种速成教法,以应急需。此权宜救急,先设普通中学暨采访速成教法之大略也。惟成事必先正名,三代皆名学校。宋人始有书院之名,宋大儒胡瑗在湖州设学,分经义治事两斋,人称为湖学,并未尝名为书院。今日书院积习过深,假借姓名,希图膏奖,不守规矩,动滋事端,必须正其名曰学,乃可鼓动人心,涤除习气。如谓学堂之名不古,似可即名曰各种学校,既合古制,且亦名实相符。总之,中华所以立教,我朝所以立国者,不过二帝三王之心法,周公孔子之学术。今宗旨则不悖经书,学业则兼通文武,特以世变日多,故多设门类以教士,取其周知四国,博学无方,正与经传所载三代教士取人之法相合,看似无事非新,实则无法非旧。且经史词章,仍设专门,学人文人,皆有自见之路,何得以唐人专考词章之下策,前明八股之俳体,视为儒者正宗哉。臣等所拟以上办法,不过明宗旨,标门类,分等级,计年限,筹出路,除妨碍,举其大略如此。至于详细章程究应如何斟酌、损益之处,应候敕议裁定。此一事为救时首务,振作大端,伏望我皇上思危虑患,饬取日本学校章程,迅速详议,干断施行。收人心以固国基,四海瞻仰,首在此举矣。

一、酌改文科科举一事,为自强求才之首务。时局艰危至此,断不能不酌量变通。半年来咨访官绅人士,众论金同。两广督臣陶模、山东抚臣袁世凯咨来奏稿,言之甚为恳切。改章大旨,总以讲求有用之学,永远不废经书为宗旨,拟即照光绪二十四年臣之洞所奏变通科举奉旨允准之案酌办。原奏乃系参酌古今,求实崇正,力驳侈谈新学者之谬论。不过原本旧章,力求核实而已,大略系三场先后互易,分场发榜,各自去取,以期场场核实。头场取博学,二场取通才,三场归纯正,以期由粗入精。头场试中国政治、史事,二场试各国政治、地理、武备、农、工、算法之类,三场试四书、五经、经义,经义即论说考辩之类也。头场十倍中额,二场三倍中额,原奏经礼部通行陕西有案可查。惟声、光、化、电等学,场内不能试验,拟请删去。此系原本朱子救弊,须兼他科目取人之意,欧阳修随场去留,鄙恶乖诞,以次先去之法,而又略仿现行府县复试童生、学政会考优贡之章,且可免寒士之候榜艰难,考官之疲劳草率,似乎有益无弊,简要易行。窃惟今日育才要指,自宜多设学堂,分门讲求实学,考取有据,体用兼赅,方为有裨世用。惟数年之内,各省学堂不能多设,而人才不能一日不用,即使学堂大兴,而旧日生员,年岁已长,资性较钝,不能入学堂者,亦必须为之筹一出路,是故渐改科举之章程,以待学堂之成就。似此办法,策论乃诸生所能,史学、政治、时务乃三场策题所有,考生断不致因改章而阁笔。科场更可因改章而省费。而去取渐精,学业渐实,所得人才,固已较胜于前矣。兹拟将科举略改旧章,令与学堂并行不悖,以期两无偏废。俟学堂人才渐多,即按科递减科举取士之额,为学堂取士之额。其颖敏有志者,必以渐次改业,归入学堂。其学优而年长者,文平而品端者,尽可宽格收罗,量才录用,或取作副榜,多取数名;或令充岁贡,倍增其额;或推广大挑,每科一次;或挑作誊录,令其议叙有资;或举人比照孝廉方正,生员比照已满吏准其考职,令其入官效用。宜汇总核计以上各途推广录用之数,足以抵每科减额之数,则旧日专习时文者,亦尚有进身之阶。十数年以后,奋勉改业者日多,株守沉沦者日少,且仍可为小学堂、中学堂经书、词章之师,其衰老者可从优赏给职衔。总之但宜多设其途,以恤中才之寒畯。而必当使举人进士,作为学堂出身,以励济世之人才。只可稍宽停罢场屋试士之期,而不可使空疏无具者永占科目之名。果使捐纳一停,则举贡、生员决不患其终无出路。此则兼顾统筹,潜移默化,而不患其窒碍难行者也。

一、停罢武科。文武两科并称,而两科之轻重利弊,迥然不同。国家任官求才,无论章程如何,总之必用读书明理之士。因近年帖括之士,有文无实,故改章以求实学。先略改科举章程,以取已有之人才。次广设学堂,以教未成之人才。他日专门学成,体用兼备,仍是此等读书明理之人。其法小变,其意仍同。若武科则不然,硬弓刀石之拙,固无益于战征;弧矢之利,亦远逊于火器;至于默写武经,大率皆系代倩;文字且不知,无论韬略。以故军兴以来,以武科立功者,概乎其未有闻。凡武生、武举、武进士之流,不过恃符豪霸,健讼佐斗,抗官扰民,既于国家无益,实于治理有害,此海内人人能言之,无待臣等之烦言者也。或谓武生等可使改习枪炮。不知利器散布民间,流弊太大,实无防察之法,万不可行。或谓武生等可使入武备学堂肄业。不知学堂定法,无论水师、陆师,皆必须曾读书通文理;若不识文字者,虽有西师善教,精者不能解,粗者不能记,断无受教之地。或谓武科所以收强梁不驯之人才。不知凡应武试者,大率小康之家子弟,椎鲁游荡,不肯读书,乃使之习武,以博科目之荣。其弓马衣装之费,较之文生为多,故世俗有穷文富武之谚。夫取士求将,本欲得良善守法之士,教以礼义,授以技能,以备干城腹心之用。岂有搜罗不逮,加虎以冠;且天下盗贼会匪亦多矣,岂武科所能网罗者哉。今日勇营甚多,其才武有力之辈,皆可容纳,何借武科。或谓古今名将,未必尽能知书。不知古之孙、吴、韩、岳、戚继光,今之罗泽南、王鑫、彭玉麟等,何一非学古能文之士。间有不学问而为名将者,多由阅历而来,故兵勇起家为良将者有之,然在今日已不能与强敌角胜。若应武科者,平日所习,皆与兵事无涉,既不晓枪炮之精,复不谙营阵之法,及取中武科,年齿已长,习气已深,循资数年,即可为参游都守,何所谓阅历哉。查国家官制,武职以营伍为正途,八旗世家,无非兵籍,此时讲求兵事,必须武学西操,相资为用。其学堂毕业,入营操练精熟者,自必予以出身,荐擢官职。将来内而禁卫,外而将校,皆可于此取之。考拔擢用之法,另详专条。若仍以循旧之武科,滥厕右职,殊于讲武励才之出路有妨。近年自故督臣沈葆桢以后,中外大臣言武科改章者甚多,盖久已共知其弊。臣等揆之今日时势,武科无益有损,拟请宸断,奋然径将武科小考、乡会试等场一切停罢。其旧日之武进士武举兵部差官,一律发标学习,考察人才,酌量委用补署,不必按资挨次选补实缺。武生年壮有志者,令其讲求武学,以备应募入伍之用,疲老者听其改业。如此,则学堂讲武学者,营弁精操练者,在标有战功劳绩者,登进之途较宽,必皆鼓舞奋兴,而将校皆有实用,此诚自强讲武之一大关键也。

一、奖励游学。学堂固宜速设矣,然而非多设不足以济用。欲多设则有二难:经费巨,一也;教习少,二也。求师之难,尤甚于筹费,天下州县皆立学堂,数必逾万。无论大学小学,断无许多之师,是则惟有赴外国游学一法。查外国学堂,法整肃而不苦,教知要而有序,为教师者类皆实有专长,其教人亦有专书定法。凡立一学,必先限定教至何等地位,算定几年毕业,总计此项学业,共须几年若干时刻,方能教毕,按日排定,每日必作几刻工夫,定为课程,一刻不旷,如期而毕,故成效最确,学生亦愿受教。而教法尤以日本为最善,文字较近,课程较速,其盼望学生成就之心,至为恳切。传习易,经费省,回华速,较之学于欧洲各国者,其经费可省三分之二。其学成及往返日期,可速一倍,江鄂等省学生在日本学堂者多,故臣等知之甚确。此时宜令各省分遣学生出洋游学,文武两途及农、工、商等专门之学,切须分门认习,但须择其志定文通者,乃可派往。学成后得有凭照回华,加以复试,如学业与凭照相符,即按其等第,作为进士、举贡,以辅各省学堂之不足,最为善策。此时日本人才已多,然现在欧洲学堂附学者,尚数百人,此举之有益可知,并宜专派若干人入其师范学堂,专学师范,以备回华充各小学、中学普通教习,尤为要着。再官筹学费,究属有限,拟请明谕各省,士人如有自备资斧,出洋游学,得有优等凭照者,回华后复试相符,亦按其等第作为进士、举贡。如此则游学者众,而经费不必尽由官筹。盖游学外国者,但筹给经费,而可省无数之心力,得无数之人才,已可谓善策矣。若自备资斧游学者,准按凭照优奖录用,则经费并不必多筹,尤善之善者矣。

此四条为求才图治之首务,其间事理,皆互相贯通,互相补益。故先以此四事上陈,盖非育才不能图存,非兴学不能育才,非变通文武两科不能兴学,非游学不能助兴学之所不足。揆之今日时势,幸无可幸,缓无可缓,仰恳宸衷独断,决意施行。其间条目章程,自须详议,而大纲要旨,无可游移。其有为因循迁就之说者,惟赖朝廷坚持,勿为其所摇夺。其余各条,另折奏上。臣等往复商酌,意见一切相同,未便各自具折,转嫌雷同重复,谨合词恭折复陈。

又奏,臣等筹拟兴学育才四条,业经会同奏陈在案。窃维治国如治疾然,阴阳之能为患者,内有所不足也。七情不节,然后六气感之。此因内政不修而致外患之说也。疗创伤者必先调其服食,安其脏腑,行其气血,去其腐败,然后施以药物、针石而有功,此欲行新法必先除旧弊之说也。盖立国之道,大要有三:一曰治,二曰富,三曰强。国既治则贫弱者可以力求富强,国不治则富强者亦必转为贫弱,整顿中法者,所以为治之具也,采用西法者,所以为富强之谋也。谨将中法之必应整顿变通者,酌拟十二条:一曰崇节俭,二曰破常格,三曰停捐纳,四曰课官重禄,五曰去书吏,六曰去差役,七曰恤刑狱,八曰改选法,九曰筹八旗生计,十曰裁屯卫,十一曰裁绿营,十二曰简文法。敬备朝廷采择,胪陈于左。……

《光绪朝东华录》光绪二十七年八月

袁世凯、张之洞奏请递减科举

(光绪二十九年)

疏云,窃维国无强弱,得人则兴;时无安危,有才斯理。诚以人才者国家之元气,治道之根本。譬犹饥渴之需食饮,水陆之资舟车,而不可须臾离者也。中国今日贫弱极矣,大难迭乘,外侮日逼,振兴奋发正在此时。然而诸务未遑,求才为亟。无人才则救贫救弱,徒属空谈;有人才则图富图强,易于反掌。进言者皆曰天下非无人才也,求之于临时则不见其多,储之于平日则不患其少。储之维何,学校是已。在昔三代盛时,庠序之制大备,教育之法綦详,人鲜失学,士多成材,以故俊彦蔚兴,政修事举。近今东西洋各国,其文明愈著者,其学校必愈多。自通都大邑以逮穷乡僻壤,几于无地无学。自文事武备,以逮薄技偏长,几于无事无学。凡国民自七八岁以逮十二三岁,谓之学龄,有不学者罚其父母,几于无人而不入诸学。其学有官立者,由公家为之筹经费;有民立者,由民间为之醵资财。举国上下,人人皆以兴学为务,而其造士也于此,其选士也亦必于此。因其所习而试之以事,考其所能,而授之以职,事无不治,取无不举,以故贤智辈出,而国家日进于富强。由是观之,致治必赖乎人才,人才必出于学校,古今中外莫不皆然。夫固人人能知之,亦人人能言之矣。钦唯我皇太后、皇上宵旰焦劳,求贤若渴。诏各行省普立学堂,复申谕以敦促之,并敕政务处明定学堂出身,又令新进士悉就学肄业,宸谟深远,洞见本源,嘉与海内敬教劝学。薄海臣庶,固宜仰体圣意,协力同心,奉命承流,急先恐后矣。乃朝廷屡颁明诏以相期,天下亦知当务之为急,而起视各省。大率观望迁延,否则敷衍塞责,或因循而未立,或立矣而未备。推究其故,则曰经费不足也,师范难求也。二者固然,要不足为患也。其患之深切著明,足以为学校之敌而阻碍之者,实莫甚于科举。盖学校所以培才,科举所以抡才,使科举与学校一贯,则学校将不劝自兴。使学校与科举分途,则学校终有名无实,何者?利禄之途,众所争趋,繁重之业,人所畏阻。学校之成期有定,必累年而后成材;科举之诡弊相仍,可侥幸而期获售。虽废去八股试帖,改试策论经义,然文学终凭一日之长,空言究非实谊可比。设有年少簿植之辈,未尝学问,小有聪明,或泛览翻译之新书,或涉猎远近之报纸,亦能侈口而谈经济,挟策以干功名。而宿学耆儒,皓首穷经,笃守旧说者,反不能与之角胜。坐视其速成以去,人见其得之易也,群相率为剽窃钞袭之学,而不肯身入学堂备历艰苦。盖谓入学堂亦不过为得科举地耳。今不入学堂而亦能得科举,且入学堂反不能如此之骤得科举,又孰肯舍近而图远,避易而求难。不但此也。学校者,虽由国家提倡之,实由士民乐成之也。东西各国公私大小学堂,多者不下数万处,如皆由公家筹款建立,安得如许经费。大抵高等教育之责,国家在之。普通教育之责,士民任之。惟其众擎,是从易举。中国非无优时之人也,而绅民不闻倡建学堂者,亦以群情注重科举,父兄以是勖子弟,乡党以是望侪偶。但使荣途不失,何暇远虑深谋,故不独不肯倡建学堂,且并向来宾兴公车等费,亦不能移作学堂之用,其为阻碍,何可胜言。是科举一日不废,即学校一日不能大兴,学校不能大兴,将士子永远无实在之学问,国家永远无救时之人才,中国永远不能进于富强,即永远不能争衡于各国,臣等诚私心痛之。在臣等亦非不知科目取士,垂数百年,一旦废之,士子必多绝望。然时艰至此,稍有人心者皆当顾念大局。与其迁就庸滥空疏之士子,何如造就明体达用之人材。且圣朝亦尝毅然罢武科矣,停捐纳矣,于人情并无不顺,而天下群颂圣明。况科举之为害,关系尤重,今纵不能骤废,亦当酌量变通,为分科递减之一法。昔我高宗纯皇帝右文稽古,雅化作人,然于学政钱陈群之请增添中额,则责其不知政体。于科臣吴炜之请广收录科,则斥其取悦士类。

又读乾隆九年八月高宗纯皇帝圣谕,为治之道贵乎核实,一切因循姑息之习,皆当痛除。近者士风之嚣,一至于此,而好谀之人尚有,国家人文日盛,以此冀加科广额,初不以士习邪正为念,嗣后如有以加科广额为请者,必加以违制之处分,著为令。至于议减中额,则非所乐闻。或有士子类以寒素,专借科目进身,或有一习举业,则不能更为农商,谋生无计。甚者,有言士心失望,或妄生议论,或别生事端者,此皆毫无识冗之人,不知为政之体要。国家科目,岂为养老恤贫而设乎?若有造言生事者,是身投究网,国法具在,何能逃于天壤哉!夫旁求俊乂,本欲量能授官,若一味滥取广收,如何可得真才实济。现在解额已多,壅滞日甚作何量为裁减之处,著大学士九卿会议具奏等因。钦此。

圣训煌煌,布在方策,抉摘流弊,义正词严,迄今读之犹为欢悚。今宜略师乾隆时减裁中额之弦，拟请俟万寿恩科举行后，将各项考试取中之额，预计均分，按年递减。学政岁科试，分两科减尽。乡会试分三科减尽，即以科场递减之额，酌量移作学堂取中之额，俾天下士子舍学堂一途，别无进身之阶，则学堂指顾而可以普兴，人才接踵而不可胜用。胶庠所讲求者，无非实学，国家所登进者，悉是真才。政教因之昌明，百度从而振举，其程功之速，收效之宏，固有不难如期操券者。至旧有举贡、生员三十岁以下者，易于改业，皆可令入学堂。三十至五十，可入仕、学师范速成两途。其五十至六十与夫三十以上不能入速成科者，应为宽筹出路，如再科大挑或拣发一次，或岁贡倍增其额，或多挑誊录，令其入馆可得议叙；或举人比照孝廉方正，生员比照已满吏，准其考成，三年一次，分别用为知县佐贰杂职，俾免向隅。六十以上者，酌给职衔，其有经生宿儒文行并美而不能改习新学者，可为各学堂经书、词章之师。现在捐纳既停，寒畯之士不患其终无出路，应请敕下政务处核议施行。至于递减中额，则请断自宸衷，决然施行，明降诏旨，晓示天下，有阻挠者予以严谴。务期科举逐渐而尽废，学校栉比而林立。上以革数百年相沿之弊政，下以培亿万兆有用之人才，五洲惊服，万世瞻仰，在此举矣。或谓科场年分，例不应条陈科场事务。今当朝廷锐意求治变通庶政之时，似可不拘成例。或又谓诏举恩科，更不应奏请减额。然臣等所谓减额者，不过预筹办法，固非取指恩科言之，原以俟夫恩科举行之后。考乾隆九年，既奉谕旨，明著禁令，不准以加科广额为请。至乾隆十七年、二十七年、三十七年，迭次恭逢孝圣宪皇后万寿，则又无不纶音特沛，诏举恩科，并格外加恩于下第举子中拣选引见，量予录用。高宗纯皇帝圣训，所谓国家遇有大庆则必有殊常之恩者是也。盖举行恩科者，所以特光盛典，而广敷锡类之宏施裁减中额者，所以深维治源而期收得人之实效。仁之至而义之尽，实并行而不相妨。故臣等取于此时，竭其一得之愚，以冒渎夫宸听也。谨奏。

《光绪朝东华录》光绪二十九年二月，《光绪政要》卷二十九

袁世凯等奏请立停科举以广学校折

先是，直隶总督袁世凯，盛京将军赵尔巽，两湖总督张之洞，两江总督周馥，两广总督岑春煊，胡南巡抚端方会衔奏云：窃唯科举之弊，古今人言之綦详，而科举之阻碍学堂，妨误人才，臣世凯、臣之洞等亦叠经奏陈，久在圣明照鉴之中，无烦缕述，以渎宸听。是以前奉谕旨，递减科举中额，期以三科减尽，十年之后取士概归学堂，固已明示天下，以作新之基而徐俟。夫时机之至，所以为兴学培才计者，用意至为深远，臣等默观大局，熟察时趋，觉现在危迫情形更甚曩日竭力振作实同一刻千金，而科举一日不停，士人皆有侥幸得第之心，以分其砥砺实修之志。民间更相率观望，私立学堂者绝少又断非公家财力所能普及，学堂决无大兴之望。就目前而论，纵使科举立停，学堂遍设，亦必须十数年后人才始盛。如再迟至十年甫停科举，学堂有迁延之势，人才非急切可成，又必须二十余年后始得多士之用。强邻环伺，岂能我待，近数年来，各国盼我为维新，劝我变法，每疑我拘牵旧习，议我首鼠两端，群怀不信之心，未改轻侮之意。转瞬日俄和议一定，中国大局益危，斯时必有殊常之举动，方足化群疑而消积愤。科举夙为外人诟病，学堂最为新政大端，一旦毅然决然舍其旧而新是谋，则风声所树，观听一倾，群且刮目相看，推诚相与，而中国士子之留学外洋者，亦知进身之路，归重学堂一途，益将励志潜修，不为邪说浮言所惑，显收有用之才，后隐戢不虞之诡谋，所关甚宏，收效甚巨。且设

立学堂者,并非专为储才,乃以开通民智为主。人人获有普及之教育,具有普遍之知能,上知效忠于国,下得自谋其生。其才高者,固足以佐治理,次者亦不失为合格之国民。兵、农、工、商,各完其义务而任其事业,妇人孺子,亦不使逸处而兴教于家庭。无地无学,无人不学,以此致富奚不富,以此图强奚不强?故不独普之胜法,日之胜俄,识者皆归其功于小学校教师。即其他文明之邦,强盛之源亦孰不基于学校?而我国独相形见绌者,则以科举不停,学校不广,士心既莫能坚定,民智复无由大开,求其进化日新也,难矣。故欲补救时艰,必自推广学校始,而欲推广学校,必自先停科举始。拟请宸衷独断,雷厉风行,立沛纶音,停罢科举。庶几广学育才,化民成俗,内定国势,外服强邻,转危为安,胥基于此。虽然科举停矣,尚有切要之办法数端,而学堂乃可相维于不敝。

一、在尊经学也。或虑科举一停,将至荒经,不知习举业者未必其湛深经术,但因科场题目所在,不得不记诵经文。又因词章敷佐之需,不得不掇拾经字。故自四书五经而外,他经皆束置不观,即五经亦不皆全读,读者亦不尽能解是何与于传经。今学堂奏定章程,首以经学根柢为重,小学、中学均限定读经、讲经、温经,晷刻不准减少。计中学毕业共需读过十经,并通大义。而大学堂通儒院,更设有经学专科,余如史学、文学、理学诸门,凡旧学所有者,皆包括无遗,且较为详备,盖于保存国粹尤为兢兢。所虑办学之人,喜新厌故,不知尊经,则虽诸生备谙各种科学,亦仅造就一泛滥无本之人才,何济于用。应请饬下各省督抚学政,责成办理学务人员,注意经学暨国文、国史,则旧学非但不虑荒废,抑且日见昌明。

一、在于崇品行也。查科场试士,但凭文字之短长,不问人品之贤否,是以暗中摸索最足为世诟讥。今学堂定章,于各项科学外,另立品行一门,用积分法与各门科学一体核考,同记分数。共分言语、容止、行体、作事、交际、出游六项,随处稽察,第其等差。至考试时,亦以该生平日品行分数并合计算。亟应申明定章,请饬各省认真遵办,则人人可期达材成德,自不至越矩偭规。

一、师范宜速造就也。各省学堂之不多,患不在无款无地,而在无师。应请旨切饬各省,多派中学已通之士,出洋就学。分习速成师范及完全师范,亦以多派举贡生员为善,并于各省会多设师范传习所。师资既富,学自易兴,此为办学入手第一要义,不可稍涉迟缓。

一、未毕业之学生暂勿率取也。各省设立学堂,迟早不一,程度不齐,或卒业有期或毕课尚早,若不待毕业骤加考试,则苟且速化,弊将日滋。若必待全行毕业,则各省之办学较迟者必致缺其选举,士林又将失望。今筹一通融办法,既不蹈科举敷衍故事,亦不因学堂迁就滥登,要使取士仍归学堂之中,学堂不蹈科举之弊,拟请此数年内,除学堂实系毕业者届期奏请考试外,其余则专取已经毕业之简易科师范生,予以举人、进士出身。既可以劝教育之员,扩兴学之基,并隐以励积学而杜幸进。外国无速成小、中、高等各学,而有速成师范学,具有深意。至五年以后,完全师范毕业者已多,更足以应选举而有余,此等师范生类,皆国文已优,学术纯精,断无流弊,且多系举贡、生员为之,本可得科第之人亦非侥幸。迨十年以后,各省学堂逐渐毕业,人才济济,更不可穷于用。

一、旧学应举之寒儒宜筹出路也。文士失职生计顿蹙,除年壮才敏者入师范学堂外,其不能为师范生者,贤而安分则困穷可悯。其不肖而无赖者,或至为非生事,亦甚可忧。拟请十年三科之内,各省优贡照旧举行。己酉科拔贡亦照旧办理。皆仍于旧学生员中考取。其已入学堂者,照章不准应考。唯优贡之额过少,拟请按省分之大小酌量增加,分别录取,朝考后用为京官、知县等项。三科后即行请旨停止。其已中举人五贡者,此三科内拟令各省督抚学政,每三年一次,保送举贡若干,各略照会试中额加两三倍送京考试。凡算学、地理、财政、兵事、交涉、铁路、矿务、警察、外国政法等事,但有一长,皆可保送。俟考时分别去取,试以经义史论一场,专门学一场,共为两场。其取定者,酌量用为主事、中书、知县官。如此则乡试虽停,而生员可以得优拔贡;会试虽停,而举贡可以考官职。正科举之门专归于急需之学堂,广登进之途借恤夫旧学之寒士,庶乎平允易行,各得其所,少长同臻于有用,新旧递嬗于无形矣。

以上五条,皆停科举后最为切要之端,而行之可期无弊,应请一并饬下各省督抚学政切实遵办。至各省学堂未办者,宜从速提倡,已办者宜竭力扩充,以及各堂学生之良莠,与夫办理学务人员之功过,均应随时认真考察,分别劝惩,亦皆各省督抚学政所不得稍辞其责者也。其一切学堂毕业考试暨简放考官等事,自应悉遵奏定章程办理。臣等为补救时艰妥筹办法起见,往复商榷意见相同,是否有当,谨合恭折具陈,伏乞皇太后、皇上圣鉴训示。谨奏。

上谕:袁世凯等奏请立停科举以广学校并妥筹办法一折,三代以前选士皆由学校而得人极盛,实我中国兴贤育才之隆轨,即东西洋各国富强之效,亦无不本于学校。方今时局多艰,储才为急,朝廷以提倡科学为急务,屡降明谕,饬令各督抚,广设学堂,将俾全国之人咸趋实学,以备任使用,意至为深厚。前因管学大臣等议奏,当准将乡会试分三科递减,兹据该督等奏称,科举不停,民间相率观望,推广学堂,必先停科举等语,所陈不为无见,着即自丙午科为始,所有乡会试一律停止,各省岁科考试亦即停止。其以前之举贡、生员,分别量予出路,及其余各条,均着照所请办理。总之,学堂本古学校之制,其奖励出身亦与科举无异,历次定章,原以修身读经为本,各门科学,又皆切于实用。是在官绅明宗旨闻风兴起,多建学堂普及教育,国家既获树人之益,即地方亦与有光荣。经此次谕旨,著学务大臣迅速颁发各种教科书,以定指归而宏造就。并着责成各该督抚实力通筹。严饬府厅州县,赶紧于城乡各处遍设蒙、小学堂,慎选师资,广开民智。其各认真研究,随时考察,不得稍涉瞻徇,致滋流弊。务期进德修业,体用兼赅,以副朝廷劝学作人之至意。钦此。

《光绪政要》卷三十一

监察御史胡思敬奏学堂十弊六害折

(宣统元年七月初三日)

监察御史胡思敬奏:学堂新章行之数年,有十弊六害,请毕陈之。大学八分科,而中学占一科,不及外洋艺业十分之一,且又本末精粗,淆乱颠倒,是有心撕灭数千年礼教纲常。后虽倡言存古,悔之何及。此一弊也。科举之失,失在束书不观,而惟乡会墨是求;学堂之失,失在束书不观,而惟讲义是求。科举行之数千年,始为后世诟病,学堂甫辟初基,人人已言腐败。此二弊也。师严而后道尊,今之教习,或一人兼四五差,辗转奔驰,有同市道。学生既不认教习为师,或且哄堂以困之。教习亦设计笼络以求全。在外洋或不以为嫌,施之中国国学,何辱如之。此三弊也。古人之才,未尝不可效驰驱,至谓三代以来之政教,不足以治今日之民。必学西文读西书,然后可窥西人之秘奥。而伍廷芳学西文最早,为美国法律专家,及为侍郎,不能阅刑曹之稿。严复译孟德斯鸠法意,发明民权自由,实已中毒于民。今学堂定章,乃令中学以上，皆以洋文为主课，旷少年之时日，锢子弟之聪明。此四弊也。古人劬学有起于樵牧者，有为人佣舂者。今事事务为侈观，学生初入学堂，见宫室之美，器物之精，先已荡其心志；又朋侪众多，互相夸耀，甚至争津贴而结伴寻仇，争肴馔而喷饭大诟。此五弊也。学堂一切规制章程，以外人为法，洋服洋言，与之俱化。其初不知有中国之学，其继且忘其为中国之民。此六弊也。学堂之文凭，重于公侯之告身，黠者百计购得，觊求调用，但凭一毕业生之名，上者予以京卿，下者予以部属，奔竞贪缘之路宽，而士林廉耻扫地尽矣。此七弊也。海内老师宿儒，凋丧殆尽，惟无数社会青年，甫受毕业之凭，便拥皋比之席，道听途说，安从诘其所授之方。此八弊也。教习屡易，各掉弄笔舌以诩其长，而学生之聪明乱矣。学生屡迁，各计较奖励轻重，以定去留。无不请奖之学堂，即无不毕业之学生，而朝廷鼓舞之法穷矣。此九弊也。人莫不爱子弟，闻新政悬格招才，而不策励以勉其至者，非人情也。今夺之慈父严师之手，而托诸不关痛痒之人，纵技艺薄有所成，而习染之性情先坏。此十弊也。

十弊既滋，六害因之。一曰压抑寒畯之害。自古人才，起于寒门者，十常七八。今学堂一味夸张，则穷人之进取已绝。计内地一学生费，至少需二三百金，必家具万金之产，始足拚孤注之一掷，下此更何望焉。二曰搅乱仕途之害。执学商之人，与以翰林，而令其修史；执学农、学医之人，与以部属，而令其治文书、理案牍；执学工、学理化之人，与以州县官，而令其临民；虽三尺童子知其不可，无足辨也。然即取通习各国语言文字者，归之外务部，而遂能办交涉乎？取农、工、商、学及法政、财政毕业者，归之农、工、商部及法部、度支部，其遂能兴实业、断大狱、通国计乎？而徒聚此无数攻金、攻木、攻皮、设色、刮摩、搏埴之徒，布列左右，一朝有变，其将谁与图存耶！三曰骚扰闾阎之害。近时捐派繁重，托之学务者为多。奸党百计侵渔，欺压良善，往往激而生变。当大学堂初兴，岁费二十余万。是时有学生三百余人，计七八百金养一学生，而使农者不安于田，工者商者不安于市。谁为画此策者，当亦哑然失笑矣。四曰摧残士类之害。乾隆极盛时，一县应童子试者，约二三千人。庚子和戎以后，四民皆乱，儒业尤衰。贫者限于物力，富者亦畏避风潮，乡井萧条，弦诵将绝，才难之叹，自古已然。不于士乎求之，而专重外洋专门实业，以为人才在是，不愈求而愈远欤。五曰增长逆焰之害。近闻东洋留学生党派甚多，各省皆有领袖潜相勾引，煽动四方。以洪秀全、杨秀清为英雄，以张汶祥、徐锡麟为义烈，托之文字诗歌，极口赞扬，内地学生遥相唱和。不设计禁阻，而反提倡民权，罔民而陷，独何心呼，六曰推广漏卮之害。学堂所需者，模范标本器具，以及图籍操衣等类，无一不从海舶而来。聘一洋教习，岁破五六千金；送一出洋学生，岁破七八百金。自学务大兴，只日本一国，每岁吸我膏血，不下数千万金。在廷诸臣，日日侈富强，乃酿成此极贫极弱之证。其何说以解此。

以上所陈，激于一时孤愤，不免言之过当。请饬部臣改筹办法，以维大局，而安士心。下学部知之。

《宣统政纪》卷一七

第二篇　京师大学堂之创办

一、开办京师大学堂谕折

光绪二十四年正月二十五日为开办京师大学堂谕

御史王鹏运奏请开办京师大学堂等语,京师大学堂,迭经臣工奏请,准其建立,现在亟须开办。其详细章程,着军机大臣会同总理各国事务衙门王大臣妥议具奏。钦此。

《光绪朝东华录》光绪二十四年正月

光绪二十四年四月二十三日为举办京师大学堂上谕[*]

军机大臣、总理各国事务衙门

数年以来,中外臣工讲求时务,多主变法自强。迩者诏书数下,如开特科,裁冗兵,改武科制度,立大小学堂,皆经再三审定,筹之至熟,甫议施行。惟是风气尚未大开,论说莫衷一是,或托于老成忧国,以为旧章必应墨守,新法必当摈除,众喙哓哓,空言无补。试问今日时局如此,国势如此,若仍以不练之兵,有限之饷,士无实学,工无良师,强弱相形,贫富悬绝,岂能制梃以挞坚甲利兵乎?朕维国是不定,则号令不行,极其流弊,必至门户纷争,互相水火,徒蹈宋明积习,于时政毫无裨益。即以中国大经大法而论,五帝三王不相沿袭,譬之冬裘夏葛,势不两存。用特明白宣示,嗣后中外大小诸臣,自王公以及士庶,各宜努力向上,发奋为雄,以圣贤义理之学,植其根本,又须博采西学之切于时务者,实力讲求,以救空疏迂谬之弊。专心致志,精益求精,毋徒袭其皮毛,毋竞腾其口说,总求化无用为有用,以成通经济变之才。京师大学堂为各行省之倡,尤应首先举办,着军机大臣、总理各国事务王大臣,会同妥速议奏。所有翰林院编检、各部院司员、各门侍卫、候补候选道府州县以下官、大员子弟、八旗世职、各武职后裔,其愿入学堂者,均准入学肄习,以期人才辈出,共济时艰。不得敷衍因循,徇私援引,致负朝廷谆谆告诫之至意,将此通谕知之。

《德宗景皇帝实录》卷四一八

光绪二十四年五月初八日为开办京师大学堂上谕

兹当整饬庶务之际,部院各衙门承办事件,首戒因循。前因京师大学堂为各行省之倡,特降谕旨,令军机大臣、总理各国事务王大臣会同议奏,即着迅速复奏,毋再迟延。其各部院衙门,于奉旨交议事件,务当督饬司员,克期议复。倘再仍前玩愒,并不依限复奏,定即从严惩处不贷。

《光绪朝东华录》(四)

---

[*] 此谕后人多称"明定国是诏"。

江南道监察御史李盛铎奏京师大学堂办法折

(光绪二十四年五月十二日)

为京师大学堂为将来中国人才所出,为现在外人观听所关,谨略拟办法大纲,请旨饬交会议王大臣,以备采择,恭摺仰祈圣鉴事。

窃上月二十三日暨本月初八日,迭奉谕旨,以京师大学堂为各行省之倡,尤应首先举办,饬令王大臣会同妥速议奏。中外臣民,同心鼓舞。臣窃维我皇上今日所与共治天下者,大率科举中之人才也。自今以往,不及十年,其必取之学堂中矣。而学堂人才之成不成,在乎创始办法之善不善。然则中国安危强弱之紧要关键,殆无有大且急于此者也。

臣极知王大臣体国公忠,断不至敷衍塞责。所虑者,中国向行科举,于各国学堂章程,或未谙悉,而度支又当匮乏之时,若销意存牵就,非独将来无以得实用之人才,即目前已不能动天下之观听,甚非所以隆上都而观万国也,谨略举办法大纲,为我皇上缕晰陈之。

一、详定章程。现在德国、日本学校章程,坊间均有译刻本,虽细章未备,而大要具存。拟请谕令王大臣酌量仿照办理,为第一要义。惟各国学校,皆由小学升入中学,由中学升入大学。故大学之章程教法转简,以各种学术中小学固已赅备也。今中学小学尚未设立,则大学堂章程,不能不统中学小学而融会贯通,斟酌损益,拟请定一现办章程。数年之后,中小学既立,则大学堂章程,仍当参照各国学校办理,拟请定一将来章程。风气一开,人皆精思猛进,此项章程施行之期,亦不甚远,自应一并议定,俾各省中学小学有所遵循。又日本大学设有评议会,以各科学长及教授为议员,而大学总长为议长。凡各科废置,规制变更,皆公议而后定,又授学位有须各员评议而后酌量选授者,似宜仿照办理。

一、择立基址。各国大学规模均极宏广。中国创办之始,若稍存因陋就简之见,则以后窒碍必多。以中国学术论,如天算、舆地、律例均关紧要,断不可废。西学门类尤繁,有一种学术,必当立一专学之所,似不宜含混牵并,聊以充数。即如兵、农、工诸学,皆为今日急务。兵学须有操演步伐之场,农学须有试验种牧之所,工学须有庀化材器之区。此外每一学堂中,安置书籍器具及教习演说,学生肄业之地,皆宜宽广。他如藏书楼、博物院,皆为考订之资,自当陆续设立。大约非城外旷地,断不能容;非新建房屋,断难合式。即使各种学堂,不能同时并举,其暂从缓办者,亦宜预留基址,以待异日扩充也。

一、酌定功课。各国学校课程繁密,自辰至亥,皆有一定课程。今即稍事变通,亦不宜太简。学堂既成之后,部院人员之外,举贡生监,似可推广及之。但须甄择录取,勿令滥竽。大约已仕者宜多习法科,未任者可分习艺学,或立溥通学,俾习之可通达时务。其年齿在三十左右者,宜令专阅已译之西书。其年仅二十左右者,精力有余,可兼习各国语言文字,而华文亦不可竟废。西例每年春秋二季考课,三考而不见录,黜之,永不得复考。又,不守学规及无礼粗忽者,皆屏出示惩。似宜参酌,定一规则。至选订教习,除中学即用华人外,西学各门,华人如无专精者,宜聘用日本人,较为妥善,彼国新学蒸蒸,几无不备。其风气性情,亦易相习,不独薪资较廉也。

一、宽筹的款。英、俄、德、法、美及日本通国学堂,每年经费,皆以数千万计,上等学堂座数最少,然岁费亦以数百万计。其创办之费,尚不在内。中国现甫经始,固不能援以为例,然应用之需，似宜从宽筹措。即如学生膏火一项，尚过于菲薄，则部院人员诸人，本自有差可当，恐有才有志者，未必肯来，而肄业者，皆平常无聊赖之人矣。与其少费而多滥送，不如多费而得真才。此一定之理。论者或以经费无出为虑，不知法败于德之后，国用支绌，而学堂乃愈加多，彼以为我多费数千百万之帑，而多数十百人才，则取偿之数，固不可限量也。今朝廷既视此为新政第一大举动，则他费可省，此费独不可省。闻昭信股票，各省集有成数，或酌提百万两，为大学堂创办之费，并每省酌拨数万两，为设立中学堂之费。可否饬下户部议覆施行，庶规制宏而人才辈出也。

一、专派大臣。兹事体大，其详细章程，务在斟酌尽善，颇难猝定。吁请特派位尊望重之大臣，素为士论所归者，专心经理，并准其调取通达时务人员，以资臂助，庶易集事。上年设立官书局，谕派协办大学士孙家鼐管理，识虑深远，条理秩然，初议并建学堂，以费绌而止。现在可否即令管理学堂之处，出自圣裁，非臣下所敢擅拟。出使大臣许景澄，现将回华，拟请敕令经过各国，亲往学堂，详细考察，并觅取现行章程携归翻译，以备采择，较之凭臆虚拟，必有径庭也。

以上数条，谨就管见，略举大纲，伏乞谕旨发交王大臣，一并议奏。

《戊戌变法档案史料》

总理衙门奏筹办京师大学堂并拟学堂章程折

（光绪二十四年五月十五日）

总理各国事务衙门谨奏，为遵旨筹办京师大学堂，并拟开办详细章程，谨缮清单，敬呈御览，恭折仰祈圣鉴事。本年正月二十五日奉上谕："御史王鹏运奏请开办京师大学堂等语。京师大学堂，迭经臣工奏请，准其建立。现在亟须开办。其详细章程，着军机大臣会同总理各国事务衙门王大臣妥筹具奏。钦此。"臣等以事属创始，筹划匪易，当即查取东西洋各国学校制度，及各省学堂现行章程，参酌厘订，尚未就绪，旋于四月二十三日奉上谕："京师大学堂为各省之倡，尤应首先举办，着军机大臣、总理各国事务王大臣，会同妥速议奏。"臣等往返商榷，正在将章程妥议具覆。复于本月初八日奉上谕："前因京师大学堂为各行省之倡，特降谕旨，令军机大臣、总理各国事务王大臣会同议奏，即着迅速复奏，毋再迟延等因。"臣等跪诵之下，悚惧莫名。窃维今日中国，亟图自强；自（强）必以育才兴学为要。综考欧美各国富强之故，实由于无人不学，无事不学。其学校每年所需经费，英至九百三十余万镑，法至四百余万镑，其余诸国亦数百十万不等。以故负笈之士，成就远大；政治学艺，日异月新。近人至以学校之多寡，觇国政之盛衰，非无因也。中国当维新之始，京师为首善之基；创兹巨典，必当规模闳远，条理详备，始足以隆观听而育人才。臣等仰体圣意，广集良法，斟酌损益，草定章程，规模略具。若其要义，凡有四端：一曰宽筹经费，二曰宏建学舍，三曰慎选管学大臣，四曰简派总教习。提纲挈领，在此数者。学堂养士数百，购图书、庀仪器需款甚巨；非有额拨常年专款，断难持久。而现在经营创始，所费尤为不赀；臣等约计开办经费需银三十五万两，常年经费一十八万两有奇。其数似已甚多，然较诸西国，尚不及十分之一。皇上垂注大学堂，屡发明诏，作人之意，至勤勤矣。伏乞饬下户部，即速筹拨专款，俾得兴办。所有常年经费，亦宜预先指定，庶免延误。将来如有推广，不敷支给，再由管学大臣临时酌度，请旨办理。至现在开办经费内仰蒙圣恩拨给官地，亦可稍从节省；然黉舍未具，尚须兴筑。臣等窃思：时事日殷，需才孔急。若待从容筑室，又当迟以岁年。查日本开学之先，皆权假邸舍，以集生徒。今事当速举，似可权宜，伏乞皇上先行拨给公中房室广大者一所，暂充学舍，命官选士，克日兴办。其大学堂仍应别拨公地，另行构建。则规范既闳，而举事不滞。学舍具矣，任事需人。大学堂设于京师，以为各省表率。事当开创，一切制度均宜审慎精详，非有明体达用之大臣以管摄之，不足以宏此远谟。况风气渐开，各省已设学堂。

　　近又叠奉谕旨：停试八股，讲求西学。各省向课制艺书院，自应一律更改。将来学堂日有增益而无所统辖，必至各分畛域，其弊不可不防。伏乞皇上简派大臣中之博通中外学术者一员，管理京师大学堂事务，即以节制各省所设之学堂，其在堂办事各员，统由该大臣慎选奏派。命官既须慎重，而择师尤关紧要。今士人学无本原，不通中国政教之故，徒袭西学皮毛，岂能供国家之用!？欲转移之，非精选总教习不可。苟得其人，学术正而道艺兴；苟失其人，学术谬而道艺亦误。伏维皇上孜孜兴学，尤应慎简教习，以收尊道敬学之效。总教习综司学堂功课，非有学贯中外之士，不足以膺斯重任。非请皇上破格录用，不足以得斯宏才。若总教习得人，分教习皆由其选派，亦可收指臂之效。其余一切拟办事宜，悉具章程之内，谨缮清单，恭呈御览。所有臣等遵旨筹办京师大学堂，并拟详细章程缘由，理合恭折具陈，伏乞皇上圣鉴，训示遵行。

　　再，此折系由总理各国事务衙门主稿，会同军机处办理，合并声明。谨奏。

　　本日奉上谕："军机大臣会同总理各国事务衙门王大臣奏遵旨筹办京师大学堂，并拟详细章程缮单呈览一折，京师大学堂为各行省之倡，必须规模闳远，始足以隆观听而育人才。现据该王大臣详拟章程，参用泰西学规，纲举目张，尚属周备。即着照所议办理。派孙家鼐管理大学堂事务；办理各员由该大臣慎选奏派；至总教习综司功课，尤须选择学贯中外之士，奏请简派。其分教习各员，亦一体精选，中西并用。所需兴办经费及常年用款，着户部分别筹拨。所有原设官书局及新设译书局，均着并入大学堂，由管学大臣督率办理。此次设立大学堂，为广育人才，讲求时务起见，该大臣务当督饬该教习等按照奏定课程，认真训迪；日起有功，用副朝廷振兴实学至意。该衙门知道单并发，钦此。"

　　再，本月初十日，臣衙门议覆御史杨深秀、李盛铎请设局译书一折。奉旨："依议、钦此。"又军机大臣面奉谕旨："京师大学堂指日开办，亦应设立译书局，以开风气。应如何筹款兴办之处，着总理各国事务王大臣一并妥拟具奏等因钦此。"臣等窃惟，译书一事，与学堂相辅而行。译出西书愈多，则讲求西学之人亦愈众。即如日本所设译局，在东京、大坂、熊本、长崎各地者凡十余处。今当更新百度之始，必以周知博采为先。译书既不厌其多，则译局自不妨广设。惟事必呵成一气，始能日起有功。查应译之西书甚繁，而译成一书，亦颇不易。若两局同时并译，不相闻问，易致复出，徒费无益。且书中一切名号称谓，亦须各局一律，始便阅看。故大学堂编译局似宜与上海之译书官局同归一手办理，始能措置得宜。查上海为华洋要冲，一切购买书籍、延聘译人等事，皆较便易。既经臣等查有广东举人梁启超堪胜此任，奏准在案。今京局似可与上海联为一气，仍责成该举人办理；由该举人随时自行来往京沪，主持其事。所有细章皆令该举人妥议，由臣衙门核定施行。至京师编译局为学堂而设，当以多译西国学堂功课书为主。其中国经史等书，亦当撮其精华，编成中学功课书，颁之行者。所关最为重大，编纂尤贵得人。梁启超学有本原，在湖南时务学堂编有各种课程之书，教授生徒，颇著成效。

若使之办理此事,听其自辟分纂,必能胜任愉快。至京局款项,视上海总局较省;应请每月拨款一千两,由户部在筹拨大学堂常年经费项下一并筹措,实为妥便。所有臣等遵旨议覆各节,谨附片陈明,伏乞圣鉴。谨奏。

本日奉上谕:举人梁启超,着赏给六品衔,办理译书局事务。钦此。

《京师大学堂章程》,《谕折汇存》卷十七(光绪二十四年),《光绪政要》卷二十四

孙家鼐奏覆筹办大学堂情形折

(光绪二十四年六月二十二日)

协办大学士臣孙家鼐跪奏,为筹办大学堂大概情形恭折具陈,仰祈圣鉴事。窃本月十七日,臣议覆五城建立中学堂、小学堂一折,奉旨:"著五城御史,设法劝办与大学堂相辅而行,用副备养人材之至意。其大学堂章程,仍著孙家鼐条分缕析,迅速妥议具奏。钦此。"臣维学堂创办之初,千端万绪,其章程原难仓猝定议,遽臻美备。即日本,初设学堂至今二三十年,章程几经变易,不厌精益求精。况我国家政令更新之始,京师首善之区,草昧经纶,动关久远,尤须规模闳阔,条理详备,始足以开风气而收实效。臣每日会集办事各员,公同核议,虽不在学堂办事之人,臣亦多方咨访,广集众思。总期受以虚心,任以实心,持以公心,矢以诚心,博取众长,折衷一是。以仰副皇上作育人材、振兴国势之至意。兹将现拟筹办大概情形,分条开列恭呈钦定:

一、进士、举人出身之京官,拟立仕学院也。既由科甲出身,中学当已通晓。其入学者,专为习西学而来,宜听其习西学之专门。至于中学,仍可精益求精,任其各占一门,派定功课,认真研究。每月考课,朋友讲习,日久月长,其学问之浅深,造诣之进退,同堂自有定论。臣亦随时考验其人品、学术,分别办理,仕优则学,以期经济博通。

一、出路宜筹也。凡学堂肄业之人,其已经授职者,由管学大臣出具考语,各就所长请旨优奖。其作为进士之学生,亦由管学大臣严核品学,请旨录用。拟采湖北巡抚谭继洵之议,学政治者归吏部,学商务、矿务者归户部,学法律者归刑部,学兵制者归兵部及水陆军营,学制造者归工部及各制造局,学语言、文字、公法者归总理衙门及使馆参随,终身迁转不出本衙门。俾所学与所用相符,冀收实效。

一、中西学分门宜变通也。查原奏普通学凡十门,按日分课。然门类太多,中材以下断难兼顾。拟每门各立子目,仿专经之例,多寡听人自认。至理学,可并入经学为一门。诸子、文学皆不必专立一门。子书有关政治、经学者,附入专门,听其择读。又,专门学内有兵学一门。查西国兵学,别为一事。大率专隶于武备学堂。又阅日本使臣问答,亦云兵学与文学不同,须另立学堂,不应入大学堂之内。拟将此门裁去,将来或另设武备学堂,应由总理衙门酌核,请旨办理。

一、学成出身名器宜慎也。查原奏小学堂、中学堂、大学堂肄业人员,卒业领凭递升作为生员、举人、进士,在国家鼓励人才,原可不惜破格之奖,然冒滥情弊亦不可不防。似宜于鼓励之中仍示限制。应如何严定额数与认真考核之处,应照原奏会同总理衙门、礼部详拟请旨。

一、编书宜慎也。查原奏开一编译局,取各种普通学,尽人所当习者,悉编为功课书。分小学、中学、大学三级,量中人之才所能肄业者,每月定为一课。谨按先圣先贤著书垂教,精粗

大小无所不包，学者各随其天资之高下以为造诣之浅深，万难强而同之。若以一人之私见，任意删节割裂经文，士论必多不服。盖学问乃天下万世之公理，必不可以一家之学而范围天下。昔宋王安石变法，创为三经新义，颁行学官，卒以祸。宋南渡后旋即废斥，至今学者犹诟病其书，可为殷鉴。臣愚以为经书断不可编辑，仍以列圣钦定者为定本，即未经钦定而旧列学官者，亦概不准妄行增减一字，以示尊经之意。此外，史学诸书，前人编辑颇多善本，可以择用，无庸急于编纂。惟有西学各书，应令编译局迅速编译。

一、西学拟设总教习也。查原奏有中总教习无西总教习。立法之意，原欲以中学统西学。惟是聘用西人，其学问太浅者与人才无所裨益；其学问较深者，又不甘于小就。即如丁韪良，曾在总理衙门充总教习多年，今若任为分教习，则彼不愿。臣拟用丁韪良为总教习，专理西学，仍与订明权限，其非所应办之事概不与闻。

一、专门西教习薪水宜从厚也。阅日本使臣问答，谓聘用上等西教习，须每月六百金然后肯来。丁韪良所言亦同。今丁韪良自以在中国日久，亟望中国振兴，情愿照从前同文馆每月五百金之数，充大学堂西总教习。至西人分教习薪水，亦拟照原奏之数酌加。

一、膏火宜酌量变通也。臣访询西教习丁韪良，据云泰西大学堂，来学者皆出脩脯，极贫者始给纸笔，以元月给膏火办法。盖以图膏火而来者，必非诚心向学；出资来学，乃真有志于学者也。臣又观总理衙门章京与日本使臣论学堂事宜，问答之语与丁韪良所言大略相同。今者，国家专筹的款，不令学生出资已属格外之仁，似不必更縻巨费。拟请仿西国学堂之例，不给膏火但给奖赏，其如何发给之处，应俟开办后详细斟酌办理。

以上八条，分析胪陈，恭候训示。此外未尽事宜，尚当查取东西洋各国学校制度暨各省现办学堂章程，体察情形、详慎斟酌，一俟拟议就绪即当奏陈。至暂假房舍，是否由承修王大臣查勘修理，抑由内务府修理，应候钦定。惟房舍一日不交，即学堂一日不能开办。拟请饬催赶办，以期早日竣工，学务得以速举，仰慰宸廑。所有筹办大学堂大概情形缮折具陈，伏祈皇上圣鉴训示。谨奏。

北京大学综合档案。全宗一·卷1，《谕折汇存》卷十七（光绪二十四年），《光绪朝东华录》（四）

光绪二十四年六月二十二日为孙家鼐奏大学堂大概情形谕

孙家鼐奏筹办大学堂大概情形一折，所拟章程八条，大都参酌东西洋各国学校制度暨内外臣工筹议。与前奏拟定办法，间有变通之处，缕析条分尚属妥协。造端伊始，不妨博取众长，仍须折衷一是，即著孙家鼐按照所拟各节，认真办理，以专责成。其学堂房舍，业经准令暂拨公所应用，交内务府量为修葺。著内务府克日修理，交管理大学堂大臣，以便及时开办，毋稍延缓。另片奏议覆给事中郑思赞，奏推广学堂月课章程，请将额满之员按月甄别等语，着依议行。惟兹体重大，必须精益求精，务臻美善。所有一切未尽事宜，及时体察情形妥筹具奏。至派充西学总教习丁韪良，据孙家鼐面奏请加鼓励，著赏给二品顶戴，以示殊荣。该衙门知道。钦此。

《德宗实录》卷四二二，《谕折汇存》卷十七（光绪二十四年）

孙家鼐奏大学堂开办情形折

(光绪二十四年十月二十日)

臣孙家鼐跪奏,为谨将大学堂开办情(形),恭折仰祈圣鉴事。窃惟京师筹设大学堂以来,所有酌定章程,节次陈奏在案。本月初九日,内务府将大学堂房屋移交臣处接收,当即派办事人员移住堂内,一面出示晓谕,凡愿入堂肄业者,报名纳卷,甄别取去。现在斋舍仅能容住二百余人,而报名者已一千有零,当先择人品纯正文理优长者,录取入堂,以广造就。

臣维大学堂之设,所以陶铸群材,博通万理,以礼义植其根底,以干济广其才尤。中国以礼教为建邦之本,纲常名义,万古常新;而因时制宜,一切格致之书,专门之学,则又宜博采泰西所长,以翊成富强之业。恭读八月十一日上谕,大学堂为培植人材之地,具见圣鉴广远,乐育弥宏。又恭读本月初三日懿旨:"泰西各国风俗政令,与中国虽有不同,而兵、农、工、商诸务,类能力致富强,确有明效。苟能择善举办,自可日起有功等因。钦此。"尤见睿虑周详,勤求治理,无远不周。逖听之余,同思兴起。臣维泰西各国兵、农、工、商,所以确有明效者,以兵、农、工、商皆出自学堂。兵知学,则能知形势,守纪律;农知学,则能相土宜,辨物种;工知学,则能通格致,精制造;商知学,则能识盈虚,综名实。其事皆士大夫所宜讲求,而为近日切要之务。

然储才之道,尤在知其本而后通其用。臣于来堂就学之人,先课之以经史义理,使晓然于尊亲之义,名教之防,为儒生立身之本;而后博之以兵农工商之学,以及格致测算语言文字各门;务使学堂所成就者,皆明体达用,以仰副我国家振兴人才之至意。所有学堂开办缘由,谨缮折具陈,伏乞皇太后、皇上圣鉴。谨奏。

《戊戌变法档案史料》

光绪二十五年三月二十七日为整顿大学堂谕

军机大臣等,御史吴鸿甲奏,大学堂靡费过甚,请饬归并删除,并妥定章程各折片。据称京师大学堂原议招学生五百人,今合仕学中学小学生只有一百三十余人,而延定教习,添设分教,并此外办事诸人,名目繁多,岁糜巨款,徒为调剂私人之薮。学生功课不分难易,统以分数核等第,至天文、地舆、兵法、算学等经世之务,开办半年,尚安苟且。体操一事,竟有强肆致伤者,其于学生几于束缚而驰骤之,章程多未妥善等语。大学堂之设,原以培植人材,备国家任使,孙家鼐职司总理,自应悉心经画,俾入堂肄业者,鼓舞奋兴,期收实效。乃开办以来,时滋物议,是办法未得指归,更何以激扬士类,殊失朝廷实事求是之意。着孙家鼐按照原奏所指各节,破除情面,认真整顿,并将提调以下各员,分别删除归并,其岁支薪水,仍严行核减,以节虚糜。至堂中一切功课,尤须妥定章程,总以讲求实学为主,毋得铺张敷衍,徒饰具文,至负委任,仍将整顿情形,据实复奏。原折片着钞给阅看,将此谕令知之。寻奏,查奏定章程,以各省中学堂未能遍立,当于大学堂中寓小学、中学之意,并非降格相就。去冬甄别考取学生五百余人,现时传到者二百十八人,皆有册可稽,并不止传到一百三十人。习西学者百人之数,教习职员人数,皆比原定章程有减无增,薪水拟俟本年四月以后,酌量减发。课程皆按定章办理,体操并不相强。办事诸人,亦无日出新法束缚之事,不敢过刻以拂人情,亦不敢过宽以坏士习,惟有认真整理,以仰副朝廷作人之意。

《德宗实录》卷四四一

光绪二十六年正月为详京师大学堂情形谕

京师设立大学堂,开办已经年余,教习学生究竟作何功课,有无成效,着许景澄详析具奏。

寻奏大学创办仅及年余,现分教经史、政治、舆地、算学、格致、化学、英法德俄日各国文字等科,宽以时日,必能成材。

《德宗实录》卷四五八

许景澄奏请暂行裁撤大学堂折

(光绪二十六年六月五日)

暂行管理大学堂事务大臣许　奏。为拟请暂行裁撤大学堂,恭折仰祈圣鉴事。

窃查大学堂自光绪二十四年七月,经前协办大学士吏部尚书孙家鼐议定课程,奏明开办。嗣值该尚书请假,旋即开缺。蒙恩派臣暂行管理。曾将该堂功课情形并酌减学生额数,于本年正月、三月具奏在案。现在京城地面不靖,住堂学生均告假四散。又该大学堂常年经费,系户部奏明在华俄银行息银项下拨给。现东交民巷一带,洋馆焚毁,华俄银行均经毁坏。所有本年经费,尚未支领。而上年余存款项,向系存放该银行生息。虽有折据,此时无从支银,以后用费亦无所出。溯查创建大学堂之意,原为讲求实学,中西并重。西学现非所急,而经史诸门,本有书院官学与诸生讲贯,无庸另立学堂造就。应请将大学堂暂行裁撤,以符名实。如蒙俞允,容臣分饬总办提调,将书籍器具等项妥筹安顿。其经费除所存华俄银行余款,俟日后事定再饬清理外,应先将自上年七月后用过银两,列款咨报户部备核。俟一切办理清楚,即将大学堂房屋咨交内务府衙门收管。再,官书局、医学堂经费均由大学堂转拨,应请一并停办。所有拟请裁撤大学堂缘由,理合恭折具陈。是否有当,伏乞皇太后、皇上圣鉴训示。谨奏

北京大学综合档案室・全宗号一,卷11

张百熙奏请大学堂改隶国子监

(光绪二十七年九月十六日)

管学大臣工部尚书张百熙,奏请将京师大学堂改隶国子监,外务部同文馆改隶大学。并请变通翰林院规制。

《德宗实录》卷四八七

为切实举办大学堂谕

（光绪二十七年十二月初一日）

兴学育才，实为当今急务。京师首善之区，尤宜加意作养，以树风声。从前所建大学堂，应即切实举办。着派张百熙为管学大臣，将学堂一切事宜，责成经理，务期端正趋向，造就通才，明体达用，庶收得人之效。应如何核定章程，并著悉心妥议，随时具奏。

《光绪朝东华录》（四）

为同文馆归并大学堂上谕

（光绪二十七年十二月初二日）

昨已有旨饬办京师大学堂，并派张百熙为管学大臣。所有从前设立同文馆，毋庸隶外务部，著即归并大学堂，一并责成张百熙管理，务即认真整顿，以副委任。

《德宗实录》卷四九一

外务部为恢复大学堂知照管学大臣张

（光绪二十七年十二月初八日）

外务部为咨行事。本年四月二十六日据前大学堂总办工部郎中周曝呈称：窃查大学堂于上年六月初九日，经前署管学大臣许　奏请暂行停办，其医学堂、官书局亦一并停办。同日奉旨，依议。钦此。当各派人看守，所有用款，截至六月十五日止，造册报销。存款十余万两在华俄银行及中国通商银行存放。其字据、银折均已送交户部，关防恭缴礼部，各在案。房屋，行文移交内务府。当因所存书籍、仪器、家具等项，未及请旨，无处交收，内务府未肯接收。七月初六、初十等日，呈恳前总管内务府大臣怀代奏，未邀批准。又于七月十二、十六等日，在都察院具呈批准，未及具奏。讵料于七月二十一日洋兵入城，俄兵德兵先后来学堂占住。看守人役力不能支，均已逃散。所有书籍、仪器、家具、案卷等项，一概无存。房屋亦被匪拆毁，情形甚重。现经内务府派人看守。时值大局将定，理合将大学堂经费交清造销完结及因乱毁失各情形呈明。再官书局，仅失去现银二百余两及零星各件。其银折及房屋、书籍、机器、家具均未损失，业经呈明在案。医学堂被毁亦重，应由该管之员另行呈报，合并声明等因。本部查该郎中周曝所呈，均系实在情形。现在钦奉谕旨，从前所建大学堂应即切实举办等因，相应将原呈各节咨明贵大臣查照核办可也。须至咨者。
右咨
大学堂管学大臣张

张百熙奏筹办京师大学堂情形疏

(光绪二十八年正月初六日)

窃臣于上年十二月初六日,奉上谕:兴学育才实为当今急务,京师首善之区,尤宜加意作养。前所建大学堂,应即切实举办。著张百熙为管学大臣,将学堂一切事宜,责成经理,务期端正趋向,造就通才。应如何裁定章程并著悉心妥议,随时具奏等因。钦此。

奉命以来,臣当即悉心考察,夙夜构思,一面查勘现在情形,一面预筹将来办法,计惟有钦遵谕旨,端正趋向,造就通才,以仰副朝廷兴学育才之至意。惟是从前所办大学堂,原系草创,本未详备。且其时各省学堂未立,大学堂虽设,不过略存体制,仍多未尽事宜。今值朝廷锐意变法,百度更新,大学堂理应法制详尽,规模宏远,不特为学术人心极大关系,亦即为五洲万国所共观瞻。天下于是审治乱,验兴衰,辨强弱,人才之出出于此,声名之系系于此。是今日而再议举办大学堂,非徒整顿所能见功,实赖开拓以为要务,断非因仍旧制,敷衍外观所能收效者也。惟念臣本无学问,粗识事情,当国家图治之时,正臣子致身之日,固不敢安于简陋,亦何至稍涉铺张,诚深悉唐虞三代古世所以致太平极治之规,又亲见欧美日本诸邦所以变通兴盛之故,确有凭据,谅不虚诬。今日中国若议救败图存,舍此竟无办法,如使成规坐隘,收效无从,臣一身不足惜,所恐上无以对圣朝,下无以塞群望,见轻外人,更伤国体,成败之故,罔不随之,臣既见及此,敢不直陈,用特粗拟推广办法五条,敬为我皇太后、皇上缕析言之。

一、办法宜预定也。查各国学堂之制,大抵取幼童于蒙学卒业之后,先入小学堂,三年卒业,乃升入中学堂,如是又三年,乃升入高等学堂,如是又三年,乃升入大学堂。以中国准之,小学堂即县学堂也,中学堂即府学堂也,高等学堂即省学堂也。今虽奉明谕,令各省府州县遍设学堂,至今奏报开办者,尚无几处,是目前并无应入大学肄业之学生,而各省开办需时,又不知何年而学堂方可一律办齐,又何年而学生方能次第卒业。通融办法,惟有暂且不设专门,先立一高等学校,功课略仿日本之意,以此项学校造就学生,为大学之预备科。一面由臣请旨,催办各省学堂,三年之后,预备科所造人才,与各省省学堂卒业学生,一并由大学堂考取,升入专门肄业。所有预备科功课,谨遵绎本年变通科举、普设学堂历次上谕,分为二科:一曰政科,二曰艺科。以经史、政治、法律、通商、理财等事隶政科,以声、光、电、化、农、工、医、算等事隶艺科。惟取入预备科肄业学生,亦须平日在中学堂卒业者方能从事。查京外所设学堂,已历数年,办有成效者,以湖北自强学堂、上海南洋公学为最,此外则京师同文馆、上海广方言馆、广东时敏学堂、浙江求是学堂,开办皆在数年以上。余若天津高等学堂之已散学生,出洋游历学生,外洋华商子弟,亦多合格之才。再由各省督抚学政,就地考取各府州县高才生,咨送来京,由管学大臣复试如格,方准送大学堂肄业。其外省考试之法,由大学堂拟定格式,颁发各省,照格考取,以免歧异。学生入学之后,俟三年卒业,由管学大臣择及格者,升入大学正科;有不及格者,分别留学撤退。恭查本年上谕,已有各省选派出洋学生学成回华,由督抚外务部考验之后,候旨分别赏给举人、进士明文。大学堂预备科卒业生,与各省省学堂卒业生,功课相同,应请由管学大臣考验如格,择尤带领引见,候旨赏给举人,升入正科。又,三年卒业,再由管学大臣考验如格,带领引见,候旨赏给进士。如此办法,十年之后,所造就者,定多可用之材，以之综理庶务，当无不足，富强之基，必立于此。惟是国家需才孔亟，士大夫求学甚殷，若欲收急效而少弃材，则又有速成教育一法。应请于预备科之外，再设速成一科。速成科亦分二门：一曰仕学馆，一曰师范馆。凡京员五品以下八品以上，以及外官候选，暨因事留京者，道员以下，教职以上，皆准应考，入仕学馆。举贡生监等皆准应考，入师范馆。仕学馆三年卒业学有成效者，请准由管学大臣择尤保奖。师范馆三年卒业学有成效者，由管学大臣考验后，择其优异，定为额数，带领引见。如原系生员者准作贡生，原系贡生者准作举人，原系举人者准作进士，均候旨定夺。准作进士者，给予准中学堂教习文凭；准作举贡者，给予准为小学堂教习文凭。盖预科之学生，必取其年岁最富、学术稍精者再加练习，储为真正合格之才；速成科之学生，则取更事较多、立志猛进者，取其听从速化之效。此目前姑请缓立大学专门，先办预备、速成二科之实在情形也。至将来奏定京师大学堂章程，拟即全照大学规模，恭拟上闻，以备异日学成升入正科之用，仍将现在所办之预备科并附设之速成科章程，暨颁发各直省高等学中学小学各章程，一并奏进，候旨遵行。再，专门正科，开办虽尚可稍稽岁时，而考求不能不预为地步，拟俟照现拟章程先行开办，后再由臣慎选通达纯正之员，派赴欧美日本，考察其现行章程、应用书籍。又讲求化学、电学，其房屋皆有一定造法，以及光学家之暗室，医学家之暖房，凡欲深究专门，皆须先造特室，其图式皆宜预向各国考求。再，中国学堂所请西人教习，向皆就近延其本居中国者，或为传教来华之神甫，或为海关退出之废员，在教者本非专门，而学者亦难资深造；且西国学问数年一变，则其人才亦月异而岁不同。将来延请教习专门，亦非彼国文部及高等学堂考问，不能分别优劣。似派员考察一层，为必不可少之举。现在湖北闻已派人先赴日本，即用此意。届时拟由臣选得其人，再行奏请办理。

一、讲舍宜添建也。查现在大学堂，从前原系暂拨应用，原议本须另拨地面，俾可建合格之屋，又须令四面皆有空地，以便陆续增造工医等项专门学堂。今请仍照此议，将来另须拨地新造，方足便推广而壮规模。惟目前一切尚待推求，一面赶为开办，只好仍就旧基修葺，并将附近地方增拓办理。臣亲往勘视丈量，学堂四面围墙，计南北不过六十丈，东西不过四十丈，中间所有房屋，仅敷讲堂及教习官役人等之用。其西北两边讲舍，共计不足百间，非大加开拓，万万不敷居住。现勘得学堂东、西、南三面，皆可拓开数十丈，其地面所有房屋，多系破旧民房，若公平估价，购买入官，所费当不甚巨。此项新拓地面，即作为增建学舍之需。查大学堂开办约有二年，学生从未足额，一切因陋就简，外人往观者，至轻之等于蒙养学堂，此于上国声名，极有关系。朝廷兴学育才，方以振起全局为要归，臣诚不敢希图省事，至使中国未收通变之效，而先贻外人以口实之讥。况一经开办，学生足额之后，若再加以同文馆学生，以及官员、司役人等，总在千人以上，断非此方数十丈之地所能容纳。查外省如广东之广雅书院，湖北之自强学堂、两湖书院，上海之南洋公学，视大学堂现在基址，皆大至数倍或一倍不止，断无京师制度反减于外省之理。若过于狭隘，不特无以示天下，亦且无以示国中。是增建讲舍实为学堂首先应办之事，不能不据实上陈者也。

一、译局宜附设也。查现隶大学堂之官书局，开办最早，当时即选译各局书籍及外洋各种报章。上海设立南洋公学，江宁新设学堂，亦先后奏设译书局。是译书一事，实与学堂相辅而行。拟即就官书局之地开办译局一所。盖欲求中国经史政治诸学，非藏书楼不足以供探讨之资。欲知西国政治工商等情，非译书局不足以广见闻之用也。惟欲随时采买西书，刷印译本，更宜设分局于上海，则风气既易流动，办理亦较妥便；又翻译东文，费省而效速，上海就近招集译才,所费不多,而成功甚易。南中纸张工匠,比京师尤贱,拟即将东文一项,在上海随译随印,可省经费之半。惟是中国译书近三十年,如外洋地理名物之类,往往不能审为一定之音,书作一定之字,拟由京师译局定一凡例,列为定表,颁行各省,以后无论何处译出之书,即用表中所定名称,以归划一,免淆耳目。然译局非徒翻译一切书籍,又须翻译一切课本。泰西各国学校,无论蒙学、普通学、专门学,皆有国家编定之本,按时卒业,皆有定程。今学堂既须考究西政西艺,自应翻译此类课本,以为肄习西学之需。惟其中有与中国风气不同,及牵涉宗教之处,亦应增删润色,损益得中,方为尽善。至中国《四书》、《五经》,为人人必读之书,自应分年计月,垂为定课。此外百家之书,浩如烟海,亦宜编为简要课本,按时计日,分授诸生。盖编年纪传诸子百家之籍,固当以兼收并蓄,使学子随意研求。然欲令教者少有依据,学者稍傍津涯,则必须有此循序渐进由浅入深之等级。故学堂又以编辑课本为第一要事。现各处学堂皆急待国家编定,方有教法。上海南洋公学,江、鄂新设学堂,即自编课本以教生徒,亦不得已之举也。臣维国家所以变法求才,端在一道德而同风俗,诚恐人自为学,家自为教,不特无以收风气开通之效,且转以生学术凌杂之虞。应请由臣慎选学问淹通、心术纯正之才,从事编辑,假以岁月,俾得成书。书成之后,请颁发各省府州县学堂应用,使学者因途径而可登堂奥,于详备而先得条流,事半功倍,莫切于此。

一、书籍仪器应广购也。查大学堂去岁先被土匪,后住洋兵,房屋既残毁不堪,而常中所储书籍仪器,亦同归无有。臣愚以为,大学堂功课不外政、艺两途。政学以博考而乃精,艺学以实验而获益。书籍仪器两项,在学堂正如农夫之粟,商贾之钱,多多益善。不特前所有者固当买补,即前所无者亦宜添购,方足以考实学而得真才。查近来东南各省,如江南、苏州、杭州、湖北、扬州、广东、江西、湖南等处官书局,陆续刊刻应用书籍甚多,请准由臣咨行各省,将各种调取十余部不等。此外民间旧本时务新书,并已译未译西书,均由臣择定名目,随时购取,归入藏书楼,分别查考翻译。至仪器一项,除算学家所用以测量、图学家所用以绘画外,如水、火、气、力、声、光、电、化以及医学、农学专门应用甚多,不特每门皆有器具全副,即随时试验材料药水等项,学生愈多则购用愈繁,学问愈精则考验愈数,此类尤不可省。譬之武备而靳予枪炮子药,而责以准头命中,必不能矣。现拟先向上海、日本等处,购办万余金,以为开办普通要需。再筹定经费,向欧美各国广购,归入各专门应用。惟采买必须得人,价目务从核实,俟临时由臣采访通达诚朴之员,遣往办理,以期器归实用,款不虚縻。

一、经费宜宽筹也。学堂之设,其造就人材为最重,其需用款项亦最繁。从前大学堂教习,功课仅分语言文字数科,略教公法格致数事,教习既无多人,学生亦未足额,计每岁所费,已在十万金上下。今议规模既须宏备,则款项何止倍增,加以现在情形,一切讲舍书籍仪器等项,或半归残破,或扫地无遗,计修理旧屋,增造新斋,暨购买各项政学应用书籍舆图,艺学备验器具材料等件,又增添翻译西书编辑课本等局,费亦不资。将来推广博物院、验工场以及派员考察之资、学生游历之费,亦动需巨款。查户部向有存放华俄银行库平银五百万两,每年四厘生息,应得库平银二十万两,申合京平二十一万二千两。光绪二十四年经户部奏准,以此项息银,由该行按年提出京平银二十万零六百三十两,拨作大学堂常年用款,仅余一万一千三百七十两未拨。今请将此项存款银两,全数拨归大学堂,仍存放华俄银行生息。则款项既有专注,名目亦免涉纷歧,将来或支或存,由学堂自与银行结算。每年年终,开单呈览,免其造册报销,似此较为直截。至去岁学堂停办,尚有未经付出存款,当时一律交回华俄银行暨中国银行,暂行收管,并经知照户部在案。现在学堂事同创始,需用一切开办经费甚多,应请将前项存款,仍发回学堂应用。惟似此办法,当年款项所增尾数,究属无几,仍须添拨巨款,方足以资挹注。查近年各直省如江南、四川、湖北、湖南等处督抚皆资遣学生出洋,每次亦费至数万金。今大学堂既定高等功课专门教习,则前项学生赴外肄业可送外国者,亦可送大学堂。且大学堂专门正科,本为各省高等学堂卒业学生资送肄业地步,则各省理宜合筹经费拨济京师,应请饬下各直省督抚,大省每年筹款二万金,中省一万金,小省五千金,常年拨解京师。大学堂有此增添常款,庶几得以展布一切,而诸事自日起而有功,人才亦积久而渐出矣。

  以上五条,以预定办法一条为总立大纲,以购买书籍仪器、附设译局二条为讲求实用,以增建学舍一条为渐拓规模,而尤以宽筹经费一条为诸事根原,均乞恩准施行,俾臣得以从容布置。至各直省合筹经费一节,仍恳明降谕旨,饬令各直省督抚,务筹的款,按季拨解大学堂应用,出自逾格鸿慈。所有遵旨筹办大学堂大概情形,理合缮折具奏。伏乞皇太后、皇上圣鉴。谨奏。

  《皇朝蓄艾文编》卷十六,《光绪政要》卷二十八,《光绪朝东华录》(五)

为张百熙奏筹办学堂情形一折上谕

(光绪二十八年正月初六日)

  张百熙奏筹办学堂大概情形一折,披阅所拟章程,大致尚属周妥。着即认真举办,切实奉行,朝廷于此事垂意至殷。原冀兴学储才,以备国家任使,务各殚精竭虑、争自濯磨。总之学术纯疵,为人才消长之机,亦风俗污隆所系。一切规条,将来即以通行各省,必当斟酌尽善,损益得中。期于一道同风,有实效而无流弊。张百熙责无旁贷,仍着细心筹划,逐渐扩充,次第兴办,以副委任。所需经费,着各省督抚量力认解。其有未尽事宜,应即随时具奏。钦此。

  《光绪政要》卷二十八,《清实录》光绪二十八年正月上

张百熙奏筹拟学堂章程折

(光绪二十八年七月十二日)

  张百熙奏,臣于本年正月具奏筹办大学堂大概情形折内陈明,将来奏定京师大学堂章程,拟即全照大学规模,恭拟上闻,仍将现在所办预备科并附设之速成科,暨颁发各直省高等学中学小学各章程,一并奏请候旨遵行。奉上谕,一切规条将来即以颁行各省,必当斟酌尽善,损益得中。期于有实效而无流弊等因。钦此。钦遵在案。臣谨按古今中外学术不同,其所以致用之途则一。值智力并争之世,为富强致治之规,朝廷以更新之故而求之人才,以求人才之故而本之学校,则不能不节取欧美日本诸邦之成法,以佐我中国二百〔千〕余年旧制,亦时势使然。第考其现行制度,亦颇与我中国古昔盛时良法大概相同。《礼记》载:"家有塾,党有庠,术有序,国有学。"试比之各国,国学即所谓大学也,家塾党庠术序,即所谓蒙学小学中学也。其等级盖甚分明。《记》又曰:"比年入学,中年考校,一年视离经辨志,三年视敬业乐群,五年视博习亲师,七年视论学取友,谓之小成。九年知类通达,强立而不反,谓之大成。"其一年、三年、五年、七年、九年之节,即所谓中学、小学、蒙学卒业期限也。其科目则唐有律学、算

学、画学诸门，宋因唐制而益以画学、医学，虽未及详备，亦与所谓法律、算术、习字、图画、医术、各学科不甚相殊。自司马光有分科取士之说，朱子学校贡举私议，于诸经子史及时务，皆分科限年以齐其业。各国学堂有所谓分科选科者，视之最重，意亦正同。大抵中国自周以前，选举学校合为一，自汉以后，专重选举，及隋设进士科以来，士皆殚精神于诗赋策论。所谓学校者，名存而已。今日而议振兴教育，必以真能复学校之旧为第一要图。虽中外政教风气，原本不同，然其条目秩序之至赜而不可乱者，固不必尽泥其迹，亦不能不兼取其长，以期变通而尽利。

臣此次所拟章程，谨上溯古制，参考列邦，拟定京师大学堂章程，并考选入学章程，暨颁发各省之高等学堂、中学堂、小学堂章程各一分。又蒙养学堂为小学始基，前奉谕旨令各省举办，谨再拟蒙学堂章程一份，共六件。一并开呈御览，恭候颁行。抑臣更有请者，天下之事，人与法相维，用法者人，而范人者法。今学堂图始之时，关系于学术人才者甚大。法之既立，非循名责实，则积习所狃，既不能返之朝，而纷饰相因，且滋无穷之流弊。臣拟请钦定章程颁行之后，即乞饬下各省督抚，责成地方官切实兴办。凡名是实非之学堂，及庸滥充数之教习，一律整顿从严，以无负朝廷兴学育才之盛心，而学校选举，亦渐能合辙同途，以仰几三代盛时之良法。至朝廷立法，不厌求详，各本章程，试办数年之后，倘不无窒碍，或须更造精深之处，应请随时增改，奏明办理。

上谕张百熙奏筹议学堂章程开单呈览一折，披阅各项章程，尚属详备，即着照所拟办理。并颁行各省，著各该督抚按照规条，宽筹经费，实力奉行，总期造就真才，以备国家任使。其京师大学堂，着责成张百熙悉心经理，加意陶熔，树之风声，以收成效，期副朝廷兴学育才之至意。开办之后，如有未尽事宜，应行增改，仍著随时审酌奏明办理。

《光绪朝东华录》光绪二十八年七月

张百熙奏大学堂开学日期
（光绪二十八年十一月十六日）

管学大臣张百熙奏：大学堂定期本月十八日开学。先办速成一科，并购地建造校舍。报闻。

《德宗实录》卷五〇八

附大学堂告示底册
（光绪二十八年十一月十七日）

十七日示

十八日午刻开学。提调率学生仍依斋舍次序鱼贯而行。诣圣人堂前月台下行礼。

又示

祀礼毕，管学大臣更衣，堂提调率两馆学生由院右门出，至前堂阶下分班北面立。总、正、分、助各教习，序立于东阶下西南面。编译局及堂中执事各员，序立于西阶下东南面。堂提调俟学生班定，仍入执事各员班内。管学大臣出临前及阶。两馆学生北面三揖，谒见管学大臣，又东北三揖谒见总正分助教习。均答揖。又西北面与编译执事各员行相见礼，彼此一揖。堂提调率两馆学生各归斋舍。

中国第一历史档案馆·学部·教学学务·卷67

张百熙奏请添派张之洞会商学务折

（光绪二十九年闰五月初三日）

张百熙等奏，京师大学堂为学术人才根本，关系至重，考究宜详。自上年奉旨开办以来，叠经酌拟章程，仰邀钦定。惟各省蒙小学堂，甫筹创设，咨送至学，既无真正合格学生；兼以近来人心浮动，好为空论，往往有跅弛之士，从前未经科举艰苦，粗习译书，妄腾异说，弊由于未入学堂之故，而恶习所染，深虑及于在堂肄业之生。今日因乏才而谋兴学，因兴学而防流弊，操纵之间倍难措手，必须有精审划一之课本，完全无缺之章程，方能合中人以上之才而陶铸之。上年因编辑课本事恐歧误，曾经臣百熙于开办译书局折内声明，与湖广督臣张之洞商定会办之法。嗣该督疏陈湖北学章程，其中足补臣百熙奏进章程所不及者，当即一律照改，奏明在案。学堂为当今第一要务，张之洞为当今第一通晓学务之人，湖北所办学堂颇有成效，此中利弊阅历最深。臣等顾念时艰，究心学务，窃愿今日多一分求索，即将来学术人才多一分裨益。虽在前函电往还，商榷多次，近日该督展觐入都，臣等复请其来堂考察各项科学，该督指示宪要，竟日不倦，教习生徒同深悦服。臣等犹恐该督或以事非专责，容有稍存谦抑，言之不尽之处，闻商约诸政，均有旨饬该督商办。学堂尤政务之大端，所关更重，伏恳天恩，特派该督会同商办京师大学堂事宜。一切章程，详加厘定，嗣后有应行修改之处，由臣等随时咨行该督会商具奏，实于整饬条规，维持教育，大有补助。

上谕：张百熙等奏请添派重臣会商学务一折，京师大学堂为学术人心根本，关系重要，着即派张之洞会同张百熙、荣庆将现办大学堂章程一切事宜，再行切实商订，并将各省学堂章程一律厘定，详悉具奏。务期推行无弊，造就通才，俾朝廷收得人之效，是为至要。

《光绪朝东华录》光绪二十九年五月——闰五月

命张之洞会同张百熙荣庆厘定学章

（光绪二十九年闰五月初三日）

钦奉上谕，张百熙等奏，请派重臣会商学务一折。京师大学堂为学术人才根本，关系重要，着即派张之洞会商张百熙、荣庆将现办大学堂章程一切事宜，再行切实商订，并将各省学堂章程一律厘定，详悉具奏。务期推行无弊，造就通才，俾朝廷收得人之效，是为至要。钦此。

《光绪政要》卷二十九

管学大臣张百熙等奏遵旨重定学堂章程妥筹办法折（附学堂章程）

（光绪二十九年十一月二十六日）

奏为遵旨重定学堂章程妥筹办法恭折，仰祈圣鉴事。窃臣百熙、臣荣庆前因学务重要，奏请特旨添派臣之洞会同商办。

光绪二十九年闰五月初三日奉上谕：京师大学堂为学术人才根本，关系重要，著即派张之洞会同张百熙、荣庆将现办大学堂章程一切事宜，再行切实商办并将各省学堂章程一律厘定详细具奏，务期推行无弊造就通才，俾朝廷收得人之效，是为至要。钦此。

仰见圣朝兴学育才务求实际防微杜渐不厌推详之至意，臣等曷胜钦服。臣之洞伏查上年大学堂奏定章程，宗旨办法实已深得要领。惟草创之际，规程课目不得不稍从简略，以徐待考求增补。至各省初办学堂，管理学务者既难得深通教育之法之人，而学生率皆取诸原业科举之士，未尝经小学堂陶熔而来，不自知学生之本分，故其言论行为不免有轶于范围之外者。此次钦奉谕旨，命臣等将一切章程会同厘定，期于推行无弊，自应详细推求，倍加审慎。数月以来，臣等互相讨论，虚衷商榷，并博考外国各项学堂课程门目，参酌变通，择其宜者用之，其有过涉繁重者减之。每日讲堂功课少或四五点钟，多亦不过六点钟，所授之学，排日轮讲，少或四五门，多亦不过六门，皆计日量时以定之，绝不苦人以所难。中人之资，但能循序以求，断无兼顾不及之虑。至于立学宗旨，无论何等学堂，均以忠孝为本，以中国经史之学为基，俾学生心术一归于纯正，而后以西学瀹其知识，练其艺能，务期他日成材，各适实用，以仰副国家造就通才慎防流弊之意。计拟成初等小学堂章程一册、高等小学堂章程一册、中学堂章程一册、高等学堂章程一册、大学堂章程附通儒院章程一册。原章有蒙学堂名目，但章程内所列实即外国初等小学之事。查外国蒙养院一名幼稚园，兹参酌其意订为蒙养院章程及家庭教育法一册，此就原订章程所有而增补其缺略者也。办理学堂首重师范，原定师范馆章程，系仅就京师情形试办，尚属简略，兹另拟初级师范学堂章程一册、优级师范学堂章程一册，并拟任用教员章程一册，将来京师师范馆应即改照优级师范学堂办理。此外如京师仕学馆，系属暂设，皆系有职人员，不在各学堂统系之内，原定章程应暂仍其旧。将来体察情形，再为酌定经久章程。至译学馆即方言学堂，前经奏明开办，兹将章程课目一并拟呈。其进士馆系奉特旨令新进士概入学堂肄业，此与仕学馆意相近，课程与各学堂不同。而仕学馆地狭无可展拓，不得不别设一馆以教之，兹亦酌定章程课目别为一册。将来仕学馆或归并进士馆，或照进士馆现订课程改同一律，容随时察酌情形办理。又国民生计莫要于农工商实业，兴办实业学堂有百益而无一弊，最宜注重。兹另拟初等农工商实业学堂章程一册，附实业补习普通学堂及艺徒学堂各章程。中等农工商实业学堂章程一册、高等农工商实业学堂章程一册、实业教员讲习所章程一册、实业学堂通则一册，此皆原定章程所未及而别加编订者也。又以中国礼教政俗本与各国不同，而少年初学之士胸无定识，庞杂浮嚣在所不免，此时学堂办法规范不容不肃，稽察不容不严。兹特订立规条，申明禁令，编各学堂管理通则一册，并将此时开办各项学堂设教之宗旨，立法之要义，总括发明，订为学务纲要一册。各省果能慎选教员学职，按照现订章程认真举办，则民智可开，国力可富，人才可成，决不致别生流弊。至学堂毕业考试、升级入学考试亦经详订专章。中学堂以下及收入高等学堂者，由督抚学政会同考核。高等学堂应升级者，奏明简放主考会同督抚学政考验。京城高等学堂比例办理。京师大学堂奏请简放总裁会同管学大臣考验以昭慎重而免冒滥，其奖励录用之法，比照奏准鼓励出洋游学生，于奖给出身之外，复请分别录用，章程亦经详加斟酌，拟有专章。伏候圣明裁定，将来应即分别照章奏明办理。所有一切章程，将来各有应行变通增损之处，其大者仍当奏明办理，小者由管学大臣审定后通行各省照改。谨将学务纲要、各学堂管理通则、毕业学生考试专章、奖励专章暨各项学堂章程分别缮写成册,并开列章程名目次序清单,恭呈御览如蒙俞允,应由管学大臣通行各省,一体遵照开办。所有臣等遵旨会商厘订学堂章程各缘由,遵旨与政务处大臣会商意见均属相同,谨合词恭折具陈。伏乞皇太后、皇上圣鉴训示。谨奏。

《光绪朝东华录》光绪二十九年十一月,《东方杂志》一卷一期

二、管学大臣及大学堂总监督

光绪二十四年五月十五日派孙家鼐管理大学堂事务谕

　　军机大臣会同总理各国事务衙门王大臣奏,遵旨筹办京师大学堂,并拟详细章程缮单呈览一折,京师大学堂为各行省之倡,必须规模宏远,始足以隆观听而育人材。现据该王大臣详拟章程,参用泰西学规,纲举目张,尚属周备,即着照所拟办理,派孙家鼐管理大学堂事务,办事各员,由该大臣慎选奏派,至总教习、总司功课,尤须选择学贯中外之士,奏请简派。其分教习各员,亦一体精选,中西并用。所需兴办经费,及常年用款,着户部分别筹拨,所有原设官书局及新设之译书局,均着并入大学堂,由管学大臣督率办理。此次设立大学堂为广育人才,讲求时务起见,该大臣务当督饬教习等,按照奏定课程,认真训迪,日起有功,用副朝廷振兴实学至意。

　　　　　　　　　　《德宗实录》卷四一九,《光绪政要》卷二十四,《光绪朝东华录》(四),《谕折汇存》卷十七

光绪二十五年六月初十日着许景澄暂理大学堂事务谕

　　吏部尚书兼管大学堂事务孙家鼐因病予假,以都察院左都御史徐用仪署吏部尚书,吏部右侍郎许景澄暂管理大学堂事务。

　　　　　　　　　　　　　　　　　　　　　　　　　　　《德宗实录》卷四四六

　　孙家鼐奏假满病仍未痊,恳请续假,并请派员署缺一折。孙家鼐着再赏假一个月。吏部尚书,着徐用仪署理。所管大学堂事务,着许景澄管理。钦此。

　　　　　　　　　　　　　　　《京报》光绪二十五年六月初十日,《德宗实录》卷四四六

　　六月十一日。徐用仪谢署吏部尚书恩。许景澄谢管理大学堂事务恩。

　　　　　　　　　　　　　　　　　　　　　　　《京报》光绪二十五年六月十一日

光绪二十七年十二月初一日派张百熙为管学大臣谕

　　兴学育才,实为当今急务。京师首善之区,尤宜加意作养,以树风声。从前所建大学堂,应即切实举办。著派张百熙为管学大臣,将学堂一切事宜,责成经理,务期端正趋向,造就通才,明体达用,庶收得人之效。应如何核定章程,并著悉心妥议,随时具奏。

　　　　　　　　　　　　　　　　　　　　　　　　　　　　《光绪朝东华录》(四)

光绪二十九年十二月二十一日命张亨嘉为京师大学堂总监督

庚午。命大理寺少卿张亨嘉充京师大学堂总监督。命张亨嘉仍在南书房行走。

《光绪朝东华录》光绪二十九年十二月

张亨嘉奏报移交关防文卷于曹牧等

（光绪三十二年正月十二日）

钦命京师大学堂总监督张　为咨明事。

本〔月〕初六日，本总监督奏请开去大学堂差使一折，奉旨，着准其开去大学堂总监督差使。钦此。钦遵。嗣由贵部照会本学堂庶务提调曹牧、进士馆庶务提调汪侍御分别代理。兹定于本月十二日将大学堂进士馆关防文卷移交接受任事。相应咨明贵部查照可也。须至咨呈者。

右咨呈

学部

北京大学综合档案·全宗一·卷 66

曹广权奏报代理大学堂事务折

（光绪三十二年正月二十日）

代理大学堂总监督为详报事，本月初七日奉到大部照会，本月初六日军机处钞交军机大臣，面奉谕旨，张亨嘉奏请开去大学堂总监督差使一折，张亨嘉着准其开去大学堂总监督差使，所有大学堂总监督，着学部拣员请充，钦此。钦遵。查大学堂师范、豫备两科学生众多，所有管理事宜极为繁重，转瞬年假期满，开学各事尤须先期筹备，庶免贻误。总监督未经选定之先，应派员代理，将应办各事悉心筹画，一切均照定章认真办理等因，奉此，旋据前总监督张于本月十二日移交总监督关防，遵于是日接收暂行代理全堂事务，所有接收关防日期理合详
　　　　　大人
报，为此备文详报。中堂察核须至详者。
　　　　　大人
右详呈

大部

北京大学综合档案·全宗一·卷 66

光绪三十二年正月二十二日命李家驹任京师大学堂总监督

庚寅，命李家驹以四品京堂候补，充京师大学堂总监督。

《光绪朝东华录》光绪三十二年正月

学部为奏准李家驹任大学堂总监督事知照有关各部门

（光绪三十二年正月二十八日）

协办大学士正堂荣　为钦奉事。本年正月二十二日内阁奉上谕，翰林院编修李家驹，著以四品京堂候补充京师大学堂总监督。钦此。相应供录谕旨 咨行照会 贵将军钦遵可也，须知学政监督 咨照会者

右咨
盛京将军
东三省学政李
右照会
代理大学堂总监督

北京大学综合档案·全宗一·卷66

李家驹到任呈报学部文

（光绪三十二年三月初一）

钦命京师大学堂总监督四品京堂李　为咨报事。准贵部照会开：本年正月二十二日，内阁奉上谕，翰林院编修李家驹，著以四品京堂候补充京师大学堂总监督，钦此。本总监督遵于本年三月初一日接受京师大学堂总监督关防，莅堂视事。相应咨报贵部请烦查照施行，须至咨呈者。

右咨呈
学部

北京大学综合档案·全宗一·卷66

学部致朱益藩电

（光绪三十三年六月二十日）

总务司机要科案呈致济南朱学使电济南学司署朱总监督鉴，公被　恩命充补大学堂总监督，李大臣七月初旬即行，万望即来接洽。
学部

北京大学综合档案·全宗一·卷73

丙子。以朱益藩为大学堂总监督。

《光绪朝东华录》光绪三十三年六月

吏部知照学部著朱益藩任大学堂总监督

（光绪三十三年六月二十一日）

吏部为知照事。光绪三十三年六月十九日，由内阁抄出光绪三十三年六月十七日内阁奉上谕：朱益藩著充补大学堂总监督，钦此。相应知照可也，须至知照者。
右知照
学部

北京大学综合档案·全宗一·卷73

学部示朱益藩任大学堂总监督电

（光绪三十三年六月二十五日）

总务司机要科案呈致大学堂总监督电济南提学署朱总监督鉴：京师大学堂总监督业经奏准，作为实缺，秩视左右丞。请速莅任。原奏容咨达学部。

北京大学综合档案·全宗一·卷73

朱益藩到任呈报学部文

（光绪三十三年八月初一日）

钦命京师大学堂总监督朱为咨报事。光绪三十三年六月十七日钦奉上谕朱益藩著充补大学堂总监督。钦此。兹本总监督遵于八月初一日接受京师大学堂总监督关防，莅堂视事。相应咨报贵部请烦查照施行，须至咨呈者。
右咨呈
学部

北京大学综合档案·全宗一·卷73

吏部知照学部着朱益藩仍在南书房行走

（光绪三十三年八月初四日）

吏部为知照事。光绪三十三年八月初二日，由内阁抄出光绪三十三年七月三十日内阁奉上谕：大学堂总监督朱益藩著仍在南书房行走，钦此。相应知照可也，须至知照者。
右知照
学部

北京大学综合档案·全宗一·卷73

学部为奏准改大学堂总监督兼差为实缺事知照大学堂
(光绪三十三年六月三十日)

　　学部为咨行事。本年六月二十二日，本部奏请将大学堂总监督改为实缺一折，奉旨依议钦此。相应恭录谕旨，抄粘原奏咨行贵总监督钦遵可也。须至咨者。
右　咨(计粘原奏一纸)
大学堂

附原奏折

奏为请将大学堂总监督改为实缺，以重学务而专责成。恭折仰祈圣鉴事。窃查奏定章程，大学堂总监督受总理学务大臣之节制，总管全堂各分科大学事务，统率全学人员，责任綦重。历任总监督皆系兼差，统筹兼顾尚无贻误。惟现在预备科学生瞬将毕业，各省高等学堂毕业学生送京肄业者亦不乏人，各项分科均须逐渐规设。大学堂基址，前经择定德胜门外校场地方，现正筹款修建，离城较远，总监督尤须常川住堂，以资整理。查东西各国大学总长均设为专官，不兼他事。本年四月度支部奏设总银行造币厂各设总监督一员，秩视左右丞，作为实缺。奉旨先准在案。大学堂为全国人才荟萃之区，四方观听所系。总监督责重事繁，尤应常川视事，心思耳目常与全堂诸生相贯注，整顿功课，维持秩序，用能日起有功。臣等公同商酌，拟援照度支部总银行造币厂设立总监督成案，请将大学堂总监督一员作为实缺，秩视左右丞，三年为一任，内以臣部左右丞，外以各省提学使为应调之缺。遇有正三品应升之缺，一律开列，以专责成而规久远。其分科监督及教务提调各官，应否设立专官之处，容臣等随时体察情形，奏明办理。所有大学堂总监督请改为实缺缘由，谨缮折具陈。伏乞皇太后、皇上圣鉴。谨奏。
北京大学综合档案·全宗一·卷69，《学部官报》第二十八期，《光绪朝东华录》光绪三十三年六月

学部为大学堂总监督改为实缺事咨行民政部文
(光绪三十三年七月十二日)

　　学部为咨行事。本年六月二十二日，本部奏请将大学堂总监督改为实缺一折。奉旨，依议。钦此。相应恭录谕旨排印原奏，咨行贵部钦遵可也。须至咨者。
右咨(计粘原奏一件)
民政部
光绪三十三年十月十三日到
学部咨行具奏请将大学堂总监督改为实缺一折，奉旨，依仪。钦此。由正堂和硕肃亲王(签收)七月十五日收。(计粘原奏一件)

中国第一历史档案馆·一五○九·卷14

吏部为刘廷琛任大学堂总监督知照学部

(光绪三十三年十一月二十九日)

　　吏部为知照事。光绪三十三年十一月二十七日,由内阁抄出光绪三十三年十一月二十五日内阁奉上谕刘廷琛著大学堂总监督,钦此。相应知照可也,须至知照者。
右知照
学部

北京大学综合档案·全宗一·卷 73

刘廷琛到任京师大学堂呈报学部文

(光绪三十四年正月十六日)

　　钦命京师大学堂总监督刘　为咨报事。光绪三十三年十一月二十五日钦奉上谕,刘廷琛著充大学堂总监督,钦此。兹本总监督遵于本年正月十六日,接受京师大学堂总监督关防,莅堂视事。相应咨报贵部,请烦查照施行。须至咨呈者。
右咨呈
学部

北京大学综合档案·全宗一·卷 79

奏请简员署理京师大学堂总监督折

　　奏为请旨简员署理京师大学堂总监督以重职守恭折仰祈圣鉴事。窃本月初八日,大学堂总监督刘廷琛,请假一月回籍省亲,业蒙允准在案。所遗大学堂总监督一缺自应遴员署理以重职守。查京师大学堂为京外学堂标准,士习学风观瞻所系,现在分科大学一律设立,非有学识宏通夙负名望之员,不足以资董理,而期表率。臣等查有学部丞参上行走经科大学堂监督柯劭忞,堪以暂行署理,相应请旨简署,以重职守。所有遴员署理大学堂总监督缘由,谨恭折具陈。伏乞皇上圣鉴。谨奏。宣统二年八月十八日奉上谕,大学堂总监督著柯劭忞暂行署理钦此。

《学部官报》第 137 期

吏部知照学部着柯劭忞暂行署理大学堂总监督

(宣统二年八月二十三日)

　　吏部为知照事。宣统二年八月二十日，由内阁抄出宣统二年八月十八日，内阁奉谕，大学堂总监督着柯劭忞暂行署理，钦此。相应知照可也。须至知照者。
右知照
学部

北京大学综合档案·全宗一·卷97

劳乃宣因病请以刘经绎代理学堂事务事咨呈学部

(宣统三年十二月初六日)

　　钦命京师大学堂总监督劳为咨呈事：照得敝总监督因病奏请开缺，奉旨着赏假一个月，毋庸开缺。钦此。自应钦遵，但病躯不能理事，且拟赴易州就医。学堂虽现在停课，而尚有日行事件，并有款项出入，不可无人经理。查本学堂总庶务提调刘员外经绎熟悉情形，办事谙练，堪以委托暂行代办，俾可专意医调，以期早日就痊，销假视事。除照会并牌示外，为此，咨呈大部请烦查照施行。须至咨呈者。
右咨呈
学部

北京大学综合档案·全宗一·卷103

奏遴员派充分科大学监督折

(宣统元年闰二月)

　　奏为遴员派充分科大学监督恭折具陈仰祈圣鉴事。光绪三十四年七月二十日，臣部会同度支部，奏分科大学经费商明按年筹拨部款，恳恩允准玄案一折，奉旨，依议。钦此。嗣由度支部先拨二十五万两，交臣部收领，以作开办之用。现正派员估修校舍，筹备一切。窃维分科大学开办之初，造端宏大，擘画需人，所有各科监督，有商订章程经营校务之责，极应择人分任以董厥成。兹查有前翰林院侍读署贵州提学使臣部丞参上行走柯劭忞，堪以派充经科大学监督；臣部参事官林棨，堪以派充法政科大学监督；吏部主事孙雄，堪以派充文科大学监督；花翎二品衔直隶补用道屈永秋，堪以派充医科大学监督；二品顶戴翰林院侍读汪凤藻，堪以派充格致科大学监督；臣部参事官罗振玉，堪以派充农科大学监督；臣部专门司主事何燏时，堪以派充工科大学监督；内阁中书权量，堪以派充商科大学监督。以上各员，经臣等遴选再三，均为合格之选。其柯劭忞、孙雄、屈永秋、汪凤藻、罗振玉五员，学行具优，声望素著，拟即令其充补各科监督。其林棨、何燏时、权量三员，亦系学有专长，才堪任事，惟资望较浅，拟令先行署理，俟将来办有成效，再由臣部奏明充补。如蒙俞允，即由臣部知照各该员，迅速到差，分别筹办，仍统于大学堂，由总监督主持一切。臣等仍当随时督率，期于早日观成，用副朝廷兴学育材之至意。所有遴员派充分科大学监督缘由,理合缮折具陈。伏祈皇上圣鉴。谨奏。宣统元年闰二月二十五日奉旨,已录。

《学部官报》第八十四期

覆吏部本部遴员派充分科大学监督未奏明为实官文

(宣统元年三月初十日)

为片复事。准吏部文开学部闰二月二十五日具奏,遴员派充分科大学监督一折,奉旨依议,钦此。钦遵在案。查该员等是否作为实官,系何品秩,并应否开去底缺。希即声覆过部等因前来。查本部遴员派充分科大学监督,系属差使并未奏明作为实官,相应片复,查照办理可也。须至片者

《学部官报》第八十九期

大学堂监督将升二品

(宣统元年五月)

大学堂监督现系三品之秩,闻张中堂意俟大学各分科开学后,即将大学堂监督升为二品,秩与各部侍郎平等,以重学务并予其专折奏事权。

《顺天时报》2214号宣统元年五月二十二日

京师大学堂历任负责人

姓 名	任 职 期	职 名
孙家鼐	1898年7月～1899年12月	管理大学堂事务大臣
许景澄	1899年7月～1900年7月	暂行管理大学堂事务大臣
张百熙	1902年1月～1904年1月	管理大学堂事务大臣
张亨嘉	1904年2月～1906年2月	京师大学堂总监督
曹广权	1906年2月～1906年3月	代理大学堂总监督
李家驹	1906年3月～1907年7月	大学堂总监督
朱益藩	1907年7月～1907年12月	大学堂总监督
刘廷琛	1908年1月～1910年9月	大学堂总监督
柯劭忞	1910年9月～	暂行署理大学堂总监督
劳乃宣	～1912年	京师大学堂总监督
刘经绎	1911年12月24日～	暂行代理

京师大学堂分科大学监督名单(宣统元年)
柯劭忞　　经科大学监督
林　　　　法政科大学监督

孙　雄	文科大学监督
屈永秋	医科大学监督
汪凤藻	格致科大学监督
罗振玉	农科大学监督
何燏时	工科大学监督
权　量	商科大学监督

孙家鼐，字燮臣，安徽寿州人。咸丰九年一甲一名进士，授修撰，入直上书房。光绪四年，命在毓庆宫行走，与尚书翁同龢同授帝读。累迁内阁学士，擢工部侍郎。〔十六年，授都察院左都御史、工部尚书，兼顺天府尹。——据《清史稿》〕。

二十年甲午，中日战启，大学士李鸿章主款，尚书翁同龢持战，家鼐力言"衅不可开"，赞同李议。二十一年，康有为在京创立强学会，译书译报，讲求时务，家鼐尝为代备馆舍，以供栖止，且列名北京强学会，旋以杨崇伊承李鸿章意旨，进劾强学会，斥其互相标榜，议论时政①，家鼐虑生事，罢之②。未几，胡孚宸奏以书局有益人才，请饬筹议，以裨书局，同龢力主恢复，遂以强学会改为官书局，而命家鼐主元。乃拟官书局开办章程，胪列为七。即一、藏书籍；一、刊书籍；一、备仪器；一、广教肄；一、筹经费；一、分职掌；一、刊印信③。与《上海强学会章程》相较，略去刊布报纸一项，故虽改局，而宣传影响，已迥不如前。

二十四年戊戌五月，创设京师大学堂，将官书局及译书局并入，赏梁启超六品衔，命办理译书局事务，并派孙家鼐以吏部尚书、协办大学士管理大学堂。家鼐乃奏筹办京师大学堂大概情形八条：一、进士出身之京官，拟立仕学院，听习西学专门；一、学堂肄业之人宜筹出路；一、中西学分门宜变通办理，兵学宜另立学堂；一、学成出身名器宜慎，鼓励之中仍示限制；一、编书宜慎，学问乃天下万世之公理，必不可以一家之学，范围天下，凡经书旧例学官者，概不得忘行增减一字，惟西学各书，应令编译局迅速编译；一、西学宜设总教习，拟任总理衙门之总教习丁韪良为大学堂总教习，仍与订明权限，非其应办之事，概不准与闻；一、专门教习，薪水宜从优给；一、膏火宜酌量变通，泰西学堂皆来学者自出脩脯，无月给膏火办法，请仿西例办理④。又代梁启超奏请设立翻译学堂，准予学生出身，并书籍报纸恳免纳税，奉旨允准⑤。

初，翁同龢以助德宗变法被黜，孙家鼐已感彷徨；及京师大学堂议起，孙家鼐尝请康有为为总教习，梁启超且先拟《章程》，家鼐以其将教权皆归总教习，而管学大臣无权，益为不满⑥。故德宗任用有为变法，家鼐虽依违其间，心实不怿⑦。于是当梁启超主编译局时，家鼐患启超专主康氏一家之言"定为课本，败坏士习"。五月二十九日，上《奏译书局编纂各书请候钦定颁发并请严禁悖书疏》，谓康有为孔子改制学说，"行之今时，窃恐以此为教，人人存改制之心，人人谓素王可作，是学堂之设；本以教育人才，而转以蛊惑民志，是导天下于乱也。"而请将康有为书中凡有关孔子改制称王等字样，"宜明降谕旨，亟令删除。"⑧

五月二十九日，宋伯鲁奏请改《时务报》为官报，上谕着管学大臣孙家鼐酌核奏明，家鼐遂于六月初八日上折请派康有为前往督办，并拟奏章程三条：一、主笔宜对材料慎加选择，如有颠倒是非，混淆黑白，挟嫌妄议，渎乱宸聪者，一经查出，主笔者不得辞其咎；二、不准议论时政，不准臧否人物，皆译外国之事；三、每月经费，由各省筹购，开办费由上海道代为设法⑨，盖欲将康有为因以挤而出之也⑩。

嗣后孙家鼐屡上奏章,尤以办学编书为多,若六月二十二日复陈筹办官报事宜,请按照官书局例月拨千金⑪;七月初三日议复徐致靖请开编书局一节,应无庸议,但于官报馆、译书局兼办此事即可⑫;初五日,援案代奏户部郎中王宗基等自集资款创建学堂事⑬;十四日,请派李盛铎、寿富等前往日本游历,考察大学、中学、小学一切规制课程并考试之法⑭;二十四日,议准徐致靖奏请冗官既裁,酌置散卿,以广登进一折,且请"听言之道,尤当致慎"⑮;同日复议大学堂章程,谓"凡诸生已熟读四书、五经者,方准收入学堂,……将来开办学堂收考章程,自当以熟读群经者为上,专通数经及一经者次之……况经学所以正人心、明义理,中西学问以此为根柢",宜另立一门,且拟设矿学、农学、医学诸门⑯;二十九日,拟具医学堂办法送呈⑰;同日,复议请在京师设武备大学堂⑱;八月四日,代奏杨锐等创立学堂事⑲,遵议河南巡抚刘树棠等奏筹办学堂一折,请旨饬令按照所奏章程,实力兴办⑳,又将在顺天拟设首善中学堂筹办情况呈核㉑;以裕庚所奏日本大学科目并初学功课为"语皆切实,询阅历有得之言",拟次第施行㉒。虽秉帝命而行"新政",而实"窃焉和之"者耳!

论曰:孙家鼐尝侍帝读,与翁同龢同属帝党,而实帝党中之右派。其所谓变法,盖主缓变,所谓"次第施治,谋定后动",巩固皇室,维护专制耳!又徘徊于帝后之间,初犹调和依违,终且心怀不怿。盖见翁同龢之黜退而引为警惕,见康有为民权平等之说,触犯封建纲常,而心焉恶之矣!

且孙家鼐徘徊帝后之间之初,行政经验,固极老练。若强学会成立,家鼐尝支持之,迄劾议起而拟罢脱。改官书局议兴复拟定章程,而略去刊布报纸一项。谓:"此次封禁,不过防其流弊,并非禁其向学。"㉓防其流弊者,惮其讥切朝政;并非禁其向学者,即按过去同文馆、上海制造局等刻印西书,置备仪器,流通图书,亦可照办,故特去其刊布报纸一项。则貌似劝学,而阴阻时论矣。若《时务报》改为官报,寻择家鼐拟具《章程》,一则曰主笔需慎择材料;再则曰不准议论时政,不准臧否人物,皆译外国之事。若是则《时务官报》演为"译报",维新派之拟藉此以宣扬新政之计议为之受阻。又请改派康有为往沪督办官报,若是则京师维新势力大为削弱矣。秉帝命以行革新之政,而阴谋破坏新政之实,两面狡展,阴祖旧制,此或封建统治阶级之所以誉其为"深持大体"㉔、"敛志愈卑"㉕之故欤?

注　释

①见本书(戊戌变法人物传稿)《文廷式传》、《杨崇伊传》。　②夏孙桐:《书孙文正事》《碑传集补》卷一)。　③孙家鼐:《官书局奏开办章程折》(光绪二十二年八月初一日《时务报》)。　④佚名:《孙家鼐年谱》(《戊戌变法》第四册第二〇九页)。　⑤《德宗景皇帝实录》卷四二三第十六页。　⑥康有为:《康南海自编年谱》(《戊戌变法》第四册第一五一页)。　⑦胡思敬:《戊戌履霜录》卷一《政变月记》。　⑧孙家鼐:《奏译书局编纂各书请候钦定颁发并请严禁悖书疏》(《皇朝蓄艾文编》卷七十二第五页)。　⑨孙家鼐:《遵议上海时务报改为官报折》(光绪朝《东华续录》卷一四六第五——六页)。　⑩参见本书卷二《康有为传》及拙著《戊戌变法时的学会和报刊》(《论丛》第二三五——二四〇页)。　⑪见《戊戌变法档案史料》第四五三——四五四页)。　⑫同上第四五五页。　⑬同上第二七三——二七四页。　⑭同上第二七六页。　⑮同上第一七六页。　⑯同上第二八五——二八六页。　⑰同上第二九八——二九九页。　⑱同上第二九九——三〇〇页。　⑲同上第三〇六页。　⑳同上第三〇八页。　㉑同上第三〇八——三〇九页。　㉒同上第三〇九——三一〇页。　㉓孙家鼐:《官书局开设录》(张静庐:《中国近代出版史料》初编第四十五页)。　㉔《清史列传》卷六十四《孙家鼐传》。　㉕马其昶:《武英殿大学士赠太傅孙文正公神道碑》(《抱润轩文集》卷一四)。

录自汤志钧:《戊戌变法人物传稿》

张百熙,字野秋,长沙人。同治十三年进士,授编修。督山东学政,典试四川。命直南书房,再迁侍读。

光绪二十年,朝鲜衅起,朝议多主战。百熙疏劾李鸿章阳作战备,阴实主和,左宝贵、聂士成皆勇敢善战之将,以饷械不继,遂致败绩,咎在鸿章,又劾礼亲王世铎管枢务,招权纳贿,战事起,一倚鸿章,贻误兵机;皆不报。时值太后万寿,承办典礼者犹竞尚华饰,百熙奏罢之。复偕侍讲学士陆宝忠等合弹枢臣朋比误国十大罪。未几,孙毓汶引疾归,恭亲王奕䜣复入军机,而百熙亦出督广东学政。累迁内阁学士。二十四年,坐滥举康有为,革职留任。二十六年,授礼部侍郎,擢左都御史,充头等专使大臣。拳匪乱定,下诏求言,百熙抗疏陈大计,请改官制,理财政,变科举,建学堂,设报馆。明年,迁工部尚书,调刑部,充管学大臣。

京师之有大学堂也,始于中日战后。侍郎李端棻奏请立学,中旨报可,而枢府厌言新政,请缓行。迄戊戌,乃奉严旨,促拟学章,命孙家鼐为管学大臣。及政变,惟大学以萌芽早得不废。许景澄继管学,坐论义和团被诛。两宫西幸,百熙诣行在,以人望被斯任,于是海内欣然望兴学矣。百熙奏加冀州知州吴汝纶五品卿衔,总教大学。汝纶辞不应,百熙具衣冠拜之,汝纶请赴日本察视学务。大学教职员皆自聘,又薪金优厚,忌嫉者众,蜚语浸闻。汝纶返国,未至京,卒;而百熙所倚以办学者,门人沈兆祉亦受谗构。大学既负时谤,言官奏称本朝定制,部官大率满汉相维,请更设满大臣主教事,乃增命荣庆为管学大臣。旋别设学务处,以张亨嘉为大学总监督,百熙权益分。始议分建七科大学,又选派诸生游学东西洋。荣庆意不谓可,而百熙持之坚,亲至站送诸生登车。各省之派官费生自此始。值张之洞入觐,命改定学章,及还镇,复命家鼐为管学大臣。凡三管学,百熙位第三矣。百熙拟建分科大学,以绌于赀而止,惟创医学及译学馆、实业馆,遽谢学务。赏黄马褂,紫禁城骑马。后历礼部、户部、邮传部尚书,政务、学务、编纂官制诸大臣。卒,赠太子少保,谥文达。

《清史稿》卷四百四十三

许景澄,字竹筠,浙江嘉兴人,同治七年进士,改翰林院庶吉士,十年散馆,授编修。光绪元年,大考三等,八月充顺天乡试同考官。三年,记名以御史用。五年,充四川乡试副考官。六年,诏以侍讲升用,并加二品顶戴,充出使日本国大臣。旋丁父艰,九年,服阕,补侍讲。越南事起,景澄疏陈法人谋窥北圻三省,战事将成,非严防不足以阻敌谋,非持久不足以收战效。目前筹备事宜,一、重台湾之防拒,敌所必争;一、策越师进攻越南分界一节,为肇衅之波澜,亦终为归束之枢纽;一、慎购洋枪,专选军锋,演习以成劲旅;一、选派弁勇,赴德国习铁舰驾驶;一、审战例以安各国,免激他变;一、筹预借洋款,决裂以后,各国守局外之约,借款即有不便;一、缓练广东水师,注重陆军,省出余款,备拨关外各营月饷。疏入,上嘉纳焉。旋充文渊阁校理。十年,充出使法国、德国并义和奥五国大臣。十一年,兼充出使比利时国大臣。时国家创兴海军,前使于德国订购铁甲船、穹甲快船,皆未就。景澄接管勘验事宜,钩稽船制利弊,谓增购一舰,胜于旧制者十五。遂辑外国师船表呈进,上疏略言,大沽口宜设铁甲炮船,胶州湾宜为海军屯埠。十三年,转侍讲。旋丁母忧。十六年服阕,充出使俄国、德国、奥国、和国大臣。十七年,擢太仆寺少卿,转通政司副使。十八年,授光禄寺卿。十九年,补内阁学士,兼礼部侍郎衔。先是,俄兵游猎,每涉我国所属帕米尔之界。景澄争之俄外部,始已。又议定界,坚执旧议,以乌什别里山为界,从此而南属中国,从此而西南属俄国。俄人则欲以萨雷阔勒为界,相持三载,俄外部乃为调停之说。帕米尔界未定以前,两国各不得进兵,以保和好。二十一年,授工部右侍郎。先是,我与日本开战,及事定,而俄德法三国出而与谋,使日人归辽东于我。景澄疏言,俄怀自便之心,德挟责报之意,交涉日繁,势难兼顾,似宜分派两使,得旨允行。二十二年,充出使德国大臣。未赴德以前,俄国西伯利亚铁路欲与海参崴接轨,取道黑龙江、吉林。朝议拒之。因改为商办,设立公司,而使中国亦入股银五百万。乃命总办黑龙江吉林铁路公司。景澄仅能阻其路南侵,订约稽查运料之船,勿使漏税而已。二十三年,至德国,甫数月,而俄人租我旅顺口大连湾,命充头等专使赴俄,与驻俄使臣杨儒议订条约,事竣回国。二十四年,命在总理各国事务衙门行走,兼署礼部右侍郎,调补吏部右侍郎,转左侍郎,派充大学堂总教习、管学大臣。督办关内外等铁路。时意大利索我浙江之三门湾甚力,景澄建言驳之,事乃寝。二十六年,义和拳倡乱,景澄之意主剿。首祸诸臣,遂乘机诬陷,交章弹劾。七月初三日,弃市。事平,上知其冤,与徐用仪、袁昶等均开复原官。宣统元年,予谥文肃。浙人奏建三忠祠于原籍,列入祀典,官为祭祀。著有《外国师船图表》《光绪勘定西北边界》《俄文译汉图例言》《西北边界地名译汉考证》《奏疏录存》《出使函稿》。

录自《清代七百名人传》

张亨嘉,福建侯官(今福州)人。字燮钧。1883年进士,选庶吉士,授编修。1897年入直南书房。1899年任太常寺少卿。1900年任大理寺卿。1901年督浙江学政。同年任京师大学堂总监督,并兼摄进士馆监督,曾开辟学舍,广集高材生。后任光禄寺卿、左副都御史、兵部侍郎。1904年转任礼部侍郎,充经筵讲官。精通文物鉴赏。1910年逝世。

《中国近现代人名大辞典》

李家驹,清汉军正黄旗人,字柳溪。光绪进士。授翰林。光绪二十九年(1903)任湖北学政,三十一年调东三省。次年改京师大学堂副总办、总监督,授学部右丞。三十四年任出使日本大臣。次年改派为考察日本宪政大臣,授内阁学士。宣统元年(1909)署学部左侍郎,协理开办资政院事宜。后历任学部右侍郎、法制院院使、资政院总裁。1914年任参政院参政。

《中国人名大词典》历史人物卷

刘廷琛,江西德化人,字幼云。清光绪进士。翰林院庶吉士。后为学部右丞、京师大学堂总监督。宣统三年(1911)冬任袁世凯内阁学部副大臣。辛亥革命后,参与谋划帝制复辟。1917年张勋复辟时,被授为内阁议政大臣。复辟失败,退出政界蛰居。

《中国人名大词典》历史人物卷

柯劭忞(1850—1933),字凤孙,又作凤笙,亦作奉生,晚号蓼园,生于清道光三十年,原籍山东胶县,因避捻乱,迁居潍邑。父柯蘅,绩学工诗,潜心经史①,尝从闽县人陈寿祺受许、郑之学,以史、汉诸表为纪、传之纲领,而讹误舛夺,最为难治,乃条而理之,著汉书七表校补二十卷,钩稽隐颐,凡前人之说,皆取而辨其是非。尤长于诗,著有声诗阐微二卷、旧雨草堂诗集四卷。其说经、说史之作,门人集为旧雨草堂札记②。劭忞之母李长霞,为掖县李长白之女,诗学三唐,稿中"乱后忆书"一律,京师传诵殆遍③,可谓一门风雅。劭忞幼娴吟诗,七岁时即有"燕子不事春已晚,空庭落尽紫丁香"之句,固征早慧,亦深得力于母教。其作诗拟古歌谣,具戛戛独造,语不犹人。五七言古近体学六朝三唐,亦皆老成④,见重于会稽李慈铭⑤。

清同治四年(1865),劭忞为生员,时年十六。九年,乡试中式,为举人。光绪十二年(1886),成一甲进士。同年五月,改翰林院庶吉士,旋官翰林院编修。二十七年三月,提督湖南学政⑥。三十年,充国子监司业,历官翰林院侍讲、侍读。三十二年,奉派赴日本考察学务。是年十一月,以时事艰难,条陈讲求教育、整顿财政、培养将才、慎重名气各节,颇具远见。三十三年正月,奉命开去侍讲缺,以道员用,署贵州提学使⑦。三十四年五月,奉命入京,派在学部丞参上行走⑧。宣统元年正月,充京师大学堂经科监督⑨。同年十二月,以山东盐务违章私销,呈请整理。二年八月,以经科监督暂署京师大学堂总监督⑩,旋充典礼院学士⑪。三年正月,以筹备立宪,更张太骤,用人行政,虑患宜深,奏请饬下政务大臣悉心斟酌⑫。时各省革命运动,风起云涌,士绅军民,以清廷敷衍改革,群情俶扰,响应革命。清廷为缓和民心,降旨选派各省名望素著人员分途安抚。是年九月,命劢忞为山东宣慰使,督办山东团练大臣。

民国三年春,设清史馆,纂修清史,命赵尔巽为馆长,以劢忞为总纂。同年四月,北京政府筹备约法会议,劢忞当选山东省选举会议员。五月,命劢忞为参政,皆不就,屡请辞职。四年三月,北京政府以参政周学熙另有任用,劢忞一并准予免去参政本职。

明初宋濂等奉敕撰元史,芜杂疏漏,未餍人意。永乐年间,胡粹中以元史详于世祖以前攻战之事,而略于成宗以下治平之迹,顺帝时事亦多阙漏,因作元史续编十六卷,以综其要,是为订补元史之作。惟其书起自世祖至元十三年(1276),迄顺帝至正二十八年(1368),用编年体,大书分注,全仿通鉴纲目,可称为元鉴纲目,不得称为续元史。迨至清代,元史改修订补之作益夥。清初,邵远平始撰元史类编四十二卷,取经世大典诸书,以补正史,不无订正之功,惟其有纪、传,无表、志,于一代经制,阙略未备。其后钱大昕尝得元秘史,稽考内容,以证元史之误⑬,成补志、补表及列传百余篇,然迄未卒业⑭。道、咸年间,魏源撰元史新编九十五卷,其中所采有元秘史及经世大典等书,其于中国本部之史实,已极尽订补之能事,可谓无憾。然西方人所辑蒙古史籍,多记三大汗国故事,魏源未能兼采,不得谓完备,仍有待后人之拾补。光绪末年,劢忞尝充国史馆帮提调,奉命勘定魏源撰元史新编。宣统元年八月,校勘告竣,经大学士孙家鼐具奏,将原书呈缴,并附呈校勘记一册,翰林院编修袁励准曾奏请将元史新编列入正史,大学士孙家鼐以该书入之别史,实在宋史新编之上,入之正史,则体例殊多未合,尚非新唐书、新五代史之比,将元史新编列入正史之议遂寝。⑮

元史新编、元史类编,于西域记事,俱未能兼采,修改订补元史,不得不取材于中国本部或中文以外之史料,清代后期史家遂多将西方纪录证明中国所未知或所未确知者,其开端当推洪钧元史译文证补三十卷。洪钧使德,令人翻译多桑、拉施特二氏书,取以证元史之所未缺及补元史之所缺,因多由翻译而来,故称译文,又因能证明未缺史迹及补其所缺,故称证补。此后屠寄撰有蒙兀儿史记一百六十卷,屠寄以为蒙古事迹所包括者远较中国之元朝为广,言元史不足以包括蒙古史,而蒙古史则可以包括元史,故取其书名为蒙兀儿史记⑯。其参订旧史,以综合新材,用力虽勤,但仍未为完书。继洪钧、屠寄二氏之后,致力于元史而独力撰史者,则为劢忞一人。

劢忞潜心国学,举凡经史、词章、音韵、训诂、金石、天文、历算、舆地、医药,靡不精研。既入翰林,假馆中所贮永乐大典读之,择裨于元史者钞为巨帙,是时已有著书之志⑰。其后又搜采金石,旁译外史,尤注意利用域外史料,博极群言,以修改元史,熔裁钩贯,参互考证,校异订讹,衡其情事,按之时地,以定从违,以补遗阙,力求精当。订误补遗删复之外,于正是非,审虚妄,尤为加意。用力既勤,阅时又久,其覃思竭虑者凡四十余年,成新元史二百五十七卷,考证五十八卷,其精审完善,实集诸家之大成。

新元史,计本纪二十六卷,表七卷,志七十卷,列传一百五十四卷,盖为订补旧史而作,上仿欧阳修之改修五代史,其体例虽与旧史无异,而不乏改订之处。其异于旧史者,如本纪将太祖以前时事,仿魏书、金史撰为序纪;改顺帝纪为惠宗纪;补撰昭宗纪。表合宗室世系及诸王为一,称为宗室世表;删略后妃公主表入列传;增行省宰相年表。志分礼、乐为二,称为礼志、乐志;祭祀、舆服合而为一,称为舆服志。列传则分儒学与儒林、文苑二传;改良吏传为循吏传,孝友传为笃行传;删略奸臣、叛臣、逆臣三传;新增蛮夷传。其于西域史事,叙述亦详备。劭忞承诸家之后,撰新元史,譬诸群雄割据迭兴之后,而成统一之功。兼元史类编、元史新编之长,而无其短。实可谓不朽之盛业[18]。民国八年十一月七日,新元史交教育部阅看。教育部以新元史精审完善,实远出元史原书之上,呈请仿照乾隆年间颁行二十四史唐书及五代史新旧并存前例,将新元史与元史一并列入正史,以广流传而光册府[19]。同年十二月四日,总统徐世昌以新元史"诠采宏富,体大思精",明令列入正史[20],增二十四史为二十五史[21]。新元史初刊为铅印活字本,未几锓木,以民国十年所刊印之木印本为定本。新元史出版后,见重于东瀛,付文部省评定,咸推服以为不可及。民国十二年,日本东京帝国大学文学部,赠劭忞以文学博士学位,其推崇可谓备至。民国十四年五月,东方文化事业总委员会成立,利用日本退还之庚子赔款,聘请国人续修四库全书提要,劭忞应聘为委员长,并为经部易经类整理及撰著提要人之一,凡撰一百五十有二则[22]。劭忞充清史馆总纂,清史稿本纪二十五卷,劭忞为总阅,多所删正;儒林传三卷、文苑传三卷、畴人传二卷,俱归其整理;灾异志五卷,刘师培初辑,劭忞复阅;天文志十四卷,自始至终,皆劭忞一人独撰;时宪志十六卷,则由劭忞指导钦天监天文台人员编纂[23]。民国十六年九月三日,赵尔巽病逝。是月十四日,续聘劭忞兼代馆长职务,以竟全功[24]。同月二十一日,恢复设置国史馆,以劭忞为馆长。[25]十七年十月八日,国民政府发布故宫博物院理事命令,第一届理事二十七人,劭忞为理事之一[26]。

劭忞于丙戌同年翰林中,夙善徐世昌,晚年尤相亲。徐世昌为总统时,设诗社于总统府,号曰晚晴簃。劭忞为社友中最受礼遇者,徐世昌为诗,每就正于劭忞[27]。劭忞为学朴实,不随风气为转移。晚岁校勘群经,撰有春秋谷梁传注十五卷、蓼园诗钞一卷、蓼园续钞四卷,以及校刊十三经附札记、译史补、尔雅注、文选补注、文献通考注、蓼园文集等书。劭忞独好谷梁,所撰春秋谷梁传注,于民国六年出版。其自序中有"世乱方亟,拨乱反正,莫尚于春秋,非兼通三传,不足以治春秋之学"等语,可谓知言。

劭忞元配于氏卒后,其继配为桐城吴汝纶第三女[28]。劭忞少年多病,在鹿邑县署时,尝兼患咯血、怔忡等症,甚为憔悴,识者多忧其不寿,而晚年身体康强,实出人意料之外。其兼通医理,亦即由少年多病而留意岐黄之故。民国二十二年夏,劭忞以胃部旧病复发,入德国医院调养,稍瘥归寓后,以幼子昌汾赴曲阜孔氏就姻,携新妇归,在报子街聚贤堂开贺宴宾。劭忞以病后精神欠佳,未克亲往,但令子辈招待而已。宴后,其友多人复至其太仆寺街寓所当面道喜。劭忞不得不亲与周旋,竟缘过劳,旧疾复发,再入医院,诊治无效,于是年八月三十一日病卒[29],享年八十有三。

注 释

①姚渔渊撰《柯劭忞传略》,大陆杂志,第二四卷,第七期,页二〇。　②清史稿,列传二六九,儒林传三,页七。　③徐一士撰,《关于柯劭忞》,逸经,第二五期,页六〇。　④翁同龢等合记,近代人物志,页一七九。　⑤Howard L. Boorman, ed. Biographical Dictionary of Republican China, Vol.Ⅰ, Columbin University Press,New York and London,1967,P. 241.　⑥清德宗实录,卷四八一,页五〇。　⑦清德宗实录,卷五六九,页一一。　⑧清德宗实录,卷五九二,页八。　⑨庄吉发著,京师大学堂,《京师大学堂历任职员一览表》,页一五三。　⑩宣统政纪,卷四一,页九。　⑪柳诒征撰,《柯劭忞传》,国史馆馆刊,第一卷,页八九。　⑫宣统政纪,卷四八,页八。　⑬中国史学史,国立编译馆出版,民国四九年十二月,页一四八。　⑭柯劭忞撰,新元史,《新元史序》页一。　⑮宣统政纪,卷二〇,页二。　⑯李宗侗著,中国史学史,台北市华冈出版社,民国六四年四月,页一五六。　⑰新元史,徐世昌序,页一。　⑱中华民国史事纪要,民国十六年九月二十一日,国史馆印行,页五七〇。　⑲新元史,《署教育次长代理部务傅岳棻呈文》,页二。　⑳政府公报,命令,民国八年十二月五日,第一千三百七十五号。　㉑顾颉刚著,当代中国史学,页一一四。　㉒民国人物小传,页一一三。　㉓朱师辙撰,清史述闻,卷三,台北市乐天出版社,民国六十年十月,页五二。　㉔政府公报,民国十六年九月十五日,四〇九四号。　㉕中华民国史事纪要,民国十六年九月二十一日,页五六八。　㉖吴瀛述,故宫博物院前后五年经过记,台北市,世界书局,民国六十年十月,页一九四。　㉗逸经,第二五期,页六二。　㉘Boorman,ed,op. cit. Vol. Ⅱ,P. 242.　㉙徐一士撰,《再述柯劭忞轶事》,逸经,第二十八期,页一七——一八。

秦孝仪主编《中华民国名人传》

劳乃宣,字玉初,浙江桐乡人。同治十年进士,以知县分直隶。查涞水礼王府圈地,力请减租苏民困。光绪五年,初任临榆,日晨起坐堂皇治官书,启重门,民有呼吁者,立亲讯之,使阍者不能隔吏役,吏役不能隔人民。其后居官二十余年皆如之。曾国荃督师山海关,檄司文案。历南皮等县,畿辅州县遇道差,咸科于民有定额,而官取其赢。乃宣任蠡县,值谒陵事竣,赢支应钱千余缗,储库备公用。任完县,购书万余卷庋遵经阁。任吴桥,创里塾,农事毕,令民入塾,授以《弟子规》、《小学内篇》、《圣谕广训》诸书,岁尽始罢。先是宁津奸民陈二纠党为州郡害,土人称曰黑团,势甚炽。尝至南皮劫杀,乃宣会防营掩捕,擒陈二及其党数人磔于市,黑团遂绝。

二十五年,义和拳起山东,蔓延于直、东各境,乃宣为《义和拳教门源流考》,张示晓谕,且申请奏颁禁止,不能行。景州有节小廷者,匪首也,号能降神。乃宣饬役捕治,纵市民环观,既受笞,号呼不能作神状,枭示之,匪乃不敢入境。明年,拳党入京,乃宣知大乱将作,适调吏部稽勋司主事,遂请急南归,浙抚任道熔延主浙江大学堂。寻入江督李兴锐幕,端方、周馥继任,咸礼重之。周馥从乃宣议,设简字学堂于金陵。初,宁河王照造官话字母,乃宣增其母韵声号为《合声简字谱》,俾江、浙语言相近处皆可通。三十四年,召入都,以四品京堂候补,充宪政编查馆参议、政务处提调。

宣统元年,诏撰经史讲义,轮日进呈,疏请造就保姆,辅养圣德。二年,钦选资政院硕学通儒议员。法律馆奏进《新刑律》,乃宣摘其妨于父子之伦、长幼之序、男女之别者数条,提议修正之。授江宁提学史。三年,召为京师大学堂总监督,兼学部副大臣。逊位议定,乞休去,隐居涞水。时士大夫多流寓青岛,德人尉礼贤立尊孔文社,延乃宣主社事,著《共和正解》。丁巳复辟,授法部尚书,乃宣时居曲阜,以衰老辞。卒,年七十有九。

乃宣诵服儒先,践履不苟,而于古今政治,四裔情势,靡弗洞达,世目为通儒。著有《遗安录》、《古筹算考释》、《约章纂要》、《诗文稿》。

《清史稿》卷四百七十二

三、大学堂关防

礼部为铸领大学堂关防事知照大学堂

(光绪二十四年七月初八日)

礼部为片行事。所有添铸钦命管理大学堂事务大臣之关防壹颗。本部业已铸妥。相应片行。该大臣备具文领,派员赴部请领可也。须至片者。

右片行

钦命管理大学堂事务大臣孙

北京大学综合档案·全宗一·卷2

礼部为补铸大学堂关防事知照大学堂

(光绪二十八年正月)

礼部为咨行事。仪制司案呈所有补铸钦命管理大学堂事务之关防一颗,经本部于光绪二十八年正月二十三日缮模具奏。奉朱批圈出清字年月,钦此。除俟铸妥时,再行知照派员请领外,相应抄录原奏,咨行钦命管理大学堂事务大臣张　查照可也。须至咨者。

右咨(计单)

钦命管理大学堂事务大臣张。

附原奏抄件

礼部谨奏,为请旨事。光绪二十八年正月初六日准军机处片交管理大学堂大臣张百熙奏请铸大学堂关防。奉旨依议,钦此。

钦遵交出到部。查原奏内称大学堂关防一颗,文曰:钦命管理大学堂事务之关防。上年停办后,缴存礼部,经乱遗失,现在事同创始,往来文件甚多,应请饬部,查照前式补铸、祗领等语。臣等查例,例:钦差大臣关防,清汉文,尚方大篆,铜质,直钮,长三寸二分,阔二寸。又,内外各衙门遗失印信,另行铸造、颁发者,于新印中行加添字样,以别新旧。仍先期以是否加添清字楷书年月,抑或用清字官名之处,缮模双请,候旨遵行各等语。又查臣部衙署,前因光绪二十六年七月间兵事,所有一切库存档案、印信,均已毁失无存,业经奏明在案。今补铸钦命管理大学堂事务之关防一颗,所有式样、大小、厚薄,拟请比照钦差大臣关防规制办理,仍请照补铸之例,加添字样,以示区别。其中行是否加添清字楷书年月,抑或用清字官名之处,谨缮模进呈恭请钦定。伏候命下,臣部遵奉铸造,照例颁发。为此,谨奏,请旨。

北京大学综合档案·全宗一·卷22

礼部知照大学堂请领铸妥之关防

（光绪二十八年二月初二日）

礼部为知照事。所有补铸钦命管理大学堂事务之关防一颗，本部现已铸妥，相应知照贵大臣，刻即派员持文赴部请领可也。须至知照者。
右知照
钦命管理大学堂事务大臣张。

北京大学综合档案·全宗一·卷22

礼部知照管学大臣补铸关防领讫

（光绪二十八年二月初十日）

礼部为知照事。所有补铸钦命管理大学堂事务之关防一颗，前经本部铸妥，行文派员赴部请领在案。今准派委提调绍英持文赴部请领，前来当经本部验明印文，于本年二月初六日，将补铸钦命管理大学堂事务之关防一颗，粘贴印花，发交该员绍英领讫。相应知照贵大臣查照，仍将收到、开用各日期，报部查核可也。须至知照者。
右知照
钦命管理大学堂事务大臣张。

北京大学综合档案·全宗一·卷22

大学堂为启用总监督关防咨呈学务大臣文

（光绪三十年正月二十五日）

京师大学堂总监督张　为咨明事。案照本寺奉命充大学堂总监督，时有与贵大臣咨商事件并京外各衙门文牍往返，宜有关防，以昭信守。兹循例刻木质关防一颗，文曰：京师大学堂总监督关防。除奏明启用外，相应移知贵大臣，请烦查照施行。须至咨呈者。
右咨呈
学务大臣

北京大学综合档案·全宗一·卷42

张亨嘉为移交大学堂进士馆关防呈学部文

（光绪三十二年正月十二日）

钦命京师大学堂总监督张为咨明事。本月初六日本总监督奏请开去大学堂差使一折，奉旨著准开去大学堂总监督差使钦此。钦遵。嗣由贵部照会本学堂庶务提调曹牧、进士馆庶务提调汪侍御分别代理。兹定于本月十二日将大学堂进士馆关防文卷移交，接受任事。相应咨明贵部查照可也，须至咨呈者。
右咨呈
学部

北京大学综合档案·全宗一·卷 66

大学堂总监督请铸关防折

(光绪三十三年十月初二日)

钦命京师大学堂总监督、南书房翰林朱　为咨请事。窃照本学堂总监督向系兼差，例用木质关防。现经定为实官，自应遵章换用印信。理合咨请贵部奏明，请旨饬下礼部，另铸铜质印信一颗，颁发启用，以资信守。印文应由贵部撰拟。现查直隶、江南均设有大学堂，应仍旧冠以京师大学堂字样，以示区别。相应咨明贵部查照办理可也。须至咨者。
右咨呈
学部

北京大学综合档案·全宗一·卷 70

学部为大学堂总监督关防由木质改铜质奏折

(光绪三十三年十一月初五日)

大学士管理学部事务大臣张　奏

再，京师大学堂总监督向系兼差，例用木质关防。现经定为实官，自应改铸铜质关防，以昭信守。拟请饬下礼部，按照品秩另铸铜质关防一颗，文曰：京师大学堂总监督关防。谨附片具陈。伏乞圣鉴。谨奏。

北京大学综合档案·全宗一·卷 70

学部为另铸大学堂总监督关防事知照各部

(光绪三十三年十一月十二日)

总务司机要科案呈为咨行事。本月初五日，本部奏请另铸京师大学堂总监督关防一片。奉旨依议钦此。相应恭录谕旨，钞粘原奏咨行贵部钦遵办理可也。须至咨者。
右咨
大学堂
军机处
礼部
宪政馆

北京大学综合档案·全宗一·卷 70

礼部为铸大学堂总监督关防查询学部
大学堂总监督系何品级

（光绪三十三年十一月二十三日）

　　礼部为片行事。准学部咨称，本部奏请另铸京师大学堂总监督关防一片，奉旨依议，钦此。抄粘原奏，咨行礼部，办理等因前来，相应片行。贵部查明大学堂总监督系何品级，希即声复过部，以凭办理可也，须至片者。
右片行
学部

北京大学综合档案·全宗一·卷 73

学部为大学堂总监督系何品级复礼部文

（光绪三十三年十二月初八日）

　　总务司机要科案呈为片复事。准礼部片称，准学部咨称，本部奏请另铸京师大学堂总监督关防一片。奉旨依议，钦此。抄粘原奏，咨行礼部办理等因。片查大学堂总监督系何品级，希声复等因前来。查本部本年六月二十二日于奏改大学堂总监督为实缺折内，声明秩视左右丞，遇有正三品应升之缺，一律开列等语相应片复贵部查照办理可也，须至片者。
右片行
礼部

北京大学综合档案·全宗一·卷 73

礼部知照学部领取大学堂总监督关防

（光绪三十四年三月十二日）

　　礼部为片行事。所有添铸京师大学堂总监督关防一颗，本部现已铸妥。相应片行贵部查照，派员持文赴部请领，并将请领日期先期知照过部，以便办理可也。须至片者。
右片行
学部

北京大学综合档案·全宗一·卷 80

学部知照礼部领取大学堂总监督关防事

（光绪三十四年三月十七日）

　　总务司机要科案呈为片复事。准礼部片称：所有添铸京师大学堂总监督关防一颗，本部现已铸妥，相应片行贵部查照，派员持文赴部请领，并将请领日期先期知照过部，以便办理等因前来。本部现派员于本月十九日赴部请领，相应片复贵部查照可也。须至片者。大学堂承领官吕道象。
右片行
礼部

北京大学综合档案·全宗一·卷 80

刘廷琛派员领取大学堂总监督关防呈学部文

(光绪三十四年三月二十一日)

钦命京师大学堂总监督刘　为领取关防事。三月二十日准大部函开：昨由礼部领到大学堂新铸关防。定于本月二十一日未刻，派员持具印领赴部领取等因。兹由庶务提调吕道象带具印领前往领取。须至印领者。

北京大学综合档案·全宗一·卷 80

礼部为大学堂总监督关防事知照学部

(光绪三十四年三月二十三日)

礼部为片行事。所有添铸京师大学堂总监督关防一颗，前经本部铸妥，知照派员请领，去后，兹准派委司务秦锡纯具印领赴部请领前来。当经本部验明印领，于本月十九日将京师大学堂总监督关防一颗，粘贴印花发交该员秦锡纯领讫。相应片行贵部查照。希将收到开用各日期报部查核可也。须至片者。
右片行
学部

北京大学综合档案·全宗一·卷 80

刘廷琛为大学堂总监督关防事呈学部文

(光绪三十四年三月二十四日)

钦命京师大学堂总监督刘　为咨报事。案照光绪三十四年三月二十一日由大部领到礼部颁发新铸光字二千三百二十八号京师大学堂总监督铜质关防一颗。兹本总监督于三月二十四日开用。除照例咨报礼部外，相应咨呈大部，并将旧颁木质关防及总教习木质钤记两颗，派员呈送缴销。请烦查照备案可也。须至咨呈者。
右咨呈
学　部

北京大学综合档案·全宗一·卷 80

学部为启用京师大学堂总监督铜质关防知照礼部

(光绪三十四年四月十三日)

总务司机要科案呈为咨行事。准京师大学堂总监督咨呈　光绪三十四年三月二十一日，由部领到礼部颁发新铸光字二千三百二十八号京师大学堂总监督铜质关防一颗。兹于三月二十四日开用,并将旧颁木质关防呈送缴销等因。除将木质关防查销外,相应咨行贵部查照可也。须至咨者。

右咨

礼部

北京大学综合档案·全宗一·卷80

柯劭忞呈报学部接受关防日期

(宣统二年八月二十五日)

暂行署理京师大学堂总监督柯　为咨报事。本月二十四日。准大部咨开本部于八月十八日奏请简员署理京师大学堂总监督一摺,奉上谕,大学堂总监督着柯劭忞暂行署理,钦此。钦遵等因准此。查本任大学堂总监督刘,于本月初八日具奏,请假一月回籍省亲。当遵照函示,业将关防移交本署总监督暂管,即于是日接受。兹准前因,所有接受关防日期相应咨报。为此,呈请大部察照备案。须至咨呈者。

右咨呈

学部

北京大学综合档案·全宗一·卷97

四、大学堂章程

总理衙门奏拟京师大学堂章程

(光绪二十四年五月十五日)

第一章 总纲

第一节 京师大学堂,为各省之表率,万国所瞻仰。规模当极宏远,条理当极详密,不可因陋就简,有失首善体制。

第二节 各省近多设立学堂,然其章程功课皆未尽善,且体例不能划一,声气不能相通。今京师既设大学堂,则各省学堂皆当归大学堂统辖,一气呵成;一切章程功课,皆当遵依此次所定,务使脉络贯注,纲举目张。

第三节 西国大学堂学生,皆由中学堂学成者递升,今各省之中学堂,草创设立,犹未能遍;则京师大学堂之学生,其情形亦与西国之大学堂略有不同。今当于大学堂兼寓小学堂、中学堂之意,就中分列班次,循级而升,庶几兼容并包,两无窒碍。

第四节 西国最重师范学堂,盖必教习得人,然后学生易于成就。中国向无此举,故各省学堂不能收效。今当于堂中别立一师范斋,以养教习之才。

第五节 西国学堂皆有一定功课书,由浅入深,条理秩然,有小学堂读本,有中学堂读本,按日程功,收效自易。今中国既无此等书,故言中学,则四库七略,浩如烟海,穷年莫殚,望洋而叹;言西学则凌乱无章,顾此失彼,皮毛徒袭,成效终虚;加以师范学堂未立,教习不得其人,一切教法皆不讲求,前者学堂不能成就人才,皆由于此。今宜在上海等处开一编译局,取各种普通学,尽人所当习者,悉编为功课书,分小学、中学、大学三级,量中人之才所能肄习者,每日定为一课,局中集中西通才,专司纂译。其言中学者,荟萃经子史之精要,及与时务相关者编成之,取其精华,弃其糟粕。其言西学者,译西人学堂所用之书,加以润色,既勒为定本。除学堂学生每人给一分外,仍请旨颁行各省学堂,悉遵教授,庶可以一趋向而广民智。

第六节 学者应读之书甚多,一人之力,必不能尽购。乾隆间高宗纯皇帝于江浙等省设三阁,尽藏四库所有之书,俾士子借读,嘉惠士林,法良意美!泰西各国于都城省会,皆设有藏书楼,即是此意。近年张之洞在广东设广雅书院。陈宝箴在湖南设时务学堂,亦皆有藏书。京师大学堂为各省表率,体制尤当崇闳。今拟设一大藏书楼,广集中西要籍,以供士林流览而广天下风气。

第七节 泰西各种实学,多藉实验始能发明,故仪器为学堂必需之事。各国都会,率皆有博物院,搜集各种有用器物,陈设其中,以备学者观摩,事半功倍。今亦宜仿其意,设一仪器院,集各种天算、声、光、化、电、农、矿、机器制造、动植物各种学问应用之仪器,咸储院中,以为实力考求之助。

第八节 现时各省会所设之中学堂尚属寥寥,无以备大学堂前茅之用。其各府州县小学堂,尤为绝无仅有。如不克期开办,则虽有大学堂而额数有限,不能逮下,成就无几。今宜一面开办,一面严饬各省督抚学政迅速将中学堂小学堂开办,务使一年之内,每省每府每州县皆有学堂,庶几风行草偃,立见成效。

第二章 学堂功课例

第一节 近年各省所设学堂,虽名为中西兼习,实则有西而无中,且有西文而无西学。盖由两者之学未能贯通,故偶涉西事之人,辄鄙中学为无用。各省学堂,既以洋务为主义,即以中学为具文。其所聘中文教习,多属学究帖括之流;其所定中文功课,不过循例呫唔之事。故学生之视此学亦同赘疣,义理之学全不讲究,经史掌故未尝厝心。考东西各国,无论何等学校,断未有尽舍本国之学而徒讲他国之学者,亦未有绝不通本国之学而能通他国之学者。中国学人之大弊,治中学者则绝口不言西学,治西学者亦绝口不言中学。此两学所以终不能合,徒互相诟病,若水火不相入也。夫中学,体也,西学,用也。二者相需,缺一不可,体用不备,安能成才。且既不讲义理,绝无根柢,则浮慕西学,必无心得,只增习气。前者各学堂之不能成就人才,其弊皆由于此。且前者设立学堂之意,亦与今异。当同文馆、广方言馆初设时,风气尚未大开,不过欲培植译人以为总署及各使馆之用,故仅教语言文字而于各种学问皆从简略。此次设立学堂之意,乃欲培植非常之才,以备他日特达之用。则其教法亦当不同。夫仅通西国语言文字之人,亦不能谓为西学之人才,明矣。西文与西学二者判然不同,各学堂皆专教西文,而欲成就人才必不可得矣。功课之完善与否,实学生成就所攸关,故定功课为学堂第一要著。今力矫流弊,标举两义:一曰中西并重,观其会通,无得偏废;二曰以西文为学堂之一门,不以西文为学堂之全体,以西文为西学发凡,不以西文为西学究竟。宜昌明此意,颁示各省。

第二节 西国学堂所读之书皆分两类:一曰溥通学,二曰专门学。溥通学者,凡学生皆当通习者也。专门学者,每人各占一门者也。今略依泰西日本通行学校功课之种类,参以中学,列表如下:

经学第一,理学第二,中外掌故学第三,诸子学第四,初级算学第五,初级格致学第六,初级政治学第七,初级地理学第八,文学第九,体操学第十,以上皆溥通学。其应读之书,皆由上海编译局纂成功课书,按日分课。无论何种学生,三年之内必须将本局所纂之书,全数卒业,始得领学成文凭。惟体操学不在功课书内。英国语言文字学第十一,法国语言文字学第十二,俄国语言文字学第十三,德国语言文字学第十四,日本语言文字学第十五。以上语言文字学五种,凡学生每人自认一种,与溥通学同时并习,其功课书悉各该本国原本。高等算学第十六,高等格致学第十七,高等政治学第十八(法律学归此门),高等地理学第十九(测绘学归此门),农学第二十,矿学第二十一,工程学第二十二,商学第二十三,兵学第二十四,卫生学第二十五(医学归此门)。以上十种专门学,俟溥通学卒业后,每学生各占一门或两门。其已习西文之学生,即读西文各门读本之书;其未习西文之学生,即读编译局译出各门之书。

第三节 凡学生年在二十以下,必须认习一国语言文字,其年在二十一以上,舌本已强,不能学者,准其免习,即以译出各书为功课;惟其学成得奖,当与兼习西文者稍示区别。

第四节 本学堂以实事求是为主,固不得如各省书院之虚应故事,亦非如前者学堂之仅袭皮毛。所定功课,必当严密切实,乃能收效。今拟凡肄业者,每日必以六小时在讲堂,由教习督课,以四小时归斋自课。其在讲堂督课之六小时,读中文书西文书时刻各半。除休沐日之外,每日课肆时刻不得缺少,不遵依者,即当屏出。

第五节　考验学生功课之高下,依西例,用积分之法,每日读编译局所编溥通学功课书,能通一课者,即为及格。功课书之外,每日仍当将所读书条举心得,入札记册中。其札记册呈教习评阅,记注分数,以为高下之识别。其西文功课则以背诵、默写、解说三事记注分数。每月总核其数之多寡,列榜揭示。

第六节　每月考课一次,就溥通学十类中每类命一题,以作两艺为完卷。其头班学生习专门学者,则命专门之题试之,由教习阅定,分别上取、次取。其课卷、札记列高等者,择优刊布,如同文馆、算学、课艺之例,布诸天下,以为楷模。

第三章　学生入学例

第一节　学生分为两项,第一项,逾旨所列翰林院编检、各部院司员、大门侍卫、候补候选道府州县以上及大员子弟、八旗世职、各省武职后裔之愿入学堂肄业者,第二项,各省中学堂学成领有文凭咨送来京肄业者。

第二节　学生分作两班。其治各种溥通学已卒业者,作为头班。现治溥通学者,作为二班。第一项学生投考到堂之始皆作为二班,以渐而升。第二项学生咨送到堂时,先由总教习考试,如实系曾经治溥通学卒业者,即作为头班。若未卒业者,即作为二班,俟补足后乃升。

第三节　恭绎谕旨,其有愿入学堂者均准入学肄业等语,似不必先行甄别考录,仰见广大教泽之圣意。惟绝无节制,人数既多,其中或有沾染习气,不可教诲,或资质劣下难以成就者,在所不免。若令一体杂厕,恐于堂中功课有碍。今拟凡此各项人员愿来就学者,取结报名投到,先作为附课生。一月以后,由总教习提调等察其人品资质实可教诲,然后留学,庶几精益求精,成就较多。

第四节　既不经甄别,则愿来学者多少无定额,经费及学舍等,亦皆不能悬定。今拟略示限制,暂以五百人为额。其第一项学生,额设三百人。第二项学生,额设二百人。若取额已满续行投到咨到者,暂作为外课。俟缺出乃补,外课生不住学堂,不给膏火。

第五节　额设学生五百人,分为六级,略依同文馆之例,据功课之优劣,以第其膏火之多寡,略列表如下:

计开

等次	额数	每月膏火
第一级	30人	20两
第二级	50人	16两
第三级	60人	10两
第四级	100人	8两
第五级	100人	6两
第六级	160人	4两
合计	500人	

第六节　凡学生留学补额,宁缺无滥;六级递升,宁严毋宽,以昭慎重。其有本在优级者,或功课不如格,则随时黜降,以优者补升。或犯堂规,轻者降为外课,重者摈出。

第七节　于前三级学生中,选其高才者作为师范生,专讲求教授之法,为他日分往各省学堂充当教习之用。

第八节 西国师范生之例,即以教授为功课。故师范学堂,每与小学堂并立。即以小学堂生徒,命师范生教之。今绎谕旨,凡大员子弟、八旗世职等皆可来学。未指明年限。今拟择其年在十六以下十二以上者作为小学生,别立小学堂于堂中,使师范生得以有所考验,实一举两得之道。

第四章 学成出身例

第一节 前者所设各学堂,所以不能成就人才之故,虽由功课未能如法,教习未能得人,亦由国家科第仕进不出此途,学成而无所用,故高才之人不肯就学。今既创此盛举,必宜力矫前弊。古者贡举皆出于学校,西人亦然。我中国因学校之制未成,故科举之法亦弊。现京师大学堂既立,各省亦当继设,即宜变通科举,使出此途,以励人才而开风气。

第二节 本年正月初七日上谕,已有各省学堂经济科举人、经济科贡士各名号,今拟通饬各省上自省会下及府州县,皆须于一年内设立学堂,府州县谓之小学,省会谓之中学,京师谓之大学,由小学卒业领有文凭者,作为经济生员升入中学,由中学卒业领有文凭者,作为举人升入大学,由大学卒业,领有文凭者作为进士,引见授官。既得举人者,可以充各处学堂教习之职;既得进士者,就其专门,各因所长授以职事,以佐新政。惟录用之愈广,斯成就之益多。

第三节 京师大学堂,多有已经授职之人员,其卒业后应如何破格擢用之处,出自圣裁。其各省中学堂生,如有已经中式举人者,其卒业升入大学堂之时亦即可作为进士,与大学堂中已经授职之人员一体相待。

第四节 大学堂中卒业各生,择其尤高才者先授之以清贵之职,仍遣游学欧美各国数年,以资阅历而期大成。游学既归,乃加以不次擢用,庶可以济时艰而劝后进。

第五节 学生既有出身,教习亦宜奖励。今拟自京师大学堂分教习及各省学堂总教习、分教习,其实心教授著有成效确有凭证者,皆三年一保举。原系生监者,赏给举人;原系举人者,赏给进士,引见授职;原系有职人员,从异常劳绩保举之例以为尽心善诱者劝。

第五章 聘用教习例

第一节 同文馆及北洋学堂等,多以西人为总教习。然学堂功课,既中西并重,华人容有兼通西学者,西人必无兼通中学者。前此各学堂于中学不免偏枯,皆由以西人为总教习故也。即专就西文而论:英法俄德诸文并用,无论任聘何国之人,皆不能节制他种文字之教习,专门诸学亦然,故必择中国通人,学贯中西,能见其大者为总教习,然后可以崇体制而收实效。

第二节 学生之成就与否,全视教习。教习得人,则纲目毕举;教习不得人,则徒縻巨帑,必无成效。此举既属维新之政,实事求是,必不可如教习庶吉士、国子监祭酒等之虚应故事。宜取品学兼优通晓中外者,不论官阶,不论年齿,务以得人为主,或由总理衙门大臣保荐人才可任此职者,请旨擢用。

第三节 设溥通学分教习十人,皆华人。英文分教习十二人,英人、华人各六;日本分教习二人,日本人、华人各一;俄德法文分教习各一人,或用彼国人,或用华人,随所有而定。专门学十种分教习各一人,皆用欧美洲人。

第四节 用使臣自辟参随例,凡分教习皆由总教习辟用,以免柄凿之见,而收指臂之益。其欧美人或难于聘请者,则由总教习总办,随时会同总署及各国使臣向彼中学堂商请。

第五节 现当开办之始,各学生大率初学,必须先依编译局所编出之溥通功课卒业,然后乃学专门。计最速者,亦当在两年以后。现时专门各学之分教习,如尚无学生可教,即暂以充编译局译书之用。

第六章 设官例

第一节 设管学大臣一员,以大学士、尚书、侍郎为之,略如管国子监事务大臣之职。

第二节 设总教习一员,不拘资格,由特旨擢用,略如国子监祭酒、司业之职。

第三节 设分教习汉人二十四员,由总教习奏调,略如翰林院五经博士、国子监助教之职。其西人为分教习者不以官论。

第四节 设总办一人,以小九卿及各部院司员充。

第五节 设提调八人,以各部院司员充。以一人管支应,五人分股稽查学生功课,以二人管堂中杂务。

第六节 设供事十六员,誊录八员。

第七节 藏书楼设提调一员,供事十员。

第八节 仪器院设提调一员,供事四员。

第九节 以上各员,除管学大臣外,皆须常川驻扎学堂。

第七章 经费

第一节 西国凡一切动用款项,皆用预算表决算表之法。预算者,先估计此事应需款若干,甲项用若干,乙项用若干,拟出大概数目,然后拨款措办也。决算者,每年终,将其开销实数分别某项某项开出清单也。中国向来无列表预算之法,故款项每患舞弊,费帑愈多成效愈少。今宜力除积弊,采用西法,先列为常年预算表,开办预算表,然后按表拨款办理。

第二节 中国官制向患禄薄。今既使之实事求是,必厚其薪俸,使有以自养,然后可责以实心任事。除管学大臣不别领俸外,其各教习及办事人应领薪俸,列一中数为表如下:

职名	人数	每人每月薪水银	每年合计银
总教习	一	三百两	三千六百两
专门学分教习(西人)	十	三百两	三万六千两
溥通学分教习头班	六	五十两	三千六百两
溥通学分教习二班	八	三十两	二千八百八十两
西人分教习头班(西人)	八	二百两	一万九千二百两
西文分教习二班	八	五十两	四千八百两
总办	一	一百两	一千二百两
提调	八	五十两	四千八百两
藏书楼提调	一	五十两	六百两
仪器院提调	一	五十两	六百两
供事	三十	四两	一千四百四十两
誊录	八	四两	三百八十四两

右(上)教习及办事人薪俸预算表第一:统计每年开销银八万一千五百两。

学生分为六级,每级以所领膏火之多少为差,列表如下:

级数	人数	每人每月膏火银	每年合计银
第一级	三十	二十两	七千二百两
第二级	五十	十六两	九千六百两
第三级	六十	十两	七千二百两
第四级	一百	八两	九千六百两
第五级	一百	六两	七千二百两
第六级	一百六十	四两	七千六百八十两
附设之小学堂学生	八十	四两	三千八百四十两

右(上)学生膏火预算表第二:统计每年开销银五万二千三百二十两。
其余各项杂用,列表如下:

火食	共五百六十人	每人每月银三两	每年约一万六千两
华文功课书	每学生一分	每分约银二两	每年约一万两
西文功课书	每学生一分	每分约银二两	每年约一万两
奖赏	每月银一千两		每年共一万二千两
纸张及墨水洋笔等			每年约二千两
仆役薪工饭食	约一百人		每年约三千六百两
预备格外杂用			每年约五千两

右(上)其余杂用领算表第三:共银五万六千六百两。
三表合计。每年共应开销银十九万零四百二十两之谱,是为常年统计经费之数。
第三节 开办经费,以建学堂购书、购器及聘洋教习来华之川资为数大宗。今略列于下:
建筑学堂费约十万两,建筑藏书楼费约二万两,建筑仪器院费约二万两,购中国书费约五万两,购西文书费约四万两,购东文书费约一万两,购仪器费约十万两,洋教习川资约一万两。
右开办经费预算表约三十五万两。
第四节 一切工程及购书购器等费,皆由总办提调经理,皆当实支实销,不得染一毫官场积习。

第八章 暂 章

第一节 以上所列,不过大概情形。若开办以后,千条万绪,非事前所能悉定,在办事人员各司所职随时酌拟。
第二节 功课之缓急次序,及每日督课,分科分课及记分数之法;其章程皆归总教习分教习续拟。
第三节 一切堂规,归总办提调续拟。
第四节 建筑学堂,分股分斋一切格式,归总办提调续拟。
第五节 应购各书目录,及藏书楼收藏借阅详细章程,归藏书楼提调续拟。

第六节　应购各器并仪器院准人游观详细章程,归仪器院提调续拟。
第七节　学成出身详细章程,应由总教习会同总理衙门礼部详拟。
第八节　各省府州县学堂训章,应由大学堂总教习总办拟定,请旨颁示。
第九节　学生卒业后,选其高才者出洋游学。其章程俟临时由总教习会同总理衙门详拟。

京师大学堂章程

附　康有为记章程起草经过(摘录)

　　自四月杪大学堂议起,枢垣托吾为草章程,吾时召见无暇,命卓如草稿,酌英美日之制为之,甚周密,而以大权归之教习。总署复奏学堂事,大臣属之章京,章京张元济来请吾撰,吾为定四款:一曰预筹巨款,二曰即拨官舍,三曰精选教习,四曰选刻学书。选刻学书者,将中国应读之书,自经史子集及西学,选其精要,辑为一书,俾易诵读,用力省而成功普,不至若畴昔废力于无用之学,以至久无成功也。又所请各分教习,皆由总教习专之,以一事权。时派大学士孙家鼐管学,孙家鼐素知吾,来面请吾为总教习,并请次亮为总办,又来劝驾。时大学肄业,有部曹、翰林、道府州县等官,习气甚深,自度才德年位,恐不足以率之,度教无成,徒增谤议,故面辞之,时孙尚未睹卓如章程也。

　　时李合肥枢臣廖仲山、陈次亮皆劝孙中堂请吾为总教习,及见章程大怒,以教权皆属总教习,而管学大臣无权。又见李合肥、廖仲山、陈次亮皆推毂,疑我为请托,欲为总教习专权,又欲专选书之权,以行孔子改制之学也,于是大怒而相攻,我遂命卓如告孙,誓不沾大学一差,以白其志。……

《康南海自编年谱》,《戊戌变法》(四)

钦定京师大学堂章程

(光绪二十八年十一月)

第一章　全学纲领

　　第一节　京师大学堂之设,所以激发忠爱,开通智慧,振兴实业;谨遵此次谕旨,端正趋向,造就通才,为全学之纲领。
　　第二节　中国圣经垂训,以伦常道德为先;外国学堂于知育体育之外,尤重德育,中外立教本有相同之理。无论京外大小学堂,于修身伦理一门,视他学科更宜注意,为培植人材之始基。
　　第三节　欧美日本所以立国,国各不同,中国政教风俗亦自有异;所有学堂人等,自教习、总办、提调、学生诸人,有明倡异说,干犯国宪,及与名教纲常相违背者,查有实据,轻则斥退,重则究办。
　　第四节　京师大学堂主持教育,宜合通国之精神脉络而统筹之。现奉谕旨,一切条规,即以颁行各省。将来全国学校事宜,请由京师大学堂将应调查各项拟定格式簿,分门罗列,颁发各省学堂,于每岁散学后,将该学堂各项情形,照格填注,通报京师大学堂,俟汇齐后,每年编订成书，恭呈御览。

第五节　京师大学堂本为各省学堂卒业生升入专门正科之地，无省学则大学堂之学生无所取材。今议先立豫备一科，本一时权宜之计，故一年之内，各省必将高等学堂暨府厅州县中小学堂一律办齐，如有敷衍迟延，大学堂届期请旨严催办理。

第六节　同文馆归并之后，经费无着，变通办法，拟于豫备、速成两科中设英、法、俄、德、日本五国语言文字之专科，延聘外国教习讲授。

第七节　学堂开设之初，欲求教员，最重师范。现于速成科特立专门之外，仍拟酌派数十人赴欧美日本诸邦学习教育之法，俟二三年后卒业回华，为各处学堂教习。

第八节　现在诸事创举，尚待考求，一切章程势不能悉臻完善，所有增添更改之处，应准随时陈奏办理。

第九节　此次所奏定之章程，拟译成西文、东文各一分，俾洋教习一律照办，不得歧误。

第十节　环球各国，合上下之精神财力，尤注重练兵；兵之所以精，则以通国皆兵，又无一不出于学。中国陆军、海军，应请广立专门学堂，不在各学分科之内。

第十一节　约束学生规则及办事章程，其涉于烦碎者，须另编，俾有遵守。此次奏定各条皆系约举大要；要涉于烦碎者，须俟开办后体察情形，详立各门以资遵守。

第二章　功课

第一节　欲定功课，先详门目，今定大学堂全学名称：一曰大学院，二曰大学专门分科，三曰大学豫备科。其附设名目：曰仕学馆，曰师范馆。除大学院为学问极则、主研究不主讲授、不立课程外，兹首列大学分科课程，次列豫备科课程；其仕学、师范二馆课程，亦以次附焉。

前次学堂有医学一门，兼施学堂中之诊治，今请仍旧办理，照外国实业学堂之例附设一所，名曰医学实业馆。所有医学馆章程另编具奏。

第二节　大学分科门目表

大学分科，俟豫备科学生卒业之后再议课程，今略仿日本例，定为大纲分列如下：

政治科第一，文学科第二，格致科第三，农学科第四，工艺科第五，商务科第六，医术科第七。

政治科之目二：一曰政治学，二曰法律学。

文学科之目七：一曰经学，二曰史学，三曰理学，四曰诸子学，五曰掌故学，六曰词章学，七曰外国语言文字学。

格致科之目六：一曰天文学，二曰地质学，三曰高等算学，四曰化学，五曰物理学，六曰动植物学。

农学科之目四：一曰农艺学，二曰农业化学，三曰林学，四曰兽医学。

工艺科之目八：一曰土木工学，二曰机器工学，三曰造船学，四曰造兵器学，五曰电气工学，六曰建筑学，七曰应用化学，八曰采矿冶金学。

商务科之目六：一曰簿计学，二曰产业制造学，三曰商业语言学，四曰商法学，五曰商业史学，六曰商业地理学。

医术科之目二：一曰医学，二曰药学。

以上科目粗具，至详细课程，俟豫备科学生卒业之后，酌量情形再行妥定。

第三节 豫备科课程门目表

豫备科课程依原奏分政、艺两科,习政科者卒业后升入政治、文学、商务分科;习艺科者,卒业后升入农学、格致、工艺、医术分科。各省高等学堂课程,照此办理。今列如下:

政科科目	教习
伦理第一	中教习授
经学第二	中教习授
诸子第三	中教习授
词章第四	中教习授
算学第五	中外教习兼授
中外史学第六	中外教习兼授
中外舆地第七	中外教习兼授
外国文第八	外国教习授
物理第九	外国教习授
名学第十	外国教习授
法学第十一	外国教习授
理财学第十二	外国教习授
体操第十三	中外教习兼授

艺科科目	教习
伦理第一	中教习授
中外史学第二	中外教习兼授
外国文第三	外国教习授
算学第四	中外教习兼授
物理第五	外国教习授
化学第六	外国教习授
动植物学第七	外国教习授
地质及矿产学第八	外国教习授
图画第九	外国教习授
体操第十	中外教习兼授

第四节 豫备科课程分年表

政科第一年 学科阶级

伦理,考求三代汉唐以来诸贤名理,宋元明国朝学案及外国名人言行,务以周知实践为归。经学,《书》、《诗》、《论语》、《孝经》、《孟子》,自汉以来注家大义。诸子,儒家、法家、兵家。词章,中国词章流别。算学,代数、级数、对数、三角。中外史学,中外史制度异同。中外舆地,外国欧美非洲各境、群岛各境。外国文,讲读文法、翻译、作文。物理,声、光、热力学。名学,大意。法学。理财学。体操,兵式。

政科第二年 学科阶级

伦理,同上学年。经学,《三礼》、《尔雅》,自汉以来注家大义。诸子,杂家、术数家、道家。词章,同上学年。算学,解析几何、三角。中外史学,中外史治乱得失。中外舆地,地质学大概。外国文,同上学年。物理,同上学年。名学,同上学年。法学,通论。理财学,通论。体操兵式。

政科第三年　学科阶级

伦理,同上学年。经学,《春秋三传》、《周易》,自汉以来注家大义。诸子,考诸子名理派别。词章,同上学年。算学,曲线。中外史学,中外史治乱得失、商业史。中外舆地,地文学大概。外国文,同上学年。物理,实验。名学,演译。法学,同上学年。理财学,同上学年。体操,兵式。

艺科第一年　学科阶级

伦理,同政科。中外史学,同政科。外国文,同政科。算学,代数、级数、对数、三角。物理学,物性论、力学、声学。化学。动植物学。地质及矿产学,地质之材料、矿物之种类。图画,用器画、射影图法、图法几何。体操,兵式。

艺科第二年　学科阶级

伦理,同政科。中外史学,同政科。外国文,同政科。算学,解析几何、测量、曲线。物理学,热学、光学、磁气。化学,无机化学。动植物学,种类与构造。地质及矿产学,地质之构造与发达、矿物之形状。图画,用器画、射影图法、阴影法、远近法。体操,兵式。

艺科第三年　学科阶级

伦理,同政科。中外史学,同上学年,入工农科者授工农业史。外国文,同政科。算学,微分、积分。物理学,静电气、动电气。化学,有机化学。动植物学,同上学年。地质及矿产学,矿物化验。图画,用器画、阴影法、远近法、器械图。体操,兵式。

第五节　豫备科课程一星期时刻表:

政科第一年		第二年		第三年	
伦理	1	伦理	1	伦理	1
经学	2	经学	2	经学	2
诸子	1	诸子	1	诸子	1
词章	2	词章	2	词章	2
中外史学	3	中外史学	3	中外史学	3
中外舆地	3	中外舆地	3	中外舆地	3
算学	3	算学	3	算学	3
英文	5	英文	5	英文	5
德文	7	德文	7	德文	7
法文	7	法文	7	法文	7
俄文	7	俄文	7	俄文	7
日本文	5	日本文	5	日本文	5
物理	4	物理	4	物理	4
名学	2	名学	2	名学	2
法学	2	法学	2	法学	2
理财学	2	理财学	2	理财学	2
体操	3	体操	2	体操	2
合　计	36		36		36

将来入政治科者,第二第三两年除去物理,增课法学一小时;入文学科者,第二第三两年除去算学;入商务科者,第二第三两年除去史学、名学,增习商业史二小时。凡政科学生,除英文外,他国文任择一门习之,惟兼习日本文者加习英文二小时。

艺科第一年		第二年		第三年	
伦理	1	伦理	1	伦理	1
中外史学	2	中外史学	2	中外史学	2
英文	7	英文	6	英文	6
德文	7	德文	7	德文	7
法文	7	法文	7	法文	7
算学	6	算学	5	算学	5
物理	4	物理	2	物理	2
化学	3	化学	3	化学	3
动植物学		动植物学	2	动植物学	2
地质及矿产学	4	地质及矿产学		地质及矿产学	3
图画	3	图画	3	图画	3
体操	2	体操	2	体操	2
合 计	36		36		36

将来入医科者增习腊丁文，凡艺科学生，除英文外，德法文任择一门习之。

第六节　仕学馆课程门目表

仕学馆课程，照原奏招考已入仕途之人入馆肄业，自当舍工艺而趋重政法，惟普通各学亦宜略习大概。今表列门目如下：

算学第一，博物第二，物理第三，外国文第四，舆地第五，史学第六，掌故第七，理财学第八，交涉学第九，法律学第十，政治学第十一。

以上各科，均用译出课本书，由中教习及日本教习讲授，惟外国文由各国教习讲授。

第七节　仕学馆课程分年表

第一年　学科阶级

算学，加减乘除比例开方。博物，动植物形状及构造。物理，力学声学浅说。外国文，音义。舆地，全球大势、本国地理。史学，中国史典章制度。掌故，国朝典章制度沿革大略。理财学，通论。交涉学，公法。法律学，刑法总论分论。政治学，行政法。

第二年　学科阶级

算学，平面几何。博物，生理学。物理，热学光学浅说。外国文，翻译。舆地，外国地理。史学，外国史典章制度。掌故，现行会典则例。理财学，国税、公产、理财学史。交涉学，约章使命交涉史。法律学，刑事诉讼法、民事诉讼法、法制史。政治学，同上学年。

第三年　学科阶级

算学，立体几何、代数。博物，矿物学。物理，电气磁气浅说。外国文，文法。舆地，地文地质学。史学，考中外治乱兴衰之故。掌故，考现行政事之利弊得失。理财学，银行、保险、统计学。交涉学，通商传教。法律学，罗马法、日本法、英吉利法、法兰西法、德意志法。政治学，国法、民法、商法。

凡入仕学馆者，英、德、法、俄、日本文字任择一门习之，不能习者，听。

第八节　仕学馆课程一星期时刻表：

第一年		第二年		第三年	
算学	3	算学	3	算学	4
博物	2	博物	2	博物	2
物理	3	物理	3	物理	3
外国文	6	外国文	4	外国文	4
舆地	3	舆地	3	舆地	3
史学	2	史学	3	史学	2
掌故	2	掌故	2	掌故	2
理财学	4	理财学	4	理财学	4
交涉学	4	交涉学	4	交涉学	4
法律学	4	法律学	4	法律学	4
政治学	4	政治学	4	政治学	4
合　计	37		36		36

不习外国文者，于理财、交涉、法律、政治四门各加课一小时。

第九节　师范馆课程门目表

师范馆照原奏招考举贡生监入学肄业，其功课如普通学，而加入教育一门。今表列门目如下：

伦理第一，经学第二，教育学第三，习字第四，作文第五，算学第六，中外史学第七，中外舆地第八，博物第九，物理第十，化学第十一，外国文第十二，图画第十三，体操第十四。

以上各科，均用译出课本书，由中教习及日本教习讲授；惟外国文由各国教习讲授。

第十节　师范馆课程分年表

第一年　学科阶级

伦理，考中国名人言行。经学，考经学家家法。教育学，教育宗旨。习字，楷书。作文，作记事文。算学，加减乘除、分数、比例、开方。中外史学，本国史典章制度。中外舆地，全球大势、本国各境、兼仿绘地图。博物，动植物之形状及构造。物理，力学、声学、热学。化学，考质。外国文，音义。图画，就实物模型授毛笔画。体操，器具操。

第二年　学科阶级

伦理，考外国名人言行。经学，同上学年。教育学，授教育之原理。习字，楷书行书。作文，作论理文。算学，帐簿用法、算表成式、几何面积、比例。中外史学，外国上世史、中世史。中外舆地，外国各境兼仿绘地图。博物，同上学年。物理，热学、光学。化学，无机化学。外国文，句法。图画，就实物模型、帖谱手本授毛笔画。体操，器具操。

第三年　学科阶级

伦理，考历代学案、本朝圣训、以周知实践为主。经学，同上学年。教育学，教育之原理及学校管理法。习字，楷书、行书、篆书。作文，学章奏、传记、词赋诗歌诸体文。算学，代数、加减乘除、分数、方程、立体几何。中外史学，外国近世史。中外舆地，地文地质学。博物，生理学。物理，电气磁气。化学，同上学年。外国文，文法。图画，用器画大要。体操，兵式。

第四年　学科阶级

伦理，授以教修身之次序方法。经学，同上学年。教育学，实习。习字，行书、篆书、草书，并授以教习字之次序方法。作文,考文体流别。算学,代数、级数、对数,并授以教算学及几何之次序方法。中外史学,外国近世史并授以教史学之次序方法。中外舆地,授以教地理之次序方法。博物,矿物学。物理。授以教理科之次序方法。化学,有机化学。外国文,文法。图画,授以教图画之次序方法。体操,兵式,并授以教体操之次序方法。

第十一节　师范馆课程一星期时刻表:

第一年		第二年		第三年		第四年	
伦理	1	伦理	1	伦理	1	伦理	1
经学	1	经学	1	经学	1	经学	1
教育学	3	教育学	4	教育学	4	教育学	3
习字	3	习字	3	习字	3	习字	3
作文	2	作文	2	作文	2	作文	2
算学	3	算学	4	算学	4	算学	4
中外史学	2	中外史学	1	中外史学	2	中外史学	2
中外舆地	2	中外舆地	2	中外舆地	2	中外舆地	2
博物	2	博物	2	博物	2	博物	2
物理	3	物理	3	物理	3	物理	3
化学	2	化学	3	化学	2	化学	3
外国文	6	外国文	6	外国文	4	外国文	4
图画	3	图画	2	图画	2	图画	3
体操	3	体操	3	体操	3	体操	3
合　计	36		36		35		36

第十二节　学生班数,按其功候之浅深定之,每班至多不得过四十人;每学过一学期则递升一班。其升班有考试不及格者,不升,随后再试。

第十三节　学生如甲科功候颇深,乙科功候较浅,应移甲科之日力补习乙科,如史学功候深,算学功候浅,则移史学之功候,补习算学,余以类推。

第十四节　凡考学生之成绩,由教习将学生平日功课分数,数日一呈总教习,总教习通一月之分数而榜于堂。

第十五节　凡外国教习上堂教授时刻,其至少之数不得减于四小时。

第十六节　凡中国教习上堂教授时刻,其至少之数不得减于五小时。

第十七节　评定分数以百分为满格,通各科平均计算,每科得六十分者为及格,不及六十分者为不及格。

第十八节　考试分数应与平日分数平均计算,如平日各科合计得八十分,而考试得及九十分者,则此学生之功课应算为八十五分,余以类推。

第十九节　伦理一门以躬行实践为主,其核计分数法,教习将学生平日一切性情行事随时登记,至一学期末与各学科平均计算。惟考试不入此门。

第二十节　凡入豫备科者,以外国文肄习外国学,入速成科者以译文肄习外国学。

第二十一节　刻下各项课本尚待编辑,姑就旧本择要节取教课,俟编译两局课本编成,即改用局本教授。其外省学堂,一律照京师大学堂奏定课本办理,不得自为风气。如将来外省所编课本,实有精审适用过于京师编译局颁发原书者,经大学堂审定后,由管学大臣随时奏定改用。

第二十二节　此次所定各项学堂学级、时刻两项,将来或须改良,或须通变,随时更定;惟不得任意减少,致成敷衍。

第三章　学生入学

第一节　京师大学堂专门学生,现尚无人,将来由本学堂豫备科卒业生升补外,其各省高等学堂卒业生咨送到京者,经考验及格,一并升入正科肄业。

第二节　现办豫备科之学生,京师由本学堂招考,各省照原奏由大学堂拟定格式,颁发各省照格考取后,咨送到京复试,方准入学肄业。

第三节　现办速成科之学生,仕学馆人员拟专由京师考取,其师范馆生徒,与豫备科学生入学例同。

第四节　学生现定额五百名,约以二百名为豫备科学生之数,以三百名为速成科学生之数,随后再议扩充。

第五节　凡应考学生,须身家清白,体质强实,并无疾病嗜好者。京师于出示定期招考后,严定格式,取具各本旗佐领图片,同乡京官印结,报名投考。外省按照颁发格式办理。

第四章　学生出身

第一节　恭绎历次谕旨,均有学生学成后赏给生员、举人、进士明文。此次由臣奏准,大学堂豫备速成两科学生卒业后,分别赏给举人、进士。今议请由小学堂卒业者,先由本学堂总理教习考过后,送本府官立中学堂复加考验如格,由中学堂给予附生文凭,留堂肄业,并准其一体乡试。若有不及格者,或留中学堂补习数月,或仍送回小学堂补习,均待补习完竣复考后再予出身。其中学堂卒业生,送本省官立高等学堂考验如格,由高等学堂给予贡生文凭,其不及格者令补习如例。高等学堂卒业生,由本学堂总理教习考过后,送京师大学堂复考如格,由管学大臣带领引见,候旨赏给举人,并准其一体会试。其不及格者,令补习如例。大学堂分科卒业生,由本学堂教习考过后,再由管学大臣复考如格,带领引见,候旨赏给进士。其举人进士均应给予文凭。至京师大学堂现办之豫备、速成两科卒业生,应照臣筹办大概情形原奏办理。

第二节　现办速成科仕学馆人员,应俟三年卒业,由教习考验后,管学大臣复考如格,择优保奖,予以应升之阶,或给虚衔加级,或咨送京外各局所当差,统俟临时量才酌议。

第三节　现办速成科、师范馆学生,今定俟四年卒业,由教习考验后,管学大臣复考如格,择优带领引见。如原系生员者,准作贡生,原系贡生者,准作举人,原系举人者,准作进士,均候旨定夺,分别给予准为各处学堂教习文凭。

第四节　师范出身一项,系破格从优以资鼓励。各省师范卒业生,亦得与京师大学堂师范生一律从优,惟由贡生卒业,应予作为举人,由举人卒业应予作为进士者,均须由各该本省督抚咨送京师大学堂复加考验,其及格其由管学大臣奏请带领引见,候旨赏给出身;不及格者,如例留堂补习;其过劣者咨回原省,以杜冒滥。

第五节　凡原系进士者,不必再入高等学堂肄业,概归仕学馆学习,卒业后照章办理。原系举人者不必再入中学堂肄业;如愿入高等学堂者,卒业后送京师大学堂复考及格,加给学堂举人文凭,并奏明给予内阁中书衔,毋庸带领引见。原系贡生者,不必再入小学堂肄业;如愿入中学堂者,卒业后由本省官立高等学堂复考及格,加给学堂贡生文凭,并奏明给予国子监学正学录衔。原系附生者,如入小学堂肄业,卒业后由本府官立中学堂复考如格,加给学堂附生文凭,并奏明给予训导衔。所有贡生、附生,奏给虚衔,统由各学堂呈报本省督抚年终汇奏。此条为专从科举出身之生员、举人、进士而设,其入学堂后,应试取进中式者,不用此例。

第六节　凡在堂肄业学生,均准其照例应乡会试;于给假之日,由学堂按照路途远近予以期限,中式者若干日,不中式者若干日,均不得逾期辍业。违者开除学阶。

第七节　凡在学堂肄业之廪增附生,均咨明本省学政免其岁试,其应行科考之各项生监,统于乡试之年,由本学堂分别咨送应试,概免录科,以免耽误学业。至中小学堂肄业之文童,遇岁科试,应准其径送院试,其府县试一律免考。取进之后,仍到堂肄业。其由学堂请假赴考之期限,照第六节办理。

第八节　所有各项附生贡生举人进士文凭,统由京师大学堂刊板印造,盖用关防,略如部照之式。其贡生以下文凭,颁发各省应用。每岁于年终,将给过文凭之贡生、附生姓名、籍贯、年貌、三代,册报京师大学堂查核,并报礼部存案。

第九节　凡得过各项文凭者,如有违犯国家一切科条,应得追缴处分者,贡生以下,由各省追缴文凭后,咨报京师大学堂存案;举人以上奏明办理。

第十节　学生每一等级,或三年卒业,或四年卒业,届时须切实考验,合格者方可给予文凭。其有已至年限尚须补习者,有屡考下第必须斥退者,均由总理教习复验,分别去留,任严毋滥。

第十一节　各项学生,由本学堂总理教习考验合格之后,该总理及教习须出具切结。将来本府官立中学堂,本省高等学堂及京师大学堂复考之日,如察有冒滥,即将原考验之总理及教习分别议处。轻者罚减薪赀,重者分别黜革。如此,则总理及教习考验之时不敢含混,即教习授课之日亦不敢疏虞,实于防弊之中兼寓督课之意,庶为取士最公最严之法。

第五章　设官

第一节　设管学大臣一员以主持全学,统属各员,由特旨派大臣为之。

第二节　设总办一员,副总办二员,以总理全学一切事宜,随事禀承管学大臣办理。

第三节　设堂提调四员,以稽查学生勤惰出入,并照料学生疾病等事。遇学生因事争讼,堂提调应随时排解,有大事会同总理申理。司事、杂役人等,有不按定章办事应差,并在堂内滋事者,堂提调查明分别轻重办理。

第四节　设文案提调一员,襄办二员,以总理往来文件。

第五节　设支应提调一员,襄办一员,以总稽银钱出入。

第六节　设杂务提调二员,襄办一员,以照料学生饮食,并随时置办堂中应用一切物件。

第七节　设藏书楼、博物院提调各一员,以经理书籍、仪器、标本、模型等件。

第八节　设医学提调一员,稽查医学馆学生功课,兼司学堂诊治及照料一切卫生事宜。

第九节　设收掌供事书手若干员名,俟开办时视学务繁简再行酌定。

第十节　以上各员,自总办以下,皆受考成于管学大臣;除管学大臣外,皆须常川驻堂。

第十一节　自副总办以下,供职勤惰,应由正总办按照章程严密稽查,年终出具考语,报明管学大臣查核。

第六章 聘用教习

第一节 设总教习一员,主持一切教育事宜;副总教习二员,佐总教习以行教法,并分别稽查中外各教习及各学生功课。

第二节 现在学生额数未定,西学教习拟暂聘欧美人六员或四员,教授豫备科学生;日本人四五员,教授速成科学生。按照所定功课章程办理。

第三节 同文馆归并办理,仍照向例用英、法、俄、德、日本五国文教授,聘用外国教习五员;又医学实业馆聘用外国教习一员。

第四节 设西学功课监督一员,如外国教习有不按照此次所定功课教授者,监督得随时查察,责成外国教习照章办理。

第五节 各外国教习之外,仍须用中国人通西学并各国语言文字者为副教习,其员数俟开办时酌定。

第六节 应用汉文教习若干员,按照所定汉文功课教授,其员数亦俟开办时定之。

第七节 各教习如有教课不勤,及任意紊乱课程上之规约等事,无论中外教习、年满与否,管学大臣均有辞退之权。延聘外国教习时,应将此条注明合同之上。

第八节 学问之与宗教本不相蒙,西教习不得在学堂中传习教规。

第九节 自副总教习以下,教课勤惰,均由正总教习按照章程严密稽察,年终出具考语,报明管学大臣查核,自总教习以下,皆受考成于管学大臣。

第七章 堂规

第一节 教习学生,一律遵奉《圣谕广训》,照学政岁科试下学讲书宣读御制训饬士子文例,每月朔,由正总教习、副总教习传集学生,在礼堂敬谨宣读《圣谕广训》一条。

第二节 凡开学散学及每月朔,由总教习、副总教习、总办各员,率学生诣至圣先师位前行礼。礼毕,学生向总教习、副总教习、总办各员各三揖,退班。

第三节 每岁恭逢皇太后、皇上万寿圣节,皇后千秋节,至圣先师诞日,仲春仲秋上丁释奠日,皆由总教习、副总教习、总办各员率学生至礼堂行礼如仪。

第四节 学生平日见管学大臣、总教习、副总教习、分教习,皆执弟子礼,遇其他官员及上等执事人一揖致敬。

第五节 每年以正月二十日开学,至小暑节散学,为第一学期;立秋后六日开学,至十二月十五日散学,为第二学期。

第六节 依前条,除年假暑假合计在七十日之外,每岁恭逢皇太后、皇上万寿圣节,皇后千秋节,至圣先师诞日,仲春、仲秋、上丁、释奠日,端午、中秋节,房虚、星昴日,各停课一日。其余学生临时请假无定期者,至多不得过二十日,惟考试婚丧不在此例。

第七节 教习职员受事之后,应设履历名簿;教习常年督课职员,分门任事,其勤惰皆备书于册,归总教习总办分别主之。

第八节 学生功课勤惰,应由分教习随时登记。此外一切性情行事,有无过失,亦由分教习按日计之,毕书于册,一并呈总教习查核。

第九节 学生在堂,寝兴食息皆有定时;出入大门,皆由总办堂提调等员查察,立簿记之。

第十节 学生无故不得请假,如遇家人宾客通问,于外室会谈,不得入内,亦不得过久。

第十一节 学生举止行为有无过失,除由教习按日登记外,倘有干犯一切定章,其所应管束之员,皆得随时禁止。

以上诸条,粗具大要,其详密章程,俟开办时随时妥议办理。

第八章 建置

第一节 京师大学堂建设地面,现遵旨于空旷处所择地建造。所应备者,曰礼堂,曰学生聚集所,曰藏书楼,曰博物院,曰讲堂(讲堂分二式:一式为通常讲堂,一式为特别讲堂),曰寄宿舍,曰寝室,曰自修室,曰公毕休息房,曰食堂,曰盥所,曰养病所,曰浴室,曰厕所,曰体操场(体操场分二处:一处为屋外体操场,一处为屋内体操场)。此外曰职员所居室,曰教习所居室,曰执事人所居一切诸室。

第二节 堂内所应备者,曰图书,曰黑板,曰几案,曰椅凳,曰时辰表,曰风雨表,曰寒暑表,以及图画、算学、物理、化学、地质、矿学、舆地、体操之各种器具标本模型,皆随时购置,以应各学科之用。

第三节 堂内所用一切食具寝具,及盥浴所必需之件,皆不可缺。此外养病所之药品,亦全备之。

第四节 体操时所用之衣服冠靴,分冬夏两季发公款制给,又设浣衣所一处,凡养病所,浣衣所,皆建于别院。

《钦定学堂章程·钦定京师大学堂章程》

大学堂章程(大学堂附通儒院)

立学总义章第一

第一节 设大学堂,令高等学堂毕业者入焉,并于此学堂内设通儒院(外国名大学院,即设在大学堂内)令大学堂毕业者入焉。以谨遵谕旨,端正趋向,造就通才为宗旨。大学堂以各项学术艺能之人才足供任用为成效。通儒院以中国学术日有进步,能发明新理以著成书,能制造新器以利民用为成效。大学堂讲堂功课,每日时刻无一定,至少两点钟,至多四点钟。通儒院生不上堂,不计时刻。大学堂视所习之科,分别或三年毕业、或四年毕业,通儒院五年毕业。

第二节 大学堂内设分科大学堂,为教授各科学理法,俾将来可施诸实用之所。通儒院为研究各科学精深义蕴,以备著书制器之所。通儒院生但在斋舍研究,随时请业请益,无讲堂功课。

第三节 各分科大学之学习年数,均以三年为限;惟政法科及医科中之医学门以四年为限,通儒院以五年为限。

第四节 大学堂分为八科:一、经学科大学分十一门,各专一门,理学列为经学之一门。

二、政法科大学分二门,各专一门。三、文学科大学分九门,各专一门。四、医科大学分二门,各专一门。五、格致科大学分六门,各专一门。六、农科大学分四门,各专一门。七、工科大学分九门,各专一门。八、商科大学分三门,各专一门。

日本国大学止文、法、医、格致、农、工六门,其商学即以政法学科内之商法统之,不立专门。又文科大学内有汉学科,分经学专修、史学专修、文学专修三类。又有宗教学,附入文科大学之哲学科、国文学科、汉学科、史学科内。今中国特立经学一门,又特立商科一门,故为八门,其学术统系图附后。(日本高等师范学堂讲授参考者亦参用学海堂经解,陆军中央幼年学校以《资治通鉴》为参考之书;近日妄人乃谓中国经学史学为陈腐不必讲习者,谬也。)

以上八科大学,在京师大学务须全设,若将来外省有设立大学者可不必限定全设;惟至少须置三科,以符学制。

第五节 各分科大学应令贴补学费,由本学堂核计常年经费临时酌定。

第六节 各分科大学,每学年可特选学生中之学术优深、品行端正者称之为优待学生,免其学费,以示鼓励。其选取优待学生,系凭每学年终考试之成绩,由大学总监督及分科大学监督定之。

优待学生,若于其受优待之学年内有品行不良、学业懈怠,或身罹疾病无成业之望者,即除其名。

第七节 泰西各国国内大学甚多,日本亦有东京、西京二大学,现尚欲增设东北、西南二大学,筹议未定;此外尚有以一人之力设立大学者,以故人才众多,国势强盛。中国地大民殷,照东西各国例,非各省设立大学不可。今先就京师设立大学一所,以为之倡,俟将来各学大兴,即择繁盛重要省分增设,并以渐推及于各省。

各分科大学科目章第二

第一节 经学科大学(理学附)

经学分十一门:一、周易学门,二、尚书学门,三、毛诗学门,四、春秋左传学门,五、春秋三传学门,六、周礼学门,七、仪礼学门,八、礼记学门,九、论语学门,十、孟子学门。愿兼习两经者,听。十一、理学门。今依次列各门科目如下:

周易学门科目

主　课	第一年每星期钟点	第二年每星期钟点	第三年每星期钟点
周易学研究法	6	6	6
补助课			
尔雅学	2	1	0
说文学	2	1	0
钦定四库全书提要经部易类	1	0	0
御批历代通鉴辑览	4	4	4
中国古今历代法制考	1	2	3
中外教育史	0	1	1
外国科学史	1	1	2
中外地理学	0	1	1
世界史	1	1	1
外国语文(英法俄德日选习其一)	6	6	6
合计	24	24	24

第三年末毕业时,呈出毕业课艺及自著论说。

凡表中作圈者,皆本年无教授钟点者也。

经学研究法略解如下:

通经所以致用,故经学贵乎有用;求经学之有用,贵乎通,不可墨守一家之说,尤不可专务考古。研究经学者,务宜将经义推之于实用,此乃群经总义。

周易学

研究周易学之要义:一、传经渊源,一、文字异同,一、音训,一、全经纲领,一、每卦每爻精义,一、十翼每篇精义,一、全经通义:通义如取象、得数、时义当位不当位、阴阳、刚柔、内外、往来、上下、消息、错综、变化、动静、行止、进退、敌应、乘承、远近、始终、顺逆、吉凶、悔吝、利害、得失、旁通、反复、典礼、性命、言辞、制器、重卦互卦之卦、方位、卦气、大衍、图书卜筮之类,一、群经证《易》,一、诸子引《易》者证《易》,一、诸史解《易》引《易》者证《易》,一、秦汉至今易学家流派,一、《易纬》,一、《易经》支流:若火珠林、易林、太元潜虚之类,一、外国科学证《易》,一、历代政治人事用易道见诸施行之实事,一、经义与后世事迹不相同而理相同之处。此不过举其大略,余可类推,务当于今日实在事理有关系处加意考究。

诸经皆同。每一经皆有通义数十百条,《春秋左传》、《周礼》、《礼记》尤多,各就本经摘出考之。

经学以国朝为最精,讲专门经学者宜以注疏及国朝诸家之书为要,而历朝诸儒之说解亦当参考,其应用各书学堂中皆当储备。

诸经皆同。

所注研究各法,为教员者不过举示数条以为义例,听学生酌量日力,自行研究。

尚书学门科目

主 课	第一年每星期钟点	第二年每星期钟点	第三年每星期钟点
尚书学研究法	6	6	6
补助课与周易学门同			

毛诗学门科目

主 课	第一年每星期钟点	第二年每星期钟点	第三年每星期钟点
毛诗学研究法	6	6	6
补助课与上同			

春秋左传学门科目

主 课	第一年每星期钟点	第二年每星期钟点	第三年每星期钟点
春秋左传学研究法	6	6	6
补助课与上同			

春秋三传学门科目

主　课	第一年每星期钟点	第二年每星期钟点	第三年每星期钟点
春秋左氏公羊谷梁学研究法	6	6	6
补助课与上同			

公羊家后世经师之说，多有非常可怪不合圣经本义之论，如新周王鲁以春秋当新王之类，流弊无穷，适为乱臣贼子所借口，关系世教甚巨。近来康梁逆党即是依托后世公羊家谬说，以逞其乱逆之谋，故讲《公羊春秋》者，必须三传兼讲，始免借经术以祸天下之害。

周礼学门科目

主　课	第一年每星期钟点	第二年每星期钟点	第三年每星期钟点
周礼学研究法	6	6	6
补助课与上同			

仪礼学门科目

主　课	第一年每星期钟点	第二年每星期钟点	第三年每星期钟点
仪礼学研究法	6	6	6
补助课与上同			

礼记学门科目

主　课	第一年每星期钟点	第二年每星期钟点	第三年每星期钟点
礼记学研究法	6	6	6
补助课与上同			

论语学门科目

主　课	第一年每星期钟点	第二年每星期钟点	第三年每星期钟点
论语学研究法	6	6	6
补助课与上同			

孟子学门科目

主　课	第一年每星期钟点	第二年每星期钟点	第三年每星期钟点
孟子学研究法	6	6	6
补助课与上同			

《孝经》卷帙甚简，前已讲诵，其义已散见于各经内，不必另立专门。

理学门科目

主　课	第一年每星期钟点	第二年每星期钟点	第三年每星期钟点
理学研究法	1	1	3
程朱学派	2	2	0
陆王学派	2	2	0
汉唐至北宋周子以前理学诸儒学派	0	0	2
周秦诸子学派	1	1	1

补助课与经学同

理学研究法：理学源流、以群经证理学、以诸子证理学、理学盛衰、周程张朱五子各不相同之处、朱陆不同之处、陆王不同之处、理学与二氏异同之处、朱子语类、朱子晚年定论之确否、朱学王学传派之人才、理学与经学之关系、理学与政事之关系、理学与世道之关系、理学诸儒言行政事之实验、以外国学术证理学。

凡治经及理学者，无论何门，每日讲堂钟点甚少，应于以上各科目外兼习随意科目如下：

第一年应以中国文学、西国史、西国法制史、心理学、辨学（日本名论理学，中国古名辨学）、公益学（日本名社会学，近人译作群学，专讲公共利益之理法，戒人不可自私自利）等，为随意科目。

第二年应以中国文学、比较法制史、辨学、公益学等为随意科目。

第三年应以中国文学、西国文学史、心理学、公益学等为随意科目。

以上各随意科目，此时初办碍难全设，应俟第一期毕业后体察情形，酌量渐次添设。各分科大学之随意科皆同。

各补助科学书讲习法，略解如下：

尔雅学《尔雅》专为解古经而设《释诂》一篇，于转注之义尤多发明，以郝懿行《尔雅义疏》为主，以王念孙《广雅疏证》、《经传释词》为辅，即已足用；若《小尔雅》、《方言》、《释名》、《广雅》，皆《尔雅》之支流。《小尔雅》、《广雅》两书用处较多，必宜参考。

说文学　传说文统系、六书之名义区别、六书之次第、古籀篆之变、引经异同之故、说文例、汗简证说文、钟鼎款识证说文、外国古碑证说文、字林证说文、玉篇证说文、广韵证说文、集韵证说文、唐以后各家音义书证说文、说文有逸漏字、大小徐说文之学、唐以前说文之学、宋元明说文之学、近人严可均孙星衍段玉裁王筠朱骏声诸家说文之学。

四库经部提要，看《四库提要·经部·本经》一类，能参考他经尤善。

御批历代通鉴辑览，愿兼参考各种正史通鉴者听。

中国古今历代法制考，此时暂行摘讲近人所编《三通考辑要》，日本有《中国法制史》，可仿其义例自行编纂教授，较为简易。

中外教育史，上海近有《中国教育史》刻本，宜斟酌采用；外国教育史日本有书可译用。

中外地理学，译本甚多，宜斟酌采用，仍应自行编纂。

世界史，近人有译本，宜斟酌采用，仍应自行编纂。

现定科目之中学各书，应自行编纂，西学各书外国皆有教人课本，卷帙甚为简略，每种仅止一二本，宜择译善本讲授。三年之久，其日力实不仅能习此十余种科目，讲师所教不过略示途径；若欲求精求博，听该学生自为之可也。他门皆仿此。

第二节 政法科大学

政法科大学分二门：一、政治门，二、法律门。今依次列各门科目如下：

政治学门科目

主 课	第一年每星期钟点	第二年每星期钟点	第三年每星期钟点	第四年每星期钟点
政治总义	2	1	1	0
大清会典要义	2	2	2	2
中国古今历代法制考	4	4	4	4
东西各国法制比较	1	1	1	1
全国人民财用学	1	1	0	0
国家财政学	1	1	0	0
各国理财史	1	1	1	0
各国理财学术史	0	0	0	1
全国土地民物统计学	0	0	1	1
各国行政机关学	0	0	1	1
警察监狱学	2	2	2	2
教育学	1	1	1	1
交涉法	2	2	3	3
各国近世外交史	0	1	1	1
各国海陆军政学	3	3	3	3
补助课				
各国政治史	1	1	1	1
法律原理学	1	1	0	0
各国宪法民法商法刑法	2	2	2	2
各国刑法总论	0	0	0	1
合 计	24	24	24	24

第四年末毕业时，呈出毕业课艺及自著论说。

以上各科目外，如有欲听他学科或听他分科大学之讲义者，均作为随意科目。

各科学名目讲习法略解如下：

政治总义，日本名为政治学，可暂行斟酌采用，仍应自行编纂。

大清会典要义，全书浩博，宜用现在坊间通行之《大清会典》节本及《吾学录》，摘其精义编为成书讲授。两书如有缺漏之要义，教员可由会典原书考取补入，令学生先知纲要。

各国政治史，日本名为政治史，可斟酌采用，仍应自行编纂。

中国古今历代法制考，注见前。

全国人民财用学，日本名理财学及经济学，可暂行采用，仍应自行编纂。

国家财政学，日本名为财政学，可暂行采用，仍应自行编纂。

各国理财史，日本名为经济史，可暂行采用，仍应自行编纂。

各国理财学术史，日本名为经济学史，可暂行采用，仍应自行编纂。

全国土地民物统计学，日本名为统计学，可暂行采用，仍应自行编纂。

各国行政机关学，日本名为行政法学，可暂行采用，仍应自行编纂。

警察监狱学，暂用日本原书，仍应斟酌中国情形自行编纂。

交涉法，分国事交涉民事交涉二种：国事交涉日本名国际公法，民事交涉日本名国际私法，可暂行采用，仍应自行编纂。

各国近世外交史，日本有原书，可斟酌采用，仍应自行编纂。

各国海陆军政学，日本有译本，可暂行采用。

法律原理学,日本名法理学,可暂行斟酌采用,仍应自行编纂。
各国宪法、民法、民事诉讼法、商法、刑法、刑事诉讼法,宜择译外国善本讲习。
其余西学各名目,外国均有成书,宜择译外国善本讲授。
法律学门科目

主 课	第一年每星期钟点	第二年每星期钟点	第三年每星期钟点	第四年每星期钟点
法律原理学	2	1	1	0
大清律例要义	4	4	3	2
中国历代刑律考	1	1	0	0
中国古今历代法制考	3	3	3	2
东西各国法制比较	2	2	2	2
各国宪法	1	1	1	2
各国民法及民事诉讼法	2	2	2	2
各国刑法及刑事诉讼法	2	2	2	2
各国商法	3	3	3	3
交涉法	2	2	3	3
泰西各国法	1	1	2	2
补助课				
各国行政机关学	1	0	0	0
全国人民财用学	0	1	1	2
国家财政学	0	1	1	2
合 计	24	24	24	24

第四年末毕业时,呈出毕业课艺及自著论说。
以上各科目外,如有欲听他学科或他分科大学之讲义者,均作为随意科目。
各科学名目讲习法,略解如下:
大清律例要义,原书浩繁,讲授者以律为主,但须兼讲律注。
中国历代刑律考,取汉律辑本、唐律疏义、明律及各史刑法志撮要自行编纂。
泰西各国法,罗马法、英吉利法、法兰西法、德意志法。
其余西学各名目注均见前,外国皆有其书,宜择译善本讲授。

第三节 文学科大学

文学科大学分九门:一、中国史学门,二、万国史学门,三、中外地理学门,四、中国文学门,五、英国文学门,六、法国文学门,七、俄国文学门,八、德国文学门,九、日本国文学门。今依次列各门科目如下:

中国史学门科目

主 课	第一年每星期钟点	第二年每星期钟点	第三年每星期钟点
史学研究法	3	3	3
御批历代通鉴辑览	2	2	2
各种纪事本末	5	5	5
中国历代地理沿革略	1	1	0
国朝事实	2	2	2
中国古今外交史	0	1	2
中国古今历代法制考	1	2	3
补助课			
四库史部提要	1	0	0
世界史	1	1	0

中外今地理	1	1	1
西国科学史	1	1	1
外国语文（英法俄德日选习其一）	6	6	6
合　计	24	24	24

第三年末毕业时，呈出毕业课艺及自著论说。

中国史学研究法，略解如下：

研究史学之要义：一、历代统系疆域（止举大略，其详归地理学科考之），一、政化创始因革之大端，一、历代国政善否、国力强弱之比较，一、古今地方盛衰、地势轻重之变迁，一、历代人民多少与国家之关系，一、人民性质智愚强弱之变迁，一、物产盛衰之原因，一、历代建置都会重镇之用意，一、官制之得失，一、内外轻重之变迁，一、历代人民贫富不同之故，一、国用足不足之故，一、学校之盛衰，一、文人学术于国势民风强弱有关系之处，一、民间习俗嗜好于国家有关系之处，一、历代选举之得失，一、历代人才多少之比较，一、兵制之变迁，一、兵力强弱之故，一、农业盛衰之故，一、工作日趋精巧之渐，一、工艺有益无益之区别（切于民用者为有益，不切于民用而可以销售外国者亦为有益，不切民用而又不能销流外国者为无益），一、商业开通之渐，一、水陆道路于民生国势之关系，一、物价贵贱之变迁，一、历代钱币之得失，一、度量衡之变迁，一、赋税利弊之比较，一、历代朝廷用财之法式，一、历代理财家之宗派，一、刑法之得失，一、历代吏权轻重之故，一、历代工役用民力、不用民力之别，一、沿海利害之变迁，一、历代治河之得失，一、游民游士之所由来，一、各种教派之消长，一、外国渐通中国之原委，一、历代交邻驭外之得失，一、详考《左传》《国语》《战国策》《三国志》之政术，一、各种利源之创始，一、各种政事积弊之所以然，一、礼乐仪文丧服之改变，一、古今历法之变迁，一、历代典祀私祀盛衰与政俗之关系，一、历代政事之门户派别，一、历代学术之门户派别，一、每一朝政事风俗偏重之处，一、奏议公牍体式之变迁，一、外国史可证中国史之处，一、历代变法得失不同之故，一、历代史法之长短、史学家之盛衰。

以上专为鉴古知今有裨实用而言，与通鉴学为近，讲正史学者与此纵横各异。正史学精熟一朝之事，而于古今不能贯串；通鉴学贯通古今之大势，而于一朝之事实典章不能精详。若不立正史学一门，则正史无人考究，于讲通史者亦有妨碍，故正史学与通鉴学亦有相资补助之处。

正史学，治正史者可择治数朝之史，不必兼治二十四史，亦不得专治一史；亦须参考各种通鉴及别史杂史，并须参考外国史。

通鉴学，治通鉴者必须自上古至明首尾贯彻，方合体裁；亦须参考正史及通考会要，并须参考外国史。

考史事者，分考治乱、考法制两门。考治乱若通鉴及各种纪事本末之类，考法制若通典通考及历代会要之类。两义必宜兼综，方有实用。研究史学者务当于今日中国实事有关系之处加意考求。

讲史学者有史法一门，若史通之类，知其梗概可也。

以上各科目外，尚有随意科目如下：

第一年　应以辨学、各国法制史、中国文学为随意科目。

第二年　应以人类学、公益学、教育学、中国文学为随意科目。

第三年　应以金石文字学（日本名古文书学）、古生物学（即考究发掘地中所得之物品，如人骨兽骨刀剑砖瓷以及化石之类,可以为史家考证之资者)、全国人民财用学、国家财政学、法律原理学、交涉学为随意科目。

各科学书讲习法,略解如下:

各种纪事本末,宜自《通鉴》讲起,《左传》《纪事本末》不必讲,全鉴及正史听其自行研究。

国朝事实,摘讲正续《东华录》及《圣武记》诸书,兼酌采近人所刻《皇朝政典》讲习。

历史地理沿革略,宜择善本讲习。

中国古今历代法制考,摘讲《三通考辑要》。

中国古今外交史,日本有支那外交史,可采取自行编纂改定。

中外今地理,曰今地理者,所以别于沿革地理及历史地理也。现在中国今地理、外国今地理,外国人皆著有成书,名目不一,中国人亦有新译本,宜择译合于教法者讲授。

其余各西学,外国均有其书,宜择译善本讲授。

史学学生参考书如下(自习时随己意观之。大学堂讲堂功课至多不过四点钟,余暇尚多,故将后开各书归自习时参考之用,与他学堂不同):

年代学,历代帝王年表、纪元编、通鉴目录、四裔编年表之类,宜常置案上。

钦定二十四史,取认可之数种于自习时考览。《史记》《前、后汉书》《三国志》为一类,晋至隋为一类,唐五代至宋为一类,辽金元为一类,明为一类。治正史者每人须习一类,不得仅治一朝之史。若治明史者须兼详考国朝事实合为一类,不得仅治明史。

各种通鉴,各种须全备,于自习时考览。

中国地图,小本宜常置案上,大幅宜挂堂壁上。

各种别史杂史。

各种西史。

万国史学门科目

主 课	第一年每星期钟点	第二年每星期钟点	第三年每星期钟点
史学研究法	2	3	4
泰西各国史	6	6	6
亚洲各国史	3	2	2
西国外交史	2	2	0
年代学	1	0	0
补助课			
御批历代通鉴辑览	2	2	2
中国古今历代法制史	0	1	2
万国地理	2	2	2
外国语文(英法俄德日选习其一)	6	6	6
合 计	24	24	24

第三年末毕业时,呈出毕业课艺及自著论说。

以上各科目外,应以中国文学、辨学、教育学、公益学、人类学、金石文字学、国家财政学、人民财用学、交涉学、法律原理学、外国法制史、外国科学史等为随意科目。

各科学名目讲习法,略解如下:

史学研究法,注见前。

泰西各国史及亚洲各国史,译本甚多,宜择其精者。

西国外交史,择译善本讲授。

年代学,外国有世界大年契,与中国四裔编年表相仿。

其余各西学名目,外国均有专书,宜择译善本讲授。

中外地理学门科目

主课	第一年每星期钟点	第二年每星期钟点	第三年每星期钟点
地理学研究法	2	2	4
中国今地理	5	4	3
外国今地理	5	4	3
政治地理	0	0	1
商业地理	0	0	1
交涉地理	0	1	1
历史地理	2	1	0
海陆交通学	1	1	0
殖民学及殖民史	0	1	0
人种及人类学	1	0	0
补助课			
地质学	0	1	0
地文学	0	1	0
地图学	0	1	1
气象学	0	0	1
博物学	0	0	1
海洋学	0	0	1
外国语(英法俄德日选习其一)	6	6	6
中国方言(满蒙藏回选习其一)	2	1	1
合　计	24	24	24

第三年末毕业时,呈出毕业课艺及自著论说。

以上各科目外,应以政治总义、全国土地民物统计学、各国国力比较、各国产业史、外交史、交涉学等为随意科目。

各科学名目讲习法,略解如下:

地理学研究法,中国与外国之关系、气候与地理之关系、财政与地理之关系、海陆交通与地理之关系、历史与地理之关系、动植物与地理之关系、文化与地理之关系、军政与地理之关系、风俗与地理之关系、工业与地理之关系。

交涉地理,日本名国际地理,可斟酌采用,仍应自行编纂。

其余西学各科目,外国均有其书,应择译善本讲授。

中国文学门科目

主　课	第一年每星期钟点	第二年每星期钟点	第三年每星期钟点
文学研究法	2	3	3
说文学	2	1	0
音韵学	2	1	0
历代文章流别	1	1	0
古人论文要言	1	1	0
周秦至今文章名家	2	3	3
周秦传记杂史周秦诸子	0	1	1
补助课			
四库集部提要	1	0	0

汉书艺文志补注 隋书经籍志考证	1	0	0
御批历代通鉴辑览	2	2	2
各种纪事本末	1	2	3
世界史	1	0	0
西国文学史	0	1	2
中国历代法制考	1	1	2
外国科学史	1	1	2
外国语文（英法俄德日选习其一）	6	6	6
合　计	24	24	24

第三年末毕业时，呈出毕业课艺及自著论说。

中国文学研究法略解如下：

研究文学之要义：一、古文籀文、小篆、八分、草书、隶书、北朝书、唐以后正书之变迁，一、古今音韵之变迁，一、古今名义训诂之变迁，一、古以治化为文，今以词章为文关于世运之升降，一、修辞立诚、辞达而已二语为文章之本，一、古今言有物、言有序、言有章三语为作文之法，一、群经文体，一、周秦传记杂史文体，一、周秦诸子文体，一、史汉三国四史文体，一、诸史文体，一、汉魏文体，一、南北朝至隋文体，一、唐宋至今文体，一、骈散古合今分之渐，一、骈文又分汉魏六朝唐宋四体之别，一、秦以前文皆有用、汉以后文半有用半无用之变迁，一、文章出于经传古子四史者能名家，文章出于文集者不能名家之区别，一、骈散各体文之名义施用，一、古今名家论文之异同，一、读专集读总集不可偏废之故，一、辞赋文体、制举文体、公牍文体、语录文体、释道藏文体、小说文体，皆与古文不同之处，一、记事、记行、记地、记山水、记草木、记器物、记礼仪文体、表谱文体、目录文体、图说文体、专门艺术文体，皆文章家所需用，一、东文文法，一、泰西各国文法，一、西人专门之学皆有专门之文字，与汉艺文志学出于官同意，一、文学与人事世道之关系，一、文学与国家之关系，一、文学与地理之关系，一、文学与世界考古之关系，一、文学与外交之关系，一、文学与学习新理新法制造新器之关系（通汉学者笔述较易），一、文章名家必先通晓世事之关系，一、开国与末造之文有别（如隋胜陈、唐胜隋、北宋胜晚唐、元初胜宋末之类，宜多读盛世之文以正体格），一、有德与无德之文有别（忠厚正直者为有德，宜多读有德之文以养德性），一、有实与无实之别（经济有效者为有实，宜多读有实之文以增才识），一、有学之文与无学之文有别（根柢经史、博识多闻者为有学，宜多读有学之文以厚气力），一、文章险怪者、纤佻者、虚诞者、狂放者、驳杂者，皆有妨世运人心之故，一、文章习为空疏，必致人才不振之害，一、六朝南宋溺于好文之害，一、翻译外国书籍函牍文字中文不深之害。

集部日多，必归湮灭，研究文学者务当于有关今日实用之文学加意考求。

以上各科目外，尚有随意科目如下：

第一年应以心理学、辨学、交涉学为随意科目。

第二年应以西国法制史、公益学、教育学等为随意科目。

第三年应以拉丁语、希腊语为随意科目。

各科学书讲习法略解如下：

说文学（与经学门同）。

音韵学：群经音韵，周秦诸子音韵，汉魏音韵，六朝音韵，经典释文音韵，唐韵，广韵，集韵，宋礼部韵，平水韵，翻切，字母，双声，六朝反语，三合音，东西各国字母，宋元明诸家音韵之学，国朝顾炎武、江永、戴震、段玉裁、王引之诸家音韵之学。

历代文章流别，日本有《中国文学史》，可仿其意自行编纂讲授。

历代名家论文要言，如《文心雕龙》之类，凡散见子史集部者，由教员搜集编为讲义。

周秦至今文章名家，文集浩如烟海，古来最著名者大约一百余家，有专集者览其专集，无专集者取诸总集。为教员者就此名家百余人每家标举其文之专长及其人有关文章之事实，编成讲义，为学生说之，则文章之流别利病已足了然。其如何致力之处，听之学者可也。近年来历朝总集之详博而大雅者（如《文纪》、《汉魏百三名家集》、《唐文粹》、《宋文鉴》、《南宋文范》、《金文雅》、《元文类》、《明文衡》、《皇清文颖》、姚椿所编《国朝文录》之类），精粹者（如昭明《文选》、御选《唐宋文醇》、《诗醇》、《古文苑》、《续古文苑》、《古文辞类纂》、《骈体文钞》、《湖海文传》之类），皆有刻本。名家专集有单行本者居多，欲以文章名家者，除多看总集外，其专集尤须多读。

凡习文学专科者，除研究讲读外，须时常练习自作，教员斟酌行之，犹工医之实习也，但不宜太数。愿习散体骈体可听其便。

博学而知文章源流者，必能工诗赋，听学者自为之，学堂勿庸课习。

周秦传记杂史，若《逸周书》、《左传》、《国语》、《战国策》之类，汉以后史部除四史必应研究外，汉以后有名杂史若《吴越春秋》、《东观汉记》、《水经注》、《洛阳伽蓝记》之类亦当博综；周秦诸子，文学家于周秦诸子当论其文，非宗其学术也，汉魏诸子亦可流览。其余各注均见前。

英国文学门科目

主　课	第一年每星期钟点	第二年每星期钟点	第三年每星期钟点
英语英文	9	9	9
补助课			
英国近世文学史	3	2	2
英国史	2	2	1
腊丁语	3	3	2
声音学	2	3	2
教育学	2	2	3
中国文学	3	3	5
合　　计	24	24	24

第三年末毕业时，呈出毕业课艺及自著论说。

以上各科目外，应以中国史、外国古代文学史、辨学、心理学、公益学、人种及人类学、希腊语、意大利语、荷兰语、法语、德语、俄语、日本语等为随意科目。

法国文学门科目

主　课	第一年每星期钟点	第二年每星期钟点	第三年每星期钟点
法语法文	9	9	9
补助课与上同（随意科除所习语文外，并与上同）			

俄国文学门科目

主　课	第一年每星期钟点	第二年每星期钟点	第三年每星期钟点
俄语俄文	9	9	9
补助课与上同（随意科除所习语文外，并与上同）			

德国文学门科目

主　课	第一年每星期钟点	第二年每星期钟点	第三年每星期钟点
德语德文	9	9	9
补助课与上同（随意科除所习语文外，并与上同）			

日本国文学门科目

主　课	第一年每星期钟点	第二年每星期钟点	第三年每星期钟点
日语日文	9	9	9
补助课与上同（随意科除所习语文外，并与上同）			

以上各科目所用外国书籍，宜择译善本讲授。

第四节　医科大学

医科大学分二门：一医学门，二药学门。今依次列各门科目如下：

医学门科目

主　课	第一年每星期钟点	第二年每星期钟点	第三年每星期钟点	第四年每星期钟点
中国医学	6	2	0	0
生理学	6	0	0	0
病理总论	6	1	0	0
胎生学	0	1	0	0
外科总论	2	2	0	0
外科各论	0	0	2	0
内科总论	2	2	0	0
内科各论	0	0	2	0
妇科学	0	5	0	0
产科学	0	0	3	2
产科模型演习	0	0	4	0
眼科学	0	1	2	1
捆扎学实习	0	0	1	0
卫生学	0	0	1	0
检验医学（日本名法医学）	0	0	1	1
外科手术实习	0	0	0	1
检眼镜实习	0	0	0	2
皮肤病及霉毒学	0	0	0	2
精神病学	0	0	0	2
霉菌学	0	0	0	1
补助课				
药物学	0	3	0	0

主　课	第一年每星期钟点	第二年每星期钟点	第三年每星期钟点	第四年每星期钟点
药物学实习	0	2	0	0
医化学实习	0	2	0	0
处方学	0	2	0	0
诊断学	0	2	0	0
外科临床讲义	0	0	4	4
内科临床讲义	0	0	4	4
妇科临床讲义	0	0	0	2
儿科临床讲义	0	0	0	2
合　计	22	25	24	24

　　第四年末毕业时，呈出毕业课艺及自著论说。

　　以上各科目外，在外国尚有解剖学、组织学；中国风俗礼教不同，不能相强，但以模型解剖之可也。

　　中国人饮食起居衣服，皆与外国不同。若内科、外科、妇科、儿科，皆宜参考中国至精之本。其余各科，当择译外国善本讲授。

　　药物学门科目

主　课	第一年每星期钟点	第二年每星期钟点	第三年每星期钟点
中国药材	3	0	0
制药化学	3	0	0
药用植物学	1	0	0
分析术实习	10	0	0
制药化学实习	6	2	0
植物学实习及显微镜用法	1	0	0
生药学	0	4	0
检验化学（日本名裁判化学）	0	2	0
卫生化学	0	2	0
植物分析法实习	0	4	0
生药学实习	0	10	0
有机体考究法	0	0	2
调剂学	0	0	1
检验化学实习	0	0	6
卫生化学实习	0	0	6
调剂学实习	0	0	5
药方使用法实习	0	0	4
合　计	24	24	24

　　第三年末毕业时，呈出毕业课艺及自著论说。

　　以上各科书籍，应择译外国善本讲授。

　　第五节　格致科大学

　　格致科大学分六门：一、算学门，二、星学门，三、物理学门，四、化学门，五、动植物学门，六、地质学门。今依次列各门科目如下。

　　算学门科目

主　课	第一年每星期钟点	第二年每星期钟点	第三年每星期钟点
微分积分	6	0	0

主 课	第一年每星期钟点	第二年每星期钟点	第三年每星期钟点
几何学	4	2	2
代数学	2	0	0
算学演习	不定	不定	不定
力学	0	3	3
函数论	0	3	3
部分微分方程式论	0	4	0
代数学及整数论	2	4	4
补助课			
理论物理学初步	3	0	0
理论物理学演习	不定	0	0
物理学实验	0	不定	0
合 计	20	16	12

第三年末毕业时,呈出毕业课艺及自著论说。

以上各科目,讲堂钟点最少,惟实验及演习钟点不能预定,以实有所得而止。以外应以球函数、高等数学杂论、数学研究为随意科目。

以上各科书籍,外国皆月异而岁不同。大概算学之书愈新出者愈简,宜择译善本讲授。

星学门科目

主 课	第一年每星期钟点	第二年每星期钟点	第三年每星期钟点
微分积分	6	0	0
几何学	4	0	0
算学演习	不定	0	0
星学及最小二乘法	3	0	0
球面星学	0	1	0
实地星学	0	2	0
星学实验	0	不定	不定
力学	0	3	3
部分微分方程式论	0	2	0
函数论	0	3	3
光学	0	3	0
天体力学	0	0	3
补助课			
理论物理学初步	4	0	0
理论物理学演习	不定	0	0
天体物理学	0	0	1
物理学实验	不定	不定	0
合 计	17	14	10

第三年末毕业时,呈出毕业课艺及自著论说。

以上各科目,讲堂钟点最少,惟实验及演习钟点不定,以实有所得而止。以外应以球函数论、应用力学为随意科目。

以上各科所用书籍与算学门同。

物理学门科目

主 课	第一年每星期钟点	第二年每星期钟点	第三年每星期钟点
物理学	0	5	5

主 课	第一年每星期钟点	第二年每星期钟点	第三年每星期钟点
力学	4	3	3
天文学	3	0	0
物理学实验	不定	不定	不定
数理结晶学	0	1	0
物理化学	0	3	0
应用力学	0	3	0
物理实验法最小二乘法	0	2	0
化学实验	0	0	不定
气体论	0	0	2
毛管作用论	0	0	1
音论	0	0	1
电磁光学论	0	0	1
理论物理学演习	0	0	不定
应用电气学	0	0	3
星学实验	0	0	不定
物理星学	0	0	1
补助课			
微分积分	5	0	0
几何学	4	0	0
微分方程式论及椭圆函数论	0	3	0
球函数	0	1	0
函数论	0	0	3
合　计	16	21	20

　　第三年末毕业时,畴出毕业课艺及自著论说。

　　以上各科目,讲堂钟点最少,惟实验及演习不能限定时刻,以实有所得而止。以外应以地震学及测地学为随意科目。

　　以上各科所用书籍与前同。

　　化学门科目

主 课	第一年每星期钟点	第二年每星期钟点	第三年每星期钟点
无机化学	3	3	0
有机化学	0	5	0
分析化学	2	0	0
化学实验	不定	不定	不定
应用化学	0	2	2
理论及物理化学	0	0	3
化学平衡论	0	0	2
补助课			
微分积分	6	0	0
算学演习	不定	0	0
物理学	0	3	0
物理学实验	0	不定	0
合　计	13	15	7

　　第三年末毕业时,呈出毕业课艺及自著论说。

　　以上各科目,讲堂钟点最少,惟实验及演习钟点则不能预定,以实有所得而止。

　　以上各科所用书籍与前同。

　　动植物学门科目

主　课	第一年每星期钟点	第二年每星期钟点	第三年每星期钟点
普通动物学	3	0	0
骨胳学	1	0	0
动物学实验	10	0	0
普通植物学	3	0	0
植物识别及解剖实验	10	0	0
植物分类学	0	4	0
植物学实验	0	0	20
有脊动物比较解剖	0	3	0
植物解剖及生理实验	0	10	2
组织学及发生学实验	0	12	0
人类学	0	0	2
寄生动物学	0	0	2
霉菌学实验	0	0	不定
补助课			
地质学	3	0	0
生理化学及实验	1	0	0
矿物及岩石实验	1	0	0
生理学	0	3	0
古生物学(注见前)	0	2	0
实地研究	0	0	不定
合　计	32	34	26

第三年末毕业时,呈出毕业课艺及自著论说。

以上各科目钟点较多者,因实验时刻均预定在内也。

以上各科目所用书籍与前同。

以外尚有临海实验,不限钟点。外国另有临海实验所,以便春夏之交就实地讲授。

地质学门科目

主　课	第一年每星期钟点	第二年每星期钟点	第三年每星期钟点
地质学	3	0	0
矿物学	2	0	0
岩石学	2	0	0
岩石学实验	不定	0	0
化学实验	不定	不定	不定
矿物学实验	不定	0	0
古生物学	0	2	0
古生物学实验	0	3	0
晶象学	0	2	0
晶象学实验	0	2	0
地质学实验	0	不定	0
矿床学	0	0	3
地质学及矿物学研究	0	0	不定
补助课			
普通动物学	3	0	0
骨胳学	1	0	0
动物学实验	4	0	0
植物学	0	4	0
植物学实验	0	3	0
合　计	15	16	3

第三年末毕业时,呈出毕业课艺及自著论说。

以上各科目钟点最少,惟实验及研究钟点不能预定,以实有所得而止。

以上各科目外,尚有地质巡验,外国往往于行路修学时课之(行路修学者,为考究学问而游历者也;日本谓为修学旅行)。

以上各科目外,第二年应以物理学为随意科目,第三年应以地震学及人类学为随意科目。

以上各科目所用书籍与前同。

第六节 农科大学

农科大学分四门:一、农学门,二、农艺化学门,三、林学门,四、兽医学门。今依次分列各门科目如下:

农学门科目

主 课	第一年每星期钟点	第二年每星期钟点	第三年每星期钟点
地质学	2	0	0
土壤学	1	0	0
气象学	1	0	0
植物生理学	4	0	0
植物病理学	2	0	0
动物生理学	3	0	0
昆虫学	3	0	0
肥料学	2	0	0
农艺物理学	2	0	0
植物学实验	不定	不定	0
动物学实验	不定	不定	0
农艺化学实验	不定	0	0
农学实验及农场实习	不定	不定	不定
作物	0	5	3
土地改良论	0	1	0
园艺学	0	3	0
畜产学	0	3	0
家畜饲养论	0	2	0
酪农论	0	1	0
养蚕论	0	2	0
农产制造学	0	0	3
补助课			
理财学(日本名经济学)	2	0	0
法学通论	0	2	0
农业理财学(日本名农业经济学)	0	3	2
兽医学大意	0	0	2
农政学	0	0	3
国家财政学	0	0	2
合 计	22	22	15

第三年末毕业时,呈出毕业课艺及自著论说。

以上各科目外,应以林学大意及养鱼论为随意科目。

以上各科目所用书籍与前同。

凡农学皆以实验为主,故讲堂钟点不能加多。

农艺化学门科目

主 课	第一年每星期钟点	第二年每星期钟点	第三年每星期钟点
有机化学	2	0	0
分析化学	1	0	0
地质学	2	0	0
土壤学	1	0	0
肥料学	2	0	0
农艺化学实验	不定	不定	不定
作物	0	5	1
土地改良论	0	1	0
生理化学	0	2	0
发酵化学	0	1	0
化学原论	0	2	2
补助课			
气象学	1	0	0
植物生理学	4	0	0
动物生理学	3	0	0
农艺物理学	2	0	0
家畜饲养论	0	1	0
酪农论	0	1	0
农业理财学	0	1	2
农产制造学	0	0	3
食物及嗜好品	0	0	1
合　计	18	14	9

第三年末毕业时，呈出毕业课艺及自著论说。

以上各科目外，应以理财学、养蚕论、农政学为随意科目。

凡农学皆以实验为主，故讲堂钟点不能加多。

以上各科目所用书籍与前同。

　　林学门科目

主 课	第一年每星期钟点	第二年每星期钟点	第三年每星期钟点
森林算学	2	1	0
地质学及土壤学	3	0	0
气象学	1	0	0
森林物理学	2	0	0
最小二乘法及力学	1	0	0
森林植物学	2	0	0
植物生理学	2	0	0
森林动物学	2	0	0
林学通论	2	1	0
森林测量	2	0	0
造林学	1	2	2
植物学实验	不定	0	0
动物学实验	不定	0	0
造林学实习	不定	不定	0
森林测量实习	不定	不定	0
实事演习	不定	不定	不定
树病学	0	1	0
森林化学	0	2	0
森林利用学	0	2	2
森林道路	0	1	0

主 课	第一年每星期钟点	第二年每星期钟点	第三年每星期钟点
森林保护学	0	1	0
森林经理学	0	1	1
森林管理法	0	1	0
森林理水及砂防工	0	3	0
森林化学实验	0	不定	0
森林道路实习	0	不定	0
补助课			
理财学	2	0	0
法学通论	0	2	0
森林法律学	0	1	2
林政学	0	1	2
国家财政学	0	2	0
合　计	22	22	9

第三年毕业时,呈出毕业课艺及自著论说。

以上各科目外,应以农学大意、畋猎术、养鱼论等为随意科目。

林学亦以实验及演习为主,故钟点不能加多。

以上各科目所用书籍与前同。

兽医学门科目

主 课	第一年每星期钟点	第二年每星期钟点	第三年每星期钟点
兽体解剖学	6	3	0
兽体组织学	3	0	0
病理通论	2	1	0
外科手术实习	不定	不定	0
蹄铁法	2	0	0
兽体解剖学实习	不定	不定	0
兽体组织学实习	不定	不定	0
蹄铁法实习	1	2	0
家畜饲养论	0	2	0
酪农论	0	1	0
外科学	0	4	0
内科学	0	4	0
病兽解剖学及实习	0	不定	不定
病兽组织学及实习	0	不定	不定
蹄病论	0	1	0
家畜病院实习及内外科诊断法	不定	不定	不定
畜产学	0	0	3
皮肤病学	0	0	1
寄生动物学	0	1	1
马学	0	0	3
动物疫论	0	0	2
产科学	0	0	2
眼科学	0	0	1
胎生学	0	0	2
补助课			
生理学	6	1	0
卫生学	0	0	4
霉菌学	0	0	2
检验医学	0	0	1

主 课	第一年每星期钟点	第二年每星期钟点	第三年每星期钟点
兽医警察法	0	0	1
乳肉检查法	0	1	1
药物学	0	3	0
调剂法实习	0	8	0
合 计	20	32	24

第三年末毕业时,呈出毕业课艺及自著论说。

兽医学实验及演习钟点不能预定。

以上各科目所用书籍与前同。

第七节 工科大学

工科大学分九门:一、土木工学门,二、机器工学门,三、造船学门,四、造兵器学门,五、电气工学门,六、建筑学门,七、应用化学门,八、火药学门,九、采矿及冶金学门。今依次列各门科目如下。

土木工学门科目

主 课	第一年每星期钟点	第二年每星期钟点	第三年每星期钟点
算学	2	0	0
应用力学	3	0	0
热机关	1	0	0
机器制造法	1	0	0
建筑材料	1	0	0
冶金制器学(日本名制造冶金学)	2	0	0
地质学	1	0	0
石工学	2	0	0
桥梁	2	0	0
道路	1	0	0
测量	2	0	0
计画制外及实习	18	22	22
河海工学	0	4	1
铁路	0	3	0
卫生工学	0	3	0
水力学	0	1	0
水力机	0	0	1
实事演习	0	不定	不定
市街铁路	0	0	1
地震学	0	0	1
房屋构造	0	0	1
测地学	0	0	1
补助课			
工艺理财学(日本名工艺经济学)	0	1	0
土木行政法	0	0	1
电气工学大意	0	0	1
合 计	36	34	30

第三年末毕业时,呈出毕业课艺及自著论说、图稿。

土木工学,以计画制图实习为最要,故计画制图实习钟点较为最多。

以上各科目所用书籍与前同。

机器工学门科目

主 课	第一年每星期钟点	第二年每星期钟点	第三年每星期钟点
算学	3	0	0
力学	1	0	0
应用力学	2	0	0
热机关	2	0	0
机器学	1	0	0
水力学	1	0	0
水力机	0	1	0
机器制造学	1	0	0
应用力学制图及演习	2	0	0
计画制图及实验	23	20	0
蒸气及热力学	0	2	0
机器几何学及机器力学	0	1	0
船用机关	0	1	0
纺织	0	1	0
机关车	0	1	0
实事演习	0	不定	不定
特别讲义	0	0	1
补助课			
电气工学大意	0	1	0
电气工学实验	0	1	0
冶金制器学	0	2	0
火器及火药	0	1	0
房屋构造	0	1	0
工艺理财学	0	1	0
合　计	36	34	1

第三年末毕业时,呈出毕业课艺及自著论说、图稿。

机器工学、计画制图实习为最要,故钟点较为最多。第三年专重实习,故讲堂每星期仅一点钟。

以上各科目所用书籍与前同。

　　造船学门科目

主 课	第一年每星期钟点	第二年每星期钟点	第三年每星期钟点
算学	2	0	0
力学	1	0	0
应用力学	2	0	0
热机关	2	0	0
机器学	1	0	0
机器制造学	1	0	0
冶金制器学	2	0	0
水力学	1	0	0
水力机	0	1	0
造船学	5	10	5
应用力学制图及演习	2	0	0
计画及制图	10	16	30
船用机关计画及制图	6	0	0
蒸气	0	1	0
实事演习	0	不定	不定
船用机关	0	2	0
补助课			

主 课	第一年每星期钟点	第二年每星期钟点	第三年每星期钟点
电气工学大意	0	1	0
火器及火药	0	1	0
工艺理财学	0	1	0
合　计	35	33	35

第三年末毕业时，呈出毕业课艺及自著论说、计画图稿。

造船学以计划制图实习为最要，故钟点较多。

以上各科目所用书籍与前同。

造兵器学门科目

主 课	第一年每星期钟点	第二年每星期钟点	第三年每星期钟点
算学	2	0	0
力学	1	0	0
应用力学	2	0	0
热机关	2	0	0
机器学	1	0	0
水力学	1	0	0
水力机	0	1	0
冶金学	2	0	0
机器制造法	1	0	0
应用力学制图及演习	2	0	0
机器制图	10	0	0
炮外弹路学	0	1	0
小枪及大炮	2	0	0
弹丸	0	1	0
炮架及车辆	0	2	0
水雷	0	1	2
蒸气	0	1	0
铸铁学（日本名铁冶金学）	0	3	0
化学实验	6	8	0
计画及制图	0	12	27
实事演习	0	不定	不定
冶金制器学	0	0	1
特别讲义	0	0	2
补助课			
火药学	0	2	0
电气工学大意	0	1	0
造船学大意	0	1	0
射击表编设	0	0	2
合　计	32	34	34

第三年末毕业时，呈出毕业课艺及自著论说、图稿。

造兵器科亦以计画制图及实习为最要，故钟点加多。

以上各科目所用书籍与前同。

电气工学门科目

主 课	第一年每星期钟点	第二年每星期钟点	第三年每星期钟点
算学	2	0	0

主　课	第一年每星期钟点	第二年每星期钟点	第三年每星期钟点
力学	1	0	0
应用力学	2	0	0
热机关	2	0	0
水力学	1	0	0
水力机	0	1	0
机器学	1	0	0
电气及磁气	3	0	0
电气及磁气测定法	1	1	0
机器制图	4	0	0
化学实验	4	0	0
电气及磁气实验	15	0	0
电信及电话	0	2	0
电灯及电力	0	2	0
发电机及电动机	0	2	0
电气化学	0	1	0
蒸气	0	1	0
冶金制器学	0	3	0
电气工学实验	0	15	0
计画及制图	0	8	0
实事演习	0	不定	不定
特别讲义	0	0	1
补助课			
工艺理财学	0	1	0
合　计	36	37	1

第三年末毕业时,呈出毕业课艺及自著论说、图稿。

电气工学以实习为要,故第三年讲堂每星期仅一点钟。

以上各科目所用书籍与前同。

建筑学门科目

主　课	第一年每星期钟点	第二年每星期钟点	第三年每星期钟点
算学	2	0	0
热机关	1	0	0
应用力学	2	0	0
测量	1	0	0
地质学	1	0	0
应用规矩	1	0	0
建筑材料	1	0	0
房屋构造	1	0	0
建筑意匠	1	2	0
应用力学制图及演习	2	0	0
测量实习	1	0	0
制图及配景法	3	0	0
计画及制图	15	15	24
卫生工学	0	2	0
水力学	0	1	0
施工法	0	1	0
实地演习	0	不定	不定
冶金制器学	0	1	0
补助课			
建筑历史	1	0	0

主 课	第一年每星期钟点	第二年每星期钟点	第三年每星期钟点
配景法及装饰法	1	1	0
自在画	2	3	3
美学	0	1	0
装饰画	0	4	3
地震学	0	0	2
合　计	36	31	32

第三年末毕业时,呈出毕业课艺及自著论说、图稿。

建筑学亦以计画制图为最要,故钟点较多。

以上各科目所用书籍与前同。

应用化学门科目

主 课	第一年每星期钟点	第二年每星期钟点	第三年每星期钟点
无机化学	2	0	0
有机化学	2	0	0
化学史	1	0	0
制造化学	2	9	9
冶金学	2	2	0
冶金制器学	0	0	2
矿物学及矿物识别	1	0	0
化学分析实验	18	7	0
计画及制图	8	6	6
电气化学	0	1	0
工业分析实验	0	6	0
制造化学实验	0	3	13
试金术及试金实习	0	0	2
实事演习	0	不定	不定
补助课			
热机关	1	0	0
机器学	1	0	0
水力学	1	0	0
应用力学	1	0	0
房屋构造	1	0	0
电气工学大意	0	1	0
火药学大意	0	1	0
合　计	41	36	32

第三年末毕业时,呈出毕业课艺及自著论说、图稿。

应用化学亦以计画制图实验为要,故钟点较多。

以上各科目所用书籍与前同。

火药学门科目

主 课	第一年每星期钟点	第二年每星期钟点	第三年每星期钟点
算学	2	0	0
力学	1	0	0
应用力学	1	0	0
火药学	2	2	0
小枪及大炮	2	0	0

主　课	第一年每星期钟点	第二年每星期钟点	第三年每星期钟点
无机化学	2	0	0
有机化学	2	0	0
制造化学	2	3	0
化学分析实验	16	5	0
炮外弹路学	0	1	0
弹丸	0	1	0
炮架及车辆	0	2	0
水雷	0	1	1
工业分析实验	0	5	0
制造化学实验	0	5	6
计画及制图	0	6	3
实事演习	0	不定	不定
特别讲义	0	0	1
补助课			
机器学	1	0	0
热机关	1	0	0
水力学	1	0	0
电气工学大意	0	1	0
冶金制器学	0	2	0
房屋构造	0	1	0
机器制图	2	0	0
合　　计	35	35	11

第三年末毕业时,呈出毕业课艺及自著论说、图稿。

火药学以演习为最要,故第三年每星期讲堂钟点仅十一点钟。

以上各科目所用书籍与前同。

　　采矿冶金学门科目

主　课	第一年每星期钟点	第二年每星期钟点	第三年每星期钟点
矿物学	1	0	0
地质学	1	0	0
采矿学	4	2	0
冶金学	2	4	0
测量及矿山测量	2	0	0
矿物及岩石识别	1	2	0
化学分析实验	9	14	0
矿山测量实习	4	0	0
计画及制图	7	0	0
铸铁学	0	2	0
选矿学	0	2	0
试金术	0	1	0
试金实习	0	4	0
吹管分析	0	2	0
实事演习	0	不定	不定
矿床学	0	0	2
冶金实验	0	0	2
工学实验	0	0	1
采矿计划	0	0	5
冶金计划	0	0	5
铸铁计划	0	0	5
补助课			

主 课	第一年每星期钟点	第二年每星期钟点	第三年每星期钟点
房屋构造	2	0	0
热机关	1	0	0
机器学	1	0	0
应用力学	1	0	0
水力学	0	1	0
机器制造法	0	1	0
电气工学大意	0	1	0
冶金制器学	0	0	1
外国矿山法律	0	0	1
合　计	36	36	22

第三年末毕业时，呈出毕业课艺及自著论说、图稿。

采矿冶金以实习、实验、计划为主，故第三年钟点独重于此。

以上各科目所用书籍与前同。

第八节　商科大学

商科大学分三门：一、银行及保险学门，二、贸易及贩运学门，三、关税学门。今依次列各门科目如下。

银行及保险学门科目

主 课	第一年每星期钟点	第二年每星期钟点	第三年每星期钟点
商业地理	2	2	3
商业历史	0	1	3
各国商法及比较	0	2	2
各国度量衡制度考	1	0	0
商业学	2	0	0
商业理财学	2	0	0
商业政策	0	0	1
银行业要义	3	4	2
保险业要义	3	4	2
银行论	2	0	0
货币论	1	0	0
欧洲货币考	0	0	2
外国语(英语必习,兼习俄法德日之一)	6	6	6
商业实事演习	不定	不定	不定
补助课			
国家财政学	1	1	0
全国土地民物统计学	1	1	0
各国产业史	0	3	3
合　计	24	24	24

第三年末毕业时，呈出毕业课业及自著论说。

以上各科目外，应以各国宪法、各国民法、各国刑法大意、行政机关、交涉学等为随意科目。

以上各科目所用书籍，外国均有专书，宜择译善本讲授。

贸易及贩运学门科目

主　课	第一年每星期钟点	第二年每星期钟点	第三年每星期钟点
商业地理	2	2	3
商业历史	0	1	3
各国商法及比较	0	2	2
各国度量衡制度考	1	0	0
商品学	2	0	0
商业学	2	0	0
商业理财学	2	0	0
商业政策	0	0	1
关税论	1	0	0
贸易业要义	2	3	1
铁路贩运业要义	2	3	1
船舶贩运业要义	2	3	1
铁路章程	0	0	1
船舶章程	0	0	1
邮政电信章程	0	0	1
外国语(英语必习,兼习俄德法日之一)	6	6	6
商业实事演习	不定	不定	不定
补助课			
国家财政学	1	1	0
全国土地民物统计学	1	1	0
各国产业史	0	2	3
合　　计	24	24	24

第三年末毕业时,呈出毕业课艺及自著论说。

以上各科目外,应以各国宪法、各国民法、各国刑法大意、行政机关、交涉学为随意科目。

以上各科目所用书籍与前同。

　　关税学门科目

主　课	第一年每星期钟点	第二年每星期钟点	第三年每星期钟点
大清律例要义(注见前)	5	4	3
各国商法	3	1	0
全国人民财用学	1	0	0
中外各国通商条约	3	2	1
各国度量衡制度考	1	0	0
各国金银价比较	1	0	0
中国各项税章	1	1	1
各国税章	1	2	0
关税论	2	0	0
外国语(英语必习,兼习俄法德日之一)	6	6	6
补助课			
商业地理	0	2	3
商业历史	0	2	3
商业政策	0	0	1
商业学	0	2	2
商品学	0	1	2
商业理财学	0	1	2
合　　计	24	24	24

第三年末毕业时,呈出毕业课艺及自著论说。

以上各科目外,应以铁路章程、船舶章程、邮政电信章程、各国宪法、各国民法、各国刑法大意、交涉学等为随意科目。

以上各科目所用书籍与前同。

第九节 以上各专门科学,均参酌外国大学堂分科大学之科目,酌量删减而后编定;子目虽繁,然外国俱有简要课本,卷帙并不为多。况在大学又皆以教师之讲义为主,并非寻章摘句者比。且功课名目虽多,而每日讲堂钟点,除实习实验外,至多不过四点钟,仍以自行研究为主。三年之久,实不得诿为繁难。此时中国初办,暂为变通;俟第一期学生毕业后,所减科目有应增补之处,应由总监督会商各分科监督教员临时酌定。

第十节 各种中分年程度,并其细目及教授时刻,俟开办之时斟酌补订。

第十一节 高等学堂毕业生,升入分科大学时,有呈明愿就各分科大学课程中选习一门科目,能成家数者,如政法科政治门内或选习理财,或选习行政,法律门内或选习商法,或选习民法,文学科中国史学门内,或选习某几代史;医学门内或选习内科、或选习外科之类,均谓之选科。其补习课目,仍须全习。至所选科目不能成家数者,不得以选科论,概不核准。

英法俄德日语,应于高等学堂中习其一二种,不能待至大学堂始习。故选科生不准专习英法德俄日语科,以致成就太小,不合大学堂程度。如该生所选专修之科目与语学有切要关系,必不可不学习而又未经学过者,应仍令其兼修。选科生必经专管选科之教员面为试问,审定其程度确实能习所选之科目者,始准入学。

第十二节 农、工、商、医四大学,尚可酌置实科,以练习实业为主,以中学毕业生入学,三年毕业,其学科程度宜仿高等学堂。

第十三节 农科大学可别置蹄铁术传习生、农业传习生、蚕业传习生、林业传习生各若干名。凡乡村人民如有年十七岁以上、品行谨慎、略知书算、且身体强健、实堪劳役,而欲入农科大学实地学习蹄铁术或农业、蚕业、林业者,可许于蹄铁工场或农场或养蚕室及桑园或演习林实习之。其实习年数,蹄铁传习生以一年为限,农业传习生以三年为限,蚕业传习生、林业传习生以二年为限,不给奖励。

考录入学章第三

第一节 各分科大学,应以高等学堂大学豫科毕业生升入肄业,但其应升入学人数若逾于各分科大学豫定之额数时,则须统加考试,择尤取入大学。已经考取而限于额数不得入学者,至下次入学期,可不须再考,按其名次先后依次令入大学。

第二节 各分科大学入学人数,若不满豫定之额数时,各项高等学堂与大学豫科程度相等之毕业生,经学务大臣察实,亦准其入大学肄业。

第三节 分科大学毕业生,因欲学习他学科,更请入学者,可不须考验,即准其入学。

第四节 曾因有不得已事故暂行请假出学,兹复欲再修学科呈请入学者,亦可不用考验,准其入学,但其学级须编列于前次在学原级之下。

第五节 凡已准入学之学生,须觅同乡京官为保人,出具确实具保印结;京堂翰林御史部属皆可,不必拘定部属。但京城学堂须常有保人在京,外省学堂须常有保人在省,缘学生行止一切,常有责成保人之事。如其保人或病故、或他适、或现不居官不能出结者,当另请他人具保,外省出结仿此。

屋场图书器具章第四

第一节 建设大学堂,当择地气清旷、面积宏敞适合学堂规模之地。各分科大学宜设置于一处,惟农科大学可别择原野林麓河渠附近之地设之。

第二节 各分科大学当择学科种类,设置通用讲堂及专用讲堂,以便教授。各种实验室、列品室及其他必须诸室,各分科大学均宜全备。

第三节 学堂应用各种器具机器、标本模型,各分科大学均宜全备。

第四节 大学堂当置附属图书馆一所,广罗中外古今各种图书,以资考证。

第五节 格致科大学,当置附属天文台以备观测,并置附属植物园、附属动物园,一以资学生实地研究,一以听外人观览,使宏多识。

第六节 农科大学当置农场、苗圃、果园及附属演习林,使得练习实业,并置家畜病院,使实究兽医学术。

第七节 商科大学当置商业实践所,使得实习商业。

第八节 医科大学当置附属医院,诊治外来病人,即以供学生之实事研究。

第九节 当置学生斋舍,以为学生自习寝息之地,惟入大学之学生皆系成材,久谙礼法,且须携带参考书籍较为繁重,每学生一人应占宽大斋舍一间,令其宽舒;自习室及寝室可合为一处。

教员管理员章第五

第一节 大学堂应设各项人员如下:大学总监督,分科大学监督、教务提调、正教员、副教员、庶务提调、文案官、会计官、杂务官、斋务提调、监学官、检察官、卫生官、天文台经理官、植物园经理官、动物园经理官、演习林经理官、医院经理官、图书馆经理官。

第二节 大学总监督受总理学务大臣之节制,总管全堂各分科大学事务,统率全学人员。

第三节 分科大学监督,每科一人,共八人,受总监督之节制,掌本科之教务、庶务、斋务一切事宜。凡本科中应兴应革之事,得以博采本科人员意见,陈明总监督办理。每科设教务提调一人、庶务提调一人、斋务提调一人以佐之。提调分任一门,监督统管三门。

第四节 教务提调每科一人,共八人,以曾充正教员之最有学望者充之,受总监督节制,为分科大学监督之副,诸事与本科监督商办,总管该门功课及师生一切事务;正教员副教员属之。

第五节 正教员分主各分科大学所设之专门讲席,教授学艺,指导研究,听分科监督及教务提调考察。

第六节 副教员助正教员教授学生,并指导实验,听本科监督及教务提调考察。

第七节 庶务提调每科一人,共八人,以明学堂规矩之职官充之,受总监督节制,为分科大学监督之副,诸事与本科监督商办,管理该科文案、收支、厨务及一切庶务;文案官、会计官、杂务官属之。

第八节 文案官主本科中文牍,除奏稿应由总监督酌派人员拟办外,凡堂中本科咨移批札函件皆司之,禀承于庶务提调。

第九节　会计官专司银钱出入事务,禀承于庶务提调。

第十节　杂务官专司本科中厨务、人役、房屋、器具一切杂事,禀承于庶务提调。

第十一节　斋务提调每科一人,共八人,以曾充教员又有学望者充之,受总监督节制,为分科大学监督之副,诸事与本科监督商办,管理该科整饬斋舍、监察起居一切事务;监学官、检察官、卫生官属之。

第十二节　监学官掌考验本科学生行检及学生斋舍、功课勤惰、出入起居一切事务;以教员兼充,禀承于斋务提调。监学官必须以教员兼充,与学生情意方能相洽,易受劝戒。

第十三节　检察官掌本科斋舍规矩,并照料食宿、检视被服一切事务;凡教员学生有出乎定章之外者,皆得而纠之,禀承于斋务提调。

第十四节　卫生官以格致农工医各科正教员各一人及监学兼任,掌学堂卫生事务;并由各员中举一人为首领总司其事,名曰总卫生官,禀承于斋务提调。

第十五节　天文台经理官以格致科大学正教员兼任,掌格致科大学附属天文台事务,禀承于总监督。

第十六节　植物园经理官以格致科大学正教员或副教员兼任,掌格致科大学附属植物园事务,禀承于总监督。

第十七节　动物园经理官以格致科大学正教员或副教员兼任,掌格致科大学附属动物园事务,禀承于总监督。

第十八节　演习林经理官以农科大学正教员或副教员兼任,掌农科大学附属演习林事务,禀承于总监督。

第十九节　医院经理官以医科大学正教员兼任,掌医科大学附属医院事务,禀承于总监督。

第二十节　图书馆经理官以各分科大学中正教员或副教员兼任,掌大学堂附属图书馆事务,禀承于总监督。

第二十一节　堂内设会议所,凡大学各学科有增减更改之事,各教员次序及增减之事,通儒院毕业奖励等差之事,或学务大臣及总监督有咨询之事,由总监督邀集分科监督、教务提调、正副教员、监学公同核议,由总监督定议。

第二十二节　各分科大学亦设教员监学会议所,凡分科课之事,考试学生之事,审察通儒院学生毕业应否照章给奖之事,由分科大学监督邀集教务提调、正副教员、各监学公同核议,由分科监督定议。

第二十三节　事关更改定章、必应具奏之事,有牵涉进士馆、译学馆、师范馆及他学堂之事,及学务大臣总监督咨询之事,应由总监督邀集各监督、各教务提调、正教员、监学会议,并请学务大臣临堂监议,仍以总监督主持定议。

第二十四节　凡涉高等教育之事,与议各员,如分科监督、各教务提调、各科正教员、总监学官、总卫生官意见如有与总监督不同者,可抒其所见,径达于学务大臣。

通儒院章第六(外国名为大学院,兹改定名目,免致与大学堂相混)

第一节　凡某分科大学之毕业生欲入通儒院研究学术者,当具呈所欲考究之学艺,经该分科大学教员会议,呈由总监督核定。

第二节 非分科大学毕业生而欲入通儒院研究某科之学术者,当经该分科大学教员会议所选定,复由总监督考验,视其实能合格者,方准令升入通儒院。

第三节 凡通儒院学员,视其研究之学术系属某分科大学之某学科,即归某分科大学监督管理,并由某学科教员指导之。

所研究之学术,有与他分科大学之某学科实有关系、必应兼修者,可由本分科大学监督申请大学总监督,命分科大学之某学科教员指导之。

第四节 通儒院学员之研究学期,以五年为限,以能发明新理、著有成书、能制造新器、足资利用为毕业。

第五节 通儒院学员无须请人保结,并不征收学费。

第六节 通儒院学员有为研究学术必欲亲至某地方实地考察者,经大学会议所议准,可酌量支给旅费。

第七节 通儒院学员每一年终,当将其研究情形及成绩具呈本分科大学监督,复由本科大学监督交教员会议所审察。

第八节 通儒院学员如有研究成绩不能显著,或品行不端者,经各教员会议,可禀请总监督饬其退学。

第九节 通儒院学员在院研究二年后,如有欲兼理他事务,或迁居学堂所在都会以外之地者,经本分科大学监督察其于研究学术无所妨碍,亦可准行。

第十节 通儒院学员至第五年之末,可呈出论著,由本分科大学监督交教员会议所审察;其审察合格者即作为毕业,报明总监督咨呈学务大臣会同奏明,将其论著之书籍图器进呈御览,请旨给以应得之奖励。

京师大学堂现在办法章第七

第一节 京师大学堂为各省学堂弁冕,现暂借地试办,当一面新营学舍,于规模建置力求完善,以树首善风声,早收实效。

第二节 分科大学应选各省高等学堂毕业生入堂肄业,此时各省高等学堂方议创办,未出有合入大学之学生,应变通先立大学豫备科,与外省高等学堂同时兴办,其科目程度一如高等学堂,俟豫备科毕业,再按照分科大学办法。

第三节 现在京师大学堂既系先教豫备科,其学堂执事人员,自当按照高等学堂章程设置,俟将来升教分科大学,即按照分科大学规制办理。

第四节 原定大学堂章程有附设之仕学馆、师范馆,现在大学豫备科及分科大学尚未兴办,暂可由大学堂兼辖。将来大学堂开办豫备科及分科大学,事务至为繁重,仕学师范两馆均应另派监督自为一学堂,径隶于学务大臣。其仕学馆课程应照进士馆章程办理,师范馆可作为优级师范学堂,照优级师范学堂章程办理。

附条:凡一切施行法、管理法,均另详专章,开办之时应即查照办理。其有未备事宜,应随时体察考验奏请通行。

大学堂学科统系总图

大学堂 {
- 经学科大学
- 政法科大学
- 文学科大学
- 医科大学
- 格致科大学
- 农科大学
- 工科大学
- 商科大学
}

分科大学统系图一

一、经学科大学 {
- 周易学门
- 尚书学门
- 毛诗学门
- 春秋左传学门
- 春秋三传学门
- 周礼学门
- 仪礼学门
- 礼记学门
- 论语学门
- 孟子学门
- 理学门
}

分科大学统系图二

二、政法科大学 {
- 政治学门
- 法律学门
}

分科大学统系图三

三、文学科大学 {
- 中国史学门
- 万国史学门
- 中外地理学门
- 中国文学门
- 英国文学门
- 法国文学门
- 德国文学门
- 俄国文学门
- 日本国文学门
}

分科大学统系图四

四、医科大学 {
- 医学门
- 药学门
}

分科大学统系图五

五、格致科大学 {
- 算学门
- 星学门
- 物理学门
- 化学门
- 动植物学门
- 地质学门
}

分科大学统系图六

六、农科大学 { 农学门 / 农艺化学门 / 林学门 / 兽医学门

分科大学统系图七

七、工科大学 { 土木工学门 / 机器工学门 / 造船学门 / 造兵器学门 / 电气学门 / 建筑学门 / 应用化学门 / 火药学门 / 采矿及冶金学门

分科大学统系图八

八、商科大学 { 银行及保险学门 / 贸易及贩运学门 / 关税学门

《奏定学堂章程·大学堂章程(附通儒阅)》

五、为举办大学堂派员出洋考察

孙家鼐为奏准派员赴日考察学务事知照各有关衙门

(光绪二十四年七月十四日)

管理大学堂事务大臣孙　为咨行事。

本大臣具奏,大学堂事当创始,拟派员赴日本游历考察学务一折。光绪二十四年七月十四日具奏。本日奉旨依议该衙门知道。钦此。相应钞录原奏。恭录谕旨咨行贵衙门遵照办理可也。

吏部　户部　工部　都察院　翰林院　总理衙门

北京大学综合档案·全宗一·卷3

附原奏　孙家鼐奏派员赴日考察学务折

(光绪二十四年七月十四日)

臣孙家鼐跪奏,为拟派大学堂办事人员赴日考察学务,请旨遵行,恭折仰祈圣鉴事。窃维大学堂事当创始,一切规条不厌求详。迭次奏定章程,均系参考东西洋各国之制。但列邦学校,日新月盛,条目繁多,必须详考异同,庶立法益臻美备。闻日本创设学校之初,先派博通之士分赴欧美各国,遍加采访,始酌定规制,通国遵行,故能学校如林,人才蔚起。今大学堂章程略具,各省中学堂、小学堂已立者未能划一,未立者尚待讲求,均应由大学堂参核定议。即如同文馆与民间私塾所习西文入门之书,传授各殊,文法之深浅互异,固有二三年而已通者,有四五年而尚未通者,虽资禀之敏钝不同,亦教授之法有善有不善也。自宜酌定,方可分别购取书籍,发交学堂肄习,以归一律。至于每科子目若何分别,每日功课若何教授,考试以何等为及格,学问以何等为卒业,所有学堂法制,虽采取于翻译书中,究不如身历者更为亲切。

惟欧美各国,程途窎远,往返需时。日本相距最近,其学校又兼有欧美之长,派员考察,较为迅速。拟派江南道监察御史李盛铎、翰林院编修李家驹、庶吉士宗室寿富、记名御史工部员外郎杨士燮前往日本游历,将大学、中学、小学一切规制课程并考试之法遂条详查,汇为日记,缮写成书,由臣进呈御览,仍发交大学堂存储,以备考查。嗣后学堂诸务,或宜依仿,或应变通,随时斟酌,以期尽善。该员等经此阅历,学识亦增,办理一切,自能有条不紊。计现在大学堂房屋,添建斋舍,量加修葺,约须两三月方能竣工。该员等现办之事无多,及此闲暇之时,正可悉心考察。除往返程途不计外,抵日本以后两月为限,不得迟延,以免贻误。如蒙俞允,应请饬下总理各国事务衙门发给该员等游历文凭,并知照出使大臣妥为照料。其经费即由大学堂撙节筹给,该员等回京后,即归大学堂用款内报销,无须另请经费。

所有拟派员赴日本游历考察学务缘由,谨缮折具陈,伏乞皇上圣鉴。谨奏。

《戊戌变法档案史料》

外务部为派员出洋考察学务事咨复大学堂

(光绪二十八年五月初九日)

　　外务部为咨复事。本年四月二十一日准咨称:现查有大学堂总教习、五品卿衔吴汝纶,提调浙江候补道荣勋,杂务提调、兵部员外郎绍英,堪以派往日本东京等处访询学堂事宜,请照会驻京日本使臣转行外务大臣妥为照料等因。当经本部照会日本内田使转达去后,兹准复称:已详细达知外务大臣,但系力之所逮,务须极力斡旋辅助等因前来,相应咨复贵大臣查照可也。须至咨者。
　　右咨
管理大学堂大臣张

北京大学综合档案·全宗一·卷 24

驻美大使为送美国各有关学堂授课章程事咨京师大学堂

(光绪二十八年十一月初一)

　　驻美大使伍　为咨送事:
　　光绪二十八年二月初九日,承准贵大臣咨:开办大学堂,编翻西学课本,请向外部商取大中小学堂官定课本全分,速寄来京等因。当经切商美外部,据称:美国学校之制与他国不同。所有学堂均由各处地方官民捐建,随时公举董理。其学堂授课之书,亦是坊间通行本,并无官定课本。至专门之学,则日新月异,其书至繁,其本亦无定,国家并未设官管理等语。本大臣查是实在情形,兹特向各学堂总理人员商取授课章程,共十三本,即日邮寄。其大中小各学堂所课诸书目,已分见于各篇中。如有应行选择之本,听候贵大臣开列书目,再随时采购。为此,备文咨呈贵大臣,谨请察照施行,须至咨呈者。
(附学堂授课章程十三本,另目录一纸)
　　右咨呈
钦命管学大臣吏部大堂张

附目录
美国各学课章程书目
哈瓦特大学堂课程总录
哈瓦特大学堂艺术科课程全例
哈瓦特大学堂深造科课程全例大书院诸生已毕业仍留院学习以期深造者
哈瓦特大学堂考取学生入院学习各门问题
可伦比亚大学堂课程全例
可伦比亚大学堂课程条目暨考取学生入院条例
可伦比亚大学堂考取学生入院学习各门问题
可伦比亚大学堂政治科课程全例
耶路大学堂深造科课程全例

耶路大学堂经史学课程条目
美都中小各学堂章程
美都中小学堂课程全例
宾西洼尼亚大学堂课程总录

北京大学综合档案·全宗一·卷 16

沈兆祉申报赴日考察学堂情况

(光绪二十九年闰五月十二日)

　　委派京师大学堂上海译书分局总办内阁中书沈兆祉为申报事。窃中书前奉派赴日本大阪博览会,并赴东京等处考察学堂。旋于四月间,在沪复奉札催促令前往等因,遵于四月二十六日由沪起程,先赴东京,谒其外部、文部诸大臣,由其饬知各学堂,后带同翻译逐日往观。旋由东京折回大阪,赴博览会。与其副会长男爵平田东助君晤谈,导观各馆,顺赴西京大学堂。由神户乘船,于闰月初八日回沪。在东京、大阪等处,遵照原札,将学校用品详细考察,按目列表。惟名目繁多,各学设备处处不同,殊难斟酌折中期于至当。现在惟将小学堂一种带回翻译,其中学、高等学应用各件尤为繁杂,已托东京著名教育大家代为审定,统俟汇齐翻译成书,再行呈鉴。再,中书此次赴东川资,遵札支销经费银壹千两,系在沪局译书项下借拨。应请饬知支应处并官书局。前购机器借拨一项,一并补发,以请款项。合并陈明所有呈报回沪日期并请补发译款缘由。理合呈报,伏乞钧鉴施行。须至申呈者。
右呈
钦派管理大学堂事务大臣吏部尚书张
会同管理大学堂事宜大臣刑部尚书荣

北京大学综合档案·全宗一·卷 37

附　又奏遣派商衍瀛何燏时赴日本考察大学制度片

(光绪三十四年)

　　再,分科大学现拟开办,兹当图始之时,举凡审定规制、建筑堂舍、厘订学科各事宜极为繁重,亟应派员出洋考察,以资参证。兹查有翰林院编修商衍瀛、学部专门司主事何燏时,均在大学堂办理学务,条理秩然,拟即派遣前往日本考察大学制度,其一切建筑设备事宜亦即详细调查,以期斟酌适宜,克期开办。往返日期以两个月为限,即由臣部发给川资,以利遄行,谨附片具陈伏乞圣鉴。谨奏。奉旨,依议。钦此。

《学部官报》第六十四期(光绪三十四年八月初一日)

学部为商科大学监督赴日本考察事咨行驻日大使

(宣统二年十二月十九日)

　　总务司机要科案呈,为咨行事。据京师大学堂函称:商科大学开办伊始,所有日本商科大学及高等商业学校之专攻部,其关于商业实践各种样本、模型暨商品陈列室之一切新设备,并教授之新计划,均须切实调查,以为逐年规划之资。现届年假期内,堂中无事,该分科监督权、中书量拟亲往考查,请咨明出使大臣办理等因前来。查该监督所须考察各项,均与商科有关,赴东以后,亟赖指导一切,以便详悉调查。相应咨行贵大臣查照办理可也。须至咨者。
右咨
出使日本大臣
附大学堂呈请函

大学堂为权量赴日考察事呈学部函

谨启者,顷准商科监督权函称,拟于此次年假内,往日本东京实地调查,采取其商科大学及高等商业学校之专攻部关于商业实践之各种样本、模型及商品陈列室之新设备,并各种教授之新计划,以为商科逐年规划之预备;并请咨明出使日本大臣照会日本外务部,分致办理等因。查本堂工科何监督、文科孙监督、农科罗监督,均于上年由大部给咨往日本调查有案,此次自应照准。该监督因年假期促,定于本月二十一、二日东渡,请大部迅予给咨,实为公便。
专肃,敬请
大安

大学堂谨启
北京大学综合档案·全宗一·卷100

六、其 他

孙家鼐议覆五城建立小学堂疏

（光绪二十四年六月十七日）

  本月初六日臣接到军机大臣交旨，御史张承缨奏请于五城添立小学堂中学堂一折，著孙家鼐酌核办理。钦此。查原奏大意，以京师大学堂额数五百名，附小学堂额数八十名，大学堂皆已经入仕之员，小学堂皆大员子弟、八旗世职武职后裔，此外就近愿学者，均未议及。欲于五城添立小学堂、中学堂，俾土著之人与外省在京之举贡生监及京官子弟一体入学，此培养人才讲求实学之至意也。臣查总理衙门原奏章程，当时仓猝定议，只能举其大端，其详细节目本未周备。臣亦欲推广此项京官子弟举贡生监之在京与本籍土著者。臣前奏派分教习数人，正欲使教此项人员及大员子弟、八旗世职武职后裔之年轻者。只以草创之始，头绪纷繁，尚未能条分缕析，详细奏明。今该御史请于五城各立学堂，自应遵照办理。臣愚以为五城皆地面官，与外省有地方之责者无异。学堂经费之优绌，规制之大小，应由五城御史自行筹划。近年刑部候补主事张元济、户部候补郎中王宗基皆自行筹费创立学堂，肄业者颇称踊跃。盖圣心所向，天下从风。即如国家往时以科举取士，海内士人家弦户诵，并无事官为督率，莫不争自濯磨。今五城设立学堂，请即饬下五城御史设立劝办，应否暂借庙宇及将来建立学舍之处，均由五城御史随时斟酌，定能日起有功。至顺天府地方，臣原有设立小学堂之意，因经费未齐，是以暂缓。金台书院考课亦应改定章程，臣当与府尹臣胡燏棻筹商办法。所有议添小学堂缘由，谨缮折具陈。伏乞皇上圣鉴。谨奏

《皇朝蓄艾文编》卷十五，《光绪朝东华录》光绪二十四年六月

光绪二十四年六月十七日为孙家鼐议复办小学堂折谕

  孙家鼐奏议覆五城添设小学堂，请饬设法劝办一折。京师现已设立大学堂，其京外学堂亦应及时创立，俾京外举贡生监等一体入学，广为造就，以备升入大学堂之选。著五城御史设法劝办，务期与大学堂相辅而行，用副培养人才之至意。其大学堂章程，仍著孙家鼐条陈缕析，迅速妥议具奏。

《光绪朝东华录》光绪二十四年六月，《德宗实录》卷四二二

光绪二十四年七月初五日孙家鼐奏须多设中小学堂折

  再：开办大学堂，必须多设中学堂，小学堂，以便取材。而风气初开，学堂尚不多见。兹据户部郎中王宗基、詹事府主簿杨朝庆、花翎四品衔户部郎中徐棠、花翎五品衔户部主事李哲浚、工部主事张维勤、中书科中书蒋嘉澍、户部郎中宋寿徵、候选员外郎王宾基、浙江附生许

葆猷、王宽基等呈称：伏念时事艰难，人材孔亟，寻常章句之学，不足以御外侮而宏远谟，因于本年二月间邀集同志，自筹资款，络续兴办，于北城地面设立会文学堂，讲求中西实学，业于五月初六日呈请总理衙门添派教习，当蒙批准立案，札派同文馆学生到堂教习；中文教习订请翰林院侍讲黄绍箕、翰林院修撰张謇，讲求经史大义及一切专门之学。来学皆京绅及官员子弟，颇有聪明可造之才，因请援案奖叙教习，调考学生，并咨送出洋游学等语。

臣维皇上垂意大学堂，将以造就通达时务之才，而大学堂肄业必由中学小学以次而升。钦奉五月十七、二十五等日上谕：创建学堂，准照军功给与特赏；又绅民捐建学堂，或广为劝募，准奏请给奖。仰见我皇上振兴学校之至意。惟是筹款为艰，即使赶紧集办，亦须半年以后方有规模。今该员等创办会文学堂，在上谕未颁之先，实系留心时务，造就人才，并非希图奖叙。惟该学堂为各省开办学堂之创，将来取材于斯，似乎大学堂不无裨益。其如何先行奖励之处，应请出自圣裁。该学堂教习三年后，著有成效，自应援案准其从优奖叙。其学生卒业后，准由该学堂总董给予文凭，咨送大学堂一体考试。至所请咨送学生出洋游学，臣查本年四月十三日，总理衙门议覆游学日本片，准同文馆及各直省现设学堂中，选年幼聪明粗通东文诸生，开具名衔咨报总理衙门，知照日本使臣，陆续派往等因。该学堂肄业诸生颇多聪俊，既有志乡学，以应准其遴选数人咨报总理衙门，一体派往游学，庶可鼓舞而宏作育。所有王宗基等自集资款创建学堂，援案陈请代奏等因，理合附片陈明伏乞圣鉴。谨奏。奉旨，已录。

《京报》光绪二十四年七月十一日

张之洞奏请专设总理学务大臣片

张百熙等片。再，学务一事，实为今日自强要图，必须全国一律，举行方有大效，关系至为重要。条理又极精详，各国均有文部大臣专司其事，凡厘定条章、审察学术、考功过皆归其综理。现在整顿京外大小学堂，必须特设专员方能专心致志，筹办妥协。查现在管学大臣，既管京城大学堂，又管外省各学堂事务，目前正当振兴学务之际，经营创始，条绪万端，即大学堂一处，已属繁重异常，专任犹虞不给，兼综更恐难周。况京城大学堂，不过学堂之一，其所办是否全行合法，师生是否一律均有成效，亦宜别有专门考核之大员，方无窒碍。臣之洞与诸臣商酌，拟请于京师专科设总理学务大臣，以领辖全国学务。其京师大学堂，拟请设总监督一员，请旨简派三四品京堂充选，俾专管大学堂事务，不令兼别项要差，免致分其精力。仍受总理学务大臣节制考核，如是，则全国之学务与首善之大学，皆各有专责而成效可期矣。臣之洞与政务处王大臣，暨管学大臣商酌意见均属相同，谨附片具陈伏乞圣鉴训示。臣之洞谨奏。

《东方杂志》第一卷第一期（光绪三十年一月二十五日）

政务处奏遵议设立学部折

（光绪 三十一年十一月十四日抄）

政务处大臣和硕庆亲王臣奕劻等跪奏，为遵旨议奏恭折会陈仰祈圣鉴事。本年九月初十日，准军机处抄交山西学政宝熙奏拟请设立学部折片各一件，奏朱批政务处学务大臣议奏片，并发，钦此。原折内称，学制变更伊始，必须有总汇之区，请速设学部。科举既停，礼部、国子监公事愈形清简，似宜统行裁撤归并学部。礼部应办典礼，即责成太常寺、鸿胪寺慎重将事等语,现在停止科举,专重学堂,整理一切学务,不可无总汇之区,自应特设学部,以资管辖。查国子监现管事务较简,拟请即将该衙门归并学部,其详定员缺核支经费及应办事宜均俟奉旨后,由该部妥筹详酌奏明请旨施行。国子监祭酒司业拟即裁撤,另以相当之缺补用,未经补缺以前,资俸一切均照裁缺通政使司堂官之例,监丞以下人员不乏可用之才,如何分别改用、留用,及原有监内肄业各生并所设学堂,均由学部酌核办理。至礼部太常寺、鸿胪寺,典礼攸关,应请归入议覆载振折内再行详议具奏。原奏又称学堂教员宜列作职官,编定课本宜变通办法,学生冠服宜定制度等三条。学务大臣查教员关系学生功课,至为重要,近日京师各学堂教员,即有视作兼差,每致旷课之弊,如不定为实官,办法诚多窒碍,应俟设部后会同政务处、吏部详定品秩,奏明请旨施行。学堂课本采用各省官局及私家所编教科书,与现在编书局办法相同,业于议覆出使大臣孙宝琦折内奏明在案。学生冠服,近准湖广督臣张之洞咨送试办章程及制就成式,正与各学堂监督悉心考究,应由学部详加酌定,奏请通行。再,宝熙附片奏称,如礼部未便裁撤,将翰林院归并学部,并疏通读讲以下等官出路等语。臣等现拟以国子监归并学部,原奏请以翰林院归并之处亦毋庸议。惟翰林各员,学问素优,升途转隘,诚如原奏所称,未免向隅,应如何量予疏通之处,应由掌院学士酌核奏明,请旨办理。正在核议间,覆准军机处先后抄交翰林院代递编修尹铭绶等条陈,改立学部,将翰林院衙门归并折单各一件,顺天学政陆宝忠奏请立文部条陈学务一折,江苏学政唐景崇奏专办学堂敬陈管见一折,均奉旨政务处学务大臣议奏。钦此。查陆宝忠请立文部一节,已于宝熙奏内议准,唐景崇请定地方官赏罚一节,应俟学部成立,妥定章程后,再由政务处、学部会同吏部详酌办理。其关系学务变通整顿各条,学务大臣查原奏所陈,或为定章所未备,或已浑括于定章之中,而办法须求详尽,统俟学部设立会同政务处随时奏明,请旨办理。至尹铭绶等所请翰林院归并学部及疏通翰林院各官出路之处,均于宝熙奏内详细核覆应毋庸重议。谨奏。

《东方杂志》三卷三期(光绪三十二年三月二十五日),《学部官报》第一期

翰林院代奏编修许邓起枢条陈厘订学务折

(光绪三十一年十一月十六日抄)

  大学士翰林院掌院学士臣裕德、臣孙家鼐跪奏。据臣衙门编修许邓起枢呈称:窃职伏读本月初四日立停科举,上谕仰见宸谟英断,锐意兴学,近抗列强之盛,远追三代之隆,曷胜钦服。惟是举,事贵于图成而立必期无弊。学堂自奉明诏开办以来,迄今已阅五年,而成效卒未昭著者,厥有二因,一由管理之不得人,一由教育之未合法,究其致此之弊,则由尚虚浮而鲜实际,骛纷杂而昧专门,旧学消亡,群情回惑,宗旨不定,途径益歧。今科举停罢,朝廷之所以取士,与士之所以应用者,胥专注于一途,学术之盛衰,人才之消长,关系至巨,故有奋发激励之概,尤贵有整齐画一之规。伏查湖广总督张之洞奏定学堂章程,奉旨准其随时修改,诚以学堂事属创始,万端千绪不厌推详。职不揣冒昧,谨拟章程十条,冀以涓流撮壤之微,或为河海泰山之助,敬为我皇太后,皇上之陈之。

  一、学部宜亟设也。科举停罢以后,学堂事体尤为繁重,自非设立学部不足定统宗而资表率,拟请设尚书一人,侍郎二人,左右丞二人,左右参议二人。属设四司。一曰考绩司,考核各学堂校长、教员成绩之高下,分别表册而升降之,其大学堂、高等学堂教员讲义应按学期报

部,如有纰缪悖道者,由司纠劾,呈请撤惩。二曰甄选司,管理学生毕业递升之事,自高等学堂以上出身者,凭照由学部给发,自高等学堂以下出身者,凭照由各省学政给发,惟应咨部注册。其毕业学生有分数不符、黜陟不当者,由司纠正之。三曰图籍司,管理颁发各学堂教科书及图书仪器之事,兼检查私家撰述,并每月纂学报一册发行各学堂以为观摩之助。四曰会计司,管理各学堂开支经费及出洋游学经费,本部堂司廉俸并各省官私建造学堂之事。其大学堂、高等学堂、中学堂校长教习均应设立专官,以便归学部节制。大学堂校长拟定为三品,高等学堂校长拟定为四品,中学堂校长拟定为五品。教员拟通名曰助教,大学堂教员拟定为六品,高等学堂教员拟定为七品,中学堂教员拟定为八品。校长、教员均以学堂毕业之期为一任,不得中途告退,亦不得另兼他差,庶久于其职得有成绩,可稽至各省学政三品以上者,拟请加学部侍郎衔,四品以下者,拟请加学部左丞衔。如督抚兼尚书侍郎、都御史、副都御史之制,学政三年一任,亦归学部大臣考核,如是则全国学务有所统辖而不至分歧矣。

一、各省学务宜归学政专理也。各省学堂自辛丑年开办以来,皆由督抚主持,于省会立学务处,设总办、提调、文案各项名目,总办提调以道府派充,文案以州县派充,然于学务多形隔膜,故办理卒鲜成效。其时学政方经理考试故并未过问,今岁科考试已停,学政奉特旨专司考校学堂,则各省所设之学务处,应请降旨即行裁撤,概归学政经理,以一事权而专责成。所有各府厅州县创立之中小学堂,各项实业学堂及民立之蒙小学堂,应迳呈报学政,由学政咨报学部。其高等小学堂校长、教员均应由学政考验后给予凭照,方准充当。督抚于练兵、理财、吏治、交涉诸要政,已属目不暇给,势难兼顾学务,责令学政专理,俾免督抚分心,实为两益之道。至省会高等学堂,有应行修改,宜奏明请旨者,则由学政会同督抚具折,以昭慎重。

一、教官宜另行简选也。教官之冗赘,前人言之屡矣,今复设教职一项业经奉旨停选,然岁科考试已停,教官益无所事事,似不如迳行裁撤之为愈,夫原当初设立教官之意本为育才,而兴学自后,教官因位卑禄薄不能自举其职,以致成为闲曹,今日广立学堂,则府厅州县宜各设学官一员,管辖一方学务,州县虽有提倡之责,而今之州县谙晓学务者十不得一,又况催科听讼为日不遑,更何暇留心学务,惟有责成教官,专司稽核,学堂增其品秩,优其禄糈,庶足新观听而资督率。现在实缺教官,应由学政择其谙晓学务智识开通者,准予留任,其年老罢软者,一律黜退。其候选各项教职人员,由学政调齐会考,优者即擢补实缺,其次概以佐杂改用。此外举贡生员,如有学问优长深明教育者,由学政保荐委充。惟嗣后教职应改归外补,不由吏部铨选,亦不由藩司委署,专归学政主持。出缺补署由学政咨报学部复核,盖学政巡历各属,教职贤否易于考察。学政有进退教职之特权,则奋勉者自多,不致有滥竽之虑矣。

一、学生毕业奖励宜按所习科学给予官职也。夫量能授职为先王官人之良规,通经致用乃儒者达道之实验,自科举兴于是,有所学非所用、所用非所学之弊。查奏定学堂章程,大学堂分科毕业奖励最优等以编检用,优等以庶吉士用,中等以部属用,下等以知县用,是所用仍非所学,与科举故辙何异。尤可异者,如大学分科内之实科毕业,奖励最优等以直州同用,优等以州同用,中等以州判用。大学堂预备科各等高等实业科毕业,奖励优等以中书科中书用,中等以部寺司务用,夫州同州判为杂职,中书司务为闲曹,此何足鼓励通才,振兴实业。窃为大学堂分科毕业奖励为士子入仕之初阶,所以备国家器使之用,若不按其所学,而漫予一官,非古者明试之道也,今拟更定分科奖励之法,如优于文学者,用翰林院,优于交涉法者用外务部,优于商学者用商部,优于财政学者用户部,优于法律学者用刑部,优于兵学者用兵部,优于工者用工部，惟现在兵工两部名不副实，应将官制从新改订。若吏礼两部，则政治经学两科学之优者均可通用，固不得如科举之进士授职，优翰林而次部属，其余各科学之列中等者均可以知县分发补用，盖知县所治之事各科皆备，尤为起行之实征，不得以此奖励下等之人材也，至将来农工商各项实业、京外尚须添设官缺，即可备任用实业学生之阶，如此则所用与所学庶不相背。又查大学堂附设之通儒院，陈义甚高，而名实难副，况大学分科各有其专门致用之所在，通儒院仍系研究各种科学，其程度似不能再驾大学之上，况分科业经授职，若再令入通儒院研习五年，未免虚耗岁月，转妨实用，应请裁去，免成赘设。

一、大学堂学课宜酌改也。大学堂设有经学科一门，国文学一门，所以保存国粹用意至为深远，惟将来大学升入之学生，皆由高等毕业而来，高等学科原有经学大义，中国文学两门，诸生由小学、中学递升高等，其于两种科学经数年之研究，当已深窥其义蕴。大学堂为国家储备任用之才，意在讲求政事见诸施行，自宜注重专门实业经学国文，但应听其自行温习，毋庸讲堂课授。又现在大学堂设有伦理学一门，专尚理想空谈，无裨政学实际，乃以重金延聘东洋教习，未免虚糜可惜，似应裁去，非惟节浮费，亦以正学趋。又高等学堂学科设有心理辩学一门，亦宜删去，免妨学修。

一、中学堂以上奖励生员举人进士，宜定额数也。向来各省乡试取中举人，各州县岁科取进生员，皆有定额，会试进士额临时酌定，按省分远近人数多寡为断，故应试者虽多，而入选者只有此数，士子亦各安义命无所怨尤。今查奏定学堂章程考试条内，有云升学考试去取之间，有关学生上进之阶不得仅凭学堂之录取，遽予以出身是也，然又云，但所取之人数，视其分数不限以定额。夫升学所试之学生，皆由毕业而来，群望上进，孰不及格纵未必尽归一律，亦断不至相悬过甚，若不限以定额，而但以分数为衡，则考官录取必宽，将生员举人进士遍天下矣，且各省高等学堂外程度相等者又有高等、实业、优级师范、方言学堂，其升学一律奖给举人，合计已倍有从前乡试中额之数，由此观之，恐将来名器愈滥，仕途益塞，积弊将较科举滋甚，非所以重抡才也。窃惟学堂之设，所以使全国人民开通智识，明习礼义，咸怀忠爱之忱，各裕治生之本，俾不失为人格而已，非能人人进而用之也。惟朝廷以爵尝为奖劝不能不多其途，以为鼓励之资；而又不得不严其选，以防冒滥之渐。所有各省中学堂、高等学堂奖励生员举人，似宜仍照科举原定额数取录，或就人数多寡酌量录用亦可。至现在各省学堂虽设立迟早不一，惟据奏定章程，大学堂预备科，与外省高等学堂通限三年毕业者，照顺天乡试例，届期奏请简放主考，则升学考试，直省似应通定限期，如乡试值子午卯酉之例，以归画一而免参差，应请旨饬下学务大臣会同妥议奏定。

一、各省中学堂、高等小学堂学生入学年限，宜稍宽也。查袁世凯等请立停科举折内为旧学应举之寒儒宽筹出路，至为详尽，然但为举贡生员计，而未为童生计也。查各州县童试多者至三四千人，少也有数百人，大约年在二三岁者居多，甚有年在四十五十以后而尚恋恋于童试者。今岁科考试已停，年长之童生遽绝其进取之望，亦殊可悯。查张之洞等前请试办递减科举一折，举贡生员三十岁以上至五十岁者，可入师范学堂之简易科，拟仿照此法推及童生，除年过四十者不计外，其二十五岁以上至四十岁者，由地方官考验，分别送入中学堂、高等小学堂肄业，以广造就而免向隅。至四十以上之童生既不能入学堂，拟各州县裁汰书吏后，即由地方官考选年长童生充当，写（疑为"学"之误。——编者）生则寒畯不至有失业之嗟，未始非体恤之一道也。

一、各学堂宜推广附学也。现在各省学堂,多就从前书院改建,每以经费支绌不能广筑斋舍,故人数不能多容。窃惟方今物力艰难,一时欲使遍处学堂林立,势固有所不能,若因无力多设,致令学生向隅,亦何以宏造就计,惟有推广附学一法,凡省会及府厅州县学生之住居城市者,朝夕往来学堂甚便,毋庸寄宿,一律作为附学,以便腾出斋舍,栖寓远方学生,如此计,一堂可容百人者当可容二百人,惟讲堂必须宏敞庶听者无挤拥之虞。附学既不住堂,应免收费,以示体恤。

一、派学生出洋宜限习专门实业也。自辛丑以来,各省遣派学生游学东洋者,赓续络绎,为数不下数千人,糜费不下数百万,其最无谓者曰速成师范、曰政法速成,徒侈空谈无关实际,多则一年,少仅数月,毕业回国仍属茫然,论者谓东洋以此为市道,中国掷黄金于虚牝,甘受愚蒙非过当也,且现在留学东洋学生惑自由之邪说,张民约之谬论,聚党结会,妄议国事其为后患何可胜言,夫今当国势危弱之际,自宜首讲富强,富恶在,在于振兴农工商矿之实业,强恶在,在于整饬海陆军队之盛容,故为急则治标之计,不外取长补短之谋。日本之武备及农商工艺规仿泰西,成效昭著,吾国就近取,则所最宜注重者,要不外此数大端。嗣后各省遣派学生出洋,应以陆军工艺农政商业矿务各项专科为准,不得派学师范政法两门敷衍塞责,至现在东洋各学生,应恪遵本月初三日上谕,讲求实学,专科分门肄习庶学成回国,可得致用之成效也。

一、捐纳宜永停也。科举妨碍学堂,固也,然有妨碍比科举更甚者莫如捐纳,今人但知科举为西人诟病而不知鬻爵卖官尤为西人讪笑,若捐纳不停,则纨袴市井之徒,虽不入学堂仍有出身之望,如是则学堂安有起色,夫永远停捐,二十七年业经降旨,仍未及二年而疆臣复以开捐为请,致使朝廷失信于天下。昭令竟成为具文,岂非疆臣之罪,且近来捐输亦成弩末,图小利而昧大计,非策之得者也;应请重降永远停捐之旨,嗣后如有再请开捐者,严定罪名悬为历禁,俾天下晓然,于朝廷用人取士舍学堂外别无他途,庶兴学可期,而育才有望。又近来保举甚滥,亦应严立限制,除军营异常劳绩外,其余概不准保奖官职,则幸进无门,学堂益见踊跃矣。以上各条,系为厘订学务起见,是否有当,伏乞代奏,谨呈前来。臣等公同阅看,并无违悖字样,不敢壅于上闻,理合据呈恭折代奏,伏乞皇太后、皇上圣鉴。谨奏奉朱批政务处学务大臣议奏,钦此。

《学部官报》第一期(光绪三十二年七月初一日)

分科大学牌示

(宣统元年)

本堂明年开办分科大学堂。先办经科、文科、格致、工科。此次预科毕业生自应升入分科大学肄业。查师范馆诸生中,多迢到之才。本监督体察情形,应准变通办理,今其先行升学,俟分科毕业后,补尽五年义务,以广栽成,而资鼓励。仰师范预科两科学生,自揣学业程度,心志所向,照式填明,统限于十六日以前,汇具齐全,呈候核夺,俟开学时,再具正式愿书,以昭慎重。特示。

《教育杂志》(1909)第一期 记事

本学堂现为筹建分科大学,急宜按诸生志愿,选定科目,预为设备,兹诸生愿书,业已填就,经本总监督详细察核,分别核准如下:

(一)经科暨文科中之中国文学门、中国史学门,专以中学为本,诸生在本学堂毕业者,于本国学问均有根底,故愿入经科及文科中之中国文学史学门,无论预科师范科,如经本总监督认为合格之人,即许入学。

(二)文科中如英文科、法文科、德文科,固专重外国文,而其余如伦理西洋史等门类,非参考外国书籍,均不能造诣高深。师范第一类学生,专系研究英文,于文科中英文门允为合格外,其第二类第三类第四类学生,经本总监督认为合格之人,当按照上条许入经科及文科中之中国文学史学门。

(三)工科学额较广,其学务求实用,现预科毕业生英文班人员较多,均拟归入工科。

(四)目今各国科学发达,首推德国。格致科学生,如非深通德文,即不能研求深邃学理。拟将德文班毕业生均归格致科,以便划一。

(五)师范第二类第三类第四类毕业生,普通科学虽较与工科格致科尚为合格,而外国文素无根底,恐将来入学以后,听讲既不能获益,而学堂教授上尤多窒碍,应照第一条第二条,准入经科及文科中之中国文学史学门,其愿入工科及格致科者,碍难照准。

(六)诸生所填愿书,有与以上五条不符者,自愿改入何科,可向监学处声明。

《教育杂志》1909年第二期 记事

分科大学暂设经文两科

(宣统元年)

京师大学堂本科校舍落成无期,而预科生已毕业,只得拟在旧地,暂设经科、文科两班。

学部各堂官会议,谓该学校舍(指在得胜门外东黄寺前面兴建之分科大学校舍)落成无期,而大学预备科,已经毕业半年有余,多有禀请升学不愿就职者,若常此耽延,殊失士子向学之心。拟在大学预备科旧地,暂开经科、文科两班。凡有大学堂预科毕业之文凭,以及各省之高等学堂毕业文凭者,均可选入分科大学肄业。又凭各省高等学堂毕业生无多,且有已经就职而不愿升学者,额员未必能足,可于各省考取举人贡生之学有根柢经史精通,年在三十五岁以内者,大省送八人,中省送六人,再经学部复试挑选合格者,补足额数,现已咨行各省云。

《教育杂志》1909年第十期 记事第71—72页

学部奏选入大学经科肄业人员片

(宣统元年五月十七日)

再,臣部准大学堂总监督刘廷琛咨开大学各分科,业经奏明开办,其学生以高等毕业为合格。现值开办之初,学生尚未足额,志愿入经科者较少。查各省科举举人多系积学之士,请电咨各省遴选经明行修具有根柢之科举举人,保送来堂,以备肄业经科大学之选等情前来。臣等查光绪三十四年四月,臣部奏准各学堂考选章程内开,分科大学大学选科非高等学堂、大学预科毕业学生及与高等学堂程度相等之学堂毕业生,不得考升等语,原为整齐学制,预防躐等起见。惟经科大学所以研究中国本有之学问,自近年学堂改章以来,后生初学,大率皆喜新厌故,相习成风,骎骎乎有荒经蔑古之患,若明习科学,而又研究经学者,甚难其选,诚恐大学经科一项,几无合格升等之人,实与世教学风大有关系。惟从前科举时举人,虽未有高等学堂毕业,而治经有年,学有根柢者,尚不乏人,以之升入经科大学更求深造,庶几坠绪不绝,多得通经致用之才。至拔贡、优贡两项,皆系中学较深之士,与举人事同一律,自应一并选送。拟即如该总监督所请,分咨各省,将从前科举时举人并拔贡优贡共三项,查其经学根柢素深者,考选送京①,以备到京后由臣部复加考试,升入大学堂经学分科之选。谨奏。

《大清宣统新法令》第五册

学部奏请准外国学生入堂肄业片

(宣统元年十一月二十九日)

再,查各国大学除教授本国学生外,外国人有程度相合而愿入学肄业者亦无不一体收取,诚以学问之道靡有穷尽,惟互相师法而后讨论益精。自臣部筹设分科大学以来,屡有外国人前来询问能否准其入学肄业。臣等窃维近日中国学生游学东西各国者甚多,今中国设立大学而彼国亦愿来学,以往来施报言,固所以厚邦交,以知识交换言,亦所以广教育。臣等公同斟酌,经学一科为中国所独有,拟先就经科大学准外国人入学,预由臣部酌定简章,以期妥洽。至其余各科大学设立之初,恐难遽及东西各国之完备,外国人入学一节,拟暂从缓议。谨附片具陈,是否有当,伏乞圣鉴训示,谨奏。

《大清宣统新法令》第十一册

宣统二年分科大学情形记略

(一)经费　分科大学开办后,一切费用皆从节省。正月份各项用费约八千余金;二月份一万二千金;三月份则已用去一万五千余金,据支应员之预算,每年分科用费,总不离三十万两左右。

(二)校舍　分科大学校舍,前由日本工程司(师)估价,须二百数十万。拟先造经文两科,亦须六十余万。唐尚书莅任,以现在学生不多,而款又绌,拟暂停止。刘监督谓:经文两科恐有外国人来入学,须预备,监国临视,势难中止,估仍拟建筑。

(三)学生　现在七科学生陆续入堂,至四月十九日止,共三百八十七人,惟直隶省人最占多数,新疆省尚无一人。校中斋舍已不敷住宿,拟再行添盖数十椽。

(四)奖励　自分科大学开学以后,连日学部各堂会议该学毕业奖励,决议将翰林部曹官阶及进士出身,一律取消另改设博士、俊士、学士、得业士诸学位,以所考等第量授之。闻不日即将具奏。

《教育杂志》1910年第五期

《清史稿》记京师大学堂

京师大学堂分大学院、大学专门分科、大学预备科。附设者,仕学、师范两馆。大学院,主研究,不讲授,不立课程。专门分科凡七:曰政治科,曰文学科,曰格致科,曰农业科,曰工艺科,曰商务科,曰医术科。政治科分目二:政治,法律。文学科分目七:经学,史学,理学,诸子,掌故,词章,外国语言文字。格致科分目六:天文,地质,高等算学,化学,物理,动植物。农业科分目四:农艺,农业化学,林学,兽医。工艺科分目八:土木,机器,造船,造兵器,电气,建筑,应用化学,采矿冶金。商务科分目六:簿记,产业制造,商业语言,商法,商业史,商业地理。医术科分目二:医学,药学。豫备科分政、艺两科。政科课目:伦理,经学,诸子,词章,算学,中外史,中外舆地,外国文,物理,名学,法学,理财,体操。艺科课目:伦理,中外史,外国文,算学,物理,化学,动植物,地质及矿产,图书,体操。为入专理某科便利计,得增减若干科目。各三年卒业。仕学馆课目:算学,博物,物理,外国文,舆地,史学,掌故,理财,交涉,法律,政治。师范馆课目:伦理,经学,教育,习字,作文,算学,中外史,中外舆地,博物,物理,化学,外国文,图书,体操。

《清史稿》卷一百七　志八十二　选举二

大 学 成 立 记

本校造端,基于清光绪二十一年之强学会。强学会之设,由康有为购置图书,资人观览,讲学而外兼以议政。时士风闭塞,闻声震骇,目为邪辟。卒以御史杨崇伊奏劾,致被封禁。未几,御史胡孚宸复请筹设官书局,即于二十二年正月,就强学会改建。延聘外国教习,选译书籍报纸,并指授各种西学,每月由总理衙门拨银千两,以孙家鼐为督办。时朝士虽嫉新政,然经甲午中日战后,士夫恫于国耻,渐奋发言自强。适康有为以公车羁京师,数上书言变法,遂及兴学。侍郎李端棻乃疏请立大学于京师。御史王鹏运亦数奏请。是年五月,得旨报可。枢臣或阴尼之,迁延几三稔。嗣迭奉严旨督促,讫二十四年五月,始由军机处及总理衙门,拟具大学章程八十余条,呈请开办。命孙家鼐为管学大臣,延张元济为总办。元济辞,改延黄绍箕。绍箕典试出,余诚格继为总办,朱祖谋、李家驹为提调,刘可毅、骆成骧等为教习,美教士丁韪良为总教习。即景山下马神庙四公主府为大学基址。以原设官书局及新设译书局并入,置仕学院。令进士、举人出身各京曹入院学习。京曹多守旧,入学者绝鲜。时总署并奏派李盛铎、李家驹、杨士燮赴日本考察学务,四月而归。逮八月政变,新政并罢,惟大学以萌芽早,得不废。许景澄继管学。旋庚子拳祸作,景澄以极谏冤僇,可毅被戕,生徒分散,校舍封闭,藏书损失殆尽,大学停办者又二年。至二十七年十二月办学之议复兴,张百熙被命为管学大臣,奏拨户部存放华俄道胜银行银两子息充经费。以外务部之同文馆并入。谢去丁韪良,改延吴汝纶充总教习,于式枚为总办,汪诒书、蒋士理、三多、荣勋、绍英等分任提调。附设编译书局,以李希圣为编局总纂,严复为译局总纂。二十八年正月筹定办法,缓设分科,暂设高等学堂,为大学之预备,其课程分政、艺二科。复设速成科,曰仕学馆,曰师范馆。百熙方拟购地千三百亩于丰台,备建分科大学,后以劾之者众,乃因陋就简,复葺马神庙旧址为大学。在未开前,则以虎坊桥官书局为筹备地。派汝纶赴日本调查学务,以荣勋、绍英副之。后驻日公使蔡钧诱构汝纶于枢府,汝纶归国,旋病卒。副总教习张鹤龄继主教务,聘日本文学博士服部宇之吉、法学博士岩谷孙藏为教员。七月奏定大学堂章程,十一月开校招生,甄拔多各省绩学之士,风气骤变,谤谈丛集。御史王某奏请增设满大臣,隐为监督,乃增命荣庆为管学大臣。二十九年鄂督张之洞入觐,五月奏请以之洞改订学堂章程。之洞曾会同荣庆、百熙悉心整订,凡七易稿。十一月奏上学堂章程,并管理通则,奉旨颁行。以总理学务大臣统辖全国学务,别设大学总监督,专管大学堂事务。乃复命孙家鼐为学务大臣,张亨嘉为大学堂总监督。三十年正月改刊管学大臣印为京师大学堂总监督印章。至是大学始成独立机关云。

《国立北京大学廿周年纪念册》

第三篇　大学堂所属各部

一、预备科

奏设预备科

(光绪二十八年正月初六日)

奏请设置京师大学堂预备科折,见本书第二篇《开办京师大学堂谕折·张百熙奏筹办京师大学堂情形疏》。

总理学务处准大学堂开办预备科并添招师范生知照各处

(光绪三十一年二月十日)

总理学务大臣孙为咨行事。本年正月三十日,准军机处片交本日大学堂总监督张亨嘉奏大学堂开办预备科并添招师范生一折,奉旨学务大臣知道。钦此。相应排印原奏,咨行贵查照转行各学堂可也。须至咨者。
右咨(外原奏本)
府尹
学政
总督
各将军
巡抚
都统
副都统
又行(文内去转行各学堂五字)
进士馆
译学馆
宗室觉罗八旗高等学堂
商部高等实业学堂
五城中学堂
顺天中学堂

北京大学综合档案·全宗一·卷53

附原奏件 京师大学堂监督张 奏开办预备科并添招师范生折

(光绪三十一年正月三十日)

奏为京师大学堂开办预备科,并添招师范生分别入堂肄业恭折仰祈圣鉴事。

窃臣上年奉命充大学堂总监督,任事以来夙夜兢兢,所以扩充整理之法曾将办理情形奏明在案。随咨商学务大臣添建斋舍,一面分咨各直省督抚学政,考选年龄合格品行端正之学生咨送来京,并由臣出示另场招考,择其学识较优者取录三百六十余人,合计旧有之师范生已五百人矣。房舍二程猝难完毕。至十月中旬,新班学生始行入堂,并添聘英德日本教习。遵照定章,于本年正月二十日开学,分班讲授。此京师大学堂添招学生大概情形也。臣考各国小学皆重国文,中学以上必兼习外国文字。即以中国言之,士大夫果精通外文,必真知西政、西学之本源,不至惑于诬世诳民之邪说。臣参考中外情形,约分两种办法,学生中年龄较长,汉文较优者,俾充优级师范;其西文夙有门径或年少易于练习者,选入预科,而皆以志趣端正为要领。师范者,风气之导也。非重国文无以立小学中学之正鹄。预科者,专家之储也。非明习西文无以通西学之奥旨。此臣分别预科、师范各有注意之大概情形也。抑臣更有进者,古今论国是者,必曰富强,曰教化。然富强之效实因教化为转移,教化不兴非特其民愚也,以数万万之人休戚不相关,泛泛然如萍浮于江湖而适相值也。以守则危,以战则怯,故论学堂于今日,虽尧舜当阳而孔孟为之佐,亦无以易是说矣。欧美诸国知其然也,故其学校宗旨,非欲人人为鸿博之才,乃欲人人为忠孝之士。列国并峙,各教其民,因立国、立政之本,以养自重自尊之气,承史籍流传之美,以鼓爱敬君父之教,情育之本,在此矣。臣窃谓中国教育宗旨,智能必取资欧美,而道德必专宗孔孟。凡经籍所传义理,秦汉唐宋明以来儒家之论说,必抉其精密切要者以立德育之本,以为修己治人之法。待其训育薰陶者久,道德之灌注于人心者既深,而后顺良、信爱、忠义、勇敢之风,自勃然其不可遏焉。泰东西兴国之根源,亦即中国转弱为强之枢纽也。臣当慎择海内通儒与之讲习讨论,取人之长而弃其短,矫己之弊而存其粹,此酌定教育宗旨之大概情形也。至于管理最重纪律,教授端赖通才,臣惟博采周咨实事求是。其房舍之不合法度者,更正之;图书、仪器之备实验者,购置之。讲习寝食皆为大同出入,起居严定限制,由臣督率在事各员随时厘订规则并咨请学务大臣主持一切。际兹时局,非兴学无以致富强,而兴学不定宗旨,又恐无收效之实,臣力小任重,深虞陨越,以负朝廷。惟殚竭血诚力求教育进步,所有开办预科并添招师范生情形,理合恭折具陈伏乞皇太后、皇上圣鉴。谨奉奏。

朱批,学务大臣知道。钦此。

《教育杂志》第五期

总理学务处准大学堂开办预备科并添招师范生知照大学堂

(光绪三十一年二月)

总理学务大臣孙　为咨行事。本年正月三十日准军机处交片本日大学堂总监督奏大学堂开办预备科并添招师范生一折。奉旨学务大臣知道。钦此,相应排印原奏,咨行贵总监督分致肄业各生可也。须至咨者。
右咨(外排印原奏本六百本)
大学堂总监督

学部咨行大学堂分派大学预科师范两监督文

(光绪三十二年七月初二日)

学部为咨行事。查京师大学堂现分两种办法，一优级师范、一大学预科。事体既属繁复，学科性质又各不相同，亟应分设监督以资整理。查奏调本部行走之候选道江瀚、江苏试用知县张祖廉学茂才优，堪以分任。江道著署理优级师范学堂监督，兼充教务提调。张令著以教务提调兼署大学预备科监督。职司既专，精神攸注，庶于学事有裨。其庶务、斋务两提调以次各员，均照向章兼办。两馆事务仍望贵总监督提挈纲领、督率各员以期日起有功。一切文件仍用大学堂总监督关防。其两馆监督关防，俟分科大学开办后再行另铸。相应咨行查照转饬该员等遵办可也。须至咨者。

《学部官报》第三期

咨大学堂桂抚电拣发各员有系师范馆两年生拟令留京毕业文

(光绪三十三年三月初七日)

学部为咨行事。据广西巡抚电称，桂省此次奏请拣发奉令到省后，先入法政学堂，毕业后再予差委，闻拣发各员中有十二员系师范馆两年生。查法政固甚需才，而办学人员亦极缺乏，该员等学习师范已有两年程度，若中途改学法政，前功废弃可惜，拟仍令该员等留京毕业再行来桂，到省后即不更入法政学堂，如已出京亦拟饬令折回。该员等已经筮仕与寻常学生不同，每月当由桂省筹给津贴，俾得安心向学。是否可行，敬乞核示等因到部，相应咨行酌夺迅复，以便转电该抚可也。须至咨者。

《学部官报》第十九期

大学堂预科招生考试日程

(宣统元年正月)

大学堂续办预科不论咨送招考，统于二月初四日开考，业经悬出牌示，初四日八至十二钟考中文论一篇，一至三钟考代数五问，三至五钟考平面几何五问，初五日八至十二钟考外国文论一篇，一至三钟考算术五问，初六日九至十二钟考物理化学各五问，一至三钟考中外万史各五问。其有远省咨送到京稍迟未及与考者，准其随到随时补考，现已报名，文凭未交者限本月内一律交齐收考。

《顺天时报》2092号

学部奏大学堂预备科改为高等学堂遴员派充监督折

(宣统元年三月初六日)

奏为拟将京师大学堂预备科改为京师高等学堂，遴员派充监督恭折仰祈圣鉴事。

窃查奏定学堂章程内载,设高等学堂,令普通中学堂毕业愿求深造者入焉,以教大学预备科为宗旨。学科分为三类:第一类学科为预备入经学科、法政科、文学科、商科等大学者治之;第二类学科为预备入格致科大学、工科大学、农科大学者治之,第三类学科为预备入医科大学者治之各等语。是高等学堂为专门学术之橐钥,升入大学堂之阶梯,学问已渐深入规模,宜求闳远。自光绪二十七年钦奉明诏,开办京师大学堂,是时教育未兴,大学生徒尚无合格者,故先设大学预备科。程度与高等学堂学科程度相同,以储堪升分科大学之材。现在预备科学生业经毕业,分科大学正在筹办,高等学堂所以预备大学之选,自应迅即设立。现拟暂将大学预备科,地方改设高等学堂,遵照定章分为三类办理。考选中学毕业学生入堂,按照奏章课程肄习,此项学生毕业以后即可升入大学堂肄业。查有现充大学预备科提调翰林院编修商衍瀛,品端学优,办事精细,堪以派充京师高等学堂监督,仍暂统于大学堂,由总监督董理一切以期衔接一气。如蒙俞允,即由臣部行知大学堂总监督、高等学堂监督钦遵办理。所有改设高等学堂并遴员充当监督缘由,谨恭折具陈。伏乞皇上圣鉴。谨奏。

宣统元年三月初六日奉旨,依议。钦此。

《学部官报》第八十五期

大学堂初招预备师范科记略

甲辰元月奏请添招师范生并开办预备科,分咨各督抚学政咨送,兼就近招考。七月,考生分三场在大学堂问试。首场试中文一篇,中国历史地理各六问。二场试东西文,翻译二篇,外国历史地理各六问。三场试算术六问,代数及平面几何各三问,物理学及无机化学各三问。嗣后陆续补试,共得士四百余名,于八月验看挑取。九月分预备、师范两科,十月朔开学,分甲乙丙丁四班。明年师范生分四类:一类洋文,二类地理历史,三类理化算术,四类博物动植矿俱隶之。预备科分三类六级:一类法文,二类英文,三类德文,俱分甲乙级。当时学生有录取不到者,有到堂不久辞退者,有自备资斧出洋者,有拣发授职去者,有游宦去学及各部奏调者,有因事开除者,迄今仅存三百三十余名。乙巳十月,因预科学生过少,就师范生英文法文德文较佳者拨入三十三人。

《清朝续文献通考》卷一○六

二、师范科

奏设师范馆

（光绪二十八年正月初六日）

奏请开设京师大学堂师范馆折，见本书第二篇《开办京师大学堂谕折·张百熙奏筹办京师大学堂情形疏》。

奏设京师优级师范学堂并遴派监督折[*]

（光绪三十四年五月十六日）

奏为筹设京师优级师范学堂，并遴员派充监督恭折仰祈圣鉴事。

窃京师大学堂，向附设师范一馆，以储养高等师范之才。现在分科大学将次开办，势难兼筹并顾。另行筹办优级师范学堂以储资，查，现在五城中学堂地方，房屋于改设优级师范学堂最为相宜，拟就其基址酌添堂舍，改为京师优级师范学堂。其五城中学堂，即于附近地方另建。伏查优级师范为教育之本根，非深明教育，才识练达之员，不足以资督率。且现在改建校舍，遴用职员，考录学生，审议教科事体繁剧。臣等详加选择，查有臣部行走候选知县陈问咸，堪以派充京师优级师范学堂监督。如蒙俞允，即由臣部责成该监督妥为筹划，以重学务，所有筹设京师优级师范学堂，并遴员派充监督各缘由，谨缮折具陈。伏乞皇太后、皇上圣鉴。谨奏。

光绪三十四年五月十六日，奉旨，依议。钦此。

《学部官报》第五十七期

咨吏部大学堂优级师范毕业生签分部司务办法文

（宣统元年五月十五日）

为咨行事。案查光绪三十三年本部具奏详拟师范奖励义务章程一折，奉旨依议。钦此。钦遵在案。原折内开优级师范学堂毕业，考列中等者，作为师范科举人，以各部司务补用等语。本年京师大学堂优级师范各生毕业，自应遵照办理。惟查近年各部官制迭经变更，此项司务员缺多，已裁撤，所有该生等应得司务奖励，照章必须充当教员，义务限满后保以升阶。若照新章司务与录事等官按品改用办法，概予签分各部于将来保奖升阶之处未能划一，殊多窒碍。似应各按设有司务额缺之部，分别签掣，较为妥洽，相应咨行贵部查核见覆，以凭核办可也。须至咨者。

《学部官报》第九十三期

---

[*] 京师优级师范学堂设立，京师大学堂师范科结束。——编者

学部就毕业生任职事咨各衙门

(宣统元年九月初二日)

咨内阁各部,大学堂师范两班毕业生请就原官原班得有举人奖励者,应照章服务文,普通司为咨行事。

案查本部奏定师范奖励义务章程一折内有:凡师范生得有奖励,必俟义务年满始准服官。其义务暂定为五年各等语。是师范生所得奖励,不过予以官阶,以为义务年满升转之地,自不得入署当差,有妨义务。查京师大学堂师范班学生两次毕业,其有最优等、优等、中等,奖给内阁中书、中书科中书及各部司务者,业经本部咨明各该衙门,除服务期内照章不扣资俸外,至入署当差,必应持有本部认为已尽义务咨文,始得照他项官员一例办理等因在案。其该生等有请就原官原班,得有师范科举人奖励者,自应照章一律办理,以征核实。兹查:有大学堂师范班第二届毕业生孙鼎元一名,原系农工商部七品小京官,以原官原班用加给师范科举人。大学堂师范班第一届毕业生关庆麟、刘湛霖二名,原系度支部主事,以原官原班用加给师范科举人。关庆麟并加给五品衔。大学堂师范班第一届毕业生邹大镛一名,原系陆军部主事,以原官原班用加给师范科举人。大学堂师范班第二届毕业生刘传纯一名,原系拔员内阁中书,以原官原班用加给师范科举人。大学堂师范班第一届毕业生姚梓芳一名,第二届毕业生方观洛、段世徽二名均系法部主事,以原官原班用奖给师范科举人。曾经本部奏明办理在案,自应援照向章,咨明阁部,以杜规避而重学务,相应咨行贵阁部查照办理可也。须至咨者。

《学部官报》第一〇五期

三、进士馆

光绪二十八年十一月初二日为进士馆学员授职事谕

储才为当今急务,迭经明降谕旨,创办学堂,变通科举。现在学堂初设,成材尚需时日,科举改试策论,固异帖括空疏,唯以言取人,仅能得其大凡,莫由察其精诣。进士入官之始,尤应加意陶成,用资器使,着自明年会试为始,凡一甲之授职修撰编修,二、三甲之改庶吉士用部属中书者,皆令入京师大学堂分门肄业。其在堂肄业之一甲进士庶吉士,必须领有卒业文凭,始准送翰林院散馆,并将堂课分数于引见排单内注明,以备酌量录用。其未留馆职之以主事分部并知县铨选者,仍照向章办理。如有因事告假及学未卒业者,留俟下届考试,分部司员及内阁中书,亦必须领有卒业文凭,始准奏留归本衙门补用。如因事告假及学未及格,必俟补足年限课程,始准作为学习期满,其即用知县签分到省,亦必入各省课吏馆学习,由该督抚按时考核,择其优者立予叙补。其平常者,仍留肄习,再行酌量补用,所有一切课程,著责成张百熙悉心核议具奏,随时认真经理,期收实效。

《光绪朝东华录》光绪二十八年十月——十一月,《清朝续文献通考》卷一百七

奏定进士馆章程

(光绪二十九年十一月)

立学总义章第一

第一节 设进士馆,令新进士用翰林部属中书者入焉,以教成初登仕版者皆有实用为宗旨;以明彻今日中外大局,并于法律、交涉、学校、理财、农、工、商、兵八项政事,皆能知其大要为成效。每日讲堂功课四点钟,三年毕业。

第二节 圣人论从政之选,分果、达、艺三科。此次所定学科,史学、地理、法律、教育、理财、东文、西文诸门,达之属也;兵政、体操,果之属也。格致、算学、农学、工学、商学,艺之属也。新进士为从政之初阶,自宜讲求致用之实,以资报国之具。在学三年,不过通其要义;每日钟点不多,实非苦人所难,且于东文、西文、算学、体操四项俱作为随意科目,习否各听其便。至精力仍有不及者,又准于农、工、商、兵四项中止选习其一二科,不必全习,尤为曲体人情。至毕业以后即各赴本衙门分修职守,于各门学术已具有普通知识,遇事不致茫然。若自欲更求精深,学成专门,应准其自行呈请派入大学堂肄业。

第三节 向来分部人员,于学习期内并无公事可办,翰林中书尤多清暇;此次新进士奉旨令入学堂,自当专心馆课,以期增进学识,未便仍到本署办公,致分日力。将来毕业后通达事理,兼谙时务,不患于应办公事捍格不通。且每日功课止四点钟,余暇甚多,各该员可于日课余暇之时自将会典则例及国朝掌故之书,择其于职务有关者自行观览考究,自属有益。

学科程度章第二

第一节　本馆学科之目分为十一门：一史学，二地理，三教育，四法学，五理财，六交涉，七兵政，八农政，九工政，十商政，十一格致。其随意科目：曰西文，曰东文，曰算学，曰体操。

第二节　本馆之学习年数以三年为限。

第三节　本馆之学科程度及每星期教授时刻表如下：

第一年

学科	程　　度	每星期钟点
史学	世界史	5
地理	地理总论　中国地理	5
格致	博物学大要　物理大要	2
教育	教育史　教育学原理　教授法管理法大要　教育行政法	4
法学	法学通论　各国宪法　各国民法	4
理财	理财原论　国家财政学	4
合计		24

以上各科目外，尚有东文、西文、算学及体操，均作为随意科目，愿习与否均听其便。

第二年

学科	程　　度	每星期钟点
史学	泰西近时政治史　日本明治变法史	2
地理	外国地理	2
格致	化学大要	2
法学	商法　各国刑法　各国诉讼法　警察学　监狱学	5
交涉	国事交涉　民事交涉	3
理财	银行论　货币论　公债论　统计学	3
商政	商业理财学　商事规则　附海陆运输及邮政电信等规则	3
兵政	军制学　附海军陆军学校制度　战术学	4
合计		24

以上各科目外，尚有东文、西文、算学及体操，均作为随意科目，愿习与否均听其便。

第三年

学科	程　　度	每星期钟点
地理	界务地理　商业地理	2
法学	各国行政法　中国法制考大要	6
商政	外国贸易论　世界商业史	2
兵政	兵器学　考求兵器用法　近世战史略	2
工政	工业理财学　工事规则	6
农政	农业理财学　农事规则附山林水产蚕业等规则	6
合计		24

以上各科目外，尚有东文、西文、算学及体操，均作为随意科目，愿习与否均听其便。

第四节　按各学堂课程，每星期大率三十六点钟，本馆课程每星期止有二十四点钟，良以新进士年齿不一，精力或有难齐，故务从其简。惟所列各科学，均系当官必须通晓之学，不能再减。其有年轻质敏,自审精力有余者,务于随意科目中认习一两门以广才识;如因精力不及,准其在于农工商兵四科中选习一科或二科,不必兼全,其余各科则均须全习;计每日讲堂功课不得少于四点钟。

第五节　东西各国学校,有于教员外另请讲师之法。此次进士入学,类皆已成之才,尤当广其见闻以收速效。凡有中外东西通儒,能以华文华语讲授者,应由监督呈明学务大臣延请入馆,与诸学员讲论,名为讲友,以扩学识,此项讲友不过偶然一次,一年多不过数次。无其人则勿庸议。

入学规则章第三

第一节　新进士入学,系钦奉谕旨办理,凡一甲之授职修撰编修,二三甲之庶吉士部属中书,皆当入学肄业。惟年在三十五岁以上,自揣精力不能入馆学习者,准其呈明改以知县分发各省补用,仍令到省后入本省仕学、课吏等馆学习;其年在三十五岁以下者概不准呈请改外。

第二节　其遵章入馆肄业者,翰林中书每年给津贴银二百四十两,部属每年给津贴银一百六十两,以示体恤。

第三节　本学堂定于明年四月开学。

第四节　向来新进士到署后,每多告假措资,惟假期须有限制。拟自本年八月起至明年三月底止,准其告假八个月,假满即行来京,不得延误开学日期。

第五节　每年分为两学期,自开学至小暑节为第一学期,自暑假期满后至年终为第二学期。现既先行给假八个月,必当依限回京不误开学;倘有逾限者,若在第一学期开学一月之后,则须扣至第二学期开学之日始准入学,以便分班,不得半途阑入。其余学期视此。

第六节　各学员如有沾染嗜好者,须令设法戒断,始准入馆肄业。蒙混入馆者,查出据实奏明请旨办理。自愿勒限戒断者,可予准行。如逾限仍不能戒断,亦据实奏明请旨办理。

第七节　监督、提调、教员、监学、检察,各有职守,均应遵照奏定章程办理,务宜诚恳和平、奉行成法,不准旷职瞻徇。各学员于教员应虚心受教,于管理各员应听受劝导,不得挠紊法规。

第八节　各学员在馆,如有不守奏定学规,不遵奏定教课者,情节轻者记过,重者记大过;记大过至三次,即随时奏明请旨办理;情节甚重者即时奏明请旨办理。

第九节　其进士馆本科毕业人员,如有自觉学力不足,仍愿深造以底大成者,准其呈明学务大臣、监督暨本衙门堂官,留学肄业,年限由其自认;但须由学务大臣监督体察临时情形,屋舍是否能容,酌核办理。

第十节　现在进士馆屋舍尚有余裕,经费又系由外省筹解;上一两科进士,无论翰林部属中书,如有志坚力强,自愿入馆讲求实学者,准其自行呈请本衙门堂官咨送,由学务大臣暨监督察核;可收者均予收入,按期入馆一体讲习,馆中规则一体遵守。毕业后,考定等差,应如何分别给奖,与此次新进士一体办理,以收广造已仕人才之益。

考验毕业章第四

第一节　每学期之终,由学务大臣会同本馆监督分科考验,由教务提调将平日分数与考验分数平均计算(悉照现定考试章程办理);分别造具清册三份,一存学堂,一送翰林院内阁各部属本衙门,一送政务处存案。

第二节　每学期考验及格者,除注册外,另给各该学员及格凭照一张。

第三节　自开学起,积至六学期为期满,举行毕业考验,应奏请钦派大臣会同学务大臣秉公考验。

第四节　凡肄业未满六学期,或学期虽满而所得及格凭照不满三次者,均不得与毕业考验。

第五节　一甲修撰编修及庶吉士,经毕业考验后,造具分数总册进呈御览,由学务大臣会同掌院学士带领引见,于排单内将总分数注明,恭候钦定分别录用,各按考试等级,查照奖励章程奏明办理。

第六节　部属中书,考验后造具分数总册,进呈御览,由学务大臣会同该衙门堂官带领引见,于排单内将总分数注明,恭候钦定分别录用,各按考试等级,查照奖励章程奏明办理。

第七节　因事告假不得与毕业考验者,必须留学补习完全,视其假期之多少以为补习之期限,期满之后补行毕业考验,按照所考等级照章办理。

第八节　凡进士馆毕业翰林得奖者,将来外省高等学堂毕业,奏请简放试官时,应请即以此项人员开单请简;部属中书毕业得奖,虽未经补缺,一体开单请简,并准其考试科举试差,以示格外优异,为入仕勤学者劝。

第九节　凡在本馆毕业得奖者,以后无论何项引见及保送各项差缺清单,其履历内均注明进士馆毕业字样。

教员管理员章第五

第一节　本馆所设教员管理员如下:监督、教务提调、(此三项提调,其职任系助监督分任各门事务者;在监督固当待以平行之礼,惟考核进退仍由监督随时呈明学务大臣酌办)、中外教员、助教、庶务提调(详见教务提调注)文案官、会计官、杂务官、斋务提调(详见教务提调注)、监学官、检察官。

第二节　以上各员职任,均酌照现定之高等学堂章程办理。

第三节　此外一切施行法、管理法,应参照现定各章程办理。至详细规则及各职员办事章程,应由本馆监督分别妥订,随时呈由学务大臣酌核办理。

《奏定学堂章程·进士馆章程》

政务处奏更定进士馆章程折(并清单)

(光绪三十年八月十七日)

六月十三日准军机处交片,御史张元奇奏请将进士馆章程重为订定一片,奉旨学务大臣知道,钦此。

查重订学堂章程原奏内称:所有一切章程如应行变通增损,仍当奏明办理。进士馆系奉旨特设,造就已仕人才,与各学堂不同。开办之初,正赖集思广益,斟酌尽善。臣等博采众议,酌拟章程八条,缮具清单,恭呈御览,如蒙俞允,即责成该管监督,遵照办理,期收实效,藉以仰副朝廷振兴实学陶育通才之至意,谨奏。

谨将酌拟更定进士馆章程八条清单恭呈御览。

一、新进士入学,应分为内外两班。内班住馆肄业,外班到馆听讲,学期考验毕业。考验内外班学员,均一律办理。查更定章程内开,新进士为从政初阶,自讲求致用之实,每日钟点不多,于东西文、算学、体操习否各听。又准于农、工、兵、商四项中止选习一二科等语。是每日讲堂功课四点钟外,本有余闲,翰林中书职司清暇,自应作为内班住馆肄业。分部各员在学习期内虽无应办之事,而六曹有职掌兵、刑、农、工诸大政皆属专门之学,并需分类求考。现当整饬部务之时,方拟各开学馆以待通才。所有分部各员除愿住馆肄业者,仍照旧办理外,其愿仍在本衙门当差者,此项人员即作为分班到馆听讲。应得津贴及毕业录用,均与内班一律。其已得要差,本部咨明留署之员,即可无庸听讲。设翰林中书有因精力不及,愿归外班听讲者,亦听其便。

一、延聘教员宜酌量变通。张元奇原奏内称进士馆教员多在洋毕业之留学生,年轻望浅,不能镇服各等语。查新进士之入学堂,原欲使明彻中外大局,并于法律、交涉、学校、理财、农、工、兵、商诸政皆能知其大要,故奏定学科皆以有实用为宗旨,非曾经在外洋卒业者,不易精通。至该御史意在借宿望以式新进,不为无见,应由学务大臣监督留心访察,京外如有资深望重晓科学之员,自应先行延聘,以资表率。其东西洋留学生内科学卒业者,不乏品行端正之人,亦应一体延聘,以重专门,而宏教育。

一、新进士有在学堂充当教习及总理学务事宜,应由该省督抚先行奏咨立案,三年期满实能称职,再奏明该员在堂实在劳绩,准其与本馆毕业学员一律办理,至应得学堂保奖,另案汇办。如有先在学堂肄业,后经中式,自愿仍在该学堂学毕业者,应准俟该学堂毕业后,与本馆毕业学员一律办理。

一、原定奖励章程内开:考列最优等者,翰林奏请留馆授职外,保奖遇缺题奏等语。查此项保奖系专就本衙门升阶,但为学致用,不限肆途,该员等未得升缺以前,遇有愿考御史及保送知府各项,均准一体保送,以收内外得人之效。

一、学员自备资斧呈请出洋游学,应俟三年期满,得有毕业文凭,回国照本馆毕业学员一律办理。至未出洋前,在馆肄日期应准并算。

一、丁忧人员例须回籍守制。惟入学与服官不同,除本员自愿回籍外,应准其百日后到馆应课服阕,毕业考验仍一律办理,惟于序资补缺时,应扣足守制日期。

一、给假期限宜酌量改定。原奏章程内开:新进士自本年八月起至明年三月底止,准其告假八个月。查进士馆初开,系定于次年四月开学,此后每年分为两学期。正月开学至小暑节为第一学期。七月开学至年终为第二学期。各学员如照例给假八个月,则第一学期已成虚设,且该员等籍贯既分远近,家境亦殊优绌,假期似难强齐。拟请嗣后新进士均准正假五个月,续假五个月,既于人情称便,亦与学期相符。

一、严杜冒滥以励实学。查奏定章程内各学卒业奖章至优极渥,其间勤奋用功究心实学者固不乏人,而滥竽充数与不守学规者,亦所不免,若不严定劝惩之条,恐相率效尤,即素称勤学者亦不知勤勉,殊非朝廷设学培才之本意,拟嗣后各学员中除故违奏章与取为异说有关大体者,固应另行参奏外,其有故犯学规,屡戒不改,或声名素逊,造就难其者,应由监督查明,随时咨回原衙门交该堂官察看,如尚知愧奋,非注销察看后不得与同衙门各员一律序资补缺。

《大清光绪新法令》第十三册

筹设京师法政学堂酌拟章程折[*]

(光绪三十三年二月初一)

奏为筹设京师法政学堂酌拟章程恭折仰祈圣鉴事。本年五月初五日,政务处议复给事中陈庆桂,奏请推广游学折内称:国家造就人才自宜统筹办法,应由学部设立法政学堂,凡各部院人员情愿肄业者,悉数报名收考,三年毕业。又七月十七日,臣部具奏变通进士馆办法折内声明,原有堂舍应即筹办别项学堂,俟拟定办法另行具奏各等语。均奉旨允准在案。现在进士馆学员年内即已毕业,臣等相度该馆房舍于改设法政学堂最为相宜,拟于明春开办,名曰京师法政学堂。但法政为专门之学,非普通各学,夙有根柢兼研究东西各国语言文字未易遽言深造,而各部院需才孔亟,凡已、未服官之人,年力富强,有志肄业,尤应广为造就,以资任使。臣等共同商酌,其课程拟分为预科、本科及别科。预科两年毕业后,升入本科,分习法律、政治二门,各以三年毕业,俾可专精别科一项,则专为各部院候补、候选人员及举贡生监,年岁较长者在堂肄习,不必由预科升入,俾可速成以应急需。以上各科均由考取入学。至此次吏部奏案各项分部人员,仍照章分发学习。折内称学部设有法政学堂,凡各部裁撤及新分司员笔帖式,并准其咨送学部分门学习,俟毕业后由该部考试分别等第,酌量办理各等语,此项人员概由咨送不由考取,恐难绳以一律。学科拟于法政学堂内附设讲习科,所有咨送各员,均在讲习科肄业,其中国文学根柢太浅者,应令专力补习一年,视其通晓后再行升入。其本科毕业者,拟即此照高等学堂给予奖励,至别科及讲习科应如何分别给奖之处,拟俟将来酌量情形请旨办理。谨缮具法政学堂章程清单进呈御览。恭候钦定遵行。所有臣等筹设京师法政学堂缘由谨缮折具陈伏乞皇太后、皇上圣鉴。谨奏。

光绪三十二年十二月二十日奉旨依议,钦此。

《学部官报》第十四期

进士馆沿革略

光绪二十九年正月,大学附设进士馆,令新进士等入学肄业。三十年四月以速成科之仕学馆,归并进士馆,将各学员及听讲员一律移送。三十二年六月归并进士馆之仕学馆生毕业,计毕业者三十四名。先是二十八年续兴大学,设速成科,分为仕学师范两馆,嗣因大学地狭,无可展拓,适开办进士馆,其学科与仕学馆尽同,遂将仕学馆移并之,但未奏明归并,一切课程讲堂仍分别自成一馆,与在大学无异,至是毕业。八月,变通进士馆办法,资送学员前赴日本留学游历,将原有堂舍改设法政学堂。进士馆原分内外两班,翰林中书为内班,部曹为外班。是时馆中内班肄业各员,计癸卯进士八十余名,应于本年终毕业。甲辰进士三十余名,应于明年终毕业。制科停罢,此馆势难久设,至是学制奏请将甲辰进士内班各学员资送日本东

---

[*] 进士馆学生毕业后法政学堂建立,京师大学堂进士馆即行结束。——编者

京法政大学新设之补修科,并选择外班各员,资送法政速成科,其癸卯进士毕业期近,仍留馆中肄业,俟毕业后资遣出洋游历。

《北京大学二十周年纪念刊》

四、译学馆

拟定大学堂译学馆章程

第一章　总纲

第一节　本馆以造就译才品端学裕为宗旨，务使具普通之学识，而进于法律交涉之专门，通一国之语文，而周知环球万国之情势，体用兼备，本末交修。上有以应国家需才之殷，下有以广士林译书之益，兼编文典以资会通。

第二节　本馆建于大学堂附近河沿，乃大学堂购置房产。一切事宜应即分别办理，唯外国文教习由大学延聘。

第三节　本馆隶属于大学堂，由管学大臣遴派人员认真办理，重要事件由监督申告管学大臣裁夺，寻常事宜由监督主持。

第四节　本馆一切事宜，监督总其大成。教育责成于总教习，诸教习分任之办事责成于提调。诸办事人员分任之务，当各尽心力，矢慎矢勤，无负朝廷兴学育才之盛意。

第五节　学生修业以备当世之用，宜以敦品励学为主，功课务求切实，约束不嫌稍严。

第二章　延聘教习及教习之职务

第一节　本馆设计外国文教习五员，普通学总教习一员，普通学教习四员，法律交涉专门学教习，应于二年后再行设置。

第二节　外国文教习，由大学堂聘外国人为之。其普通学总教习，由大学堂总教习兼理。普通学教习由本馆访求得人，经监督暨总教习认可，申告管学大臣派充，再由监督与教习订立合同。

第三节　外国文教习主授各国语言文字，兼编文典：英文教习主授英文，兼编中英文典；法文教习主授法文，兼编中法文典；俄文教习主授俄文，兼编中俄文典；德文教习主授德文，兼编中德文典；日本文教习主授日本文，兼编中日文典。

第四节　译学馆总教习，主审量教法，研定课本，稽察教习勤惰，考验学生优劣，有实施教育之责，有整理学务约束学生之权。

第五节　分教习主分认学科按程讲授，亦有实施教育之责，约束学生之权。

第六节　开办之初，学生未能深通外国文，而外国教习亦未必尽谙华语，应暂设助教五员，随同外国教习在讲堂传授。

第七节　外国文教习授课勤惰及能否胜任，本馆监督暨总教习均有稽查之权。如外国教习教课不勤及任意紊乱课程上之规约，或于馆中传授宗教，应照钦定大学堂章程第六章第七节、第八节办理，由监督暨总教习，申告管学大臣，将该教习辞退。

第八节　外国文助教，宜深通外国文并当兼通中文，始能以中文达外国文之意。其任事勤惰及能否胜任，监督暨总教习皆有稽察留退之权。

第九节　外国文教习所用课本，每学期之前应由外国教习开列名目并该书之大要，经监督暨总教习察定合用,然后购置讲授。每学期既毕,外国教习应将期内所授功课报知监督,由监督送总教习察核。

第十节　普通学教习,于每学期开课之前,须将该学期内授业预定书,送总教习审定。所有该学期内应教授之事项,宜循序详载。学期既毕之后,所有该学期内已课之事项,宜作一授业报告书,送总教习察核。

第十一节　馆中设立学生功课记分册,每学科一本。外国文记分册,由外国教习评记。普通学记分册,由普通学教习评记。学生有因事请假、旷课者,亦记入记分册。

第十二节　外国文功课记分册,每星期由外国文教习送监督,监督送总教习察核一次。普通学记分册,每星期由教习送总教习察核。

第十三节　馆中设立学生记过册,每教习处各存一册。教习应随时察看学生性情行事有无过失,其有违背规则者,应即记其事由于记过册,亦每星期送总教习察核一次。

第十四节　总教习处设立记分总册、记过总册。各教习处记分册、记过册送看之后,由总教习通计各学生分数、记过次数汇载入册,或总教习别行察出学生应当记过之处亦载入记过册。

第十五节　讲堂授学教习,应依照学生规则约束学生。自修及休息时,由办事人随时稽察。

第十六节　学生俟讲堂功课完毕,即以讲堂为自修之地。其自修时分教习应到讲堂监视,以察勤惰。讲堂五处各教习分任之。

第十七节　总教习有因紧要事故招〔召〕集教习会议之权,并得告知监督,招集办事人员或数人会议。

第十八节　课程若有应更改之处,课本书若有应换用之处,或欲大更改授业预定书内所载之事项或其次第者,应由总教习与教习商定。

第十九节　监督与教习订立合同以五年为期,五年之内不得他适。如遇朝廷录用,或家有要事必须离馆者,应先行举人自代,所举之人必经管学大臣及本馆监督总教习认可,该教习始能离馆。

第三章　学生入馆及卒业

第一节　学生由大学堂现设之速成科,及渐次设立之进士科,择其略通外国文者,调取入馆。以百二十人为额。

第二节　学生入馆,外国文深浅不齐,由外国教习察验分班肄业。

第三节　学生入馆以五年为卒业之期,应于外国文外兼习普通学,二年之后兼习法律、交涉专门学。

第四节　学生五年卒业之后,业已奏定援照大学堂章程应得举人、进士、生员等出身。嗣后外务部及出使各国大臣、南北洋大臣、各省督抚咨取译员,并各处学堂延聘外国文教习,均以此项学生为上选。

第五节　五年卒业考验及格,平日未曾记过及记过较少者,具册禀报管学大臣颁发卒业文凭,奏请赏给出身。遇各处咨取译员,延聘教习,即以最优者应选。

第六节　卒业考验不及格者,或五年之内有因事旷课不能及格者,应仍留馆中补习。

第四章　学程及计分考验

第一节　外国文分设英文一科、法文一科、俄文一科、德文一科、日本文一科。每人认习一科,务期专精,无庸兼习。但无论所习为何国文,皆须肄习普通学及法律交涉专门学。

第二节　外国文教授法,曰缀字、曰读方、曰译解、曰会话、曰文法、曰作文。二三年后兼授各国历史及文学大要。

第三节　普通学之目八,曰修身,曰历史,曰地理,曰数学,曰博物,曰物理及化学,曰图画,曰体操。专门学之目,一曰法律、一曰交涉。

第四节　普通学用大学堂速成科现用课本,其有未备,由本馆教习编定。法律交涉学,用外国学校课本。

第五节　学科授以五年为期,应次列学科程度配当表,以便教习依序讲授,学生按时肄习。

第六节　学生功课用计分之法。外国文功课由外国教习按日计分,普通学功课由普通学教习按日计分。

第七节　学生功课每课以百分为额。届卒业之期,通各科平均计算,得六十分以上者为及格。

第八节　功课应有考验。每月月尽之日,举行月考。每年第二学期期尽之日,举行年考。每五年期尽之日,举行卒业考。月考,总教习暨教习莅之;年考,监督暨总教习莅之;卒业考,由监督请管学大臣到馆暨总教习莅之。

第九节　考验之法,但举平日所讲授者随意发问,令学生笔答并附加论说,以试其悟力。不别试他项文字。

第十节　考试评定分数,兼视平日之修学勤惰、立品纯疵以为多寡,所计分数应与平日分数平均计算。

第五章　学生规则

第一节　学生宜以敦品、励学、尊师、敬人养成才学,以备国家任用为宗旨。

第二节　学生宜确守本馆规则,遵教习之指示,受教习之约束。

第三节　学生到馆量功候之浅深,分别班次,优者不可自足,劣者尤宜自奋。

第四节　本馆稽考功课优劣,纯以通常功课分数及平日行为为衡,各宜自勉。

第五节　学生均须在馆居住,不得朝来暮散。

第六节　同馆学生,宜互相亲爱,不得轻侮嘲戏或致争斗。

第七节　馆中不得撰造匿名揭帖及违禁文字,不得有各种败劣之行为。

第八节　学生入馆,除自备枕衾帐褥凉席及寻常衣服外,行李不得过多。其寻常衣服以质朴为贵;不得矜尚华丽或别为新异之制。

第九节　馆中春分后,六点钟起;六点半早餐粥食;七点至十一点授课;十一点至十二点午膳,暂憩;十二点至两点授课;两点后自修;晚六点夜膳,九点就寝。秋分后,七点钟起;七点半早餐;八点至十一点授课;十一点至十二点午膳,暂憩;十二点至三点授课;三点后自修;晚六点夜膳;十点就寝。

第十节　晨兴夜寝,授课自修,餐饭休息,各有定时,鸣钟为号,不得参差违异。

第十一节　馆中无论何地何时,不得喧哗扰乱,不得歌唱戏曲、吸食洋烟及赌博等事。

第十二节　讲堂受学宜肃静端坐,切实听受,不得任意跛倚肆行谈论擅离坐位,亦不得作轻藐之状颓倦之容。

第十三节　讲堂受学,除携带课本书、纸笔墨石板之外,不许另携书籍及他物件。

第十四节　讲堂受学不许吃食茶、烟,不须曳履,不得叫唤伺役。

第十五节　讲堂夏设风扇,冬设火炉,学生不得自携炉扇。夏日不许肉袒,冬日不许戴风帽。

第十六节　体操非寻常衣服所能从事,本馆特置操衣、操鞋发给,届体操时分,须一律更著,不得违异。

第十七节　操衣每年给发单操衣裤两套,夹操衣裤一套,棉操衣裤一套;操鞋每年给发四双。均照大学堂所定式样,如有遗失破烂概不补给,由学生自制。

第十八节　授课既毕,应自将所受功课研讨温习,谓之自修。馆中地址狭隘不能另辟特室,即以讲堂为自修之所。每届自修时分,各就习外国文时所坐讲堂,如习英文则就英文讲堂自修,习法文则就法文讲堂自修,余以类推,依次列坐不得紊乱。

第十九节　自修时宜静肃奋敏,不得与他人往来谈论。若欲质疑求教,当在自修时分之外。

第二十节　自修时不得歌咏嬉笑,及有粗暴举动,凡妨他人之自修者,皆禁之。

第二十一节　每日届就寝时分,应即减火,就寝不得燃灯及烛。

第二十二节　学贵有恒。除例假辍学外,宜逐日上讲堂,入自修室,不得托病及他项事故,希图规避,不得贪眠晏起有误功课。

第二十三节　年假暑假及章程所载停课之日,学生得任意出外。但遇行礼之期,须礼毕方可出外。

第二十四节　学生遇有亲友来访,应至会客处会晤,不得延至他处。

第二十五节　例假辍学之日,因事出门应至提调处请领名牌,悬之大门外,内归时缴送提调。归时宜在本馆扃门时分之前。

第二十六节　遇有要事必须请假,宜将事由告知教习,并当呈有必须请假之凭证,经教习特许,于名籍上注明请假几日,再行告知提调领取名牌,并于名牌上注明请假几日,始能出馆。销假回馆时,须面见教习。

第二十七节　请假期内所旷功课,应于星期辍学之日自行补习。是日教习不上讲堂,自向同馆学生求教。

第二十八节　学生遇有病疾,应即告知教习并告知提调听其指挥。

第二十九节　待伺役人等,宜从宽厚,不得横施殴击肆行丑骂。如伺役实系不堪使用,应告知提调驱遣另雇。

第三十节　纸片、弃墨及他破坏之物,本馆有特设受贮之所,不得随意抛散。

第三十一节　身体宜洁,居室宜净,凡卫生事理,宜自知讲求,勿以一人之疏慢延害众人。

第三十二节　食必至食堂,浴必至浴室,便溺必至厕所,不得于他处随意为之。

第三十三节　食堂不得碎碗泼羹,如饭食不丰、不洁,应告知提调整顿。

第三十四节　门户窗壁及一切器用,不得有意毁坏。

第三十五节　外国文课本、格本、笔墨、石板之类,凡习外国文所必需者,由本馆按时发给,宜爱惜用之。其有意滥耗者概不补给。

第三十六节 如有万不得已之故,欲中途退学者,须出具愿结,叙明情由,经监督暨总教习认许,方准告退,并须核计该学生在馆年分,馆中为该学生所用经费几何,责令缴偿。

第三十七节 不敦品行,屡加戒饬而仍不悛者,学期试验屡不及格者,困于疾病或累于他事难望成学者,违背规则有犯第七节所揭示者,一月之内请假逾期限及其他犯规各节,按照情节轻重,分别开除记过。其记过章程,均照大学堂一律,如有心违犯规则,志在剔退出堂者,仍须缴偿学费。

第三十八节 译学馆功课以语言文字为重,课有定程亦有定日,宜整齐划一,不便参差。凡入学诸生,卒业后既优与出身,自不必再应科举。此次核定章程,不得不与大学堂略为区别,诸生投考时应申明情愿不应科举字样。凡遇科举年分,托故告假即作为中途废学追缴学费。

学科程度配当表

学年＼学科目	修身	历史	地理	外国文	数学	博物	物理及化学	图画	法律	交涉	体操	计
每星期一周	一	二	二	十八	五	二	二	二			二	三六
第一年	伦理	中国史	中国境内	缀字解读文	算术	生理卫生矿物	化理	自用器在画画			柔软	
同上	一	二	二	十八	五	二	二	二			二	三六
第二年	同	同	同	译文解法会作话文	算术代数	植物动物	物理	同			器具	
同上	一	二	二	十八	三				四	四	二	三六
第三年	同	东洋史	亚洲境内	同	算术几何代数						同	
同上	一	二	二	十八	三				四	四	二	三六
第四年	同	西洋史	外国	同兼要文学大	算术几何代数三角						同	
同上	一	二	二	十八	三				四	四	二	三六
第五年	同	同	同	同	代数微积						同	

原奏谓,学语言文字二三年后,择其尤者授以法律交涉专科。覆奏谓,于肄习普通学外,分习各国语言文字。是前之说,则习专科学于学语言文字之后;后之说,则习普通学于语言文

字之初。今参酌二说。前二年于语言文字外,兼习普通学。后三年于语言文字外,兼习法律交涉专门学。而普通学之最要者仍并习之。

第六章　馆中礼节及学期

第一节　开学散学之日,每朔望日由监督、总教习、教习暨办事人员率学生诣至圣先师位前行礼,礼毕学生向监督、总教习、教习暨办事人员三揖退班。

第二节　开学散学由监督申请管学大臣到馆,学生行礼后,应由监督带领谒见管学大臣。

第三节　每岁恭逢皇太后、皇上万寿圣节,皇后千秋节,至圣先师诞日,仲春、仲秋、上丁、释奠日,皆由监督、提调、总教习、教习暨办事人员率学生至礼堂行礼如仪。

第四节　学生见管学大臣、总教习、教习皆执弟子之礼。遇监督及办事人员,一揖致敬。

第五节　每年以正月二十日开学,至小暑节散学放假,为第一学期;立秋后六日开学,至十二月十五日散学放假,为第二学期。

第六节　小暑节散学放假为暑假,十二月十五日散学放假为年假,两假期合计在七十日之外。每岁恭逢皇太后、皇上万寿圣节,至圣先师诞日,仲春、仲秋、上丁、释奠日,端午、中秋节,房虚、星昴日,各停课一日。

第七章　文典

第一节　文典以品汇中外音名会通中外词意,集思广益勒成官书为宗旨。

第二节　文典应分英法俄德日本五国,每国分三种,一种以中文为目以外国文系缀于后,一种以外国文为目以中文系缀于后,一种编列中外专系以定义定音。

第三节　文典办法以搜罗为始基,凡已译书籍字典及本馆外国文教课译出之字,或外来函告所及者,概行纂录。

第四节　创办文典为中外学术会通之邮,国家文教振兴之本,海内通儒游学志士共有斯责。研讨有获,即当函告本馆以备纂录。

第五节　外国文字数十百倍于中国,且时有增益,中文势不敷用,应博搜古词古义以备审用,若犹不足再议变通之法。

第六节　专科学术名词非精其学者不能翻译,应俟学术大兴、专家奋起始能议及。

第七节　外国文字翻成中文,有一字足当数字之用者,有求一名一义之允当而不可得者,本馆以兼收众说戒除武断为主。

第八节　文典每成一国,送呈管学大臣鉴定之后,即行刷印,颁发各处学堂及各办理交涉衙门,以备应用,并当另印多册以备学者购取。

第九节　文典编定之后,凡翻译书籍文报者,皆当遵守文典所定名义,不得臆造。其未备及讹误之处,应即告知本馆,续修时更正。其随时审定之名词,虽未成书,可知照译书局及大学堂润色讲义处,以归画一。

第十一节　文典由监督主持,陈告管学大臣核定,一切于馆中设文典处办理。

第十二节　文典处设总纂一员,总理文典事务并参译馆中一切事宜。分纂二员,主搜罗纂辑兼理外来函告。翻译一员,协理外国文字兼翻译馆中外国文件。办理刊印书籍一员,主刊印文典及馆中一切刊印之件。

第八章　办事

第一节　监督主持馆务,稽察学规,选择人员,裁定经费,凡馆中开办章程及将来应兴应革应改之事,得博采馆中人员意见,呈明管学大臣核定施行。

第二节　提调受成于监督,有实行办事之责。开办时,经理工程及购置物件,平时酌度应办事宜,稽察办事员役,办事自支应以下提调应有稽察之权,并照料学生出入。

第三节　文案,主馆中文墨。凡馆中章奏咨移信函等件,由管学大臣监督审定意旨,授与文案缮稿并管理往来文件。

第四节　支应,主经手银钱收发出入。应设总分帐籍,随时登载,务实并收掌购给学生洋文课本及纸笔墨石板等项。

第五节　照料学生事务委员,主按照课程时刻报发钟点。学生上讲堂时,按照班列查看坐次,并照料学生晨兴、夜寝及餐饭、休息、自修时分一切事宜,遇有学生违犯规则之处,应分别告知教习暨提调,照学生规则施行。其给发学生操衣、操鞋及发给洋烛等事,并向提调处承领分发。

第六节　杂务委员督察馆中夫役,切实照料,兼管厨务,如遇监督提调有不时差遣,应即承应。

第七节　馆中章奏,由管学大臣主持,其余咨移信函等件,涉及教法者由监督与总教习会商,涉及文典者由监督与文典总纂会商。

第八节　馆中遇有支发银钱之事,应先开单书明事由,计定数目,经监督提调认许各盖戳记,支应始得照数发给。其单即存支应处,以便查帐时查验。如监督提调只有一戳或竟无戳,支应不得发给。

监督提调如有因事他往一时不在,即以一戳为定。

第九节　馆中账籍,每月月尽之日由提调查核一次;每学期期尽之日由监督查核一次,年终送管学大臣查核一次。

第十节　馆中办事人员,均应在馆中居住,其所任职务或无须通常住馆,或实有要事他往数日者,遇馆中有集议要事,一经知会即须前来。

第十一节　办事人员如自有要事,必须出馆,其应办之事应自行请人代理(所请非本馆人员不可)。每次至久不过五日,如自有事故竟须离馆者,应先告知监督候派人接办之后,始能离馆。

第十二节　馆中放假日期,办事人员仍有应办之事,不得相率出馆,监督提调必须一人在馆。平日亦然。

第十三节　馆中办事各有定所,不得侵越。开学、放学及诸行礼之日,或特别集议之日,由本馆先日知会一定时刻,届时来集不得稍迟。

第十四节　馆中章程议就,经管学大臣鉴定之后,馆中人员均应确遵,不得以一二人之私意擅行更改,或有违背如有实在窒碍之处,应由馆中人员公同商改。

第十五节　附学生所缴附学费,应收入本馆经费项下,分别支用。如附学生人数过多,应于本馆另辟房舍,俟届时酌量办理。

第九章　附学

第一节　本馆为广育人才起见,特设附学一科,以待速成进士两科之外,有志向学之士。

第二节　附学生以年在十二以上二十以下,口音清利,中文通顺,无锢疾,无恶习者为及格。

第三节　附学生入馆,各人自行认习外国文一科,亦须兼习普通学及法律交涉专门学。

第四节　附学生一名,每年缴学费龙银一百圆(内计俸金三十圆,火食五十圆,体操衣靴费二十圆,分两期缴纳,均于开学时缴齐)其在本馆住宿者,每年另纳房舍金十圆。

第五节　附学生宜在本馆住宿,以便整齐划一,其年稚或家离本馆甚近不在本馆住宿者,除假期外,每日应按时来馆不得略迟。

第六节　附学生宜确守本馆学生规则及一切章程。如有违犯,轻者记过重者除籍,照本馆学生一例办理。

第七节　本馆待附学生,凡教育授课及办事人员照料学生之处,均与本馆学生一律。

第八节　愿来本馆附学者,应先具附学愿结,缴足一期附学费(在本馆住宿者并先缴房舍金),由该学生父兄带领来馆,经本馆监督暨总教习察验合格始行收入。

第九节　附学生来馆除自备枕衾帐褥凉席及寻常衣服外(不住馆者无庸备此),由本馆制备体操衣靴发给,其所需洋人课本及纸笔墨石板等项,可向支应处购取,照价取值。

第十节　附学生如犯有学生规则所载之重事件,经本馆除籍者,所收附学费并不给还。

第十一节　附学生一学期毕,须将下期附学费缴足始得留馆肄业,否则除籍。一年期毕,办法同此。

第十二节　附学生五年卒业。考验及格者,亦由本馆申请管学大臣给予卒业文凭,得充各处译员及外国文教习之选。惟入馆不由考取,自不能与考取学生一例,赏给出身惟遇乡会试年分许其应试。

第十章　经费

第一节　本馆经费由管学大臣于华俄银行余利项下拨充,开办经费约取银一万五千两,常年经费约银四万四千两。

第二节　经费开销不得浮滥,经理务期慎重,帐籍务期详明。

第三节　开办经费,除本馆房产已由大学堂购置外,以修整房舍购置器具书籍为大宗,但能计大概之数。

第四节　常年经费开销,除外国教习俸金归大学堂开支外,本馆应开经费计薪赀一款,火食一款,通年杂用一款,详见附表。

译学馆豫计表

薪赀项下

名位	人数	每人每月若干	月计(银圆每圆按七钱五分算)	岁计总算
监督	一员	三百圆	合银二百二十五两	二千七百两
总教习	一员	一百两	一百两	一千二百两
普通学分教习	四员	一百圆	合银三百两	三千六百两
外国文助教	五员	一百圆	合银三百七十五两	四千五百两
文典处总纂	一员	一百圆	一百两	一千二百两
文典处分纂	二员	五十两	共银一百两	一千二百两

文典处翻译	一员	一百圆	合银七十五两	九百两
文案	一员	五十两	五十两	六百两
提调	二员	五十两	一百两	一千二百两
办理刊印书籍	一员	四十两	四十两	四百八十两
照料学生事务	二员	二十四两	共银四十八两	五百七十六两
支应	一员	二十四两	二十四两	二百八十八两
杂务	一员	二十四两	二十四两	二百八十八两
书手	八员	六两	共银四十八两	五百七十六两
杂役	五十四名	一两	共银五十四两	六百四十八两
合　计			每月一千六百六十三两	每年一万九千九百五十六两

以上各项薪水工赀，每月需银一千六百六十三两，按常年十二个月计共需银一万九千九百五十六两。闰年加银一千六百六十三两。

火食项下

名　位	人　数	食　例	月　计	岁　计
学生	二百二十人	每月每人三两九钱	共银四百六十分两	五千六百一十六两
办事人员	二十二员	每月每人三两九钱	共银八十九两七钱	一千零七十六两四钱
书手	八名	每月每人三两	共银二十四两	二百八十八两
杂役	五十四名	每月每人三两	共银一百六十二两	一千九百四十四两
各员跟丁	二十五名	每月每人三两	共银七十五两	九百两
合　计			每月八百十八两七钱	每年九千八百二十四两四钱

以上火食，每月需银八百十八两七钱。按常年十二个月计，共需银九千八百二十四两四钱，闰月加银八百十八两七钱。

右表探列食例均遵照大学堂现发章程。

通年杂用项下

一、体操衣靴约银二千六百两；

一、学生习外国文，纸张笔墨，约银一千四百四十两；

一、灯烛费约银一千两；

一、炉炭费约银六百两；

一、购运食用水费约银三百两；

一、茶炉供用费约银二百四十两；

一、搭盖凉棚费约银六百六十两；

以上七项为约略可计之款；共约需银六千八百四十两。

一、添置学科书籍仪器费；

一、文典处购置外国书籍费；

一、办事应用纸张册籍费；

一、添置各项用器费；
一、修葺房屋费；
一、冬夏裱糊工料费；
一、注意卫生费；
一、不时应用费。

以上八项，为不能计定之款，而所费皆馆中万不可少之需，当备银六千两，酌量缓急，核实开销。通年不得过六千两之数。如有盈余，应归入留存项下，以备次年购置之用。至文典印刷，不在数内，应届时请款。

总计

薪赀项下，常年一万九千九百五十六两，闰年二万一千六百一十九两。

火食项下，常年九千八百二十四两四钱，闰年一万零六百四十三两一钱。

通年杂用一万二千八百四十两。

预计常年经费，共需银四万二千六百二十两四钱。

预计闰年经费，共需银四万五千一百零二两一钱。

常年闰年均计，应需银四万三千八百六十一两零。

《教育世界》五十八期

奏定译学馆章程

（光绪二十九年十一月）

立学总义章第一

第一节　设译学馆，令学外国语文者入焉，以译外国之语文，并通中国之文义为宗旨。以办交涉教译学之员均足供用，并能编纂文典，自读西书为成效。每日讲堂功课六点钟，五年毕业。

第二节　译学为今日政事要需，入此学者皆以储备国家重要之用，自以修饬品行为先，以兼习普通学为助；向来学方言者，于中国文词多不措意；不知中国文理不深，则于外国书精深之理不能确解悉达。且中文太浅，则入仕以后，成就必不能远大。故本馆现定课程，于中国文学亦为注重。

学科程度章第二

第一节　外国文分设英文一科、法文一科、俄文一科、德文一科、日本文一科。每人认习一科，务期专精，无庸兼习。但无论所习为何国文，皆须习普通学及交涉、理财、教育各专门学。

第二节　外国文教授之法，先授以缀字、读法、译解、会话、文法、作文诸法，二三年后兼授各国历史及文学大要。

第三节　普通学之目九：曰人伦道德、曰中国文学、曰历史、曰地理、曰算学、曰博物、曰物理及化学、曰图画、曰体操。专门学之目三：曰交涉学、曰理财学、曰教育学。

第四节　普通学用大学堂简易科现用课本，其有未备，由本馆教员编定。法律、交涉学用外国学校课本。

第五节　学习年数以五年为限。

第六节　学科程度及每星期钟点表如下：

第一年

学科	程　度	每星期钟点
人伦道德	摘讲宋元明国朝诸儒学案	1
中国文学	选读《古文渊鉴》及历代名臣奏议　兼作文	3
历史	中国史	2
地理	中国地理	2
外国文	缀字　读法　译解	16
算学	算术	4
博物	生理　卫生　矿物	2
物理及化学	物理	2
图画	自在画　用器画	2
体操	柔软体操	2
合计		36

第二年

学科	程　度	每星期钟点
人伦道德	同前学年	1
中国文学	同前学年	3
历史	同前学年	2
地理	亚洲各国及大洋洲地理	2
外国文	译解　会话　文法　作文	16
算学	算术　代数	4
博物	植物　动物	2
物理及化学	化学	2
图画	自在画　用器画	2
体操	器具体操	2
合计		36

第三年

学科	程　度	每星期钟点
人伦道德	同前学年	1
中国文学	同前学年	2
历史	亚洲各国史	2
地理	欧洲各国地理	2
外国文	译解　会话　文法　作文	18
算学	代数　几何	3
交涉学	法学通论	3
理财学	理财通论	3
体操	器具体操	2
合计		36

第四年

学科	程　　度	每星期钟点
人伦道德	同前学年	1
中国文学	同前学年	2
历史	西洋史	2
地理	非洲及美洲地理	2
外国文	译解　会话　文法　作文　兼文学大要	18
算学	几何　三角	3
交涉学	国事交涉　暂用日本国际公法讲授	3
理财学	商业理财学	3
体操	器具体操	2
合计		36

第五年

学科	程　　度	每星期钟点
人伦道德	同前学年	1
中国文学	同前学年	2
历史	西洋史	2
地理	地文学	2
外国文	同前学年	18
交涉学	民事交涉　暂用日本国际私法讲授	3
理财学	国家财政学　暂用日本财政学讲授	3
教育学	暂用日本教育诸书讲授	3
体操	器具体操	2
合计		36

上表内所列人伦道德一科,外国高等学堂均有人伦道德一科,其讲授之书名为伦理学。其书中有道德实践之篇目,宗旨亦是勉人为善,而其解说伦理与中国不尽相同。中国学堂讲此科者,必须指定一书,阐发此理,不能无所附丽以致泛滥无归。查列朝学案等书,乃理学诸儒之言论行实,皆是宗法孔孟,纯粹谨严;讲人伦道德者自以此书为最善。惟止宜择其切于身心日用,而其说理又明显简要、中正和平者为学生解说,兼讲本书中诸儒本传之躬行实事,以资模楷。若其中精深微渺者,可从缓讲;俟入大学堂后,其愿习理学专门者自行研究。又或有议论过高,于古人动加訾议,以及各分门户、互相攻驳者,可置不讲。讲授者尤当发明人伦道德为各种学科根本、须臾不可离之故。

上表内所列中国文学一科,教员于讲授古文时,可将历代文章、名家流派,详为指示。

附表说

原奏谓:学语言文字二三年后,择其优者授以法律交涉专科,复奏谓于肄习普通学外,分习各国语言文字。是前之说则习专科学于学语言文字之后,后之说则习普通学于语言文字之初。今参酌二说,前二年于语言文字外兼习普通学,后三年于语言文字外兼习交涉、理财、教育、专门学,而普通学之最要者仍并习之。

入学毕业章第三

第一节　学生应考取中学堂五年毕业者方为正格,现在创办,可暂行考取文理明通及粗解外国文者入堂,或择大学堂现设之简易科及渐次设立之进士科中略通外国文者,调取入馆,以百二十人为额。

第二节　学生入馆,外国文深浅不齐,由外国文教员察验,分班肄业。

第三节　学生入馆,以五年为毕业之期,应于外国文外兼习普通学。二年之后兼习交涉、理财、教育各专门之学。

第四节　学生五年毕业考验后,应奖给出身,分别录用,取列最优等、优等、中等、下等、最下等者,均照奖励章程分别办理。其原系进士、举人出身而有官职者,视其所考等级,比照章程,按原官优保升阶。原系举人而无官职者,视其所考等级,比照章程优保官阶。其所考等级,如奖励章程内不应给奖者,均照章程办理。嗣后出使各国大臣,各省督抚,咨取译员并各处学堂延聘外国文教员,均以此项毕业学生为上选。其升入大学堂分科大学肄业者,以政法学科、文学科、商学科三科听其自择。

第五节　五年之内,有因事旷课不能及格者,应仍留馆中补习一年;若仍不及格,即行退学。

学生规则章第四

第一节　译学馆功课,以语言文字为重;课有定程,亦有定日,宜整齐画一,不便参差。凡入学诸生,毕业后既优与出身,自不必再应科举。诸生投考时应呈明情愿不应科举字样。凡遇科举年分,托故告假,即作中途废学,追缴学费。

第二节　其余一切规则,均照现定之各学堂管理通则及约束学生章程办理。

第三节　本馆开办之时尚有详细章程以资遵守。

教员管理员章第五

第一节　本馆所设教员管理员如下:监督、教务提调(或名为副监督,管提调事,以便京职易于相处,由学务大臣酌定)、专门学教员、外国文教员、普通学教员、助教、庶务提调(或名为副监督,管提调事,以便京职易于相处,由学务大臣酌定)、文案官、收支官、杂务官、斋务提调(同前)、监学官、检察官。

第二节　各员职任,均照现定之高等学堂章程斟酌办理。

第三节　此外一切施行法管理法应参照大学堂通章办理。至详细规则及各管理员办事章程,应由本馆监督分别妥订,随时呈由学务大臣酌核办理。

附学章第六

第一节　本馆为广育人才起见,特设附学一科,以待有志向学之士。

第二节　附学生以年在十二以上、二十以下、口音清利、中文通顺、无锢习、无恶疾者为及格。

第三节　附学生入馆,各人自行认习外国文一科,亦须兼习普通及专门各学。

第四节　附学生一名每年缴学费龙银一百元(内计脩金三十元、伙食五十元、体操衣靴费二十元,分两期缴纳,均于开学时缴齐),其在本馆住宿者每年另纳房舍金十元。

第五节　附学生宜在本馆住宿,以便整齐划一,其年稚或家离本馆甚近,不在本馆住宿者,除假期外,每日应按时来馆,不得稍迟。

第六节　附学生宜确守本馆学生规则,及一切章程;如有违犯,轻者记过,重者除籍;照本馆学生一例办理。

第七节　本馆待附学生,凡教育授课及办事人员照料学生之处,均与本馆学生一律。

第八节　愿来馆附学者,应先具附学愿结,缴足一期附学费(在本馆住宿者并先缴房舍金),由该学生父兄带领来馆。经本馆监督暨教务提调察验合格,始行收入。

第九节　附学生来馆,除自备帐席被褥及寻常衣服外(不住宿者毋庸备此),由本馆制备体操衣靴发给;其所需洋文课本及纸笔墨石板等项,可向收支处购取,照价取值。

第十节　附学生如有犯学生规则所载之重要事件,经本馆除籍者,所收附学费并不给还。

第十一节　附学生一学期毕,须得下期附学费缴足,始得留馆肄业;否则除籍。一年期毕,办法同此。

第十二节　附学生在馆,果能恪守学规,品行端正,勤学好问,功课日有进步者,遇正额学生有缺时,即以该学生充补,以示鼓励。

第十三节　附学生五年毕业、考验及格者,应得毕业凭照及分等奖励录用;各项章程均与正额学生一律办理,毫无歧视。若遇乡会试年分请假应试者,毕业后即不给奖。

编纂文典章第七

第一节　文典以品汇中外音名,会通中外词意,集思广益,勒成官书为宗旨。

第二节　文典应分英、法、俄、德、日本五国,每国分三种:一种以中文为目,以外国文系缀于后;一种以外国文为目,以中文系缀于后;一种编列中外专名,系以定义定音。

第三节　文典办法,以搜罗为始基;凡已译书籍、字典,及本馆外国文教科译出之字,或外来函告所及(或),概行纂录。

第四节　创办文典,为中外学术会通之邮,国家文教振兴之本;海内通儒,游学志士共有斯责;研讨有获,即当函告本馆以备纂录。

第五节　外国文字数十百倍于中国,且时有增益,中文势不敷用,应博搜古词古义以备审用;若犹不足,再议变通之法。

第六节　专科学术名词,非精其学者不能翻译;应俟学术大兴,专家奋起,始能议及。

第七节　外国文字翻成中文,有一字足当数字之用者,有求一名一义之允当而不可得者;本馆以兼收众说,戒除武断为主。

第八节　文典每成一国,送呈学务大臣鉴定之后,即行刷印,颁发各处学堂及各办理交涉衙门以备应用。并当另印多册,以备学者购取。

第九节　文典刷印,应归官书局办理,其纸张印费由本馆开销。

第十节　文典编定之后,凡翻译书籍文报者,皆当遵守文典所定名义,不得臆造;其未备及讹误之处,应即告知本馆,续修时更正。其随时审定之名词,虽未成书,可知照译书局及大学堂润色讲义处以归画一。

第十一节　文典由监督主持,陈告学务大臣核定一切,于馆中设文典处办理。

第十二节　文典处设总纂一员,办理文典事务,并参议馆中一切事宜;分纂二员,主搜罗纂辑,兼理外来函告。翻译一员,协理外国文字,兼翻译馆中外国文件。管理刊印书籍一员,主刊印文典及馆中一切刊印文件。

《奏定学堂章程·译学馆章程》

管学大臣为译学馆添招附学生示谕

　　管学大臣张　荣　为出示晓谕事。照得译学馆原定章程第九章内,载有附学各条,略仿湖北自强学堂。从前附学办法所以推广传习造就成童以教育普及为宗旨,以无人不学为期望,志愿何穷财力苦绌,有惭广厦用导先河。现在译学馆业经开学,亟应添招附学生分班肆业,以慰问学生徒力求上进之意。惟限于意舍暂定学额二十名,试办数月,再筹扩充。有愿就学者,八旗学生取具本旗佐领图片,各直省学生取具同乡京官印结,亲赴译学馆先期报名听候考验。但须中文通顺,行止端谨,即为合格。学生年限,自十五岁以上二十岁以下。后开章程十三节,较诸原定略有损益变通之处,为此示仰愿学诸生一体知悉,务于九月三十日以前到馆报名,额满即不收录,毋得观望自误。切切,特示。计开附学章程十三节:第一节、本馆为广育人才起见,特设附学一科,以待有志向学之士。

　　第二节、附学生以年在十五以上二十以下,口音清利,中文通顺无痼疾无恶习者为及格。

　　第三节、附学生入馆各人自行认习外国文一科,亦须兼习普通学及法律、交涉专门学。

　　第四节、附学生一名每年缴学费龙银一百元(内计脩金三十元、火食五十元、体操衣靴费二十元,分两期缴纳,均于开学时缴齐)其在本馆住宿者,每年另缴房舍金十元。

　　第五节、附学生宜在本馆住宿,以便整齐划一,其年稚或家离本馆甚近不在本馆住宿者,除假期外,每日应按期来馆,不得略迟。

　　第六节、附学生宜确守本馆学生规则及一切章程,如有违犯轻者记过,重者除籍,照本馆学生一例办理。

　　第七节、本馆待附学生凡教育授课及办事人员照料学生之处,均与本馆学生一律。

　　第八节、愿来本馆附学者,由该学生父兄带领来,馆监督暨教长察验合格始行收入,应先具附学愿结,缴足一期附学费(在本馆住本馆住宿者并先缴房舍金)。

　　第九节、附学生来馆除备枕衾帐褥凉席及寻常衣服外(不住馆者毋庸备此),由本馆制备体操衣靴发给其所需洋文课本及纸、墨、笔、石板等项,可向支应处购取,照价取值。

　　第十节、附学生如有犯学生规则所载之重要事件,经本馆除籍者,所收附学费并不给还。

　　第十一节、附学生一学期毕,须将下期附学费缴足始得留馆肆业,否则除籍。一年期毕办法同此。

　　第十二节、本馆学生,有开除者,即于附学中挑选充补。

　　第十三节、附学生五年卒业,考验及格者由本馆中请管学大臣给于卒业文凭,与本馆学生一律。

　　光绪二十九(　)月十八日示。

《华北译著编》第二十二卷

京师译学馆建置记

(光绪三十年十月十一日)

　　光绪二十八年，学务大臣既于东安门内北河沿购宅一区，将辟为译学馆，以之赓续同文馆，为外国语言文字专门学校，奏派湘乡曾京卿广铨为监督，鸠工庀材，葺治校舍，购置仪器，采集图书，延访中外学者为教习，冀有以扩同文之旧规，益其学之所不足。事未竟，而曾卿以母故辞去。学务大臣　奏以开州朱大令启钤代之。经营数月，规模粗具，乃召学子试之，得百余人。廉其学有根柢，曾习外国文者，年幼质敏易于造就者，及仕学、师范两馆学生能习外国文者，隶译学馆，都七十余人，开校授学，时二十九年九月十四日也。既而仕学、师范两馆，有遣派学生游学欧美之议。求通欧文者，不可多得，乃择译学馆学生之曾习欧文历有年所者，遣派数人，分赴英法德俄诸国。而译学馆亦再添招学生，合之前所隶入凡百人。监督朱大令以馆地湫隘，旁无林木旷地，非学堂所宜，讲堂及自修室，因民居修葺，尤不中法式，请于学务大臣，谋所以扩充之。议良久，乃奏请拨用御骡圈地以资推广。得旨允行。又益以光禄寺之官地民屋数所，建置斋舍，即今甲级学生所居之忠、信、笃、敬四斋也。斋舍式为长方，四周周凡三层。初议以下层为仆役栖息及储藏器物之所，中层南北为学生寝室，东西为会食阅报之所，上层南北为学生自修室，东西以居教习。而论者皆以公共寝室公共自修室为不便，必一人一室，诵习坐卧，皆在于是，以为可以利独修之士。持其说甚力，不得已迁就应之，以上下二层南北居学生各占一室，余如前议。今岁夏仲增建斋舍，既将落成，复议以甲级学生旧居之公共寝室，添招附学生，增设讲堂，以便教授。再请得允，而有志就学者千人。学务大臣亲莅再试之，取百二十人，命为乙级附学生，于九月初二日入馆受学。其增建讲堂已先是告成，并已辟建公共自修室，为附学生修业之所。其原有自修室之不中法式者皆去之，复改建理化讲堂，增置藏书室，购中外图书储之，规模稍稍完备。其他房舍，则一仍其旧，不尽协于学堂规制也。夫学堂之设在精神不在形式。校舍其形式也，学科其精神也。海通以来，士夫言西学者，莫不以语言文字为先务。而沿江沿海之民能是者，盖亦不乏。进叩其人有盲于国文者矣，有奴于彼族者矣，有挟以自重卖国渔利者矣，有身渐欧化心仪西俗不知所生何国者矣。此其人岂初心若是，盖国家未能广设语文学校以待之，迫而以商人教士为师，所从受者如是，其卑鄙龌龊，种瓜得瓜，不足异矣。缉光更有说于此，前之习外国文者，非心欲之、乃外界所驱使所激刺也。庚子以前，长江流域之生计，为英人商业势力所操纵，而英文盛于南，庚子以后，长城内外之人心，为俄人东略政策所震撼，而俄文唱于北。其杰然自异者，有见于交涉日棘，要言结约，取正法文，或以是相号召。独德以科学擅胜五洲，而治其文字者绝鲜。呜呼，是可以见吾国人志学之目的矣。本校之设，以英法德俄日五国文字为主科，各占其一，而辅之以普通科学，继又改日文为普通科以资骖靳，固欲有以正吾人志学之目的，匡饬而光大之。来者喁喁，其所志若何不得而知，而学务大臣所期望所责成，则不惟育译才而在育学问完备之译才，不惟习外国语言文字，而在习外国语言文字以求外国之学术，而保存灵粹旧墟于国文，扶植品范，趋重于伦理。南皮张宫保厘订学章，尤斤斤焉。近者陈子祖良自法贻书于光曰，倾心洋文，吐弃科学，吾国人之通病。科学不备，虽通洋文无能为也。学者宜自省。林子行规自英贻书于光曰，吾国于新道德无所得，而旧道德日就退落，长此不返，无以为人。欧洲之矜尚道德，十倍于我。欲治欧学成国民,自道德始。林、陈乃本校前所遣派之游学英、法者也,而能见及此,吾党其知免乎。夫国以学成人,人以学存国,无完全之人格,不足言学也,无普通之知识,不足以治学也。今之为学未敢遽语高远,求具人格而已,求备知识而已。至于吸聚文明邮介道艺,能力所至,微治外国文字者其谁与归。缉光以荒陋之身,谬董教务,无以自效,今开校既一期,承学之子,濯磨行谊,鼓进知能,英英振振,日有以自异,因编次同学录,并述本校建置始末,与夫匡往诏来之宗旨之责任,以相敦市,贲前途之声烈,昌学界之光荣,是在吾党,是在吾党。光绪三十年十月十一日善化张缉光记。

《教育杂志》第六期

京师译学馆始末记

　　京师译学馆于前清光绪二十九年九月开馆,于宣统三年九月间停办,先后八年,欻然而兴,倏然而止,于前无古,于后无今,亦吾国教育史上一特殊掌故也。先是湘乡李公希圣作沿革略,叙本馆之所由起,自咸丰十年建议令八旗子弟学习外国语言文字。后因设立同文馆,至光绪二十八年定议以同文馆归并大学堂。是年更议变通办法,改创译学馆为止,是为本馆开始时期。善化张公缉光更作建置记,自二十八年经始设备购屋辟地,以次扩充斋舍,翌年考取甲级学生入馆开校,至三十年九月间添招乙级学生入学为止,是为本馆成立时期。三十一年本馆刊刻同学录,冠两作于卷首。宣统二年第二次刊行同学录,诸同学浼予为续志。自前记至此,已阅五年,中间添招丙、丁、戊三级学生入校,甲、乙、丙三级以次毕业,规模建置次第推廓,彬彬乎有泮宫芹藻之风焉,是为本馆全盛时期。余撰续志已在宣统二年之岁杪,越一年而馆事遂以停罢。盖本馆设立之初,全国中专习外国语言文字,尚无规模完备之学校,当局鉴于环境大势非有兼通译寄之人才,不足以肆应盘错,故严其资格,慎其考选,密其课程,厚其奖励,意在丞我髦士储国桢干,以当坛坫折冲之大任,以是本馆之待遇,在各校中最为优异。主其议者长沙张文达公百熙,赞成之者南皮张文襄公之洞,善化瞿文慎公鸿机也。已而南皮管理学部,壹意扩张大学,拟以本馆归并大学,属于文科中之一部,故戊级以后即不复继续招生。至是前三级皆已毕业,馆中仅存丁、戊二级,人数始寥落如晨星矣。其明年为宣统三年,大学分科规划部署已定,而丁级又届毕业,于是学部令专门司与本馆监督一再磋议,谓戊级全数不过六十余人,若专为此单级学生延长一年,则全体职员均须照旧延聘,即教员一项亦仅可裁减数人,以本馆全部经费栽培此少数学生,于经济上殊为不合。监督邵君恒浚初颇不赞其议,以为不应为区区经费问题使诸生学业稍有缺陷,宁格外裁节,以遂成事。于是复有献议归并大学堂继续毕业者。方在相持未决间,而四川争路事起,政局日趋于危急,当事者益岌岌之不遑,亟图迁就省事,以蒇此残局,乃决议以暑假期间令学生赶习功课,晨钟暮鼓,无间昼夜,凡阅三月,而应习课程皆次第完备。是年暑假举行丁级毕业,九月中戊级即相继举行毕业如法,考试及格者凡六十一人,仍一律照章给予奖励。办理完竣,由监督邵君将本馆房屋器具文卷一律检点,呈请学部接收,此为本馆结束时期。迄民国元年教育部成立,承前议,将本馆北河沿房屋拨归国立北京大学校,改设第三院法科大学。译学馆之历史从此遂成过去陈迹矣。

《京师译学馆校友录》记序,朱有瓛《中国近代学制史料》第二辑上册

京师译学馆同学录叙　　章梫

(宣统三年)

　　二十年以来,士大夫群好言变法,往往朝令夕改,增并裁削如奕棋,非身处其地者莫能悉数其沿革。所谓疾行无善步,时势之所迫者为之也。京师之有译学馆,光绪庚子以后因同文馆旧制而设,为大学堂以内四馆之一,置提调一员主之者也。未几离大学而特立,改提调为监督,自壬寅至辛亥十年矣。今学部又奏请停罢。十年之间,监督六易人,学生先后招致甲、乙、丙、丁、戊五级,约七百余人,毕业仅三百余人而已。馆中甲、乙、丙级学生故印有同学录,丁、戊两级缺焉。今邵云农监督恒浚汇刻各级同学录,以余前曾监督馆事,丁戊两级学生又予所招致,因属为之叙。予鄙陋,丝毫无裨于诸生,而邵监督任事三年,视诸生若亲子弟,循循以致之成业,宜诸生之依依不舍也。同文馆创于同治元年,至光绪二十六年庚子之变,而止其第七次题名录。邵监督方毕业为黑龙江翻译官,嗣又派往俄国留学,历历若前日事,而今问斯馆之所在,非身履其地者不能答,他日之译学馆亦若斯焉耳。然同文馆第七次题名学生不过百余人,大半见用于时,学之成效又若是彰著也。今时事滋多,需才孔亟,同学毕业三百有余人,较同文题名为倍半。但使异日之考是录者,与国史名臣循吏儒林文苑传目相表里,视同文题名而增耀,则邵监督所欣慰亦即余所欣慰也已。

《一山文存》卷九,朱有瓛《中国近代学制史料》第二辑上册

大学堂译学馆各项文告

学务大臣荣为招生事告示

　　钦命管理大学堂事务大臣、吏部尚书张　会同管理大学堂事务大臣、刑部尚书荣　为出示招署事。照得京师大学堂于上年九十月,经本大臣两次考取,速成科均已入堂肄业在案。现在开办译学馆,招选学生额定一百二十名,分习英、俄、德、法、日本五国文字,兼习普通科学,五年毕业,优给各项出身升阶,具照大学堂奏定章程办理,并以备外务部及出使各国大臣、各省督抚咨取译员,并各处学堂延聘外国文教习之选。除先在速成科内选拔,肄习尚属不敷,自应续行招考,以广甄陶。兹查照前次考试章程,略参变通之法。其考试仍分两场,第一场试以修身伦理大义一篇、中外史学六问、算学三问。第二场试以中外地理六问、物理学三问、外国文论一首或笔对数条。以上命题,每门皆由浅及深,深者以待通才,浅者以试初学。各门科学大要,取其披目条对,粗识源流,藉觇素学,无取琐细烦难。其外国文分为英、俄、德、法、日本五国。年幼未习者,考试可从宽免,年岁稍长者,必修已经习过之人,考试时即报明。如功候较深,作外国文论一首;功候较浅,面询笔对数条,记其分数。其年龄取自十六岁以外,二十二岁以内为限。今定于七月初一日考试头场,初二日考试二场。届期各于本日辰正初刻,本大臣亲临大学堂点名考试。每场俱尽一日之长,汇卷呈阅,仰候评定甲乙录取列榜,选归译学馆肄业。

　　国家需才孔极,养士为先。此次开办之初,暂拟不收学费,其伙食、体操、衣履、纸笔课本均由学堂备给,与速成科一律办理。为此,先期谕示,俾都城及各省一体周知。自示之后,凡

有志向学者，各即开具籍贯、三代、年岁履历，先期在京师大学堂总办处报名，以便造册。该生等务于六月二十日齐集京师，各按本籍八旗取具本旗佐领图片。各直省取具同乡京官印结，亲身赴本大学堂报到投考。统于六月二十八日截止，毋得自误，切切特示。
右谕通知

　　　　　　　　　　　　　　　　　　　　　　　　　　　光绪二十九年　月　日

告示实贴

总理学务处为学生品行分数考察事咨译学馆

　　总理学务处为咨行事。查奏定学务纲要内开：造士必以品行为先。各学堂考核学生，均宜于各科学外，另立品行一门，亦用积分法与各门科学一体同记分数。其考核之法，分言语、容止、行礼、作事、交际、出游六项，随处稽察，第其等差等因，前经通行在案。科举停止。京外各学堂肄业诸生人数日众，固多端谨之士，而举止浮薄与议论嚣张者，亦难保必无其人。将来毕业考试，既应注重科学分数，尤当详核平日品行以定等差。学堂为一切新政根本，学生品行为各种科学根本，使德育有阙即具智能亦无足取。兴学诏书以端正趋响（向）造就通才为准则。本大臣近于召对时，仰蒙垂谕，学生当以品行为重，如有实在不服管教者，应即行斥退，等因钦此。各学堂教员、管理员皆有约束陶成之责，亟应加以考核，上纾宸虑。除分咨外，相应咨行贵监督查照定章，商同在事各员将学生品行分数考察确实，详细登记，于每学期考试后造册咨送本处，以凭汇核可也。须至咨者
右咨
译学馆监督

　　　　　　　　　　　　　　　　　　　　　　　　　　　光绪三十一年十月初二日

毕业礼节单

一、预备行礼　　监督、提调、教习率领学生齐正衣冠

二、万岁牌前行礼　　监督、提调、教习带领学生恭诣万岁牌前行三跪九叩礼

三、圣人位前行礼　　监督、提调、教习带领学生恭诣圣人位前行三跪九叩礼

四、礼场座位　　学部大臣南向坐，监督、提调、教习暨文案等官东向坐，学生北向依次立

五、行谒见学部大臣礼　　监督、提调、教习率学生入礼场，即请学部大臣入场，学生一齐向上行一跪三叩礼，学部大臣答礼

六、行谒见监督、提调、教习礼　　学生向监督、提调、教习行三叩礼，向外国教员行三鞠躬礼。向文案等官行三揖礼，各答礼毕，随学部大臣一同就座，学生依次序立

七、授毕业文凭　　毕业文凭点名给发。每点一名，即趋诣监督座前，由监督亲自授予文凭，学生谨受退入原立地位，候全班授毕，同向监督行三揖礼。

八、学部大臣训词

九、监督训词

十、教习训词

十一、来宾祝词

十二、学生答词　　由班长一人宣答

十三、礼毕。由学堂备茶点款客
注意：初三日午后三钟，请到馆演礼

学部核定礼节单

一、行礼预备　监督、提调、教习率领学生齐正衣冠

二、万岁牌前行礼　学部大臣暨监督、提调、教习带领学生恭诣万岁牌前行三跪九叩礼

三、圣人位前行礼　学部大臣暨监督、提调、教习带领学生恭诣圣人位前行三跪九叩礼

四、礼场座位　学部大臣南向坐，监督、提调、教习暨文案等官东向坐，学生北向依次立

五、行谒见学部大臣礼　监督、提调、教习率学生入礼场，即请学部大臣入场，学生一齐向学部大臣行一跪三叩礼，学部大臣答揖

六、行谒见监督、提调、教习礼　学生向监督、提调、教习行一跪三叩礼，答揖，向外国教习行三鞠躬礼，向文案等官行三揖礼，各答礼，学生分两班东西相向一揖，礼毕随学部大臣一同就座，学生依次序立

七、授毕业文凭　毕业文凭点名给发，每点一名即趋诣监督座前，由监督亲自授予文凭，学生谨受退入原立地位，候全班授毕，同向监督行三揖礼

八、学部大臣训词

九、监督训词

十、教习训词

十一、来宾祝词

十二、学生答词　由班长一人宣答

十三、礼毕。由学堂备茶点款客

赞　礼　词

万岁牌前行礼　唱：就位，上香，跪，叩首，再叩首，三叩首。兴，跪，叩首，再叩首，六叩首。兴，跪，叩首，再叩首，九叩首。兴，行谒孔圣礼。跪，叩首，如前。礼毕。到礼场。

唱：排班，行谒见学部大臣礼。跪，叩首，再叩首，三叩首，兴行谒见监督提调教习礼。如前。行谒见外国教习礼。鞠躬，再鞠躬，三鞠躬。向本馆职员行礼。揖，再揖，三揖。

毕业生分班东西向行礼，揖。

行颁发文凭礼。

授文凭毕。唱：揖，再揖，三揖。

请部堂大人宣示训词。

请监督宣示训词。

请教习训词。

请来宾祝词。

毕业学生答词。

礼成。

译学馆甲级生毕业训词

今日为诸生毕业给发文凭之日。诸生须知，国家岁费巨款教育人才，所期望于诸生者至厚至远。译学馆为养成外交人才而设。于语言文字之外，辅之以普通学，进之以专门学，非徒以备舌人也。将使诸生宏其所学，察政教之繁变，求学问之贯通，裕为全才，以备国家之用。今诸生既已毕业，朝廷给予奖励，视高等学堂为优，又值预备立宪之时，百度维新，急须研求各国政法，弼成我盛治以言报称。诸生所负责任，其重且远。为何如本大臣顾尝闻之，学堂授课取具学理而已。至事以经验而见难易，学以实行而见浅深，则在出而应世者，随时随事研究体认，藉以宏其诣力，庶能各效尺寸，使国家薄收育才之效，不以虚声而为学校羞。此则诸生所当急切自勉，亦本大臣拳拳属望者也，幸共志之。

译学馆 监督邵／教务提调王 训词

诸生毕业礼成，甚盛！甚盛！学部大臣所以勉励诸生者既详且尽。又有前任监督、提调宣示训词，勖以方来，诸生服膺拳拳，岂犹有待于言矧，以谫陋谬。董馆事又未尝担任教科有以饷遗诸生，更可以无言。但念数月以来，与诸生接，深悉诸生攻苦有年，将来出其所学，发为事业，必有胜于今日之所言者，是又乌可已于言。本馆以语文为主课，请与诸生略言译学。中国讲求译学历有年所，顾名思义，似专为译才计也。实则译学之用，本为研究外政吸取新学第一，关键根本至计，他国无论矣！以中国现势言之，在外留学之直接听讲与夫不能直接者，相差殆不可以道里计。欲求新学之实，舍译学其何能济。昔者京师亥东各设同文馆，上海则设广方言馆。数十年来人才辈出，议者往往以译才目之，实则此项人才，类皆煅炼精粹，体用兼赅，译学不过余事。然究其开卷有益，历炼有得，何莫非译学阶梯之耶。诸生肄习译学，兼及普通各科，毕业各卷，有美皆备。亦足见诸生学力之优异矣！惟学无止境，进由吾往，随时随地罔不有学。窃本交相劝勉之意，愿诸生仍以译学为精进之基础，以冀上答国家育才之盛，学部大臣爱才之殷，下副师友之期望，以为后进之标准。倘肆其力以宏所业，言交涉也则深智毅力，自能推诚以应变；言学务也则根柢著手，不复就易而避难。学问事业不使昔之同文馆等处学生专美于前，则所造就既非一得自封之比，亦与侥幸成名者大不同矣！乌得不为诸生望哉，抑更有进者，圣门四科言语居其一，而德行为首。诸生在馆，伦理列为学科。凡儒家格言，讲求有素，不复取老生常谈致厌听闻。但举一二语括之，立身之道曰敬；处世之要曰诚。尤望诸生不骛时趋，不沾习气，崇实黜华斯得之矣！异日者投艰遗大，声望优隆，岂徒本馆之幸，抑亦邦家之光也。今晨时间匆迫，猝作数语聊与诸生交勉，以为纪念。

监督王／教务提调张 训词

诸生毕业礼式今已告成。学部大臣既已宣示训词，所以为诸生勖者至深且厚。诸生诚能永矢弗谖，自足以发皇学力，蔚为国器，区区之愚，复有何说。惟本馆设立以来，始任教科，继任管理，虽来去不常，而与诸生共晨夕为最久。本馆规模屡扩，建筑迭兴，校舍由卑狭而之崇闳，学徒自数十而臻数百。变迁之历史又耳熟而身历之。此后诸生驰驱皇路各奋前修，复欲聚首一堂共话旧事,殆不可得。兴念及此,实不可以无言。国家之以外国文字列于学官,以俄罗斯文馆之设为最先。其后英、法、德各国文字皆登于同文馆。数十年来,以外国文字肆力于外交界者,以同文馆学生为多。国家赖以通外情治异书,为益不浅。本馆之设,所以赓续同文馆也。今诸生为本馆第一班毕业生,且为全国满足五年之高等学堂第一班毕业生。国家之经营本馆,历次扩充费财之巨为何?如裁同文馆改设译学馆,增加课程,慎选学生,属望之切为何?如诸生试一念及对于国家、对于社会、对于本馆、对于外界所负责任为何?如然,而诸生不可以语文自封也。国之兴也必由学,学之盛也,必求人之所有,以益我之所无。诸生既已深习语文,足以治百国之宝书,探殊方之风教,倘能益肆其力,渡海以求异闻,越国而求新识,其所得必较沾沾故藉者为精且大。即退而厕身讲座,供职官衙,亦当竭其余闲,益宏所业,思所以津邮绝学,开益后生学问事业,视昔之同文馆学生有其大之。国家之利赖于治外国文字者益重且远,则非惟本馆之光荣,即吾国译学历史中亦将放为异彩矣!合词为祝以谂方来。

增订饭厅规约

迩闻听差人役舞弊营私,以致饭菜恶劣,不能适口。自应彻底澄清,扫除积弊。除将舞弊人役送局讯究外,并将厨役及厨房所用人役一律更换。惟厨役所担之责任,不过照常供餐,至零饭点心一切不时之取求,皆非厨役应有之责。若因预备点心零饭不能专心以供常膳,而常膳退劣,又或购买点心零饭偶有赊欠,厨役遂于常膳偷减取偿,则饭菜亦必不能佳。此皆厨役所资为口实者。盖厨役本为谋利而来,一无所损犹不能必其供膳之大佳,况又有所藉口,安能冀其竭赀以供耶!此次整顿,除切实清查,并督察厨役,令每饭充洁为办事人专责外,特申约言数条,揭示于后。诸生务当切实践行,即本监督与教习、办事人亦一律遵守。

一、厨役每日供粥食一次;饭食二次。此外不供零膳,无论何人不得向厨役索购食物。

一、本监督与教习、办事人、学生等,因事出馆不及会食,应另购点心充饥,不令厨房补行开饭。

一、特设制备点心一人,凡购买点心者与店肆交易,一律概不赊欠。如因赊欠不愿将点心卖与某人,不得为卖点心者咎。

一、外客本不留餐。如有访本监督及教习、办事人参考学务者,遇食时愿在馆中用饭,须上饭厅,不愿上饭厅者不留。

一、饭厅六人一桌者,其虚坐之一方所以待办事人或外来之客,即无人入坐,学生不得占据此位。

一、教习另行开一桌,亦完以一定时刻。

一、学生患病不能上饭厅会食者,先时告知斋务提调或监学官,由斋务提调特令厨役另具饭菜。菜以蔬菜二色为限。

一、饭厅宜肃静,非万不得已不得叫唤听差,高谈阔论皆非所宜。因人众多言,其声隆然,几与茶楼酒肆无异,殊违规制。倘遇外客来堂会食,必贻不美之批评。

一、饭厅原有规章及历次牌示所载各节,一律确遵。

五、医学馆

孙家鼐奏请另设医学堂折

(光绪二十四年七月二十四日)

医学一门,所以保全生灵,关系至重。古者九流之学,医居其一。近来泰西各国,尤重医学,都城皆有医院。现在农务、矿务,均已特派大员设立专门学堂。可否援例推广,另设医学堂,考求中西医学,即归大学堂兼辖。如蒙俞允,再由臣详拟办法,请旨施行。谨附片具陈,伏乞圣鉴。

《戊戌变法档案史料》

为设医学堂事上谕

(光绪二十四年七月二十四日)

孙家鼐奏请设医学堂等语。医学一门,关系至重。极应另设医学堂,考求中西医理,归大学堂兼辖,以期医学精进。即着孙家鼐详拟办法具奏。

《清实录》光绪二十四年七月下,《光绪朝东华录》光绪二十四年七月

孙家鼐奏拟医学堂章程折

(光绪二十四年七月二十九日)

为遵旨详拟医学堂办法,并请赏拨衙署以资开办,恭折仰祈圣鉴事。本月二十四日奉上谕:孙家鼐奏请设医学堂等语,医学一门,关系至重,亟应另设医学堂。考求中西医理,归大学堂兼辖,以期医学精进。即著孙家鼐详拟办法具奏。钦此。

臣惟医学一门,学者多视为小道,其实通天地之远化,关阴阳之消长,非洞达精微者,未能深知其理。中国自轩岐以来,考求医术,代有传人。近世儒者,不屑研究,于是方技之士,往往谬执古方,夭柱民命。查泰西医科,列于大学,其国皆有施医院。甚至好善之士,医药且施于中华;而国家未经兴办,政典未免阙如。今皇上特准开医学堂,臣考中西医学,各有专长,考验脏腑,抉去壅滞,中不如西;培养根元,辨别虚实,西不如中。臣谨拟中西医学分门讲习,招考文理通顺之学生入堂肄业;又于学堂之中,兼寓医院之制,凡来就治者,皆随时施诊,且酌施中西通用药品,期以保卫生灵。医学堂所需房屋查有现经裁撤通政司之衙门,可否仰恳天恩拨作医学堂量加修改,即可开办。堂中所需经费,力求撙节,每月需银壹千两。又开办经费贰千两,大学堂章程未曾筹及施医一款,无可分拨。抑请饬下户部另行筹给,以广皇仁。其一切详细章程,另单开列。

所有遵旨详拟办法缘由,谨缮折具陈,伏乞圣鉴。谨奏。

附清单

谨将拟办医学堂章程，恭呈御览：

一、医学堂归大学堂兼辖，凡学规及施医章程，均由管学大臣裁定。

一、医学堂设提调一人，总理堂中一切事件。

一、派中医教习二人：一内科，一外科。

一、聘西学教习二人：一西人，一华人。

一、招考学生二十人，分为两班；俟将来经费扩充，再行添设额数。

一、学生功课自八点钟至十一点钟习中医；自两点钟至五点钟习西医。

一、学生学成之后，量予出身，并给予文凭，以便充作官医、军医及医学教习。

一、中西医学，各有专门。堂中施诊督课之外，拟折衷中西异同，勒成一书，以资贯通之助。

一、堂中兼寓医院之制，每日施诊，中西并用，由各该教习分治，限定号数，不能紊乱。

一、堂中购备中西各种医书并应用器具。

一、堂中酌施通用丸散药水。

一、官绅如有愿捐巨款助施医药者，拟照捐赈例奏请奖叙。

一、堂中经费，由大学堂向户部咨领，转交医学堂。所有每月报销造册，申送大学堂一并咨部。

一、堂中药材器具书籍等件，需人经理，设司事二人，供事二人，誊录二人。

《戊戌变法档案史料》

奏定京师大学堂医学实业馆章程*

（光绪二十九年）

第一章

第一节　大学堂分科已设有医学专门，并由预备艺科为医科学生之基址。今所设医学实业馆，另订办法，不与上项相同。

第二节　馆内办法拟分两项：一习医学，二司诊治。习医之处曰习业所，诊治之处曰卫生所。

第三节　习业所中西兼课，各授以医科普通学，即备将来升入专门科之选。

第四节　中西医理均极繁微，必由高等小学卒业之人乃能从事。今所选取如未经小学卒业而资性颖悟，书理明晰者，亦准入学，以广造就。

第五节　医学实业以三年为卒业之期。

第六节　学堂内诊治之事概由医学馆办理，兼司考察一切卫生事宜。

第七节　中医之学务，先讲求根柢，凡医经必读之书，选取善本，学生人给一部，此外兼储各种精本医书，以资考证。

第八节　西医尚无课本，除教习指授外，拟将旧译书籍暂时应用，俟课本编成再行划一

---

* 医学实业馆根据光绪二十八年钦定京师大学堂章程成立。见本书第二篇。——编者

更定。

第九节　设提调一员,总理一切事宜;襄办一员,帮同办理设西教习一员;中教习一员,内外科各一员,算学西文教习一员,专主讲授事宜。凡提调、襄办、教习,俱兼司诊治。

第十节　一切办事章程规则均按照大学章程办理,不再逐条复出,所有课程由大学堂总教习总办兼司查察。

第二章　习业所课程章程

第一节　课程门目:算学第一,物理学第二,化学第三,动植物学第四,全体学第五,诊治学第六,方药学第七,外国文第八。

第二节　课程年期

第一年学科阶级:算学(分数小数)、物理(性质热光力声大略)、动植物(种数大略)、全体(内经难经　西法大略)、诊治(脉学、内经、难经、伤寒论、西医验病法大略)、方药(本草西药名目品类)、外国文(英文)。

第二年学科阶级:算学(比例度量衡诸法)、化学(分质)、动植学(生理浅说)、全体(中法同上学年,西法解剖大略)、诊治学(伤寒论、金匮、西医手法大全)、方药(本草、兼考古方大意、西药制法用法)、外国文(同上)。

第三年学科阶级:算学(代数)、化学(分剂)、动植物(生理)、全体(解剖学)、诊治(金匮、古今医案、西医手法、用器法、临床)、方药(本草、唐宋以后立方大意、西药配合用法)、外国文(同上参考拉丁字义)。

第三节　一星期时刻

第一年　算学三,物理四,动植物三,全体五,诊治七,方药七,外国文七。

第二年　算学三,化学四,动植物三,全体五,诊治七,方药七,外国文七。

第三年　算学三,化学四,动植物三,全体五,诊治七,方药七,外国文七。

第四节　习业所学生先招集三十名至五十名为额。

第五节　中西教习按照时刻,分授学生各课程。

第六节　学生有先经习过中西医药及资性颖异造进甚速者,教习当视所造境别,分班次而授之业。

第七节　各学生每星期由提调教习考验一次,记其分数,每月再考试一次,亦记明分数,以备卒业考验之时平均计算。

第八节　各学生中文优劣除进堂时考验外,有尚须补习中文者,仍令补习,听提调、教习临时酌定。

第九节　此项医学实业馆学生卒业,出身照中学堂之例办理。

第十节　医学实业馆附设于大学堂内,所有提调教习及学生等,应行遵守之规则仪注,全照大学堂各项章程办理,不得歧异。

第十一节　习业所购备器物及司事书手听差人等,届时斟酌情形均由大学堂一律发给。

第三章　卫生所章程

第一节　卫生所设治病院一处,中西药房各一处,一切事宜由医学实业馆提调教习会同办理。

第二节　凡大学堂居室饮食一切关系卫生之事,俱由卫所察看,如有不合法之处,应由提调教习陈明大学堂总教习总办,以便酌改。

第三节　凡大学堂官员学生执事人等,遇有疾病,悉送卫生所诊治,至若时疫流行,自总教习总办以下各色人等,均应受卫生所之考察。

第四节　凡学生中遇有疾病宜防传染者,送入治病院中居住诊治。

第五节　治病院中须编明号数,入院养病者即注明居住某号,以备查考。

第六节　中西医法不同,由病人自主择定用中法或西法。

第七节　凡病人入治病院居住诊治者,应设立簿记,将病情脉案治法方药一一录记,以备稽考。

第八节　凡病人由治病院主持方药,即当一意听受诊治,不得私自改方及加减分剂。亲友视疾亦不得携带药物,轻于乱投。

第九节　各病人不愿住院,请假回家自行诊治者听。

第十节　如病人势已危迫,若有寓宅在京者应即送归,或借居亲友处及会馆中,悉听其便。若并无寓宅亦无亲友会馆可借者,应仍留院。

第十一节　药房应备中西各项紧要药物,以备不虞。将来大学堂造成,远离城市,所需药品,尤须购储完备,兼采各种生药配合丹丸。各品出入,备列于册,以资查检。

第十二节　凡官员执事人等所需药物,仍令备价向药房购买,所收价值登簿备查。学生所需药物酌量价值办理,其服役听差若无力者,酌予施舍。

第十三节　治病院中需用司事一名,服役人五六名。中西药房中须各用出入药物之司事两名,配制药物之药工两名,司帐一名。

第十四节　诊治之事应准学生随同教习入内实验,并帮助各事。

第四章　医学实业馆建置章程

第一节　习业所讲堂、办事室、膳厅、卧室、中厕、学生自修室、寄宿舍及化学光学等特别讲堂,仪器模型列品诸室,均照大学堂建置章程一律办理。

第二节　馆中所需药料质品、治病器具,均须一律办齐,一以备习业试验之用,一以备临诊施治之用。

第三节　治病院病人所居之室,拟分两等,一、每人特居之室;一、四人合居之室。

第四节　病室建造,一须宽广高敞,使空气足敷呼吸;二须多通风气,使室内不留秽浊;三须多透光线,使气血易于长养;四须洋炉暖室,严冬不至受寒,其他斟酌病情,临时布置。

第五节　中西两项药房均须设制药品之室及收藏药物之室,一切制配收藏之器具,均宜全备。

第六节　馆内设药草园一区,栽种一切生药,以资考验。

第七节　设立各项簿记,略如大学堂之例。

《湖南官报》第四〇一号、四〇二号、朱有瓛《中国近代学制史料》第二辑上册

拟改医学馆为京师专门医学堂折*

奏为遵旨议复仰祈圣鉴事。本年十一月十五日军机处交片，本日御史徐定超奏，中西医派不同，拟请分办学堂，以宏造就一折，奉旨学部议奏。钦此。原奏内称中西医派确有不同，造士不能合并。中医多理想，西医凭实验，中医主诉古，西医贵求新。其诣力独到之处，各有不可思议之精微，学者各专一门，已苦难于精到，必欲兼营并鹜，心力更有不逮等语。臣等窃维中西医术，各有独到之处。奏定医科大学章程，于中西医学必令兼修，未尝偏废。惟中西医理，博大精微，融会贯通，必俟诸已入分科大学之后，下此则兼营并鹜，学者辄以为难，诚有如该御史所陈者。查京师设有医学馆，拟即改为京师专门医学堂，中西医学分科肄习，各以深造有得切于实用为宗旨，其应如何补习普通编设课程，酌定年限之处，容俟臣部遴派妥员详议章程具奏。请旨办理，所有遵议缘由，谨恭折具陈，伏乞皇淘后、皇上圣鉴。谨奏。光绪三十二年十二月十三日具奏。奉旨，依议。钦此。

《学部官报》第十三期，《光绪朝东华录》光绪三十二年十二月

咨医学馆课程办法从速见复文

（光绪三十二年八月初一日）

学部为咨催事。照得医学一科，关系最为重要，前学务大臣奏设医学馆，原为振兴医学起见，自光绪二十九年开学迄今已届三年，前准咨开，应举行毕业考试等因前来，经本部咨复，如学生所习医学具有根柢，可期深造，应加习二年，以符新章中学堂五年毕业之例，所有加习课程，应博采东西各国医学科目，咨部核定，其不愿留学者，由馆中考验给予修业文凭等因在案。现距暑假后开学已久，课程已否增加，办法已否酌定，希即从速见复，以凭考查，相应咨行查照。速复可也。须至咨者。

《学部官报》第五期

医学实业馆略记

光绪二十八年七月以旧大学原有医学一门，拟仍附设医学实业馆。二十九年三月，赁地安门内太平街民房，陈请开办招取练习学生数十名。三十一年二月以医学实业馆宜兼施医，藉资练习，就前门外孙公园施医局东偏余地建筑医学馆，房屋三层，与施医局合并。三十二年十一月医学馆生满期毕业，计毕业生三十六名，修业生三名。医学馆至是停办。

《北京大学二十周年纪念刊》

---

* 京师大学堂医学实业馆自光绪二十九年开办，至光绪三十二年学员毕业，即行结束。——编者

六、博物实习科

大学堂呈请学部核定博物品实习科课程及规则文

(光绪三十三年六月初九日)

大学堂总监督李　为咨呈事。窃照本学堂附设博物品实习科，共分制造、标本模型及图书三类，每类完全科以三年毕业，简易科以二年毕业。系因各省学堂所需动植各物品，大率购自外洋，非特价值甚昂，且多属外国产品，不尽合于本国学科之研究，故拟先办简易科，就京外各学堂录送学生肄习此项学术，以便学成，足供中学博物、生理等科之用。现在本学堂招入学生办法，专由各省提学使或京师督学局咨送本学堂，须确系某学堂认明此项学生学成后，必在该堂酌尽义务者，方许录送，以杜个人营业之私。拟于七月内，将各处咨送之学生由本学堂再加考验，入学开课。谨将本科课程及规则分缮成册送呈贵部核定后，发还本学堂遵行可也。须至咨呈者。右咨呈(计附册二本)

学　部

北京大学综合档案·全宗一·卷68

京师大学堂博物品实习科有关规则及课程设置

京师大学堂附属博物品实习科规则

第一条　设博物品实习科，以教成能制造各种标本、模型、图画之技艺为宗旨。
第二条　本科学生年龄须二十岁以上三十岁以下，身体健壮、性行端谨者合格。
第三条　本科学生在京由督学局，在外省由各提学使司选择文理清通，曾习图画、算术，具有高等小学堂以上之程度者咨送。
第四条　本科分为两科：一本科，二简科。本科三年毕业，简科两年毕业。现在先办简科。
第五条　本科学生名额暂定为三十名以外四十名以内。
第六条　科目别载。
第七条　本科暂时免征学费，惟膳费及一切杂用均由各该生自备。
第八条　本科学生如有不能遵守章程或不服职员教员约束者，除革退出学外，咨回本省，勒缴费用。
第九条　本科毕业给凭后，须在本省学堂效力义务，其年限由各省自行酌定。

职务规则

第一条　本科设科长一员，科员一员，均由大学堂总监督委任管理本科事务。
第二条　教员及管理员于本科一切事务，须经总监督规定方可执行。
第三条　本科事务约有三项：一教务，二庶务，三会计。教务掌学科术科及斋舍事务；庶务掌器械、材料、标本及簿记事务；会计掌支应银钱等项事务。以上三项均由科长综理而以科员襄助之,此外,需用书记及工人,随时酌定。

　　第四条　本科教务由科长禀承总监督之意见,与各教员协议施行。
　　第五条　科员以下悉听科长指挥,察其功过,随时投告总监督。
　　第六条　本科各员设任事日记簿一册,摄记每日所理事件。
　　第七条　各员如有疾病及临(时)事故,必须(持)请假单,并将其理由记于任事日记簿。

学生注意规则

　　一、学生照本科所定章程,学习博物学标本、模型、图画各种学术技艺。
　　二、学生须敦行励学,笃守学规。
　　三、学生须承教员之指导,专心致志,务其艺成。
　　四、凡所学之技艺,须反复练习,而尤重发明。
　　五、学习不得务空理而轻实习,以矫世俗空言之弊。
　　六、学术有发明之处,同学宜互相切磋,以期交换智识。
　　七、开学、散学、放假日期,均照定章一律办理。其每日功课时刻,则由本科规定。
　　八、每日课程,按照规定时刻外,仍可由科长及教员令其临时修业。
　　九、学生于每星期置一班长。
　　十、学生全部定班长若干名,每星期由教员轮流派充。
　　十一、班长维持同学秩序,传达科长及教员训令,并申告同学意见。
　　十二、学生每遇有疾病及不得已事故不能上课者,须照请假规则开具事由,呈由科长核准。若未经准假,擅自旷课或离堂者,照章分别惩理。
　　十三、上课已届时刻而无故迟延不至者,亦照前条处理。
　　十四、授课之时,学生有违学规者,由教员纠正之,如情节较重,则申告监督办理。
　　十五、凡标本、模型、图画须制造者,须听教师指示,学生不得任意自为选择。
　　十六、教室所备器具、标本、模型、药品等件,使用之时,均须郑重其事。倘无心损失,须即申告教员核验,违者议罚。
　　十七、每日修业既毕,各将所用之器具、材料安置原处,不得凌乱。
　　十八、各学生所自用之器具,切勿怠于整理。
　　十九、教室内备有唾壶,无论何人不得涕唾于地。
　　二十、教室内禁止吸烟。
　　此外未尽事宜,悉按管理通则及大学堂规则办理。

北京大学综合档案·全宗一·卷68

刘廷琛为博物实习科生毕业事咨学部文

(宣统元年四月二十日)

　　京师大学堂总监督刘　为咨明事,窃照本学堂前因京外各学堂所需动植物标本模型,往往购自他国,匪特利权外溢,抑且中国产品不能尽有,每不合研究之用。故于光绪三十三年六月,咨明大部,附设博物实习科。先办简易一班,两年毕业,以其学成供用。所有创办情形及课程规则,历经咨送在案。查该班自三十三年七月开学起,扣至本年五月,已历四学期,合计两年限满。各生于平日所授功课,均能认真研求,验其成绩,亦多优美,自应准其毕业,俾回原省各尽义务。除俟届期考试,分别等第,造册另文咨送外,所有附设博物实习科简易班现届毕业缘由,相应咨明。为此,咨呈大部,请烦查照施行。须至咨呈者。

右咨呈

学部

北京大学综合档案·全宗一·卷九十

刘廷琛复福建提学使文

(宣统二年正月十二日)

京师大学堂总监督刘　为咨复事,宣统元年十二月二十八日。准贵司咨,以本堂博物实习科加习一年,补足完全功课。系于何时开课,预计来年何月毕业?咨请查复,以资稽考,等因准此。查本堂附设博物实习科于去冬开课,惟所聘标本模型各教习,其时均未到齐,应以宣统二年正月开学之日起算,扣至本年腊月散学之日止,补足两学期,始行毕业。相应咨复。为此合咨贵司,请烦查照。须至咨者。

右咨

福建提学使司

北京大学综合档案·全宗一·卷九十八

博物品实习科简记

三十三年四月大学附设博物品实习科,即在院西左侧南北楼设置。学习制造标本模型及图画三类,分为完全简易两科,完全科三年毕业,简易科二年毕业。先办简易科。咨由各省提学使暨京师督学局,录送各学堂学生,于七月间考验入学,俾学成后专供中学博物生理等科教员之选。至宣统元年五月,历四学期,两年期满展习一年,赁大学后椅子胡同房舍续办。以刘盥训为博铣科长,邵修文副之,并聘日本野田升平为博物教员,松井藤吉、杉野章、永野定次郎等为助教。宣统二年十一月三年期满毕业。

《北京大学二十周年纪念刊》

七、译书局

协办大学士孙家鼐奏请译书局编纂各书请候钦定颁发并请严禁悖书事

(光绪二十四年五月)

疏云：窃臣查开办大学堂原奏第五节内云，宜在上海等处开一编译局，集中西通才，专司纂译。其言中学者，荟萃经史子集之精要，及与时务相关者编之，勒为定本。请旨颁行各省学堂，悉遵教授，庶可以一趋向而广民智等语。又查原奏内云，将来学堂日有增益，而无所统辖，以至各分畛域，其弊不可不防。伏乞皇上简派大员，管理京师大学事务，即以节制各省所设之学堂等语。是学堂教育人才，首以书籍为要，而书籍考订尤不可不精。若使书中义理，稍有偏歧，其关乎学术人心者，甚非浅鲜。臣观康有为著述，有《中西学门径七种》一书，其第六种幼学通议一条，言小学教法，深合古人《学记》中立教之意，最为美善。其第四种、第五种春秋界说，孟子界说言公羊之学及孔子改制考。其八卷中，《孔子制法称王》一篇，杂引谶纬之书，影响附会，必证实孔子改制称王而后已。言《春秋》既作，周统遂亡，此时王者即是孔子。无论孔子之心，断无此僭乱之心，即使后人有此推尊，亦何必以此事反复征引、教化天下。方今圣人在上，奋发有为。康有为必欲以衰周之事行之今时。窃恐以此为教人人存改制之心，人人谓素王可作。是学堂之设，本以教育人才，而转以蛊惑民志，是导天下于乱也。履霜坚冰，臣实惧之，一旦反上作乱之人，起于学堂之中，臣何能当此重咎？皇上既令臣节制各省学堂，臣以为康有为书中，凡有关孔子改制称王等字样，宜明降谕旨，亟令删除。实于人心风俗大有关系，若夫经书之在国朝，久经列圣钦定，未可妄事改纂，若谓学者不能遍读，古人原有专经之法，至于择其精粹者读之，如朱子小学之例，亦无不可。总宜由管学大臣阅过，进呈御览，钦定发下，然后颁行。子史亦然。如此，则趋向可一、民智可广，而民心庶不至妄动矣。臣愚昧之见，谨专折具陈，不胜战栗屏营之至。谨奏

《光绪政要》卷二十四，《光绪朝东华录》光绪二十四年五月——六月

孙家鼐代梁启超奏译书局事折

(光绪二十四年六月)

臣孙家鼐跪奏，为据呈代奏仰祈圣鉴事。窃据六品衔办理译书局事务举人梁启超呈称，拟在上海设立编译学堂，培养译人，并请准予学生出身等语。又，具呈书籍报纸恳免纳税等语。臣查该举人以前次呈请译书经费，蒙恩加给开办经费等项，感激恩施。冀仰副皇上作人之意，于翻译书籍、培养人才均有裨益。书籍报纸免税，于税饷所减无几，足以沾溉士林。所呈尚属可行，谨将原呈恭呈御览。应否照办之处，恭候圣裁。伏乞皇上圣鉴。谨奏。奉旨已

录。具呈六品衔办理译书局事务举人梁启超呈,

为拟在上海设立编译学堂,培养译才,并请准予学生出身呈请代奏事。窃举人前奉特派办理译书局事务,又蒙加给开办经费等项,感激莫名。译书一事,为育才之关键,我皇上三令五申,郑重于斯。举人敢不勉竭驽骀,仰副圣意。查中国向来风气未开,中西兼通之人实不多观,故前者间有译出之书,大都一人口授一人笔述,展转删润,讹误滋多。故举人此次办理译务,拟先聘日人先译东文。因日本人兼通汉文、西文之人尚多,收效较速。而中土译才甚多,计不得不出此也。今既为经久之谋,自以养译才为急,拟一面翻译东文,一面在上海设立编译学堂。堂中设学生六十人,分为两项,其第一项,系已通中国学问,尝多阅译出各书而未尝通西文者,则以西文教之;其第二项,系已学西文而未通中国学问者,则以中国学问教之。两途并进,则两年之后,学生皆能翻译,不须口授笔述展转为误,而成书可以速且佳矣。查香港、澳门各处通习西文之人不少,惜中学太无根底,不能效力中国,致为洋人所用,殊堪痛惜。今若招致此辈而教之,实可事半功倍,他日成就为用更多又不徒翻译之才而已。伏唯皇上昌明政教,实事求是,除各省官立学堂外,更许臣民自行筹办,务期宏奖风流用意良厚。今举人拟设翻译学堂,上体皇上作人之意,下为译局经久之谋。伏乞请旨准其设立,不胜翘企。再,堂中所拟招第一项学生,多系举贡生监,已通学问能文章者。第二项学生,多系已从香港各处通习西文者。皆属已经成材之人,必有以鼓励之始能乐于来学。拟请旨,许其将来学成出身,与各省之高等学堂一例无几。可以招来淘汰,得人较多。至学堂经费,拟即就译书局款项每月划出若干应用,未能绰有余裕,故堂中教习拟多以上海徐家汇学堂之西人为之。该教士等学问优长,教授有法。举人径与函商,乐于相助,薪水可以从俭,不必计较。伏查大学堂总教习丁韪良,亦系教士,则翻译学堂兼延教士为教习,似亦无妨。他日或教有成效,能得传旨嘉奖,则彼族更乐于效力矣。如此则经费较省,更易集事,合并陈明。所有举人拟设总编译学堂情由。伏乞代奏皇上圣鉴。谨呈

《京报》光绪二十四年七月二十一日

梁启超奏译书局事务折

(光绪二十四年五月)

具呈六品衔办理译书局事务举人梁启超,为恭拟译书局章程并历陈开办情形,呈请代奏事。窃五月十五日奉上谕,新设之译书局由管学大臣督率办理。钦此。同日奉上谕,梁启超着赏给六品衔,办理译书局事务。钦此。旋于五月二十三日,奉到总理衙门札开,将上海译书局改为官督商办,饬将开办日期妥议详细章程,呈送本衙门核定立案等语。除将上海官商合办之译书局章程,遵报总署立案外,所有京师译书局章程,及开办情形,理合呈报,恭请奏明核示,以资办理,谨拟章程十条,开具于后。

一、查原章程第二章,功课分溥通、专门两种。开学之始,自当先以译溥通之书为最急,其中除体操一门原章声明不在功课书内无庸编辑外,其余当分门纂译。

一、查原章溥通学第一门为经学,原奏亦有将经史等书撮其精华之语。唯六经如日中天,字字皆实,凡在学生皆当全读,既无糟粕之可言,则全体精华何劳撮录。可否将经学一门提出不在编译之列。伏乞圣裁。

一、泰西、日本各种学校，皆有修身一科，无非荟萃前言，往行以为熏陶德性之助。今理学门功课书，拟辑宋明诸贤语录文集之名言，分类纂成，使学者读之以为立身根底。

一、掌故学拟略依三通所分门目而损益之。每一门先编中国历代沿革得失，次及现时各国制度异同，使学者参互比较开卷了然，既无数典忘祖之虞，亦得通变不倦之益。查编纂各种功课书之中，以此门为最繁重，其所分门目容再详列。

一、诸子中与西人今日格致政治之学相通者不少，功课书即专择此类加以发明，使学者知彼之所长皆我之所有。

一、初级算学、格致学、政治学、地学四门，悉译泰西日本各学校所译之书，其间有未明晰者自加案语，唯不羼入本文。

一、以上溥通学诸书，必一年以后乃能告竣，专门学各书以次续译。

一、编译各书悉依西例，分为每日一课，外备教习按日督课之用，每课之后用西例附以答问，提挈其最要者，备学生记诵。

一、各书编成译成后，如有余力仍将原书用通俗语编成演义体，务极几近易晓，俾蒙学有所诵习。

一、各书除备送大学堂应用外，其余各省每学堂按送一分，余则以贱价廉售。

以上章程十条，略具梗概，伏乞圣鉴核示遵行。然开办之始，尚有数事当渎陈者，谨胪陈之。

一曰通筹全局请增经费也。凡译专门之书，必须聘请专门之人，无论华士、西士，其通习专门者，声价必昂，每月薪水大约在二百金之谱。依原奏每月千金，不过能聘五人，而局用及纸墨费已无所出。即开办第一年，先译溥通学各书，可以续聘专门之人。然中外掌故学一门极其繁难，非合多人之力莫能纂成，尤非得博学高才之人不能胜任。成书既当从速，分纂必藉多人。窃计最少亦当以十人为率。既为博学高才，则聘请自不易。易京官当差有资可积，故薪水尚能从廉。至外聘各人若太廉，谁肯就？若以每人每月薪水六十金起算，已居原定经费三分之二。至上海、广东，寻常翻译无不每月百金，溥通学译人最少亦须得五人。然则印局一切办事人等，薪水暨纸墨印工不计，而每月千金已不敷开销远甚矣。可否请加增经费每月二千两，庶可以资办理而免支绌。

二曰请拨给开办经费也。查原章，学堂藏书楼、仪器院皆有办理经费。今译书局开办之始，购买印书仪器暨洋文书籍，所费固已不资，而编辑中学功课取材尤当大备。其中掌故一门所据之书最为繁浩，如二十四史、《九通》、《资治通鉴》、《续通鉴》、《大清会典》、《大清通礼》、《十朝圣训》、《东华录》、《国朝耆献类征》等书，卷帙甚繁，编辑之时缺一不可。其余取材于群籍书之中者尚多，既例简义赅岂能因陋就简。然则历代要书必须备列，且编纂时必须批评割补，亦不能借藏书楼之本以应用，故非专购不可。计京师一局购仪器、购洋文书籍、中国书籍，三者非得万金不能开办。伏乞请旨饬下户部，归入大学堂开办经费项内，一并筹拨。

三曰经费求速领也。学堂屡奉旨催办，开学必当在今年，而功课各书开学时即便须用，故译书局之开视学堂当尤急。现时学堂尚未开办，户部所筹经费想未移拨，唯译局则相须甚殷，苟未有确款则无从聘请翻译、分纂等人，必至延误。启超岂能当此重咎。今拟于七月即行开局编译，已向日本东京购得美国学堂初级功课书十数种，次第开译。所有应领每月经费，应请于七月领起。每月须先拨给，以备开支薪水、局各项之用。所请开办经费，如蒙俞允，亦请于七月以前领给,俾资办理,无任迟延。所有启超筹办译书局情形,伏乞代奏皇上圣鉴。再恭绎原折有准其来往京沪等语,启超现拟于月杪赴上海购采书籍、延聘译人,合并呈明。谨呈。

《京报》光绪二十四年七月二十七日

就译书局事上谕

（光绪二十四年六月二十九日）

谕内阁。孙家鼐奏：举人梁启超恭拟译书局章程,并沥陈开办情形。据呈代奏一折,译书局事务,前经派令梁启超办理。现在京师设立大学堂,为各国观瞻所系,应需功课书籍,尤应速行编译,以便肄习。该举人所拟章程十条,均尚切实,即着依议行。此事创办伊始,应先为经久之计,必须宽筹经费,方不至草率迁就,致隘规模。现在购置机器及中外书籍,所费不赀。所请开办经费一万两,尚恐不足,以资恢扩。着再加给银一万两,俾得措置裕如。其常年用项,亦应宽为核计,着于原定每月经费一千两外,再行增给每月二千两,以备博选通才,益宏搜讨。以上各款,均由户部即行筹拨。以后自七月初一日起,每月应领经费,并着预先发给,毋稍迟延。其大学堂及时务官报局,亟应迅速开办。所需经费如有不敷,准由孙家鼐一并随时具奏。至大学堂借拨公所,迭经谕令内务府克日修葺移交,即着赶紧督催,先将办理情形即日复奏。国家昌明政教,不惜多发帑金。该大臣等,务当督催在事人员认真筹办。务令经费绰有余裕,庶几茂矩闳规,推之弥广,用副朝廷实事求是至意。

《德宗实录》卷四二三

上海译书分局为开办情形呈报京师大学堂

（光绪二十八年七月二十七日）

京师大学堂上海译书分局为呈报开办情形事。窃光绪二十八年三月二十六日奉督办南洋公学商务大臣盛　面谕：接准宪台函开：京师大学堂现于上海设立译书分局,拟与南洋公学译书院合办,仍由译书院总校兼管,以一事权等因。当即拟具南洋公学译书院、京师大学堂上海译书分局合办章程六条、大学堂上海译书分局章程十六条,呈由督办南洋公学商务大臣盛　转送察核在案。旋由大学堂委员沈中书兆祉传谕速即开办,并陆续交到经费京平足银二千五百两,遵于四月初一日先行开办,即向日本次第购到应译书籍若干,当经发人包译,兼延分校随时校阅。现计发译书籍,除已译成之日本木鹰村太郎之《东西洋伦理学史》,穗积八束之《国民教育爱国心》、佐藤传藏之《中学矿物学教科书》、藤代桢辅之《垤氏实践教育学》、清水直义之《实验教育行政法》内职员儿童篇、立法司法外政篇外,尚有小林歌吉之《教育行政法》、大濑甚太郎、杉山富植之《儿童教育法》、育成会之《欧米教育观》、泽柳政太郎、立法铣三郎之《格氏特殊教育学》、小山左文二之《教授法各论》、寺田勇吉之《学校改良论》、谷本富之《新体欧洲教育史要》、江口高邦之《独逸教授法》、清水直义之《实验教育行政法》内泛论设备篇各种。惟此后是否仍译教育一门,抑或兼及他类,伏乞钧示祇遵。再,局延用分校司事工役人等所支薪水工食,另具清折附文呈电至总校兼管薪水,虽迭奉传谕开支每月洋银壹百元,仍未取领,合并声明。所有开办情形,现奉札发钤记,理合补行呈报,伏乞宪台察核训示,须至

呈者。（计呈清折壹扣）
右呈
管理大学堂事务大臣张

北京大学综合档案·全宗一·卷二十三

上海译书分局向京师大学堂呈报开用钤记日期

(光绪二十八年七月二十七日)

　　京师大学堂上海译书分局为呈报开用钤记日期。案照光绪二十八年七月初四日奉宪台札开：现在京师译书事宜，业已设局开办。上海所设分局，既经派员常驻，所有支领译费以及应行公事，统归该员禀请办理，以专责成。札发钤记一颗，文曰：京师大学堂上海译书分局之钤记。札到，该员即便收领，将分局译务妥为筹办，仍将开用钤记日期具报等因。奉此，所有译书事宜业经先期开办，兹奉札发钤记，谨于光绪二十八年七月二十七日开用。理合具报，伏乞察核，须至呈者。
右呈
管理大学堂事务大臣张

北京大学综合档案·全宗一·卷二十三

京师大学堂译书局章程

(光绪二十八年)

设　员

　　总译一人，以总司译事。凡督率、分派、删润、印行及进退译员等事，皆主之。分译四人，分司迻译。其不住局而领译各书者，无定数。笔述二人，以佐译员汉文之所不及。校勘二人，即以笔述之员兼之。润色二人，分司最后考订润色及印书款式之事。图画二人，一洋一华，司绘刻图式。监刷一人，主刻刷印行之事。书手四人，司抄录。司帐一人，司支应及发行书籍。

局　章

　　一、现在所译各书，以教科为当务之急，由总译择取外国通行本，察译者学问所长，分派浅深专科，立限付译。
　　二、教科书通分二等，一为小学，一为中学，其深远者，俟此二等成书后，再行从事。
　　三、教科分门，一地舆，二西文律令，三布算，四商功，五几何，六代数，七三角，八浑弧，九静力，十动力，十一气质力，十二流质力，十三热力，十四光学，十五声学，十六电磁，十七化学，十八名学，十九天文，二十地气，二十一理财，二十二遵生，二十三地质，二十四人身，二十五解剖，二十六人种，二十七植物状，二十八动物状，二十九图测，三十机器，三十一农学，三十二列国史略，三十三公法，三十四帐录，三十五庶工，（如造纸照像时表诸工艺）三十六德育，三十七教育术，三十八体育术。

四、所有应译拟译各书,总译应将译价并需时若干,约估开列,以凭分派。

五、译员分住局、不住局二等,住局者给月薪,缴日课,不住局者,视所译之书,难易长短,由总译拟估价目,立合同,约限若干月日缴稿。

六、译员住局者,到局之始,酌给月薪,俟译有成书,如果需时敏捷,文笔通达,即堪印行者,得按照原估书价,匀算酌加。如原书估定译价六百金,该译员以三个月蒇事,而所食薪水,止月五十金者,于月薪外,应予酌增,以资鼓舞而收速效,所加之数,临时裁酌。

七、译员领译之书,估价六百金,月食薪水百二十金,而五个月不能蒇事者,其薪水摊算作减。

八、住局译员稿本,每十日呈阅一次,由总译商改盖戳,其不住局者,分期寄稿。

九、所有翻译名义,应分译、不译两种,译者谓译其义,不译者则但传其音,然二者均须一律。法于开译一书时,分译之人,另具一册将一切专名,按西国字母次序开列,先行自拟译名,或沿用前人已译名目(国名、地名,凡外务部文书及瀛寰志略所旧用者从之),俟呈总译裁定后,列入新学名义表,及人地专名表等书,备他日汇总呈请奏准颁行,以期划一。

薪 俸

总译一员,月薪京平足银三百两。分译二员,月薪京平足银各百二十两;又二员,月薪京平足银各百两。笔述兼校勘二员,月薪京平足银,一六十两,一四十两。润色二员,月薪京平足银各　两,洋图工一名,月薪京平足银　两,华图工一名,月薪京平足银　两,书记四名,月薪京平足银各八两,司帐一名,月薪京平足银三十两。

领译合约

具领译合约某,今由大学堂译书局领出某书,其西名系某,系何氏书本,共若干页,所有条约如左,情愿一一恪遵无辞,须至合约者。

一、是书译费若干两,分为三起收领,一领译时,俟全书译至三分之二,一俟书完。

一、译期限若干,有过期不缴,每月扣全费二十分之一。

一、所译书三期呈验,如译文讹谬无从改削者,即于第一期饬停原书,原款照缴。

一、如译者自请笔述润色,不得于定费外,率请添给。

一、原稿须誊清缴局,以便考订付印。

一、译文中经总译签出,应行订改之处,译者照改无辞。

一、原书有可行删节者,须先向总译陈明,方准从略。

一、书中所有名目,须另具册簿,将洋文开列,呈请总译鉴定,如有未妥,另行考订改正,某年月日某谨具。

章程条说

一、翻译书籍,谨遵原奏,专备普通学课本之用,应取西国诸科学,为学堂所必须肄习者,分门翻译,派员办理,是为译书处。

一、翻译课本,拟照西学通例,分为三科,一曰统挈科学,二曰间立科学,三曰及事科学。

一、统挈科学课本,分名数两大宗,盖二学所标公例,为万物所莫能外,又其理则妙众虑而为言，故称统挈也。名学者，所以定思想语言之法律、数学有空间时间两门，空间如几何、平弧三角、八线割锥，时间如代数、微积之类。世谓数学为西学权舆，诚非妄说，但今所取译，务择显要，用以模范学者之心思，且以得诸学之锁钥，至于探颐索隐，则以俟专门之家，非普通学之所急也。

一、间立科学课本者，以其介于统挈及事二科之间，而有此义也。间科分力、质两门。力，如动静二力学水学声学光学电学；质，如无机有机二化学。此科分于人事最为切要，而西书亦有浅深。今所译者，以西国普通课本为断，其他繁富精深之作则以俟后图。

一、及事科学课本者，治天地人物之学也，天有天文，地有地质，有气候，有舆志，有金石，人有解剖，有体用，有心灵，有种类，有群学，有历史，物有动物，有植物，有察其生理者，有言其情状者；西籍各有其浅深，今所译者，则皆取浅明，以符普通之义。

一、以上三科而外，所余大抵皆专门专业之书，然如哲学、法学、理财、公法、美术、制造、司帐、御生、御舟、行车之类，或事切于民生，或理关于国计，但使有补于民智，则亦不废其译功。

一、编译宗旨理须预定，略言其要，一曰开瀹民智不主故常，二曰敦崇朴学以救贫弱，三曰借鉴他山力求进步，四曰正名定义以杜杂庞。

一、各门课本，拟分两项办法，一最浅之本，为蒙学及寻常小学之用，一较深之本，为高等小学及中学之用。惟两项课本，相因为用；详略之间，宜斟酌妥善，不当过涉重复，至精深宏博，西国各有专籍，大学各有专师，则所谓专门之学者尔。

一、蒙学课本，及中学分班课本，西国皆有类函专书，俟办到后，急行分译成书，以便颁行各省。

一、译书处，经已奏明办理，除派总办一员外，拟先派分译四员，笔述两员，各听所长，分别认译，分译各给书手一名，总办处给书手二名。

一、如有才任分译，而身膺职差，不能派令住局者，应准限期定价、领译各书，领译者，由总办与之订立合约办理。

一、分译诸员，多通英文，其所译者，亦皆英文原本，如以后觅有法、德、义〔意〕班诸文高手，应准随时添派，以收转益多师之效。

一、原奏译书事宜，与两江湖广会同办理，但外省所译者，多系东文。今拟即以此门，归其分任，庶京师译局，可以专意西文，间有外省翻译西文之书，应令于拟译之先，行知本处，免其重复，成书之后，咨送一部，以备复核，庶于原奏一道同风之语，不至背驰。

一、分译暨笔述各员，应常川住局，译事不得随意作辍，每遇星期，将所译稿本，汇呈总办处复核。

一、译书遇有专名要义，无论译传其意、如议院航路金准等语，抑但写其音，如伯理玺天德、哀的美敦等语。既设译局，理宜订定一律以免纷纷，法于所译各书之后，附对照表，以备学者检阅，庶新学风行之后，沿用同文，不生歧异。

《教育世界》第五十九期

八、分科大学

学务大臣奏请设分科大学折

（光绪三十一年十一月初九日）

再，本年七月十五日，大学堂总监督张亨嘉奏，京师分科大学亟应择地建置一折，并片奏请旨饬下。臣等派员勘地，均奉旨学务大臣议奏，钦此。

原奏内称：京师既设预备科，各省高等学堂亦经开办，一二年后毕业之优等生均升入分科大学，拟请饬下学务大臣妥议办法等语。查奏，定大学堂章程分列八科，目前骤难全设，拟先设政法科、文学科、格致科、工科，以备大学预科及各省高等学堂学生毕业后考升入学，此外四科，以次建置。大学堂规模宜求完备合法，已于奏定学务纲要内列有专条，自应照章兴筑，以免临时贻误。又原奏内称，大学八科需地甚广，遍查内城南城以内，均无空旷合用之地，惟广安门外瓦窑有地一所，德胜门外有地一所，广轮之数均合程度等语。臣等查德胜门外及瓦窑地方，均在郊外，必须俟禾稼收获之后丈量，始能明晰，旋于九十月间迭次派员前往分别丈量。勘得德胜门外旧有操场一大段，东西相距四百八十丈，南北相距四百一十四丈，比之瓦窑地方宽广几多一倍。此项操场向为武举会试操练弓马之地，武试试停，此地久归闲旷，臣等拟恳圣恩，将德胜门外操场地方赏给大学堂，先办四科，将来添设别科，亦有地可用。瓦窑地方则留以专办农科。查农科需地较广，万不能与各科并设一处。日本农科亦系另设。该地宜于种植，以之专办农科亦属相宜。至办理此项工程，非熟悉学堂规制者，不能建造合法。臣等一再斟酌，查有候选道朱启钤，守洁才优，于建筑之学确有心得，该员现在天津当差，直隶督臣袁世凯派令承办局所各工。但此项大学堂工程尤关紧要，无人监修，惟有仰恳饬下，袁世凯即饬该员来京筹办，责令一手经理，必能款不虚縻，建造合法。约计工程非逾两年不能竣事，需用专款，拟在学务处实存项下，竭力筹拨。至工程竣后，开办大学分科所需常年经费，再由臣等预商各省督抚，通筹办法，以规久远。所有遵旨议复，先建大学堂四科，妥筹办法，并恳恩赏给操场地方各缘由，谨附片奏陈，伏乞圣鉴。谨奏。

《时报》光绪三十一年十二月初一日

学部奏请设分科大学折

（光绪三十四年七月二十日）

学部奏。查奏定学堂章程内，开京师大学堂为各省弁冕。规模建置，当力求完善，以树首善风声，早收实效等语。现在京师大学预科学生，本年冬间即当毕业，自应遵章筹办分科，以资深造。查分科大学列为八科，经学、法政、文学、医科、格致、农科、工科、商科，皆所以造就专门治人才，研究精深之学业，次第备举，不可缺一。所有分科大学开办经费及常年经费，允宜指定的款，分年筹办，以宏造就。明知财政困难，度支奇绌，应办之新政待款方殷，水旱之遍，灾赈需尤亟。但念人才为百事之根本,现在整饬吏治,筹议边防,储备外交,振兴实业,若不养成以上各项人才,则虽曰言变法,黾勉图功,恐事事乏才,断无成效。臣之洞与臣载泽等再三商酌,内顾物力之艰难,远维树人之大计,分科大学实难缓办。虽东西各国大学规模宏廓,用费动至千百万计。而就中国现在财力与部库拮据情形,只宜撙节动用,徐图推广。拟恳天恩准由度支部拨给开办经费二百万两,分为四年拨给,每年五十万两,俾资应用。仍分年筹拨,应付或不至为难,而建筑设备所需,更可以从容筹备,逐渐扩充,以仰副朝廷兴学育才之至意。又奏,大学分科,明年必须设立,以备高等学生升入之地。按照奏定章程,大学应分设八科,一经学、二法政学、三文学、四医学、五格致学、六农学、七工学、八商学。门目均属紧要,缺一即不完备。查德胜门外校场地方,前经臣部奏蒙恩准拨为分科大学之用,当经派员详细勘估,圈筑地基,绘具图式,分建各科大学。该处地方广阔,远隔市廛,以之建造经、法、文、医、格致、工、商等七科均属敷用。惟农科大学应以附近林麓、河渠之地为宜。该处地势高旷,林泉缺乏,不甚合用。臣部复经咨由步军统领衙门派员履勘,查有阜成门外望海楼地方,苇塘官地约计十六七顷,南〔北〕甚狭,东西较长,若就其地势开浚沟渠,堪为农事试验场之用。附近民地亦可设法购买,建筑农科大学。惟该地段系归奉宸苑收租,当经商明该管理王大臣,堪以拨归臣部应用。拟恳天恩允准赏给臣部作为开办农科大学之用,出自鸿慈。又奏,分科大学现拟开办,兹当图始之时,举凡审定规制、建筑堂舍、厘订学科各事宜,极为繁重,亟应派员出洋考察,以资参证。兹查有翰林院编修商衍瀛、学部专门司主事何燏时,均在大学堂办理学务,条理秩然。拟即派遣前往日本考察大学制度,其一切建筑设备事宜,亦即详细调查,以期斟酌适宜,克期开办。往返日期以两个月为限,即由臣部发给川资,以利遄行。得旨,如所议行。

《光绪朝东华录》,光绪三十四年七月

大学堂为开办分科大学致学部呈文

(光绪三十四年十月初四日)

京师大学堂总监督刘　为咨呈事。案照本学堂师范、预备两科学生今年年终毕业,亟应开办分科为升学之地。迭经本总监督往复筹商,兹酌拟条议三条,除第二条业经商部准加《四书》及《大学衍义》节本、《大学衍义补》节本功课,谨当遵照办理外,其第一条典礼重大,应请详议具奏。第三条为入手办法,急待布置。一切相应备文咨呈大部查核,示复遵行。须至咨呈者。

计开

一、崇典礼　大学堂者,古之太学。谨按古学礼有云:帝于太学,承师问道,则百姓黎民化缉于下。诚谓国家重学,所为端厥政本,非加以隆礼不足焕民耳目也。历代帝王皆有临幸太学之礼。钦定大清通礼,凡亲诣太学释奠、临雍释奠、临雍讲书诸典极为隆重。自裁国子监祭酒而置国子丞,由是大学堂专为教学之地,国子监专为祠祀之地,而礼意浸微矣。日本东京大学开学、毕业,国主皆亲临,以示优崇,似得我国临雍视学之意。中国为秉礼名邦,今开办分科大学,海内具瞻,拟请奏明开学及毕业之期,恭请皇上亲临视学,以光释奠。讲书之典而植化民成俗之基,斯中外观听一新,足使士民动尊君亲上之忱,学校亦立见鼓舞振兴之象。请旨饬下会议临幸典礼,以备举行。

一、定宗旨　学者，人才风俗所自出。今中国贫弱已甚，诚宜专精科学以致富强，然非维以道德，则本实先拨；艺文虽良，隐忧终巨。大学之道，格致修齐。周官之教，德行道艺，本末粲然，犹可窥先王教士微意。窃谓分科求专精之学，均以道德为本。使他日得一人即收一人之效。此宗旨不可不亟定也。查奏定章程，经科各门须补助外国语文六小时，其余各科无兼习经史之晷，他日中学与各科不相入，必有党同伐异之见。且大学设为法政各科，原冀造成远致之材，允宜泽以诗书之气，俾其性情器识一归于中和正大，方不负造士初心。或谓，经学列为专科，已可无虞荒弃，不知经者，列圣修己冶人之书。语其常，则水火菽粟；语其大，则日月江河。精义所存，实以饬伦纪之常而树治平之业。至于历代之史儒先之书，皆足增益智识，陶养德器。近人竟言保存国粹，几视经史为商彝周鼎，转归无用。愚见当使学者知为须臾不可离之，故日加以涵濡餍饫之功，自渐得范围曲成之妙。不然，虽空言道德，何补也？伏读光绪三十二年十一月上谕，各种科学固应讲求，经史国文尤为根底，断不宜有所偏废。又十二月上谕，学术、人心关系重大，培养通才，首重德育。圣谟宏远，钦仰莫名。兹值分科设立之始，拟于政法以下各科，择经史儒先之书，酌加时间。俾各科学生根底、道德养成大器，庶隐合先王德行道艺之旨。而人才风俗亦蒸蒸日上，自不为奇邪所动矣。

一、筹办法　东西列国大学气象壮伟。今兹大学为海内弁冕，首当力求完善。兹拟规全局者一，筹次第者二。查奏定章程，大学八科共四十六门，惟农科须水泽便利，业经大部奏准望海楼地方另行建设。其余七科，于德胜门外操场建置。凡基址、讲堂、斋舍、场圃之规制，图书、仪器、标本、模型之设备，均应划定区域，按科筹定，绘列全图。断不容狭隘规模，以树京师首善之风声而立百年树人之大计。此规全局也。惟本学堂预科毕业学生仅百三十余人，师范能入分科者仅数十人。各省高等学堂尚无毕业者。拟就各生学业相近，择设经科之尚书门、三礼门、春秋左传门，文科之中国史学门、中国文学门，格致科之化学门、物理学门，工科之土木工学门、机器工学门、采矿冶金门，计共十门，俟各省高等毕业有人即随时量为补设，逐渐推广，以规大学之全，此筹学科之次第也。开办经费，前经筹定二百万金，分四年划拨。则建筑之计，势不容不分别经营。拟先建格致科、工科完全校舍，而各科权宜附入之。其余按图接续兴筑。迨各省生徒渐盛，全学亦可告成。日本东京大学前后经营几三十年。我国但能守定计划，贞固不渝，不数年而蒸蒸蔚成完备之大学，亦云盛矣。此筹建筑之次第也。抑本总监督尤有请者，今中国库款绌、民力竭矣，分科之设造端宏大，经费不赀。惟有事事崇实以力矫新政虚糜之弊，建筑则取其坚，不取其华；用人则惟其事，不惟其备。即购置各器，必求合实用而不先为不急之需。庶务事宜，必慎选廉士而不稍染官场之习，当用者虽亿万不惜；当节者虽百十必谨。庶人人有重视大学之心，不敢滥竽其地，学生耳濡目染，亦不至习为虚夸。盖大学规模不可不宏，而名实不可不核，此尤开办之初所当力端厥恉者也。以上系筹办大概情形，至建筑设备详细章程，容随时再行酌拟。

右咨呈

学部

学部复吏部本部遴员派充分科大学监督系属兼差不作实官文

（宣统元年三月初十日）

为片复事。准吏部文开，学部闰二月二十五日具奏遴员派充分科大学监督一折，奉旨，依议。钦此。钦遵在案。查该员等，是否作为实官，系何品秩，并应否开去底缺希即声复过部等因前来，查本部遴员派充分科大学监督系属差使，并未奏明作为实官。相应片复查照办理可也。须至片也。

《学部官报》第八十九期

学部奏筹办分科大学情形折

（宣统元年十一月二十九日）

学部奏：筹办京师分科大学情形。

一、学科。除医科，须俟监督屈永秋到堂，再行妥筹办理，计经科、法政科、文科、格致科、农科、工科、商科，分门择要先设。

一、职员。查奏定章程，每科监督之下，均设教务、斋务、庶务等提调。现科目既未全设，教务或两科设一员，或以监督兼摄；其庶务、斋务均设总提调一员。惟农科一项，另于望海楼地方开办，兼设试验场委员一员，以资经理。

一、教员。现在拟设中外教员，经科八人，法政科七人，文科六人，格致科五人，农科三人，工科四人，商科三人。又随意科酌设教员数人，以足敷教授为限。

一、学生。现在预备科不敷分布，优级师范及译学馆毕业学生，愿入者自应分别考选。

一、校舍。德胜门外校场地方，奏准改建有案，自应及时兴筑。惟工巨需时，未便旷日久待，暂就内城马神庙大学堂略加扩充，先行开办，赶于明年二月开学。从之。

《宣统政纪》卷二六

学部奏筹办京师分科大学并现办大概情形折

奏为筹办京师分科大学，谨将现办大概情形恭折具陈仰祈圣鉴事。本年闰二月间，臣部具奏分年筹备事宜单，开本年筹办分科大学，经宪政编查馆覆核奉旨允准。又，本年五月间，臣部奏请遴派分科大学监督一折，奉旨依议。钦此。均经分别行知钦遵在案，嗣各监督先后到堂，会同大学堂总监督刘廷琛，将应行筹备事宜详加商榷。开办伊始头绪繁多，所需各科教员，或向各省商调，或向各国函订，往返尤费时日。数月以来，布置粗有眉目，惟医科监督屈永秋因在北洋管理医院，尚有经手未完事件，未能到堂。该科一切应办事宜，须俟该监督到堂任事后，再行会同总监督妥筹办理。其余各科约计明年二月均可开学，谨将现在筹办情形为我皇上缕晰陈之。

一、学科。查奏定章程，经科原分十一门，现拟先设毛诗学、周礼学、春秋左传学三门，而以四书为通习之课。法政科原分法律、政治两门，现拟全设。文科原分九门，现拟先设中国文一门、外国文一门。格致科原分六门，现拟先设化学一门、地质学一门。农科原分四门，现拟先设农学一门。工科原分九门，现拟先设土木工学一门、采矿及冶金学一门。商科原分三门，现拟先设银行保险学一门。以上各科各门均兼习四书及《大学衍义》、《衍义补》节本，以正趋向而厚根柢，此现拟设置学科之大略也。

一、职员。查奏定章程，每科监督之下均设教务、斋务、庶务等提调，现在科目既未全设，学生亦尚不多，教务提调一差，视事之繁简或两科共设一员，或暂以监督兼摄；其庶务、斋务均设总提调一员，俟将来科目一律完备，学生人数增多，再照定章按科分设。至文案、杂务、监学、检查各员，亦可减则减，可并则并，均俟新校落成后，查看情形再随时酌量增设。惟农科一项，另于望海楼地方开办，除庶务、斋务提调应先酌设外，暂设试验场委员一员，以资经理。此现拟设置管理员之大略也。

一、教员。查奏定章程，每一专门学科均设正副教员。现在经科拟先设毛诗学教员二人，周礼学教员二人，春秋左传学教员二人，四书学教员二人；法政科拟设本国教员三人，英文正教员一人，副教员一人，法文正教员一人，副教员一人；文科拟设中国教员三人，外国教员三人；格致科拟设化学正教员一人，副教员二人；地质学正教员一人；农科拟设农学教员三人；工科拟设土木工学正教员一人，副教员一人，采矿及冶金学正教员一人，副教员一人；商科拟设本国教员一人，英文正教员一人，副教员一人。又各科所设之随意科酌设教员数人，但以足敷教授为限。此现拟分配教员之大略也。

一、学生。查奏定章程，高等学堂第一类学生为经、法、文、商等科之预备，第二类学生为格致、工、农三科之预备。惟现在预备科毕业学生不敷分布，而优级师范及译学馆毕业学生愿入分科者甚多，本为定章所许，自应分别考选以励深造。现拟经科除大学堂预备科毕业生志愿请入外，并查照臣部本年五月奏案，以各省保送之举人优拔贡考选升入。法政科以师范第一类学生及译馆毕业学生预科法文班学生升入，文科以师范第二类、第三类学生升入，格致科以预科德文班学生升入，农科以师范第四类学生升入，工科以预科英文班学生升入，商科以译学馆学生及大学堂师范第一类学生升入。此外各省如有咨送高等毕业生，俟举行升学考试时各按学科程度分拨肄习。此现拟分配学生之大界也。

一、校舍。查德胜门外校场地方改建分科大学，曾经前学务大臣于光绪三十一年十一月奏准有案，自应及时兴筑，惟工巨需时，本届升学之学生未便旷日久待，现拟将经、法、文、格致、农、工、商七科暂就内城马神庙大学堂内，略加扩充先行开办，其德胜门外校场地方已由臣部派员督同工程师测量地基、绘具图说，来岁春融即当刻日兴工，以期不误下半年迁移之用。其望海楼地方开办农学一门，现亦勘地划界，一俟地址勘定，即先行建筑场舍以应就近实验之需。此现拟预备校舍之大略也。

以上五端皆现时筹办实在情形，据大学堂监督刘廷琛咨呈请奏前来，臣等伏查创办分科大学为臣部筹备宪政第二年应办要件，现时因德胜门外校舍规划初定，尚未动工，先就现在马神庙之大学堂内扩充开办，所拟学科职员教员学生办法均尚切实，应即照议开办，赶于明年二月先行开学。至经费一项，所有建筑设备业经臣部会同度支部，奏准分年筹拨，惟常年经费尚无的款。其第一年经费暂由臣部体察情形咨商度支部，奏明办理，总期事皆核实款不虚糜，以仰副朝廷兴学育才之至意，所有筹办分科大学略办法并现办情形，理合恭折具奏伏乞皇上圣鉴谨奏。宣统元年十一月二十九日奉旨,已录。

《直隶教育官报》第一期

学部奏分科大学开学日期片

(宣统二年二月)

　　京师分科大学,迭经臣部商同大学堂总监督刘廷琛筹划开办事宜。数月以来,规模粗具,曾于上年十一月,将大概情形奏明在案。现在中外各科教员均已到堂,应行升学各生,业经详加考验,分别录取。兹定于本月二十一日行开学礼。据该监督咨呈请奏前来。谨附片具陈伏乞圣鉴。谨奏。宣统二年二月十五日奉旨:知道了。钦此。

《学部官报》第一百十八期

九、其 他

同文馆归并大学堂谕

(光绪二十七年十二月初二日)

昨已有旨饬办京师大学堂,并派张百熙为管学大臣。所有从前设立同文馆,毋庸隶外务部,著即归并大学堂,一并责成张百熙管理,务即认真整饬,以副委任。

《德宗实录》卷四九一

奏设仕学馆

(光绪二十八年正月初六日)

奏请开设京师大学堂仕学馆折,见本书第二篇《开办京师大学堂谕折。张百熙奏筹办京师大学堂情形疏》。

张百熙为大学堂变通办法及器物免税事奏折

(光绪二十八年十一月十九日)

管学大臣张百熙奏:同文馆归并大学堂,变通办法,并请将学堂应用书籍仪器等物一律免税,下外务部议。寻奏:同文馆归并大学堂,所以斋制度而一趋向。今该大臣奏请变通办法,是将同文馆翻译学生与大学堂各项学生,显示区别,似非朝廷甄陶广被之意。应请由大学堂速成预备两科中,择其少年质敏,洋文已有门径者,作为翻译专科,于肄习普通学外,分习各国语言文字,卒业后一体予以出身。嗣后本部及出使大臣、各省督抚咨取译员,并各处学堂延订教习,即以此项学生为上选,不必沿同文馆名目,亦毋庸另行招考。至一切章程,应如该大臣所奏办理。其经费一节,查俄华银行余利,除俄文学堂每年拨银二万余两外,其余尽数拨交大学堂应用。又查,向章本有官物免税之条,大学堂需用物件,自可照官物免税。从之。

《清实录》光绪二十八年十一月下

大学堂编书处章程

(光绪二十八年)

一、编纂书籍,谨遵原奏专折,普通学课本之用,应取中国学问为学堂所必须肄习者分门编辑,派员办理为编书处。其西学各项课本,俱由译述西书,应归译书处一手办理。

一、编纂课本,拟按照中小学课程门目分类编纂:一曰经学课本,二曰史学课本,三曰地理课本,四曰修身伦理课本,惜曰诸子课本,六曰文章课本,七曰诗学课本。

一、经学课本，除《四书》、《五经》分年诵习外，其诸家注释，拟编纂群经通义一书，略仿《尔雅》之例，天地人物，礼乐政刑，类别部居，依次序列，务取简赅，不求繁富。其大义微言，师承派别，亦区分门目，略加诠次，要必符乎普通之义，取资诵习，为通经致用之先，无取乎汉宋、专家探微骋博之业也。

一、史学课本，拟以编年为主，删除繁琐，务存纲要。史家论断，所以明是非而别嫌疑，于人事至为切要，拟就先哲史论文集精为择取，或逐条系附，或另卷编列。

一、地理课本，拟区分行省、府、厅、州、县。凡经纬度数、山川形势，户口丁漕、驿传道路、关榷税款、物产工艺，备载大略。惟地图一门，率多旧制，绝少采择。除参用洋图外，拟俟将来各州县学堂遍设之后，略取冯氏抗议绘图之法，由各本地学堂谙悉测绘之人分制详昭，以备肄业之用。（注：西国小学堂地理一门，必先习本乡地理。）

一、修身伦理，拟分编修身为一书，伦理为一书，均略取朱子《小学》体例，分类编纂。

一、诸子课本，考周秦诸子为后世各种学派所自出，犹泰西学术必溯原于希腊七贤。今拟提要钩元，汇为一集，支条流别，灿然具陈。至古书诘屈，通晓非易，现董则文字取之国朝校勘诸家。

一、文章课本，溯自秦汉以降，文学繁兴，挈其大端，可分两派：一以理胜，一以词胜。凡奏议论说之属，关系于政治学术者，皆理胜者也。凡词赋记述诸家，争较于文章派别者，皆词胜者也。兹所选择，一以理胜于词为主，部析类从以资诵习，冀得扩充学识，洞明源流。凡十家八家之标名，阳湖桐城之派别，一空故见，无取苟同。

一、诗书课本，拟断代选择。自汉魏以迄国朝，取其导扬忠孝，激发性情，及寄托讽喻，有政俗人心之关系，撰为定本，以资扬扢。本兴观群怨之宗风，寓敦厚温柔之德育，亦古人诗教之遗也。

一、编纂宗旨，必须预定。今略举其要：一曰端正学术，不堕畸邪；二曰归于有用，无取泛滥；三曰取酌年限，合于程途；四曰博采群言，标注来历。

一、各门课本，拟分两项办法：一最简之本，为蒙学及寻常小学之用；二较详之本，为高等小学及中学之用。惟两项课本，相因为用，详略之间，宜斟酌妥善，不当过涉复重，至精深完博，则原则具存，以待专门学堂自行抉择。注：东西各国，自高等普通至专门，皆由教习口授，无课本。

一、蒙学课本，关于教育之基础，亟宜考求。查南省各处所编蒙学报，颇有足资采择者，拟购调齐全，核定增减，成一定本，颁行各省，庶有遵循。

一、以上所拟各条，皆粗举崖略。俟各分纂订定后，由堂商定详细例言。

一、编书处既经奏明办理，自应克期开办。除总办两员外，拟经学一门，派分纂两员。史学一门，派分纂两员。地理一门，派分纂两员。修身伦理一门，派分纂两员。诸子一门，派分纂一员。文章一门，派分纂一员，诗学一门，派分纂一员。每员各给书手一名。总办处给书手四名。

一、蒙学课本调齐后，应补应改，亦颇繁重，拟派分纂两员，并给书手两名。

一、编书处书籍繁多，及纂学各编，均须有会归之处，拟收掌官一员，凡查调书籍，收拾编稿，均归管理以专责成。

一、原奏编书事宜，与两江湖广会同办理。现在拟以上所列何门，归外省分任，应请管学大臣酌示,以便订定分纂员数。
　一、分纂各员,应常川驻局编纂,逐日限定功课,不得随意作辍。每日于酉刻将所纂各条汇交总办处复核增减,再行编定。
　一、编纂之事抉择精严,而采览务极宏富。其中应用各项书籍,除官书局原有之本可以随时调取外,其余未备之籍必须补购;应准陆续添补,随时给价。
　一、编纂之外拟兼采访。其中学经史地理子集诸门及蒙小学堂各项课本,如有宿儒通识,游学高材纂著译述之本,均拟广为甄录,借补缺遗。其或属草未成,亦可邮寄例言,互相商榷。务期集思广益,巨细无遗,相与有成,以臻美备。

《政艺丛书·政书通辑》卷四

第四篇　教学与管理

一、各项具体条规

京师大学堂规条

（光绪二十四年十二月）

一、崇敬先师，于学堂正厅安奉至圣先师孔子牌位。春秋丁祭，管学大臣、汉总教习、总办、提调、分教习、仕学院诸员率各堂学生致祭，行三跪九叩礼。每月塑望，提调、分教习率各堂学生行三跪九叩礼。开学之始，管学大臣至学生，皆于先师神位前行三跪九叩礼。

一、学堂大门启闭：夏季卯初开锁，戌正落锁；冬季日出开锁，戌初落锁。其钥匙交住堂之提调收存。开闭时亲往验视锁钥有何弊端，须留意防范。已闭之后，未开之前，一切人等不得出入，有公文要事，须回明提调酌行，违者重惩。

一、中文分教习功课，定夏季辰初上堂，午初散堂；冬季辰正上堂，午正散堂，不得迟误分毫。

一、每日用膳时刻，夏季午正早饭，酉正晚饭。冬季午初早饭，酉初晚饭。

一、上堂既定有时刻，届时击梆一次齐集，功课已毕，击梆散堂，不得故意迟延。

一、凡提调、分教习各员分内之事，不得推诿；分外之事不得侵越。当由管学大臣、总教习定其权限，以期责有攸归，如有贻误，一人承担。

一、开办之始，大局所关，在事各员，宜体验时事艰难，以副皇上教育人才之至意，务宜力除积习，不可以此为应酬情面之举。此举而善，将来成效可观，办法益可推广；所举而不善，则众论不孚，将来窒碍者又不止学务而已，此全在任事诸君子，大公无我，不得丝毫徇情。

一、每日到堂，无论提调、教习、仕学院官轮一人，宣讲四书经书一段，或资政要览、劝善要言五种遗规均可，宣讲者上座，同学者只肃静听，然后读书，学生中有能宣讲者，亦可由教习选派。

一、学生斋舍约分十人为一斋，每斋由本斋学生公举斋长一人，如学生有犯学规各事，由斋长据实举发，其有包庇与诬告者，一经查出，反罪斋长。

一、小学堂学生专归分教习约束，每位约束十人，教习学生住宜相近。

一、记诵词章不足为学，躬行实践乃谓之学，五经四子书如日月经天江河行地，历万古而常新，又如布帛菽粟不可一日离。学者果能切实敦行，国家何患无人才，何患不治平，虽胜残去杀皆可做得到，岂仅富强云尔哉！学人能贯通群经固好，否则专治一经，余经但随时涉猎，通其大意亦可。

一、原议学生分为两项，均准入学肄业。查内阁人员、庶吉士以及小京官笔帖式，虽为谕旨所未及，固当与编检司员一体入学，至于举人，已经拣选知县者，与候选知县同，亦宜概准入学，以副圣朝乐育人才之意。

一、学额旧定五百名，现在陆续报名已大过原额，拟先行考试。凡非正途出身，应考验其文理，以定去留。至于举班及优拔贡朝考录用者，即可经准入学，不必再加考试。

一、初次甄别点名扃门盖戳不继烛，均照考试章程办理，考生接卷入座后，由管学大臣总教习当堂出题，分制艺、策论，听作一艺即为完卷，如未经开笔，令默写经书一段，约以百余字为率，不错不落即为完卷。

一、先经报名而现不在京者甚多，以后均准其随时报到，续行收考。

一、住京八旗人员宽加收录，如学业尚浅而心地忠实者，可留入学堂，以开风气而造人才。

一、学生到学堂后先习中学十许日，由教习、提调悉心察看，如其人志在兵学或可习制造枪炮等事者，令习俄德文；其性于公法条约为近者，令习法文；欲习农工商等务者，令习英文及日本文。如此则以后再延专门之教习，亦易为力。

一、到学三月以后，由提调、教习各具册一本，考察其勤惰优劣，有不率教者开除，务须详为登记，互相考核，不得瞻徇情面，意为进退。

一、凡在学肄业者统以三年为期满，其完娶丁艰患病，去则出额，还则补额，仍扣足三年为期，期满之后，由管学大臣总教习切实考验，果能品学兼优，照同文馆南北洋章程酌请奖叙，如有苦心孤诣，志在究极精博，期满愿留者，亦由管学大臣、总教习考验属实，方准留学，此等学成具奏保奖。

一、仕学院以百员为额，四十人住堂为正班，六十人不住堂为外班。

一、年在二十以外之大员子弟、八旗直省各项荫生兼袭云骑尉、恩骑尉之文生，五、六、七品之京外官，举拔优廪增附贡监以二百人为额，百人住堂为正课，百人在外应课为附课。

一、年在二十以内之大员子弟、候选之京外官、官学生廪增附监生例贡生京官子弟，以六十人为额。以上两项正课出额，附课接补，其正途不加甄别者，以报名册先后为序。其非正途者，则以此次甄别等第为先后。

一、每月考课拟就西学放假之日，分制艺试帖为一课，策论为一课，一月两课，由管学大臣、总教习出题，提调、分教习轮班监视，交卷后评定甲乙，仍由管学大臣、总教习复看。

一、初入学堂之始，考试一次按其造诣之浅深，分为头班、二班、三班，嗣后月课各为一榜，一榜之上，前列正课等第，后列附课等第。取优等者酌给奖赏，其屡列优等者按班递升，屡列下等者递降。

一、中西学分途考试等第，各分高下，两不相碍。

一、入仕学院者不责以月课，如有愿应月课者听其自便。

一、仕学院愿习洋学者，从洋教习指授考试。愿习中学者，自行温理旧业，惟经史、政治、掌故各项，务宜专认一门。每日肄习何书，涉猎何书，均应有日记，有札记，以资考验。

一、学生观书如有疑义，随时向分教习质问，不得有意为难。若须他书参证，准阁条向藏书楼调取，阅讫缴还。

一、每日肄业暇时，必有体操功夫以养身，仿古人藏休息游之意。

一、功课无所考核无以分勤惰。宜分经义、史事、政治、时务四条按日札记，但取自抒己见，不论文幅短长，翌日上堂呈分教习评阅。分教习另立一簿，记其优者双圈，次者单圈，再次尖圈，又次一叉，按月交提调呈总教习察核。

一、学校分班最为要义，不持以区别为鼓励，且使同班功课一律，不至参差。似宜就原议详加分析，凡中学已通，而西学又知门径者作为头班；中学已通而西学尚不知门径者作为二班;其仅通中文而未通中学者作为三班;其中文尚未通者,则与原议十六岁以下,十二岁以上诸生同归入小学堂内。其分班之处,入学时由教习等切实考验分派,庶循序而进,不至凌节而施。

《万国公报》卷一百二十,朱有瓛《中国近代学制史料》第一辑下册

京师大学堂禁约

(光绪二十五年二月)

　　大凡诸生入学,各宜自重,努力向上,造就有体有用之材,庶堪报效君国。若颓废自甘致遭屏弃,岂不可惜?兹立禁约若干条,明白揭示,入学者触目惊心,是为至要。

　　一、酌给余假,每月三日,例假之外,如教习、学生家有要事,拟给余假三半日,所差功课还学补足。

　　一、学生例假外,因事乞假,不得专以本生口说为凭,须由家长声明何事乞假,如家长不在京,则本生自行声明,由同斋诸生作保,方准给假。

　　一、学生出入必有稽查,由杂务处派一供事经管,立一簿记,出入皆登记时刻。

　　一、学生不准沾染习气,吸吕宋烟、纸卷烟,外面衣服不得用异色镶滚,违者均记过。

　　一、学生非寻常日用之物,不得携入学堂。

　　一、学生起息,皆有定时,凡早起夏卯初、冬日出,晏息夏戌初、冬亥正,息后由斋长传知,一概息灯。

　　一、学生必须盥洗洁净,衣服正齐,若使随意污秽,实为不敬,犯者记过,屡犯者斥退。

　　一、戒言语淆乱,凡同堂言语,必俟一人说话既毕,答者已尽,然后他人可接次问答。若两人一齐说话,必至声音嘈杂,淆乱不清。至在师长前执经问难,尤当有条有理,不可抢前乱说,致涉躁妄之愆。声音高下,亦当有节制,此事有关学养,最言切戒,违者纪过。

　　一、戒咳唾便溺不择地而施,屋宇地面皆宜洁净。痰唾任意,最足生厌,厅堂斋舍多备痰盂。便溺污秽,尤非所宜,是宜切记,违者记过。

　　一、行走坐立以长幼为序,不可抢先,违者纪过。

　　一、学生衣服行李等件,自行正理,不准携带跟人,以习勤劳。其斋中杂役,有不服使唤,不安本分者,由斋长回明杂务处申斥,重者革退。

　　一、每饭后散步一、二刻,同学者质疑辨难,可在此时,但不准放言高论,致涉浮嚣。过此,各理功课,不准彼此往来,旷误废学,若有三五成群弹唱放纵者,记大过。

　　一、学生不准吸食洋烟、酗酒、赌博、争詈、殴斗,违者斥退。

　　一、不准谈话邪淫,簸弄是非,违者戒斥,屡犯者斥退。

　　一、戒侮慢师长,不受约束,违者斥退。

　　一、每日上堂,逾刻者记过,屡犯者斥退。

　　一、戒有意毁污书籍、器物,违者记过,屡犯者斥退。

　　一、戒不告假私出,违者斥退。

　　一、留外人斋中宿食记大过。

　　一、例假外逾十日以上记大过,无故旷课三日以上,例假外逾二日以上皆记过。

一、凡记过二次并为大过一次,连记大过三次者屏退,大过一次者,停奖一次。
一、凡学生犯规记过,本生父兄,不得到学堂辩论。
一、学生上堂斋,向教习一揖,然后就坐,退亦如之。
一、学生立有档簿,每日到教习处画到。
一、学生坐位住房皆贴名条,不得乱坐乱住,年十六岁以下者,概不住堂。
一、中学西学,每日各以二时上堂学习,其归斋自课中学西学,各听自择。

《万国公报》卷一百二十一

京师大学堂堂谕

(光绪二十八年)

本大臣奉命管学,先立速成一科,所有仕学、师范两馆学生,均以造就人材为国家效用,二者本无畛域之分。既入学堂,不论何项官职,保种出身,相待之法,即应一律。惟人数较多,无规矩以绳之,科条以一之,将必至纷乱而少秩序,此各项条规所由立也。查欧美、日本学堂,皆有寄宿舍备学生居住,所以使学业之专注,绝放心之外驰。其监督条规尤极严密,诚以处物竞之时代,求战胜于人群,非有所约束之督迫之,无以日即于文明,则无以存立于强大,亦有所不得已也。远鉴先圣逸居无教之言,慨念今代智力并争之故,间译古训人偶相亲之义,傍及近哲群居合德之条。同舍生宜各以亲爱为主,退让为师,勿以人欲而害天和,勿以私利而害公益。夫各国学校以伦理修身为本,以忠君爱国为先。大学堂树二十一行省之风声,示四百兆人民之模范,固将以提倡天下,纲纪群伦。本大臣少非勤学,长不竞时,上无以答朝廷眷念之恩,下无以塞草野依依之望。悯来轸之方遒,喜新知之多彦,诚乐与凡百士夫勉图奋励,共济艰难。所有此次刊发条规,惟取简明,期共循省,分守分际无俟费词。如或乖违,不相假借,其各懔遵,特示。

京师大学堂堂舍规条

第一条 凡仕学、师范两馆学生,均须一律住居寄宿舍,不得朝来暮散。

第二条 学生早起之时,春分后六点钟,秋分后七点钟。晚睡之时,春分后九点钟,秋分后十点钟。均须一律,不得参差。晚睡均息火,不得燃灯及烛。

第三条 寄宿舍原以备学生温理功课夜晚住宿之用,其上堂授课及用膳之时,均不准一二人或数人回室私憩,以致参差不齐。

第四条 各馆学生分为数斋,每斋置斋长及副斋长各一名,由学生自行推荐,管学大臣命之。推荐之法,使各斋学生由该斋内推举备选斋长及副斋长各二名,以备管学大臣选任。

第五条 各斋斋长约束该斋学生同遵奉本条规,并宜以身先人,示范于诸生。遇有学生依本条规自定别项细则者,宜先禀明监督,寄宿舍之堂提调,经允准后,方可施行。各斋斋长宜常川共同商量,以图全堂之统一。各斋副斋长,平时辅助该斋斋长事务,于该斋斋长有不得已之事不在堂者,则代理之。

第六条 各斋斋长每学期更任一次,副斋长亦照此例办理。

第七条 身体宜洁,房室宜净。凡卫生事宜须格外留神,勿以一人之疏慢延害于众人。

第八条　学生除在饭厅开膳外,不得在卧室内私自制饭烹茶等事,并不得澡浴及一切污损。若遇有疾病,已经堂提调允准在房用膳者,不在此例。

第九条　学生在寄宿舍,尤宜严肃静默,不得大声读书谈笑,以害他人之用功。

第十条　年假、暑假、星期及章程停课之日,学生得任意出外,但遇行礼之期,须礼毕后方可。其每日堂课及温习既毕之后,如有要事应准出外,仍在堂提调及斋长处申明,但每星期不得过两次。至于功课时限内非经堂提调特允,不得出外。凡出外者,其本日回堂之时,皆以本学堂大门关锁之时为限。

第十一条　学生遇有紧要事情请假或回家,或在亲朋等处夜宿者,须预先陈明堂提调,允准后方可。其他有出外之后,忽遇有紧要事情,本日不得回堂,在于翌日回堂时,开陈该事情于堂提调,酌核办理,如有谎词托故,察出后,照章记过。

第十二条　学生出外时,宜赴堂提调办事处领取自己名牌,出到本学堂二门,则将牌悬之挂牌处。回堂时,就该处取之,呈交堂官提调。

第十三条　学生遇有家人宾客通问,在学生客厅会谈,不得入寄宿舍内。

第十四条　学生遇有疾病,即陈明堂提调,听其指挥。

第十五条　寄宿舍内一切事宜,学生宜听堂提调之指挥命令。

第十六条　凡住舍学生,均不得自携随从,概由舍中预备听差人役,以备指使。如听差人员有不服指使之处,陈明堂提调,量其轻重,予以斥责。其厨膳茶水等,如有不洁,亦陈明堂提调查责。

第十七条　学生在寄宿舍内,不得阅看不应看之书籍,应遵堂提调随时查检。

京师大学堂仕学院师范馆教习注意条规

一、各教习当每学期开课之前,至迟十日前,须作该学期内授业预定书,呈之总正教习。所有该学期内应教授之一切事项,宜循序详载为要。

二、各教习当每学期毕课之后,至迟十五日止,所有该学期内已课之事项,宜作一授业报告书,呈之总正教习。其授业报告书之体裁,可照授业预定书办理。

三、各教习当学期考试、学年考试后七日以内,须将考试题目及学生分数表并考卷,一同呈之总正教习。但遇紧要时,则总正教习可不据本条所定期限办理。

四、欲更改已定教科书,或欲更改授业预定书内所载之事项或其次第者,须预先商明总正教习核准,方可照办。

五、凡关教授薰陶上一切事宜,各教习若有意见,须随时陈之总正教习,而其意见之采否,一决于总正教习。

六、总正教习有因紧要事故,可招集仕学师范馆全堂教习或教习数人会议一切事宜。遇有紧要之事时,则总正教习陈明管学大臣,招集全堂职员或职员数人令参加会议。会议之法,应审别事之由来,由总正教习随时定之。

京师大学堂仕学院师范馆讲堂条规

一、每点钟开课毕课之时,以发梆为号。

二、每点钟课毕,各休息十五分钟。

三、学生在讲堂,须各认定坐次为要。

四、凡授业时,学生不经教习许可,不得擅离坐次。

五、学生在讲堂,除应用物件书籍外,不得携带他物。

六、学生于每点钟受业之前后,须起立对教习致敬。

七、遇有宾客及学堂职员等来到讲堂,所有学生应行敬礼之处,宜听教习指挥。

八、凡讲堂及讲堂内仪器,学生不得污损,务宜格外小心。

九、学生在讲堂内,一切须从教习之指挥命令,不可违犯。

京师大学堂仕学院师范馆讲堂事务员职务条规

第一条 讲堂事务员,会同教习、提调,办理讲堂关系事务条列如下:

一、每点钟命杂役人报开讲及毕讲。

二、凡本学期功课时刻表,由总正教习处领受收存,即照写数分于该学期内,贴在各讲堂及讲堂事务处、教习室、堂提调公事房、客厅等处,并呈存管学大臣一分。

三、收存讲堂日记簿,其他教课关系诸表簿类。

四、每日课毕后,即开讲堂日记簿,将本日旷课学生姓名转报监督寄宿舍之堂提调。如遇有一二学课未到堂之学生,则明记其旷课之科目。

五、遇有教习疾病等因不能上堂者,报知该讲堂学生。

六、每初五日以前,作前月教习上堂表及学生旷课表,呈之总正教习。教习上堂表开列全堂教习姓名,将其本月内应上堂教授日数及时数,其实在上堂之日数及时数,并其不上堂之日数及时数,一律纪载表中各教习姓名之下。学生旷课表则开列旷课学生姓名,将其旷课日数及时数,并其旷课事由,逐一注记表中各学生姓名之下。

七、收存讲堂所用诸杂品。

八、每日课毕后,即命杂役人拂拭讲堂,及整理讲堂内一切仪器。冬天每讲堂内所有炉子,须格外留神,以免危险之虞。

九、凡学期及学年考试成绩各表,照写一分收存之。

十、遇有教习会议,则承命于本日议长,将会议大旨及与议各员姓名录在各馆会议录,仍收存该会议录于讲堂事务处。

十一、除前诸项外,随时承办教习所需讲堂一切事宜。

第二条 讲堂事务员,每日当开讲时预先(至迟三十分钟以前)至讲堂事务处。冬日,则命杂役人于开讲三十分钟前到各讲堂添升炉火。

第三条 年假、暑假之期将尽,讲堂事务员宜命杂役人拂拭讲堂,并整理仪器。其有修理之处,则预先禀明总办处理之,以待次期开学。至讲堂所用诸杂品,亦须一切预备。

第四条 讲堂事务处,须备日记簿。讲堂事务员,每日将其办理事宜录载该簿,以资他日考核。

第五条 讲堂事务处,宜备学生名簿、履历、教习职员名簿、履历,遇有改变之事,则随时添削更改。

京师大学堂提调职务规条

第一条　堂提调之职务,系承命于管学大臣,监督寄宿舍内一切事宜。

第二条　各馆寄宿舍堂提调,分班住宿舍内。

第三条　堂提调督饬各馆学生斋长及副斋长以维持寄宿舍内秩序。

第四条　堂提调考察寄宿舍内学生之操行勤惰。遇有紧要之事,则与总教分教及外国正副教习会同办理。

第五条　堂提调办事处,须备学生名簿履历,并另备学生旷课簿,及学生出外请假簿。遇有疾病等因不得上堂之学生,则将其姓名及事由录载于旷课簿。此外遇有因紧要事情,于功课时限内请出外,或本日请在外宿,或请假二日以上等之学生,则该管提调稽查其事情分别准驳。其允准者,则录其姓名及事由于出外请假簿。其有出外之后,本日不回堂者,当其翌日回堂时,即宜稽查之。果系不得已之事能原谅者,则仅令其将姓名及事由载之出外请假簿。如查系谎言托故,则照章记过。

第六条　堂提调办事处,应备学生名牌,以木作之。遇有学生出外者,则给之出悬于二门前挂牌处。每夜大门关闭后,由堂提调查看挂牌处有无名牌。遇有名牌,则存之堂提调办事处,以备翌日考察。

第七条　遇有因疾病等事,本日不上堂之学生,堂提调须将其姓名及事由通知讲堂事务处,以便稽察。

第八条　遇讲堂事务员,将本日旷课学生姓名报来时,堂提调须取学生旷课簿,及学生出外请假簿对照之。若遇未经允准旷课出外者,或未经请假允准,而任意不上堂,则宜及时稽查,据其事之重轻随时记过。

第九条　每月初五日以前,堂提调须作前月内学生勤惰表及学生疾病表。总教习及外国正教习及总办处各存一分,以备管学大臣查核。

第十条　寄宿舍监督,每年一回以上,使医查学生身体之强弱等,作一卫生查验表,送总教习及外国正教习及总办处各存一分,以备管学大臣查核。

第十一条　堂提调于寄宿舍卫生事宜,须格外留神。遇有罹疾患之学生,即使医诊治。其各种传染病者,即移之医院诊治。

第十二条　宣读圣谕及其他一切行礼之时,各堂提调率该馆学生到礼堂,凡礼堂内学生之进退,一切动作仪节,由堂提调指挥之。

第十三条　寄宿舍一切执役人等,均归堂提调管辖。如有违犯,分别轻重斥责。

《政艺丛书》内政通纪卷八

京师大学堂光绪癸卯重订规条

(光绪二十九年)

重订条规序言

学堂者,学业与法律所构成者也。讲肄科学为学业之主义,厘定条规为法律之主义,其义孰重，曰并重，曰相因而并重。

难者曰，设学之本意，在讲求学业，使臻于完备，进于精纯而已。乌睹所谓法律者乎，且形式之事，断断焉整饬之，又何与乎教育之精神也。曰是不然。夫学堂之设，固以学业之进益为本义矣。然使一堂之中，讲息无定时，动静无常度，勤惰无进退，贤愚无别白，佚游宴乐而不之检，丧行败名而莫之戒，师荒于前，弟嬉于后，试起视其学业也，何如矣。欲整齐之，欲劝惩之，欲防范之，非法律无由，于是乎有条规之事。

凡在学堂者，欲学业之有所画一也，不能不受法律之整齐；欲学业之有所策励也，不能不受法律之劝惩；欲学业之有所专向而无所妨害也，不能不受法律之防范。夫学业之道，自始彻终，其悬为目的以期必赴者，曰成而已。小者期小成，大者期大成，而孰知法律之能行与否，实已预取学业必成必败之券，而署定之是，故就全堂论之，欲逆料此堂之成效何如，观其堂规之宽严而可以预决也。就堂中各学生而论之，欲逆料此人之成就何如，观其奉法之勤懈而亦可以预决也。试问学业之与法律是一乎是二乎。

然则全堂之内，自管学大臣以下，殆无一人不在学堂法律之内者矣。而教习之与学生，于学业上有密切之关系，故于法律上亦有密切之关系。此次续定教习条规、学生记过条规、学生陈事条规，皆以补奏定章程及前次堂舍条规所未备，要使教习学生相维相系于学堂法律之中。法律者，至公至平之事也。是故教习有督饬学生之权，学生亦有规正教习之义。非教习之能督饬，法律督饬之也；非学生之敢规正，法律规正之也。教习条规，既使司法者，先自守法矣；学生陈事，又使受法者亦得议法焉；谓非至公至平之道乎。

或曰法律之事，既以公平为主矣。观记过条规，得毋专制乎。且学生情弊亦滋繁矣。恐非专制所能禁乎，曰是又不然。凡治事之法，繁重者必归诸专一，是故法愈繁重，司法之权愈益专一。不观夫舟车之用乎，骖驷之乘，两三人之航，执篙掉桨，乘舆乘舟者指挥任意焉，可也。然且，峻阪湍流，磬控操拿，责之习者。若乃汽车飚轮，凌越险阻，控御风涛，引重千钧，致远万里，司机之工，后先左右奔走不遑，以听一主之律令。假令旅客估人群相哗聒，妄参驾驶，乖价方针，辙覆樯倾可立而待。且夫群论纷挐，必有主议决择可否，司于中央司法之权，公例如此矣。顾亦安得谓之专制也。环球各国，凡有学堂即有学律，而是学律乃经五洲大地亿兆学生公同承认。至于穷乡髫龀，遵守无怨，所谓专制者何在也。所维持者公益之道，所禁绝者害群之事，为公为群，所谓专制者又何在也。兹之，记过条规亦仅仅戒旷功，谨仪节耳拟之。他国学律宽严之数，奚啻倍蓰，期和平之共守，岂强人于所难。且吾闻之法家言曰，蛮界之人以无法律为乐，文界之人则以法律为乐。天下之事由勉强以几自然，亦公例也。其图始也，或汲汲孳孳有救过不暇之意，及其久也，既达其成就学业之愿望，又得夫成就道德之尊荣，诸君子其必有乐此者乎。若谓我国仕学师范之人才，曾他国蒙小学生之不若，鳃鳃焉虑守法之难，毋乃轻量吾同学之人乎。

抑吾更有欲言者，方今列强竞争日趋文明，吾学业之进步，期于与人并立而后已。而学业上之法律，先已不足并立，譬之两兵相敌，而我之部署营阵，进退行列先不如法，将令不信，士气不振，其能不哗溃而败北也，几何矣。京师大学者，万国观听之所集；学务者，立国根本之要图；而以规条紊乱，为全部腐败之代表。凡在斯堂者，可耻孰甚。近者，各行省创建学堂，次第完备。京师大学不先自立，乃骧风声，来轸方遒，绝尘超轶，争胜之心，志士之鞭策也。相形见绌，追步已迟，凡在斯堂者，其可耻又孰甚。

且仕学者,将出身而临人;师范者,将敬教以授学,皆不数年而为司法之人者也。不先自处于法律之中,可乎。诸君子蒿目时局,莫不思急求变法,以图自强。夫变法之事,千绪万端,其繁且难也至矣。变而之于强,其必危疑震撼,百折不回而艰苦卓绝以出之也,亦必矣。而是区区之法先已不能自克而自强,颓然率其懈弛之旧,而自放于法律之外,平日持论之谓何,而异日之为仕为师也,又何等矣。

管学大臣兢兢育才,以上副作人之意,举劝之枋,黜陟之权,皆法律之要义,而以取信于天下士民者也。记过条规中第四十六节、四十七节尤关重大,此之不信则颓废,自甘思逍遥于法律之外者,为术方多,是则国家发帑建学之盛心既将付之虚縻,而相率效尤,几何不使学堂之中无一人才之成就。言念及此,私惴惴焉。此前次奏定招改章程中所曾陈明,将来补订章程,尚宜加详议而通行者也。夫志学而来者,必学成而去,牵率感溺,或改初衷,有志之士切自戒,慎知有同心,立此法律以为预防,皆求达此成就学业之目的而已。凡百君子,庶无病焉。

光绪二十九年二月,副总教习张鹤龄记

管学大臣第一次示学生

本大臣奉命管学,先立速成一科,所有仕学师范两馆学生,均以造就人才,为国效用,二者本无畛域之分。既入学堂,不论何项官职,何种出身,相待之法,即应一律。惟人数较多,无规矩以绳之,科条以一之,将必致纷乱而少秩序,此各项条规所由立也。查欧美日本学堂,皆有寄宿舍备学生居住,所以使学业之专注,绝放心之外驰,其监督条规尤极严密,诚以处物竞之时代,求战胜于人群,非有所约束之,督迫之,无以日即于文明,则无以存立于强大,亦有所不得已也。远览先圣逸居,无教之言慨念,今代智力并争之故,间绎古训,人偶相亲之义,傍及近哲,群居合德之条,同舍生宜各以亲爱为主,退让为师,勿以人欲而害天,和勿以私利而病公益。夫各国学校,以伦理修身为本,以忠君爱国为先。大学堂树二十一行省之风声,示四百兆人民之模范,固将以提倡天下纲纪群伦。本大臣少非勤学,长不竞时,上无以答朝廷眷眷之恩,下无以塞草野喁喁之望,感来轸之方遒,喜新知之多彦,诚乐与凡百士夫勉图奋励,共济艰难。所有此次刊发条规,惟取简明,期共循省,各守分际,无俟费词,如或乖违,不相假借,其各懔遵。特示。

管学大臣第二次示学生

为剀切晓谕事。照得大学之设立,所以讲求学术,培植人才,在学生徒惟应以学成致用,勉济艰难为人人当尽之分,故责望不为不重,斯法制亦不可不严。为强国之故而思育人才,为育才之故而广兴学校,此无异驱迫通国人民,以与诸强大争胜,角力于全球大地。如治兵,然其不能少所部,勒以漫无约束,又不能稍去人事之强迫,而纯守天然之秩序,彰彰著明,斯既然矣。中国甫经立学,初有萌芽,与欧美日本诸邦又自大异,何则他国学者既已得有巩固之国势,显明之界域,循序治之,可以无弊。若夫值新旧交乘之际,当是非淆乱之余,嫌疑未尽明,议论不一致,于此时代而欲以致其勤力,达其志趣,内包周身之防,外任当世之务,为之学者于诵习研究外,宜如何讲贯其道德,慎固其容仪,以维持当局,模范天下推而行之。至于可以安国家济生民,然后谓之尽义务,然后谓之尽天职,而苟慕浮浪,坐召愆尤,敢为昌言,以干国宪。本大臣职司教育,纲纪人伦必不姑容,使累全局。夫国无强弱大小,必有与立,故人人能致忠爱,必人人能守宪章,此今日环球公例,莫不皆然。试考成书,可以覆案,自中外互冲,谋所以图存救败。朝廷亦亟议扫除腐败,而汲汲更张,然有必不可变者,固当与二三达识修明而爱护之,以反复推求立国本原之故,如使壁垒未新,藩篱尽撤,顾此侭侭其将安之。本大臣于学堂两馆生徒愿造成才,喜兹多彦,深所期望,爱之重之,犹恐一二年少误徇时名,恣为游谈,终蹈不幸,用特再三剀切申明,将奏请钦定章程纲领三条,录示诸生,以杜歧趋,而昭定制,其各凛遵毋违,切切特示。

全堂通行条规(已见奏定章程者不再见)

第一节　全堂起居饮食宜有定时。今议定:春分后六点钟起,六点半钟早膳,十一点钟午膳,六点钟夜膳,九点半钟就寝。秋分后七点钟起,七点半钟早餐,十一点五分钟午膳,六点半钟夜膳,十点半钟就寝。此为全堂通行之法。办事规则依此而定,不得以一二人之私扰害全堂之画一,应由总办承管学大臣之命严密查察。

第二节　教习办事各员,除星期休假外,无论何时不得全班同时出外,亦不得全班同时住宿于外,应由总办承管学大臣之命,随时严密查察(此条所称全班,约定总教习、汉教习为一班;各助教为一班;总办为一班;堂提调为一班;文案提调襄办为一班;支应提调襄办为一班;杂务提调襄办为一班;藏书楼提调收掌为一班;讲堂员司为一班;考核处各员为一班;医学提调襄办为一班。)

第三节　凡亲友来堂拜会,如教习在授课时刻,办事员在办事时刻,一律挡驾。如有要事,均在外厅候谈,不得入内。堂员自用仆役,非平时住堂者,概不得贸然出入。店夥、工匠非因公事允许入内者,概不得进二门。

第四节　全堂人员有互相考询之事,应据实查复,或将定章揭明,公事公言除不应干预之事外,概可考查。

第五节　各项章程条规,既经颁发之后,凡行法受法者,均宜熟览实行,期勿疏忽,尤不容有意玩视,诿为不知。

汉洋教习职务条规

第一节　汉洋教习当每学期开课之前(至迟十日前),须作该学期内授业预定书,呈之总教习,洋副教习呈总教习、正教习各一分。所有该学期内应教授之一切事项,宜循序详载。

第二节　汉洋教习当每学期毕课之后(至迟十日),所有该学期内已授课之事项,宜作一授业报告书,呈之总教习,洋副教习呈总教习、正教习各一分。其授业报告书之体裁,可照授业预定书办理。

第三节　汉洋教习月考、期考、年考,每次毕后(三日以内),须将考试题目及学生分数表并考卷,一并呈之总教习。

第四节　凡更换已定教科书,或更改授业预定书内所载之事项,或其次第者,须由总教习酌核,方可照办。

第五节　凡关教授上一切事宜,汉洋各教习若有意见,须随时陈之总教习。其意见之采否,一决于总教习。

第六节　凡洋教习教授科学,由助教代为传述,其助教之不胜其任者,洋教习宜陈于总教习,不得自有去留之权。

第七节 总教习有因紧要之事,可召集全堂教习或教习数人会议及分任一切事宜。

第八节 汉洋教习告假,无论为时久暂,均需报明总教习,其洋副教习经洋正教习商妥后,再行报明总教习,均由总教习陈明管学大臣分别准驳。

第九节 汉洋教习因公远赴他处,由总教习派员代理其事。

第十节 汉洋教习如有不得已之私事请告长假在半月以外者,须先半月告知总教习(事出仓促不在此例),应自行请人权代,或由总教习派人权代(自行请代者,所请之人仍由总教习考查能否胜任再定)。

第十一节 汉洋教习因公远行,虽在假期,免扣薪水;年假暑假期内暂离学堂,亦免扣薪水。其因私事请告长假,自行请人权代者,薪水应归权代之人(或自与权代人订明薪水仍由本教习自领);由总教习派员权代者,本教习薪水按日算扣(代理之人即由学堂发给薪水)。

第十二节 汉洋教习除公私两项长假之外,倘有疾病及要事请假数天或数时,须报明总教习,由总教习记入旷课簿内。若系长病,须由学堂派医验明,量给长假。半月以外,须由总教习陈明管学大臣,其可否免其请代及免扣薪水,须由管学大臣酌定。

第十三节 汉洋教习病久不愈,随时间发,体气太弱,不胜教育之任及私事太多精神不能兼顾者,应由管学大臣辞退。

第十四节 汉洋教习除不得已之长假由特别允许外,所有寻常请假旷课,每一学期自应明定限制。今议定每日授课在四时以外者(一点钟为一时),每学期旷课不得过四十时(每一日以四时计算,如请假一日,即四小时也);每日授课三时者,每学期旷课不得过三十时(每一日以三时计算);每日授课二时一时者,每学期旷课不得过二十时十时(每日以二时及一时计算)。如有逾此期限者,由管学大臣按照奏定教习章程教课不勤之例办理。其因急要公事暂停一二时者,不在此内核算。

第十五节 汉洋教习如有告假未准,任便离堂,或未经告假随意旷课,应由管学大臣按照奏定教习章程紊乱规则之例办理。

第十六节 总教习于一学期期满之时,自副总教习以下,汉洋教习旷课时日列为一表,以定教习之考成,照奏定章程归入年终办理。

第十七节 汉洋教习及助教授课毕后,宜在住室备学生自修时之问难。若授课甫完匆匆外去,殊非乐群敬业之道,总教习随时考查,归入年终考成办理。

第十八节 总教习遇有要事,呈明管学大臣请告长假,由副总教习代理其事。

第十九节 总教习各汉洋教习,除授语言文字及有编定课本外,均须逐堂颁发讲义,不得以空言搪塞了事。

第二十节 副总教习及汉洋教习讲义,每月由总教习呈上一份于管学大臣,以便稽查。

第二十一节 总教习各汉洋教习,均须于前数天或一二天,先将讲义编成,交供事写印,不得缺误,亦不得缓前急后,致使供事不及赶办(其法,各教习须将一星期内所用讲义平均计算,陆续督饬供事写印,否则供事有甚闲之时,必有甚忙之时,每易误事)。

第二十二节 副总教习各汉洋教习所编讲义,均须呈总教习鉴定,如有荒谬潦草简短支晦诸弊,总教习应加纠正。

第二十三节 各教习讲义,均于先一天饬各该供事分给各斋学生,以便预先浏览,不得逾期补发,以免纷乱。

第二十四节　汉洋教习上堂时刻,概以学堂内讲堂上钟表为定,不得以私自携带之钟表为定。

第二十五节　汉洋教习闻钟即须上堂,概不催请。如有教习迟到讲堂在十分钟以外者,即由讲堂事务员报知总教习,作为旷课半时,列入教习旷课簿内。

第二十六节　现定汉洋教习上堂,均须亲自点名一次。如有旷课学生,即记入旷课格内,不得仅凭班长之报告(兼可暗记总数,随时考查,免致互相请托,希图弊混)。

第二十七节　汉洋教习所记旷课学生名数,逐日应向堂提调处查对请假簿是否相符。其有旷课之数溢出于请假之数,即系未经告假任意荒嬉,按照学生记过条规办理。

第二十八节　现定各讲堂上,由讲堂事务员预备粉牌一块,将各请假学生随时注明牌上(须注明某日请假至某日止,某时请假至某时止,销者将姓名拭去,须随时更换,不得疏略)。各教习上堂,看牌上所记请假人数与点名时所得旷课人数是否相符,如有溢出,亦系未经告假任意荒嬉,应按照学生记过条规办理。

第二十九节　以上清查旷课三法(一点名稽查,二核对堂提调假簿,三核对讲堂上粉牌。)皆关系学生课程重要之事。汉教习、助教均自行切实办理,洋教习由助教帮同切实办理,总教习自立簿籍严密稽查,如各教习有清查未晰,核对不勤,倘非有心袒庇,即系玩忽课程,亦与奏定章程紊乱规则无异,应由总教习随时陈明管学大臣办理,责成既严,庶不致虚文徒具。

第三十节　各教习遇有学生记过之事,应知照总教习后,悬牌发示并自录入簿内。

第三十一节　教习会议各事,和衷商榷,务以有益学务为最要主义,其有相持不决者,则开评议会以定之,再由管学大臣酌定。

第三十二节　教习上堂皆须本身作则,恪守条规,不得任意妄更紊乱规制,由总教习随时考察。

第三十三节　凡东西文功课,均须由本科教习每日限定课程,照课本自某处明定起讫,不得通融,倘甲已习熟而乙尚生疏,应责令自行在舍补习,若使迁就徇情,必使优者旷时缺课,劣者任意迁延,是为教习自乱规则。查有此弊应照奏定教习章程教课不勤紊乱规则之例办理。

第三十四节　汉洋教习按月考试学生一次。其考法应将所授科学逐条发问,以试其记才,并令引申论说,以试其悟力。学生各自条对,核其优劣,以定分数,呈报于总教习。总教习总核分数以定甲乙。学期考试、学年考试当通计一期一年之分数,平均计算。

第三十五节　总教习各汉洋教习,考试倘有徇情不公,由管学大臣查照奏定章程第四章第十一节办理。

第三十六节　汉教习于考试之时,非经试毕不容离坐。其洋教习考试一律办理,并应由助教帮同照料,或总教习请员监视其事。

第三十七节　凡行礼之事,除洋教习外,自总教习以下及各助教,非有要事均不得不到,倘有不到,以旷课论。

堂提调职务条规

第一节　堂提调之职务系承命于管学大臣,监督寄宿舍内一切事宜。

第二节　各馆寄宿舍,堂提调分班住宿舍内。

第三节　堂提调督饬各馆学生斋长及副斋长,以图维持寄宿舍内秩序。

第四节　堂提调考察寄宿舍内学生之操行勤惰,遇有重要之事,则与总教习各汉洋教习会同办理。

第五节　堂提调办事处须备学生名簿履历,并另备学生请假簿,遇有疾病等因告长短假,及因紧要事情于功课时限内请假出外,或本日请在外宿,或请假数日等之学生,则堂提调稽查其事情,分别准驳。其允准者则录其姓名及事由,注于出外请假簿,其因假旷课者,另录为旷课簿。

第六节　凡请假旷课两簿,务宜于各生姓名下详列请假几日或几时,旷课几日或几时,不得遗漏。

第七节　堂提调按照记过条规,分别记注于记过簿并悬牌示。

第八节　堂提调办事处应备学生名牌(以木作之),遇有学生假出者则给之,学生出悬于二门前挂牌处,每夜大门关闭后,由堂提调查看挂牌处有无名牌,遇有名牌则存之堂提调办事处,以备翌日考察。

第九节　各项告假学生随时登记请假簿,其簿由讲堂事务处抄录,知会讲堂教习。

第十节　堂提调每日调查大门出入簿,核对学生出入名数是否与告假相符。

第十一节　每月初(初五日以前),堂提调须作前月内学生告假表、因假旷课表送总教习及总办处各存一分。

第十二节　堂提调每年一回以上,使医查学生身体之强弱等,作一卫生查验表,送总教习及总办处各存一分。

第十三节　堂提调于寄宿舍卫生事宜须格外留神,遇有患疾之学生,即使医诊治,其各种传染病者,即移之医院诊治。

第十四节　宣读圣谕,其他一切行礼之时,各堂提调率该馆学生到礼堂,凡礼堂内学生之进退一切动作仪节,由堂提调指挥之。

第十五节　寄宿舍一切执役人等,均归堂提调管辖,如有违犯,分别轻重斥革。

第十六节　凡舍内一切巡查之事宜切实办理。

讲堂事务员职务条规

第一节　每点钟命杂役人鸣钟,报开讲及毕讲。

第二节　凡本学期功课时刻表,由总教习处领受收存后,即照写数分,于该学期内贴在各讲堂及讲堂事务处、教习室、堂提调公事房、客厅、悬牌处等处,并呈存管学大臣一分。

第三节　收存讲堂日记簿及其他教课关系诸表簿类。

第四节　每日毕课后即阅讲堂日记簿,将本日旷课学生姓名日时转报总教习。

第五节　堂上设立告假牌,在堂提调处查明告假学生,随时注入,交付班长呈之教习。

第六节　每日将请假之学生开一清单,报知总教习。

第七节　遇有教习疾病等因不上堂者,报明总教习并告知该班讲堂学生。

第八节　每月初五日以前,作前月内教习旷课表及学生旷课表,呈之总教习(教习旷课表开列全堂教习姓名,将请假教习不上堂之日数及时数记载表中各教习姓名下;学生旷课表则开列旷课学生姓名,将其旷课日数及时数并其旷课事由,逐一注记表中各学生姓名下)。

第九节　收存讲堂所用诸杂品。

第十节　每日毕课后,即命杂役人拂拭讲堂及整理讲堂内一切仪器,冬天各讲堂内所有火炉须格外留神,以免危险之虞。

第十一节　凡学期及学年考试成绩各表,照写一分收存之。

第十二节　遇有教习会议,则承命于本日议长,将会议大旨及与议各员姓名录在各馆会议录,仍存该会议录于讲堂事务处。

第十三节　除前诸项外,随时承办教习所需讲堂一切事宜及悬牌通知学生一切事宜。

第十四节　每日当开讲时,预先(至迟三十分钟前)至讲堂事务处,冬日则命杂役人于开讲三十分钟前到各堂添生火炉。

第十五节　年假暑假之期将尽,宜令杂役人拂拭讲堂,并整理仪器,其有须修理之处,则预先禀明总办处修理之,以待次期开学,至讲堂所用诸杂品,亦须一切预备。

第十六节　讲堂事务处须备日记簿,讲堂事务员每日将其办理事宜录载该簿,以资他日考核。

第十七节　讲堂事务处宜备学生名簿履历、教习职员名簿履历,遇有改变之事,则随时添削更改。

斋长职务条规

第一节　每斋设斋长一人,副斋长一人,由学生公举,管学大臣命之。

第二节　斋长有事假出,则副斋长代其职务。

第三节　斋长应将每日本斋告假销假之学生知会班长。

第四节　斋长堂设告假牌一件,凡告假学生自行书明姓名假期于牌上,斋长须随时查考,录存底册,以便稽查。

第五节　凡教习提调欲令全斋学生知悉之事,应由斋长转告全斋。

第六节　全斋学生欲有陈白之事,应以斋长为代表人。

第七节　斋长有事,须互相照会,以图全堂画一。

第八节　斋长须以身示范于诸生,如有不克胜任者,应由堂提调查察,随时另举。

第九节　斋长每一学期更换一次,如办事勤密,应由堂提调请留,副斋长亦如之。

第十节　斋长副斋长在一学期中任事无误,自应酌予奖励,由总教习堂提调陈明管学大臣办理。

班长职务条规

第一节　每班学生设班长一名,副班长一人,由总教习点派。

第二节　班长有事假出,则副班长代其职务。

第三节　每堂开讲之前,班长应在讲堂员处领取日记簿、点名簿、请假牌呈之教习。

第四节　班长应凭斋长之知会,将告假学生按堂开列旷课学生姓名于开讲之前呈报于教习。

第五节　班长于旷课各生应随时录记,以便教习考查。

第六节　班长于旷课各生,虽凭斋长之知会,亦当随时稽查,以免漏略。

第七节　凡教习在讲堂或不在讲堂,有应通知全班学生之事,应由班长转达。在讲堂上教习令其查考诸生之事,须随时查复。

第八节　点名后,各教习如有颁发之件,分发全班学生。

第九节　旷课学生在教习处请补发讲义,须由班长写一条,开具姓名并查考是日实在旷课与否,呈之教习,方予补发。

第十节　讲堂上设唤人钟一具,散发讲义后,由班长按钟为号,全班学生起立致敬,毕讲亦由班长按钟,一律致敬。

第十一节　凡全班学生有须陈白于总教习之事,应以班长为代表人。

第十二节　班长可派学生轮充,不拘时限,其任事勤密者,亦可久任。

第十三节　正班长副班长于一学期内任事无误者,总教习陈明管学大臣,酌予奖励。

讲堂条规

第一节　每日教课大约六时,由总教习排定,榜示于堂（或功课紧要之时得扩充其时数）。

第二节　每点钟开课、毕课之时,以鸣钟为号。

第三节　每点钟课毕,各休息十五分钟。

第四节　学生在讲堂须各认定坐次。

第五节　凡授业时,学生不经教习许可,不得擅离坐次。

第六节　学生在讲堂除应用物件书籍外,不得携带他物。

第七节　学生于每点钟受业之前后,须起立对教习致敬,均由班长按钟为号。

第八节　凡讲学之时,一切执事人员不得任意出入。如有听讲者,应报明教习。

第九节　凡讲堂及讲堂内仪器,学生不得污损,务宜格外留心。

第十节　学生在讲堂内,一切须从教习之指挥命令,不可违犯。

第十一节　学生上下讲堂,须进退有度,不得凌乱。

第十二节　学生在讲堂,语言动作均须有礼,不得妄言妄动。

第十三节　凡有外来听讲之员,先由总办知会本堂教习,教习应行礼节随时自酌。

第十四节　无论堂内堂外人员上堂听讲,学生起立致敬概免揖让迎送,以省繁文。

讲堂日记条规

第一节　各馆学生,每班设一讲堂日记簿。

第二节　各馆汉洋教习,每当授课毕,其所授之学科及自己姓名并所授一切事项,须摘要载入讲堂日记。

第三节　凡各馆教习出题课学生或考试学生,一切事项,须随时载入讲堂日记备考格内。此外,授业上紧要事件,有必应通知他教习者,亦宜摘要记入备考格内,以便互相参证。

第四节　各馆教习每当授业之初,其有本日旷课之学生,据班长报告再将告假牌核对,记其姓名于讲堂日记旷课格内。

第五节　讲堂事务员,每日堂课毕时,须检阅讲堂日记簿,录其旷课学生姓名,报知总教习,以便稽查学生之勤惰。

第六节　总教习及各教习,得随时检阅讲堂日记。

考试条规

第一节　每月考试一次,由本科教习发题、监考、记明分数。期考、年考亦如之。

第二节　除教习监考外,再添派堂提调会同监考。

第三节　凡教习提调在监考时,除对答学生质问外,不得自相间谈及与学生谈说。

第四节　每学科一次考试定时两钟或三钟,由教习随时酌定。

第五节　每学科一次考试须全班俱到,同时并试不分先后,一讲堂不能容者分二三讲堂亦可。

第六节　凡阅卷均由本教习自定分数,列写一册呈之总教习。

第七节　总教习总计各科分数,核定名次,传示学生。

第八节　凡考试不准规避告假,违者记大过一次。

第九节　考试学生除自携笔及墨盒外,不得携带片纸只字,违者记过一次。

第十节　不准另纸起草,违者记过一次。

第十一节　凡考试,总教习定日定时悬牌出示,届时鸣钟上堂,限五分钟内齐集,违者记过一次。

第十二节　凡学生考试未经交卷,无论何事不准出堂,亦不准互相谈话、传递纸笔、互换坐次、随意走动等弊,违者记过一次。

第十三节　考试以两钟或三钟为限,限满鸣钟散堂交卷,逾限者记过一次。

第十四节　先交卷者先行出堂,留恋不去者,记过一次。

寄宿舍条规

第一节　凡学生均须一律住居寄宿舍内,不得朝来暮散。

第二节　学生起居饮食,一切照学堂通行条规定时办理,均须一律,不得参差。晚睡均息火,不得然[燃]灯及烛。

第三节　现在别无自修室,学生温课即在寄宿舍内,不得荒嬉宴息。

第四节　学生如有假期耽误,须由班长代领讲义在舍补习,以免考试时不能及格。

第五节　身体宜洁,居室欲净,凡卫生事宜须格外留神,勿以一人之疏慢延害众人。

第六节　每斋舍一间,发给锁匙一付,交学生自收。出外随时锁闭,如粗心失窃,概置不理。

第七节　学生除在饭厅用膳外,不得在卧室内私自制饭烹茶等事,并不得澡浴及一切污损。若遇有疾病,已经堂提调允准在房用膳者,不在此例。

第八节　学生在寄宿舍,尤宜肃静,不得高谈哗笑,以害他人之用功,亦不得作惊扰同学之举动。

第九节　年假、暑假、星期及章程停课之日,学生例得请假出外,但遇行礼之期须礼毕后方可出外。其每日堂课及温习既毕之后,如有要事应准出外,仍在堂提调及斋长处声明,但每星期不得过两次。至于功课时限,内非经堂提调特允不得出外。

第十节　学生遇有紧要事情请假或回家或在亲朋等处夜宿者,须预先陈明堂提调,经允准后方可。其有出外之后,忽遇紧要事情本日不得回堂者,须托人到堂续假。

第十一节　学生出外时,宜赴堂提调办事处领取自己名牌,出到本学堂二门,则将牌交付挂牌处,回堂时就该处取之呈交堂提调。

第十二节　学生遇有家人宾客通问在学生客厅会谈,不得入寄宿舍内。

第十三节　学生遇有疾病,即陈明堂提调应否移入病室或回家及延医给药,均听堂提调酌办。

第十四节　本学堂速成科员生暂时不收学费,唯因过开除及因事故中途辍业员生,一律追缴学费每年银一百两,不及一年均照一年追缴,过一年者照两年追缴。

第十五节　寄宿舍内一切事宜,学生宜听堂提调之指挥命[令]。

第十六节　凡住舍之学生,均不得自携仆从,概由舍中预备听差人役以备指使。如听差人役有不服指使之处,陈明堂提调量其轻重予以斥责。其厨膳茶水等如有不洁,亦陈明堂提调查责。

第十七节　学生在寄宿舍内,不得阅看不应看之书籍,应遵堂提调随时查检。

第十八节　学生卒业之日,所领课本、器具、操衣应令缴还原物,或令缴价取物(其原物已敝者亦须缴价)。其因过开除及因事中途辍业者,亦一律办理。

第十九节　全堂学生,由堂颁与画一衣帽之后,无论在堂出堂均须一律穿戴。

饭厅条规

第一节　每桌以八人为额,每人不得占据两坐。

第二节　每桌首坐或教习或堂提调,余七坐均为学生坐次。

第三节　学生坐次经此次排定之后,各宜按照列坐。

第四节　无论教习学生,齐同入坐,齐同举箸,齐同散坐,不得紊乱。

第五节　在坐者均宜肃静,不得喧哗及任意妄动。

第六节　凡有不上饭厅者,预先告知杂役概不等候。

第七节　凡学生有紊乱仪节者,均由教习提调纠正,不得违抗。

第八节　凡饭厅上无论教习员、办事员、学生,均自行添饭不用杂役。

学生记过条规

第一节　学生住堂者,俱宜按课上堂听讲,不得旷误,如有并未先期告假私自迁延不到者,查出后由教习记大过一次。

第二节　学生因事须告假数天或数时,仍注入旷课册内。按照奏定章程每年积算不得过二十日(每日功课六时即以六时为一日),如有逾此期限者由堂提调知会总教习记大过一次。

第三节　不关功课之告假(谓课毕出外本日回堂或次日黎明回堂),免其记入旷课簿内。

若课毕出外次早不归,即有碍于功课,其预先报明者(须在未开讲之先),仍由教习记入旷课簿,其并未报明者,半日以内由堂提调知会总教习记过一次;半日以外记大过一次。又凡告假出外,无论旷课与否,每星期不得过两次,违者由堂提调记过一次。

第四节　学生请告长假,如考试等事为奏定堂例所允准告假者,均须于堂提调处订定限期。逾限不到者,由堂提调记过一次,曾经托人续假者,免其记过。若逾限在一月以外者,虽经续假仍须记大过一次。在三月以外,声明事故即予开除,仍追缴学费(追缴学费见寄宿舍条规);其不声明事故者,作为无故中途辍业,别有专条(见下第四十六七节)。

第五节　请告短假数天或数时,逾限不到并不续假者,由堂提调记过一次;逾限一倍以外并不续假者,记大过一次;其托人代为续假者免记。

第六节　现立告假条据存堂提调处,告假者须将事由亲笔填写于条上,面呈堂提调,经允准后方领牌出外。如不在条上写明者,由堂提调记过一次。唯课毕出外无碍功课,免其填写告假条;唯仍须领牌,不领牌者,仍由堂提调记过一次。

第七节　出外不告假亦不领牌,出入自由,致讲堂上无从查考其人之何往,应由堂提调知会总教习记大过一次。

第八节　出外回堂以锁门之时为限,如至逾限由堂提调记过一次。

第九节　学生遇有疾病须出堂者,由堂提调验明,请假若干天须定限期。逾限不到并未续假者,由堂提调记过一次;在原假期一倍以外者,记大过一次。其有病情属实托人续假者,免其记过。如在二十天以外,须由该生请堂提调会同医学馆提调往验属实亦免记过。

第十节　学生在舍内,因疾或事不能上讲堂,应一律在堂提调及斋长处告假。仍注入请假旷课簿内,教习方得查核。倘不告假者,由堂提调记过一次。

第十一节　请假不报知斋长者(斋长处设立告假牌悬挂门外,告假生自行填写姓名假期于上),由堂提调记过一次。

第十二节　斋长于稽查告假、分知班长各事,办理含混不能称职,除另举斋长外,由堂提调记过一次。

第十三节　班长于报告旷课办理含混不能称职,除另派班长外,由总教习记过一次。

第十四节　教习上堂开讲时,学生起立致敬,毕讲时亦如之,违者由教习记过一次(现定由班长按钟为号)。

第十五节　现定各教习上堂均须亲自点名一次,点名时均起立报到,违者由教习记过一次。

第十六节　现定打钟后五分钟时,作为教习点名时限,如在五分钟外到堂者,由教习问明迟到之故,无故迟延者记过一次。在十分钟外到堂者,实属玩视课程,即不准再上讲堂,由教习记过一次。

第十七节　教习未经讲毕,学生遽告退出堂者,由教习记过一次。其不告退径行出堂者,记大过一次。(如有紧急之事,准其报知教习允许出堂免其记过)

第十八节　堂内倦睡欠伸、跛倚涕唾、吸烟索茶、言笑无常、发问不伦、袖携杂物、翻阅杂书者,各由教习记过一次。

第十九节　学生在堂向教习问疑者,须起立致敬。教习有所查问,亦起立敬对,违者由教习记过一次。

第二十节　讲堂上进退须有仪节,拥挤凌乱者,由教习记过一次。

第二十一节　外客到堂观讲,起立致敬,违者由教习记过一次。

第二十二节　散失所领去之讲义者,调查后由教习记过一次。

第二十三节　污损讲堂仪器杂物者,由教习记过一次。

第二十四节　行礼时喧哗失仪、避匿不到者,由堂提调记过一次。

第二十五节　外国文字认定一门之后不得随意更改,违者由教习记过一次。

第二十六节　体操给发冠帻衣靴之后,倘有不换操服而上场者,由教习记过一次。

第二十七节　体操时上场后由教习点名一次,倘有旷课记入簿内。不遵守规矩者与各讲堂一律记过。

第二十八节　考试不成一字及文理荒谬者,由教习记大过一次或呈明管学大臣开除,仍照寄宿舍章程追缴学费。

第二十九节　考试违犯规矩者,分别情节,按照考试条规,由教习堂提调记过(考试条规另具)。

第三十节　屡考不及格者,分别情形由教习记大过或呈明管学大臣开除,仍照寄宿舍章程追缴学费。

第三十一节　学生在舍内怒詈秽言、大声喧笑、烹茶制食、跳舞醉歌,各由堂提调记过一次。

第三十二节　学生在堂宜受教习之命令,在舍宜受堂提调之节制,如有抗违不遵、恝置不理,由教习、提调分别轻重记大小过一次。

第三十三节　争嚷者由堂提调记过一次,斗殴者记大过一次。

第三十四节　无故虐待杂役庖人等,由堂提调记过一次。

第三十五节　随意便溺者,由堂提调记过一次。

第三十六节　摇铃后半点钟时不息烛者,查出由堂提调记过一次(春分后九点钟摇铃,秋分后十点钟摇铃)。

第三十七节　早晨鸣锣不起者,由堂提调记过一次。

第三十八节　饭厅不遵条规(条规已发贴)、言动失仪者,由堂提调记过一次。

第三十九节　三小过并为一大过,每年满三大过者开除,仍照章追缴学费。

第四十节　教习记过簿每星期一呈于总教习,堂提调记过簿每星期一呈于总办、总教习、总办每月将记过簿会核一次。

第四十一节　学堂考取后三月不到堂者开除(如曾经告假者酌量办理)。

第四十二节　年假暑假后三星期不到堂者开除(如曾经告假者酌量办理)。

第四十三节　在堂舍内作非圣无法之议论及匿名揭帖,为游戏俳优之文字者开除,仍照章追缴学费。

第四十四节　学生中吸食洋烟及聚赌者开除,仍照章追缴学费。

第四十五节　学生在外品行卑污、行止不端,既败同学之群,亦隳学堂之望,由在堂各员严密访查,得有实据,轻者开除,仍按章追缴学费;重者呈明管学大臣办理。

第四十六节　仕学馆有毕业之保举亦应有辍业之参劾,倘不因事故任意中途辍业者,呈明管学大臣分别办理(此已见奏定招考章程)。

第四十七节　师范馆有毕业之出身亦应有辍业之黜革，倘不因事故任意中途辍业者，呈明管学大臣分别办理。

第四十八节　今特设一功过抵销之法，一功抵一过，以曲全向学之心。凡月考通校分数最优者第一名记大功一次，二、三、四、五名记功一次，期考年考亦如之。又如一年内未经记过者，记大功一次。一学期内未经记过者，记功一次。斋长满期无过记大功一次。班长满任无过分别日期长短记大、小功一次。

第四十九节　此次记过条规经公同认定之后，教习堂提调即应切实奉行，不得略涉含混。各学生一律遵守，各自爱重，毋得诿为不知。

学生陈事条规

第一节　造就学生为办理学堂之主义。学生与教习员、办事员同在学堂法律之中义得有所陈白。

第二节　凡学生陈事有两法，一面见陈说，一投递书函（在假期内者投函陈白重要之事者亦投函）。

第三节　凡陈事之学生，无论面见投书均须具名（具名之法面见用纸条书姓名不拘格式署名纸尾）。

第四节　凡学生于学堂有公益之事、有公害之事俱得陈白。

第五节　凡学生于己身有欲言之事欲达之情，俱得陈白。

第六节　凡学生于学堂有应行知悉之事，俱得在教习员办事员处询问。

第七节　凡教习有讲义错误及非理不公之事，学生俱得向本科教习陈白，如本科教习不自承认，得再陈白于总教习。总教习有不合之事，学生亦得规正。

第八节　凡各处提调有办理失法及非理不公之事，学生俱得径向提调陈白。如提调不自承认，得再陈白于总办。〔总办〕有不合之事，学生亦得规正。

第九节　凡学堂以外之事，学生均不得陈白。

第十节　凡学堂以内之事，学生不宜干预者，不得陈白。

第十一节　凡学生私情请托、自图利益、侵越理界之事，不得陈白。

第十二节　凡学生陈白之事，各员随时答复。如需商议裁定者，随后答复（小事三日为期，大事则俟议定）。

第十三节　凡各员有与通班学生商议之事，学生须先自行议定，临时以斋班长为代表，不宜错杂陈白。

第十四节　凡各员有凭学生投票决定之事，学生即各抒所见，书签具名投呈，不宜喧哗陈白。

第十五节　凡全堂学生宜以爱力相结、以智识互换，如有异同之见除细事交相规劝外，遇有关系学堂大局者，宜向教习员、办事员公词陈白，不得私相诋毁酿成门户之忧。

第十六节　学生陈白于教习员办事员者，遇有关系重要之事，必当代陈于管学大臣。

第十七节　学生如自陈于管学大臣者，由管学大臣交付教习员、办事员公听公决。

第十八节　自立此条规之后，各学生俱得有陈白之权。苟非强词夺理及不必深究之事，虽再三诘难于教习员、办事员不容置之不答，务使情志相浃，不开攻击訾毁之风，亦使公道公

听讲员条规

第一节　听讲员均由各衙门咨送或由管学大臣特许。

第二节　听讲员查照奏定章程仕学馆各学科中择取一二学科,在堂提调处报明。

第三节　每学科听讲员若干,由堂提调分类造册存总教习处。

第四节　择一二学科听讲,原系日本选科之法,如该员或须全听或择取科数过多,示所不禁。

第五节　听讲员每日到堂,先在外厅齐集,开讲时由堂提调传知开讲某科,各员即按照所报听讲之科,上堂听讲。

第六节　全听或择取过多之员,自须在堂用膳,惟堂内碍难供给,可由该员报知堂提调,请为代备,预将应付膳资发给厨房。惟茶水则由客厅供备。

第七节　听讲员课毕各归,概不在堂内预备宿舍。

第八节　讲堂事务处设有点名簿,凡听讲员均附于肄业员之后,以便教习上堂,逐日点验。

第九节　听讲员聚会之所,留存堂舍规条数本,该员须逐条检阅,凡堂上条规,与肄业生一律遵守,不得参差。

第十节　每一学科之讲演,均系由浅入深,须按日来堂,方能循序渐进,不得间断。

第十一节　听讲员一律发给讲义一份,其在先之讲义碍难补给,该员应在熟识学生中借取抄录,以资补习。

第十二节　听讲员遇有事之日,不能到堂者,须在堂提调处告假,由堂提调注入旷课册,报知总教习。

第十三节　听讲员为学业起见,自当以卒业为期,不宜中途辍业。如实有事故,永远告退者,须在堂提调处呈明,请管学大臣咨回原衙门,其无故不到堂在一星期以外者,亦应由管学大臣咨回原衙门。其不由咨送者,可节退出学堂。

第十四节　听讲员在学堂中违反条规之事,分别情咨回退出。

第十五节　开学散学及诸行礼之日,各听讲员如愿随同行礼者,听。

〔美〕加州大学藏单行本

京师大学堂详细规则

(光绪三十年)

学堂通行规则

一、起眠之时刻。春分后,早六点钟鸣锣,全堂皆起,一律盥漱,学生出寝室入自习室。晚九点钟摇铃,全堂皆寝,学生出自习室,入寝室。秋分后,早六点半钟鸣锣,全堂皆起,学生出寝室入自习室。晚九点半钟摇铃,全堂皆寝,学生出自习室,入寝室。

一、膳食之时刻。春分后,六点半早餐粥食,十一点半午膳,六点晚膳。秋分后,七点半早餐粥食,一点午膳,六点晚膳。

一、授课之时刻。春分后,早七点至十一点,晚一点至四点,分别授课。秋分后,早八点至十二点,晚一点至四点,分别授课。

一、休息之时刻。春分后,晚五点、六点、七点随意休息。秋分后,晚五点、六点随意休息。休息之时如有外客来访,均须在外厅接待或客欲参观,必告监学,得其允许,派人导行,观毕即出。

以上各条,全堂人员皆应遵守,不得参差违异。

教务处规则

第一条　教务提调,所以赞助总监督筹办教育事宜,事繁责重。由总监督选择委任而听命于总监督。

第二条　教务提调,有统理全堂教务、监察教习、考验学生之责。凡本堂教授管理诸细则,有宜增改者,随时陈明监督与教员、办事员商订,以谋教育之进步。今列其职守于左。

第三条　关于讲堂之事。

一、讲授实验所用仪器、标本随时与中外教习商议设备。

一、按本堂情形详定教课节目。

一、各科授业时刻,每学期与中外教习酌定并撰授业时刻表。

一、讲堂设日志,每日由教习填注。学科教授事项及旷课学生,学生所学有无进步,亦随时记录。每星期交到教务处考核一次。

一、讲堂设点名簿,其已到未到者每日由教习注记,饬开旷课名单送教务处及监学处与请假、旷课等表核对。

一、教科所用书籍有须添购者,随时与中外教习商议。

第四条　关于教员之事。

一、中外教员分任学科及按时授业。既经商定后即撰授业时刻表,通知全堂。

一、教习认定何项科目,须于前一星期编纂讲义交到教务处饬供事写印交监学官,先一日按班发给。

一、各科讲义必多印五十分存储堂中,以备补给学生及呈学务大臣总监审之用。

一、如各科讲义及授课时刻有须更改处,随时与教员商订。

一、教员因事暂假,即由教务处牌示停课,如告长假或请代或由教务处请代,须陈明总监督办理。

一、教员如未请假任意旷课者,应悬牌记旷课若干次(以一小时为一次)。

一、教务处设教员名簿及教员请假、旷课簿。凡请假、旷课者即注于教员名下,如一学期旷课逾二十次即请总监督办理,其确因事故请人代理者,不在此限。

一、各项教课节目如有增减,须与教员妥议办理。

一、进退教员,须博访周咨,请总监督核定。

第五条　关于学生之事。

一、招考、入学、退学、卒业、赏罚等事,须与庶务、斋务提调及监学官会议,请总监督裁断。

一、学生履历簿保结、甘结均须整理保存。

一、学生请假、旷课、记过等事，由监学官注入请假、旷课、记过簿内，每月初交教务处注入总册。

一、学生有应记大、小功者，由监学官注入记功册内，每月初交教务处注入总册。

一、学生劝学、立品，特立专章，由教务提调、监学随时记录核办。

一、每月初将品学分数榜示一次，仍与各学科分数平均计算。

一、品学分数按所记大小功过照章加减。

一、学生记大过一次减去三十分，记小过一次减去十分，每月初照章核算。

一、学生记大功一次加三十分，记小功一次加十分，每学期照章核算。

一、如屡记大小功而未记过者，将来毕业时汇算记功分数，陈请优奖。

一、学生除例假外，不请假、旷课者加分。旷课逾三小时者减分，每月初照章核算。

一、每学期考试后分数已经核定，即告监学官按名次高下排定讲堂坐位。

第六条　关于考试之事。

一、凡月考、期考、入学毕业之考，其题目试卷皆存储堂中，不可遗失。

一、考试，约集教员、办事员分堂监察，以防抄袭传递之弊。

一、各科试卷既经教员阅定，将试卷及分数表送到教务处即核定次序，榜示全堂。

一、考试成绩及发给毕业凭照，皆须特设簿记存储堂中，以备查核。

一、举行毕业考试，既经学务大臣、总监督等审定后，所有发给凭照、指派学生等事，由教务提调与教员、办事员会议，呈请施行。

第七条　设司事二名以司整理讲堂、发号打钟、缮印讲义、表簿章程等事，并受监学官之命令。

教习规则

第一条　本堂学科有普通、有专门，聘请中、外各科教员以讲授之，其授课劝（勤）惰及能否胜任，总监督及教务提调有稽查之权。

第二条　东、西洋教员，当每学期开课之前（至迟十日前，若添购书籍须前一月报知）须将该学期内课程次第、采用书籍详细开载，编为授业豫定书，送教务提调审核。每学期毕（至迟十日）将期内所授功课，作一授业报告书，送教务提调察核。

第三条　中国教习，当每学期开课之前（至迟十日）须将该学期内讲授之次序，编为授业预定书，送教务提调察核。每学期既毕（至迟十日）将期内已课之事项，作一授业报告书，送教务提调察核。

第四条　凡授业预定书所载次第及所用之课本、所定之科目，若有须更改者，必与教务提调商议办理。

第五条　凡关教授一切事宜，各教员若有意见，随时与教务提调商议，其行否，由教务提调决之。

第六条　教员及教务提调、监学等议事，必和衷商榷，以有裨学务为要义。其疑难不决者，则由总监督酌定。

第七条　教务提调若于教授事项有欲增减之处，可约集全堂教员或教员数人会议决定，然后施行。

第八条　各科讲义须前一星期编定（至迟五日以前）送教务提调察核，并须于讲义上载明月日，以免散发者紊乱次序。

第九条　特设讲堂日志，每日由教员注记教授事项及旷课学生，每星期送其簿于教务提调，考核一次。

第十条　讲堂设点名簿，每一科开讲时，其到者，于点名簿上著一墨点。其不到者，于点名簿上著一墨钩，逐日交监学官核对假簿。

第十一条　教员上堂时刻，概以堂中号钟为定。不得以自携之钟表为准。

第十二条　教员闻钟即须上堂，概不催请，不得迟至十分钟外不到。

第十三条　各科教员，每次月考、期考毕后（至迟十日）须将考试题目及学生试卷并分数表汇送教务提调。

第十四条　教员如因学生功课之优绌更定讲堂坐次，须于星期日知会监学，以便改编并改缮点簿。

第十五条　教员除公、私两项长假之外，如因疾病及要事暂假数日、数时，应告知教务提调。

第十六条　教员请假、旷课应明定限制。今议定：每日授课三时者，每学期旷课不得逾过三十时（每日以三时计算）；每日授课二时、一时者，每学期旷课不得逾二十时、十时（每日以二时、一时计算）。如逾此限，呈请总监督酌量办理（或按日扣除薪资，或确因要事不应扣除，届时酌定）。

第十七条　教员如因切要之事请假在半月以外者，须先半月告知教务提调（事出仓猝，不在此例）或自行请代或由教务提调请代其自请代者，仍由教务提调考查方可定议。

第十八条　教员因公远行，免扣薪资，年假、暑假期内暂离学堂，亦免扣薪资；其因私事告长假自行请代者，薪资应归代理人，或自与代理人订明薪资仍由本教员自领；由教务提调请代者，本教员薪资按日扣算，代理人即由学堂发给薪资。

第十九条　教员如未经告假随意旷课或有意紊乱规则或确系不能胜任者，应由总监督辞退。

第二十条　凡普通专门学科，由本科教员每学期限定课程，自某处起授至某处止，倘甲已习熟而乙尚生疏，应责令在舍补习，不得因循迁就以至优者旷废时日，劣者恣意耽延。

第二十一条　凡学生学业分数，必须秉公评记，务令优者益奋而劣者知耻，不得因爱憎为黜陟致碍教育之进步。

第二十二条　东、西洋教员，经总监督与之订立合同，各有年限。其在年限之内，须将所授学科按次完毕，不得他适。如因要事必须离馆者或先行举人自代或由教务提调请代，必办妥后，方能离馆。

庶务处规则

第一条　庶务提调管理全堂日用出入事宜，事繁责重。由总监督选择委任而听命于总监督。

第二条　庶务提调有建筑设备、综核会计之责。

第三条　关于文案之事。

一、本学堂封奏经　总监督递进奉旨后由庶务提调文案官恭录存档,并令供事钞录奏稿附卷。

一、万寿圣节、至圣生日、春秋丁祭,一应例牌,应饬供事谨查先五日缮牌稿呈总监督。

一、收发文书,应饬供事先行登记号簿,每五日送总监督查阅。其收文既刻盖用年月木戳并总监督、教务处、庶务处、斋务处、文案处木戳注明事由、先后书阅。

一、来文来信有应发者,即行拟稿呈总监督,其事须商酌者,必公同会议。

一、文移、信件、牌示既经议妥,由庶务提调商知文案处拟稿画押,经总监督核定书行即饬缮发,将原稿另誊两簿分别存案,且便轮流送阅。

一、各处来电即行登簿,盖用年月日木戳,如系明码,即行翻出,如系暗码、密电,即送总监督处翻译。

一、本堂同学录,凡提调、教习以下衔名及学生姓名、科学班次、籍贯、年龄,入出堂年月,由庶务提调详查,载入总册,存文案处,如有更补,由文案处饬供事随时注明。

一、本堂同学录每年终,由庶务提调印刷一次颁发各处,以存掌故。

一、学生改名、改三代者,取有印结,即时饬供事将册上更正。

第四条　关于支应之事。

一、每月分支各款及学务处应发各款,由支应处告知庶务提调饬供事录稿呈总监督。知会学务处,俟覆文到日并办印领。由庶务提调亲往学务处支领,交支应处存储银店备支,不得亏挪。所有支应处收银条统,存杂务处备查。

一、各员薪资,由支应处开明人数、银数送总监督书阅,庶务提调签字,照常支发。其书籍、仪器、标本经教务提调开单,商知庶务提调专员购买,其价值由支应处照付。

一、本堂有建筑改造事宜,经教务、斋务提调商知庶务提调核算,陈明总监督定议。其需款较大者应咨明学务大臣。若寻常工作,即估价动工,随时告知支应处照发。

一、本堂零星用款,每月初由支应处照常发交杂务处银钱若干,月终由庶务提调将杂务、支应两处帐籍核对。

第五条　关于杂务之事。

一、全堂图说,凡礼堂、讲堂、自习室、寝室各处皆注明定所,其中一切器具另别表分类,并装订成册存庶务提调处,以备查检。

一、支发杂用,由杂务处开单送庶务提调盖章交帐籍处登记。

一、支发物件,由各处开单,经杂务处按日编号送庶务提调盖章支发,其原单存帐籍处登记。

一、提调教司以下各处每月例需茶叶、纸张、笔墨、油烛等项及学生每月例需各件,统由杂务处照定数支发。月终由帐籍处据支发清册登载查对。

一、采买常用物件,由杂务处编号开单,送庶务提调盖章,交采买处照办,即将所买物件交杂务处点验,分别存储,并将原单注明物价交帐籍处按号载入。

一、堂中应用物件,由教务等处开单送到杂务处者,将单送庶务提调盖章,分别交支应处、采买处照办,仍将物价原件分存登记,不得遗漏。

一、帐籍处,每月终将逐日采买及支发物件核计总数查对存储。原数是否相符,有无损坏，如有失损，告知庶务提调查核。

一、杂务处、帐籍处查出采买物件不实，告知庶务提调察核。

一、杂务处、采买处查出帐籍登载于支发杂用采买物件逐日细数有浮漏处，告知庶务提调察核。

一、庶务提调查出杂务、采买、帐籍三处有以上所列各项实据，未经三处指出告知察核者，当陈明总监督分别罚扣薪资，如有关多数出入，由总监督办理。

一、凡流水行帐、分类总帐每月册报、每年册报，均标明年月、号码，封固题识，以备稽查，不得散失。

一、帐籍五日一小结、半月一大结、月终一总结。应将银钱及采买物件收发各细数，开列四柱清册，二分经庶务提调核对盖章；一送呈总监督审阅；一存庶务处。

一、食品最关卫生，由杂务处督饬厨役务令丰洁，照食堂专条办理。

一、每夜摇铃后，由杂务处将头门关锁，无论何人，不得出入。非遇十分紧急信件，不得由递信所传进，以昭肃静。

一、自头门以内，各处厮役及提调、教习以下所带跟随、均名听差人统归庶务提调管理。一应人等由杂务处开造名册，均取具铺保。炊所人役由厨役造具名册，皆给牌号悬挂衣外，以凭识别，而便稽查。如有擅自出入，不服盘问及犯偷窃、酗酒、吸食鸦片、赌博、滋闹等事，由庶务提调核治。情节较重者送工巡局惩办。每夜锁门、点名后由杂务官巡查有无以上弊端。

一、教习及办事人有不住堂者，所带跟随不领饭食银两。

一、各项差役每夜锁门后，由杂务处查抽点名，其不到者须预将事由陈明，否则酌量惩罚。

一、各处听差，由庶务提调随时体察情形，如事务较简，即酌量裁减，以节糜费。

支应处规则

第一条　支应官专管大宗银钱收发等事。

第二条　本堂所领额支、活支经费，必须存储殷实可靠之商号，该商号由经手存放人保证，倘倒闭亏挪，保证人有追索赔偿之责。

第三条　本堂与商号立有收发清折，注明经手存放人姓名。凡存放款项、支取银钱，必须庶务提调、支应官公同签字、盖章，以昭慎重。清折存支应处。

第四条　每月终造四柱清册二分。一存总监督处，一存庶务处。每学期中造报销总册三分。二分存总监督、庶务处，其一呈学务大臣察核。年终报销，总册亦如之。

第五条　本堂薪资、膳费概用京平足银。若以银易钱，亦照市价以足银核算。其与外国银行交易及在远埠东、西洋采购器物，平色不免参差，均以京足银计算登帐，以归划一。惟必将原平、原数注明备查。

第六条　每月额支之款由庶务提调核对数目，签书照发字样。活支大款必经总监督核准签字，方可发给。

第七条　凡杂务处每月应领款及采买处所买之器物与帐籍处所报之帐目，支应官均应详细复核，如该三处数目不符，必告知总监督及庶务提调办理。

文案处规则

第一条 文案官专管文移、牌示、信函、册籍等事。

第二条 堂中发往各处一切文牍、函电等件或咨达学务大臣、出使大臣、各省督抚或牌示学生均应抄录原文,随时存档。

第三条 凡外来文牍、函电,经总监督阅后,随送提调阅看,仍须摘录事由,注明月日、编列号数,登记号簿。

第四条 学生履历名册,须每年编辑一次,以备查考。

第五条 各项应办事宜,均查庶务处规则办理。

杂务处规则

第一条 杂务官应助庶务提调管理全堂日用及建筑设备并各处器物、厨务、杂役等事。

第二条 杂务处事务殷繁,特设帐籍委员一名,采买司事一名,以资襄理。

第三条 杂务处有收发查验之责而不经手银钱。帐籍处有核实记载之责而不经手采买。采买处有承办器物之责,而购到之后,物件必交杂物处,价单必交帐籍处,不得稍涉含混。总期各守职权、互相维系以归实用而杜虚糜。

第四条 杂务官、帐籍委员经理一切琐碎之事,必须夙夜驻堂,妥为督率各项杂役,派定执事,如不服驱迁,违犯规则,立即陈明庶务提调,分别轻重办理。

第五条 雇用杂役,必确有来历取具铺保,不得随意滥收致滋流弊。

第六条 凡堂室院落宜督饬厮役打扫洁净,浴所、厕所尤宜注意查检,不得任令污秽致碍卫生。

第七条 堂中备有水龙及防火机器,应随时点派杂役演习。

第八条 厨役膳银每月向支应处领取,按人数发给,不得减扣。如学生暑假、年假出堂,即应查明核减,平常请假逾五日者,亦当按日减去,不得浮冒。

第九条 每日督饬厨役制备饭菜必一律整齐,倘不充不洁,即议惩罚。

第十条 采买处分急需、常用二项。急需之物由庶务提调指令承办;常用之物(如油烛、煤炭、茶叶、笔墨、纸张之属)由采买处考察时价,陈明庶务提调酌量备办。

第十一条 帐籍处分银钱、物件二项。银钱存帐籍处,每日支发应用,由帐籍处据实登载。每五日结算帐目,由杂务处、采买处与现存银钱之数核对一次,物件存杂务处,按照核定额数分发各处,由帐籍处逐项登载,每五日结算帐目,由帐籍处、采买处查与现存器物之数核对一次。

第十二条 杂物处设有器具总簿。凡堂内所有器具存置何处,详细记载。值暑假、年假时由杂务处按簿查点一次,如有损失,应责成经手管理人赔偿。

斋务处规则

第一条 斋务提调统理斋舍事宜,事繁责重,由总监督选择委任而听命于总监督。

第二条 斋务提调有稽察生徒、实行学规之责,今列其职守于左:

第三条 关于斋舍之事。

一、凡自习室、寝室各处细则有宜加减更易者,随时与监学官、检察官商议,以谋进步。
一、学生到堂,督同监学官、检察官编定自习室、寝室、食堂坐次。
一、斋舍有应办之事,为章程所未备者,随时与监学官、检察官酌定。

第四条 关于请假、记过之事。
一、学生请假、旷课等事由监学官注入表簿,每星期送交斋务处,即取讲堂点名簿核对一次。
一、学生有不请假任意旷课者,照章办理。
一、学生于一学期内旷课至十日(每日功课八时,即以八时为一日)及请假逾限者,照章办理。其确因紧要事故请假、旷课及尚在假期内者不在此例(紧要事故如婚、丧大事或患病属实,经医官验明后均酌给假期)。
一、学生记过,除讲堂、自习室有关教务者,由教务提调牌示外,其在寝室、食堂等处违犯条规,均由斋务提调牌示。
一、学生记大过三次者,即会同教务提调请总监督办理。
一、每月内由监学官取前月告假、旷课、记过表簿汇齐,除送教务处外并送交斋务提调,以备考查。

第五条 关于卫生之事。
一、卫生事,各室最宜注意如学生有患病者,必令移居调养室,延医诊治。
一、学生移居调养室,凡药饵、饮食等事,必督同检察官随时照料。
一、学生如患传染病者,必令迁出堂外以杜传染。即感冒、寒暑等小病亦须移入病室,不得在斋舍内服药、用饭致不洁净且妨碍他人。

监学处规则

第一条 本学堂设监学官二员,稽查学生,维持风纪,整理法律,实行学规或派专员或以教员兼充,其应行事件随时与教务、斋务提调商办。
第二条 凡自习室、寝室、讲堂、操场整饬事宜,概由监学官担任办理,以重责成。
第三条 凡学生请假、旷课、勤学、立品等事,皆由监学官掌之,但事关重大者,随时与教务提调商议办理。
第四条 各室必须一律整洁、所有整顿事宜涉于斋务、庶务者,可随时商知斋务、庶务提调办理。
第五条 监学处须备学生履历簿、请假旷课簿、勤学立品簿、记过记功簿,随时注记。每日送交斋务提调查阅,每月初送教务提调综核一次。
第六条 学生因事请假者,必考查确实情形,分别准驳,其准者给予假条或名牌,仍为注簿。
第七条 学生如无假条、名牌擅自外出者,准门役告知监学官分别记过。
第八条 凡自习室之位次由监学官编定。
第九条 学生如有违背规则、紊乱秩序者,监学官随时劝止之,如劝之不从,告知教务提调照章办理。
第十条 监学办公处,即在学生自习室近旁,以期情意浃洽,易受规戒。

第十一条　各科讲义由教务处交到,按日发给班长。其学生销假陆续来堂者,随时请教务处补发讲义。

第十二条　教习因事停课,既得教务处知会,即牌知学生,并饬司事停止打钟。

第十三条　监学办公处派供事一名,以司缮写。

第十四条　凡各室杂役均受监学官指挥。

第十五条　凡各室规则,一时不能完密,由监学官随时会同教务提调酌办,其重大者呈总监督核定。

检察处规则

第一条　本堂斋舍较多,不得不设检察数员以资管理,其应行事件,随时与斋务提调商办。

第二条　学生起居、饮食、疾病、衣服、箱箧等事,检察官皆有经理之责。

第三条　寝兴有定时,应饬役按时鸣锣。晨起鸣锣一次,即历寝室查看,如酣睡未起者,传呼之十五分钟后犹未起者,照章办理。

第四条　夜间归寝室,摇铃一次,即催令就寝。十五分钟后犹未寝者,照章办理。

第五条　学生入自习室后,无故不得入寝室,如因事欲入寝室者,必得检察官允许,饬役持钥开门,取物即出。

第六条　学生如欲入储藏室,必请命于检察官,得其允许或检察官同往或派人同往监视开箱毕,即行锁门。

第七条　寝室、食堂、盥漱所、炊所、厕所、病院等处,每日督饬夫役打扫洁净,如各处少有污秽,立传夫役饬责之。

第八条　寝室椅案必饬役拂拭洁净。学生衣服被褥,必令按期交出洗濯。夫役惰者斥责之。学生不洁者告戒之。

第九条　澡身疏密最系卫生,若值暑月,必令学生逐日洗浴,至天寒时虽各从其便,然每月亦必令浴二三次。

第十条　食物良否最系卫生,宜随时查勘,如有腐坏等物,必饬厨役更易,其不听从者,斥责之。

第十一条　学生有疾病,即令移居调养室,延医诊视,妥为调护。其患传染病者,即令出居堂外,以杜传染。

第十二条　凡寝室炊所储藏室等,每夕必饬夫役小心警备,以防意外之虞。

第十三条　检察官住宿,即在学生斋舍之间,以期实行查验。

班长值日生规则

第一条　班长及值日生之选派。

一、每类立班长二人,自习室及寝室每类均立值日生二人。

一、各类班长由教务、斋务两提调会同选派,呈请总监督核定。

一、自习室、寝室值日生,由同类学生依次轮派,惟年令太稚者免派。

一、班长之任期以一学期为限，如其人为众论所许，仍可续任。如不克胜任者，准同类学生随时陈明教务、斋务提调考查另选。

一、值日生任期以一星期为限，更番递派，届期先由本人自书系何类值日生、送交管理员处。若有因事请假外出者，即以其次者轮派。

一、班长在一学期内办事勤慎者，记大功一次，并由总监督酌予奖励。

第二条　班长及值日生之责任

一、各类班长须随时勤勉同学，遵守学堂规则，以己率人，实心任事，总期全堂相亲相爱，诚意交孚，不得以盛气凌人。

一、班长为同类学生之表率，而受监学之指挥。若同类学生於课程教授有所陈白，由班长呈于监学，亦可直呈教务提调，教务提调与监学议定由班长传知同类学生。

一、教务提调及教习于学课有考查之事，概由班长陈容。

一、各教习讲义由班长在监学处承领分发。

一、各类班长有事须互相照会以期全堂划一。

一、值日生为同室学生之表率，而受监学、检察之指挥。凡同室学生或因事有所陈白值日生陈明监学、检察俟各管理员议定，亦由值日生传知同室学生。

一、斋务提调于斋舍有事整顿之事，亦由值日生传达。

一、值日有事除知会同室各生并须与班长商办。

一、学堂颁发器物由各号值日生承领分给。

一、同室器物必须爱惜保护，如有损毁，值日生宜随时告知监学官。

一、自习室、寝室内陈设器具及所编位次均有一定，值日生须督同遵守，不得任意移徙。

勤学立品记分规则

第一条　品学二项，每人每月各以八十分为中率，因事加减，以定所得分数与各科平均计算。

第二条　记大功一次者，加三十分。记功一次者，加十分。考试第一名记大功一次，余四名记功一次，其分数加入勤学。班长于一学期内任事勤慎无过者，记大功一次，其余于一学期未经记过者，记功一次，其分数加入立品。

第三条　记大过一次者，减立品三十分。记过一次者，减立品十分。

第四条　一月内除例假外不请假者，加勤学十分。既不请假且于每星期三课毕不出堂，照常用功者，再加勤学十分。请假而未旷课者不加不减。

第五条　一月内旷课以三小时为限，如逾此限者，每旷课一小时减勤学一分，其请假一日或数日者，每日以八时扣算。

第六条　一月内不曾记过者，加立品二十分。

第七条　遵照奏章，品行应分言语、容止、行礼、作事、交际、出游六项。由教务提调、教员、监学随时稽查，分别等第，酌量加减（其加减分数之法，比照大小功过办理）。

第八条　勤学立品分数表，每月由教务提调核定揭示一次。自开学日期起，扣足一月，如递扣至期考时尚有零日不足一月之数，其在二十日以上作一月计，十日以上作半月计，十日以内归并前月以半月计者，其分数折半。

第九条　学生请有长假,一月内在堂不及十日者,不列立品分数表。惟勤学分数仍当核计。

第十条　班长任事勤慎及一学期未经记过者,其记大、小功分数加入本学期期考立品分数与平日平均。

第十一条　月考记大、小功者,其所得分数加入本学期期考勤学分数与平日平均。

第十二条　期考记大、小功者,其所得分数,俟卒业考时,加入卒业考。勤学分数仍与平日平均。

第十三条　勤学分数每月以八十分为中率,如旷课过多,应减之数不止八十分,将其余数存记,俟期考时匀减其平日分数。

第十四条　如有丁父母忧者请假时,将电函呈验,自闻讣日始,凡沿江、沿海、晋、豫等省以四个月为限。云、贵、陕、甘、蜀、桂等省,以八个月为限。如限来堂者,所旷功课不减勤学分数(祖父母故应承重者,得援此例,非承重者,不得援此假)。其能早来销假者,听,惟既经销假,因他事旷课,虽在丁忧期限内,仍减勤学分数。年假、暑假学生回家遇有丁忧事故,应将丁忧日期函告本堂。

第十五条　因父母重病请假归省,不幸丁忧者,自请假日始,不减勤学分数,丁忧后,仍按道路远近,以四个月或八个月为限,请假时亦应将电函呈验。

考试规则

第一条　考试所以觇记力、悟力,每月初旬举行月考,以一月所讲授者发问,教务提调、教员莅之。每年分二学期,学期尽日举行期考,以一学期所讲授者发问,总监督咨请学务大臣遵照奏章办理。

第二条　监考,除教务提调、教员外,并会同斋务提调、监学官、检察官分堂监察。

第三条　每考一学科,须全班俱到,同时并试,如同班学生过多,一堂不能容,亦可酌分二、三讲堂。

第四条　考卷由本科教员评定,分数列写一册送交教务提调。

第五条　每次考试,除学科分数外,另加立品、勤学二项分数。

第六条　凡品行之纯疵,学问之勤惰,由教务提调、监学考察之,按其请假、旷课、记功、记过等事以定分数多寡,与考试分数合并计算。

第七条　教务提调总计各项分数,核定名次,榜示堂中。

第八条　考试时限,由教务提调牌示,届时鸣钟齐集讲堂,不得逾限五分钟不到。

第九条　考试时不准规避、告假,如实系有病,应由医官验明,暂准免考,仍须补视。

第十条　考试以二点钟为限,不得逾限五分钟不交卷。

第十一条　考试时除笔墨外,不得携带片纸只字。

第十二条　未经交卷,无论何事不准出堂,并不准互相谈话,互换坐次,传递笔墨,随意走动。

第十三条　既经交卷,不得留恋堂中不去。

以上六条与记过规则互见。

第十四条　评定考试分数,以百分为满格,以六十分为及格。惟通计各科平均核算,必各得六十分方为及格。

请假规则

第一条 请假有例假、特假之分。如年假、暑假、星期及奏定章程所载停课之日为例假。婚丧、重病等事为特假。

第二条 给假用假牌、假条两种。假条为婚丧、重病。而（设）假牌为临时请假而设，如上课及自习时欲请假者，必由监学处领小名牌交二门稽察处悬挂，然后出堂，归时亦必亲取假牌交监学处，不得迟误。

第三条 二门稽查处设红、白二面名牌，在堂诸生，无论例假、特假及非上课、自习之时，偶而假出者，必将红面名牌翻出，归时必将白面名牌翻出。

第四条 学生出堂如无假条、假牌及出入不翻红、白牌者，稽察处即报知监学照章办理。如稽察处隐匿，一经查出，即酌扣薪资。

第五条 例假原许随意出入，然亦有定限，星期三课毕，可出外至九点钟，必一律回堂，如确有事故不及回者，次晨必到堂听讲，并向监学说明原由；如情节支离，必应记过；如开讲后仍未到者，必应记大过。

第六条 临时请假，必本人赴监学处陈明，不得托人代请。

第七条 星期六课毕有家者，准其回家，次晚九点钟必须回堂。无家者不得在外住宿，如逾限制，由监学查明情节，分别办理。

第八条 除星期三、星期六晚免自习功课外，其余届休息时刻，只可在堂内游息。如欲出外，须向监学处请假，至自习时不到者，与讲堂旷课同，应记入旷课簿，照章积算。如外宿不归者，分别大、小过办理。

第九条 特假必因紧要事故，经监学允准给予假条，方可出堂。

第十条 学生有病者，经本堂医官验明、取凭，由斋务提调签印，始能于监学处请假。

第十一条 凡婚丧、重病请假者，必立证书（婚丧由自立，病由医官立），由斋务提调酌量地之远近，病之轻重，监学方准给假。

第十二条 除婚丧、重病外，全年请假不得过二十日。短假八时，积成一日（讲堂六时自习二时）逾期者照章办理。

学生记过规则

第一条 关于课堂之事

一、凡讲堂规则必须遵守。如有违犯者，由教习会商教务提调分别大小办理。

一、学生按课上堂听讲，不得旷误，如无故不到者，记大过一次。

一、打钟后在五分钟外到堂者，由教员问明迟到之故，无故迟到者，记过一次。

一、打钟后在十分钟外到堂者，实属玩视课程，不准上堂，应记过一次。

一、教员未经讲毕，学生不告知教员，径行出堂者，记过一次（如有紧急事，由班长通知教员允许出堂者，不在此例）。

一、失散所领讲义者，记过一次。

一、在讲堂欠伸跋倚、倦睡涕唾、吸烟索茶、言笑无常、发问不伦、携带杂物、阅视杂书者，各记过一次。

一、体操不守操场纪律者记过一次。

一、在礼堂行礼时,喧哗失仪,避匿不到者,记过一次。

第二条　关于斋舍之事

一、凡自习室、寝室规则必须遵守,如有违犯者,由监学官会商斋务提调,分别大小办理。

一、早晨鸣钟不起者,记过一次。

一、摇钟后十五分钟不就寝者,记过一次。

一、届自习时不入自习室者,记过一次。届入寝室时不入寝室者,亦然。

一、在室内怒詈秽言、大声喧笑、烹汤制食者,各记过一次。

一、不到厕所随意便溺者,记过一次。

一、在室内宜受监学官、检察官之约束,如有抗违不遵、漠视不理者,分别轻重记大、小过一次。

一、在室内争嚷者,记过一次。斗殴者记大过一次。

一、室内衣服、器具任意污秽,妨害他人者,记过一次。

一、食堂不遵条规、言动失仪者,记过一次。

一、无故虐待伺役人等者,记过一次。

一、外客来会学生,不经提调允许而擅引入内者,记过一次。

第三条　关于请假之事

一、学生因事请假数日或数时,注入请假、旷课簿内,按照旧章;每学期不得超过十日,每年不得过二十日(每日以八小时计算),如逾此限由监学告知斋务提调,记过一次。

一、平时请假逾限不到者,分别轻重记过。

一、例假逾限不到者,分别记过。

一、临授课时无故请假趋避者,记过一次。

一、不关功课之告假(谓课毕出外,本日回堂者)免记入旷课簿内,每星期仍不得过二次。如本日不归者,记过一次,若次日开讲仍未归者,记大过一次。如托人续假者免记,惟必书具名条,某人代某人续假几时。

一、出堂、回堂以假条所填时刻为限,逾期不回者记过一次。托人续假者免记,惟应归入每学期不得过十日积算。

一、学生有病须出堂者,经监学官验明给假若干日,逾限不到,并未续假者,记过一次。在原期一倍以外者,记大过一次。如病情属实托人代假者免记。

一、学生因病住在室内不能听讲者,必于监学处请假,不请假者记过一次。

第四条　关于考试之事

一、凡关考试之事有违背规则者,由教务提调记过。

一、考试不准规避告假,违者记大过一次。

一、考试除自携笔墨外,不得挟带他物,违者记过一次。

一、考试倩人代作者,察出,分别记过。

一、考试座次,皆按班编定。学生就坐后不得互相谈话、传递纸笔、互换坐位、随意走动,违者记过一次。

一、屡考不能合格,毫无进益,由教务提调会商教习分别记过。

第五条　关于开除之事

一、三小过并为一大过,满三大过者开除,并追缴学费。

一、学生考取后一月不到者开除。如曾经告假者,酌量办理。

一、年假、暑假后三星期不到堂者开除。如曾经告假者,酌量办理。

一、请假逾限至三星期者开除。如曾经续假者,酌量办理。

一、在堂内作非圣无法之议论及游戏俳优之文字或匿名揭贴造谣生事者,一经查出,即行开除,并追缴学费。

一、吸食洋烟、酗酒、聚赌者,开除并追缴学费。

一、学生在外品行卑污、行止不端,既败同学之名,又隳学堂之望,一经查有实据,轻者开除,追缴学费,重者由总监督会同学务大臣办理。

一、学生如不因事故任意中途辍业者,除追缴学费外,由总监督斟酌办理。

讲堂规则

第一条　本学堂现设师范公共科、分类科、大学豫备科,故有特别讲堂,有通用讲堂。学生按所习何课上何种讲堂。惟通习之课,或并二三类为一讲堂。

第二条　讲堂坐位均豫为编定,学生依次列坐,不得任意挪移。

第三条　每时上讲堂,皆由班长领全班学生鱼贯而入,待教习至,呼起立,然后就坐;课毕时亦由班长呼起立,礼毕,俟教习先出,始各离席,顺序而出,不得拥挤喧器。

第四条　每次上堂下堂以鸣钟为号。闻钟声学生即齐上堂,不得迟至五分钟;教员亦不得迟至十分钟。

第五条　每点钟课毕,各休息十五分钟。

第六条　授课之时,学生非经教员许可,不得擅离坐次。

第七条　学生在讲堂除应用书籍外,不得携带他物,并不许带他项功课之书器。

第八条　授课时一切从教员之指挥,务须整肃,不得交谈;遇教习询问,知者举手,以免喧器。

第九条　学生如有疑问,必俟授课完毕,方起立致问。惟不得旁及本课以外之事,或无谓纠缠,致碍教授时刻。

第十条　讲堂内冬炉按时设备,学生不得自携暖炉,亦不许戴风帽。

第十一条　学生在讲堂内须注意课业奋勉,精神不可稍有息容。

第十二条　讲堂内不许茶烟,不许短衣曳履,不得叫唤伺役。

第十三条　讲堂内图籍器械不得污损。如有损坏,责令赔偿;墙壁椅案亦不得涂抹。

第十四条　讲授之时闲人不得擅入。即有参观来听者,必由监学官允许,通知教员方可进内。若教员令学生起立致敬,必须听从。

第十五条　讲堂一切法度,皆教员及监学官掌之。其有违犯屡戒不悛者、告知教务提调办理。

第十六条　讲堂点名簿、讲堂日志簿,由讲堂司事备办,送交教员以便按堂记录。

第十七条　凡讲堂宜勤洒扫,以洁净为主。无论何人不许涕唾于地。

第十八条　凡每日上课时刻,概以讲堂事务处钟点为准,不得参差不齐,致紊授课秩序。

自习室规则

本学堂既有师范科、大学预科之分,而师范科又有公共分类之别,功课各有所主,其自习室自应按类分编、不相杂居,以收讲习切磋之益。

第一条　出入及应接

一、春分后,早六点钟鸣锣,出寝室入自习室;晚九点钟摇铃,出自习室入寝室。秋分后,早六点半钟出寝室入自习室;晚九点半钟出自习室入寝室。

一、春分后晚七点至九点,秋分后晚七点半至九点半为自习时刻。必须伏案静习,不可擅动。若性喜朗诵者,亦只可低声吟咏,以不害他人用功为要。习外国文字时朗诵亦无妨害。

一、凡在自习时刻内,不得在室外游戏谈笑,即欲吃茶吸烟,亦不得在憩息室耽搁至十分钟之久。

一、午后五点至七点为休息时刻,或在室内休息,或入憩息室,或应接外客,或检阅报纸,或在体操场练习运动,均听其便。惟不得聚众争闹、狂笑、急呼。至七点钟后各处摇铃齐归室内,不得迟误。

一、学生于休息时会客,必请客至应接所,断不可引入室内。

第二条　整理及扫除

一、室内除自习应用之物外,不得陈列玩具及字画等类。

一、室内粉面墙壁、玻璃窗扇不得涂画字迹,糊贴纸张,致不雅观而损公德。

一、图籍必须随时整理,罢阅后不得散乱桌上。如系堂中所发书籍,污损涂抹者赔偿。

一、纸、笔、墨、课本等物,一律整理,不得散乱狼藉。

一、绘图器具,用后即置诸抽屉。如系学堂所发者,破损、遗失,均须赔偿。

一、学生饮茶等事必须在憩息室,不得在自习室内,以期一律整洁。

一、假出归寝及上讲堂时,须将桌上诸物整理,椅子置诸桌下。

一、衣帽、巾麈、烛台等物均有定处放置,用后宜归原处,不得散乱。

一、凡因请假辍学,必将所领之图籍器物缴存监学处。

一、室内每日差人扫除后宜各保清洁,不得少有污垢。

一、每逾两星期大扫除一次,凡门户、窗槅、墙壁、书籍器具等物皆须拂拭清洁,并听监学官之查验。

一、每室均设有痰盂,痰唾必吐入其中,不得吐于地下。

一、每室设纸屑篓一只,不得以他物投之。

一、室内扫除限有定时,届时须一律将门钥交于监学处,以便料理。

一、自习室听差原为学堂办公而设,不得以一人之私事有碍公役。

一、自习室内除书籍及应用之物外,不得置有贵重物品。否则,或有遗失,不得请学堂追问。

第三条　装服

一、学生宜朴实,不宜华侈。虽名门贵族,既到学堂亦必去奢崇俭,衣服以布为最宜,其室内尤不得任意装饰。

一、雨鞋、雨伞，本非室内所需，不宜携入。若值雨雪必须穿戴，至自习室后交听差人另所收藏。

第四条　患病者

一、学生如有疾病，不能讲习，宜告知监学，给假移入调养室。

寝室规则

每号寝室，值日生二人，原为维持全室风纪而设，必应遵体此意勿稍废弛。

第一条　出入及应接

一、寝室以肃静为主，晚九点及九点半钟摇铃入寝室后，限十五分钟一律息烛就寝。

一、早六点及六点半钟鸣锣起床后，必一律出寝室盥漱，由班长督率同类，鱼贯入自习室。

一、寝室出入时刻均有定限，若于时限外，确因事故欲出入寝室者，须经检察官许可。

一、每室发给锁匙一副，交学生自收。同室学生每日轮管，随出随锁，不得稍涉疏忽。

一、公共出入之门，其锁匙由检察官收藏，学生不得私自启闭。

一、寝室不许会客及留客住宿。

第二条　整理及扫除

一、寝室内应用器物，其设置处所均由检察官一律排定，学生不得任意搬动。

一、学生二人设木柜一座，分上下两格，以分置应用之衣服，其钥匙自行收藏。

一、凡书籍、报纸、笔墨，不得携入寝室，应听检察官之查验。

一、晨起后挂帐叠被，然后出室盥漱。

一、寒暑衣服取其切用者置之寝室，其余物品各宜谨慎局诸箱箧，置之储藏室。惟所携箱箧，只备寻常衣服，不得过多。

一、帽鞋靴袜，皆有定所，不可散乱漫无纪律。

一、因事更衣，必随换随叠，细心检点，各归原处。如一时仓猝不及折叠者，亦可暂置床上，事后当即收检。

一、应洗濯之衣裤，宜随时检交夫役，不得堆置寝室，妨害他人。

一、床上枕衾帐褥凉席，应随时洗濯或曝晒，不可沾染污垢，致伤身体。

一、学生在室内不得私自制饭烹茶，及一切污损斋舍之事。如同室有疾病者，宜即刻告知检察官，其较轻者暂住室内养息，其较重者移入调养室。

一、室内痰盂，只许吐唾，不作别用。

一、室内间日扫除一次，届时学生自将门钥交值日生送检察官，由检察官监视，扫毕发还值日生。

一、不得在寝室内吸烟、拥炉，以防火患。

憩息室规则

一、室内只可细谈，不可聚众喧嚣，致失容仪。

一、室内备有茶水，由监学官督饬仆役伺候。如有不洁及寒冷不换，火盆无火等弊，须由值日生告知监学办理。

一、茶壶旁置清水盆,为洗涤茶碗之用。饮后务宜将空碗置于盆中。
一、盆中之水及所饮之余,不得倾弃满地,致生秽气。
一、室内备置之器物,不可损坏,亦不可携出他用。

食堂规则

第一条　早午晚餐均有定时,一闻锣声,即应从速入堂,按次列座,然后由厨役呈进食品,勿得濡滞,致同座久候,亦勿先期到食堂催促,不候同座。

第二条　坐次编定名姓,各须按照列坐,不得纷乱错误。

第三条　饭菜由庶务提调严督厨役,必使丰洁,勿碍卫生。

第四条　食品如不丰洁,由教员、办事员、目见者公议,罚扣厨役工食,以示儆戒。如厨役屡戒不悛,公议斥革,无论何人不得袒护。

第五条　食品果属丰洁,数月之后,由教员、办事员公议奖赏以示鼓励。

第六条　食品之良否,厨役之赏罚,既由各员公议决定,学生不得传呼换菜、任意挑剔。

第七条　每桌以七人为额,桌首或教员或办事员,余六坐均为学生位次。

第八条　教员、办事员、学生齐同就坐举箸,食毕即出,不得紊乱。

第九条　上堂均须着长衣,在坐宜肃静,不得横肱翘足,妨碍他人,更不得喧哗、嬉笑、任意妄动。

第十条　凡有不上食堂者,必先使斋夫通知,概不等候。

第十一条　凡学生有紊乱仪节者,由教员、办事员纠正,不得违抗。

第十二条　盥漱室设有定所,食毕即入盥漱室。

第十三条　学生在食堂不守规则,业经纠正仍恝置不理者,应由提调记过。

储藏室规则

一、储藏室为学生公同安置箱箧之地,宜各贴名条,由学堂编号位置定所,以免误紊。室门锁钥由检察官执掌。

一、学生箱箧入室时,必经检察官查验,如有贵重物品及非学堂应用之件,均不许收入。

一、学生如欲开箱取物,须按定时限,亲至检察处报明,取毕仍自关锁实贴封条免致遗失。

一、储藏室开闭时刻,每日自晨七时至午后六时为限,晚间不许启室。

一、储藏室每星期由检察官督饬仆役打扫一次。

盥洗室规则

一、室内面盆一律由学堂备置,每日除洗面外,不可为他项使用。

一、使用面盆后覆盆于架,不得移置他所,或任意污坏。

一、有皮肤传染等病者,另置盥盆不得混于一处,以致传染。

一、面巾一律自备,随用随检,不得散乱于盥洗室。

中国第一历史档案馆·学部·教学学务·卷六八

附录 1 学务大臣为更改月考期考奖赏学生办法咨覆大学堂文

（光绪三十一年三月十九日）

总理学务大臣，为咨复事，准贵总监督咨开。案照大学堂师范馆学生月考、期考旧章，向有奖赏，本总监督受事以来，遵办无异。唯现在新添师范生人数较多，又预备科学生同堂肆业，其月考可否一律给赏之处，应请酌夺，并见覆等因。查本处经费所入，只有此数，如支款骤增，似于将来之推广办法、多添学生均有窒碍，奖赏一项，能否择优给发，费不加多，相应咨覆贵总监督酌夺可也。须至咨者。
右咨
大学堂总监督

北京大学综合档案·全宗一·卷五六

附录 2 札各省提学使司年暑假期表照印转发各学堂遵办文

（光绪三十二年十一月初二日）

学部为札行事。前准大学堂总监督咨开定章，每年以正月二十日开学，至小暑节散学，为第一学期，立秋后六日开学至十二月十五日散学为第二学期，计年假、暑假合七十日。惟入夏以后天气炎热，教员学生上课往往引为不便，以至临时告假辍课者颇多，似应酌量变通，年假减为二十日，暑假增为五十日，仍与定章合计七十日之数相符，咨呈核夺等因前来。当经本部核准，并酌定每年正月十六日开学至夏至后六日散学，为第一学期，处暑前五日开学至十二月二十五日散学，为第二学期，咨行京师各学堂在案，各省学堂暨海外华人所立学堂，皆应一律办理。兹经本部编定光绪三十三年学堂假期表，除偏远地方气候不同应准量为推移外，所定假期不得意为增减。为此札行该提学使司照印多纸转发各学堂遵办可也。此札。

《学部官报》第十二期

二、课程设置

孙家鼐奏设大学功课折

(光绪二十四年八月初四日)

七月三十日军机大臣面奉谕旨：裕庚奏，日本大学科目并初学功课分缮清单呈览等语，著孙家鼐酌核办理。钦此。臣查裕庚片奏谓日本仿照西法设立大学，共分六科，曰法科，曰医科，曰工科，曰文科，曰理科，曰农科。六科各有细目，而其要则自学部大臣，以至校长教师，莫不由西国学成而来。盖日本之变法也，沈机默运，预筹于数年之前，先得人而后行法，故其成功也易。中国急求变法，而乏行法之人，故临事不免周章。现在兴办学堂，正如七年之病三年蓄艾，但期事事实力讲求，终能获效。裕庚所奏各节，及前次由日本寄来议大学堂事宜，语皆切实，洵阅历有得之言。臣必当次第施行，谨附片具陈，伏乞皇上圣鉴。谨奏。

《戊戌变法档案史料》

预备科课程设置

(光绪二十八年十一月)

京师大学堂预备科课程设置，见本书第二篇，《钦定京师大学堂章程·功课·预备科课程门目表》。

师范馆课程设置

(光绪二十八年)

京师大学堂师范馆课程设置，见本书第二篇《钦定京师大学堂章程·功课·师范馆课程门目表》。

仕学馆课程设置

(光绪二十八年)

京师大学堂仕学馆课程设置，见本书第二篇《钦定京师大学堂章程·功课·仕学馆课程门目表》。

分科大学课程设置

(光绪二十九年)

京师大学堂分科大学课程设置,见本书第二篇《奏定学堂章程·大学堂章程·各分科大学科目章》。

附奏大学堂增设满蒙文学一门片

(光绪三十三年)

再,查奏定大学堂章程,文学科大学分九门,凡中外史学、地理学、中国文学及英法俄德日本文学,无不分门研习,独于满蒙文字仅注于地理学门中国方言之下,殊觉缺而不备。拟请文学科大学增设满蒙文学一门,列于中国文学之前,务使满蒙文字源流以及山川疆域风俗土宜讲习愈精,搜讨靡遗。庶考古者,得实事求是之资;临政者,收经世致用之效。其详细课目,应由臣部妥定再行奏请颁行。谨附片具陈。伏乞圣鉴。谨奏。

奉旨:依议。钦此。

《学部官报》第二十三期

咨复大学堂附设博物品实习科课程均属切实可行应准照办文

(光绪三十三年)

学部为咨复事。准咨开本学堂附设博物品实习科,共分制造标本模型及图画三类,每类完全科以三年毕业,简易科以二年毕业。拟先办简易科,就京外各学堂录送学生肄习此项学术,以便学成足供中学博物生理等科之用。现在本学堂招入学生办法,由各省提学使或京师督学局咨送本学堂,须确系某学堂认明此项学生成后必在该堂酌尽义务者,方许录送,以杜个人营业之私。拟于七月内将各处咨送之学生,由本堂再加考验,入学开课。谨将本科课程及规则分缮成册,送呈贵部核定后发还本学堂遵行等因前来。查标本、模型、图画三类为中学博物、生理等科所必需,允宜分类实习自行制造,所拟课程规则各册,本部详加披阅,均属切实可行,自应照办。惟该科分设三类,而学生名额仅三十名以外四十名以内,恐卒业后尚不敷分布,能否量为扩充以广造就,应再由贵学堂酌量办理,相应咨复贵总监督查照办理可也。须至咨者。

原载《学部官报》第二十七期

博物品实习科课程

(光绪三十三年)

一、本科课目分为三类,令学生专习其一,第一类,以制造标本为主课,制造模型及图画为副课;第二类,以制造模型为主课,制标本及图画为副课;第三类,以图画为主课,制造模型为副课。

二、各类课目均分学科及术科两种。

三、本科各类均以三年为毕业。

四、毕业后如仍愿学习高等技术者(如专门学用及博物馆用之标本及模型、高等图画术等),须另设专修科。

五、各类各学年之课目如下表。但本项所列各类课目,如于艺徒成绩及练习材料有窒碍之处,须临时另行酌办。又表中项端标识星(＊)记号者,非另行设法尚不能实行办理。

六、本处另设简易科,所修学科、术科均视本科较为简易,二年毕业。

各类各学年课目表

本科第一类,以制造标本为主课,制造模型及图画为副课。

第一学年:

学科

一、制造模型标本之主旨

二、博物学

三、度量衡之名称及使用法

四、采集器具之名称,使用法及修理法

五、制造器具之名称,使用法及修理法

六、制造用药品及材料之名称、性质及使用法

七、集动物法

八、用枪法

九、保存动物法

十、剥制法

十一、采集植物法

十二、保存植物法

十三、记录法

十四、制造模型法

十五、图画讲授

术科:

一、鸟类之皮标本及姿势标本

二、制造骨骼法

三、制造贝壳标本法

四、制造卵壳标本法

五、制造昆虫标本法

六、制造仔虫标本法

七、制造酒精标本法

八、制造腊叶标本法

九、制造果实种子标本法

十、采集法之实习(临时)

十一、饲养法之实习（临时）

十二、经理金属、木材、玻璃及涂料之实习（临时）

十三、捆包及搬运法之实习（临时）

以上主课

十四、石膏模型（临时）

十五、粘土模型（临时）

十六、图画（一周间六时）

以上副课

第二学年

学科

一、博物学

二、药品秤量法

三、注射法

四、解剖法

五、保存动物法（临时）

六、剥制法

七、保存植物法（临时）

八、制造模型法

术科

一、鸟类之皮标本及姿势标本

二、兽类之皮标本及姿势标本

三、鱼类、两栖类、爬虫类及甲壳类之剥制

四、制造骨骼法

五、制造昆虫标本法

六、注射法

七、解剖解体及发育标本之制造法

八、制造腊叶标本法

九、制造海藻标本法（临时）

十、制造果实种子标本法

十一、制造酒精标本法

十二、药品秤量法之实习

十三、采集法之实习（临时）

十四、饲养法之实习（临时）

十五、经理金属、木材、玻璃及涂料之实法（临时）

十六、捆包及搬运法之实习（临时）

以上主课

十七、石膏模型

十八、粘土模型

十九、纸塑模型

二十、铁线模型

二十一、图画（一周间六时）

以上副课
第三学年
学科
一、博物学
二、保存动物法
三、保存植物法
四、矿物、岩石及化石之采集法
五、矿物、岩石及化石之保存法
六、显微镜用标本之制造法
七、显微镜使用法
八、制造模型法
九、写真法
十、陈列标本法
术科
一、剥制动物法
二、制造骨骼法
三、制造昆虫标本法
四、解剖解体及发育标本之制造法
五、显微镜用动物标本之制造法
六、显微镜用植物标本之制造法
七、显微镜用组织标本之制造法
八、制造本材标本法
九、制造酒精标本法
*十、矿物、岩石及化石标本之制造法
*十一、显微镜用岩石标本之制造法
*十二、制造结晶模型法
十三、采集法之实习(临时)
十四、饲养法之实习(临时)
以上主课
十五、石膏模型
十六、粘土模型
十七、纸塑模型
十八、铁线模型
十九、蜡模型
二十、图画(一周间四时)
二十一、写真术
第二类,以模型制造为主课,标本制造及图画为副课。
第一学年
学科
同上第一类第一年之学科,但制造模型之讲义必须增加时间。
术科

一、粘土模型
二、石膏模型
＊三、雕塑
四、纸塑模型
五、铁线模型
六、蜡模型
七、经理金属、木材、玻璃及涂料之实习（临时）
八、捆包及搬运法之实习（临时）
　　以上主课
九、鸟类之皮标本及姿势标本
十、制造骨骼法
十一、制造贝壳标本法
十二、制造卵壳标本法
十三、制造昆虫标本法
十四、制造仔虫标本法
十五、制造酒精标本法
十六、制造腊叶标本法
十七、制造果实、种子标本法
十八、采集法之实习（临时）
十九、图画（一周间六时）
　　以上副课
　　第二学年
　　学科
　　同上第一类第二学年之学科，但制造模型法之讲义必须增加时间
　　术科
　　主课之事项与第一学年同
九、鸟类之皮标本及姿势标本
十、兽类之皮标本及姿势标本
十一、鱼类、两栖类、爬虫类及甲壳类之剥制
十二、注射法
十三、解剖解体及发育标本之制造法
十四、制造酒精标本法
十五、采集法之实习（临时）
十六、图画（一周间六时）
　　以上副课
　　第三学年
　　学科
一、博物学
＊二、矿物、岩石及化石之采集法
＊三、矿物、岩石及化石之保存法
四、显微镜用标本之制造法

五、显微镜使用法

六、制造模型法

七、写真术

八、陈列标本法

术科

主课之事项与第二学年同,但除却经理金属、木材、玻璃、涂料及捆包搬运法之实习。

八、显微镜用博物及组织标本之制造法

*九、矿物、岩石及化石标本之制造法

*十、结晶模型之制造法

十一、图画(一周间四时)

十二、写真术

第三类,以图画为主课,模型为副课。

第一学年

学科

一、讲习图画之主旨

二、博物学

三、图画讲授

四、制造模型法

五、器具之名称及修理法

  术科

一、图画　木炭画及铅笔画

二、廓大法

三、野外之实习(临时)

四、捆包及搬运之实习

  以上主课

五、粘土及石膏模型

*六、雕塑

  以上副课

第二学年

学科

一、博物学

二、图画讲授

三、几何学

四、显微镜使用法

五、制造模型法

  术科

一、图画　木炭画、铅笔画及水彩画

二、图画　用器画

三、实物写生

四、显微镜写生图之实习

五、野外之实习(临时)

以上主课
六、石膏模型
*七、雕塑
以上副课

第三学年
学科
一、博物学
二、图画讲授
三、制造模型法
四、写真术
术科
一、图画　铅笔画、木炭画及水彩画
二、显微镜写生图实习
三、实物写生
四、野外之实习（临时）
五、挂图描写
以上主课
六、石膏模型
*七、雕塑
八、写真术
以上副课

简易科第一类，以制造标本为主
第一学年
学科
一、制造标本之主旨
二、博物学
三、度量衡之名称及使用法
四、器具药品及材料之名称使用法及修理法
五、动植物之采集及保存法
六、用枪法
七、记录法
术科
一、鸟兽之皮标本及姿势标本
二、制造骨骼法
三、制造贝壳标本法
四、制造卵壳标本法
五、制造昆虫标本法
六、制造酒精标本法
七、制造腊叶及果实种子标本法
八、采集法之实习

九、杂务实习
　　第二学年
　　学科
一、博物学
二、药品秤量法
三、剥制法
四、保存动植物法
*五、矿物岩石之采集及保存法
　　术科
一、鸟兽之皮标本及姿势标本
二、制造骨骼法
三、鱼类、两栖类、爬虫类及甲壳类之剥制
四、制造昆虫标本法
五、制造腊叶标本法
六、酒精标本法（简易）
*七、矿物及岩石之采集保存法
八、采集法之实习（临时）
九、杂务实习（临时）
　　第二类，以制造模型为主课
　　第一学年
　　学科
一、制造模型之主旨
二、博物学
三、度量衡之名称及使用法
四、器具药品及材料之名称、使用法及修理法
五、制造模型法
　　术科
一、石膏及粘土模型
二、纸塑模型
三、铁线模型
四、彩色法
五、杂务实习
　　第二学年
　　学科
一、博物学
二、制造模型法
　　术科
一、石膏模型
二、纸塑模型
三、铁线模型
四、彩色法

五、杂务实习

　　第三类，以图画为主课

　　第一学年

　　学科

一、博物学

二、图画讲授

三、器具之名称及使用法

　　术科

一、图画　木炭画铅笔画

二、廓大法

三、野外之实习（临时）

　　第二学年

　　学科

一、博物学

二、图画讲授

　　术科

一、图画　木炭画、铅笔画及水彩画、用器画（简易）

二、实物写生

三、野外之实习（临时）

四、挂图描写

北京大学综合档案·全宗一·卷 68

咨大学堂预备科学生准其单习一国语文

（光绪三十三年二月二十三日）

　　学部为咨复事。准咨开，本学堂预备科第一二学科，外国语系属主课，按照章程以英语为首，德语或法语次之，揆其意义本无轩轾，惟本堂自分类后，所习西文并不专以英语为主，系以第一类者习法文，第二类者分习英德语文，各于本科之外兼习一国文字，以符定章，此本堂现办预备科之情形也。推原定章于英语之外兼习德法语文者，盖因高等学堂学生皆中学毕业升等，英语为其素娴，故必兼习德法语文，以为研究各种科学之地，现在本堂预科课程，虽照高等学堂办理，第其间多系从前招考而来，英文固非根柢皆课，即德法语文两科亦率研习未久，若不令其兼习，既嫌有背定章，必概执定章相绳，窃恐徒收博取之名，难责专精之效，惟有酌量变通办法，凡习英德法语文者，其或学力已深许其兼习，否则专使肆力本科，第此项兼习外国语文本为主课，将来各类有无兼习者，于每学期平均成绩暨毕业之时似应有所区别，庶有兼长者可资奋励，而不及格者亦不至勉企为难矣。其应如何区别之法，咨请酌核示覆施行等因前来。查预备科为大学之基础，必须兼通两国语文方足敷研究精深学问之用，今该学生等非由中学毕业升入，有于外国语从未习过，致不能同时习两国语文者，若必强令兼习，反致有名无实，自应准其单习一国语文，俾可专精。所有每学期平均成绩，准照一科计算，惟毕业时，应各按分数递降一等，升入大学亦只得列于选科，以示区别。而为兼习两国语文者，劝如此项学生习一国文字后,于预备科毕业之际,愿延长学期留级补习他一国语文者,毕业时仍得照兼习两国语文者办理,以示鼓励。相应咨覆查照办理可也。须至咨复者。

《学部官报》第十七期

咨复大学堂速将预备师范两科学生所习科目及讲义等咨部文

(光绪三十四年十二月初四日)

为咨复事。准大学堂咨呈,窃查本学堂预备科,第一类习法语文,第二类习英、德语文,各于本科之外兼习一国语文,按照奏定章程,系属主课。嗣因各类学生多系招考而来,不得不变通办理,曾由前李总监督咨请大部,于每学期平均成绩及毕业时量予区别。本总监督体查情形,此项课程应请本届毕业暂勿作为主课,以符成案。又,查定章,师范第一类三年,有辨学一门,应授以博言学大义、声音学大义,嗣以此项讲师无以聘请,只可从省,亦由前李总监督咨报阙讲。又,查师范一类英文本为主课,二、三、四类作为通习,嗣因本堂学生并非毕业递升,亦由前总监督声请作为随意科,准其免习,各在案。又,查师范四类学生成林,归班师范毕业考试列下等,嗣准其归入新班四类补习二年。由前李总监督酌准,以四学期平均分数作为历期总平均分数,咨明大部备案,合并声明。为此,咨请大部查核等因前来。专门司查毕业考试,原以试验平日之功课,自应以历学期所学之科目为衡。查奏定章程高等学堂所开第一第二两类学科,英语一门、德语或法语一门皆系主课。于覆前李总监督文内曾声明,预科为大学之基础,必须通两国语文,方足敷研究精深学问之用,有不能同时习两国语文者,毕业时应各按分数递降一等,以为习两国语文者劝等语。此次毕业,自应按照前案办理。惟此项名册未据大学堂咨报有案,应请将各类学生何人单习一国文字,何人兼习两国文字,分别造具清册,送部以凭核办。又,前咨内开,所缺各项讲义请补送齐全,其无讲义者,应将学生笔记及教员之报告书送部,以便赶办。普通司查师范班第一类第三年辨学以阙,第二、三、四类通习科,英文作为随意科。归班补习学生成林,以四学期平均分数作为历期总平均分数,均经前总监督呈明有案,应即照准。惟全班公共科东语辨学二科第一、二、四类公共科算学一科,第一类主课德语或法语一科,通习科历史一科,均应考试。所有各科讲义,应即查照前咨从速补送。其第三类主课之微积分讲义,通习科之图画手工成绩应并查照前咨送部,以凭查核,相应咨复贵总监督查照办理可也。须至咨者。

《学部官报》第78期

札译学馆甲级学生毕业需补授算学理化图画各科文

(光绪三十四年五月十八日)

为札覆事。据呈称本馆甲级学生,自光绪二十九年考取入馆已满五年,本年暑假后,应即遵章举行毕业。查甲级为本馆第一级学生,其入馆之时,京外学务皆甫见端倪。教员奇乏,各项科学应用课本书籍,无可采辑,率系教员自编。而教员又迭次易人,故各科学间有此详彼略未能悉称之处。除人伦道德、中国文学、地理、外国文、博物、交涉学、理财学、教育学、体操各科,均系遵章教授,应照定章考试外,其历史一科,因其时无简要合用之中国历史课本,而考取学生又皆具有中学根底,于中国历朝史故已均略知大概。故前两年所授中国史,系由教员就国朝大事纂辑,授明以前皆未之及。至后三年,应授之外国史,则仍系遵章教授。此次毕业考试,拟请免试明以前各朝史,应请核定者一。算学一科,因考入学生原习算学程度参差不一,不得不酌量分班,因就原有程度分班教授,将算学分为三班。第一、二班,于算术、代数、几何、三角均经教授而程度微有不同,第三班,则三角未经教授,代数、几何程度亦逊于第一、二班。此次毕业考试所有算学一科,可否就较低之程度统合考试,抑应就原分班次分别考试,应请核定者二。理化一科因算学之程度不同,故物理亦系分班教授,而所用课本有浅深详略之不同。第一班系授中村《近世物理学》,第三班系授《理化示教》,唯化学系统合教授,皆用大幸《近世化学》。此次毕业,物理一科可否用《理化示教》一书为考试之标准,抑应就原分班次,各以所授之课本考试,应请核定者三。图画一科,当时苦无教员,历久始经聘到陆师毕业生来堂教授,系军用地图,且甚浅略,与本馆定章应授图画功课不合,因即辞去,嗣后迄未聘得教员。故此科未能切实教授。此次毕业考试,可否免考图画,应请核定者四。本馆详细规章,原定有立品、勤学两项,分数凡月考期考名列第一者,记大功一次,加勤学分数十五分;名列第二、第三、第四、第五者,各记功一次,加勤学分数五分。此项办法,即奏定章程名誉奖励之意。当经申奉学务大臣核准,历经遵办在案。前年大学堂以勤学分数另立一门为奏章所无,咨请撤除,经大部行知到馆,遵即将此项分数撤除。此次毕业,自毋庸列入此项分数。唯本馆历次期考,凡列在前五名者,均经分别记大功、记功牌示诸生在案。现在勤学分数既经撤除,此项记功应加分数,拟即变通办理,将所有期考记功应加分数,以十除之,加入该学期平均分数,是则记大功一次应加十五分者,以十除之,所加不过一分五厘。记功一次应加五分者,以十除之,所加不过五厘,所加无多不至流为宽滥。可否如此变通办理,应请核定者五。查大学堂师范科学生毕业,因设立在奏章未经颁布之前,且系创办,故其毕业考试,于定章略有变通,本馆事同一律,理合申请鉴核示覆遵行等前来。查该馆为本部直辖学堂,号称高等专门,且毕业奖励之优,远在各高等学堂之上,不得过为迁就,予人口实,原呈称,此次毕业考试,拟请免试明以前各朝史,多有实事之关系,况该学生者,皆具有中学根底,于中国历朝史固已肄业及之,除照所授讲义考验外,仍应出明以前各朝史一二题试之,以觇史识。又原呈称,此次毕业考试所有算学一科,可否就较低之程度统合考试一节。查奏定学堂章程,该馆第一年至第四年皆有算学课程,实为重要学科,第三班于三角一门,既系未教,应令赶为补授,几何、代数,如有程度较低之处,亦应令补习,以期程度归于划一。至理化二科,化学既全系遵章教授,自应仍用大幸《近世化学》教科书考试。其物理一门,第二三班仅习《理化示教》,查此书为中学堂初年级所用课本,不足以言毕业,应再按照普通中学程度补授,以符定章。至图画一科,查奏定各学堂考试章程,凡中学以上各学堂,如所习科目毕业考试分数,有两科不满五十分,或一科不满四十分者,不得列优等。若竟不考图画一门,是少一门分数矣。该馆于此科未能切实教授,亦应急为补授,以期完备。又,原呈称,拟将所有期考记功应加分数以十除之加入该学期平均分数一节,查加入此项分数,自系为劝励勤学起见,应准其照办,合行札覆该馆。札到即便遵照,切切此札。

《学部官报》第五十九期

分科大学牌示功课科目

大学堂总监督为牌示事。本学堂，现为筹建分科大学，急宜按诸生志愿选定科目，预为设备。兹诸生愿书业已填就，经本总监督详细察核，分别核准如下：

（一）经科暨文科中之中国文学门、中国史学门，专以中学为本。诸生在本学堂毕业者，于本国学问均有根底，故愿入经科及文科中之中国文学、史学门，无论预科、师范科，如经本总监督认为合格之人，即许入学。

（二）文科中如英文科、法文科、德文科，固专重外国文，而其余如伦理、西洋史等门类，非参考外国书籍，均不能造诣高深。师范第一类学生专系研究英文，于文科中英文门允为合格外，其第二类、第三类、第四类学生，经本总监督认为合格之人，当按照上条许入经科及文科中之中国文学、史学门。

（三）工科学额较广，其学务求实用。现预科毕业生英文班人员较多，均拟归入工科。

（四）目今各国科学发达，首推德国，格致科学生如非深造通德文，即不能研求深邃学理，拟将德文班毕业生，均归格致科以便划一。

（五）师范第二类、第三类、第四类毕业生普通科学虽较与工科格致尚为合格，而外国文素无根底，恐将来入学以后，听讲既不能获益，而学堂教授上尤多窒碍，应照第一条、第二条准入经科及文科中之中国文学、史学门。其愿入工科及格致科者，碍难照准。

（六）诸生所填愿书，有与以上五条不符者，自愿改入向科可向监学处声明。

《教育杂志》第一卷，第2期

附录1 译学馆教科书目录

甲柜

自问自答平面几何学通解	数学研究会	两部，每部一本
第二版几何圆锥曲线法	长泽龟之助	一本
初等平面三角法讲义录	上野清	一本
初等平面三角法例题正解	原滨吉	二部，每部一本
几何教科书	田中矢德	五本
轴式圆锥曲线法	上野田	一本
立体几何学	上野田	一本
几何圆锥曲线法	奥平浪太郎	一本
解析几何学大意	理学士泽田吾一	一本
对数表及三角表	理学士熊泽镜之个	一本
球面三角法	长泽龟之助	一本
此书归在后论理方程式例题解式	市东佐四郎	一本
解析几何学入门	芦野敬三郎	一本
平面几何学例题正解	奥平浪太郎	一部，二本
解析几何学讲义	原滨吉	一部 二本
初等解析几何学	长泽龟之助	一部，二本

解析几何学问题集　　　长泽龟之助　　　一本
初等微分积分学　　　长泽龟之助　　　两部,每部两本
立体及近世几何学例题正解　　　奥平浪太郎　　　二部,每部一本
立体几何学解式　　　白井义督　　　一本
立体几何学讲义录　　　上野继光　　　一本
立体几何问题解法自在　　　三木清二　　　一本
三面平角法例题详解　　　原滨吉　　　一本
四元法讲义　　　木村骏吉　　　一本
数学讲义录　　　东京数学院　　　一本
大日本数学史　　　远藤利贞　　　一本
微分积分学　　　独兔桦正董　　　四部,每部一本
几何圆锥曲线法例题解式　　　市原佐四郎　　　二部,每部一本
自问自答立体几何学通解　　　数学研究会　　　两部,每部一本
几何教科书解式　　　竹贯登代多　　　五本
微分学例式解式　　　长泽龟之助　　　一本
微分学　　　长泽龟之助　　　一本
积分学　　　长泽龟之助　　　一本
平面几何学教科书　　　三木清二　　　一本
解析几何学教科书　　　宫本藤吉　　　一本
初等平面三角学　　　长泽龟之助　　　一本
初等球面三角学　　　长泽龟之助　　　一本
初等平面三角法解　　　长泽龟之助　　　一本
宥克立例题解式　　　长泽龟之助　　　一本
宥克立　　　长泽龟之助　　　一本
(即)英文微分学　　　一部,一本
平面三角法问题讲义　　　佐之井愿甫　　　一部,二本
平面几何问题解法自在　　　奥平浪太郎　　　二部,每部一本
初等平面三角　　　松冈文太郎、望月信诏　　　一部,一本
大代数学讲义录　　　上野清　　　二部,每部三本
大代数学　　　长泽龟之助　　　一部,每部三本
代数教科书解式　　　铃木长利　　　一部,每部二本
代数学例题解式　　　市乡弘义　　　一本
代数学上卷　　　上野清　　　一本
代数因子分解法　　　松冈文太郎　　　一本
摘要代数　　　原滨吉　　　一本
初等代数问题解法自在　　　三木清三　　　一部,二本
高等代数问题解法自在　　　三木清三　　　一本
大代数学例题详解　　　奥平浪太郎　　　一部,三本、续一本
小代数学问题详解　　　宫田耀之助　　　一本
普通教育近世代数解法　　　奥平浪太郎　　　一本
初等代数学例题解义　　　五十岚丰吉　　　一部,二本
普通教育中代数学解式　　　上野清　　　一本

大代数学讲义　　　上野清　　一本
小代数学　　　上野清　　一部，　二本
普通教育中代数学　　　上野清　　一本
中等代数教科书　　　田中矢德　　一部,四本
初等代数学教科书　　藤泽利喜太郎　　一部,二本
续初等代数学教科书　　藤泽利喜太郎　　一本
近世代数　　上野清　　一部,二本
初等代数学　　佐久间文太郎　　一部,二本
代数因子分括　　武藤铁吉　　一本
小代数学讲义录　　　上野清　　一本
论理方程式　　　长泽龟之助　一本
论理方程式例题解式　　市东佐四郎　　一本
方程式之理论　　　长泽龟之助　　一本
abc对数表　　　真野肇、远藤政之助　　一本
王桁之对数表　　宫本藤吉　　一本
张白英文对数表　　　张白　　一本
初等教育近世算术　　佐久间文太郎　　两部,每部二本
初等教育近世算术解式　　井田继卫　　一本
初等近世算术　　上野清　　一本
算术问题聚汇　　荒山乙吉　铃木万太郎　一部,二本
算术问题解法如何　　中岛喜一　　一本
中等教育新算术例题详解　　奥平浪太郎　　一本
算数问题之解方　　长泽龟之助　　两部,每部二本
普通教育近世算术解式　　森喜太郎　　一部,二本
中等教育算术问题　　长泽龟之助　　一本
算术应用问题解法自在　　三木清二　　二部,每部一本
中等教育算术教科书问题解　　藤森温和　　一本
新编算术疑问详解　　真田兵乂　　一本
高等算术教科书　　田中矢德　　两部,每部四本
高等算术教科书问题解式　　田中矢德　　二部,每部二本
中等教育算术教科书　　寺尾寿　　二部,每部三本
算术三千题　　上野清　　二部,每部四本
新撰算术问答　　竹贯登代多　　一本
新撰几何问答　　竹贯登代多　　一本
算学公式及原理　　白井义督　　一本
数学公式及原理　　白井义督　　一本
数学公式　　原滨吉　　一本
应用数学公式　　金井彦三郎　　一本
数学精蕴　　两部,每部三本
简易庵算稿　　四本
算学启蒙　　三本
数学理　　二本

九数通考续集　　四本
畴人传　六本
决疑数学　　二本
九章算术细草图说　　三本不全
算学启蒙　　一本不全
梅式丛书辑要　　六本
白芙堂算学丛书　　八本
广方言馆算学课艺　　二本
算经十书　　八本
几何原本　　四本
对数术　　四本
中等教育新算术　　东京数学院　　一部，二本
中等教育新算术　　东京数学院　　一本
新算术教科书　　上野清　　一部，　二本
普教近世算术　　上野清　　二部，每部二本存上卷
中等教育算术问题集　　小野藤太　　两部，每部一本
算术原理　　长泽龟之助　　一本
珠算教科书　　竹贯登代　　一部，三本
四位一位乘除表　　矢野恒太　　一本（十月十七日陈领）
大学堂审定中等课本舆地全图　署签者十四本，未署签者六十六本　一百二十本
排内司与地全图详文　　三十本
一号科学入门六种
　　地质学　　一百本
　　计　学　　一百本
　　名　学　　一百本
　　地文学　　一百本
　　植物学　　一百本
　　格　致　　一百本
球面三角法例题解式　　市东佐四郎　　一本
初等代数问题解法自在　　三木清二　上卷一本
乙柜
帝国全科全书
世界文明史第一
日本新地理第二
东洋西洋伦理学史第三
肥料学第四
宗教哲学第五
新撰算术第六
农产制造学第七
万国新地理第八
支那文学史第九
农业泛论第十（第十一缺）

论理学第十二
栽培泛论第十三
植物营养学第十四
邦语英文典第十五
法律泛论第十六
新撰代数学第十七
地质学第十八
新撰代数学第十九,又一本
森林学第二十
民法亲族编相继论释义第二十一
国际私法第二十二
国际公法第二十三
伦理学第二十四
日本历史第二十五
民事诉讼法释义第二十六
法理学第二十七
日用化学第二十八
商法泛论第二十九
民法总则编物权编释义第三十
财政学第三十一
西洋哲学史第三十二
日本帝国宪法论第三十三（缺三十四）
哲学泛论第三十五
商工地理学第三十六
提要造林学第三十七
商业经济学第三十八
气候及土壤学第三十九
最新统计学第四十
西洋历史第四十一
分析化学第四十二
民法债权编释第四十三
税关及仓库论第四十四
东西洋教育史第四十五
政治史第四十六
政治泛论第四十七
日本风俗史第四十八
运送法第四十九
社会学第五十
日本法则史第五十一
支那文明史第五十二
畜产泛论第五十三
畜产各论第五十四

森林保护学第五十五
国法学第五十六
霉菌学第五十七
船舶论第五十八
应用化学第五十九
星学第六十
农用器具学第六十一,又一本
新撰三角法第六十二
有机化学第六十三
邦语独逸文典第六十四　（缺第六十五）
新撰微分积分学第六十六,又一本
新撰解析几何学第六十七
通俗百科全书　（未录）
（丙柜、丁柜、戊柜未录,如丁柜内廿四史等。）

中国第一历史档案馆·学部·教学学务,卷73号

附录2　大学堂送师范旧班讲义请学部甄择文
（光绪三十二年十一月二十六日）

京师大学堂总监督李　为咨呈事。窃照本学堂师范馆旧班学生自分类肄业以来,系照优级师范章程办理。除第一类主课之外国语文,第二、第三类之通习英语,均由教员就各种课本讲授,未经编纂讲义。此外,各类学科率皆按课授以讲义,以辅教师口说之所未备,以供生徒退息之所潜修。积有岁时,粲然成帙。其间有同一学科而先后两人编纂者,有同时数人分任者,义例不无差殊。程度均尚符合。现在旧班师范学生将届毕业,所有各类学科讲义裒辑排比,共得三十九种。查此项讲义在教员既受俸给,即不应享版权。与别种撰著为教员所私有者不同。若不明立条规,必经审定而后锓行,恐各以私稿出而问世,似非统一之道。拟就此次讲义,呈请贵部发交图书局暨审定科各员详加甄择,仍交本学堂原任编纂各教员修改润色,俾成精本,以饷方来。庶于承学之士不无裨益。至各该教员等应如何酌予利益之处,请一并核议,即以此次贵部裁定方法为此后各处学堂之标准,通行京外,一体照办。相应将旧班师范讲义三十九种,咨送贵部查照核复施行。须至咨呈者。

计送旧班师范讲义三十九种。

右咨呈
学部

北京大学综合档案·全宗一·卷67

三、考题举例

师范馆各类考题选

师范馆中国地理学题

问：《汉书沟洫志》，齐人延年欲开大河，出之胡中，东注海。试揣延年之意，揆之今地，当由何处开河？何处入海？

问：汉张骞请通蜀达身毒之道，武帝迁使出西南夷指求，卒不得通。以今之地望揆之，应由何处通道方称近便？

自陕入汉之道有三，曰子午道、傥骆道、褒斜道。自汉入蜀之道有二，曰金牛道、来仓道，皆古今险要处。此数地之山势，系如何连属，如何分支？

问：春秋时，楚有不城之险，城口之隘。南宋时有光黄五关，皆南北冲要。此数处山势系如何联属？

问：海南赤道下之水常向南北二极而流，两极下之水常向赤道下流，其故何也？

问：长江、大河于将入海处，往往分为无数支流或于入海之口成大洲岛，试详其理。

问：中国沿海之岸，自长江以北，大沽口以南登来半岛为峭岸余多浅沙，其故何也。

问：长江流域在中国最为广。试略明其流域之界。

问：北宋于三关外置缘边塘泺以御契丹，其遗迹尚可寻求。试就地明之。

问：元太祖子术赤及察合台睿宗子旭烈兀，封地有西方三大藩之称。试言其疆域所在。

问：东三省至大川流，试举其名目及流域所经之地。

问：中国沿海之地如旅顺、如威海、如胶州湾、如舟山、如大鹏峡、如香港均极好屯泊之处，试略言其形势。

师范馆外国地理学题

问：中国京师与英国伦敦其水程几何？并沿途所经要地，能指其名否？

问：欧美各国京师之名并商埠之最著者。

问：亚细亚洲中间多高平原，试明其所在及联亘之势。

问：亚细亚洲之水分四向而流。试明何方之水流为最长？何方之水流为最短。

问：亚细亚洲有向南伸入海之半岛，在南者为阿剌伯、为印度、为后印度（即缅甸、暹罗、安南及马来隅等地），在北者为冈札德加。试以欧罗巴洲地势比之，与亚洲各半岛相似者为何地？

问：英吉利、日本皆称地球雄国，而其国内均无长河大川，其故何也？

问：英吉利据仰光，法兰西据西贡及河内，均承云南之下游，将来仰光等处商业孰盛衰，务详其原因。

问：英吉利据地中海之马里他岛为海军重地，又西据直布罗陀，以扼大西洋之口，论者谓英吉利能得地中海全势,其说然乎?

问:昔年俄罗斯据海参威,英吉利即欲据巨文岛。其后俄人借租旅顺口,英人复借租威海卫,试明其地之关系。

问:俄人常借朝鲜之马山浦为屯兵地。日人辄力拒之。试明马山浦地势及两国用意所在。

问:俄人常欲修铁路入阿富汗与印度铁路接,又欲得波斯海湾为出海之口,英人均力阻之。试明其关系。

师范馆中国史学题

问:读《周礼》者,每疑其设官之繁,赋敛之重,施于后世,万不可行。及考泰西各国设官赋敛之法,乃一一与周官相符合。行之中国,则滋扰乱,行之外国,乃极平治,其故何欤?

问:卫文公务财、训农、通商、惠工、敬教、勤学、授方任能。此数语足以包括今西人政治之本原欤?抑尚属支节也?试纵言之。

问:子产以区区之郑介居晋、楚之间,徒以口舌争存。能言其要领否?

问:韩非子以儒侠同讥,班孟坚诋《史记》,序《游侠》,则退处士而进奸雄。日本变法之初,颇得力于侠,然则侠亦不可废欤。试言其故。

问:汉武帝盛击匈奴,厚遇突厥御外之求,故各有不同欤。试略言其得失。

问:西汉君臣用黄老致治行之,今日则病国废事,流弊无穷。能申明其故欤。

问:孙之翰唐论,谓张巡之败由房琯、李光弼不当图史思明,其说当否?

问:宋之重兵聚于京师而国势弱,唐之劲兵擅于藩镇而国势强。盖推论其利弊之所在。

问:宋之均输,汉之平准,其法同异若何?

问:买田省饷建议于叶水心,而贾道公田流毒至今。能言其异同、得失否?

问:朱子晚年论人才颇太息于幼安、陈同甫。假如朱子当国用幼安、同甫为将,能恢复中原否?

问:才略并称,而胡文忠论人尤重古今来有略者,何人为最。试举所知以对。

师范馆物理学题

问:物理学者中所谓质物变化有三种变态。其三种变态若何,试论之。

问:动力与静力之区别。

问:铁舰浮水面其理若何?

问:摄氏寒暑表与华氏寒暑表之区别若何?

问:以杖植水中若见其曲折之影者其理若何?

问:何谓光线之屈折?

师范馆外国史学题

问:泰西史家谓国之能造文明极轨者,必海线延长而江河灌输,其说于古则征之×希腊、罗马,于近则验之英吉利。然亚洲、南洋诸岛及高丽南掌诸滨海国以便交通振古洎,兹未为上国,岂前例非欤,抑亦有他故也。

问:大比得、华盛顿、维廉第一功德孰。

问：欧洲名将三，其一曰亚历山大，其一曰罕尼伯勒，其一曰拿破仑。三者将略因时各有殊致而亦有所短长。能各疏其梗概否？

问：意大利建国三杰为谁？其所事之异同若何？

问：古者文物之国，治安日久则见困于塞野简质之民族，此不独泰东为然，希腊之于马基顿，罗马之于俄、日耳曼，其尤著也。自火器精而此事遂绝。能明其理欤？

问：回教兴于何地？始自何人？当中国何时，其教主开宗事迹见于中国古籍最详者何史？试约举之。

问：普鲁士之强由于胜法，其先尝用兵于附近之二国。能举其事略否？

问：波兰内政之腐败，未必过于土耳其，然波兰分而土耳其存者，其有故欤。

问：上古波斯、西腊交涉大略。

问：大秦国见中史乘昉方何出？为今欧洲何国？

问：普法战争本末大略。

问：美利坚建国本末大略。

师范馆化学题

问：化学之变与物理学上所谓之变化，其区别若何？

问：水系由何气而成？

问：物体之燃烧，其理若何？

问：呼吸之理能化学解之否？

问：有谓太阳光线由七色而成。能以何法证之。

问：化学中原质之分类。

师范馆教育学大义策题

孔子言上智下愚而不移，孟子乃曰人皆可以为尧舜，其旨异同。盖举其大义以对。

教育学以伦理学、心理学为根据，试阐其理。

师范馆算学题

问：三千九百十六以七百六十乘之，得数若干？

问：今有六分之五、九分之八及十五分之七，求通分。

问：今有某数四倍减去四十五，其剩之数比四十五减去某数所剩之数相同，其某数是若干？

问：今有代数二式如（三甲丅二乙丄丙）及（二甲丅乙丄五丙）求其和。

问：几何学中所称之圆何义？

问：三角形内三角之和等于二个直角。以何法证之。

问：今有十二人分银六万七千二百十六两，问每人应得若干？

问：今有十八分之五，二十分之十七，十五分之十四，三分数相加，问得数若干？

问：今有金银混合物二种，一种千分中含金八百五十分，一种千分中含金九百二十五分。今将此二种物混合制造金元十五两，千分中含金九百分。问各种中应取若干？

问：如以三T天约天天天T八天T三得若干？
问：今有三角形二个底线及高相等，面积亦相等。宜以何法证之？
问：圆内有四角形，其角与角相对，所加之和等于二个直角。今宜以何法证之。

仕学馆及师范馆外国文论题目

日　文

甲，富国强兵，本ハ民智ノ启发ニ在ルノ论。

乙，外国文ヲ学フノ必要ヲ论ス。

丙，居ハ气ヲ移ス，论。

俄　文

（А）Пётръ Великій

（Б）Желѣзная дорога

（В）Армія

师范馆伦理修身大义题

大学言治国之道，本于修身齐家。试论身家与国所以相关之故。

学校重智育，尤重德育，故议者为要开民智必先和民德。应用何法劝谕而联固以为国本而作人才。

中国第一历史档案馆·学部·教学学务·卷78

京师大学堂十月十九日考试师范生题目

师范馆外国地理十二问题

问：朝鲜本箕子旧封，其南有马韩、辰韩、弁韩等部，至西汉末有高句丽，据箕子旧壤百济，据马韩地新罗，据辰韩、弁韩地，于是半岛之内有三国鼎峙。试分言此三国疆域，各在今朝鲜何道之内？

问：马基顿王亚力山德，雄才霸略著于一时，所领域地亦最广远。试言其疆域东西南北各至何处？

问：澜沧江之西，怒江之东，云南之南，暹罗之北其间有何土部，现属何国？

问：欧罗巴洲有最小之国，如安道耳，如胜马里虐，如摩纳哥，如列支敦士敦，如亚尔坦波格，壤地虽极偏小，然地能自存。试分指其疆域或在何大国之内或居何二大国之中？

问：欧罗巴民族约分为三：曰斯拉夫尼族、曰拉丁族、曰鸠督尼苦族。试将三族所居之国分别言之，并言三族风俗不同之大略。

问：亚欧两洲之宗教，其著者有佛教、婆罗门教、犹太教、基督教、罗马教、希腊教或一国专行一教，或一国并行数教，试言其大略。

问：亚细亚、欧罗巴两洲以何山何海何水为界？

问：亚细亚、阿美利加两洲相距以何处为最远，何处为最近？

问：欧罗巴面积约三百七十万方英里，阿非利加面积约一千三百万方英里，是欧洲小于阿洲将仅四分之一,而欧洲海岸线之长约一万九千五百英里,阿洲海岸线长仅一万六千英里。欧洲地小而海岸长,阿洲地大而海岸短,其故何也详言之。

问:希马纳雅为地球最高之山,其最高峰系何名?高于海岸若干尺?

问:北美洲之密士失必河,上源曰密苏尔厘河;南美洲之阿马孙河,上源曰乌开亚利河;阿非利加洲之尼罗河,上源曰厄尔吉贝河。三水均海外最大之水,试各言其发源何处、向何方流入何海?

问:西伯利亚铁路西自乌拉岭东至尼布楚,中间当越何大山渡何大水过何大城镇?

师范馆物理学六问

问:遥望发炮先见火光,然后闻炮声,其理若何?
问:今有人投石远地,不见石之直落而见石之曲落。其理若何?
问:人坐火车走,不知车之走,乃见路上房屋树木等之退走。其理若何?
问:以瓶盛水,严寒水冻,瓶或破裂,其理若何?
问:地中磁气之说。
问:无线电信之说若何?

师范馆化学六问

问:硝养硫养等强水,能熔银而不能熔金,今欲熔金法当用何物?
问:化学中所谓化学与混和之区别若何?
问:化学上所谓考质与求数之别若何?
问:人身物质新陈代谢循环不绝,能以化学之理详述之否?
问:今燃烛察其火焰中心稍暗,周边乃明,其理若何?
问:分子量之说若何?

《华北译著编》第十卷

京师大学堂宣统元年年假考试题目

谨将师范学堂宣统元年年假考试各科题目缮具请折恭呈宪鉴
计开

修 身 科

张子西铭一篇其大旨安在?
朱子谓:二程十四五便脱然学圣人,其学本于何欤?试略言之。

教 育 科

问:教育学胚胎于何时,其书发轫于何人,并有何著述?
问:自然主义倡于何人,其相异之点安在?
  道德主义以何者为标识,且与知育、体育、技育有何关系?

实利主义以何者为目的，其得失安在？

经学科

古者以诗书礼乐教人，未有经名，而以何书为最古且经之名始见于何书？而《易经》、《诗经》、《尚书》古文经之目又始见于何人著述？

西汉诸儒言易本之何人，以何氏之学为最盛？而焦、费二家之易更有何区别？

国文科

顾亭林论文须有关于六经之旨，当时之务，试申其说。

六经分类与文字有何作用？

中西历史科

周之发祥始于何地，取毁何其勃焉，大封同姓异姓，各有胙土，其用意安在？何以东迁以后周室日微，宜如何因时制宜，以保国家而维郅治？大国文明共有几国，界于何地？为大引线于西欧者是何国？埃及早达文明，何以与中世纪势力最微？

中西地理科

水由山分，两山之间必有一水。诸生研究地理，能就诸大山脉说明诸川流水之大势欤？

亚洲东南沿海之地，何以雨际最多，蒙古、西藏、青海等处何以不常遇雨？试言其理由。

算术科

（一）今考六经字数。《春秋左传》十九万六千八百四十五字，《礼记》九万九千零二十字，《周礼》四万五千八百零六字，《毛诗》三万九千二百二十四字，《尚书》比《毛诗》少一万三千五百二十四字，《尚书》又比《周易》多一千四百九十三字，问六经共字几何？

（二）设有树艺公司栽桑十五园，每园三十行，每行五十株，每株平均饲蚕二百六十个，每个蚕平均出丝三钱，共出丝若干？

（三）设如有兵一镇，分为五协，一协分为九营，今全总镇兵总计三万一千五百名，问每营兵数几何。

（四）设如京汉铁路长二千四百里，甲车开自京师，每点钟行八十里；乙车开自汉口，每点钟行五十里，相向出发，但甲车先开四点钟乙车始开行，问乙车行几点钟后二车相遇？

物理科

物理的现象与化学的现象有何区别，试说明之。

何谓运动及静止，试举例以说明之。

试言凝集力与附着力之区别。

满盛水于器，投以食盐少许及盐皆溶解，何以水不溢出，试申言其故。

博 物 科

小儿之骨,何以柔而易挠,老人之骨,何以脆而易折,试言其故。
存于人体中有机化合物其主要有几,试详言之。
胸廓自何骨相连而成,有何器官存于其内?
试说明韧带之功用。

图 画 科

洋式番村。

音 乐 科

试言噪音与乐音之区别。
何谓音名?

体 操 科

徒手柔软。

中国第一历史档案馆·学部·教学学务·卷 79

大学堂译学馆第一次期考各科试题

译学馆第一次期考舆地题 （三月十一日十二钟半）

乌拉岭　　里海　　喀拉海　　勒拿河　　冈札德加　　库页岛　　鄂霍次克海　　台麦尔　　雅马利　　九州岛　　塞普洛斯岛　　帕米尔　　仰光　　喜马拉雅山　　厄尔齐斯河　　雅鲁藏布江　　哥达惟利河　　塔尔巴哈台　　阿母河　　锡尔河　　柏海儿湖　　底格里斯河　　基洼　　尼泊尔　　阿曼

右列地名二十五,各注入暗射地图。每地名以四分计。

译学馆第一次期考乙堂算学题 （三月十二日午后）

第一问　声音每秒钟飞九十六丈,若隔四十二里一百二十丈远放炮,从看光到听声该是若干时。

第二问　远远望见山顶上放炮,从放光到听音共五十秒,问山顶相隔多少远。

第三问　设如见敌军放炮,从发光到听见炮子飞过头顶是十秒钟,若是炮子每秒钟飞二千一百五十尺,问敌军相隔若干里。

第四问　天津的经线在北京的经线以东三十四分,问天津的时辰表比北京的该快多少。

第五问　汉口在上海以西七度,问上海午正汉口该是何时。

第六问　美国京城在中国京城的东经线,相差一百六十六度四十七分,问北京正午华盛顿该是何时。

第七问　一辆电气车四点钟行八百八十一里一百六十丈六尺,问一点钟能行若干里。

第八问　某人有块菜园十二亩九分,留一半自用,将那一半均作四分租出,问每分是若干。

第九问　有田地一处共计方积一百四十万八千三百四十二方丈,今要均分二十六块,问每块顶多少数。

第十问　车轮子周围十三尺五寸,问行二十四里路该转若干次。

译学馆第一次期考历史题

第一问　试述渤海兴亡之大要。

第二问　本朝之先为古何部?试恭引高宗上谕以证明之。

第三问　试条举明时三卫所属之部落。

第四问　试述太祖征讨尼堪外蒙之大略。

第五问　哈达叶赫与明之关系若何?

第六问　扈伦四部灭亡之次第若何?

第七问　国初官制有理政听讼大臣、有札尔固齐其员数几何?其听讼之法何若?试约言之。

第八问　瓦尔喀部之位置如何?

第九问　太祖以七大恨誓师伐明,所谓七大恨者何也?

第十问　明四路之师主动者何人?力言其非者何人?而日趋进兵者又何人?试一一举其官位姓名。

译学馆第一次期考生理学题

第一问　神经系之部分及其作用。

第二问　感觉机之部分、及其作用。

第三问　何种神经主动物性之机能。

第四问　何种神经主植物性之机能。

第五问　神经系之生理作用,试列表以明之。

第六问　感觉共有若干种类?试列表以明之。

第七问　肠中之吸液管有何功用?

第八问　甜肉一经为古医书所缺,或作胰,日人译作膵脏,其所生之甜肉液究竟有何功用?

第九问　古书谓肝生于左,又谓肝有七叶,问肝脏之部位果在何所,果有若干叶?

第十问　古书谓膀胱无上口,溺由小肠第四回藉三焦之气渗入,岂膀胱果无上口欤?溺果由何处而入膀胱?

译学馆第一次期考图画题

小路　　大路　　马路　　上堤　　木堤

右列五题各绘精图,每题以二十分计。

译学馆试卷

侯生教信陵君窃符救赵,自以老不能,请数其行日以至晋鄙军之日,北向自刭论。

民以食为天论。
向外国人于市有违警事应如何?
任官惟贤材论。

高级第二学年第二学期园艺学测验

(1)玉蝉花、燕子花、蝴蝶花都喜池旁湿润地方……对、否(×)?(10分)
(2)塘葛又叫药芹……对(×)、否?(10分)
(3)胡麻花冠是(1)唇形、(2)蝶形、(3)漏斗型……(1)。(10分)
(4)枣树种植宜在(1)肥沃湿润壤土,(2)砂砾肥沃壤土,(3)池旁湿润地方。……(1)。(10分)
(5)什么叫中耕?(15分)
答:常常耕锄行间和株间的土,所以叫做中耕。
(6)为什么叫夹竹桃?(15分)
答:夹竹桃的花似桃,叶似竹,所以叫做夹竹桃。
(7)害虫驱除法:①空手或用捕虫网拍捉,②用糖蜜或用灯火诱杀,③用红砒__等撒在作物叶茎上,(4)用药剂和药粉喷射扑杀。(15分)
(8)园艺经营目的:①娱乐园艺,②贩卖园艺,③副业园艺,④采种苗园艺。(15分)
100分
学生张淑芬

暑假无事,诸生须各做一艺,限假满堂交卷。
问题:
　问:入堂以来,各生所学之事,有何心得、精神、规矩、学术、技能各臻若何程?并学堂一切利弊可分条详举以对。

七月二十二日学宪大人考试通许等三十五处文生遗才正场题目

通场四书题:
　得志行乎中国若合符节。
策问:
　问钱法利弊。
通场诗题:
　赋得政不忍期,得欺字五言八韵。
默经:"王皇极"至"作极"。
恭默:圣论广训"夫人受天地之中以生"至"正学"。

七月二十五日学宪大人考试官贡监场题目

通场文题
　　附之以韩魏之家二句。
策问
　　问易经大义。
通场诗题
　　赋得汉案户得河字五言八韵。
默经："思齐大任"至"以御于家邦"。
恭默：圣谕广训"人生不能一日无财用"至"财立匮矣"。
　　七月二十五日
第一堂试卷：学优则仕论。所宝惟贤论。师克在和论。
第二堂试卷：司马掌邦政论。学优则仕论。
第三堂试卷：师克在和论。
第四堂试卷：使民以时论。足食足兵论。师克在和论。

学宪大人挂牌定,定于二十六日考试二十处文生遗才正场。
文旗、开封府、中牟、兰仪、归德府、宁陵、临漳、淇县、修武、温县、宜阳、南阳府、邓州、浙川、裕州、信阳、罗山、太康、襄城、郾城。

学宪大人挂牌所有二十二、二十四日文生正场临点未到者均限二十七日考试。又挂牌,所有投文及二十五日临点未到者均限二十七日考试。
学宪大人抬陈留等榜共取文生六百名。

七月三十日学台大人考试官贡监并补考文生题目

通场文题：
　　欲有谋焉则就之。
策问：
　　问史汉异同。
通场诗题：
　　赋得管中窥豹,得中字五言八韵。
默经：《鹿鸣》前二章
恭默：圣谕广训"况今日之子弟"至"至意矣"。
官贡监题：
　　予然浩然有归志。
学台大人挂牌所有文生、官贡监失点及投卷续报者均限于初三日在署内补考。

大学堂译学馆毕业考试规则、日程、试题等

　　甲级生现届毕业之期，应即填写履历，以凭造册报部，兹将应填事项条列于下：
○履历程式
　　译学馆甲级某文学生某，现年若干岁，系某旗某佐领下、某省某府某县人（有举贡生监各项出身或荫生世职者于此处填注，有官职者于此处填注），曾入某省某学堂肄业几学期（未曾入学堂者不填），于光绪二十九年考取入馆，现已肄业十学期。
○年岁须据实填注。有官职者，所注年岁须与执照相符。
○原有举贡生员各项出身者，应注明科分。
○原有官职及监生，如系得自奖叙，应将奖叙奏案年分月日及原奏官衔名注明。如系得自捐纳，应将何案报捐，领有若干号执照或实收曾否在吏部注册详细注明，并将执照实收送交文案处挈取收条。
○原有荫生或世职者应详细注明。
○履历缮就，于八月初九日以前交监学处。

考试日期

	九钟至十二钟	一钟至三钟	三钟十五分至五钟十五分
十六日	外国文	人伦道德	历史
十七日	外国文（作论）	外国文（翻译）	地理
十八日	交涉	算学（代数）	算学（几何、三角）
十九日	理财	物理	化学
二十日	教育	图画	博物
二十一日	体操		

考试规则
○衣冠由诸生自备。原有官职者准用原有官职之品服。现在守制者用素衣冠。
○届考试日期，由本馆按日按时前往。其不在馆案宿及自愿由家前往者，听，不得误时。
○考场宜恪遵本馆考试规则，遇学部颁示规则之时，一律恪遵。
○试题若干道，应各按题纸之次第对答缮写，不得先后凌乱。
○考试卷除外国文、算学、图画各科均照平日考卷程式缮写外，其余各科试题均低二格写，答案亦低二格写。遇有应行抬头之处，均应照例抬写。
○试题一律书写全题。
○缮写不得草率。中国文及人伦理法二门缮写尤宜工整，并以少涂改为宜。
○考卷系与本馆平日试卷一律。除浮签上已填写有姓名外，不得于卷面自填姓名及其他字迹。
○怀挟传递最干例禁。犯者即时扶出，不准毕业。

学部考试译学馆甲班学员毕业全题

国文题：
　　子产论
　　人伦道德题
　　姚江学派得失论

洋文论说题：
　　居之无倦，行之以忠。

洋文翻译题：
　　有圣人者，立，然后教之，以相生养之道。为之君，为之师，驱其虫蛇、禽兽而处之中土。寒然后为之衣，饥然后为之食。木处而颠，土处而病也，然后为之宫室。为之工，以赡其器用；为之贾，以通其有无；为之医药，以济其夭。死为之葬埋，祭祀以长其恩爱。为之礼，以次其先后；为之乐，以宣其湮郁；为之政，以率其怠倦；为之刑，以锄其强梗相欺也。为之符玺斗斛权衡，以信之相夺也；为之城郭、甲兵，以守之。害至而为之备，患生而为之防。

国际公法题：
　　领事裁判权与治外法权有区别否？试详论之。今有甲乙两国交战，甲国占领乙国土地，其土地内所有财产，甲国应当如何处分？

国际私法题：
　　问国际法上出生地主义与血统主义之区别，其得失如何？近来各国所行者，以何种主义为最善？今有甲国人入乙国籍，其所享之权利与乙国人民相同否？

法学通论题：
　　何谓国家主权？

国家理财学题：
　　租税制度分为单税制与复税制，其利弊如何？今日各国所盛行者系何种制度？
　　国家募集公债时应当如何募集？如何偿还？能一一举其方法否？其中以何法为较善？

纯正经济学题：
　　单本位制与复本位制之利害得失，试详论之。
　　纸币有兑换与不兑换之分，其制度如何？二者若发行过多，果有弊否？其详举以对。

商业经济学题：
　　近来各国盛行保险事业，其种类如何？其效用如何？能详举否？

教育学题：
　　学校训育与家庭训育应用何法以联络之？
　　普通教育宜合不宜分之原因能详举之否？
　　记忆养成法共有几种？试举所知者以对。
　　　莱因氏之五教段如何？能一一举之否？
　　学校教育最重感情，而感情教育每难于他种教育，试举其艰难之由来以对。

历史题：
　　恰克图条约（亦名布拉条约）要领凡七，其悉举以著于篇。

拿破仑之内治若何？

舆地题：

问亚细亚洲邦国有自立者，有属人者，有并无邦国之名而为人属地者，有土酋部落粗建政府亦列于自立国者，试缕述之。

问非洲各部有属于英领、葡领、德领、意领、法领者，试以简单之区划举之。其国名尚存而实非独立者凡有几国？试详晰言之。

物理学题：

电流之磁气作用如何？试撮言之。

试言光线反射之法则。

试言波以耳之定律。

白光由七色组合而成，能举其分散法与其七色排列之次序否？

化学题：

试就酸类、底类、硷类等物质各尽所知者列举以对。

试言盐酸之制法。

理化学家谓宇宙内之物质不生不灭，有何实验以证明之？

电解与电离之区别如何？能分别言之否？

生理题：

眼之构造及卫生法

植物题：

植物之呼吸作用并其实验法若何？

动物题：

节是动物之特征若何？试举例而详解之。

矿物题：

煤之种类及应用法若何？

图画题：

求将甲乙直线分为五等分。

有已知之二角及一边，求作其三角形。

有三十度角一，一寸五分长直线一，求作其菱形。问其他三角各等于若干度？

问一正三角形内面积相等之圆至多可容数个？试图示之。

算学题：

(1) 设有甲乙二种茶叶，以甲一斤与乙二斤相混合则每斤之价平均为三角，又以甲三斤与乙一斤相混合则每斤之价平均为三角五分，问甲、乙每斤原价若干？

(2) 试将下式简之：$\left(\dfrac{1}{bc}+\dfrac{1}{ca}+\dfrac{1}{ab}\right)\times\dfrac{ab}{a^2-(b+c)^2}$

(3) 甲乙二人竞走，乙比甲先行七秒而负 a 尺；又先行 $a+d$ 尺而负 $t-c$ 秒，求乙之速度。设竞走之距离为 A 尺，又试求甲之速度。

(4) 二数之比为 2∶3，而其积为 486；求此二数。

几何题

(1) 以直角三角形之斜边为底之正方形,其面积等于他二边为底之正方形之和,试证明之。

(2) 若二圆相切于 A 点,则由 A 点引一直线交二圆于 B,C 二点,此 B,C 二点之切线必相平行。试证明之。

三角题

(1) 试将下式简之：
$$\frac{(a^2-b^2)\cot(\pi-\alpha)}{\cos(\pi+\alpha)}+\frac{(a^2+b^2)\mathrm{tag}\left(\frac{\pi}{2}-\alpha\right)}{\cos(\pi-\alpha)}$$

(2) 试证明：
$$\sin(\alpha+\beta)=\sin\alpha\cos\beta+\cos\alpha\sin\beta$$
$$\sin(\alpha-\beta)=\sin\alpha\cos\beta-\cos\alpha\sin\beta$$

诗学考试题

沈归愚论诗宗法唐贤,而于老杜尤有倾倒,所言均平易切实,足资津导。然其过于谨严,亦是一失。试揭出其精要之语,并略论其得失。

杜集秋兴八首书后。

文科同学毕业赋诗感别,不拘体韵。

作一题为完卷。惟但作第三题者必于前二题内择作一题。

四、毕业考试

大学堂为按章免考事知照顺天督学

（光绪二十九年五月初九日）

管理大学堂事务大臣张　为咨行事。据本大学堂师范生丁作霖禀称：窃生系遵化州学增生，近闻遵化州院考，五月初六日齐集，科岁并试。生理应赴考始合学例，然学堂章程在堂肄业生有免去科岁两考一条，用敢仰恳行文照会顺天学政陆大宗师，庶不至有欠考斥革等情。据此，恭查钦定大学堂章程第四章第七节，内开：凡在学堂肄业之廪增附生均咨明本省学政，免其岁试，其应行科考之各项，生监统于乡试之年由本学堂分别咨送应试。概免录科，以免延误学业。该生所禀，核与定章相符。相应咨行贵部院，请烦查照可也。须至咨者。
右咨
顺天督学部院

北京大学综合档案·全宗一·卷33

咨覆大学堂学生年终考试应加给修业证书文

（光绪三十二年十一月初五日）

学部为咨复事。准咨开，查奏定章程载有学堂年终考试分数及格者来岁开学升学年一级，不及格者留原级补习等语。本学堂第一年分类学生将届年终考试之期，亟应遵照定章实行办理，除俟考试时认真考核分别升降外，并拟于考试及格者加给修业证书，以为凭证，其不及格者概行停给。咨请核准施行等因前来。查东西各国学堂，其升学升级考试，莫不从严，故学生咸能奋勉向学，无程度不齐之弊，所有年终考试分别升降，并于及格者加给修业证书，系属遵照定章实行，整齐学级之道，自应照办。相应咨复。查照办理可也。须至咨者。

《学部官报》第十三期

学部为奏准处罚不守考规学员事知照大学堂

（光绪三十二年十二月十六日）

学部为咨行事。总务司案呈本年十二月十三日，本部附奏进士馆毕业考试查出携带讲义学员庶吉士顾承曾、法部候补主事吕兴周，及不守堂规首先争辩之庶吉士徐谦，请将各该员罚俸三个月一片，奉旨："依议。钦此。"
相应恭录谕旨钞粘原奏咨行贵监督查照办理可也。须至咨者。
左咨（钞粘原奏一件）
京师大学堂

附原奏一件　学部就不守考规事奏折

　　学堂考试，向不准携带讲义，所以验其记忆之力与其平日功课之勤惰。每次考试，先经本学堂监督牌示晓谕。此次进士馆毕业考试，初九日考商法一门，学员间有携带平日讲义上堂，经臣部监考之员查出，该学员中有不服检查者，纷纷至该馆监督处声称不应检查，哗辩逾时始行就考。查进士馆为各学堂模范，新进士皆已登仕版之人，尤应遵守堂规，为各学堂学生表率。乃不守管理通则，未免薄于自待。所有查出携带讲义之学员，翰林院庶吉士顾承曾、法部候补主事吕兴周，及不守堂规首先争辩之庶吉士徐谦，均拟请旨，将各该员罚俸三个月，以示薄惩。其随同附和，姓名未查出者，应请从宽，免其置议。嗣后各学堂考试，应由臣部申明定章，严禁携带讲义，通饬一律遵守。臣等为整顿士习起见，是否有当，伏候命下，由臣部咨行吏部办理。谨附片具陈，伏乞圣鉴。谨奏。

北京大学综合档案・全宗一・卷 64

学部准大学堂师范生毕业考试文

（光绪三十二年十二月二十九日）

　　学部为片行事。准咨开本学堂师范馆旧班学生学期已满，应举行毕业考试。除将各类学科课目详晰开单，呈请核办外，为此咨呈察办等因，并附送讲义前来。查该学堂师范生毕业，应照本部奏定考试章程，由部派员就该学堂考试。兹经酌定日期，自正月十三日始至十八日止，分日考试。人伦道德等科，由部派员拟题。其伦理学、教育学、心理学、论〔伦〕理学、外国文、图画、物理学、化学、植物学、动物学、生理学、矿物学、地学等科学，应由原授教习预拟多题，密交贵总监督送部备选。各科学试卷，亦即发交原授教习评拟，分数呈部核定。其体操一科，由原授教习按名考试，评拟分数呈部复核。各科学试卷应由本学堂钤用关防，俟开印后再行送部盖印。除将考试日期开单知照外，相应片行贵总监督查照施行，因在封印期内迳行白片可也。须至片者。

右片行（粘印考试日期单一纸）

大学堂

北京大学综合档案・全宗一・卷 57

大学堂报送师范生履历册请假册学生笔记呈学部文

（光绪三十三年正月初九日）

　　京师大学堂总监督李　为咨呈事：窃照本学堂前因师范科旧班学生将次毕业，曾经两次造送讲义，并声明将履历、功课各册随后续行咨报各在案。兹将师范生履历册、请假旷课册暨学生笔记成绩三种，遵照奏定章程，汇呈贵部考核。其功课分数册一项，因从前历期、历年分数核算间有未符，尚须详细校勘，又有曾欠期考学生数名，须补考后，方能平均，应俟复勘清晰及办理齐全，当与本届年考分数汇缮成册，再行呈送。至此次学生笔记，计共二十册，另粘清单备查。惟此项笔记多系草创底稿，该生等尚拟领回以资润色，应请察阅后发还，以便转给。相应咨呈贵部查照施行。须至咨呈者。
右咨呈(计粘单一纸,附:履历册、旷课册二件,一包;学生笔记共二十册,一包)
学部

附学生笔记清单
  计开:
《世界史提要》一册,姚云、黄尚毅合编
《经义余谭》一册
《世界史提要》(中世史、近世史、近史)四册
《各国政治之比较》一册
《各国内容》四册
《舆地纪要》一册
《边界考》二册
《河流全身图稿》二册
《理化问答》一册,姚云笔记
《王阳明教育学》一册;黄尚毅编
《关于世界舆地之纂著》二册,廖道传编
  以上共二十册

北京大学综合档案·全宗一·卷74

大学堂为师范科毕业考试、典礼事呈学部文

(光绪三十三年二月初八日)

  钦命京师大学堂总监督学部右丞李 为咨呈事。窃照本学堂师范科旧班学生毕业考试,准贵部将考试分数册暨等第分数表咨行查照等因,准此,除分别列榜晓示外,应将弥封姓名拆对造册,咨呈察核备案。再毕业行礼,现拟于本月十三日在本堂举行,并参照仕学馆毕业仪式具拟,均请酌夺见复施行。须至咨呈者。
右咨呈(附册二本)
学部

北京大学综合档案·全宗一·卷74

学部为师范生毕业考试、典礼等事咨复大学堂总监督

(光绪三十三年二月初十日)

  总务司机要科案呈为咨覆事。准大学堂总监督咨称,本学堂师范科旧班学生毕业考试,准贵部将考试分数册暨等第分数表咨行查照等因,准此,除分别列榜晓示外,应将弥封姓名折对造册,咨呈察核备案。再,毕业行礼,现拟于本月十三日在本堂举行,并参照仕学馆毕业仪式具拟,均请酌夺见复等因前来。查大学堂旧班师范生既经毕业,除由本部按等核奖外,其所定毕业仪式甚属妥协,希即转饬毕业各生敬谨遵行,以重典礼而肃观听。相应咨覆贵总监

督查照办理可也。须至咨覆者。
右咨覆
大学堂总监督

北京大学综合档案·全宗一·卷 74

大学堂为学生补毕业考试事咨学部文

(光绪三十三年四月初四日)

　　京师大学堂总监督李　　为咨呈事：窃照本堂优级师范第一类学生顾德保、顾德馨、顾大征三名，于去年十一月丁忧，未与年考，其后举行毕业考试，曾于造送履历册内声明在案。现在早逾百日，业将应补年考各项学科，在堂严密考试，均由各主任教员秉公评定分数，逐加详核，合将考卷连同历次学期成绩表册，咨明贵部察核，示期准其补行毕业考试。除履历、旷课各册，业于前次呈送外，为此，咨请查照施行可也。须至咨呈者。
右咨呈（计附表册卷三十件）
学部

北京大学综合档案·全宗一·卷 74

学部为师范生补毕业考试事咨覆大学堂

(光绪三十三年四月十一日)

　　学部为咨覆事　　普通司案呈，准咨开，本堂优级师范第一类学生顾德保、顾德馨、顾大征三名，于去年十一月丁艰，未与年考，其后举行毕业考试，曾于造送履历册内声明丁忧在案。现在早逾百日，业将应补年考各项学科，严密考试，评定分数，连同历次学期成绩表册，咨请示期准补毕业考试等因前来。查本部奏定学堂考试章程内开，学生如有因父母之丧不能与考者，准其补考。该生等因丁忧未能与考，自应照章准补。兹定自本月十三日始至十八日止，按照学科分日考试。除人伦道德、经学、中国文学、周秦诸子学、生物学、英文、历史由本部派员拟题外；其教育等学科，应由本学堂主任教员拟题密封，送部备选；体操一科即派该学堂体操教员，就本堂操场考试，评定分数呈核。相应咨覆贵总监督查照，饬知该生等按期来部听候考试可也。须至咨者。
右咨（附粘单一纸）
大学堂
附补考时间表（略）

北京大学综合档案·全宗一·卷 74

大学堂为报送学生补毕业考试成绩咨学部文

(光绪三十三年五月初一日)

　　京师大学堂总监督李　　为咨复事：准咨开，大学堂优级师范第一类学生顾德保、顾德馨、顾大征三名,在本部补行毕业考试、评定分数,以毕业考试平均分数与历次学期总平均分数平均计算,分别等第,计取定最优等一名,优等一名,中等一名。除由本部酌核奏请奖励外,相应将毕业考试分数册咨行查照,列榜晓示见覆等因,准此,除缮名榜示外,相应咨覆贵部查照可也。须至咨呈者。
右咨呈
学部

北京大学综合档案·全宗一·卷74

学部为派员稽核大学堂功课知照大学堂

(光绪三十三年十二月二十二日)

总务司机要科案为咨行事。本部现派何主事燏时稽核大学堂各班功课,除谕饬该员遵照外,相应咨行贵学堂查照可也,须至咨者。
右咨
大学堂

北京大学综合档案·全宗一·卷73

刘廷琛为学生毕业考试呈学部文

(光绪三十四年十一月十七日)

京师大学堂总监督刘　为咨请事。本堂师范、预备两科实已满足六学期,照章准其毕业,业经咨报在案。兹本堂第六学期期考现已一律完竣。其考试毕业日期,由本总监督体察情形,拟于十二月初二或初四日举行。相应咨请大部核覆,以便遵办。再本堂各科表册及各科讲义随即咨送,合并声明。须至咨呈者。
右咨呈
学部

北京大学综合档案·全宗一·卷83

刘廷琛呈学部毕业生考试分堂表

(光绪三十四年十二月初三日)

京师大学堂总监督刘　为咨呈事。本学堂师范、预备两科将次毕业,曾将各科讲义暨学生履历册、请假旷课册咨送在案。兹照奏定章程,将师范、预备两科毕业应考之课目,按日分堂排比清晰,计历七日,试事一律完竣。除牌示外,相应详细开单咨送大部察核。须至咨呈者。
右咨呈(计两科毕业考试分堂表一册)
学部
附两科毕业考试分堂表(略)

北京大学综合档案·全宗一·卷83

学部大臣训词

译学馆甲级学生毕业,学部大臣对学生致训词云:今日为诸生毕业给发文凭之日,诸生须知,国家岁费钜款教育人才,所期望于诸生者至厚且远。译学馆为养成外交人才而设,于语言文字之外,辅之以普通学,进之以专门学,非徒以备舌人也。将使诸生宏期所学,察政教之繁变,求学问之贯通,裕为全才,以备国家之用。今诸生既已毕业,朝廷给予奖励,视高等学堂为优。又值预备立宪之时,百度维新,急须研求各国政法,弼成我盛治以言报称,诸生所负责任其重且远,为何如本大臣顾尝闻之学堂授课取具学理而已。至事以经验而见难易,学以实行而见浅深,则在出而应世者随时随事研究体认,藉以宏其诣力,庶能各效尺寸,使国家薄收育才之效,不以虚声为学校羞。此则诸生所当急切自勉亦本大臣所拳拳属望者也。幸共志之。

《顺天时报》第 2167 号(宣统元年四月初七日)

学部为赵乾年等补考事知照大学堂

(宣统二年三月十三日)

学部为咨行事,专门普通司案呈,案查上年大学堂预备、师范两科毕业,所有预科取列下等之赵乾年一名、主课无分之裘杰等七名,师范科取列下等之陆大中一名、主课无分之陈锡畴等二名,当经发回照章补习在案。兹已一年期满,自应定期考试。又预科毕业生陈电祥,当因丁艰未与毕业考试,应准一同补考。现已定期于本月二十八日起,在本部分场考验,应由大学堂饬知该生等,届期于每日辰初衣冠来部听候点名,毋稍迟误。除牌示外,相应抄单咨行贵总监督查照饬知可也。须至咨者。
右咨(粘单二件)
大学堂总监督
附考试日程及补考分数(略)

北京大学综合档案·全宗一·卷 139

刘廷琛为在堂生不得参与考试举贡事咨呈学部文

(宣统二年三月二十八日)

京师大学堂总监督刘 为咨呈事,窃照学务纲要内载:各学堂毕业学生,已定有出身,在学堂受业期内,概不准与各项考试,以免旷日分心,延误学期等语,久经遵行在案。查本堂经科学生,系由大部考选直省举人优贡拔贡入校肄业,自应查照定章,不准与各项考试。现值考试举贡之期,该生等有已经各省保送者,志念纷歧,不复专心向学。未经保送者,因变通章程,甄录旅京举贡,遂纷纷蒙混赴考。匪特显违定章,且于编定功课,任意旷废,贻误实非浅鲜,除相应抄录各生名册,咨呈大部,请烦察核,转咨礼部。其中如有各省保送及甄录已经录取者,一概扣除,勿令再入正场,俾得专心向学,以符定章,是为至要。须至咨呈者。

右咨呈(计抄呈经科学生名册一本)
学部

北京大学综合档案·全宗一·卷98

学部就毕业考试办法知照大学堂

(宣统二年十月二十九日)

　　学部为通行事。总务司案呈,准山东巡抚咨,据署提学使罗正钧详称:查学堂考试章程毕业考试计分一条,原章程内于考列下等者,留堂补习一年,再行考试;至二次仍考下等者,给以修业文凭,令其出学。考列最下等者,给以修业年满凭照,即令出学。改定章程内,则于考列下等者,加给及格文凭;考列最下等者,加给修业文凭。给修业文凭者,不得与升学考试各等语。细绎改订条文,凡考列下等者,实已许其毕业,并得与升学考试,似旧章留堂补习一年再行考试之文,已改归无效。兹奉学部通行改正,浙江提学使办理下等学生留堂补习后算分章程,伏核与改正章程未尽吻合。以后凡遇考列下等学生,或遵改订章程,加给及格文凭,准其考试升学,抑或仍令留堂补习,再行考试?为此,详乞转咨,请示等因,并准江西巡抚转据提学使王同愈亦以前情详请转咨,核明示遵到部。查本部改定各学堂考试章程,于考列下等者之下,未声言留堂补习字样,原以新章计分较旧章为严,新章以不满六十分者为下等,按之旧章尚在中等之列,自未便禁其应升学考试。其有应升学考试未能录取升学,或无力升学,而愿就本班奖励者,自应准其留堂,补习期满,再行考试,方可照章办理。本部前次通行改正补习计分办法,即系指此项学生及凡照章必须补习之学生而言,并无不相吻合之处。除咨覆山东、江西巡抚查照外,相应通行贵学堂查照办理可也。须至通行者。
右咨
京师大学堂

北京大学综合档案·全宗一·卷98

学部为博物科毕业考事咨复大学堂

(宣统二年十二月十九日)

　　学部为咨覆事,实业司案呈,准咨开窃照本学堂附设博物实习科原案,先办简易科,两年毕业。于宣统元年七月间,已届两年期满,曾据学生禀请,咨商大部,可否援照中等工业学堂章程,酌予奖励。旋准大部咨开,以该科设在招考限制章程以前,学生系由督学局暨各省提学使司考选咨送,尚可免扣预科年限。如必欲酌给奖励,应由该学堂酌量设法,令该生等展习一年,酌加功课,切实教授,与定章中等工业本科年限相合,庶可比照议奖等因,本学堂遵即酌量情形,添聘教员,令该生等展习一年,按照博物实习本科功课补足,切实教授,一俟期满毕业,即请比照中等工业学堂奖励章程,奏请给奖。是年十一月初一开学授课,叠经咨明大部各在案。兹查该科于本年十一月初一日已届一年期满,所有功课均讲授完毕。该学生等深感大部格外裁成,一年之中颇能奋勉,学修饶有成绩,自应查照原案,举行毕业考试,覆准大部十一月十二日咨开,该科学生既已毕业,俟经督学局复试后,如果及格,自应查照成案办理等因。覆准此,当即赶备学生履历分数册,成绩表及讲义试卷,呈送大部,请烦查核转饬复试,照案施行。再该科本重实习,讲义自少,所有实习各种,除送南洋博览会外,其余俱陈设本堂,以备观览。故就讲义论成绩似少,而就实习论程度尚优,合并声明等因,前来查大学堂附设博物实习科、标本模型、图画三科学生,既经补习一年期满,复经大学堂总监督核其前后学期,确已满足,三年功课均讲授完毕,自应按照中等实业学堂章程,准予复试毕业。当经本部将送到讲义试卷及学生履历分数成绩各项清册,咨送督学局,希即定期复试等因。去后,旋准督学局函称:该局定于本月十一、十二、十三等日在局复试,并于十一、二日赴大学堂审查成绩等因,当经开列考试日表,函达在案。兹覆准督学局文称:奉文开等因,到局奉此,遵将送到上开各件,逐一详核,定于本月十一、十二、十三等日在局举行复试,关于十一、二日赴该堂审查成绩,以便合并计分。除将复试日期及规则业经知照该堂查照外,理合备文呈复。等因前来相应咨覆贵总监督查照可也。须至咨者。

右咨
大学堂

北京大学综合档案·全宗一·卷98

督学局为博物科学生复试核定分数事咨京师大学堂

(宣统三年二月十四日)

京师督学局为咨行事。查上年十二月间,迭奉学部文开,大学堂附设博物实习科学生补习期满,应按照中等实业学堂章程准予复试。兹将该堂送到讲义、试卷及学生履历、分数成绩各项清册转送查核,定期复试,并希速覆。又该堂变通算分办法,事属可行,应即照办各等因,到局。当经将送到上开各件,逐一详核,定期举行复试,审查成绩,呈复转行在案。兹将该生等试卷及成绩,照章核定分数,分别等第。除榜示并呈部核奖外,相应检同毕业分数表,咨行贵学堂请烦查照可也。须至咨者。

右咨(计分数表二纸)
京师大学堂

北京大学综合档案·全宗一·卷106

学部为复试分数明定限制折咨行大学堂

(宣统三年闰六月十五日)

学部为咨行事实业司案呈,闰六月十一日本部具奏高等、中等各学堂毕业学生复试分数一项,请明定限制以期核实而杜冒滥一折,奉旨:"依议。钦此。"相应恭录谕旨,刷印原奏,咨行贵总监督钦遵可也。须至咨者。

右咨(附原奏乙纸)
大学堂

附原奏折　高等中等各学堂毕业学生复试分数一项请明定限制以期核实而杜冒滥一折由

奏为高等、中等各学堂毕业学生复试分数一项,请明定限制,以期核实而杜冒滥,恭折,仰祈圣鉴事。窃臣等查京外复试各项学生,其核算分数之法,向系将复试所定分数,与该学堂毕业分数及历期历年考试分数递次平均计算。盖以复试办法,在核学堂平日之成绩,非较学生一日之短长,故不专就复试分数以定等第之高下。惟查各处办学人员往往欲见好学生,平日分数故意宽滥,虽复试分数已列下等,而一经与该堂分数累次折算,其所得分数依然中选。查臣部于宣统元年附奏学堂考试分数应从严核定一片,于各学堂评定分数之法,历经严切申明,惟非明定限制于先,究无所遵循于后。拟请嗣后凡高等、中等在部、在省复试之各学生,其分数不满四十分者,无论该生平日所得分数若干,概不准其毕业。查改订考试章程内载,不满五十分者为最下等,则不满四十分者更在最下等之后,虽稍示限制,并不为苛,而预杜学生侥幸之心,实于整顿学风不无裨益。所有拟议毕业学生复试分数明定限制缘由,理合恭折具陈,伏乞皇上圣鉴。谨奏。宣统三年闰六月十一日奉旨依议。钦此。

北京大学综合档案·全宗一·卷106

强迫留学回国学生考试

　　学部现因各国留学生,多有毕业后并不赴部考试,径投他差或为外人所用,无从考其程度。觇其心术,绝非国家造就人才之本意。兹特定强迫考试办法,电致各出使大臣。查明凡毕业各留学生,均须勒令来京考试,否则永远停其差遣。其有逗留外国者,即行遣其回国,以免流入歧邪,藉保真材。

《教育杂志》第一卷第六期(宣统元年六月二十五日)

五、国内学务往来

孙家鼐咨行各省送交学堂章程、教习姓名、学生额数等

（光绪二十四年十一月二十七日）

　　管理大学堂事务大臣孙　为咨行事。照得现在京师大学堂，业已开办。各省会暨外府州县，所有已设之学堂，均须将学堂章程、教习姓名、学生额数，咨送本大学堂。以便核考。为此咨行贵部堂、院，希即查照施行可也。

直隶总督	两江总督	两广总督	闽浙总督	湖广总督
四川总督	陕甘总督	云贵总督	山东巡抚	河南巡抚
浙江巡抚	江苏巡抚	山西巡抚	安徽巡抚	江西巡抚
云南巡抚	贵州巡抚	广东巡抚	广西巡抚	陕西巡抚
湖南巡抚	湖北巡抚	新疆巡抚	盛京将军	吉林将军
黑龙江将军	荆州将军	福州将军	广州将军	西安将军
成都将军	江宁将军	伊犁将军	奉天府尹	顺天学政
奉天学政	江苏学政	安徽学政	江西学政	山东学政
山西学政	河南学政	陕西学政	湖南学政	湖北学政
浙江学政	福建学政	广东学政	广西学政	四川学政
云南学政	甘肃学政	贵州学政		

湖北巡抚为京师大学堂委员赵鄂考察学务事咨覆大学堂

（光绪二十八年四月十一日）

　　湖北巡抚为咨覆事。光绪二十八年四月初八日，准贵大臣咨开：照得本大臣奉命开办京师大学堂，现经奏准择地另建。事同创始，各项章程自应博访周咨，以期尽善。查鄂省所设各学堂，规模详备。近闻迭次派员前赴日本等处考察学规及教科等事，具见贵部院讨论学务，精益求精。本大臣现在编译课本，核定章程，亟需酌参各省已行学规，用相印证。为此，札委湖北候补知州魏牧允恭前赴鄂省，悉心考察。所有本大臣咨商事件，即饬该员就近禀谒贵部院，以期有所禀承，相应备文咨请查照可也等因，到本部院，准此，除将一切章程交给湖北候补知州魏允恭赍呈并分别咨行外，相应咨覆。为此，合咨贵大臣，请烦查照施行，须至咨者。
右咨
管理京师大学堂事务大臣张

湖广总督为送学生衣冠等品以供参酌仿效事咨大学堂

(光绪二十八年十一月二十五日)

湖广总督为咨送事。案查接管卷内,准贵大臣咨开:本大学堂现在开办,分教需员,而体操一门亦需通才教授。窃闻贵督部堂所办各书院学堂,其中胶庠子弟于各项功课之外,类能兼习兵式体操。平日苦心督课,久为中外推仰。理合咨商贵督部堂,于学堂中拣其学有专长、娴习体操者二三员,咨送来京。均由本大学堂补给川资,俾得量其所长,派充各项学课及体操教习。又闻鄂省各书院学堂,凡学生所用讲堂、操场、衣冠、靴带等物,皆经贵督部堂精心手定,允堪矜式,亦请专弁咨送全套来京,俾咨仿效,于学务均有裨益,咨请查照施行等因。咨由本任部堂张移交到本兼署部堂。准此,正查照办理间,并准电催前因。兹经饬据湖北省学务处,将学生所用讲堂、操场衣冠、靴带等物,照式制备两套,呈请解送前来,相应备文咨送。为此,合咨贵大臣,请烦查照、验收,赐复、施行。

计咨送学生所用讲堂、操场衣冠、靴带等物两套。

右咨
钦派管理大学堂事务大臣张

北京大学综合档案·全宗一·卷15

刑部考核法律学堂各员为防冒名顶替咨请大学堂派员监察

(光绪三十二年元月十九日)

钦命修订法律大臣、刑部左堂沈右堂伍 为咨行事。案照本大臣,前经考试咨送及报考法律学堂各员,现已评阅事竣,分别取录。现定于本月二十四日卯刻复试。诚恐各学堂学生有冒名顶替情弊,相应咨行贵总监督查照,向章于是日派员来堂监察识认可也。须至咨者。

右咨
大学堂总监督

北京大学综合档案·全宗一·卷66

译学馆招生考试为防抢冒咨请大学堂派员认识

(光绪三十二年九月二十一日)

署译学馆监督章 为咨请事。照得科场条规,抢冒顶替悬为厉禁。奏定学堂章程亦有凡在学堂学生不得应考他处学堂等语,各在案。现今科举已停,应考学堂人数益众,抢冒等事屡有所闻。兹届本馆招考丁级学生之期,诚恐人数过多,仍蹈前弊,不足以正学风而端品行。特将考试日期开列于后,应请贵学堂届时(本馆准上午七钟点名)派员前来识认。如有学生在场顶名冒考以及抢替等弊,务请切实清查,俾可扣卷不录。合行咨请贵监督查照施行可也。须至咨者。

附　考　期

十月初二日考试：八旗、直隶、江苏、奉天、湖南、广东、福建、四川、陕西、贵州、各省驻防。
十月初三日考试：河南、浙江、江西、山西、山东、湖北、安徽、广西、云南。
右咨
大学堂

北京大学综合档案·全宗一·卷 66

京师第一初级师范招生为防抢冒事咨请大学堂派员认识

（光绪三十二年十一月初三日）

　　京师第一初级师范学堂监学陈　为咨请事。照得科场条规，抢冒顶替悬为厉禁，奏定章程亦有凡在学堂学生不得应考他处学堂等语，各在案。现今科举已停，应考学堂人数益众，抢冒等事屡有所闻。兹届本堂招考师范学生之期，诚恐人数过多，仍蹈前弊，不足以正学风而端品行，特将考试日期开列于后，应请贵学堂届时派员前来识认。如有学生在场顶名冒考以及抢替等弊，务祈切实清查，俾可扣卷不录。合行咨请贵学堂查照施行可也。须至咨者。

　　附考期
　　十一月初四日早七钟，应试学生齐集，听候点名。
右咨
大学堂

北京大学综合档案·全宗一·卷 66

六、大学堂运动会

总监督为大学堂召开第一次运动会敬告来宾文

(光绪三十一年四月)

今日本大学堂开第一次运动大会,辱诸君子惠临,不特吾大学堂之光,亦中国学界之庆事也。区区鄙意,敬为诸君子正告之。盖学堂教育之宗旨,必以造就人才为指归,而造就人才之方,必兼德育、体育而后为完备。讲堂上所授学科,讲堂内外一切规矩,无一非德育之事,然而气质有强弱之殊,禀赋有阴阳之毗,欲人人皆有临事不辞难、事君不惜死之节概,盖亦难矣。东西各国知其然也,故无不以体育一事为造就人才之基。日本体育专重击剑、柔道二门,其国民精勇报国之精神实职于此。英国则以打球为国民体育法,其他德美诸国无不由体育法而养成国民气节,其成效亦略可睹矣。中国古时百技多属兵法,故蹴鞠肇始于轩皇,而齐威伐山戎始制秋千,汉武后庭肄抵,霍景桓在军中亦然。有唐一代君臣击球应制之诗为多,而拔河小技,七宰相、二驸马、五将军不辞亲其劳役,其风声习尚鼓动一世,故此数代武功独盛。我朝特设善扑营以存国俗,亦即此意。自科举兴而体育废。儒缓之日遂中于士大夫之心,人人皆有杜元凯不能披甲上马之病,武风遂因之不竞今天子英明神武,特诏天下,普立学堂,而京师大学堂为之总汇,以为造就人才之极则。则凡德育、体育之方不可不求其完备矣。今日特开运动大会,亦不外公表此宗旨以树中国学界风声而匕〔化〕。顾天下有一事必有一弊,惟明达之士,能于创始之日预防其弊于未然。今体育之利如彼,而办法不善则百弊随之。其大者盖有三焉:衣服丽,都似五陵侠少之所为,以运动为炫服之场,一也。技精者自玄其能,则稍疏者,皆有趑趄不前之意,运动会遂为少数竞技之地,二也。且因运动之故而致荒平日学业,遂以体育夺德育之日力,三也。本大学堂学生平日课余皆令练习各种体育法,而今日之会,则无论其技之熟与否,皆得与焉。以无一人不习体育为义例。至于衣服,只求整洁,以不侈外观之美好义例。若夫鼓分鲁薛、宴开齐晋,此大国投壶之盛也;都卢寻橦,辇轩幻火,此殊域百技之良也。本大学堂谢不敏矣。故略述第一次开运动会之宗旨。诸君子良为我来,幸有以教之。

窃谓世界文明事业皆刚强体魄之所造成也。吾国文事彪炳,而武力渐趋于薄弱,陵夷以至今日为寰海风涛之所冲激,士大夫之担学事者,乃知非重体育不足以挽积弱而图自存。直隶、湖北等省屡开运动大会,若京师首善之区,尤宜丕树风声,鼓舞士气,兹拟定本月二十四日敝学堂特开运动会,使学生等渐知尚武,渐能耐劳。伏恳学界诸君子于是日十二句钟贲临,以光盛举。谨将运动条目奉上,如各学堂学生愿到会场演习者,乞自认何类,先期示知敝堂报名处,以便接待。今天下多故矣,诗云"天之方侪毋为夸毗",又云"风雨如晦,鸡鸣不已"。所望贤士大夫递相推衍,引而无穷,则斯会也,其亦河之昆仑江之岷山也夫。

京师大学堂总监督启

大学堂为运动会改期呈文学务大臣

(光绪三十一年四月二十四日)

　　京师大学堂总监督张　为片呈事。案照本学堂运动会前已咨明于本月二十四日开办,兹因雨后操场泥泞未干,改期于二十五日。相应咨明贵大臣查照施行。因用印不及,径行白片可也。须至片呈者。
右片行
学务大臣

北京大学综合档案·全宗一·卷 51

第一次运动会运动次序

二十五日上午八点钟至十点半钟

第一　掷植
第二　八百米突竞走
第三　跳远
第四　二百米突竞走
午膳　休憩

正午起

第五　掷球
第六　跳高
第七　顶囊竞走
第八　一百米突竞走
第九　提灯竞走
第十　犬牙形竞走
第十一　三百米突竞走
第十二　四百米突竞走
第十三　一脚竞走
第十四　六百米突竞走
第十五　掩目拾球竞走
皇太后圣寿无疆
　皇上圣寿无疆
　京师大学堂长久
散会

二十六日上午八点钟至十点半钟

第一　掷植
第二　顶囊竞走
第三　掷球
第四　越脊竞走
午膳　休憩

正午起

第五　跳高
第六　一百米突竞走
第七　提灯竞走
第八　二人三脚竞走
第九　犬牙形竞走
第十　拉绳
第十一　职员匙蛋竞走
第十二　来宾竞走
第十三　各学堂学生竞走
第十四　六百米突竞走
第十五　掩目拾球竞走
第十六　各科选手竞走（分类科、公共科、预备科选手各五名）
第十七　一千米突竞走
颁奖品　颁辞
皇太后圣寿无疆
　　皇上圣寿无疆
　　京师大学堂长久
散会

北京大学综合档案·全宗一·卷130

李家驹为大学堂第二次运动会事呈咨学部文

（光绪三十二年三月廿四日）

　　京师大学堂总监督李　为咨明事。案据上年四月，本学堂举行第一次运动会，曾经咨明学务大臣在案。查学堂之有运动会，所以励体育而奖武事也。本年三月初一日，钦奉上谕，明定学堂宗旨亦于尚武三致意焉。本学堂为天下学堂表率，尤应遵案踵行，以副朝廷作育人材之至意。兹拟定四月初二、初三两日举行第二次运动会，由本监督自充会长，督率在堂人员合力襄办。除照会京师官立中学堂以上各学堂办事员、教员、学生等届期齐集与会，以开风气外，理合咨明贵部查照施行。须至咨呈者。
右咨呈
学部

北京大学综合档案·全宗一·卷62

大学堂第二次运动会敬告来宾文

（光绪三十二年四月初二日）

　　今日为本大学堂举行第二次运动会之期，辱诸君子先后惠临，冠裳济济，视去岁特盛。不惟本大学堂之光荣，亦中国学界之幸事也。夫运动会之设，所以重体育而奖武事，为国民教育最重要之一端。迩者，学部疏请明定教育宗旨，宣示天下于掷球、角力、运动、竞走辄标举之以为尚武之征。钦奉明诏以人人有振武之精神而自强可恃，仰见朝廷救弱图强之至意。今本大学堂踵举斯会,幸都门各学校乐与观成,联袂偕来,观者如堵,龟鼓声逢,龙旗景动,风声所树,举国景从,共有关于吾国之前途、文明之先导者,将于此觇之矣。抑又闻之,所贵于勇敢者,贵其敢行礼仪也。故勇敢强有力者,天下无事则用之于礼义,天下有事,则用之于战胜。用之于战胜则无敌,用之于礼义,则顺治。外无敌内顺治,此之谓盛德。然则诸君子所相与交勉而维持之者,其在养成勇敢强有力之格而善审其所用也。与诸君子良为我来,敬述斯意。

北京大学综合档案·全宗一·卷130

本校学生赴运动会简章

一、本校赴会公举张（陈）教习、王（杨）监学官（恩）为总理员。

一、执事员分庶务司、巡视司、卫生司,均由学生分任。

一、初一下午及初二日在本校预备,初三日赴会,初二初三两天于赴会前请假者,按照本日授课时间作旷课论。

一、竞走员由教习选定

竞走员为全校体育之代表,宜各奋迅猛勇,惟不受本校记功及奖品。

一、赴会往还格遵教习命令,齐听鼓号,使步伐整齐。

一、既到会场,有本校一定之坐位,不及越次纷扰,高声笑谑及其他违礼之事。

一、初三日,应发茶品先发甲级、次乙级、次丙级,届时由庶务司挨次分送,不得凌乱。

一、巡视司取以限制个人之自由,维持全体之秩序,其责任綦重,应先由众举揭出。

一、本校于初二日先派竞走员及执事员数人,由监学官领赴会场,察看情形,传告大众。

右简章均经同人认定,务宜尊重遵守,以维持共同之法律,光大全校之名誉。其庶务、巡视、卫生详细尚条另行揭表。

译学馆春季练习运动事项次序单

（光绪三十三年三月二十一日）

军乐
全体入场
升旗
行立正礼（奏乐）
开会词
答词
奏乐
授指挥旗
授评判旗
奏乐
执事员归班
全体学生以次归座
鸣锣开会（十点三十分）
四百米突竞走一次　　　五分

掷竿跳高　　　二十分
　　　二百米突竞走三次　　二十分
　　　计算竞走二次　　　十五分
　　　掷球　　　　　　　十五分
　　　掷杆跳远　　　　　二十分
　　　跳远　　　　　　　二十分
　　　幼童竞走二次　　　五分
休息(十二点半)
接续运动(一点)
　　　提灯竞走　　三次　　二十分
　　　掷锤　　　　一次　　十五分
　　　跳高　　　　二十五分
　　　四百米突竞走　二次　　二十分
　　　幼童计算竞走　二次　　十五分
　　　选手竞走　　一次　　五分
　　　顺天学堂四百米突竞走各一次　　十五分
　　　　　　　二
　　　来宾竞走　　二次(二百米突)十五分
　　　职员 提灯竞走一次(二百米突)
　　　　　竞走一次(一百米突)　　十五分
　　　戴囊竞走　　三次(二百米突)二十分
　　　障碍物竞走　　一次(一周)　　十分
　　　六百米突竞走　　一次　　十分
　　　越脊竞走　　二次　　十分
　　　幼童戴囊竞走　　二次(一百米突)十分
　　　犬牙形竞走　　二次　　二十分
　　　拉绳　　一次　　二十五分
五点
　　　行散会礼
　　　奏乐
　　　颁奖
　　　全体学生绕走三周
　　　立定
　　　向国徽注目
　　　太后万岁
　　　　　皇上万岁
　　　　　译学馆长久
　　　初二日运动事项序次
　　　上午七点起十一点钟止
　　　一百米突竞走　一次　　二百米突竞走　　二次
　　　跳高　　　一次　　四百米突竞走　　一次
　　　三百米突竞走　　一次　　掷槌　　一次
　　　计算竞走　　二次　　越栏竞走　　二次

犬牙形竞走　　一次
午膳　　休憩
下午一点钟起七点半钟止
一百米突竞走　　一次
二百米突竞走　　二次
越栏竞走　　　　二次
顶囊竞走　　　　三次
各私立学堂竞走
拉绳（预备对师范二
　　　师范一对预备）　二次
犬牙形竞走　　一次
掩目拾球竞走　　三次
掷球　　　一次
跳高　　　一次
三百米突竞走　　一次
鹿角竞走　　一次
来宾竞走
四百米突竞走　　一次
一脚竞走　　一次
障碍物竞走　　三次
颁奖品　　颂辞
皇太后圣寿无疆
　皇上圣寿无疆
　　京师大学堂长久
散会
初三日运动事项序次
上午　八点钟起十点半钟止
＊一百米突竞走　＊四百米突竞走　　越栏竞走
顶囊竞走　＊八百米突竞走　　掷球　　计算竞走　＊跳远　一脚竞走
午膳　　休憩
下午　十二点半钟起七点钟止
＊二百米突竞走　　＊三百米突竞走　　掩目拾球竞走
＊拉绳（师范二对师范一）　犬牙形竞走
鹿角竞走　　越脊竞走　　障碍物竞走
＊掷槌　＊跳高　＊六百米突竞走　　各官立学
堂竞走　　来宾竞走　　职员竞走（往返拾球）
三脚竞走　　各科选手竞走（新旧师范、预科各出选手五人）
颁奖品　　颂辞
皇太后圣寿无疆
皇上圣寿无疆
京师大学堂长久
散会

全堂学生分为三班,于各员运动衣上分制Ⅰ、Ⅱ、Ⅲ各数码以区别之。按各员运动之等次而给予分数。计一等得三分,二等得二分,三等得一分。该员所得之分数作为其所属班之分数,总计各班之分数,其得数最多者是为优胜,应由会长给予优胜旗,由其保管。以上各事项中之附有 * 者,皆为应计分数者也。

北京大学综合档案·全宗一·卷130

大学堂第三次运动会告示

(光绪三十三年二月二十七日)

本堂举行春季运动会,仍踵旧规,在本堂附近操场举行。定期三月二十四二十五等日,并由督学局传知各学堂,以资联合,而便角竞。兹将运动事项名目开列于后,凡本堂学生认定何项,务在三月初一以前报名,一面练习纯熟,再行遴选派定可也。

选手竞走　犬牙形竞走　拉绳　掷锤　掷球　跳高　跳远　戴囊竞走　计算竞走
障碍物竞走
　以上各学堂联合运动
掷竿跳远　　掷竿跳高　　一百米突竞走　　二百米突竞走　　四百米突竞走　　六百米突竞走
八百米突竞走
　以上各学堂分行运动

中国第一历史档案馆《大学堂告示底册》

七、其 他

大学堂为教学咨取海关通商总册知照外务部

(光绪二十九年四月十五日)

管理大学堂事务大臣张　为咨呈事。照得本大学堂汉文教习及编书局各员，现在手定课本，间有研究商务之处。需用光绪二十八年海关通商总册，以备检核。为此咨请贵部调取数册，送交学堂应用。聆切，祷切。须至咨呈者。

右咨呈
外务部

北京大学综合档案・全宗一・卷 36

外务部为调用海关贸易总册事复照大学堂

(光绪二十九年四月二十日)

外务部为咨复事。本月十七日接准咨称：本大学堂汉文教习及编书局各员，现在手定课本，间有研究商务之处，需用光绪二十八年海关通商贸易总册，以备检核。请调取数册，送交应用，等因。查海关册，向由总税务司于每年年底，将先年分总册申送本部。现经送至二十七年分止。所有贵学堂需用二十八年海关总册之处，应俟该税务司将此册送到，即由本部咨送可也。为此咨复。须至咨者。

右咨
管学大臣张

北京大学综合档案・全宗一・卷 36

学部为征集教育品参加南洋劝业会咨行京师大学堂

(宣统元年九月十五日)

学部为咨行事。实业司案呈准两江总督咨开：据南洋劝业会事务所案呈，南洋奏办第一次劝业会，所有订立章则、分期筹备情形，业经先后呈请分别奏咨在案。惟以吾国此举，原属创行，其事既繁，为期尤迫。而于各项出品赴会一事，尤宜从速，分别筹备，以冀及时可以观成，临事不至墨漏。查本会前次订行各项会章，其中声明除于各府属设立物产会、各省商埠设立出口协会及协赞会外，余凡各处衙署局所以及官立公立之劝工习艺等所、专门实业公司学堂、机器、矿政、制造局厂、邮电、轮船、铁路、矿山等处，均宜仿照各国赛会通例，一体预备出品。各就该处所有产造物品，与业务性质及成绩，统计一切。或备列标本，或制作模型，或规划图表，定期运入会场，以资陈赛而备甄较。其有制造或手工各件，并请特别运宁，当场工作，以资参考。惟须先由该处报明,以便预留地步。兹拟订出品分类目录及出品简明章程若干条录呈,分别咨请查照办理等情。据此,查特别出品既为本会会场陈列所必需,且借以觇全国事物之成绩,较之寻常工商人等之出品尤为紧要。除分咨各省督抚转饬各处预备出品外,相应将出品分类暨出品简章,一并备文咨送。为此咨请查核,转饬各省提学使,通饬各该学务公所及各项学堂,一体遵照章程,迅即预备出品,先行定期转运来宁,入会陈列,以资比赛而益观摩。仍请将各处筹备情形详细赐覆等因,并章程前来。查南洋劝业会业经奏奉明谕,饬下各省筹办协会出品事宜。现在教育甫有萌芽,尤应征集出品,以资比较而图进步。惟教育品品类较多,学堂又散在各处,其应如何调取、如何别择、如何汇送经理之处,应有划一办法,始免参差。除将南洋劝业会出品分类纲目咨行外,并经本部酌定办法数条,相应咨行贵学堂查照办理可也,须至咨者。

右咨(附南洋劝业会出品分类纲目二本)
大学堂

附　　征集教育品办法大要

一、南洋劝业会出品分类,以教育为第一部。内分:最初教育、学校教育、社会教育三门。应各按照门类,分别征集。

二、南洋劝业出品分类,于图书、科学、学艺、器械、经济、交通、采矿、冶金、化学工业、土木建筑、染织工业、制作工业、机械、电气、农业、蚕丝、园艺、林业、水产、美术、卫生、医学之属,均分别门类。此类事,日或已设有专门学堂,或为实业学堂所应肄及。应就各处学堂所有此类出品,一并征集。但科学器械之属,以本学堂自行制造者为断。其旷充学堂用器者,毋庸征集。

三、科学器械之属,有由官设所制造者,有商人自行制造者。虽不在此番征集范围之内,但该所该商如愿选品汇同赴会,亦准附入。

四、征集教育品,应有会齐汇送之处,始免参差。兹定京师以督学局为会齐汇送之处,除督局所辖各中小学堂由督学局行知征取外,八旗学务处、大学堂、法政学堂、译学馆、优级师范学堂、女子师范学堂、农工商部所设高、中、初级实业学堂,此不属督学局之学堂,均听自行选择出品,依第七条所定限期,送交督学局,由局汇齐送会。京外各省以提学司为会齐汇送之处,应由提学司行知各学堂选择出品,勒限征送。

五、征集教育品及赴会事宜,京师由督学局经理,各省提学司督饬实业科员经理,而以教育会协赞之。

六、南洋劝业会出品纲目中之教育一部,及出品简明章程、出品原书式、说明书式暨出品人须知各项条件,应行知各学堂者,由督学局暨提学司择要汇印,分别行知。

七、各学堂奉到行知,应即出具出品原书,送督学局或提学司,以便督学局暨提学司汇齐,缮具一书寄会。各学堂并即填写出品目录及说明书,连同出品,于十二月初一日以前送督学局或提学司,汇齐送会,不得迟误。

八、各学堂出品,由督学局暨提学司比较遴选,择优赴会。

九、京外各省士商有组织出品协会者,其教育品一项,应汇呈督学局或提学司甄择,或禀明督学局暨提学司,由督学局、提学司批令该会经理。

十、南洋劝业会以宣统二年二月末日为出品运到终止之期，督学局暨提学司应派员先期将出品运到会所。所派之员，应在会场经理一切，会毕将出品分别运回。

十一、出品中制造或手工各件，若有须当场工作以资参考者，其工作人自应随同赴会，但须加意选择，实于学理新有发明者，始行照准。其寻常工作及因袭外人成法者，毋庸赴会。

十二、学堂出品应行发还各学堂与否，由督学局暨提学司斟酌办理。

十三、督学局暨提学司，须于十二月二十日以前，将筹备出品情形申报本部，路远者即用电报，以便汇咨南洋大臣；一俟会毕，再将出品目录、赴会情形及所得褒赏，报部备案。

十四、边远省分出品无多，可将出品附交邻近省分经理。

北京大学综合档案·全宗一·卷89

为参加义大利万国赛选机器及各等新法会学部咨大学堂

（宣统二年九月十八日）

学部为咨行事。专门司案呈，准农工商部咨开，准驻义吴大臣咨称，案准文开，接外务部咨称，准义国博使函称，本国特开万国赛选机器以及各等新法，并备有赠采，以求完善。今将各该事宜，法文章程函送等因，附法文章程前来。本部译阅所定章程四条，系为电工、机器、硝皮厂、矿山各工人保安起见。我国现正提倡工艺，于各种危险不可不研究、预防。惟会期甚近，即通谕商民，恐未能有人前往，咨行查照，届时派员赴会研究，择要报告等因，准此。本大臣当即咨行义外务部转咨农工商部，查取该会章程。去后，兹准彼部送到，详加察阅，始知该会系义国农工商部所创悬奖出题，广求新法新机，以保工人危险。除章程四条已为大部译阅，深悉在案，但细译其第一条，尚有问题五道，兹特译出，另纸抄录粘呈。要知该部非请中国派员赴会，乃请我国工艺专家竞技博奖也。夫以我国地大物博，俊才辈出，自必有聪颖之士，独运匠心，当仁不让。况分科大学设于京师，出洋学生项背相望，汉阳之炼钢厂、上海之制造局建设多年，当不乏名师良匠，何可轻量无才不克与之竞巧耶！除移咨欧、美留学生监督，转发机、电、格、化、医五门专科学生研求、应征外，所有本国京外各学堂诸生暨日本留学生，鄂、沪两厂，应请大部赐饬翻印法文题纸原章札饬转咨，务使多才多艺之人建震古铄今之业，夺归义国锦标，皆大部提倡工艺之宏旨也。相应备文，附译原文问题，咨请察夺等因前来。除将译印原文问题，并翻印法文题纸原章，咨行两江总督、湖广总督转饬鄂、沪两厂外，相应将译印原文问题并翻印法文题纸原章各一百张，咨行贵部查照，转给京外各学堂，暨日本留学生研求、应征等因前来。相应将原印问题及法文题纸原章，咨行贵总监督查照，转饬学生等研究、答覆可也。须至咨者。

右咨（附二纸）

京师大学堂

附　问　题

第一问　工业中，以通电之器安设于地，向有五种景象之发现，试详其理由，征诸实验，奖金一万佛郎。

第二问　造一器具，置于辘轳之旁，能于辘轳旋转时，可以皮带套上，奖金二千佛郎。

第三问　造一移动器具,能将对径相同之皮带,套于对径各异之机杆,奖金四千佛郎。

第四问　凡工人以未烧热之铅条、铅片、铜、锡等条片,铜、锌融合之条片,置于轧机轮下,易受危险,如能造一器具以除此险,奖金二千佛郎。

第五问　硝皮厂工人将皮张搬运揉擦,每易中受炭疫,若有新法可除此险,并不伤皮质,奖金一万佛郎。(凡中炭疫者,血汁变黑,立可致命,且易传染,西医故以此为名。牲畜患此病者,毙后尚可剥皮易钱,购者无由辨别,硝皮工人遂受其厄,故欲设法以除之也。再蝇、蚊如吮炭疫病,畜之血亦可移于人而令其病,必须由西医速将病人受毒处扎住血管,不使毒血流布,方可如法救治。使者加注。)

以上第一题应绘图贴说;第二、三、四题应造送器具,附有图说;第五题只须说帖;统用义文或法文。续准义国农工商部传单,第一、第五题交卷期限提前,以一千九百十一年九月三十日为截止;第二、三、四题送器期限展至一千九百十一年四月三十日,以便陈列会场。

北京大学综合档案·全宗一·卷100

学部为免实习学生车费咨商邮传部文

(宣统三年四月初六)

总务司机要科案呈为咨商事。准京师大学堂函称:窃照格致科、农科、工科学生,除在堂讲授法理外,尚须随同教员巡验实习,藉资考证。惟巡验应到之处,半系铁路所经,前学期旅行数次,往返车费不赀。本年功课加多,经费一项经度支部预算核减,深虑无从支拄。与分科监督迭次筹议,措置困难。伏查欧美各国大学校,凡学生旅行实习,一律免收车价,以示优待。用特函恳钧部俯念巡验功课关系重要,收效之日甚长,可否暂照外国办法,嗣后格致、农、工各科学生旅行巡验,奏请免收车价,以节经费而示优异之处,只候衡夺施行等因到部。查各国学生巡验实习,如经由铁道,均一律免收车价。该大学格致等科学生实地巡验,藉资练习,自与他项学生旅行者不同。该学堂功课加多,经费核减,措置困难亦系实在情形。巡验学生人数有定,稽查颇易,所请免车价一节,应由邮传部核准,以凭办理。相应咨商贵部查核见覆可也。须至咨者。
右咨
邮传部

北京大学综合档案·全宗一·卷109

学部复大学堂请免实习学生车费文

(宣统三年四月二十一日)

总务司机要科案呈为咨行事。前准大学堂函称:学生巡验,拟请免收车费等语。当经咨商邮传部,去后,兹准覆称:京外各学堂学生,每年均于假期旅行实地练习,所在多有,向无免价之例。此次京师大学堂所请免收车费,实为向章所无,且与光绪三十四年十二月奏定免价章程不符,兼恐各处学堂纷纷效尤,于路务殊多窒碍,未便照准等因前来。相应咨行贵总监督查照可也。须至咨者。
右咨
大学堂总监督

附　邮传部复学部文
（宣统三年四月十四日）

　　邮传部为咨复事。接准咨开，准京师大学堂函称：窃照格致科、农科、工科学生，须随同教员巡验实习藉资考证，惟巡验应到之处，半系铁路所经，前旅行数次，往返车费不赀。本年功课加多，经费核减，措置困难。函恳奏请免收车价等因到部，相应咨商查核见覆，等因前来。查京外各学堂学生，每年均于假期旅行实地练习，所在多有，向无免价之例。此次京师大学堂所请免收车费，实为向章所无，且与本部光绪三十四年十二月奏定免价章程不符，兼恐各处学堂纷纷效尤，于路务殊多窒碍，未便照准。相应咨复贵部查照转复可也。须至咨者。
右咨
学部

北京大学综合档案·全宗一·卷109

第五篇　职教员

一、大学堂职教员调用、请奖等

孙家鼐为大学堂总教习事请旨遵行疏

(光绪二十四年五月二十九日)

窃臣恭奉恩命,管理大学堂事务。本月十九日奉到总理衙门行知,并原奏章程一册。臣详细绎绎,大学堂事务,首在总教习得人。而京官之中,人品端正,学问优长者,原不乏人,求其学贯中外,通达政体,居心立品,又为众所禽望者,则实难其选。伏见工部左侍郎许景澄学问渊通,出使外洋多年,情形熟悉,若以充教习之任,必能众望允符。惟官阶较大,现又未即回京。臣思学堂之设,所以教育人才,与他项差事不同。如各省学政,自侍郎以至编检,皆可特旨简放。学堂总教习,由皇上简派侍郎充当,亦无不可。但系二品大员,请与臣皆不支薪水,同堂办事,比督抚学政之例,似与体制亦无不合。如蒙俞允,许景澄未到京以前,总教习之任,即由臣暂为兼办。臣尚兼有别项差务,恐照料未能周到,拟请准臣奏调一二员,除臣亲自考查学务外,此一二员,可以助臣心力所不及。如此则学堂之事,即日开办,必能次第就理。

《皇朝蓄艾文编》卷十五

张百熙奏举吴汝纶为大学堂总教习折

(光绪二十七年)

奏为京师大学堂总教习人才恭折仰祈圣鉴事。窃维大学堂之设,所以造就人才,而人才之出,尤以总教习得人为第一要义,必得德望具备品学兼优之人,方足以膺此选。臣博采舆论,参以旧闻,惟前直隶冀州知州吴汝纶,学问纯粹,时事洞明,淹贯古今,详悉中外,足当大学堂总教习之任。臣素悉吴汝纶籍隶安徽,同治乙丑科进士,为前大学士曾国藩门人。其为学一以曾国藩为宗,任冀州后澹于荣利,不复进取。前大学士直隶总督李鸿章尤重之,延主保定莲池书院多年,生徒化之,故北方学者以其门称盛,允为海内大师。以之充大学堂总教习,洵无愧色。合无仰恳天恩,即派前直隶冀州知州吴汝纶为京师大学堂总教习之处,伏候圣裁。如蒙俞允,可否赏加卿衔,以示优异,出自逾格鸿慈。所有敬举大学堂总教习人才缘由,理合缮折具陈。

《桐城吴先生(汝纶)文·诗集》《传状》第38—39页,朱有瓛《中国近代学制史料》第二辑上册

为大学堂总教习事上谕

(光绪二十八年正月初六日)

军机大臣等,张百熙奏请派总教习一折。前直隶州冀州直隶州知州吴汝纶,著赏加五品

卿衔,充大学堂总教习。

《清实录》光绪二十八年正月上

湖南巡抚回覆大学堂调范源濂充助教文

(光绪二十八年十一月十五日)

　　湖南巡抚俞　为咨送事。案准贵大臣勘电,内开长沙附生范源濂,现由日本回湘,大学堂助教需员,恳属其速来京,盼切等因。准此当经电覆在案。查学生范源濂,系湘阴文童。现于光绪二十八年十一月十二日由日本东京回抵湘省,已饬令赶速进京,听候派遣。相应备文咨送,为此合咨贵大臣请烦查照施行。须至咨者。
上咨
钦命管理大学堂事务大臣张

北京大学综合档案·全宗一·卷34

大学堂调德文教习知照山东巡抚

(光绪二十九年正月初七日)

　　管理大学堂事务大臣张　为咨商事。照得本大学堂已于光绪二十八年十一月十八日开办,所有教习及职事人员业已开单具奏在案。查有德文教习汪县丞昭晟系直隶杨村县丞,当经本大臣咨明直隶总督部堂,饬司知照。旋准直隶总督部堂来咨,以汪县丞昭晟前准山东周抚院,咨调当经行司派遣,未便再令赴京等因。准此,查汪县丞昭晟业经本大臣开单奏派为本大学堂,充当德文教习,颇资得力,未便改令赴东。应请仍将汪县丞留充学堂教习,以资熟手。为此,备文咨商贵部院,希即查照赐复,盼切施行。须至咨者。
右咨
山东巡抚部院

北京大学综合档案·全宗一·卷34

大学堂为调辜汤生、汤寿潜入堂事知照湖广总督、浙江巡抚

(光绪二十九年正月二十九日)

　　管理大学堂事务大臣张　为恭录咨行事。本年正月二十四日,本大臣附片奏派大学堂总副教习。奉旨,知道了。钦此。相应恭录,并抄原片咨行贵督部堂抚院,请烦查照转致辜员外汤生前青阳县知县汤寿潜刻日来京襄综理教育事宜,盼切,祷切。须至咨者。
右咨(计粘抄附片一件)
湖广总督部堂
浙江巡抚部院

北京大学综合档案·全宗一·卷34

大学堂为停派教习差使知照刑部

（光绪二十九年二月初六日）

　　管理大学堂事务大臣张　为咨明事。照得本大学堂开办速成一科，前经开单奏派刑部郎中胡玉麟充算学分教习，每日上堂讲解，限有一定时刻，未可间断。所有贵部各次差使，均请停派。裨令专心教授，以裨学务。为此，备文咨会贵部，希即查照办理可也。须至咨者。
右咨
刑部

北京大学综合档案·全宗一·卷34

张百熙等为姚锡光派充大学堂副总办咨行吏部文

（光绪二十九年三月初七日）

　　为恭录咨行事。案照本大臣奏留直隶试用道姚锡光派充本学堂副总办役片，于光绪二十九年三月初五日具奏。本日奉旨依议。钦此。除咨行直隶总督，以奏派到差奉旨之日作为该员到省日期，并饬知该员外。相应恭录谕旨并附钞原片，咨请贵部钦遵查照可也。
须至咨者
右咨（附钞原片一件）
吏部

北京大学综合档案·全宗一·卷29（一）

大学堂为梅光羲办事悉心通敏知照湖广总督

（光绪二十九年四月二十九日）

　　大学堂为咨行事。案照本大臣于光绪二十八年八月十九日片，奏请将分发湖北试用道梅光羲暂留大学堂差委。本日奉旨：依议，钦此。旋派充藏书楼提调兼司博物院事，于八月二十一日到差。当据该道呈称，于本年六月初三日引见。奉旨：著照例发往，钦此。是月十六日，吏部发给执照，呈请咨缴等情。当经咨请贵部堂/部院饬司注册，以该道到差之日作为到省日期，分别咨会在案。查本大学堂开学以来，藏书楼、博物院两处，事属创办，繁赜异常。该道悉心经理，井然秩秩，于应储新旧各书、应备理化诸器，洞悉源流，深窥宦奥，实为通敏之才。本大臣颇资臂助。近于所办各事均已就绪，据该道面陈以瞬届一年甄别之期，未便久留，请咨赴鄂。除咨明吏部外，相应给咨赍呈贵部堂/部院查照可也。须至咨者。
右咨
湖广总督部堂
湖北巡抚部院

北京大学综合档案·全宗一·卷29（一）

大学堂调英文助教知照各部

（光绪二十九年五月初九日）

　　管理大学堂事务大臣张　　为咨行事。据本大学堂英文助教礼部主事柏锐呈称：窃司员于光绪二十五年，蒙总理各国事务王大臣奏派赴英国肄业，当经咨行吏部、礼部镶白旗都统并广州将军查照在案。兹蒙电调充当大学堂英文助教，已于四月十八日到堂，相应呈请给咨照各衙门查照等情。据此，查该主事奉派前赴英国，肄业有年，现经本大臣电调到京，派充英文助教，颇资得力。据呈，请予分别知照等情，除分咨^部外，相应咨行贵将军，请烦查照可也。须至咨者。^{都统}

右咨
外务部
吏部
礼部
镶白旗满洲都统
广州将军

北京大学综合档案·全宗一·卷 34

吏部为任大学堂副总办姚锡光知照大学堂

（光绪二十九年五月二十九日）

　　吏部为知照事。文选司案呈准管理大学堂事务张等，咨称本大臣片奏，大学堂副总办一差。查有分发直隶试用道姚锡光，练达老成，深明学务，堪以派充。该员系分发未经到省人员，应请缓案咨行直隶，以到差之日作为到省日期等因，于光绪二十九年三月初五日附奏。奉朱批依议。钦此。钦遵咨行前来，查姚锡光，江苏举人，由知府用候补直隶州，安徽石埭县知县，遵新海防例，捐道员分发直隶试用，于光绪二十九年二月二十四日引见，奉旨照例发往。钦此。二十五日给发该员执照，令其前赴直隶试用。今据该大臣奏请，将该员留于大学堂派充副总办之差，以到差之日作为到省日期，钦奉谕旨允准，自应钦遵办理，俟差委事竣，即由该大臣给咨该员前赴直隶试用相应行文，该大臣即将该员前领赴省执照送部查销，并将到差日期声明报部，以凭核办，除咨直隶总督查照外，相应知照可也。须至咨者。
右咨
管理大学堂事务张

北京大学综合档案·全宗一·卷 29（一）

学部奏聘大学堂教习

（光绪三十二年）

　　附奏大学堂教习郭立山等奏明立案片,再准京师大学堂总监督咨称,查前学务大臣奏准,更定进士馆章程内开,新进士在学堂充当教习及总办学务事宜,应由该省督抚先行奏咨立案,三年期满实能称职,准其与本馆毕业学员一律办理等因。兹查有光绪二十九年进士翰林院庶吉士郭立山、刘昆,三十年进士刑部主事冯巽占,品学素优,实心教育,业经该学堂于三十一年、三十二年先后咨调到堂,以郭立山、刘昆充国文教习,以冯巽占充史学教习,核与奏定章程相等,应请奏明立案,以符定章等因到部。臣部复核无异,理合附片具陈。伏乞圣鉴。谨奏。奉旨,依议。钦此。

《学部官报》第七期（光绪三十二年十月十一日）

附奏请派译学馆监督片

（光绪三十二年）

　　再,原派译学馆监督翰林院侍读学士黄绍箕于本年四月简放湖北提学使,所遣差使当由臣部照会,原充该馆斋务提调之翰林院庶吉士章梫接署,并派臣部员外郎张缉光帮同照料。查章梫品端学粹,于学务经验最深,于该馆事宜尤为熟悉,接署监督数月措置裕如,生徒翕然推服,拟即派令专办,以资熟手而一事权。除照会该员外,谨附片具陈。伏乞圣鉴。谨奏。奉旨,依议。钦此。

《学部官报》第十二期（光绪三十二年十二月初一日）

慎选分科大学之各科专门教习

（宣统元年）

　　摄政王对于分科大学之组织异常注重,屡与张中堂筹商,聘请各科专门教习,总以中国人为最宜。奈选聘不易颇费踌躇。现闻日前中堂建议,请电饬驻各国钦使,慎选留学员生之学业精深、堪任某科教习之责者,毋论官费自费及有无职官,咨保来京,由学部考验奏奖后充该堂教习云。

《教育杂志》第一卷第二期（宣统元年闰二月二十五日）

吏部为汪凤藻恳辞分科大学监督事知照学部

（宣统元年三月初二日）

　　吏部为知照事。宣统元年三月初一日,由内阁抄出宣统元年闰二月二十八日军机大臣钦奉谕旨,翰林院侍读汪凤藻奏恳辞分科大学监督一折,所请著毋庸议。钦此。相应知照可也。

须至知照者。
右知照
学部

北京大学综合档案・全宗一・卷 86

分科监督会商开学办法及聘请教员

(宣统元年)

　　分科大学各监督近日迭造部中,与各京宪会商开办各法,并研究聘请教员问题。闻严侍郎曾于日前提议,各学开办方法应由各科监督详拟妥章,由部核准施行。至于敦聘教员一举,应由本部咨行各省督抚、出使各国钦使,物色留学各国、精于专门科学人员,保送到部。然后本部奏请钦派大员,考试合格后,即奏派为各科教员,以崇体制而重学务等语。闻各监督咸以议为然,拟一律遵照办理。

《教育杂志》第一卷第 6 期(宣统元年六月二十五日)

柯劭忞为汪凤藻丁忧日呈报学部文

(宣统二年八月二十一日)

　　暂行署理京师大学堂总监督柯　为咨报事,本月十七日准翰林院典簿厅知照,本院侍读汪凤藻,现于本年七月二十三日丁父忧。查该员系格致科大学监督,相应知照。等因准此。相应咨报大部,请烦察照施行。须至咨呈者。
右咨呈
学部

北京大学综合档案・全宗一・卷 97

刘廷琛为格致科监督汪凤藻守制等情咨明学部

(宣统三年三月初十日)

　　钦命京师大学堂总监督刘　为咨明事。案照本堂格致科大学监督翰林院侍读汪凤藻于宣统二年秋间请假回籍省亲。兹接该监督来函,据云去年七月二十三日在籍丁忧,现在修理坟墓,经营葬事,不能来京供差,函请咨报等情。除将格致科应办事宜由本总监督督饬提调等妥为经理外,所有汪监督在籍守制,未能来堂缘由,相应咨呈大部,请烦察核施行。须至咨呈者。
右咨呈
学部

北京大学综合档案・全宗一・卷 103

京师大学堂法政学堂日本教员五年期满请赏给宝星折

(光绪三十四年三月)

奏为京师大学堂法政学堂日本教员五年期满,拟请赏给宝星,以示鼓励,恭折仰祈圣鉴事。窃准京师大学堂总监督咨称,本学堂正教员、日本文学博士服部宇之吉,授课勤劬,成材甚众。来堂业已五年,仕学师范两馆毕业学生共计一百零四人,洵属异常出力,咨明奏请赏给宝星。又,准京师法政学堂咨呈,本学堂正教员、日本法学博士严谷孙藏,教员、日本法学士杉荣三郎,皆自二十八年自日本应聘到京,由仕学馆、进士馆及本学堂接续延订合同迄今,实已阅时五年,仕学、进士两馆毕业成就人材甚多,拟请照章奏奖各等因到部。查奏定学务纲要,内载各省学堂所派之员绅教员,其有确能实心任事、不辞劳怨者,每届五年、准援从前同文馆成柏择优保奖等语。嗣经政务处奏准,以学生成就人数为衡,历经遵办在案。现在京师大学堂正教员、日本文学博士服部宇之吉,法政学堂正教员、日本法学博士严谷孙藏,教员、日本法学士杉荣三郎均届五年,成材甚多,洵属异常出力,自应照章准奖。查外务部奏定宝星章程,各学堂教习给与三等第一宝星。兹查服部宇之吉、严谷孙藏二员原订合同载明充正教员,与外务部定章仅称教习者稍有区别。且该二员经前管理大臣延聘来华,正值师范、仕学两馆甫经开办,当时筹议规制审定学科,该员等多所赞助,较之各学堂正教员专授学科者尤为勤劳卓著。查日本法学博士冈田朝太郎,因讲演法学原理,经修订法律大臣奏请赏给二等第二宝星。奉旨允准在案。今服部宇之吉、严谷孙藏二员与冈田朝太郎情事相类,拟请天恩俯准奖给二等第二宝星,以示优异。至各学堂各项教员,仍应按照外务部定章办理,所有杉荣三郎一员,合同载明系充教员,拟按照外务部定章请赏给三等第一宝星,以示劝励。如蒙俞允,即由臣部行知外务部,照制转交臣部发给该教员,祗领佩带。所有拟请赏给日本教员宝星缘由谨缮折具陈。伏乞皇上圣鉴。谨奏。光绪三十四年三月二十五日奉旨,依议。钦此。

《学部官报》第五十二期(光绪三十四年四月初一日)

京师大学堂教员管理员照章请奖折

(光绪三十四年三月)

奏为京师大学堂教员、管理员五年期满,照章请奖励恭折仰祈圣鉴事。窃准京师大学堂总监督咨称,本学堂斋务提调记名遇缺题奏,翰林院编修袁励准、东文、农学教员、农工商部候补主事胡宗瀛、德文教员、同知直隶州用候补知县汪昭晟,均于光绪二十八年经前管学大臣调令来堂,业已五年。仕学、师范两馆毕业学生共计一百零四人,洵属异常出力,拟请将记名遇缺题奏翰林院编修袁励准,遇有应升之缺开列在前。东文、农学教员、农工商部候补主事胡宗瀛,免补主事以员外郎候补。德文教员、同知直隶州用候补知县汪昭晟,免补同知直隶州以知府用。咨明奏请奖励等因到部。查奏定学务纲要,内载各省学堂所派之员绅教员,其有确能实心在事不辞劳怨者,每届五年,准援从前同文馆成案择优保奖等语。嗣经政务处奏准,以学生成就人数为衡,历经遵办在案。现在京师大学堂斋务提调翰林院编修袁励准、东文教员胡宗瀛、德文教员汪昭晟均已届满五年,成材甚众,洵属异常出力,自应照章准奖。唯原咨所请升阶是否与异常请奖之例相符,当经咨行吏部查核。去后旋准吏部覆称,查奏定章程,内开各项劳绩,只准保免补免选一层。又异常劳绩京员准请以应升之缺开列在前。又无论何项劳绩均不准层叠预保各等语。今记名遇缺题奏翰林院编修袁励准,请遇有应升之缺开列在前,农工商部候补主事胡宗瀛,免补主事以员外郎候补,核与异常劳绩章程均属相符,其汪照晟一员系同知直隶州用候补知县,并非候补同知直隶州知州,所请免补同知直隶州知州以知府用,系属层递预保,核与定例不符各等语。自应查照吏部定章,奏请奖励,拟请将记名遇缺题奏翰林院编修袁励准,遇有应升之缺开列在前。农工商部候补主事胡宗瀛,免补主事以员外郎候补。同知直隶州用候补知县汪昭晟免补知县,以同知直隶州候补以示鼓励。如蒙俞允,即由臣部行知各该衙门钦遵办理。所有京师大学堂教员、管理员请奖缘由,谨缮折具陈。伏祈皇太后、皇上圣鉴。谨奏。光绪三十四年三月二十五日奉旨,依议。钦此。

《学部官报》第五十二期(光绪三十四年四月初一日)

奏请赏给京师大学堂东西洋教员贾士蔼等宝星折

(宣统元年六月)

奏为京师大学堂新班师范暨预科均经毕业,请将该堂东西洋教员照章赏给宝星以示鼓励,恭折仰祈圣鉴事。窃准京师大学堂总监督咨呈称,自光绪二十八年十月开办优级师范,三十三年正月毕业,计成就学生一百零七人;三十年十月续办新班师范与预备科,三十四年十二月毕业,计成就学生三百四十三人。前后并算,历时六年之久,成就学生共四百五十人。该教员、管理员等训迪不倦,董率有方,不无微劳,足录造具各该员履历清册,请核予奖叙前来。除中国教员、管理员原册未载任差月分,应俟查覆另案核办外,所有册开请奖之东西洋各教员,应先行核办。查奏定学务纲要内载,各学堂所派之员绅教员,其有确能实心任事不辞劳怨者,每届五年,准援从前同文馆成案择优保奖等语,嗣经政务处奏准,以学生成就人数为衡,历经遵办在案。此次京师大学堂延聘之东西洋教员贾士蔼等,供差既久,成材甚多,均属教授实心著有劳勋,自应援照成案准予给奖。查外务部奏定宝星章程,各学堂教习给与三等第一宝星,今该监督所造册内,除日本文学博士服部宇之吉一员另片奏请奖励外,其法文教员、法国法学毕业生贾士蔼,英文教员、英国伦敦圣约翰书院毕业生聂克逊,动物生物等学科教员、日本理科学士桑野久任,植物矿物等学科教员、日本理科学士矢部吉祯,物理算学等学科教员、日本理科学士氏家谦曹,地理教员、日本文科学士坂本建一,图画教员、日本美术学校画科助教高桥勇,教育学教员、日本师范学校助教法贵庆次郎等共八员,均拟按照外务部定章请赏给三等第一宝星,以示鼓励。如蒙俞允,即由臣部行知外务部照制转交臣部发给,教员只领佩带。所有拟请赏给京师大学堂东西洋教员宝星缘由。谨缮折具陈。伏乞皇上圣鉴。谨奏。宣统元年六月十八日奉旨,依议。钦此。

《学部官报》宣统元年第二十册第九十六期

学部奏请赏给服部宇之吉文科进士片

(宣统元年六月)

再,大学堂正教员,日本文学博士服部宇之吉,在堂六年授课勤劬,成材甚众,洵属异常出力之员。前于光绪三十四年三月,由臣部奏请赏给二等第二宝星,业经奉旨允准钦遵在案。此次该学堂师范科第二班学生毕业,该员教授之功最著,自应奏请奖励。惟前次已得二等第二宝星,实属无可再加,而该员在大学堂训迪勤恳,此次新班毕业,又未便没其劳勚。查山西大学堂译书院英国文学博士窦乐安,由臣部奏请奖给译科进士,奉旨允准在案。兹服部宇之吉原系日本文学博士,谨援照山西成案奖以文科进士,以示优异之处。出自圣裁,谨附片具陈。伏乞圣鉴。谨奏。宣统元年六月十八日旨,依议。钦此。

《学部官报》第九十六期宣统元年第二十册

奏京师大学堂办学人员拟请照章给奖折(并单)

（宣统二年正月）

奏为京师大学堂办学人员拟请照章核给奖叙恭折具陈仰祈圣鉴事。窃臣部前准京师大学堂总监督咨呈内称,自光绪二十八年十月开办优级师范,三十三年正月毕业,计成就学生一百零七人。三十年十月续办新班师范与预备科,三十四年十二月毕业,计成就学生三百四十三人。前后并算历时六年之久,成就学生共四百五十人。该教员、管理员等训迪不倦,董率有方,不无微劳,足录造具各该员履历清册,呈请核给奖叙,并补造各该员任差月分清册,送请核办前来。查历届办学人员奖案,均系遵照奏定学务纲要及政务处奏案,以成就学生为衡,核计各员任差年限,分别异常、寻常劳积议给奖叙。京师大学堂应行请奖之外国教员,业经臣部于宣统元年六月间奏准给奖在案。所有在事之教员、管理员,自应援照成案,请予给奖以示鼓励。该总监督原咨内称,自光绪二十八年十月,开办优级师范,三十三年正月毕业,三十年十月续办新班师范与预备科三十四年十二月毕业等语,则此次请奖各员,核计年资自应以光绪三十四年十二月为截止之期。除年限不符各员均由臣部核驳外,其任差已满五年之江绍铨、李应泌、曾宗巩、魏易、汪杉、庄文梅等六员,拟请均照异常劳绩给奖;任差已满三年或已在三年以上之杨书雯、唐德萱、冯巽占、冯阆模、薛锡成、秦锡纯、卢绍鸿、陈熙绩、朱琳、丁启盛等十员,拟请均照寻常劳绩给奖。所拟奖叙官阶,均经行查吏部核与定章相符,应请一并照准。谨缮具清单恭呈御览,如蒙俞允,即由臣部遵奉施行。所有京师大学堂办学人员,拟请照章核给奖叙缘由。谨恭折具陈,伏乞皇上圣鉴。谨奏。宣统二年正月二十四日奉旨,依议。钦此。

(附清单)

谨将京师大学堂请奖各员缮具清单,恭呈御览。
　计开
拟照异常劳绩请奖六员
法部候补主事江绍铨,拟请免补本班以员外郎尽先补用
陆军部候补司务李应泌,拟请免补本班以主事尽先补用
分省试用县丞曾宗巩,拟请免补本班以知县仍分省补用
通判职衔贡监生魏易,拟请以通判不论单双月尽先补用
分省议叙县丞汪杉,拟请免补本班以知县分省补用
通判职衔庄文梅,拟请以通判不论单双月选用
拟照寻常劳绩请奖十员

外务部候补郎中杨书雯，拟请以本班遇缺即补
邮传部主事唐德萱，拟请以员外郎在任候补
法部主事冯巽占，拟请以员外郎在任候补
陆军部笔帖式冯阎模，拟请以主事仍留原部遇缺尽先即补
学部小京官薛锡成，拟请加五品衔
学部司务秦锡纯，拟请在任以本部主事候补
分省试用州同卢绍鸿，拟请俟得缺后以知州补用
截取试用知县陈熙绩，拟请俟补缺后以同知直隶州知州用
府经历职衔朱琳，拟请以府经历归部选用
县丞职衔丁启盛，拟请以县丞选用据吏部查复该员所请官阶与定章相符，应令将县丞职衔原案详细声明，再行照准注册。

《学部官报》第一百十六期（宣统二年三月初一日）

札译学馆监督该馆司事供事等应无庸给奖文

（宣统二年二月初七日）

为札覆事：据译学馆呈称，拟请将已满五年之教务司事曹为楷、供事徐申铭二名派为检察官上行走，仍办司事供事事宜，请予准照检察官一体请奖。其不足五年已满三年之供事等，拟先以检察官记名，俟下届请奖时再予开列。此次分别年限给予奖金，以昭激劝而励将来等情。并呈清册到部。查学堂保奖历以教员、管理员为重，司事、供事既为定章所无，自应无庸给奖。且学堂职务与官署不同，不宜添设检察官上行走各名目，致紊定章。至分别年限给予奖金，系为鼓励司事供事起见，应由该馆查酌常年经费盈绌自行办理。为此札覆该监督遵照可也。此札。

《学部官报》第一百十八期（宣统二年三月二十一日）

奏译学馆办学人员分别请奖折并单

（宣统二年五月）

奏为京师译学馆办学人员，照章分别给奖缮单恭折，仰祈圣鉴事。窃臣部据京师译学馆监督呈称，查本馆甲级学生，于光绪三十四年十月毕业，计四十名；宣统元年八月乙级学生毕业，计六十三名。前后共毕业学生一百三名，业经照章分别奏奖。其教员、管理员自应照章分别奖叙，以昭激劝。并造具各该员履历清册，呈请核办等因前来。查奏定学务纲要，学务员绅，每届五年准奖一次。又政务处奏案，以成就学生人数在六七十名以上为衡。又学务人员奖励任差满五年者，照异常劳绩给奖；满三年者，照寻常劳绩给奖，历经遵照办理在案。京师译学馆开办在五年以上，成就学生业逾百人，在事出力各员不无微劳，足录核与准奖，成案亦尚相符，自应查照定章酌给奖叙。该馆乙级学生毕业在宣统元年八月，则此次请奖各员应即以是月为截资之期，除任事未满三年各员应俟年满再行请奖，并恩禄一员应另案核办外，其任差已满五年之张缉光等五员，应照异常劳绩给奖。任差已满三年之陈琦等九员，应照寻常劳绩给奖。所有各该员请奖官阶，均经臣部行查吏部核与例章相符，应请一并照准。谨将请奖员

名缮单恭呈御览。如蒙俞允,即由臣部遵章施行。所有京师译学馆办学人员,照章分别给奖缘由,谨恭折具陈。伏乞皇上圣鉴。谨奏。宣统二年四月二十六日奉旨依议。钦此。谨将京师译学馆请奖各员缮单恭呈御览。

计开

异常劳绩请奖五员

学部郎中张缉光,请俟截取知府后以道员用。

双月选用按经历李深,请免选本班以知县俟指分到省后试用。

度支部主事韩朴存,请在任以员外郎遇缺即补。

外务部参事郭家骥,请任以知府候选。

外务部候补主事恩祜,请免补主事以员外郎仍归外务部遇缺即补。

寻常劳绩请奖九员

试署学部二等书记官陈琦,请俟奏补后以一等书记官遇缺即补。

署安徽皖南镇总兵江苏补用道于德懋,请加二品衔。

县丞职衔杨恩波、杨宏诰、刘玉麟,均请以县丞不论双单月尽先即选。

农工商部主事业基桢,请加四品衔。

民政部左参议汪荣宝,请加二品衔。

县丞职衔肖敏,请以县丞不论双单月尽先选用。

分省试用县丞彭国嘉,请俟补缺后以知县用。

据吏部查覆该员所请奖叙核与定章相符。唯未声叙试用县丞原案或保或捐无从检查,应令详细声明,查核相符,方准照奖。

《学部官报》第一百二十六期(宣统二年六月十一日)

奏请奖译学馆监学恩禄折

(宣统二年六月)

奏为请旨事。窃查京师译学馆监学官云骑尉恩禄,办理学务届满五年,应照异常劳绩核给奖叙。臣部本年四月,奏奖该馆办学人员时因该员所请官阶与例章不符,曾于折内陈明另案办理。奉旨依议,钦此。钦遵在案。兹据译学馆监督呈称该员恩禄,应得奖叙拟请以本旗公中佐领遇缺即补,先换顶戴等因到部。当经行查陆军部旋准,复称,该员所请奖叙核与定章相符,合无仰恳天恩,准将云骑尉恩禄以本旗公中佐领遇缺即补,先换顶戴。如蒙俞允,即由臣部遵奉施行。所有京师译学馆办学人员,照章给奖缘由,谨恭折具陈。伏乞皇上圣鉴。谨奏。宣统二年六月二十七日奉旨依议。钦此。

《学部官报》第一百三十二期

会奏仕学进士两馆办学各员请奖折(并单)

(宣统二年十二月)

奏为援案请将办学人员照章请奖恭折会陈,仰祈圣鉴事。窃查奏定学堂章程学务纲要内载,京外办学人员,其有实心任事不辞劳瘁者,准其择优保奖等语。历经遵照办理在案。兹准法政学堂呈称,该堂教务长林棨,由前进士馆教习改充教务长任差已满五年。该堂教习前进士馆教习钱承鋕,前仕学馆教习兼进士馆教习陆宗舆、章宗祥等三员,任差均在三年以上。该员等均学有专长,殚心教育,应请照章给奖以示鼓励等因。学部查仕学、进士两馆,系前管学大臣为造就法政人才,研经世之学而设,已于光绪三十二年、三十三年先后毕业,照章给奖在案。所有该馆教员等,自应一并给奖,以励贤劳。至该员等请奖升衔,吏部查定章现任京员准保,俟截取升阶后再以升阶使用。又加衔限制三、四品各官,加衔不得逾二品。又有升案人员准就现官应升一阶,预保俟升何官后加何官衔各等语。今仕学、进士两馆办理学务之林棨一员,在事已满五年,钱承鋕、陆宗舆、章宗祥等三员在事已满三年,既经学部查明分别异常、寻常给予升阶升衔,臣部复加查核该员等底衔升案均属相符,自应请准照拟给奖,以资激劝。理合缮具请单,恭呈御览。如蒙俞允,即由臣等钦遵办理。所有援案请将办学人员照章给奖缘由,谨恭折会陈。伏乞皇上圣鉴。再,此折系学部主稿会同吏部办理,合并声明。谨奏。宣统二年十二月十九日奉旨,依议,钦此。谨将仕学馆请奖各员缮具请单恭呈御览。

计开

异常劳绩请奖一员

署法科大学监督、学部参事林棨,拟请俟截取知府分发后以道员补用

寻常劳绩请奖三员

奏署造币厂副监督、度支部员外郎钱承鋕,拟请俟补副监督后赏加二品衔

候补四品京堂陆宗舆拟请服满后赏加二品衔

内城总厅厅丞章宗祥拟请赏加二品衔

《学部官报》第一百四十六期

附录　　奏定任用教员章程

(光绪二十九年十一月)

大学堂分科正教员:以将来通儒院研究毕业,及游学外洋大学院毕业得有毕业文凭者充选。暂时除延访有各科学程度相当之华员充选外,余均择聘外国教师充选。

副教员:以将来大学堂分科毕业考列优等,及游学外洋得有大学堂毕业优等中等文凭者充选。暂时除延访有各科学程度相当之华员充选外,余均择聘外国教师充选。

高等学堂正教员:以将来大学堂分科毕业,考列优等及中等,及游学外洋得有大学堂毕业文凭,暨大学堂选科毕业考列优等者充选。暂时除延访有各科学程度相当之华员充选外,余均择聘外国教师充选。

副教员:以将来大学堂选科毕业考列优等及中等,及游学外洋得有大学选科毕业文凭者充选。暂时延访有各科学程度相当之华员充选。

普通中学堂正教员:以将来优级师范毕业考列最优等及优等,及游学外洋高等师范毕业考列优等中等,及得有毕业文凭者充选。暂时只可择游学外洋毕业生,曾考究教育理法者充之,不必定在师范学堂毕业;或择学科程度相当之华员充之亦可。

副教员:以将来优级师范毕业考列优等及中等,及游学外洋得有高等师范毕业文凭者充

选。暂时只可择游学外洋毕业生,曾考究教育理法者充之,不必定在师范学堂毕业;或择学科程度相当之华员充之亦可。

高等小学堂正教员:以初级师范毕业考列最优等、优等,及游学外洋寻常师范毕业得有优等、中等文凭者充选。暂时以简易师范生充选。

副教员:以初级师范毕业考列中等,及游学外洋得有寻常师范毕业文凭者充选。暂时以简易师范生充选。

初等小学堂正教员:以曾入初级师范考列中等,及得有毕业文凭者充选。暂时以师范传习生充选。

副教员:以曾入初级师范得有修业文凭者充选。暂时以师范传习生充选。

优级师范学堂正教员:以将来大学堂分科毕业考列优等及中等,及游学外洋高等师范考列优等、中等,及得有大学堂毕业文凭,暨大学堂选科毕业考列优等者充选。暂时除延访有各科学程度相当之华员充选外,余均择聘外国教师充选。

副教员:以将来大学选科毕业考列中等,及游学外洋得有大学选科毕业文凭者充选。暂时延访有各科学程度相当之华员充选。

初级师范学堂正教员:以将来优级师范毕业考列最优等及优等,及游学外洋寻常师范毕业得有优等文凭及毕业文凭者充选。暂时只可择游学外洋毕业生,曾考究教育理法者充之,不必定在师范学堂毕业;或择学科程度相当之华员充之亦可。

副教员:以将来优级师范毕业考列中等,及游学外洋得有高等师范毕业文凭者充选。暂时只可择游学外洋毕业生,曾考究教育理法者充之,不必定在师范学堂毕业;或择学科程度相当之华员充之亦可。

高等实业学堂正教员:以将来大学分科毕业,考列优等及中等,及游学外洋得有大学堂毕业文凭,暨大学堂选科毕业考列优等者充选。暂时除延访有各科学程度相当之华员充选外,余均择聘外国教师充选。

副教员:以将来大学选科毕业,考列优等及中等,及游学外洋得有大学选科毕业文凭者充选。暂时延访有各科学程度相当之华员充选。

中等实业学堂正教员:以将来大学堂实科毕业,及高等实业学堂考列优等者,及游学外洋高等实业学堂毕业得有毕业文凭者充选。暂时只可以实业传习所较优之毕业生充之。

副教员:以将来高等实业学堂毕业考列中等者,及游学外洋得有高等实业毕业文凭者充选。暂时只可以实习传习所其次之毕业生充之。

初等实业学堂正教员:以曾入实业教员传习所及中等实业学堂得有毕业文凭者充选。

副教员:以曾入实业教员讲习所及中等实业学堂得有修业文凭者充选。

《大清教育新法令》第八册第十编

二、职教员待遇

上海译书分局职员薪水单

(光绪二十八年七月二十七日)

谨将译书分局现在聘订分校、司事、书记薪水,及雇用工役人数、工食开列,呈电。
计开:
分校陈,每月薪水三十两正;
分校赵,每月薪水十六两正;
分校邹,每月薪水十六两正;
司事张,每月薪水二十元正;
书记宋,每月薪水八元正;
工役二名,每月工食十二元正;
厨役一名,每月工食三元正。

北京大学综合档案·全宗一·卷23

大学堂为免扣奉委出京人员资奉片

(光绪二十九年四月十八日)

大学堂为片奏事。再,刑部员外郎曾广熔经臣奏明派充大学堂堂提调,上年十二月间委令赴沪采办书籍仪器,于本年二月三十日差竣回堂。该员系奉委出京,与请假不同,拟请饬下吏部,免其扣资,以示区别。学堂应办各事兼综中西,关系重要,全在博访周咨,俾资考证。应请嗣后凡系奏派大学堂当差人员,经臣委令出京,随时咨明吏部,免扣资俸,出自逾格鸿慈,谨附片具陈,伏乞圣鉴。谨奏。

北京大学综合档案·全宗一·卷29(一)

朱益藩为俸银俸米请学部转咨度支部文

(光绪三十三年八月十一日)

钦命京师大学堂总监督朱 为咨呈事。窃照大学堂总监督定为实缺,前经贵部奏准,钦奉上谕,朱益藩著充补大学堂总监督。钦此。查贵部原奏内称,总监督秩正三品,视本部左右丞等语,所有本年秋季应领俸银俸米,向章皆由各衙门届期咨明户部办理。今本总监督补受斯缺,系在六月十六日奉旨,自应具领秋季银、米,为此,咨呈贵部查照,转咨度支部办理可也。须至咨呈者。
右咨呈
学部

北京大学综合档案·全宗一·卷77

学部为大学堂总监督俸银俸米咨送清册行吏部、度支部文

(光绪三十三年八月二十五日)

总务司机要科案呈,为咨行事。准大学堂总监督朱咨呈,窃照大学堂总监督定为实缺,前经贵部奏准,钦奉上谕,朱益藩著充补大学堂总监督。钦此。查贵部原奏内称,总监督秩正三品,视本部左右丞等语,所有本年秋季应领俸银、俸米,向章皆由各衙门届期咨明户部办理。今本总监督补受斯缺,系在六月十六日奉旨,自应具领秋季银米,为此,咨呈贵部查照,转咨度支部办理等因前来,相应将该总监督应领俸银、俸米数目,造册咨送贵部查照办理可也。须至咨者。

右咨行(计册二本)

吏部

度支部

学部为造送俸银清册事:今将大学堂总监督应领光绪三十三年秋冬两季俸银列后。

  计开:

三正品

大学堂总监督朱益藩应领六成俸实银七十八两。

学部为造送俸米清册事:今将大学堂总监督应领光绪三十三年秋冬两季俸米列后。

  计开:

正三品

大学堂总监督朱益藩应实领七成俸米九石七斗六升五合。

北京大学综合档案·全宗一·卷77

宣统二年正月大学堂员生弁夫等薪饷草册

请领宣统二年正月分员生弁夫薪饷草册

  谨将本堂宣统二年正月分应领员生薪津并弁兵夫役工食银两数目缮具清册,呈请鉴核。

  计开

总办一员	一半薪	公银一百五十两
监督一员	全月薪	公银一百八十两
提调一员	一半薪	公银五十两
国文修身办学课长(姓名略)一名	全月薪津	银九十两
国文修身办学教员(姓名略)四名	全月薪水	银五十两
德文教员(姓名略)一名	全月薪水	银一百两
英文教员(姓名略)一名	全月薪水	银一百两
法文教员(姓名略)一名	全月薪水	银一百两
日文教员(姓名的)一名	全月薪水	银一百两
日文教员(姓名略)一名	全月薪水	银六十两
历史地理课长(姓名略)一名	全月薪津	银九十两

历史地理教员(姓名略)二名	全月薪水	银五十两
算学教员(姓名略)二名	全月薪水	银七十两
算学教员(姓名略)二名	全月薪水	银六十两
格致教员(姓名略)一名	全月薪水	银七十两
格致教员(姓名略)二名	全月薪水	银六十两
图画教员(姓名略)一名	全月薪水	银六十两
图画教员(姓名略)一名	全月薪水	银五十两
马术教员(姓名略)一名	全月薪水	银六十两
队长(姓名略)二名	全月薪水	银八十两
队长(姓名略)一名	全月薪水	银七十两
排长(姓名略)十名	全月薪水	银四十两
医官(姓名略)一名	全月薪水	银八十两
医官(姓名略)一名	全月薪水	银六十两
马述助教(姓名略)四名	全月薪水	银九两
体操、操练、击刺、助教(姓名略)十二名	全月薪水	银九两
文案(姓名略)一名	全月薪水	银五十两
文案(姓名略)一名	全月薪水	银四十两
庶务委员(姓名略)一名	全月薪水	银四十两
收支司事二员	每员每月薪水三十两	共银六十两
库储司事二员	每员每月薪水二十四两	共银四十八两
医药司事一员	全月薪水	银二十两
司书兼刷印六员	每员每月薪水十二两	共薪水银七十二两
学生四百五十二名	每名每月津贴三两	共银一千三百五十六两
差弁三名	每名每月工食八两	共银二十四两
号兵四名	每名每月工食四两五钱	共银十八两
枪匠二名	每名每月工食六两六钱	共银十三两二钱
医兵三名	每名每月工食四两二钱	共银十二两六钱
夫役七十名	每名每月工食三两	共银二百一十两

以上共计京平足银四千八百七十两八钱

中国第一历史档案馆·学部·财经·卷212

全堂员司薪水夫役工食银两清册(摘录)

(宣统三年十月初六日)

氏月份
共银三千四百七十八两一钱八分

职守	姓名	十月份应领薪公津贴银数	本人签名照领
总办	陈銮	一百八十两	陈銮薛代
洋总办兼洋教习	邓罗	一千零十三两五钱四分	
提调	关景忠	十三两五钱	关景忠薛代

税科专门洋教员	阿得利	二百八十五两八钱八分	
	白浦	二百五十八两五钱	
法语科教员	伯乐德	五十两	
税科华员助教	黄厚诚	一百四十七两九钱四分	黄厚诚
国文正教员	高超	八十两	高超
国文副教员	蒋用嘉	六十两	蒋用嘉
体操教员	宝勋	六十两	宝勋
司书	恩荣	十六两	恩荣
堂役	周祥	五两	周祥
堂役	魏升	三两六钱	魏升
厨役	黄万钰	十八两	黄万钰
洋总办公馆门役	王纪怀	五两	

中国第一历史档案馆·学部·财经·卷216·大学堂全堂员司薪水等清册

三、聘请外国教习

总理衙门为义国大使荐义国教习事咨大学堂[①]

（光绪二十四年六月二十三日）

钦命总理各国事务衙门为咨行事。光绪二十四年六月十八日，准义国萨署大臣照称。京师设立大学堂，请延义师教授语言文字，并各专门学。希允办示复等因，相应将来照录送贵大臣查核酌办。并声复本衙门，以便照复可也。须至咨者（附抄件）。
右咨
管理大学堂事务大臣孙

附抄件　　照录义萨署使来照会

为照会事。照得本署大臣阅悉，正月二十五日邸抄。上谕一道。内有定立北京大学堂一事。此美举以便华民，享今世西国教化，各益各新。觅妙法，此举足。

大清国大皇帝圣治普被，以爱民为心。所有诚实各友邦，未有不鼓舞欢欣者耳。查如欲实得此举之益，必须该学堂设立各大国之课。则中国详细考察各国文理学文（"之"之误）后，即可择其优者。著照拟办，此意即系大清国大皇帝旨意。饬令章程内第四节，缮写其欧美人，或难于敦请者，则由总教习总办，随时会同总署及各国使臣，向彼中学堂商请等语。讵该章程，各国言语教习内，并未载义国言语教习。此系遗忘无疑。义国之言，诸国中之最古最佳者也。试思，中国政府自补其忘，而本署大臣不可不提及。请总署见复，以便飞咨本国。将来除英、俄、德等国言语以外，仍教义言，并请义师教授。查贵国如有华师通义文者，其益甚广。不但能通义文刻书，而新立之开矿、铁路、英义公司合同、义国工师、商人，将毕集中华。便可与其同语。至于义文之书，多系紧要。如性理国政、国史、国法各等学问，义书极多。电气、天文法均系义国人所觅定。再欧美专门学十种教习，又应请义人教授，以便新立学堂，十分全成。查乾隆、康熙年间，义士在中华，大利于中国学问。现今，中国仍应请该名士之后裔，来华教读。至延请义师一事，贵国最易托出洋钦差聘请。而欲按照章程之意，亦可与本署大臣面商一切。本署大臣即可赞襄各事。今早知贵署将来允办示复。本署大臣亟宜达知本国外部知悉可也。为此照会。

北京大学综合档案·全宗一·卷4

[①] 义国，即意大利。

总理衙门为德国大使荐德国教习事咨大学堂

(光绪二十四年七月初一日)

钦命总理各国事务衙门为咨行事。光绪二十四年六月二十三日,准德国海大臣照称,京师建立大学堂,须聘请德文教习三人、专门教习二人,以推广德国语言文字等。因本衙门查原订大学堂章程,德、俄、法、教习,本属太少。该国交涉繁重,俄、法使已屡言之。今德使又断断辩争。应如何变通酌订,以免藉口之处,相应将来照录送贵大臣查照酌核。并声复本衙门,以便照复可也。须至咨者(附抄件)

右咨

管理大学堂大臣孙

附抄件　　照录德国海使来照会

为照会事。本大臣诚怀睦谊。德、中两国和好素著。中国欲图振兴,本大臣甚为关心。兹者贵国大皇帝神明,宵旰求治,以图自强。特发明诏。在京师建立大学堂,实属育才兴学之举。本大臣钦佩莫名。想此实系中国自开富强之路。将来必与各国同臻兴旺之利。

贵国大皇帝孜孜国事。仍赖贵王大臣从旁赞襄,而后乃收实效。本大臣揆度贵王大臣洞达大局,不外讲求内政外交之道。须事事平允,各项势力均属相抵,始可大见效验。必免扬此抑彼之意,最为紧要。若背此理,必不利于国。兹经本大臣恭阅钦饬建立大学堂章程。第五章第三节内,定设英文分教习十二人,英人、华人各六。德文分教习一人,或用德人,或用华人,随所有而定等语。俄、法文事同一律。查如此布置,实于均称相抵之道大有不符之处。且于中国国体自主权大有妨碍。是以贵王大臣应早为辩驳之。缘一国之利权较重,如此似不公平。且此一国,因从前交涉事宜较各国繁杂。该国人,业已多承中国之用。惟自中国设新海关以来,外国于中国交涉事宜大为更变。现时,中国于德国、俄国、法国来往,与英国来往,均属要紧。因此,不得以学校偏重英国,使其余各国向隅。中国常操自主之权在手,平交各大国。设今仅使一国把握利权,未免棘手,不得允许。本大臣关心中国,且照顾本国利益,系分内应办之事。惟有照请贵王大臣。设法在京师大学堂,须用德文教习三人,均系德国人,以推广德国语言文字。如各国文学,共设教习十五人,均系五大国之人。若聘请德国人三人,如此方为公允。又查,该章程内定,专门学校十种分教习各一人,共十人。内亦须聘请德国人二人,亦系按此类推之意。缘天下各国学校,德国为首,他国不能并论。此天下人所共知。谅贵王大臣亦可查及。且于前年李中堂游历各国旋京时,初见本大臣之际,即称赞德国学校大可仿照。至聘请各教习一事,想本国政府甚愿荐举其人。为此照会贵王大臣,请即设法在京师建立大学堂,须聘请德国德文教习者三,专门教习二。于中国大局,实为幸甚。德、中两国睦谊,自可日亲也。

孙家鼐拟拒德、意自荐教习咨复总理衙门

(光绪二十四年七月初十日)

　　管理大学堂事务大臣孙　为咨复事。准贵衙门文称。德国海大臣照称。京师建立大学堂，须聘请德文教习三人，专门教习二人，以推广德国语言文字等。又意国称，须聘请意国教习等语。查中国开设大学堂，乃中国内政，与通商事体不同，岂能比较一律。德国、意国大臣，似不应干预。相应移复贵衙门可也。
行
总理衙门

北京大学综合档案・全宗一・卷 4

总理衙门为意国大使执意荐举意国教习事再咨大学堂

(光绪二十四年八月初八日)

　　钦命总理各国事务衙门为咨行事。光绪二十四年八月初一日，准义国萨署大臣照会，仍以大学堂未延该国教习，哓渎不休。大学堂延聘教习，系贵大臣专管之事，与本衙门不相干涉。究应如何办理之处，相应抄录照会。咨行贵大臣查照。酌核具复，以便转复可也。须至咨者(附抄件)
右咨
管理大学堂事务大臣孙

附抄件　　照录义国萨署使来照会

　　为照会事。照得北京大学堂一事。本署大臣于六月十八日，曾经照会，贵署在案。后接贵署复文，不胜诧异。特拟赴署，面达此情。七月二十二日赴署时，仅有张大臣一位在座。本署大臣面言中国大皇帝，设立北京大学堂一事，饬令属员，今后如该章程有改变之处，即行奏明请办。又该章程内载，外国教习，不易聘请；则与外国钦差商量办理。兹本馆所拟添改之处，即系大皇帝饬令奏明请办之事也。本署大臣所发照会，内称大皇帝圣明远达，关心文教。而新开学堂，华士学习西洋学课，今切不可废置义文、免用义国教习。义国原属近世学文之兴起之国。万国内法、天文、格致等类，均系义人开创。华人非不知其事。古时聘用出名义师如利玛窦等人，勉力大利于中国兴起学问，而不知此事者，便为老年传教，并无学问之人，实未得欧洲开教之据。此人前次误派同文馆，因其无能，则同文馆创设多年，至今并无成效之势。兹又闻此人管理新设大学堂。查原编辑学堂章程者遗忘义国。本署大臣提及此误，仍请总理衙门管学大臣添改章程。奏明大皇帝御览，屡次特请明言。如不将外国大臣之请奏明，此事即违背大皇帝之谕旨。张大臣应许，七日内照复本署大臣。讵料接到红函，此函内并未提奏明设立义国语课之事，而单载如学堂俟有成效，再可商量办理。本署大臣查此，显系违背谕旨。足见贵大臣不相信大皇帝欲创设之学馆。如若不详究该章程，疏忽谕旨。不论精益求精，而竟倚仗在先之管理同文馆者，甚惧将来仍系绝无成效。总署已接他馆照会，便可知悉。北京

洋人无不甚诧,因何中国专派斯人管理大学堂。其人虽庄严恭敬,而实无一能,何能管理大皇帝专心关系之事。本署大臣谅总署将来不负此责任,不可推辞。奏明大皇帝添设义语之事,仍请速为照复,以便电知本国政府可也。

北京大学综合档案·全宗一·卷4

孙家鼐为意国大使荐教习事咨复总理衙门

（光绪二十四年八月初九日）

　　管理大学堂事务大臣孙　为咨复事。本月初八日,准贵衙门来咨。并钞录意国萨署大臣照会一纸。查本大臣办理大学堂,皆遵照贵衙门原奏章程,期于中外交涉语言文字相通而已,非必各国皆有教习也。且中外交涉者,共十有余国,若各国皆荐教习,贵衙门何以应之,仍请贵衙门斟酌回复可也。

总理各国事务衙门

北京大学综合档案·全宗一·卷4

外务部为洋教习合同事知照大学堂

（光绪二十九年二月）

　　外务部为片送事。本部于二月十五日,收到出使德国大臣荫电一件。相应抄送贵大臣查照可也。须至片者（抄件）。

　　上片行

大学堂

附抄件

　　收驻德荫大臣致张冢宰电（二月十五日）：洋教习合同已画押,不能更改。昌盐。

北京大学综合档案·全宗一·卷4

学部为聘请外国教员事咨民政部

（光绪三十四年七月初二日）

　　学部为通行事,现在各省中学堂以上学堂,多有聘用外国教员讲授者。惟与外人交涉以合同为主,合同既定之后,彼此办事即应按照合同办理。前由本部调取各省聘用外国教员合同,宽严不同,未能一律。现由本部酌定聘用外国教员合同十九条,通行各省。嗣后遇有延聘外国教员订立合同及外国教员期满续行延订者,均应按照部颁式样,以归一律而便遵守。除分行外,相应咨行贵部查照办理可也。须至咨者。

右咨（计合同式样一件）

民政部

附合同式样

聘用外国教员合同式样

大清国 京师／某省 学堂监督 聘订

大 国（学位或官阶） 为 京师／某省 学堂 正教员／教员 所有合同开列于左：

第一条 该教员应受监督节制。凡关涉授课事宜，随时与教务提调长妥商办理，如别有条议，应由教务提调长转达，经监督采择施行。

第二条 该教员所任功课，应如何分期、分类教授，务按本堂所定学期详分子目，每学期预编授课表，先与教务提调长商订妥善后再呈监督核准，按表遵办。至每学期毕，照所授功课子目编报告书，亦交教务提调长转呈备核。

第三条 教授学生须尽心指授，不厌烦琐，务期学者明白晓畅而后止。如讲堂授课毕，学生尚有未尽明晓之处，得赴教员室质问，以求详尽。

第四条 凡学部颁行学堂章程及本学堂现行续订各项章程，该教员到堂后，应一律遵守，不得歧异。

第五条 该教员专任教授课程，凡学堂内外一切他事不得干预。

第六条 该教员到堂后，以 年为限，限满之时如彼此愿留，再行续订。

第七条 该教员每星期授课时刻，以 点钟为度。每日出堂、入堂悉依本学堂钟点，不得短少时刻。

第八条 该教员薪水，自到堂之第二日起，按照中国月份，每月支给中国银 两。所有住屋、火食、佣工、养马及其他费用，一切在内。

第九条 该教员由本国来华至抵学堂所在地，应支川资中国银币 圆。限满回国时亦如之。如续订合同，则回国川资应俟续订期满，再行支给。

第十条 该教员如由学堂派往他处考察各项事宜，所需旅费由本学堂酌照适中数目，随时交给。

第十一条 该教员除因患病告退外，如系因事告退，必须于三个月前通知，以便另延他人接替。

第十二条 该教员如有不遵合同暨违背章程、条规等事，或才力不及，行检不饬，监督得即行辞退。

第十三条 该教员如因疾病不能教课尽合同内所载之职务，过十五日以上者，须自请人代理。其代理之人是否胜任，由本堂监督及教务提调长考查允准。其代理人之薪水，由该教员自与订给。如该教员不能自请代理，则从第十六日起扣除薪水二分之一，以为本学堂代为延聘之费。若过三个月，该教员仍不能教课，即将此合同作废。

第十四条 该教员如无过失，若于合同限内或将该教员辞退，则除应支回国川资外，另给三个月薪水。

第十五条 该教员如实系患病，自请告退，经监督允准，照第九条支给川资。其因别项事故告退或因不遵守合同暨违背章程、条规辞退者，则不支川资。

第十六条 该教员如有因公受伤致成残废或病故等事，可酌看情形加给二个月以上，四个月以下薪水以示体恤。

第十七条 该教员在合同限内,不经本堂监督允许不得营利别图他业,并不得私自授课他处学生,致荒本学堂正课。

第十八条 该教员无论是否教士出身,凡在学堂教授功课,不得藉词宣讲涉及宗教之语。

第十九条 此次所订合同缮汉文、 文两份,各执一份。如有疑义,应以汉文为准。

光绪三十四年七月初三日到学部咨聘用外国教员合同式样。嗣后均应按照部颁式样,以归一律而便遵守等因,咨行查照。正堂和硕肃亲王 签字 七月初七。

四、其 他

光绪二十七年教习名单

谨将本大学堂原日各西学教习开单呈阅
计开
一英文洋教习秀耀春（乱初遇难）。
一英文洋教习安修真（现在堂）。
一英文洋教习裴义理（现在京）。
一法文洋教习吉得尔（现在堂）。
一德文洋教习伯罗恩（现在　）。
一俄文洋教习卜录达（现在俄）。
一东文洋教习西郡宗（现在津）。
一医学洋教习满乐道（现在京）。
　以上洋教习七人（实为八人—编者）
一格致副教习綦策鳌（现在堂）。
一格致副教习朱葆琛（现在登郡）。
一格致副教习于志圣（现在烟台）。
一化学副教习徐振清
一化学副教习刘永锡（现在莱阳）。
一英文副教习徐恩明。
一英文副教习张维新。
一俄文副教习恒安（现在京）。
一法文副教习德生（现在京）。
一德文副教习齐宗祜（现在京）。
一德文副教习杨晟。
一东文副教习
光绪二十七年十二月初三日西总教习处开

中国第一历史档案馆·学部·教学学务·卷69

教习执事题名录

(光绪二十九年至三十二年)

学务大臣

孙家鼐　　文渊阁大学士
张百熙　　户部尚书
荣　庆　　学部尚书协办大学士

总 监 督

张亨嘉　　兵部右侍郎

教习题名

服部宇之吉	日本东京帝国大学文科大学教授,文学博士。	正教习
太田达人	日本帝国文部省图书审查官,理学士。	物理 算学教习
桑野久任	日本东京帝国大学理科大学助教授,理学士。	动物 生理学教习
矢部吉桢	日本东京帝国大学理科大学助教授,理学士。	植、矿物学教习
氏家谦曹	日本第二高等学校教授,理学士。	物理、算学教习
坡本健一		历史教习
铃木信太郎		东文教习
西村熊二	日本帝国大学工科大学卒业,工学士。	化学教习
高桥勇	日本东京美术学校日本画科卒业。	图画教习
法贵庆次郎		伦理教习
森冈柳藏	日本东京美术学校卒业生。	图书标本处助手
土田兔司造	日本东京市东京帝国大学助手。	制造标本处助手
聂克逊		英文教习
安特鲁斯		英文教习
古吉尔		英文教习
魏雅廷		俄文教习
沈德来		德文教习
凯贝尔		德文教习
贾士蔼		法文教习
魏易	字聪叔,浙江仁和县人。	英文教习
杨书雯	字仲卿,湖南长沙府人,布政使衔江苏候补道,外务部翻译官。	英文教习
全森	字子良,镶白旗汉军生员,四品衔分省补用直隶州知州,外务部翻译官。	英文教习
曾宗巩	字幼固,福建长乐县人,天津水师学堂卒业生。	英文教习
李应泌	字福生,江苏南汇县人。	英文教习 兼卫生官

黄鸣球	字韶成,福建闽县人。	英文教习
唐德萱	字日新,湖南藏江县人,德国柏林大学堂法律毕业生,外务部翻译官,四品衔分部即补主事。	德文教习
薛锡成	字晋三,直隶良乡县人,德国柏林大学堂政法卒业生。	德文教习
汪昭晟	字勋西,山东泰安县人,北洋武备学堂铁路科卒业生,同知直隶州用直隶候补知县,杨村县丞。	德文教习
周宝臣	字季咸,江苏海门厅人。	俄文教习
周传经	字赞尧,江苏嘉定县附监生,外务部主事兼德文翻译官。	法文教习
李家瑞	字缉甫,江苏上海县人,知县用候选县丞。	法文教习
王宰善	字荃士,江苏上海县人,乙巳举人,河南知县。	东文教习
胡宗瀛	字玉轩安徽休宁县人,乙巳进士,商部主事。	东文教习
吕烈辉	字慎哉,安徽泾县人,日本留学生。	东文教习
江绍铨	字兀虎,江西弋阳县人,刑部主事。	东文教习
卢绍鸿	字寿龄,福建侯官县人,日本留学生。	东文教习
周培炳	字荃孙,江苏华亭县人,日本高等工业学校卒业生。	东文教习
吴荣鬯	字震修,江苏无锡县人,日本留学生。	东文教习
冯阎模	字月甫,江苏崇明县人,日本留学生。	东文教习
王守善	字稚虹,江苏上海县人,乙巳举人,商部主事。	东文教习
饶榲龄	字籁樵,湖南龙山县人,壬寅并科举人。	经学教习
孙文昺	字蔚林,湖南湘潭县人,己丑举人,户部主事。	经学教习
冯巽占	字令之,浙江钱塘县人,甲辰进士,刑部主事。	史学教习
李稷勋	字姚琴,四川秀山县人,戊戌进士,保送知府后以道员用。	史学教习
谭绍裳	字彝仲,湖南善化县人,癸巳举人,福建知县。	舆地教习
郭立山	字复初,湖南湘阴县人,癸卯进士,翰林院庶吉士。	国文教习
林传甲	字奎云,福建侯官县人,壬寅举人,广西拣发知县。	国文教习
杨绍楷	字仲衡,湖南湘潭县人,丁酉举人,内阁中书。	国文教习
邹代铎	字叔旦,湖南新化县人,国子监典簿。	测绘教习
陆世芬	字仲芳,浙江仁和县人,乙巳举人。	政法教习
陈黼宸	字介石,浙江瑞安县人,癸卯进士,户部主事。	历史教习
汪镐基	字徹伯,浙江嘉兴县人,日本留学生。	历史教习
华振基	字祝三,江苏人,日本陆军卒业生。	体操教习
张孝准	字润农,湖南长沙县人,日本陆军卒业生。	兵学教习
樊得宽	字鑫涛,湖北常备军左翼二营三哨哨官。	体操教习
丁启盛	字耀南,湖北江夏县人,湖北常备军左翼二营二哨哨官,五品蓝翎。	体操教习
执事题名		
郑叔忱	字宸丹,福建长乐县人,庚寅进士,前奉天府府丞。	教务提调
戴展诚	字邃安,湖南武陵县人,乙未进士,庶吉士,广西天和县知县,学部集议处行走。	教务提调

周景涛	字松生,壬辰进士,庶吉士,福建侯官县人,江苏如皋县知县。	庶务提调
李希圣	字亦元,壬辰进士,湖南湘乡县人,刑部主事。	庶务提调
曹广权	字东寅,湖南长沙县人,癸巳举人,学部集议处行走,河南禹州知州。	庶务提调 代理总监督
袁励准	字珏生,顺天宛平县人,原籍江苏,戊戌进士,记名遇缺题奏翰林院编修,南书房行走。	斋务提调
汪凤池	字药阶,江苏元和县人,乙亥举人,京畿道监察御史。	兼办斋务提调
严庚辛	字铁吾,陕西渭南县人,己丑进士,工部虞衡司主事。	代办斋务提调
黄彦鸿	字芸淑,福建侯官县人,戊戌进士,翰林院编修。	文案兼会计官
陈熙绩	字季咸,福建闽县人,癸巳举人。	帮办文案官
吴友炎	字剑秋,湖南武陵人,丁酉拔贡,内阁中书。	监学官
陈应忠	字仲骞,江西赣县人,壬寅并科举人,内阁中书本衙门撰文。	监学官
殷 济	字楫臣,江苏甘泉县人,辛卯举人,内阁中书本衙门撰文。	监学官
施尔常	字端生,江苏华亭县人。	监学官
鲁尔斌	字湘臣,陕西郃阳县人,戊戌进士,翰林院编修。	监学官
庄文梅	字干卿,江苏阳湖县人,候选府经历。	检察官
汪 荀	字叔平,江苏阳湖县人,候选县丞。	检察官
范家煌	字肃甫,安徽合肥县人,甲午举人。	检察官
杨宗孟	字安甫,河南涉县人,光禄寺典簿。	检察官
周钜炜	字骏人,浙江诸暨县人,壬寅优贡,朝考二等教论。	检察官
赵葆泰	字楷儒,江苏吴县人,候选县丞。	检察官
吴继盛	字叔平,安徽合肥县人,辛卯举人,刑部郎中。	检察官
徐廷麟	字勤轩,湖南湘阴县人,己丑举人,拣选知县。	图书馆经理官
谢鸿藻	字茂垣,福建闽县人,奉天候补县丞。	杂务官
吴其昌	字寿如,顺天通州人候选从九品。	杂务官
何 燊	字燮丞,湖南善化县人,提举衔分省补用盐大使。	杂务司帐官
朱 逊	字子谦,安徽盱眙县人,两淮盐知事。	卫生员
朱祥熊	字纯卿,浙江人。	卫生官
邢国栋	字子清,顺天良乡县人。	讲堂员

是录自癸卯十一月起至丙午正月止,凡教习执事题名谨以此为断。

北京大学综合档案·名册·京师大学堂同学录

分科大学经文两科职教员名单

(宣统二年)

分科大学经、文两科现已开办,其职员亦已派定,兹将其清单录下:经科监督柯劭忞,经、文两科教务提调章梫,毛诗教习江瀚,周礼教习胡玉搢,左传教习戴德诚,尔雅说文教习王仁俊。文科监督孙雄，文科教习林纾、郭立山，史科教习专讲记事本末陈衍，专讲通鉴辑览饶叔先，说文教习王仁俊，（兼充科学教习）音韵教习蒋黼。再经、文、法、商、理、工、农等科，均讲四书及大学衍义，教习为夏震武。医科监督，本请粤人屈永秋，刻未至部，故尚无开办之期。

《教育杂志》(1910)第四期

职教员名单①

职员一览

前任职员录　甲类（除教员外各种职员均属此类）

职名	姓名	就职年月	离职年月	附记
管学大臣	孙家鼐	清光绪二十四年五月		实任
管学大臣	许景澄		清光绪二十六年	
管学大臣	张百熙	光绪二十七年十二月	光绪二十九年十一月	实任
京师大学堂总监督	张亨嘉	光绪二十九年十一月	光绪三十一年十二月	实任
京师大学堂总监督	曹广权	光绪三十一年十二月		代理
京师大学堂总监督	李家驹	光绪三十二年正月	光绪三十三年八日	实任
京师大学堂总监督	朱益藩	光绪三十三年八月	光绪三十三年十二月	实任
京师大学堂总监督	刘廷琛	光绪三十三年十二月	宣统三年十月	实任宣统二年九月请假同年十二月销假
京师大学堂总监督	柯劭忞	宣统二年十月		署理
京师大学堂总监督	劳乃宣	宣统三年十一月	宣统三年十二月	实任
京师大学堂总监督	刘经绎	宣统三年十二月		代理
京师大学堂总办	周曝			
京师大学堂正总办	于式枚	清光绪二十八年正月		实任
京师大学堂副总办	李家驹	光绪二十八年正月		实任
京师大学堂副总办	赵从蕃	光绪二十八年正月	光绪二十八年十二月	实任
译书局总办	严复	光绪二十八年三月		实任
翻译科总办	曾广铨	光绪二十八年十二月		实任
京师大学堂总办	姚锡光	光绪二十九年三月		实任
译学馆监督	朱启钤	光绪二十九年三月		实任
进士馆监督	张亨嘉	光绪三十年二月		兼任
优级师范科监督	江瀚	光绪三十二年七月	光绪三十三年正月	兼署
预备科监督	张祖廉	光绪三十二年七月	光绪三十三年十二月	兼署
大学经科监督	柯劭忞	宣统元年正月	民国元年四月	实任
大学法政科监督	林棨	宣统元年正月	民国元年四月	实任
大学文科监督	孙雄	宣统元年正月	民国元年四月	实任

① 为1918年辑录，仅录1911年底以前就职者。

职名	姓名	就职年月	离职年月	附记
大学医科监督	屈永秋	宣统元年正月		实任
大学格致科监督	汪凤藻	宣统元年正月	宣统三年四月	实任
大学农科监督	罗振玉	宣统元年正月	民国元年四月	实任
大学工科监督	何燏时	宣统元年正月	民国元年四月	实任
大学商科监督	权 量	宣统元年正月	民国元年四月	署理
高等科监督	商衍瀛	宣统元年三月	民国元年四月	兼任高等科即预备科后复改称预科
译书局分译	常 彦	光绪二十八年		
译书局分译	曾宗巩	光绪二十八年		
译书局分译	胡文梯	光绪二十八年		
译书局分译	魏 易	光绪二十八年		
译书局笔述	林 纾	光绪二十八年		
译书局笔述	陈希彭	光绪二十八年		
沪译书分局总办	沈兆祉	光绪二十八年		
官书局提调	瞿鸿礼	光绪二十八年八月		
编书局总纂	李希圣	光绪二十八年		
编书局舆地总纂	邹代钧	光绪二十八年		
编书局分纂	李稷勋	光绪二十八年		
编书局分纂	韩朴存	光绪二十八年		
编书局分纂	孙宝瑄	光绪二十八年		
编书局分纂	罗惇曧	光绪二十八年		
编书局分纂	桂 植	光绪二十八年		
编书局正校	马浚年	光绪二十八年		
编书局襄校	陈 毅	光绪二十八年		
文案提调	魏允恭	光绪二十八年正月		
文案副提调	王仪通	光绪二十八年		
文案襄校	蔡宝善	光绪二十八年		
文案收掌官	秦锡纯	光绪二十八年		
医学馆襄办	王乃徵	光绪二十八年		
医学馆襄办	朱钧恩	光绪二十八年		
襄办讲堂事务	唐继淙	光绪二十八年		
襄办讲堂事务	许鸿钧	光绪二十八年		
支应提调	汪立元	光绪二十八年正月	光绪二十八年	
支应提调	绍 英	光绪二十八年八月		
支应襄办	杨宗稷	光绪二十八年		
藏书楼提调兼司博物院事	梅光羲	光绪二十八年八月		

职名	姓名	就职年月	离职年月	附记
博物院提调	荣 勋	光绪二十八年		
杂务提调	汪凤池	光绪二十八年		
杂务提调	李经楚	光绪二十八年		
杂务襄办	黄 瑶	光绪二十八年		
本堂提调	曾广熔	光绪二十八年		
本堂提调	三 多	光绪二十八年		
教务提调	蒋式惺	光绪二十八年	光绪三十年正月	
教务提调	郑叔忱	光绪三十年三月	光绪三十年四月	
教务提调	戴展诚	光绪三十年五月	光绪三十二年	
教务提调	金兆丰	光绪三十三年十一月	光绪三十四年十二月	
教务提调	商衍瀛	宣统元年正月	宣统三年二月	高等科监督兼任
教务帮提调	狄楼海	宣统二年正月	民国元年四月	由监学官升任
教务提调	江 瀚	光绪三十二年正月	光绪三十三年正月	兼任
教务提调	张祖廉	光绪三十二年七月	光绪三十三年十二月	兼任
格致科教务提调	王季点	宣统元年五月	民国元年四月	实任
经文科教务提调	章 梫	宣统元年五月	民国元年四月	宣统二年五月辞职 三年十二月复就职
工科教务提调	范鸿泰	宣统元年五月	民国元年四月	
法商科教务提调	李盛衔	宣统二年正月	民国元年四月	
经文科教务提调	谭绍裳	宣统二年六月	宣统三年十一月	由教授改任
教务帮提调	刘富槐	宣统三年十二月	民国元年三月	由卫生官升任
庶务提调	周景涛	光绪三十四年正月	光绪三十年七月	
庶务提调	李希圣	光绪三十年十一月	光绪三十一年三月	
庶务提调	曹广权	光绪三十一年四月	光绪三十二年三月	
庶务提调	金 梁	光绪三十二年四月	光绪三十三年七月	
庶务提调	蔡宝善	光绪三十三年十一月	光绪三十四年二月	
庶务提调	吕道象	光绪三十四年二月	光绪三十四年五月	
庶务提调	喻长霖	光绪三十四年六月	光绪三十四年十一月	
总庶务提调	刘经绎	光绪三十四年十一月	民国元年四月	
庶务帮提调 庶务长	程 延	宣统元年正月 民国元年五月	民国元年四月 民国元年十二月	
斋务提调	袁励准	光绪三十年正月	光绪三十三年九月	光绪三十年三月辞职 同年七月复就职
斋务提调	商衍瀛	光绪三十三年九月	光绪三十四年八月	由监学官升任
斋务提调	卢兆蓉	光绪三十四年八月	宣统三年九月	由监学官代理旋升任斯职
总斋务提调	丁梦松	宣统三年十月	民国元年五月	由监学官升任
仕学馆提调	汪	光绪三十年正月	光绪三十年正月	

第五篇 职教员

职名	姓名	就职年月	离职年月	附记
藏书楼收掌	徐廷麟	光绪三十年正月	光绪三十二年	
藏书楼总稽	李	光绪三十年七月	光绪三十年十月	
掌书官图书馆事务员	陈熙绩	光绪三十一年一月 民国二年一月	民国元年十二月 民国二年二月	
图书器械经理官	梁展章	光绪三十一年二月	光绪三十二年十二月	
图书馆经理官	王诵熙	光绪三十二年三月	宣统三年一月	
图书馆副经理官	毛恩旭	宣统二年二月	民国元年四月	
图书馆经理官	刘绵训	宣统二年十二月	宣统三年十月	
图书馆经理官	任钟澍	宣统三年十一月	宣统三年十二月	
监学官	汪 荀	光绪三十年	光绪三十年十一月	兼任
监学官	吴友炎	光绪三十年七月	光绪三十一年三月	
监学官	陈应忠	光绪三十年十一月	光绪三十二年四月	
监学官	殷 济	光绪三十年十一月	光绪三十二年四月	
监学官	施尔常	光绪三十一年三月	光绪三十一年三月	
监学官	鲁尔斌	光绪三十二年	光绪三十三年九月	
监学官	商衍瀛	光绪三十二年正月	光绪三十三年九月	
监学官	钱	光绪三十二年正月	光绪三十三年二月	
监学官	文 光	光绪三十二年闰四月	光绪三十三年五月	
监学官	王第祺	光绪三十三年九月 民国元年五月	民国元年四月 民国元年八月	
监学官	卢兆蓉	光绪三十四年二月	光绪三十四年九月	
监学官	狄楼海	光绪三十四年九月	宣统三年二月	
监学官	朱大玙	宣统元年四月	宣统三年十二月	
监学官	丁梦松	宣统二年正月	民国二年一月	宣统三年十月被任总斋务提调,民国元年五月仍任原职,二年一月复改任教务股事务员
监学官	陈蜇声	宣统二年正月	民国元年四月	
监学官	黄 镇	宣统二年正月	民国元年四月	
监学官	刘鎜训	宣统二年正月	民国元年四月	
监学官监学员管课员	漆视祥	宣统三年十月 民国元年五月 民国元年九月	民国元年四月 民国元年八月 民国元年十一月	
检察官	汪 荀	光绪三十年	宣统二年一月	光绪三十年十一月改任庶务委员,三十三年一月复任原职
检察官	庄文梅	光绪三十年二月	民国元年四月	光绪三十四年十二月辞职,宣统二年一月复就职
检察官	周钜炜	光绪三十年三月	光绪三十年七月	
检察官	范家煌	光绪三十年七月	光绪三十二年三月	

职名	姓名	就职年月	离职年月	附记
检察官	陈应忠	光绪三十年九月	光绪三十二年	
检察官	殷济	光绪三十年十月	光绪三十二年	
检察官	杨宗孟	光绪三十一年三月	民国元年四月	兼讲堂查课
检察官	赵葆泰	光绪三十一年七月	光绪三十四年八月	兼预备科查课
检察官	吴继盛	光绪三十二年	宣统三年二月	
检察官	朱彭龄	光绪三十三年十一月	民国元年四月	
检察官	程延	光绪三十四年八月	光绪三十四年十一月	兼管仪器标本
检察官	刘光峻	宣统二年一月	民国元年四月	
检察官	漆视祥	宣统二年二月	宣统三年十月	
检察官	彭述礼	宣统二年二月	民国元年十二月	
博物院管理官	徐廷麟	光绪三十年正月	光绪三十二年	兼任
博物院收掌	杨	光绪三十年正月	光绪三十年七月	
博物院收掌	黄鸣球	光绪三十年九月	宣统二年九月	
博物实习科科长	李荣黻	光绪三十三年八月	光绪三十四年七月	兼任
博物实习科科长	屈	光绪三十三年十一月	光绪三十四年十一月	
博物实习科科长	广	光绪三十四年二月	光绪三十四年十二月	
博物实习科科长	刘盥训	宣统元年七月	宣统三年一月	兼任
博物实习科副科长兼翻译官	邵修文	宣统元年十月	宣统三年一月	
博物实习科翻译兼科员	曹建珠	宣统二年二月	宣统二年十一月	
文案官	黄彦鸿	光绪三十年正月	光绪三十二年四月	
帮办文案官	陈熙绩	光绪三十年九月	光绪三十一年一月	改任掌书官
文案官	夏循坦	光绪三十二年五月	光绪三十三年八月	
帮办文案官	那清森	光绪三十二年四月	民国元年九月	兼稽查、缮印、收发等事
文案官	陶埙	光绪三十三年九月	光绪三十四年十一月	
办理分科文牍章程委员	谭宜仲	光绪三十四年十一月	光绪三十四年十二月	
办理分科文牍章程委员	程延	宣统元年正月	宣统元年正月底	
帮办文案官	刘盥训	宣统元年七月	宣统三年一月	
帮办文案官兼办法商科事	何瑞章	宣统二年十二月	宣统三年十二月	
会计官	黄彦鸿	光绪三十年正月	光绪三十二年	兼任
会计官	夏循坦	光绪三十二年三月	光绪三十三年八月	兼任
会计官	薛锡珍	光绪三十三年四月	光绪三十三年十月	兼任
会计官	陶埙	光绪三十三年九月	光绪三十四年十一月	兼任
会计官	杨	光绪三十三年十月	光绪三十四年一月	兼任

职名	姓名	就职年月	离职年月	附记
会计官	雷同章	光绪三十四年二月	民国元年十二月	兼任
会计官	程 延	光绪三十四年十一月	宣统二年一月	兼任
杂务官	谢鸿藻	光绪三十年正月	光绪三十年十二月	
帮办杂务官	薛	光绪三十年正月	光绪三十年正月底	
杂务官	吴其昌	光绪三十一年三月	光绪三十二年四月	
杂务官	何 燊	光绪三十一年十月	光绪三十三年四月	司帐籍
杂务官	杨 锜	光绪三十二年三月	光绪三十四年四月	
杂务官	薛锡珍	光绪三十三年四月	光绪三十四年四月	
杂务官	杨致中	光绪三十三年二月	光绪三十四年二月	
杂务官	雷同章	光绪三十四年二月	光绪三十四年十一月	
杂务官	程忠諏	光绪三十四年八月	宣统元年正月	
杂务官	程 延	光绪三十四年十一月	宣统二年一月	
杂务官	许奎垣	宣统元年六月	宣统三年十月	司帐籍
监修工程委员杂务官	刘绳祖	宣统元年五月 宣统二年一月	宣统元年十二月 民国元年四月	
杂务官	夏传瑜	宣统三年十一月	民国元年四月	
卫生官	李应泌	光绪三十年正月		兼任
卫生官	朱 逊	光绪三十年九月	光绪三十四年六月	
卫生官	朱祥熊	光绪三十一年正月	光绪三十二年三月	
卫生官	刘富槐	光绪三十二年正月	民国元年三月	
卫生官	川 田	光绪三十三年正月	光绪三十三年七月	
卫生员 卫生官	雷同章	光绪三十四年七月 民国元年五月	宣统三年十二月 民国二年二月	
卫生官	蒋履曾	宣统二年四月	民国元年四月	
讲堂事务官	邢国栋			
讲堂事务官	周 榕	宣统二年一月	民国元年四月	兼管课事务
附属小学办事官 附属小学校长	王诵熙	光绪三十三年一月 光绪三十四年八月	光绪三十四年七月 宣统三年一月	

前任职员录 乙类（凡教员均属此类）

职名	姓名	就职年月	离职年月	附记
中总教习	刘可毅	光绪二十四年	光绪二十六年	
西总教习	丁伟良	光绪二十四年	光绪二十六年	
总教习	吴汝纶	光绪二十八年		
副总教习	张鹤龄	光绪二十八年		
速成科正教习	严谷孙藏	光绪二十八年	光绪三十二年	

职名	姓名	就职年月	离职年月	附记
速成科正教习	服部宇之吉	光绪二十八年	光绪三十二年	
速成科副教习	杉荣三郎	光绪二十八年	光绪三十年三月	
速成科副教习	太田达人	光绪二十八年	光绪三十二年	
汉文教习	杨道霖	光绪二十八年		
汉文教习	王舟瑶	光绪二十八年		
汉文教习	屠寄	光绪二十八年		
国文教员	林传甲	光绪三十年五月	光绪三十二年	
国文教员	杨昭楷	光绪三十一年八月	光绪三十二年	
国文教员	郭立山	光绪三十一年十月	宣统元年十二月	
国文教员	钱葆青	光绪三十二年四月	光绪三十四年二月	
国文教员	刘焜	光绪三十二年五月	光绪三十四年十二月	
国文教员	桂邦杰	光绪三十三年三月	宣统元年十二月	
英文教员	文廉	光绪二十八年		
英文教习	李应泌	光绪二十九年三月	宣统元年十二月	
英文教员	柏锐	光绪二十九年四月		
英文教员	杨书雯	光绪三十年二月	光绪三十四年十二月	
英文教员	魏易	光绪三十年七月	光绪三十四年十二月	
英文教员	曾宗巩	光绪三十年七月	光绪三十四年十二月	
英文教员	黄鸣球	光绪三十年九月	宣统元年十二月	
英文教员	全森	光绪三十一年一月	光绪三十二年	
英文助教	梁展章	光绪三十一年二月	光绪三十三年三月	
英文教员	聂克逊	光绪三十一年三月	光绪三十四年十二月	
英文教员	安特鲁斯	光绪三十一年三月	宣统元年十二月	
英文教员	古继尔	光绪三十一年十月	光绪三十三年一月	
英文教员	陈槻	光绪三十三年正月	光绪三十四年十二月	
英文教员	李方	光绪三十三年三月	宣统元年十二月	
英文教员	宋发祥	光绪三十三年十一月	宣统元年十二月	兼授化学、地质、矿物等科
英文教员	安特逊路德	宣统元年四月		
法文教员	郭家骥	光绪二十八年		
法文教员	庄尹思		光绪三十年	
法文教员	周传经	光绪三十年正月	光绪三十三年九月	兼翻译
法文教员	何世昌	光绪三十年正月	光绪三十一年二月	光绪三十年三月辞职，同年六月复来校授课
法文教员	贾士蔼	光绪三十一年七月	宣统元年一月	

第五篇 职教员

职名	姓名	就职年月	离职年月	附记
法文教员	李家瑞	光绪三十一年九月	光绪三十二年五月	
法文教员	铎 孟	光绪三十二年三月	宣统元年一月	
法文教员	方传钦	光绪三十三年三月	光绪三十四年十二月	
法文教员	文 惠	光绪三十三年十月	光绪三十三年十月底	
德文教员	汪昭晟	光绪三十年正月	光绪三十四年十二月	
德文教员	师德威	光绪三十年三月	光绪三十一年七月	
德文教员	沈德来	光绪三十一年正月	光绪三十二年五月	
德文教员	唐德萱	光绪三十一年二月	宣统元年三月	
德文教员	薛锡成	光绪三十一年九月	宣统元年十二月	
德文教员	贝哈格	光绪三十三年正月	光绪三十四年十二月	
德文教员	凯贝尔	光绪三十三年正月	宣统元年二月	
德文教员	顾 澄	光绪三十三年十月	光绪三十四年十二月	兼算学
德文教员	王燕晋	宣统元年闰二月	宣统元年十二月	
德文教员	艾克坦	宣统元年六月	宣统元年十二月	
东文兼植物矿物农学教员	胡宗瀛	光绪二十八年	光绪三十二年	
东文教员	陆宗舆	光绪二十八年	光绪三十年三月	
东文兼伦理心理教员	吕烈辉	光绪二十八年	光绪三十三年正月	
东文兼伦理心理教员	服部宇之吉	光绪三十年正月	光绪三十四年十二月	
东文教员	严谷孙藏	光绪三十年正月	光绪三十年三月	
东文兼算学教员	太田达人	光绪三十年正月	光绪三十二年	
东文教员	铃木信太郎	光绪三十年正月	光绪三十二年四月	
东文教员	杉荣三郎	光绪三十年正月	光绪三十年三月	
东文兼图画教员	高桥勇	光绪三十年正月	光绪三十四年十二月	
东文兼世界史、伦理、外国地理、代数、几何教员	江绍铨	光绪三十年正月	光绪三十四年十二月	
东文兼化学教员	西付熊二	光绪三十年五月	光绪三十三年四月	
东文兼动物生理学教员	刘 麟	光绪三十年七月	光绪三十一年八月	
东文兼物理、数学教员	氏家谦曹	光绪三十年七月	光绪三十四年十二月	
东文兼世界史、外国地理教员	板本健一	光绪三十年七月	光绪三十四年十二月	
东文兼图画、手工教员	卢绍鸿	光绪三十年七月	光绪三十四年十二月	

职名	姓名	就职年月	离职年月	附记
东文兼化学教员	周培炳	光绪三十年八月	光绪三十三年八月	
东文兼植物学教员	矢部吉桢	光绪三十年八月	光绪三十四年十二月	
东文兼动物学教员	桑野久任	光绪三十年九月	光绪三十四年十二月	
东文兼物理教员	吴乐邶	光绪三十年十月	光绪三十三年二月	
东文教员	王守善	光绪三十一年三月	光绪三十四年十二月	
东文兼伦理教员	法贵庆资郎	光绪三十一年七月	光绪三十四年十二月	
东文兼动物生理学教员	冯阎模	光绪三十一年八月	光绪三十四年十二月	
东文兼化学数学教员	王宰善	光绪三十一年八月	光绪三十四年十二月	
东文教员	土田兔司造	光绪三十一年九月	宣统元年五月	
东文教员	森冈柳藏	光绪三十一年十月	光绪三十三年九月	
东文教员	程家柽	光绪三十二年三月	光绪三十三年十一月	
东文教员	王季点	光绪三十二年七月	光绪三十四年十二月	
东文教员	王学来	光绪三十二年八月	光绪三十四年十二月	
东文教员	吕烈煌	光绪三十三年二月	光绪三十四年六月	
东文教员	陈 棍	光绪三十三年正月	光绪三十三年十二月	
东文兼农学教员	路孝植	光绪三十三年二月	光绪三十四年十二月	
东文教员	廖世纶	光绪三十三年八月	光绪三十四年十二月	
东文兼手工教员	芝本为一良	光绪三十三年正月	光绪三十四年十二月	
东文教员	何橘时	光绪三十四年正月	光绪三十四年十二月	
东文教员	仕 允	光绪三十四年正月	光绪三十四年八月	
俄文教员	谦 光		光绪二十九年七月	
俄文教员	周宝臣	光绪二十八年	光绪三十二年	
俄文教员	魏雅廷	光绪三十年三月	光绪三十二年三月	
经学教员	饶檀龄	光绪三十年七月	宣统元年十二月	

职名	姓名	就职年月	离职年月	附记
经学教员	孙文昺	光绪三十一年九月	光绪三十二年	
经学教员	林 纾	光绪三十二年八月	宣统元年十二月	
经学教员	陈 衍	光绪三十三年四月	光绪三十四年十二月	
史学教员	冯巽占	光绪三十一年三月	光绪三十四年十二月	
史学教员	李稷勋	光绪三十一年七月	光绪三十三年一月	
史学教员	王镐基	光绪三十二年		
史学教员	陈 闰	光绪三十二年闰四月		
史学教员	陈黻宸	光绪三十二年五月		
史学教员	李 凝	光绪三十四年三月	宣统元年二月	
史学教员	谭绍裳	光绪三十四年十一月		
法政教员	陆世芬	光绪三十二年		
法制教员	王鸿年	光绪三十二年二月	光绪三十三年十一月	
法制教员	陆 定	光绪三十三年十一月	光绪三十四年十二月	
算学教习	胡玉麟	光绪二十八年	光绪三十年三月	
算学教习	席 淦	光绪二十八年		
算学教员	何育杰	宣统元年正月	宣统元年三月	
算学教员	周道章			
舆地教员	谭绍裳	光绪三十二年	宣统元年十二月	
舆地教员	桂邦杰	光绪三十三年三月	宣统元年十二月	
体操教员	刘光谦	光绪二十八年		
保操教员	于秉良	光绪三十年正月	光绪三十年正月底	
体操教员	巴第尼	光绪三十年二月	光绪三十年七月	
体操教员	吴鸿昌			
兵学教员	华振基	光绪三十年八月	光绪三十年十月	
兵学教员	张孝准	光绪三十年十一月	光绪三十一年三月	
体操教员	樊得宽	光绪三十一年三月	光绪三十二年正月	
体操教员	丁户盛	光绪三十一年三月	宣统元年十二月	
体操教员	台树仁	光绪三十二年正月	宣统元年五月	
体操教员	纪乐树	宣统元年闰二月	宣统元年九月	
测绘教员	邹代铎	光绪三十二年		
图画教员	谭应麟	宣统元年二月	宣统元年十二月	
理化教员	艾克坦	宣统元年九月	宣统元年十二月	
卫生学教员	王舟瑶	光绪二十九年十一月		
卫生学教员	哈汉章			
卫生学教员	陈家盛			
卫生学教员	谢天保	光绪三十四年正月		

职名	姓名	就职年月	离职年月	附记
博物实习科教员	野田升平	光绪三十三年九月	宣统二年十二月	
博物实习科教员	永野庆次郎	光绪三十三年九月	宣统二年十二月	
博物实习科教员	叶 山	光绪三十四年三月	宣统元年五月	
博物实习科教员	来 海	宣统元年二月	宣统元年五月	
博物实习科教员	松井藤吉	宣统二年正月	宣统二年十二月	
博物实习科教员	杉野章	宣统二年正月	宣统二年十二月	
博物实习科教员	王 樨	宣统二年三月	宣统二年十二月	
经文科教员	宋发祥	宣统二年正月	民国元年八月	
经文科教员	桂邦杰	宣统二年正月	民国六年一月	民国二年改文科教员
经文科教员	林 纾	宣统二年正月	民国二年三月	
经文科教员	郭立山	宣统二年正月	民国元年四月	
经文科教员	饶樨龄	宣统二年正月	民国元年十月	
经文科教员	江 瀚	宣统二年正月	宣统二年六月	
经文科教员	陈 衍	宣统二年正月	民国元年十二月	宣统三年十一月辞职，民国元年八月复来校民国二年三月复辞职，十二月复来校
经文科教员	胡玉缙	宣统二年正月	民国四年四月	民国三年十一月辞职四年一月复来校
经文科教员	马其昶	宣统二年正月	宣统二年三月	
经文科教员	姚永朴	宣统二年正月	民国六年三月	民国二年三月辞职，十一月复行来校，任文科教员
经文科教员	夏震武	宣统二年正月	宣统三年九月	
经文科教员	高毓彤	宣统二年三月	民国元年八月	
经文科教员	黄为基	宣统二年七月	民国元年四月	
经科教员	宋育仁	宣统二年七月	民国元年四月	
经科教员	淳于鸿恩	宣统二年九月	民国元年七月	
经文科教员	蒋 黻	宣统二年二月	宣统三年十月	
经文科教员	左树珍	宣统三年二月	宣统三年十一月	
经文科教员	胡宗瀛	宣统三年四月	民国元年四月	
理工科教员	顾 澄	宣统二年正月	宣统三年二月	
理工科教员	梭尔格	宣统二年正月	民国二年二月	
理工科教员	士瓦尔	宣统二年正月	宣统二年十二月	
理工科教员	艾克坦	宣统二年正月		
理工科教员	陈 榥	宣统二年三月	宣统二年五月	
理工科教员	米 娄	宣统二年三月	民国三年十二月	民国二年九月理工科分为理科、工科
理工科教员	劲博尔	宣统二年四月	宣统二年十二月	

职名	姓名	就职年月	离职年月	附记
理工科教员	惠 文	宣统二年四月	宣统二年九月	
理工科教员	秦岱源	宣统二年七月	宣统二年十一月	
理工科教员	何伯德	宣统二年九月	宣统三年二月	
理工科教员	陈祖良	宣统二年十月	宣统三年五月	
理工科教员	高 朴	宣统三年二月	民国二年四月	宣统三年九月兼授高等科测量学
理工科教员	龙讷庚	宣统三年二月	民国六年四月	民国二年九月理工科分为理科、工科
理工科教员	贝开尔	宣统三年五月	民国二年二月	
理工科教员	陈焕赍	宣统三年七月	宣统三年八月	
理工科教员	王孝绌			
法政科教员	王家驹	宣统二年正月	民国二年六月	民国二年二月法政科改称法科
法政科教员	程树德	宣统二年正月	民国元年四月	
法政科教员	芬来森	宣统二年正月	民国六年九月	民国二年二月法政科改称法科
法政科教员	李 方	宣统二年正月	民国四年六月	民国二年二月法政科改称法科。宣统三年七月辞职,民国三年九月复来校
法政科教员	王基磐	宣统二年二月	民国元年四月	
法政科教员	陈 箓	宣统二年二月	宣统三年四月	民国二年二月法政科改称法科
法政科教员	沈觐宸	宣统二年二月	宣统二年九月	
法政科教员	冈田朝太郎	宣统二年三月	民国四年七月	民国二年二月法政科改称法科。宣统二年十二月辞职,民国二年九月复来校
法政科教员	白业棣	宣统二年三月	民国元年四月	
法政科教员	博德斯	宣统二年四月	民国二年六月	
法政科教员	震 錾	宣统二年七月	宣统二年十一月	
法政科教员	科 拔	宣统二年十月	民国元年十二月	
法政科教员	王宝田	宣统二年十二月	宣统三年四月	
法政科教员	徐思允	宣统三年二月	民国元年八月	
法政科教员	嵇 镜	宣统二年四月	民国元年四月	
法政科教员	巴 和	宣统三年四月	民国六年六月	民国二年二月法政科改称法科
农科教员	藤田丰八	宣统元年十二月	宣统三年二月	
农科教员	橘义一	宣统元年十二月	民国元年十月	
农科教员	小野孝太郎	宣统元年十二月	民国二年五月	
农科教员	三宅市郎	宣统二年八月	民国三年一月	

职名	姓名	就职年月	离职年月	附记
农科教员	毛 鸷	宣统三年闰六月	宣统三年十一月	
农科教员	章鸿钊	宣统三年十月	民国元年四月	
商科教员	陆梦熊	宣统二年正月	宣统三年十二月	
商科教员	杨德森	宣统二年正月	宣统三年十二月	
商科教员	商 恩			
商科教员	切田太郎	宣统二年二月	宣统二年十二月	
商科教员	吴乃琛	宣统三年三月	民国元年四月	
高等科教员	谭绍裳	宣统二年正月	宣统二年六月	
高等科教员	黄鸣球	宣统二年正月	宣统二年九月	
高等科教员	李应泌	宣统二年正月	民国元年八月	民国元年五月高等科改为预科
高等科教员	丁启盛	宣统二年正月	民国元年四月	
高等科教员	安特鲁斯	宣统二年正月	宣统二年六月	
高等科教员	薛锡成	宣统二年正月	民国六年一月	民国元年五月高等科改称预科。宣统三年四月辞职，民国三年九月复来校授课
高等科教员	宋发祥	宣统二年正月	民国元年八月	民国元年五月高等科改称预科
高等科教员	谭应麟	宣统二年正月	民国元年四月	
高等科教员	王燕晋	宣统二年正月	宣统三年一月	
高等科教员	艾克坦	宣统二年正月	民国元年十月	民国元年五月高等科改称预科
高等科教员	叶泰椿	宣统二年正月	民国元年四月	
高等科教员	陈澹然	宣统二年十二月		
高等科助教	梁展章	宣统二年二月		
高等科教员	诸兰芳	宣统二年二月	宣统二年六月	
高等科教员	科 达	宣统二年二月	宣统三年九月	
高等科教员	秦白士	宣统二年三月	宣统二年七月	
高等科教员	黄天霖	宣统二年三月	宣统二年七月	
高等科教员	秦炳汉	宣统二年三月	宣统三年十一月	宣统二年十二月辞职，三年三月复来校
高等科教员	王 烈	宣统二年三月	宣统二年七月	
高等科教员	刘家佺	宣统二年二月	宣统二年十二月	
高等科教员	凌善安	宣统二年二月	民国六年九月	民国元年五月高等科改称预科，民国元年四月辞职，三年九月复来校
高等科教员	邵修文	宣统二年六月	民国元年四月	
高等科教员	罗献修	宣统二年七月	宣统二年十一月	
高等科教员	方 皋	宣统二年七月	宣统三年闰六月	

职名	姓名	就职年月	离职年月	附记
高等科教员	熊绎元	宣统二年七月	民国元年四月	
高等科教员	乐贤	宣统二年七月	民国二年二月	民国元年五月高等科改称预科
高等科教员	王第祺	宣统二年十二月	民国元年八月	
高等科教员	周慕西	宣统三年正月	民国三年九月	民国元年五月高等科改称预科
高等科教员	耿普鲁	宣统三年正月	民国元年十月	民国元年五月高等科改称预科
高等科教员	罗裕樟	宣统三年正月	民国元年四月	
高等科教员	尚秉和	宣统三年二月	民国元年十二月	民国元年五月高等科改称预科
高等科教员	何澄	宣统三年二月	宣统三年八月	
高等科教员	徐崇钦	宣统三年五月	民国六年九月	民国元年五月高等科改称预科
高等科教员	潘敬	宣统三年闰六月	民国四年十二月	民国元年五月高等科改称预科。民国元年四月辞职,四年十一月复来校
高等科教员	周典	宣统三年闰六月	民国六年一月	民国元年五月高等科改称预科,宣统三年十二月辞职,民国三年九月复来校
高等科教员	张景江	宣统三年闰六月	宣统三年十月	
高等科教员	李宣佩	宣统三年七月	民国元年四月	
高等科教员	胡仁源	宣统三年七月	民国六年八月	
高等科教员	海里威	宣统三年七月	宣统三年九月	
高等科教员	克德来	宣统三年九月	民国六年六月	
高等科教员	陈棠	宣统三年十一月	民国元年四月	
高等科教员	刘善采	宣统三年十一月	民国元年四月	
分科教员	王仁俊	宣统二年正月	宣统二年十月	以下八员俱分科无考
分科教员	戴德诚	宣统二年正月	宣统二年七月	
分科教员	杨模	宣统二年正月	宣统二年八月	
分科教员	安德森	宣统三年正月	宣统三年九月	
分科教员	王瀚	宣统三年		
分科教员	陈荄平	宣统三年		
分科教员	杨裕芬	宣统三年		
分科教员	赵熙	宣统三年		
分科教员	马贞榆	宣统三年七月	民国元年四月	
附属小学教员	王诵熙	光绪三十年正月	宣统三年正月	
附属小学教员	王廷珪	光绪三十三年二月	光绪三十四年七月	
附属小学教员	邹应宪	光绪三十三年二月	光绪三十四年正月	
附属小学教员	王松寿	光绪三十三年二月	光绪三十三年七月	

职名	姓名	就职年月	离职年月	附记
附属小学教员	李荣黻	光绪三十三年八月	宣统元年五月	

《国立北京大学廿周年纪念册》

职教员概况记略

  大学创办之始,特设管学大臣,总揽校务,兼管全国学务事宜。管学大臣以下为正、副两总办,及各科各局总办,又其下有提调、襄办等员,分司职掌。别置中、西两总教习,管理教务。后谢去西总教习,增设副总教习。总教习以下为正、副教习。及张之洞改定章程,大学堂应设各项人员如下:
大学总监督 分科大学监督 教务提调 正教习 副教习 庶务提调
文案官 会计官 杂务官 斋务提调 监学官 检察官 卫生官
天文台经理官 植物园经理官 动物园经理官 演习林经理官 医学经理官
图书馆经理官
  大学总监督受总理学务大臣之节制,总管全堂各分科大学事务,统率全学人员。
  分科大学监督,每科一人,共八人。受总监督之节制。掌本科之教务庶务斋务一切事宜。凡本科中应兴应革之事,得以博采本科人员意见,陈明总监督办理。每科设教务提调一人,庶务提调一人,斋务提调一人以佐之。提调分任一门,监督统管三门。
  教务提调每科一人,共八人。以曾充正教员之最有学望者充之,受总监督节制,为分科大学监督之副。诸事与本科监督商办。总管该门功课及师生一切事务。正教员、副教员属之。
  正教员分主各分科大学所设之专门讲席,教授学艺,指导研究。听分科监督及教务提调考察。
  副教员助正教员教授学生,并指导实验。听本科监督及教务提调考察。
  庶务提调每科一人,共八人。以明学堂规矩之职官充之,受总监督节制。为分科大学监督之副,诸事与本科监督商办,管理该科文案、收支、厨务及一切庶务。文案官、会计官、杂务官属之。
  文案官主本科中文牍。除奏稿应由总监督酌派人员拟办外,凡堂中本科咨移批札函件皆司之,禀承于庶务提调。
  会计官专司银钱出入事务,禀承于庶务提调。
  杂务官专司本科中厨务、人役、房屋、器具一切杂事,禀承于庶务提调。
  斋务提调每科一人,共八人。以曾充教员又有学望者充之,受总监督节制。为分科大学监督之副,诸事与本科监督商办,管理该科,整饬斋舍,监察起居一切事务。监学官、检察官、卫生官属之。
  监学官掌考验本科学生行检及学生斋舍、功课勤惰、出入起居一切事务。以教员兼充,禀承于斋务提调。监学官必须以教员兼充,与学生情意方能相洽,易受劝戒。
  检察官掌本科斋舍规矩,并照料食宿,检视被服一切事务。凡教员、学生有出于定章之外者,皆得纠正,禀承于斋务提调。

卫生官以格致、农、工、医各科正教习各一人及监学兼任。掌学堂卫生事务,并由各员中举一人为首领,总司其事,名曰总卫生官,禀承于斋务提调。

天文台经理官以格致科大学正教员兼任,掌格致科大学附属天文台事务,禀承于总监督。

植物园经理官以格致科大学正教员或副教员兼任,掌格致科大学附属植物园事务,禀承于总监督。

动物园经理官以格致科大学正教员或副教员兼任,掌格致大学附属动物园事务,禀承于总监督。

演习林经理官以农科大学正教员或副教员兼任,掌农科大学附属演习林事务,禀承于总监督。

医院经理官以医科大学正教习兼任,掌医科大学附属医院事务,禀承于总监督。

图书馆经理官以各分科大学中正教员或副教员兼任,掌大学堂附属图书馆事务,禀承于总监督。

堂内设会议所。凡大学各学科有增减更改之事,各教员次序及增减之事,通儒院毕业奖励等差之事,或学务大臣及总监督有咨询之事,由总监督邀集分科监督、教务提调、正副教员、监学公同核议,由总监督定议。

各分科大学亦设教员监学会议所。凡分科课程之事,考试学生之事,审察通儒学生毕业应否照章给奖之事,由分科大学监督邀集教务提调、正副教员、各监学公同核议,由分科监督定议。

事关更改定章,必应具奏之事,有牵涉进士馆、译学馆、师范馆及他学堂之事,及学务大臣、总监督咨询之事,应由总监督邀集各监督、各教务提调、正教员、监学会议,并请学务大臣临堂监议,仍以总监督主持定议。凡涉高等教育之事,与议各员,如分科监督、各教务提调、各科正教员、总监学官、总卫生官意见如有与总监督不同者,可抒其所见,径达于学务大臣。民国以来,大学职员如后。校长、学长、正教授、本科教授、预科教授、助教、讲师、外国教员、图书馆主任、庶务主任、校医、事务员至其任用及任务详情,见规程一览中之国立大学职员任用章程及任务规则,兹不赘。

《国立北京大学廿周年纪念册》

第六篇　学　生

一、招收学生

谨拟大学堂考选入学章程

(光绪二十八年)

第一章　预备科考选入学章程

第一节　预备科学生定为三年卒业,按照学期分为六班。

第二节　预备科选取生徒之法约分两项:一由各省咨送应考,一由大学堂招考。

第三节　考选生徒法

预备科现定功课程度甚高,考选入学生徒必须于各学科大概通晓方能取进肄业,所有考试之法不嫌过严,各省按照咨定学生数目倘取不足额,任缺毋滥。

一、中文论著一篇

二、英文论著一篇(至少须三百字以上,如兼通他文字者随时报明)

三、翻译二篇(由英译中,由中译英至少须二百字以上)

四、中外历史十二问

五、舆地及地文地质十二问

六、算数及代数各六问

七、几何及三角各六问

八、物理及化学矿学各六问

九、名理及法律学各六问

以上九门考课分两日或三日试之,其各项问题由教习按照学级逐条发问,生徒随时笔答数语,但取简明不须成篇,试毕后比较优劣以得全分者为满格,得十分之六以上者为及格,如有一二门其分数为无有者为不及格,不及格者不录。

第四节　各项学生均须志行端方、身家清白者方准来堂肄业。除各省咨送外,其愿报名应考者,均须取具各本旗佐领图片、同乡京官印结来堂投考。

第五节　外国学级务与年齿相配,谓之学年。今学堂甫开未能仿照办理,然漫无限制流弊必多,兹酌限学生年岁在三十以内者。

第六节　六班学生以次递升,均须按照年限卒业之后方准出堂,不得有半途作辍托故辞退等事。

第七节　功课略分政、艺两门,考取后按其学业所近由教习分配班次。

第八节　各省咨送来堂之学生,概难一时齐集,而本学堂招考生徒,除本京官民子弟外,闻风而至亦有远近之殊,难以克期偕集,拟分期陆续考试,以副向学之怀,至应分若干期数,酌量人数多寡再定。

第九节　预备科学生名数现定二百名为额,随后再议扩充

第二章　速成仕学馆考选入学章程

第一节　大学堂附设仕学馆定为三年卒业，按照学期由教习分配班次肄业

第二节　仕学开馆之时，先期由大学堂咨行各部院衙门，确愿意入学者即由本员具呈本衙门堂官咨送前来听候定期考试，如考试未经录取者仍由大学堂咨回原衙门。

第三节　候选人员如愿往馆肄业者，由该员取具同馆印结呈报大学堂，听候定期考试。

第四节　考选仕学人员法

一、史论一篇

二、舆地策一篇

三、政法策一篇

四、交涉策一篇

五、算学策一篇

六、物理策一篇

七、外国文论一篇

以上七门考课分两日试之，试毕后比较优劣。以得全分者为满格，得十分之六以上者为及格。如有一、二门其分数为无者为不及格，不及格者不录，惟外国文一门不作者，听。

第五节　各部院衙人员如本衙向有要差者，肄业以后实难兼顾，必将差使开去，始免顾此失彼之虞。

第六节　候选人员如选期将届，而该员尚未满三年卒业之期，应由大学堂咨照吏部暂行扣选，候卒业之后再行补选，或得别项奖叙者补选与否临时酌定。

第七节　按照原奏京官五品以下，外官自道府以下，均得住馆肄业，惟一律考试方得入馆。

第八节　仕学馆住馆人员，虽不拘定年齿，然或精力不及、记才短绌，自揣难以卒业者，准教习验明之后由该员具呈告辞咨回原衙门候补或补选，若托故辞退者不在此例。

第九节　仕学馆之设所以培植官才早资效用，必年满卒业方可出堂就官，其未经卒业人员，非有事故概不得辍业半途托辞他适。盖朝廷糜帑建学成就人才，倘学生荒芜或任意进退、辜恩废学，莫此为尤。大学堂既有奖励之途，亦必有惩儆之道，举劾分明乃得大收实效也。

第十节　仕学馆住馆肄业人员名数暂以一百名为定额，随后再议扩充。

第十一节　仕学馆本为考求政学起见，如京外人员欲向馆中考求政理、公法、理财、刑律诸事，可以到馆考询，并可书函问事。

第三章　速成师范馆考选入学章程

第一节　大学堂附设师范馆定为四年卒业，按照学期由教习分定班次肄业

第二节　考选生徒法

一、修身伦理大义一篇

二、教育学大义一篇

三、中外史学十二问

四、中外地理学十二问

五、算学比例开方代数六问

六、物理及化学六问

七、浅近英文论一篇

八、日本文论一篇（如通他国文字者随时报明）

以上八门考课分两日或三日试之，其各项问题由教习按照学级逐条发问，生徒随笔答数语，但取简明不须成篇。试毕比较优劣，以得全分者为满格，得十分之六以上者为及格，如有一、二门其分数为无者为不及格，不及格者不录。惟代数未曾学过及英、日文不能成篇者姑以宽录取，俟入班后补习。

第三节　师范生由各省咨取外，并由京师招考，无论举贡生监皆准考充，各取具同乡京官印结来堂报考。

第四节　师范生为中小学堂表率之资，尤须取品学端正者选充，应由出结人员预为考察。

第五节　师范生入堂肄业须俟学成卒业方准出堂，如有半途辍学者应议咎罚。

第六节　师范生年岁大约取三十岁以内。

第七节　师范生人数现拟一百名为定额，随后再议扩充。

中国第一历史档案馆·宫中朱批奏折·文教·胶片 8—2389

庶吉士入大学堂、知县签分到省入课吏馆学习期限谕

（光绪二十八年十一日）

储才为当今急务，迭经明降谕旨，创办学堂、变通科举。现在学堂初设，成材尚需时日。科举改试策论，固异帖括空疏，惟以言取人仅能得其大凡，莫由察其精诣。进士为入官之始，尤宜加意陶成，用资器使。着自明年会试为始，凡一甲之授职修撰、编修，二、三甲之庶吉士用部属中书各员，令入京师大学堂分门肄业。其在堂肄业之一甲进士、庶吉士必须领有卒业文凭，始准送翰林院教馆，并将堂课分数于引见时排单内注明，以备酌量录用。其未留馆职之主事分部并知县铨选者，仍照向章办理。如有因告假及学未卒业者，留俟下届考试。分部司员及内阁中书，亦必须领有卒业文凭，始准奏留归本衙门补用。如因事告假及学未及格，必俟补足年限课程，始准作为学习期满。其即用知县签分到省，亦必入各省课吏馆学习，由该督抚按时考核，择其优者，立予序补；其平常者，仍留肄业，再行酌量补用。所有一切课程，著责成张百熙悉心核议具奏，随时认真经理，期收实效。钦此。

《光绪政要》卷二十八

督宪袁准京师大学堂咨请暂缓咨送预备科师范生札

（光绪三十一年八月）

为札饬事。光绪三十一年七月二十九日准京师大学堂总监督张　咨开，案照本学堂预备科师范馆学生业经分定班次，查近来各省间有陆续咨送者。随时随地物色人才，亟予造就，意本至善。惟本学堂限于基址房舍不敷，且零星到堂不能成班，教者学者均觉其难。现在本总监督已奏请另择宽厂（敞）地方建造大学，应请贵部堂通饬所属学堂暂缓咨送学生来京，一俟大学落成，照章办理等因。到本督部堂准此，合行札饬。札到该处即便移行，应行升送各学堂，

一体遵照此札。

《教育杂志》第十二期（光绪三十一年八月十五日）

学部关于招生办法知照大学堂

（光绪三十三年八月十八日）

　　学部为咨复事。专门司案呈准咨呈称，案照本学堂明年开办分科，所有本堂毕业生照章升学。各直省高等毕业学生能入分科大学者有若干人，应电询明确，以便酌定办法。又本堂预备科毕业学生人数无多，各省高等学堂虽渐次设立，程度难遽期划一。拟续办预备科，以宏造就。叠经本总监督面商，兹酌拟明年由各省选送二百人，庚戌年选送一百五十人，辛亥年一百五十人，分定年级，照章分班授课。此项学生亦须电致各省预为选定，免滋贻误。相应咨请大部核夺见复等因前来。查大学预科瞬届毕业，明年开办分科，自应由本部分别电知各省调取高等毕业学生来京升学，以广造就。又现时各省高等学堂未能一律设置完备，所拟续办预科，明年由各省选送二百人，庚戌年选送一百五十人，辛亥年选送一百五十人，筹划完善，自应即行照办。所有选送此项预科学生，必须遵照奏定新章，以中学堂毕业学生为合格。进堂以后，并须遵章征收学膳费。其己酉年各省选送学生，应由本部通电各省，至多三十名，少者数名。如程度不足，任缺无滥。此项学生到京后仍由大学堂举行升学考试，合格者再予入学，以防躐等而励人材。除通电各省督抚外，相应咨复贵总监督查照办理可也。须至咨者。
右咨
大学堂总监督

北京大学综合档案·全宗一·卷78

大学堂行文各省考选预备科新生

（光绪三十四年八月）

　　京师大学堂总监督刘　为咨明事。本学堂现定续办大学预备科，咨调京外中学堂毕业生来堂肄业。除咨明学部业经学部电知外，合行咨请贵提学司于省城高等学堂补习中学毕业生及各属中学堂毕业生内挑选品行端谨，年在二十三岁以内者，或者中学堂第五年级生其品行、资质、学力、年岁合格者，即由贵提学司按此次考选章程，比照中学功课程度，严加考验。按照学部电咨挑取，多则三十名，少则数名，酌给川资，于本年十二月内咨送到京。并将原取试卷及三代、籍贯、年貌、履历一并咨送本学堂。复试合格，分班授课。其有得过毕业修业证书者，即令该生到京时自行呈验。须至咨者。
右咨（计粘印抄考选章程并征收学费章程一纸）
各直省将军督抚提学司

光绪三十四年九月初八日发行，督学局　十月初四日续行
　　　　　　　　　　　　　　　　　顺天府

附　考选预备科学生章程

一、中文论著一篇。

二、外国文翻译各一篇（英文或德文、法文一篇，由中文译英文或德文或法文一篇，能通东文东语者，添作日文一篇。预备科所学西文并无助教，考录学生必英、德、法文程度能直接听讲方可）。

三、中国历史及地理各五问。

四、外国历史及地理各五问。

五、算术五问。

六、代数及平面几何各五问。

七、物理及无机化学各五问。

以上七门分三场试之，其题目比照中学堂第五年功课程度发问。除中西文论外，其答问只取简明，不拘成篇。合较平均得百分者为满格，六十分以上者为及格，六十分以下或一二问分数全无者均为不及格。不及格者本应不录，惟各省学堂创立未久，果有质美好学，于中西文斐然成篇、经史舆地素有心得者，虽答问稍逊，亦可录取，以宏造就。

征收学费规则

一、本堂遵照学部定章，每生每月应缴学费龙洋三元。常年以十二个月计算，共洋三十六元。遇闰加缴三元。

一、膳费每生每月龙洋五元，常年以十个月计算，共洋五十元，遇闰加缴五元。

一、学服操装每生每年应缴龙洋二十元，各生能自如式购办者听。

一、上列各费统计每生常年一百零六元，分两期缴纳，每年第一期开学前征收五十六元，第二期开学前征收五十元。如学服操装能如式购制，亦当将费按期先缴，临时再为发还。

一、各生学费经堂中示定期限即应缴纳，不得逾限。

一、学生因事开除，或自行告退，或例假外出，以及有他项变故者，所缴学费概不发还。

一、除本堂讲义外，所有书籍、笔墨、纸张、灯烛等，概由学生自备。

一、寄宿舍由公家建筑者免缴宿费。

一、每学期考列前三名生如果品行端谨，未犯本堂规则，本学期旷课未逾十小时者，作为优待生，减征本学期学费二十元。若前三名有失优待生资格，则优待生可推至第四第五第六名。

加函（寄各学司）

大人阁下敬启者，本学堂师范、预备两科学生于本年下学期一律毕业，现定续办预备科。第一类一班以英文为主；第二类两班一以英文为主，一以法文为主；第三类一班以德文为主。由各省中学堂毕业生考选咨送，按照学部电咨每省至多三十名，少者数名，人才难得，任缺勿滥，统候尊裁。至预科学年，遵照奏章，中学毕业在二十岁，迟亦不过二十三岁。诚以年龄加长，即勉强赴学，亦成效难期，甚至竭蹶既形，半途坐废。此次取录限在二十三岁以内，盖有不得不严者，敬求饬知各学堂认真查确，毋令有以多报少之弊。抑更有请者，近时学风日靡，转移之道，立品为先。大君子纲纪群伦素所钦佩，尚祈于品行一门，严加甄录。庶旌别所在，观感群倾。再前者，各省咨送学生先后到堂，班次参差，以致教法课程不能划一，诸多窒碍，尤望于本年十二月内一律到京，以便开学前同时复试分班入堂。以上各节皆先事之筹，于学堂有

重要关系。用特加函上尘清听,幸为留意,不胜盼祷。祗肃奉恳。敬请台安

愚弟刘顿首

东三省总督部堂　　　督学局
奉天巡抚部院　　　　顺天府府尹
奉天提学使司
直隶总督部堂
直隶提学使司
两江总督部堂
江苏巡抚部院
江苏提学使司
安徽巡抚部院
安徽提学使司
湖广总督部堂
湖北提学使司
湖南巡抚部院
湖南提学使司
四川总督部堂
四川提学使司
浙江巡抚部院
浙江提学使司
两广总督部堂
广东提学使司
广西巡抚部院
广西提学使司
江西巡抚部院
江西提学使司
山东巡抚部院
山东提学使司
河南巡抚部院
河南提学使司
山西巡抚部院
山西提学使司
陕甘总督部堂
陕西巡抚部院
陕西提学使司
甘肃提学使司
云贵总督部堂

云南提学使司
贵州巡抚部院
贵州提学使司
闽浙总督部堂
福建提学使司
吉林提学使司
黑龙江提学使司
江宁提学使司
新疆提学使司

北京大学综合档案·全宗一·卷78

大学堂出示招考预备科学生

（宣统元年）

京师大学堂为招考中学毕业生事。本大学开春续办预备科，业经咨呈学部核准在案。除咨调各省合格学生外，如有中学堂五年毕业，有志入学未及由本省咨送者，亦可报名与考。限正月初十日起，至十五日止，每日由午前九钟至午后三钟向后门内京师大学堂报名，填写名册，呈验中学堂毕业文凭及本人相片一张，听候定期考试。毋得自误，切切特示。

计开

大学预备科升学考试课目

一、中文论一篇经德文篇

二、外国文一篇翻译一篇（英文或义、法文一篇，由中文译英文或德文、法文一篇，能通东文者添作日文一篇）

三、中外历史各五问

四、中外地理各五问

五、物理五问，无机化学五问

六、算术五问

七、代数五问，平面几何五问

大学预备科征收学费规则

一、本堂遵照学部定章，每生每月应征学费三元，常年以十二个月计算，共征三十六元，遇闰加征三元。

一、各生学费经堂中示定期限，即应缴纳，不得逾限。

一、学生因事开除，或自行告退，或例假外出，以及有他项变故者，所缴学费概不发还。

一、除本堂印刷讲义外，所有书籍、笔墨、纸张、灯烛等，概由学生自备。

一、寄宿舍由公家建筑者免缴宿费。

一、每学期考列前三名生，如果品行端谨，未犯本堂规则，本学期旷课未逾十小时者，由总监督核酌，作为优待生，减征本学期学费二十元。若前三名有失优待资格，则优待生以次递及。

一、每生每月应缴膳费五元，常年以十个月计算，共征五十元。遇闰加征五元。
一、每生每年应缴学服操装费二十元，能如式购办者听。
一、上列各费计每生常年一百零六元，分两期征收。每年第一期开学前缴五十六元，第二期开学前缴五十元。如学服操装能如式购置，亦当将费按期先缴，临时再为发还。

《顺天时报》宣统元年正月初六日

催饬选送经科大学学生

（宣统元年）

学部因开办经科大学在迩，现已通饬各省，按照定章择举人、优贡、拔贡中之学有根底者，严加考选。大省考取六名、中省四名、小省三名，其平素研究经学或周礼、毛诗或左传各占一门，以觇所学之深浅。务于七月初十以前考试后，即行送部，勿再延宕。

《教育杂志》第一卷第九期（宣统元年元月二十五日）

为各省选送分科大学学生学部奏折

（宣统元年五月十七日）

学部奏：准大学堂总监督刘廷琛咨开，大学分科，业经开办。请电咨各省遴选经明行修，具有根底之科举举人保送来堂，以备肄业经科大学之选。至拔优贡两项，皆中学较深之士，应着一并选送。从之。

《宣统政纪》卷一四

学部请由各省选员入经科大学肄业

（宣统元年五月二十三日）

学部为恭录咨呈事专门司案呈本月十七日本部附奏经科大学请由各省选送举人暨优贡、拔贡入堂肄业一片。奉旨依议。钦此。相应恭录谕旨，粘抄原奏咨呈贵处钦遵可也。须至咨呈者。
右咨呈（粘原奏一件）
会议政务处

附　原奏

再臣部准大学堂总监督刘廷琛咨开，大学各分科业经奉明开办，其学生以高等毕业为合格。现值开办之初，学生尚未足额，志愿入经科者较少。查各省科举举人多系积学之士。请电咨各省遴选经明行修，具有根底之科举举人保送来堂，以备肄业经科大学之选等情。前来臣等查光绪三十四年四月，臣部奏准各学堂考选章程，内开分科大学、大学选科、非高等学堂大学豫科毕业学生及与高等学堂程度相等之学堂毕业生不得考升等语。原为整齐学制，预防躐等起见。惟经科大学所研究中国本有之学问。自近年学堂改章以来，后生初学大率皆喜新厌故,相习成风,骎骎乎有荒经蔑古之患。若明习科学而又研究经学者甚难其选,诚恐大学经科一项几无合格升等之人,实于世教学风大有关系。惟从前科举时,举人虽未由高等学堂毕业,而治经有年,学有根底者尚不乏人,以之升入经科大学更求深造,庶几坠绪不绝,多得通经致用之才。至拔贡、优贡两项皆系中学较深之士与举人事同一律,自应一并选送。拟即如该总监督所请,分咨各省将从前科举时举人并拔贡、优贡共三项,其经学根底素深者,考选送京。以备到京后由臣部覆加考试,升入大学堂经学分科之选。谨附片具陈。伏乞圣鉴。谨奏。

宣统元年五月十七日奉旨,依议。钦此。

中国第一历史档案馆·会议政务处·咨文·卷460·三八二八,《学部官报》第九十二期

学部调取经科学生

(宣统元年)

近由学部电东云,经科大学学生尚未足额,经奏明由各省就从前科举时举人、拔贡、优贡三项中遴选经学根底素深,确无嗜好者,送京由本部覆加考试,入经科肄业。请即速饬各属选送,并请严加甄别。大省六名,中省4名,小省3名,限八月底到京。甄别时先毛诗、周礼、左传三门,以四书为通习,应令该举、贡等呈明平日研究何经,按照所长命题,使空疏者不得滥竽云云。闻抚院已转札提学,应从速调考。

《顺天时报》2225号(宣统元年六月初六)

学部咨复大学堂该堂中学未毕业各生碍难
升入正科所筹酌添旁听生可照准文

(宣统二年正月二十四日)

为咨复事。上年十二月,准京师大学堂咨开,前大部具奏各学堂分别停止招考,及考选详细章程内开,高等学堂应考选中学堂毕业生及与中学堂程度相等之学堂毕业生升入肄业等因。惟各省学堂程度不齐,间有学业较优之生,展转数堂尚未毕业。新章骤行,此项学生遂至无学可入,必令其由小学历阶而升,则年期与学科皆难俯就。若听其穷无所往,亦非大部育才之心。查奏定学堂章程,高等学堂应考选中学堂毕业生升入肄业,其有未得过中学堂毕业凭照而其学力实合中学堂程度者,如考验合格,亦准入学。是虽无文凭果能程度合格未尝不可广为造就。此固东西各国之通例。日本于非高等毕业生入分科大学有两种限制:一、大学选科可入学,而无奖励。如选科毕业得学士奖励者,须加考高等学科一场,及格而后授与学士文凭。二、大学正科非高等毕业,例不得入,但能先考高等学科一场,果皆及格亦准升大学正科。现或仿选科办法,俟高等毕业,加试中学一场,必程度及格方有奖励;或仿正科办法,先试中学一场,必程度及格方准升入高等。如此,则迁就招收与侥幸奖励之弊皆可以免,而程度较优之生,亦不至入学无门,终身废弃。本年正月又准咨开,本堂高等科拟定庚戌年招生一百五十名。兹查中学毕业生来堂报名者,现在不过三十余人,将来考取分班人数万难足额。拟于不足额班次酌添旁听生,专以程度及格为凭,不论从前毕业。此项学生不能与本班学生同论成绩,期满亦无毕业奖励。一切学科勤惰管理规则从严另订,庶程度较优之士不至求学无门,

外省初办之科亦不能援以为例,各等因前来。查奏定章程所载未得中学毕业凭照而程度相合者,亦准考入一节,本系初办学堂时权宜之计。光绪三十四年,六月以后自应照奏定新章办理,以杜滥收之弊。且自转学章程颁行以后,苟有展转数堂,程度较优者不难转入中学堂最高之级,尚不致无学可入。必由小学历阶而升之虑,即日本近时高等学堂所招学生,非由中学堂毕业者亦已百不得一。所有中学未毕业各生拟俟高等毕业,加试中学功课或先试中学功课,即准升入正科各节均与限止招考章程有碍,未便通行。至中学毕业生人数过少,自系实在情形。所筹酌添旁听生一节,既不多增经费而可多得需用之才,办法至为妥善。且此项学生无毕业奖励,尤足以杜幸进之弊,应即照办以广造就。相应咨复查照办理可也。须至咨者。

《学部官报》第一百十八期(宣统二年三月二十一日)

咨送大学堂经科学生履历文

(宣统二年二月二十一日)

为咨送事。案照本部覆试各省考送经科大学学生,业经牌示:于正月二十八日,在本部考试在案。兹将各生试卷分门校阅,计取定习毛诗学者十二名、习周礼学者十名、习左传学者八名,又备取二名。除牌示外,相应钞录履历咨行查照可也。须至咨者。

《学部官报》第一百十八期(宣统二年三月二十一日)

二、各地送学生入考大学堂*

奉天学政为送师范生事咨大学堂文

(光绪二十八年九月十一日)

奉天学政郑　为咨报事，光绪二十八年七月初三日，准贵管学大臣咨开大学堂师范馆学生，除京师招考收取外，余当取之各省举贡生监，必求品行端方，志趣闳远，中学既具根柢，西学已谙门径者，由各省督抚学政就近调考咨送。其考试之法，除中国经史大义首须考验外，如算学、物理、历史、舆地条对详明，方为及格。至各生年岁，俱取三十以内者，由本省督抚学政逐加考验合格，咨送来京。分别大省七名、中省五名、小省三名。务于九月前考取足额，开具三代籍贯、年貌、履历及原取试卷，一并咨送本大学堂，以凭复加考试，收入学堂肄业。其来京应考诸生，应按照路程远近，由本省酌给川资，等因准此。本学政业于九月初六日，会同盛京将军、奉天府尹届门考试，按照中省额数五名遴取在案。除酌给川资赴京应考另文咨送外，所有考取各学生册结、试卷，理合备文咨报。为此，合咨贵管学大臣，请烦查照施行。须至咨者。(计咨送履历册一本、题目册一本、试卷五本、印结五纸。)
右咨
管理大学堂事务大臣

附咨送履历册、题目册、印结等

---

* 送学生文件大同小异，奉天文件较全，特选录，其他各省、府文牍从略，仅录北京大学档案室所存各省送学生名单于后：
　　五城中学(光绪二十八年十一月初十日)送程臻、顾大征等二名。
　　广东(光绪二十八年十一月二十七日)送黄嵩裴、曹冕、吕达英、廖道传、朱兆燊等五名；(二十九年四月)又送罗正阶、潘敬、关庆麟、陈伯驺、程祖彝、卢崇恩等六名。
　　贵州(光绪二十八年九月十二日)送杨德懋、何培琛、李立成等三名。
　　湖南(光绪二十九年二月二十一日)送李钟奇、戴丹诚、段廷珪、向同鎜、刘冕执等五名。
　　福建(光绪二十九年正月十一日)送陈祖谟、陈鉴周、吴寿昌、林仲干、陈寿璃、郑鏊、吴宾驹等七名。
　　云南(光绪二十八年十一月初三日)送袁嘉谷、席聘臣、孙文达、施汝钦、李泽等五名。
　　湖北(光绪二十八年十二月十二日)送朱贵华、朱廷佐、邹钟铨、春泽、叶开寅等五名。
　　河南(光绪二十九年四月二十二日)送吴庆嵩、王人杰、胡汝麟、时经训等四名。
　　浙江(光绪二十八年十月十五日)送周钜炜、胡仁源、李思浩、余敏时、钟赓言等五名。
　　江苏(光绪二十八年十二月初十日)送张葆元、薛序镛、瞿士勋、贺同庆、顾宗袭、钱诜棨、李恩藻、华南圭等八名。
　　安徽(光绪二十九年五月十一日)送黄甫衣、胡璧城、钱文选等三名。
　　山东(光绪二十八年九月十七日)送于文镔、田士懿、蔡镇西、刘懋官、萧承弼、杜树芬、张书田、念梅荫、陈嗣光、于洪起、朱炳文等十一名。
　　直隶(光绪二十八年九月初八日)送十四名(未见名册)。
　　江西(光绪二十八年十月二十七日)送十名(未见名册)。

附：奉天府府丞提督学政郑　今将考取各学满合民籍师范馆学生姓名、年貌、籍贯相应造册咨送，须至册者。

　　计开：

合字号附生一名：

　　曾有翼，年三十岁，身中面白无须，系内务府正白旗舒鹏佐领下人；附生曾祖荣，祖文耀，父德广；光绪二十五年科考入学。

满字号副贡生一名：

　　贵恒，年二十六岁，身中面白无须，系镶黄旗满洲锡珍佐领下副贡生；曾祖亮春，祖玉庆，父九龄；光绪二十三年中式副榜。

辽阳学廪生一名：

　　阎毓秀，年二十九岁，身中面白无须，系辽阳州籍廪生；曾祖铠，祖广心，父国卿；光绪二十二年科考入学。

辽阳学增生一名：

　　邹大庸，年二十八岁，身中面白无须，系辽阳州籍增生；曾祖大仁，祖明，父永谦；光绪二十二年岁考入学。

锦县学附生一名：

　　李树滋，年十九岁，身中面紫无须，系锦县籍附生；生曾祖有章焕，生祖丹林上，生父维城模；光绪二十八年岁考入学。

　　　　　　　　　　　　　　　　　　　　光绪二十八年九月十一日

附：奉天府府丞提督学政郑　今将考试过师范馆学生出过题目汇造清册咨送，须至册者。

　　计开：

中外政治史事题：

　　汉时廷臣多以经义断事论；

　　埃及、希腊、罗马皆西方古国，其文教、政治若何策。

中外舆地题：

　　中国西北界山、东南滨海其控扼要害之区安在策；

　　徐氏《瀛寰志》略谓日本平列三大岛，试证其误策。

物理题：

　　正电负电释；

　　空气传音述。

算学题：

　　设如平三角形底长四十二尺，大腰与中垂线之较十八尺，小腰与中垂线之较四尺，求两腰及中垂线各几何？

　　斜剖方形以句股驭之，若斜剖四不等边形驭之当用何法？

　　　　　　　　　　　　　　　　　　　　光绪二十八年九月　　日

附：署奉天府儒学今于与印结事，依奉结得合字号附生曾有翼，考试师范生并无假冒违碍等弊，理合出具印结是实。

光绪二十八年九月　　日署　教授王者馨

附：署奉天府儒学今于与印结事，依奉结得满字号副榜贵恒，考试师范生并无假冒违碍等弊，理合出具印结是实。

光绪二十八年九月　　日署　教授王者馨

附：奉天府辽阳州儒学今于与印结为举报愿考师范馆学生事，依奉结得民籍廪生阎毓秀，委系学有根柢，讲求西学，于算学、声光电化并图绘等类皆入门径，年岁合格，并无冒滥等弊，所具印结是实。

光绪二十八年九月　　日　学正赵东升

附：奉天府辽阳州儒学今于与印结，为举报愿考师范馆学生事，依奉结得民籍增生邹大庸，委系学有根柢，讲求西学，于算学犹入门径，年岁合极，并无冒滥等弊，所具印结是实。

光绪二十八年九月　　日　学正赵东

附：奉天锦州府儒学今于与印结事，依奉结得锦县学新进文生李树滋，实系人品端方，志趣闳远，并无捏饬情弊，所具印结是实。

光绪二十八年八月　　日　教授乔国祯
北京大学综合档案·全宗一·卷19（二）

甘肃学政为无合格学生送入大学堂事咨复文[*]

（光绪二十八年九月十四日）

　　提督甘肃学政翰林院编修叶　为咨复事。案准贵学堂两次咨开，奏请设立速成一科，并催师范馆学生一项请照定额招考，务于九月前考取咨送来京收考等因，准此应即遵咨速办。惟本院于五月初一日始行到甘接篆，十五日即出棚仅考西路甘州、凉州、肃州三属，此外各属尚未周历，未能知其人才优绌。现在正考宁夏由平庆泾固回省约期须至十二月，途次难以调考，不得已函商陕甘总督崧　就近在省会衔出示招考，或在兰山、求古两书院调集高才生考选。

　　今准咨称据甘肃布按两司会详，甘省地处极边，士风朴陋，大学堂甫经购料兴修，风气初开，各属应考者甚少。屡经考试，粗通勾股者不满十人，如和较方圆诸法略具程式，用以推测高深广远，则度数参差不准。他如声光气化，更无师承。送入京师大学堂骤无合格之选。本督部堂复查确系实情。除咨复京师大学堂查照外，相应咨明等因准此理合据情先行咨复。为

---

[*] 此外，新疆、陕西等省亦报呈无合格学生咨送。——编者

此咨明贵学堂大臣请烦查照施行,须至咨者。
右咨
钦派管理大学堂事务大臣张

北京大学综合档案·全宗一·卷19(一)

三、各地送非考生入堂肄业、听讲等

户部为送万秉鉴入大学堂听讲事咨大学堂文

（光绪二十八年十一月）

户部为咨送事,据本部候补主事万秉鉴呈称,准大学堂文称,所有未经报考及考而未录各员,如有情殷向学者,准其呈请各衙门咨送到堂分班听讲等因,为此呈请鉴核施行等因具呈前来,相应将该员并同乡京官印结一纸移咨贵大学堂查照可也。须至咨者。
右咨（计印结一纸）
大学堂
附印结一纸
　　户部山东司主事滕梅今于与印结事,依奉结得同乡万秉鉴。

北京大学综合档案·全宗一·卷19（二）

管学大臣为内阁人员入堂听讲事呈内阁文

（光绪二十九年正月二十九日）

管理大学堂事务大臣张　为咨明事。准内阁咨开,大学堂咨取听讲人员。今将本衙门愿习学科各员造册移送,查照办理等因准此。查大学堂咨取听讲人员,原为推广造就藉资学识起见,自宜安定章程,俾资遵守。兹由本大学堂撰就听讲章程,相应咨送遗衙门,请烦查照传知各员,如能遵照条规,愿来大学堂听讲者,望即移复,仍候本大学堂酌定日期分班传到再行知照可也。须至咨者。
右咨（计咨送听讲章程一件）
内阁

北京大学综合档案·全宗一·卷133

杨秉权请入学听讲禀帖及印结

（光绪二十九年十二月）

具禀州同衔誊录监生杨秉权,年三十一岁,系奉天辽阳州民,为请入学听讲,并发给条规章程,以便遵循事。窃学堂创设以来,京师首为倡导,外省风气渐开,而惟有因年岁限制而不得入学者,即有年岁合格得入学堂,仍遵旧学。时值递减科举,专注学堂,广集士林,以宽自新之路,或归师范,或归仕学,视天下无可弃之人,为国家养有用之材,则儒生无不踊跃争入学堂。职仍守旧学,难广见闻,再欲私学,恐入歧途,斯以恳请入学。仰候明年开馆,或归师范,或归仕学,比照请准入学者,一律听讲。如蒙允准,谨将职衔等照呈验后,或归师范,或归仕学,并请发给条规章程,以便遵循各情由。伏乞大人钧鉴批示。谨禀。

刑部福建司主事张鉴渠,今于与印结事,依奉结得同乡杨秉权入学听讲。

北京大学综合档案·全宗一·卷134

荣庭请入学听讲禀帖及印结

(光绪二十九年)

内务府镶黄旗端书管领下慎刑司笔帖式荣庭叩呈大学堂管学大人恩准来堂听讲,并认专科之学,恳恩批准事。窃职家祖系由武进士打仗阵亡,家故父蒙恩赏袭云骑尉世职。由光绪二十六年七月间在紫禁城内值班,忧忿成疾,因而病故。职由本旗印务笔帖式,五年期满,经总管内务府大臣堂考,取中考班笔政,批在慎刑司当差。职念国家兴学储才,实为当今自强第一之要图。职早有向学之志,前次大学堂招考,蒙取中正额,因病未克进学。今有本府笔帖式枢兴等来学听讲,并认专科之学。仰见贵学堂广育人才,春风普被,虽驽钝如职,亦愿学一技寸长,将来以备国家效忠之计。如蒙各位总办恩施,转回管学大人恩准施行,则卑职他日得能效忠国家,皆蒙大人教师造就之鸿慈无暨矣。谨具图片候批示。

厢黄旗端书管领下慎刑司笔帖式荣庭,年三十六岁,赴大学堂听讲是实。为此,内管领端书、副内管领德顺领催文兆同保。

北京大学综合档案·全宗一·卷134

觉罗嵩绪恳请复学禀帖

前大学堂学生,文生员候选笔帖式觉罗嵩绪谨呈,为情殷造就,恳准复入堂听讲事。窃学生自光绪二十四年学堂始立,蒙(管学大臣提调大人)考取正课生,当即到堂肄业。嗣因二十六年拳变废业。现今学堂复立,学生志切观光,再四筹思,惟有仰恳提调大人恩施转呈管学大臣允准,俾得入学听讲,以宏造就,而广见闻,则感德无既矣。可否准行,伏候批示,为此谨呈。

再禀:学生现年二十岁,正白旗满洲宽茂佐领下人。

北京大学综合档案·全宗一·卷134

觉罗嵩俊恳请复学禀帖

前大学堂学生,同知衔丁酉科拔贡,候选直隶州州判觉罗嵩俊谨呈。为情殷造就,恳恩代呈准复入堂听讲事。敬禀者,学生自光绪二十四年学堂始立,蒙(管学大臣提调大人)考取正课学生,当即传到入堂肄业政治堂兼习英文。嗣因庚子,学堂肄业无人,学生亦因之废业。兹因学堂复立,学生志切观摩,情愿暂行入堂听讲,俾资造就,而广见闻。再四思维,惟有仰祈提调大人转呈管学大臣恩准施行,学生感荷无极矣。可否准行之处,伏候批示,为此谨呈。

北京大学综合档案·全宗一·卷134

学务处为新进士在学堂充当教习及总理学务事宜者应如何办理咨大学堂

(光绪三十年八月十二日)

为咨行事,案照七月二十九日,本处奏准更定进士馆章程内开,新进士有在学堂充当教习及总理学务事宜,应由该省督抚先行奏咨立案,三年期满,实能称职,再奏明该员在堂实在劳绩,准其与本馆毕业学员一律办理,至应得学堂保奖另案汇办。如有先在学堂肄业,后经中式自愿,仍在该学堂毕业者,应准俟该学堂毕业后,与本馆毕业学员一律办理等因。相应咨行贵总监督查照备案可也。须至咨者。

右咨
大学堂总监督

北京大学综合档案·全宗一·卷142

大学堂为准蒋举清入堂听讲复学务大臣文

(光绪三十年八月二十九日)

京师大学堂总监督张　为咨复事。本月二十四日准贵大臣咨开。据甘肃新疆优贡生蒋举清禀请,自备伙食附入预备科,随班听讲等情,相应咨请酌定牌示并见复等因。查该生拔起荒陬,志规远大,他日归教其乡,亦足以开通风气,自应准如所请,除将该生禀批示外,相应咨复贵大臣查照备案可也。须至咨呈者。

右咨呈
学务大臣

北京大学综合档案·全宗一·卷43

学务大臣为新疆学生蒋举清事知照大学堂

(光绪三十一年六月十九日)

总理学务大臣孙　为咨行事。准新疆巡抚潘咨开。据大学堂师范馆附课学生蒋举清禀恳咨请补为正额学生,并赏给津贴咨送游学日本等情。除批该生在京师大学堂优级师范馆附课肄业,前准学务大臣复电已行司议给津贴银两。据禀前情,仍应行司核议。至称请补正额,应俟候贵大臣考取,非外官所能咨送。游学日本,暂从缓议印发外,为此咨明,请烦查照核办施行等因,相应抄粘原文,咨行贵总监督备案可也。须至咨者。

右咨(计抄粘原文一件)
大学堂总监督

北京大学综合档案·全宗一·卷55

四、部分省府学生津贴文件

两广总督为学生津贴事咨大学堂文

(光绪二十九年九月初一日)

两广总督岑　为咨明事,案据广东海防善后总局详称,案奉宪台批据京师大学堂师范馆学生黄嵩裴等,遣抱黄安赴辕呈称,窃举人等去年蒙前督宪暨抚学宪考取咨送京师大学堂师范馆学生,并蒙赏给每人川资银一百元。今春入都经管学大臣复试,饬入学堂肄业。惟学堂章程只给饭食,月中须用纸笔、中外图书与一切服用等费,皆须自行筹措。举人等一介穷儒,行囊非裕,况离家将及万里,不无内顾之忧,毕业须历四年,难作谋生之计。是以举人等初谒京师大学堂总教习张,即以广东师范生有无津贴垂询。后闻湖北省所送师范生系由本省大宪每名月给安家银十二两,在京费用银八两,于是各省踵而行之,惟直隶、广东两省尚在向隅。今直隶师范生亦经禀求直隶学校司详,督宪批准,照山东成案,每名月给银一十六两。举人等自维读书明理,何敢随声附和、唯利是图。无如内顾家室,外筹学费,囊空如洗,势处万分。今幸节钺重莅羊城,小民方兴来暮之歌,士林更切山斗之仰,迫得沥陈下忱。拈抄直隶学校司详,奉直督批准,月给该省师范生津贴详文并批语一纸具禀,乞恩准援各省成案,月给举人等津贴银两,以恤寒畯。而大甄陶实为德便等情,奉批查核粘抄,直隶咨送京师大学堂师范生既已准给津贴,广东咨送各生应准援照办理。仰广东布政司会同善后局酌核详办,禀及粘抄,保领同发仍缴等因。奉此当查粤省咨送京师大学堂肄业师范生举人黄嵩裴,附生曹冕,优廪贡生廖道传,优廪生朱兆樂等四员,均属寒畯,应考赴都。据禀京师学堂章程,只给饭食,一切纸笔、图书、服用之费,皆须自筹。肄业四年,为期甚久,离家万里,内顾兴嗟,既欲坚其向学之心,自宜优给津贴之费。即经本司道等共同商酌,拟请援照鄂省成案,每生月给津贴银二十两,以示体恤,而免向隅,并即自七月起支,至应留安家若干,解京若干,统由该生自行酌定禀办等因。详奉宪台批准照办,经牌示该生等遵照。兹据该生等禀复,拟以八两解京,由大学堂转给;以十二两安家,请给发簿据,按月在省具领。前来自应如禀照办,将在籍应支安家银两给簿,由该生等家属按月请领。惟解京转给每生月只银八两,共银三十二两,若按月汇解,为数无多,未免烦琐。拟请由京师大学堂按月先行垫发,俟岁底由粤照数解还归款,以归简便。所有月给师范生津贴银两,分别解京,安家数目缘由,理合详请察核俯赐,咨明管学大臣查照办理,并请批示,只遵等由。到本部堂据此除详批回外,拟合咨会。为此,合咨贵大臣,请烦查照办理施行。须至咨者。

右咨

北京管学大臣　张荣

两广总督为核查在堂粤生以给津贴事咨会大学堂

(光绪二十九年九月)

两广总督岑 咨会事,光绪二十九年九月初八日。据京师大学堂师范馆学生,南海县优廪生关庆麟、监生潘敬、附贡生罗正阶、新会县监生陈伯贻禀称:窃师范馆学生、举人黄嵩裴等前禀,援各省成例,请给津贴等情,已蒙批准,札饬善后总局月给银二十两在案。仰见宪台维持学务,嘉惠士林,凡荷栽培至为优渥学生等,前蒙督宪德、抚宪李、学宪朱会考取录预备科正取学生,咨送京师大学堂肄业,经于限内到京。随于六月二十七日到堂复试,蒙管学大臣张荣拨入师范馆肄业。嗣因乡试给假,学生等回本省或赴北闱,均经给有咨文。兹当假期将满,不日回堂肄业,忖思学生等均由本省督抚咨送,既隶师范馆,自与黄嵩裴等事同一例,其津贴款项应请札饬善后局、宪如例照给,俾免内顾而专学业等情。到本部堂据此查粤东续送预备科学生六名,前准贵大臣电阻缓送在案,该生等现禀拨入师范馆肄业,未准咨复。且原送六名,现只四名留京,与原案未符,无凭查核,拟合咨查。为此合咨贵大臣,请烦查照。希即查明关庆麟等拨入师范馆肄业共几名,咨复到粤,再行酌给津贴施行。须至咨者。

右咨

管理京师大学堂事务大臣

北京大学综合档案·全宗一·卷35

两广总督为养士养志为先、粤生津贴不可过厚由咨会大学堂

(光绪二十九年十一月二十九日)

两广总督岑 为咨会事,光绪二十九年十一月二十一日。据督办两广学务处特用道张鸣岐详称,光绪二十九年十一月十三日,奉宪台札开,现据京师大学堂师范生举人伦明,廪贡生姚梓芳,拔贡生张达琭,廪生陈发檀,附贡生何炎森等禀请,恳给津贴银两,并援引黄嵩裴等成案到本部堂。据此当批该举人伦明,廪贡生姚梓芳,拔贡生张达琭,廪生陈发檀,附贡生何炎森等五名,既自行赴京投考,经管学大臣取补速成师范馆学生。虽非广东咨送,同系粤人,同习师范,计卒业之期尚远,自应酌给津贴,以坚向学之心。仰两广学务处查照善后局议准津贴黄嵩裴等成案办理。在禀为此札饬札到该处,即便遵照查明办理,禀报存案,毋违此札。等因奉此,遵即调卷查明举人黄嵩裴等,前由粤省咨送京师大学堂复试,饬入师范馆肄业。嗣据黄嵩裴等以学费无出,且有内顾之忧,禀奉宪台批行善后局详准,援照湖北成案,每生每月津贴银二十两在案。本处伏惟养士之道,首以养其志操为先;讲学之道,亦以讲明义利为要。师道以模范,群伦则其志操所向愈不可不高,义利之辨愈不可不谨。今于师范生优加津贴,少数人之津贴,固无关于财政之盈绌,特恐优之太速,则所为坚其向学者,或以启其近利。该生等既以师范自期,当不薄于自待。然欲养成师范,则不可不为防微杜渐,扶持匡励之谋。

查东西各国,亦有优待师范生之例,然皆发之自上,而非请之自下,且亦优之卒业从事教育之后,至于在堂,则止于不收膳金及制与学堂必需之制服书籍笔墨,无所谓津贴银两。今该

生等宽其范围，旁及内顾，然则学生将以学而代仕。国家将以养一学生而并养其全家。将来各省皆须设立师范学堂，其学生非取之外省即取之外府外县，若竟援津贴之例，则学者之食报不免太厚太速，国家之养士不免愈多愈难，育材之旨既非，理财之道亦困。故窃拟请除该生伦明等五人，自应遵奉宪批，照案每人每月由本处给予津贴银二十两外，以后勿问习师范于京师之粤人，或粤之外府、县之人，习师范于省城者，皆应仿照东西各国优待师范生之例定明。卒业从事教育以后，出身及年劳恩恤一切优待之例一一奏请立案，以酬其劳。至于在堂修学，除不收膳金及制与学堂必须制服、书籍、笔墨外，不得更给津贴银两，以端士趋，而严师道。至该生等既有津贴银两，尤应奋勉求学。应请咨照管学大臣，如该生等向学不力，斥退之日，应行咨照来粤，以便停止津贴。奉札前因，理合详请察核，俯赐转咨等由。到本部堂据此，除详批回外，拟合咨会，为此合咨贵大臣，请烦查照施行。须至咨者。
右咨
管理京师大学堂大臣

北京大学综合档案·全宗一·卷35

两广总督决定在京粤生匀给津贴事咨学务处

（光绪三十一年三月初八日）

头品顶戴兵部尚书署理两广总督兼管粤海关事务岑　为咨复事。光绪三十一年二月二十七日，据两广学务处详称：光绪三十一年二月二十八日，奉宪台札开照得，现据北京大学堂广东学生吴鼎新等禀请。窃自光绪二十八年后，经京师大学堂广东师范生黄嵩裴等、卢崇恩等、伦明等递请津贴，均蒙前宪及宪台允准，在案。仰见酌理准情，体恤备至。嗣闻经学务处立案截止，诚恐各学骈兴纷纷援例，势必肆应不穷。稍示限制，具有深意。惟同是粤产同学，北方同居大学，此中亦分畛域，彼荣此菀，细见相形，自问何辜至外生成若此。今查各省之在大学者，无论旧班新班、咨送、招考、师范、预备，一律匀给津贴。即指新班而言，有一经禀请，而即准给者，如奉天、福建、浙江、山东、山西、河南等省是；有已经批驳而旋即准给者，如直隶、安徽、江西、云南等省是；有不待禀请而已例给者，如湖北、湖南、江苏、四川、贵州等省是。虽各省数目不同，而各生沾溉则一，近如直隶，贫如黔、滇，亦且不外人情。广东之较他省，不为瘠，而粤生之昂首待惠独较他省为量。生等久欲沥情渎请，第念各省情形未定，率请亦觉不情。今既得有确信，不敢安于缄默，至宇下有向隅之客，比之旧生则如彼，比之他省又如此。大人洞悉下情，调剂庶物，当有以务适其平也。

今大学中，广东学生除已领津贴黄嵩裴等十六人外，谨联未领津贴者共四十六人，缮词沥呈，敢恳仍饬学务处妥筹均给，庶大以广育才之惠，小亦足坚向学之忱。再大学堂此次招考，为最末之期，无虑源源。续至此次，数目似确有可稽合并陈明之情。又据北京译学馆甲级正额广东学生何鸿璟等禀称，窃自光绪二十九年京师开办译学馆，学生等同时入都应试，谬以不才，均蒙学务大臣录取，入堂肄业。惟是寒士况限，一肩行李，远涉重洋北上，川赀已极，罗掘入堂。以后瞬又年余，旅费益形窘困难，欲勉强支持，而卒业须待五年，恐此后难乎为继。若使半途辍业，既负国家培才之意，又乖当初求学之心。窃查京师师范馆广东学生黄嵩裴等、关庆麟等先后禀请津贴，均蒙前督宪批准；伦明等亦蒙大人照准在案。思译学馆与师范馆同隶京师大学堂,学级程度相等,黄嵩裴等及伦明等既可给予津贴,学生等似属例有可援。况前者广东咨送预备科拔入译学馆之学生罗正阶,业经由本省给予津贴银每月二十两,亦属有案可稽。此外,若江苏、浙江各省肄业本馆之学生,均有本省之津贴,虽数目之多寡不同,而沾润则一。学生等事同一律,学业无殊,独津贴未能普及,不免向隅。大人夙以劝学为怀,体恤寒畯为念,合无仰吁宪恩筹给津贴,立案施行,俾学生等得沾同等之利益,免拮据之苦,而坚向学之忱,无任感德之至等情到本部院。据此,查前据,祁杰等禀请给费,经该处详请立案截止,持论极为正大。但目下风气尚未大开,学额尚不甚广,赴都寒士旅费多艰,亦属实在情形,又不能不略以变通,以宏造就。且各省留都学生均有津贴,粤省事同一律,未便独令向隅。所有大学堂译学馆广东学生,应如何均给津贴,或就原支银数匀给之处,即由该处迅速核议详复,以凭察夺。合就札饬,札到该处,即便遵照核议详复勿延等因奉此。遵即调卷查明,京师大学堂师范馆学生黄嵩裴、关庆麟、伦明等陆续请给津贴,均蒙宪台批准,每名按月给津贴二十两,以八两为学费,以十二两为安家,嗣师范生祁杰等暨译学馆金国宝等,迭次禀请援案给以津贴,均经本处议驳详情立案截止,均蒙宪台、抚宪批准在案。本处伏维国家之待士与士之自待,以养成志操为先,今学堂制度不给膏火,且收取学费缮金,正以远大相期,坚其刻苦之心,即以绝其纷驰之见。若在京学生,概给津贴,粤省财政虽困,多此津贴,未见为绌,少此津贴,未见为赢。但此举出之于上,尚不失为体恤,请之于下,实已近于干求。学生为异时宏济之人,学堂为铸造人才之地,而纷纷计较饩廪,本处实为羞之。

查京师大学堂师范馆、译学馆,均不收学费、缮金,并制与学堂必需之制服、书籍、笔墨,所以优待学生者,已臻其极。使养一学生而必养及全家,中外实无此办法。且外府县之赴学于省城者,同须顾家,同需旅费,倘皆援案以请,以今日财政之支绌,学堂尚能多设耶?然此犹就本国而言耳,近时咨送东西洋游学者,核给费用不过仅足学费、膳费、旅费之需。在京学生一切之需公家每月尚给二十金之津贴,彼游学东西洋者,又将何以待之?本处酌理准情,不特现在吴鼎新等暨何鸿璟等禀请给予津贴,万难率准。即从前黄嵩裴等十六人,每月给予二十两,亦在应裁之列。但目下各省留都学生,均有津贴,如宪札所云,粤省事同一律,未使独令向隅。兹拟变通办理,将从前黄嵩裴等十六人每月津贴共三百二十两银提出匀给,勿问在京学生人数多少,就此三百二十两,按人分派,嗣后永以为例,不增不减,似此利益均沾,庶先送者非独占其优,后来者亦无所借口,于情理两得其平,或亦体恤裁成之一道。奉札前因,理合核议,详请察核,分咨总理学务处、京师大学堂译学馆立案等由到本部院。据此,当查所议,匀给学费自是变通办法。从前津贴月仅三百二十两,现议提出匀分,每月应加给八十两,凑成四百两,以资津润。此后,无论广东留京学生人数若干,均按此数匀给,不再议加。至应从何月截止、起解,即由该处酌核办理等因。除批回遵照及咨明商部 京师大学堂译学馆查照外,拟合咨明。为此合咨贵处,请烦查照,立案施行。须至咨者。

右咨

总理京师学务处

两广总督陈明在京粤生津贴事咨学务处

(光绪三十一年四月二十三日)

头品顶戴兵部尚书署理两广总督兼管粤海关事务岑　为咨明事。光绪三十一年四月二十三日,据督办两广学务处、广东布政使胡湘林、特用道张鸣岐详称,窃照京师大学堂师范馆学生举人伦明、廪贡生姚梓芳、拔贡生张达珠璘、廪生陈发檀、附贡生何炎森等五名,均由本处照案每人每月支给津贴银二十两,自光绪二十九年十一月起,支至光绪三十年六月止。均经填具解批,转给商号源丰润领赍汇解,详奉宪台,咨明学务大臣在案。兹再由本处在所收裁节各书院经费项下支出银九百两,为该师范生伦明、姚梓芳、张达璘、陈发檀、何炎森等五名光绪三十年秋冬二季暨光绪三十一年春季津贴。理合填具解批一纸,详请宪台察核,并请缮给总理学务处,咨文连批印发下处,以便转给商号源丰润汇解。此项解款,需用信汇费概由本处支给,并未折扣。再,留京各学堂学生,现已改章,统于每月津贴四百两内匀给。此次师范生津贴银两,应于本年三月杪截止。合并陈明等由,同解批一张到本部堂。据此,除缮办咨批,饬发两广学务处转给商号源丰润,领赍前项银两,汇解赴贵处投纳外,拟合咨明。为此合咨贵处,请烦察照施行。须至咨者。
右咨
京师总理学务处

北京大学综合档案・全宗一・卷 56

两广总督详明在京粤生津贴办法

(光绪三十一年四月二十三日)

头品顶戴兵部尚书署理两广总督兼管粤海关事务岑　为咨解事。光绪三十一年四月二十三日,据督办两广学务处、广东布政使胡湘林、特用道张鸣岐详称,光绪三十一年三月初三日奉宪台批,本处详核议京师大学堂译学馆学生津贴一案。奉批据详,已悉所议,匀给学费自是变通办法,从前月津贴仅三百二十两,现议提出匀分每月应加给八十两,凑成四百两,以资津润。此后,无论学生人数若干,均按此数匀给,不再议加。至应从何月截止起解,即由该处酌核办理,仰候分咨查照,仍录批报明抚部院暨候批示缴等因奉此。

又于三月初九日奉抚宪批,同前由,奉批仰候督部堂核明分咨此缴等因。奉此,经录批申报抚宪在案。正核办间,复奉宪台札开。现据北京商部高等实业学堂学生郑启聪等禀称:窃生等来京师,越程数千里,原为勤求实业,以期兴济时艰。自入学以后,堂中公费虽由商部支给,而日用各项,动辄需款,未易措备。且五年毕业,为日方长,自砺虽坚,终虞力薄。生等伏查堂中各学生,如直隶、浙江、江苏、安徽等省,均各蒙本省宪台量予津贴,伏维大公祖大人培才爱士,有利必兴,甫莅五年,即留心商务,联合商情,创设商会,比各省提倡尤殷。而独于实业学堂学生津贴,未邀恩给。区区之愚,窃有请也。夫实业学堂,为商部所特设,将来培养成材,亦当为商场尽义务。生等虽一篑初基,要与商务局有命脉相关之势。计目前入此学堂者,广东只有八人,而学堂定章限额一百二十名,必俟数年毕业后,始行招考充额。度将来粤人之入穀者,极其量不过十余人。此项津贴虽相援成例,亦为数无多,可无虞接济之为艰断,不惜广厦之托庇用。敢恳宪台饬下商务局,迅赐筹拨,按年解京,俾得借助商会涓滴,以资日用等情到本部堂。据此,查本案先据该处核议,北京大学堂译学馆学生津贴详请照原额三百二十两匀给,各生学费,当经批饬,每月酌加八十两,共凑成四百两,每年例解,以资津润。惟以后无论学生人数若干,均按此数匀给,不再议加。批行遵照办理在案。据禀前情,北京实业学堂与大学堂译学馆,事同一律,自应按名匀给,以昭其平允,合就札饬。为此,札仰该处,即便遵照办理,毋违切切,特札等因。

下处奉此:查北京商部高等实业学生,与各学堂学生事同一律,现既定章匀给津贴,自应按名照派,未使独令向隅。唯查从前北京大学堂学生津贴,计分三起:第一起,为咨送之师范生黄嵩裴、曹冕、廖道传、朱兆燊四名,系由善后局筹解,已汇寄至三十一年六月止;第二起,为咨送之师范生关庆麟、潘敬、罗正阶、陈伯骅、卢崇恩、程祖彝、胡祥麟七名,亦系由善后局筹解,已汇寄一年津贴,唯自何月起,至何月止,移内未经声叙;第三起,为考取之师范生伦明、姚梓芳、张达琼、陈发檀、何炎森五名,系由本处在所收裁节各书院经费项下支拨,已汇寄至三十一年三月止。以上三起,每人月给二十两,共三百二十两,善后总局月应解银二百二十两,本处月应解银一百两。现奉改章,每月加给八十两,按名匀摊,自应遵照宪台札饬,核定截止起支月日,以清界限。兹本处核议,应自奉批之日起算,旧款自三十一年三月截止。新章自三十一年四月起支。所有三月以前未寄之款,应由善后总局核明补解,如有长解之款,倘已发给学生,亦请免其追缴。四月以后,应由善后局将原解之款,月共二百二十两,移解到处,再由处在经费项下支拨一百八十两,凑成四百两,分季批解。每季于孟月由本处具文,详解到京,庶归划一,不至参差。此后,无论大学堂译学馆、商业学堂人数若干,凡系粤人在京留学,均请总理学务处查明,按名匀给,永以为例。此项解款,需用纹水汇费,概由本处支给,并不折扣。兹本处在所收裁节各书院经费项下,支出一千二百两为北京各学堂学生光绪三十一年夏季津贴。俟善后局解到,再行分别归款。理合填具解批一张,详请察核,应请缮给总理学务处,咨文连批迅发本处,以便转发商号源丰润领赍汇解。

再,此次系改章之始,并请分咨京师大学堂、译学馆、商部立案暨转饬各学生知照,实为公便等由同解批一张到本部堂。据此相应缮办,咨批饬发两广学务处转给商号原丰润领赍前项银两,汇解赴贵处投纳,并分咨查照立案,转饬各学生知照外,拟合咨达。为此合咨贵处,请烦察照兑收,分给各学堂广东学生收领,示复施行。须至咨者。

右咨

京师总理学务处

河南大学堂为豫生津贴事咨商京师大学堂

(光绪二十九年九月二十三日)

总理河南大学堂为申解事,窃照光绪二十九年八月十八日奉巡抚部院陈,札开光绪二十九年八月十六日准管理大学堂大臣张荣,咨为咨复事,准贵部院咨开光绪二十九年七月初九日，据总理河南大学堂司道详称，窃照光绪二十九年六月十八日，奉抄发河南咨送北京大学堂学生王人杰等禀以入堂肄业用款不支援例，禀请由河南学堂经费款内酌拨五年津贴，俾资自赡各等情蒙批，据禀已悉。查京师大学堂为人文总汇之地，前经本部院考送肄业，原以该生等材质尚优，京学堂见闻较广，既有饭食，无虞枵腹；又有新译诸书，足资领看。果能精勤向学，励志潜修，将来卒业后即是进身之阶，不得因资用不继稍存懈志。所请由豫筹拨常年经费应否准行，仰大学堂查明各省章程复议，详候酌夺，缴禀钞发。等因蒙此，伏思京师大学堂设立师范馆，考选各直省学生入馆肄习，凡各省咨送者，要皆各府、厅、州、县一时异等之材，即为各中、小学堂他日师资之选。诸生潜修有志，莫不以卒业为期，倘更远大自居，岂复以温饱为念。况学堂本有饭食，初无枵腹之虞。诚如宪批，不得以资用不继，稍存懈志也。至如禀中各省咨送学生，均由原咨送省分筹给津贴一节，各报章中往往有之。直隶即经咨送学生封汝谔等，禀蒙直隶督宪袁批准，援照山东成案，每名月给银六两以资津贴。是直隶、山东两省已有成案可循，他如两江、两湖当必早筹此举。惟各省津贴银数间有不同，筹发年限亦难尽悉，既无各省学堂咨照案据，亦无管学大臣通行章程，仅以报章为凭，殊不足以昭郑重。奉批前因，复经本司职道等悉心筹议，各省学生之选类，皆寒畯为多，倘于饮馔之外，凡一切书籍笔墨之需，均须自行购备，则日积月累，亦正为难。各省既开津贴之端，断无一省向隅之理。该学生王人杰等，前蒙一再考选咨送入都，如能力戒歧趋，敦行不怠，则此日好修之士，皆他时公辅之材。即仿照各省章程酌给津贴，俾得专心向学，克底于成，既足以章朝廷作养之深仁，亦无负栽培之至意，一举三善，于兹备焉。若竟以资用不支，不图卒业，则半途中辍，在学堂固无足重轻，而诸生之自计则左矣。现在河南学堂经费项下尚不至无款可筹，况咨送仅止四人，为数亦正有限。应请俯赐咨明管学大臣，饬查各省咨送学生筹给津贴银数暨若干年限，一俟咨复到日，再行酌中定议。饬由学堂筹备款项，随时汇解京师大学堂收支处汇存，按月转发该生等领用。一面由学堂将此项津贴银两详明立案，以重公款而垂永久。所有遵批复议，咨送北京大学堂学生王人杰等援案，禀请酌给津贴一案，拟请咨询管学大臣再行核办。等因到本部院，据此相应咨明。为此，咨请查照见复施行，等因准此。查各省咨送学生，直隶系每月津贴京平银六两，山东系每月津贴库平银六两，均由本省汇款到堂，由本学堂支应处按月转发。此外，各省多有径发学生分收者，数目多寡不一，闻湖北系每月十二两，大约南省津款较北省为优。均系常年津贴，以卒业为止。为此咨复，请烦查照施行可也。等因到本部院，准此查各省咨送学生，既俱有津贴，豫省自应从同。直隶、山东两省学生津贴，均系每月六两，由本省汇款到堂，再由学堂支应处按月转发办理，极为妥善，豫省自可照办。仰大学堂即行遵照筹备款项，随时汇解京师大学堂支应处汇存，按月转发该学生等领用，以资津贴，毋违此札。等因奉此，当即遵照由堂筹备该学生王人杰等四名，每月津贴银六两。兹拟自二十九年九月起至十二月底止，共四个月，应给津贴计库平银九十六两。除汇费由堂筹发外，理合备具文批申解宪台鉴核，俯赐即饬贵学堂支应处查收汇存，按月转发该学生等领用，以资津贴。并祈印发批回备案。为此具呈，伏乞照验施行。须至呈者。计呈解批一张。

右呈

管理京师大学堂事务大臣 张荣

大学堂为江西学生津贴事咨请学务大臣咨复江西抚院

(光绪三十一年正月二十六日)

钦命京师大学堂总监督张,为咨复事。准贵学务处咨开,准江西巡抚咨开。据江西省学堂司道详称,据京师大学堂学生桂元度等禀请加给津贴,恳恩推例照准。当奉批,每名每月仿照江苏,各加给津贴银六两,共十二两,以励勤学。禀内袁炯、周九龄、辛际周、符鼎升四名,并未由本省考取咨送,无案可稽。拟请咨达京师学务处,查是否由京投考录取,俟奉咨复到江,再行遵办,应请咨明。为此咨呈请查照复江等因,相应咨行。查照见复等情前来,查袁炯、周九龄、辛际周三名确系本学堂本年七月间在京考取,现已入堂肄业,应与桂元度等一律给予津贴,按时汇寄本学堂给发。其符鼎升并未到堂,应毋庸议。相应咨请贵大臣咨复江西抚院查照可也。须至咨呈者。

右咨呈

学务大臣

北京大学综合档案・全宗一・卷56

为安徽学生津贴事咨大学堂

(光绪三十一年正月二十七日)

总理学处大臣为咨行事。准安徽巡抚咨开。据学务处布政使联魁、按察使濮子潼详,据高等学堂监督呈称,奉宪台札开,据京师大学堂师范馆学生张伯钦、李荣黻、吕志贞禀请酌筹津贴等情到本部院。据此,除批候札饬高等学堂援照胡璧城等成案,每名按月酌给银六两,以资津贴此批牌示外,札堂遵照援案给领具报等因。奉此,查本年三月间,据该生张伯钦等以前情禀,由京师大学堂总监督咨请抚宪,转行到堂。当经总办宪查明,皖省学堂经费不敷,前次给发咨送学生胡璧城三名津贴,尚系在本学堂额设师范生二十名中少补三名以为挹注。该生所请代筹津贴匀拨为难。拟请皖省每年认解大学堂经费伍千金内截留银壹千叁百两,就近按月交安徽省由京考取、由省咨送各师范学生等情,详请抚宪咨明总理学务大臣,咨复以各省解到经费均经列入奏销碍难分拨等因,各在案。今该生张伯钦等复禀,蒙抚宪批准,援照胡璧城等原案,每名按月酌给银六两,以资津贴。在抚宪体恤本省寒畯,原无畛域之可分,惟查本学堂常年进款,系按岁友请拨,因明年移入新堂,推广学生额数,添聘各门教习,经费不敷甚多,前经呈请抚宪批准,于铜元局盈余项下,每年加拨银一万两,通同核计,仅能专顾堂中。现因筹款艰难,拟请将学堂师范生及各学生膏火银两,自三十一年为始,一律裁撤竭蹶,情状具在各宪洞鉴之中。且该生张伯钦等籍隶何县,何时考取入馆,本学堂无凭查考,并恐续取有人,将来援案禀请本学堂有限之款,何能应付?除由堂咨送各学生津贴已列入常年支款内者,仍照旧发给外,所有张伯钦等津贴银两实属无可筹给。拟请转详抚宪酌量改拨。抑或咨明总理学务大臣,查明该生等籍贯,札饬各该生原籍自行筹措,似觉轻而易举,是否有当,理合具文呈祈鉴核,转详抚宪示遵,实为公便等情。据此,理合据情转详核咨等情到本部院,据此相应咨明。为此,咨请查照,希即查明该生张伯钦等籍隶何县,何时考取入馆,复皖以凭核办施行等因,相应咨行。贵总监督请烦见复,俾可照咨是盼。须至咨者。
右咨
大学堂总监督

陕西巡抚为学生津贴事咨明大学堂

(光绪三十一年二月二十三日)

　　陕西巡抚夏　为咨明事。据陕西布政使樊增祥呈案奉抄案,准陕西学院朱咨。据咨送京师大学堂学生渊从极等禀称,生等家本寒微,素之货斧。到京以后,考试迁延,虚縻数月。旅食客馆,米珠、薪桂、日用所耗、川资刻不容缺,无奈典衣自备。恳祈咨商,筹给津贴,以纾生等急弗能待之困等因。又准内阁学士李、都察院王函称,敬恳者,我省咨送学生,皆系寒士,学堂费用无出。公恳弟等转达台端。伏思学生之有津贴,天下皆同,而秦人尚未资给,未免向隅。陕西风气未开,咨送者仅八人,余三人肄业,学生皆系京僚子弟,清苦无常,伏望一视同仁,筹给津贴,以恤寒士,而开风气,则感戴裁成于无暨矣,公禀附呈等因。准此,查诸生公禀与学院来咨,大致相同,毋庸复述。除函复承示肄业,大学堂学生津贴一节,曾于前任内屡据该生等电禀函求,而交替之际,未及筹议。现已商之藩司,所有去岁秦中咨送各生,每名自给津贴银八两,陆续筹寄,昨已电致学务大臣,转谕诸生坚其肄业之心,慰其悬盼之切;至译学馆学生李如棠、实业学堂学生胡毓藩、徐铭旗等三名,查非本省督、抚、学使咨送,其津贴银两,应俟学务处咨明,本省再行照给等情函复外,合就行知。为此,仰司官吏查照,准咨暨来往函件内事理,迅即筹款,如数发给津贴,设法汇寄。仍将筹办情形,详复察核,并呈明学院移明大学堂师范学堂知照毋违等因奉此。除移明师范学堂知照,并移大学堂遵照行知,筹解学生津贴银两数目,备具文批、银两,交本司此次委解京饷委员搭解外,理合详请察核咨明。一俟委解前项银两至日,照数查收,实为公便等情到本部院。据此,相应咨明。如此合咨贵处,请烦查照施行。须至咨者。
右咨
学务处

大学堂呈请学务大臣转安徽学生名册

(光绪三十一年四月十一日)

　　京师大学堂总监督张　为咨复事。准贵大臣咨开。准两江总督部堂咨开。淮苏各属旅京学生,禀请筹给津贴。现在该属学生在京师各学堂几人,应请查明,开列姓名、籍贯咨复等因,相应咨行,查明见复等因前来。查本学堂所有旧班学生,并上年各省咨送及在京招考分入大学预科、优级师范履历各册。业已分咨各省督、抚、学政三衙门备案。兹准前因,相应再将本学堂苏属士子名籍列单，咨请贵大臣查照转咨可也。须至咨呈者。
右咨呈
学务大臣

北京大学综合档案·全宗一·卷 56

学务大臣转安徽学生名册

（光绪三十一年四月十三日）

　　总理学务大臣为咨复事。准大学堂总监督咨开，准两江总督部堂咨开。准苏各属旅京学生，禀请筹给津贴。现在该属学生在京各学堂几人，应请查明，开列姓名、籍贯咨复等因，相应咨行。查明见复等因前来。查本学堂所有旧班学生，并上年各省咨送及在京招考分入大学预科、优级师范履历各册，业已分咨各省督、抚、学政三衙门备案。兹准前因，相应再将本学堂苏属士子名籍列单，咨请查照转咨等因，相应抄粘原单，咨复贵督，饬司备案可也。须至咨者。
右咨（计抄粘原单一件）
两江总督
计开
江苏省旧班学生
王荣官　年十九岁，江苏东台县附生。
孙鼎烜　年二十一岁，江苏崇明县附生。
鲍诚镛　年二十岁，江苏东台县附生。
孙昌烜　年十九岁，江苏崇明县举人，原定咨送出洋，后因抱病留堂，肄业。
李恩藻　年二十三岁，江苏丹徒县优附生。
阮志道　年十九岁，江苏奉贤县附生。
姚丽堂　年三十岁，江苏靖江县附生。
朱应奎　年二十岁，江苏宜兴县监生。
翟士勋　年二十二岁，江苏靖江县优廪生。
顾宗裘　年二十八岁，江苏新阳县附生。
张东烈　年三十三岁，江苏泰兴县廪贡生。
邹应菀　年十八岁，江苏吴县监生。
贺同庆　年二十九岁，江苏丹徒县优廪生。
孙鸿烜　年二十一岁，江苏崇明县监生。
江苏省咨送学生分入预备科
陈锡畴　年二十五岁，江苏嘉定县学增生。
王祖训　年二十四岁，江苏丹徒县学附生。
谢镜第　年二十四岁，江苏长洲县学附生。
顾宝埏　年二十二岁，江苏元和县学附生。
潘志蓉　年二十六岁，江苏吴县学附生。
冯国鑫　年十八岁，江苏昭文县学廪生。
江苏续送学生分入预备科
胡宗楷　年十八岁，系广东三水县人。

胡宗模　年二十岁,系广东三水县人。

江苏咨送学生分入师范馆

曹允文　年三十岁,江苏金匮县学附生。
吴　简　年二十六岁,江苏武进县学附生。
史　鼐　年二十三岁,江苏江阴县学附生。
王广圻　系由国子监咨送。
张鼎治　年二十六岁,江苏金匮县学附生。
章国华　年三十岁,江苏江阴县学附生。
高鼎文　年二十六岁,江苏江阴县府学增生。
郁振域　年二十二岁,江苏镇洋县学候廪生。
缪承金　年二十五岁,江苏六合县学附生。
洪百庚　年二十五岁,江苏山阳县监生,客籍浙江,系由浙江咨送。
顾柏年　年三十岁,江苏元和县学廪生。
张宗元　年二十六岁,江苏江宁县附生,系由浙江咨送。
刘福祥　年二十九岁,江苏昭文县学廪生。
张其真　年二十二岁,江苏高邮州学附生。
范承衔　年二十一岁,江苏丹徒县监生,出洋。
吴彤锡　年二十二岁,江苏元和县附生。
陈锡琨　年二十五岁,江苏江阴县举人,原饬回籍听调,后因缺额传补。
俞钟珽　年二十岁,江苏新阳县附生。

江苏续送学生分入师范馆

陶国梁　年二十四岁,江苏长洲县附生。
孙嘉彦　年二十五岁,系直隶盐山县监生。
吴肇麟　年二十四岁,江苏长洲县附生。
秦炳汉　年二十一岁,系浙江嘉善县附生。

江苏考取分入预备科

秦汝钦　年二十岁,江苏金匮县附贡生。
郭来仪　年二十二岁,江苏丹徒县人。
陈昌骥　年二十岁,江苏上海县。
韩进之　年十九岁,江苏上元县监生。
徐福祥　年二十岁,江苏太仓州监生。

江苏考取学生分入师范馆

秦铭光　年二十二岁,江苏金匮县附生。
夏玮璟　年二十二岁,江苏江阴县人。
方观洛　年二十八岁,江苏仪征县人。
蒋宝鉴　年二十岁,江苏无锡县人。
钱诗棣　年二十岁,江苏镇洋县增生。

五、学生停差、请假等

大学堂为学员停派差使咨工部文

(光绪二十九年六月初六日)

　　管理大学堂事务大臣张　为咨行事。案照上年本大学堂考取仕学员贡士靳志、师范生举人杨肇培，当于开学后住馆肄业。本年靳志补应殿试，朝考杨肇培中式贡士，均授职主事，签分工部学习行走。查该主事等研究科学，未可旷废，所有本署各项差使，应请停派，以便责令专心向学，俾底于成。为此备文咨会贵部，希即查照办理可也。须至咨者。
右咨
工部

北京大学综合档案·全宗一·卷32

浙江学政为周钜炜、李思浩请假事咨大学堂

(光绪二十九年八月二十四日)

　　大理寺少卿提督浙江全省学政张　为咨明事，据诸暨县优贡贵大学堂师范馆学生周钜炜禀称，乡试后感受风寒，调治未愈，吁求转咨，再行给假一月。又慈溪学廪生贵大学堂师范馆学生李思浩禀称，本届举行癸卯科优贡，蒙学举报申送应考，亦求转咨，再行给假一月。各等因前来本院复查属实，应据情咨明。为此合咨贵大学堂，请烦查施行。须至咨者。
右咨
京师大学堂

北京大学综合档案·全宗一·卷32

江西学政为学生蔡岘开办蒙学事咨大学堂

(光绪二十九年十月初二日)

　　江西学政吴　为据禀咨明事，本年九月内，据师范生蔡岘禀称，为禀求咨明事，窃生自请假归籍后，以途中过受湿热，致脚不良于行，迄今数月，虽获医调稍痊，然犹不时举发。但归籍未久，适本邑劝办蒙学甚急。生以为蒙学乃学堂之初阶，人材之盛，皆由于蒙养之正，而值此振兴学堂之时，当不置为缓图，乃力疾而起，与乡中父老日商开办之事。不期或以费欠，或以地隘互相推诿。生以一时卤莽，乃即自行措资开办。业已遵章由本邑禀报，在于城内华陀庙地方先行开学，今甫数月，颇著成效。而乡中父老，俱有跃然待兴之势，竞推生为董事，谊不容辞。伏思生既患脚疾，一时不能远涉京师入学起假，又恐已开之蒙学功败垂成。为此备由，禀求大人恩施，逾格俯准咨明，深为德便。上禀等情，据此查蔡岘既系请假回籍，身患脚疾，现在

省城开办蒙学，相应咨明贵大臣，请烦查照开除施行。须至咨者。
右咨
大学堂管学大臣

江西学政为学生请求续假事咨大学堂

(光绪二十九年十月初十日)

  江西学政吴　为据禀咨明事。本年十月内，据师范生王盛春、桂元度、高巨瑗等禀称：为请展假期，恳恩备咨事。窃学生盛春、巨瑗于本年闰五月，蒙管学大臣照章放假，给咨回籍乡试，业经投呈在案。恭绎钦定章程乡试放假，以省分之远近定限期之迟速，惟中式者又当别论。今学生盛春中式，本应遵章到堂肄业，奈一切事宜尚须料理，殊难兼顾。学生巨瑗，蒙取优生候宪会考，一切情形自应与学生盛春事同一律。恳恩咨明管学大臣展限假期，统于明春到堂肄业，断不迟延，致干咎戾，自外生成。惟学生元度于本年五月投咨入学，旋即抱病南归，有负栽培，殊深惭悚。今虽渐愈，尚未复元，本拟即日束装就道，又恐久病之躯难经风霜之苦。欲于明春偕学生盛春等到堂肄业，可否于请展假期并行？咨明之处伏乞宪裁。为此，联名恭叩大宗师大人辕下，恳恩备咨一律展限假期。倘蒙俯准，实出逾格成全，无任惶悚之至。上禀等情，据此相应咨明，为此合咨贵大臣，请烦查照准假施行。须至咨者。
右咨
大学堂管学大臣

江西学政为学生邓钧因家贫辞学事咨大学堂

(光绪二十九年十月初十日)

  江西学政吴　为据禀咨明事，本年十月内，据师范生邓钧禀称，为家贫境迫，无力留堂，恳恩行文进京开缺另补。事缘学生前年九月初五日，蒙恩考送京师大学肄业，又每月给津贴银六两，宪恩深重，感戴莫名。学生自应专心致知，无负栽培。无如家素贫寒，常赖就馆以给。一旦身入学堂，一人之吃用虽无空匮之虞，而一家之身口，又多饥寒之惨。具此万难，己之苦衷，不得不易向学之心，而为谋生之计，自甘暴弃之咎，固有难辞不堪作育之愆，亦所认受矣。顶祝上禀等情，据此相应咨明。为此合咨贵大臣，请烦查照开除施行。须至咨者。
右咨
大学堂管学大臣

浙江学政为周钜炜请求续假事咨大学堂

(光绪二十九年十一月初八日)

  太常寺卿提督浙江全省学政陈　为咨明事，为照诸暨县优贡生周钜炜，前因患病给假，业经前院咨明在案。兹据该生禀称，因前院留办杭州藏书楼一切事宜，现该书楼工程一时未能完竣，年内诚恐不及赴堂肄业，禀请转咨，再行给假。前来本院复查属实，相应咨明。为此合咨贵大学堂，请烦查照施行。须至咨者。
右咨
京师大学堂

大学堂知照江苏学务处准陶国梁回本省学堂肄业

（光绪三十二年正月二十九日）

代理大学堂总监督曹　为咨明事。案照本学堂师范馆江苏长洲县附生陶国梁禀称：窃生由苏省高等学堂毕业后，于上年九月间，荷蒙署抚宪端咨送京师，听候复试。嗣蒙分门考核后，以生等程度尚浅，派留京师，归入师范馆新班肄业。此固仰荷栽培，不遭屏弃，生等实深感激。不意至本年二月间，梁忽接生父病电信，不得不请假南旋。继因父病未能速痊，又函恳同学吴肇麟代请展假，后蒙恩格外体恤，准展假期。现在假期又满，而生父病体尚未康复，为子者，势难恝然远离，而又未便再事渎请。辗转思维，沥情呈请饬将生名开除以符限制外，并吁求援照奏定学堂章程载有凡毕业生应试不及格者，准回原学堂补习之条，给咨苏省学务处，俾生得仍回原学堂补习各科学，并可就近定省，则更沐鸿施，靡有既及等情。查该生因父病，情愿回原学堂补习，以便定省，出于人子至诚，自应准如所请。相应咨明贵处察夺施行。至该生去年津贴一百四十四两，已由吴生肇麟具领汇还。应请查照备案，饬知该生可也。须至咨者。
右咨
江苏学务处

大学堂为学生回衙供职事咨内阁文

（光绪三十二年七月初五日）

京师大学堂总监督李　为咨明事。案据本学堂师范学生黄嵩龄、杨玉衔禀称：窃学生等系内阁候补中书，前经禀请移咨内阁，免予派班派差在案。兹查本衙门派班仍系每月一期，与学堂功课两无妨碍。用恳咨回本衙门照常供职。等因据此，相应咨请贵衙门查照办理可也。须至咨呈者。
右咨呈
内阁

六、有关学生用具支给办法

请示预科学生学堂用品如何支给文

(光绪三十一年三月初四日)

京师大学堂总监督张　为咨商事。案照优级师范章程，学生在学费用均以官费支给。凡洋纸、铅笔、墨水之属，及东西洋教科书，向由学堂颁发，历办无异。惟现在预备科学生亦援例恳请由学堂颁发。学生寒畯居多，预科人数尚少，应否照给之处，相应咨明。贵大臣请烦酌夺见复。须至咨呈者。

右咨呈
学务大臣

查大学堂上年报销册，纸张、笔墨项下共支银二千六百二十四两有零，约以三分之二为学生所用，计一百四十人各占十二两有零。今照新生三百六十人核计，每年应共添纸张、笔墨等项银四千三百二十两有零。又大学堂上年报销册，书籍项下共支银一千九百十六两有零，照一百四十人核计，各占十三两有零。今加新生三百六十人，每年共添书籍、课本银四千九百二十六两有零。

支应处核呈
三月初九日

北京大学综合档案·全宗一·卷56

批准预科学生比照师范生发给学堂用品文

(光绪三十一年三月十九日)

总理学务大臣为咨复事。准贵总监督咨开。案照优级师范章程，学生在学费用，均以官费支给，凡洋纸、铅笔、墨水之属，及东西洋教科书，向由学堂颁发，历办无异。惟现在预科学生，亦援例恳请由学堂颁发。学生寒畯居多，预科人数尚少，应否照给之处，应请酌夺。见复等因。查此项，应照师范生一律发给，相应咨复贵总监督查照可也。须至咨者。

右咨
大学堂总监督

七、学生毕业、给奖等

（一）预备科

学部为大学堂毕业生请奖事咨会议政务处文
（宣统元年六月二十四日）

学部为恭录咨呈事。本月十八日，本部具奏大学堂预备师范两科毕业照章请奖一折，附奏大学堂学生方彦忱等分别提升一片，均奉旨，依议。钦此。相应恭录谕旨、粘抄原奏咨呈贵处钦遵可也。须至咨者。
右咨呈（粘原奏各一件）
会议政务处

附原奏件

奏为京师大学堂预备、师范两科学生毕业，照章请给奖励恭折仰祈圣鉴事。窃查京师大学堂于光绪三十年十一月招预备科及优级师范科学生各一班，按照奏定章程所定课程分类讲授。上年十二月，据大学堂总监督刘廷琛咨呈称，自预备、师范两科开学以来，截至本年冬底止，已届四年期满。所有各科课程均一律授讲完毕，自应准其毕业等因，当经臣部于上年十二月初八日至十四等日，就该学堂按照所授课程分日考试。又有因事未经与试之学生七名，于本年闰二月二十二日至二十七等日，在臣部分场补行考试，均由臣等督率司员将各科试卷详细校阅、评定分数。查照臣部奏定学堂考试章程以八十分以上者为最优等；以七十分以上者为优等；六十分以上者为中等。其主课有不满七十分及六十分者照章降等。计预备科学生取列最优等八名、优等二十二名、中等九十五名、下等及主课无分者八名。师范科学生取列最优等二十三名、优等七十七名、中等一百零三名、下等及主课无分者三名。查奏定大学堂预备科奖励章程内开，考列最优等者作为举人，内以内阁中书尽先补用；外以知州分省尽先补用。考列优等者作为举人，内以中书科中书尽先补用；外以知县分省尽先补用。考列中等者作为举人，内以部寺司务补用；外以通判分省补用。

又，光绪三十三年臣部具奏详拟师范奖励义务章程内开，优级师范学堂毕业考列最优等者作为师范科举人，以内阁中书尽先补用并加五品衔；考列优等者作为师范科举人，以中书科中书尽先补用，均令充当中学堂、初级师范学堂正教员，俟义务五年期满各以应升之阶分别京外、分部、分省遇缺即补；考列中等者作为师范科举人，以各部司务补用，令充中学堂、初级师范学堂正教员，俟义务五年期满，以应升之阶分别京外、分部、分省尽先补用。

又，考列最优等、优等、中等之毕业生原有官职，不愿就毕业奖励者，准具呈明以原官原班用各等语。此次该大学堂预备、师范两科毕业各生，臣等悉心考核，成绩尚优，所有预备科取列最优等之周昌寿等八名、优等之叶秉良等二十二名、中等之吴友莲等九十五名；师范科取列最优等之许维翰等二十三名、优等之裴学曾等七十七名、中等之葆谦等一百三十名,自应准其毕业,照章请奖。其预备科取列下等之赵乾年一名、主课无分之裘杰、伍大年、黄恩培、庄泽容、江义均、陈价藩、刘沄等七名,师范科列取下等之陆大中一名、主课无分之陈锡畴、范期梁等二名,均应照章补习一年再行考试。

又,预备科学生崔广钧、徐惕祥、吴肇麟等三名、师范科学生朱岐嶒、杨士京、郑万瞻、施文垚、杨湛霖、周锡龄、吴奎壁、袁世霖、周明珂、邹学伊、钟颂良、谢廷昌、马其则、崔学枋、汤葆元、常堉蕙、黄必芳、叶浩章、朱崇理、周瑞琦等二十名,现在丁忧期内,此次所得奖励均应俟服阕之后,再行发给凭照,以符定章。谨将该生等分数、履历分别缮具清单,恭呈御览。如蒙俞允,即由臣部咨行吏部钦遵办理。所有大学堂预备、师范两科学生毕业照章请奖缘由,谨恭折具陈。伏乞皇上圣鉴。谨奏。

宣统元年六月十八日奉旨依议。钦此。

谨将京师大学堂预备科毕业生等第、分数缮具清单,恭呈御览。(清单见附录)

中国第一历史档案馆·学部·文图庶务·卷351,《学部官报》第九十六期

附录　大学堂预备科学生毕业分数等第单

(宣统元年六月十八日)

计开

考列最优等八名

周昌寿,年二十四岁,浙江增生,毕业平均分数八十九分五厘三毫;

廖福同,年二十四岁,福建附生,毕业平均分数八十八分三厘五毫;

王　烈,年二十一岁,浙江优廪生,毕业平均分数八十八分三厘四毫;

陈其瑗,年二十三岁,广东人,毕业平均分数八十六分二厘二毫;

屠敏恒,年二十三岁,浙江人,毕业平均分数八十一分五厘六毫;

焦发第,年二十六岁,安徽监生,毕业平均分数八十分三厘二毫;

方彦忱,年二十七岁,安徽举人,毕业平均分数八十五分八厘一毫;

王祖训,年二十九岁,江苏附生,毕业平均分数八十二分三厘一毫。

以上毕业生八名,其方彦忱一名,系举人,拟请以内阁中书尽先补用。其周昌寿、廖福同、王烈、陈其瑗、屠敏恒、焦发第、王祖训七名,拟均请作为举人以内阁中书尽先补用。

考列优等二十二名

叶秉良,年二十五岁,浙江廪生,毕业平均分数八十六分三厘一毫(因图画主课不及七十分降优等);

陈培源,年二十五岁,福建举人,毕业平均分数八十六分二厘七毫(因地理主课不及七十分降优等);

张枢,年二十五岁,广东人,毕业平均分数八十五分八厘一毫(因图画主课不及七十分降优等);

李文骥,年二十四岁,广东人,毕业平均分数八十五分零二毫(因图画、地质矿物二门主课均不及七十分降优等);

区宗洛,年二十五岁,广东附生,毕业平均分数八十四分九厘(因图画主课不及七十分降优等);

胡宗楷,年二十二岁,广东人,毕业平均分数八十四分零九厘(因图画主课不及七十分降优等);

湛祖恩,年二十七岁,贵州人,毕业平均分数八十二分九厘八毫(因图画、地质矿物二门主课均不及七十分降优等);

秦炳汉,年二十六岁,浙江附生,毕业平均分数八十二分八厘三毫(因法学通论二门主课均不及七十分降优等);

陈颂芬,年二十七岁,广东廪生,毕业平均分数八十二分七厘三毫(因图画、地质矿物二门主课均不及七十分降优等);

林建伦,年二十三岁,福建人,毕业平均分数八十二分六厘七毫(因图画主课不及七十分降优等);

卢颂芳,年二十五岁,广东人,毕业平均分数八十二分三厘五毫(因物理、图画二门主课均不及七十分降优等);

区国著,年二十四岁,广东人,毕业平均分数七十九分八厘七毫;

孙信,年二十一岁,浙江附生,毕业平均分数七十九分八厘七毫;

毛恩旭,年二十六岁,顺天附生,毕业平均分数七十九分七厘五毫;

董嘉会,年二十七岁,安徽监生,毕业平均分数七十九分四厘二毫;

孙时勋,年三十岁,山西人,毕业平均分数七十八分一厘二毫;

郑君醴,年二十九岁,福建附生,毕业平均分数七十七分三厘八毫;

陈廷莹,年二十九岁,福建人,毕业平均分数七十六分二厘八毫;

温鸿达,年二十三岁,山东人,毕业平均分数七十六分二厘八毫;

顾宝埏,年二十九岁,江苏附生,毕业平均分数七十六分一厘三毫;

林斯高,年二十八岁,福建人,毕业平均分数七十三分八厘一毫;

陈季玉,年二十四岁,直隶附生,毕业平均分数八十二分四厘。

以上毕业生二十二名,其叶秉良、张枢、区宗洛、胡宗楷、湛祖恩、秦炳汉、陈颂芬、卢颂芳、孙信、毛恩旭、孙时勋、温鸿达、顾宝埏、陈季玉十四名拟均请作为举人,以中书科中书尽先补用。其陈培源一名原系举人,拟请以知县分省尽先补用。其李文骥、林建伦、区国著、董嘉会、郑君醴、陈廷莹、林斯高七名,均请作为举人以知县分省尽先补用。

考列中等九十五名

吴友邃,年二十二岁,浙江人,毕业平均分数八十二分二厘五毫(因图画主课不及六十分降中等);

区宗濂,年二十七岁,广东附生,毕业平均分数八十二分一厘二毫(因法学通论主课不及六十分降中等);

李经腴,年二十三岁,广东人,毕业平均分数八十一分七厘三毫(因地质矿物主课不及六十分降中等);

李逢宸,年二十七岁,山东人,毕业平均分数八十一分六厘六毫(因地质矿物主课不及六十分降中等);

李协,年二十八岁,陕西附生,毕业平均分数八十一分四厘六毫(因物理主课不及六十分降中等);

韩进之,年二十五岁,江苏监生,毕业平均分数八十一分三厘九毫(因德文主课不及六十分降中等);

雷豫,年二十四岁,湖南监生,毕业平均分数八十一分三厘七毫(因德文主课不及六十分降中等);

曹数宗,年二十七岁,广东人,毕业平均分数八十分六厘三毫(因法文、国际公法二门主课均不及六十分降中等);

秦汝钦,年二十七岁,江苏附贡生,毕业平均分数八十分五厘二毫(因德文主课不及六十分降中等);

陈叔玉,年二十五岁,直隶人,毕业平均分数八十分二厘二毫(因化学、图画、地质矿物三门主课均不及六十分降中等);

伍大光,年二十二岁,广东人,毕业平均分数七十九分九厘四毫(因地质矿物主课不及六十分降中等);

朱联沅,年二十四岁,浙江附贡生,毕业平均分数七十九分二厘七毫(因德文、化学、地质矿物三门主课不及六十分降中等);

秉志,年二十四岁,河南驻防正蓝旗满洲举人,毕业平均分数七十九分一厘(因英文主课不及六十分降中等);

麦棠,年二十五岁,广东附生,毕业平均分数七十八分九厘六毫(因地质矿物主课不及六十分降中等);

李景言,年二十四岁,福建附生,毕业平均分数七十八分八厘六毫(因德文主课不及六十分降中等);

梁鸿志,年二十六岁,福建举人,广东委用知县,毕业平均分数七十八分七厘二毫(因法学通论、国际公法二门主课均不及六十分降中等);

陈为铫,年二十六岁,福建附生,毕业平均分数七十八分四厘九毫(因地质矿物主课不及六十分降中等);

蒋梦桃,年二十九岁,浙江优廪贡生,毕业平均分数七十八分四厘六毫(因化学主课不及六十分降中等);

刘镇中,年二十四岁,福建人,毕业平均分数七十八分四厘四毫(因国际公法主课不及六十分降中等);

范觐冕,年二十二岁,福建优廪生,毕业平均分数七十八分四厘一毫(因英文、物理二门主课不及六十分降中等);

张宗元,年三十三岁,江苏附生,毕业平均分数七十七分八厘三毫(因国际公法主课不及六十分降中等);

陈器,年二十七岁,福建人,毕业平均分数七十八分二厘五毫(因德文、化学、地质矿物三门主课均不及六十分降中等);

冯宝璀,年二十九岁,广州驻防正白旗汉军东文翻译生员,毕业平均分数七十七分六厘一毫(因英文、地质矿物二门主课不及六十分降中等);

陈昭令,年二十五岁,直隶人,毕业平均分数七十七分四厘六毫(因英文、地质矿物二门主课不及六十分降中等);

戚家瀚,年二十五岁,浙江人,毕业平均分数七十六分八厘四毫(因图画主课不及六十分降中等);

梁光照,年二十五岁,湖北附生,毕业平均分数七十六分二厘(因地质矿物主课不及六十分降中等);

张其真,年二十七岁,江苏附生,毕业平均分数七十六分二毫(因法学通论主课不及六十分降中等);

关定波,年二十四岁,广东附生,毕业平均分数七十五分八厘六毫(因地质矿物主课不及六十分降中等);

吴肇麟,年二十九岁,江苏附生,毕业平均分数七十五分七厘五毫(因物理主课不及六十分降中等);

罗忠懋,年二十五岁,福建人,毕业平均分数七十五分七厘五毫(因化学主课不及六十分降中等);

蔡洵,年二十五岁,广东人,毕业平均分数七十五分七厘四毫(因图画主课不及六十分降中等);

高琨,年三十岁,广东附生,毕业平均分数七十五分六厘五毫(因国际公法主课不及六十分降中等);

孙祖昌,年二十三岁,奉天附生,毕业平均分数七十五分六厘三毫(因德文、地质矿物二门主课不及六十分降中等);

周运钧,年二十五岁,安徽附生,毕业平均分数七十五分六厘三毫(因地质矿物主课不及六十分降中等);

赵策安,年二十九岁,山东人,毕业平均分数七十五分五厘六毫(因法文、国际公法二门主课不及六十分降中等);

陈祥翰,年二十九岁,浙江附生,毕业平均分数七十五分五厘六毫(因德文、物理二门主课均不及六十分降中等);

崔庆钧,年二十六岁,直隶附生,毕业平均分数七十五分七厘四毫(因法文、国际公法二门主课均不及六十分降中等);

崇文,年二十八岁,河南驻防正蓝旗满洲举人,毕业平均分数七十五分三厘四毫(因法学通论、地理二门主课均不及六十分降中等);

汤龙骧,年二十五岁,广东举人,毕业平均分数七十五分二厘四毫(因地质矿物主课不及六十分降中等);

司徒衍,年二十三岁,广东人,毕业平均分数七十五分七毫(因地质矿物主课不及六十分降中等);

梁程,年二十七岁,广东人,毕业平均分数七十五分四毫(因英文、物理二门主课均不及六十分降中

等);

　　段砚田,年二十六岁,山西廪生,毕业平均分数七十四分七厘三毫(因英文、地质矿物二门主课均不及六十分降中等);

　　李景堃,年二十七岁,福建副贡,浙江补用知县,毕业平均分数七十四分五厘四毫(因历史、国际公法二门主课均不及六十分降中等);

　　曾元江,年二十五岁,湖北举人,毕业平均分数七十四分四厘三毫(因英文、图画二门主课不及六十分降中等);

　　何其枢,年三十岁,浙江附生,毕业平均分数七十四分三厘九毫(因国际公法主课不及六十分降中等);

　　林典,年二十九岁,浙江举人,毕业平均分数七十四分一厘(因法文、国际公法二门主课不及六十分降中等);

　　范期显,年三十一岁,安徽廪贡生,毕业平均分数七十四分一厘(因法文、化学二门主课不及六十分降中等);

　　陈兆焜,年二十四岁,广东举人,毕业平均分数七十三分七厘四毫(因算学、物理二门主课不及六十分降中等);

　　高普烽,年二十六岁,陕西增生,毕业平均分数七十三分七厘三毫(因德文主课不及六十分降中等);

　　喻实干,年二十二岁,浙江人,毕业平均分数七十三分六厘五毫(因地质矿物主课不及六十分降中等);

　　张鉴哲,年二十五岁,河南举人,毕业平均分数七十三分四厘七毫(因德文、物理、化学、地质矿物四门主课均不及六十分降中等);

　　顾立仁,年二十五岁,浙江附生,毕业平均分数七十三分四厘(因英文、物理、化学、地质矿物四门主课均不及六十分降中等);

　　庄泽宬,年二十二岁,浙江人,毕业平均分数七十三分二厘八毫(因地质矿物主课不及六十分降中等);

　　冯有林,年二十九岁,浙江优附生,毕业平均分数七十三分一厘五毫(因德文、地质矿物二门主课均不及六十分降中等);

　　谢镜第,年二十九岁,江苏廪生,毕业平均分数七十二分九厘六毫(因德文、化学二门主课均不及六十分降中等);

　　娄璈,年二十二岁,浙江人,毕业平均分数七十二分八厘九毫(因国际公法、地理二门主课均不及六十分降中等);

　　路敬继,年二十四岁,河南附生,毕业平均分数七十二分五厘八毫(因德文主课不及六十分降中等);

　　徐惕祥,年二十五岁,江苏人,毕业平均分数七十二分五厘八毫(因化学、地质矿物二门主课均不及六十分降中等);

　　姚国桢,年二十六岁,安徽人,毕业平均分数七十二分四厘(因德文、图画二门主课均不及六十分降中等);

　　冯士光,年二十七岁,贵州增生,毕业平均分数七十二分三厘六毫(因法学通论、国际公法二门主课均不及六十分降中等);

　　吴咏麟,年二十七岁,福建人,毕业平均分数七十二分二厘三毫(因英文、图画、地质矿物三门主课不及六十分降中等);

　　王超,年二十八岁,浙江附生,毕业平均分数七十二分零七毫(因国际公法主课不及六十分降中等);

　　王斌,年二十五岁,浙江优廪生,毕业平均分数七十一分五厘七毫(因法学通论、国际公法二门主课均不及六十分降中等);

　　周翰,年二十五岁,浙江附生,毕业平均分数七十一分四厘九毫(因德文、化学二门主课均不及六十分降中等);

　　司徒颖,年二十七岁,广东附生,毕业平均分数七十一分一厘八毫(因英文、化学、图画三门主课均不及

六十分降中等);

毓沧,年三十一岁,福州驻防厢红旗满洲举人,福建候补知县,毕业平均分数七十一分一厘七毫(因法文、法学通论、国际公法三门主课均不及六十分降中等);

郑彤雯,年二十八岁,直隶人,毕业平均分数七十一分一厘(因法文、法学通论、国际公法、理财四门主课均不及六十分降中等);

彭绍祖,年二十二岁,湖南监生,毕业平均分数七十一分(因德文、物理、化学、地质矿物四门主课均不及六十分降中等);

刘国钧,年二十六岁,湖南监生,毕业平均分数七十分九厘(因德文、物理、化学、地质矿物四门主课均不及六十分降中等);

张积诚,年二十三岁,甘肃附生,毕业平均分数七十分四厘六毫(因德文、化学、地质矿物三门主课均不及六十分降中等);

李钧寰,年二十四岁,广东附生,毕业平均分数七十分四厘四毫(因法文主课不及六十分降中等);

何璇先,年二十九岁,福建附生,毕业平均分数七十分四毫(因法学通论、国际公法、理财三门主课均不及六十分降中等);

李崇实,年二十六岁,湖南监生,毕业平均分数六十九分九厘八毫;

钟启贤,年二十三岁,湖南人,毕业平均分数六十九分九厘;

姚人鉴,年二十三岁,浙江人,毕业平均分数六十九分七厘三毫;

李博,年三十岁,陕西人,毕业平均分数六十九分四厘六毫;

李钟珩,年二十七岁,直隶附生,毕业平均分数六十九分四厘六毫;

孙炳元,年二十九岁,甘肃附生,毕业平均分数六十九分四厘一毫;

陈绍虞,年三十三岁,陕西优廪生,毕业平均分数六十九分一厘八毫;

刘祖荫,年二十五岁,云南附生,毕业平均分数六十九分一厘;

洗继朴,年二十九岁,广东人,毕业平均分数六十八分九厘四毫;

黎惠中,年二十六岁,广东人,毕业平均分数六十八分七厘;

胡宗模,年二十四岁,广东人,毕业平均分数六十七分七厘;

陆是元,年三十四岁,江苏人,毕业平均分数六十七分三厘;

陈麟书,年二十五岁,浙江附生,毕业平均分数六十七分二厘九毫;

袁炳,年二十七岁,浙江附生,毕业平均分数六十七分零四毫;

喻品衡,年二十七岁,浙江附生,毕业平均分数六十七分零一毫;

吴定邦,年二十五岁,江西监生,毕业平均分数六十六分二厘七毫;

刘毓瑶,年二十二岁,直隶人,毕业平均分数六十六分一厘;

刘星楠,年二十八岁,山东附生,毕业平均分数六十六分零五毫;

汪榘,年二十五岁,安徽监生,毕业平均分数六十五分七厘七毫;

邬友能,年二十一岁,浙江监生,毕业平均分数六十五分一厘六毫;

彭绳祖,年二十四岁,湖南监生,毕业平均分数六十三分七厘三毫;

常国纶,年二十四岁,湖南人,毕业平均分数六十三分五厘九毫。

以上毕业生九十五名。梁鸿志一名,原系举人,广西委用知县,毓沧一名,原系举人,福建候补知县,均请就本班拟援照师范学生愿就本班例,准其分发原省以原官原班用。其李景堃一名原系副贡,浙江补用知县,拟请作为举人以原官分发补用。其秉志、崇文、林典、张鉴哲、袁炳五名原系举人,拟请均以各部司务补用。其吴友蘧、李经腴、李逢宸、李协、雷豫、陈汝钦、陈叔玉、朱联沅、蒋梦桃、沈觐冕、陈器、钱家瀚、梁光照、张其真、吴肇麟、罗忠懋、蔡洵、孙祖昌、赵策安、陈祥翰、司徒衍、梁程、段砚田、何其枢、喻实翰、庄泽宬、冯有林、娄璬、路敬继、徐惕祥、姚国桢、冯士光、王超、王斌、周翰、司徒颖、郑彤雯、彭绍祖、刘国钧、李崇实、钟启贤、李博、冼继朴、黎惠中、胡宗模、喻品衡、吴定邦、刘星楠、刘毓瑶、汪榘、邬友能、彭绍祖、常国纶五十三名，拟请作为举人以各部司务补用。其汤龙骧、曹元江、陈兆鲲三名原系举人，拟请以通判分省补用。其区宗濂、韩进之、曹数宗、伍大光、麦棠、李景言、陈为铫、刘镇中、张宗元、冯宝璀、陈昭令、关定波、高理、周运钧、崔庆钧、范期显、徐咸泰、高普烨、顾立仁、谢镜第、吴咏麟、张积诚、李钧寰、何璇光、姚人鉴、李钟衍、孙炳元、陈绍虞、刘祖荫、陆是元、陈麟书三十一名，均请作为举人通判分省补用。

《学部官报》第九十六期

（二）师　　范

咨大学堂查照师范生毕业考试分数册暨等第分数表列榜晓示文

（光绪三十三年二月初五日）

　　学部为咨行事。去年十一月初十日准咨开大学堂师范馆于光绪二十八年十一月内开学，嗣因奏定新章分为四类，当时添聘教员，组织学科，一时未能完备，遂至分类稍迟。计自开学截至本年十二月底止，实已历四年有奇，所习公共科计多一学期，而分类则少一学期，业经前总监督张体察情形，准以满四年为毕业之期。查师范各类课程，均于年内一律授毕，自应准其毕业等因，并陆续咨送师范旧班学生各科讲义、师范生履历册、旷课册、功课成绩表、本学期年考课卷先后到部。业经本部于本年正月十三日至十八等日，就该学堂分科考试。兹将各卷派员校阅，评定分数，以毕业考试平均分数与历次学期总平均分数平均计算，各按分数多寡，遵照本部奏定各学堂考试章程，分别等第。其毕业考试主课分数不及格者，各降一等，计取定最优等十八名，优等六十一名，中等二十一名，下等四名。除由本部酌核奏请奖励外，相应将师范生毕业考试分数册暨等第分数表咨行贵总监督查照，拆对弥封，列榜晓示，并将弥封姓名造册见复可也。须至咨者。

《学部官报》第十八期（光绪三十三年三月十一日）

咨复大学堂师范生笔记成绩查照转发文

（光绪三十三年二月初六日）

　　学部为咨行事。准咨开，本学堂旧班师范生现已毕业，兹将师范生笔记成绩三种遵章汇呈考核，惟此项笔记多系草创底稿，该生等尚拟领回润色，应请查阅后发还，以便转给等因，并陆续咨送笔记成绩多种暨本学期年考课卷先后到部。兹经派员披阅所呈成绩，笔记虽诣力各有深浅，而其所学皆由平日铢积寸累而成，既见学生用功之能勤，亦见教员授课之有法。相应咨复贵总监督查照转发可也。须至咨者。

《学部官报》第十八期（光绪三十三年三月十一日）

学部奏请大学堂师范生毕业照章给奖折

(光绪三十三年三月十五日)

奏为大学堂优级师范生毕业照章请给奖励恭折仰祈圣鉴事。窃京师大学堂师范馆经前管学大臣于光绪二十八年奏准开办，嗣因援照奏定优级师范学堂章程，将该馆课目分为四类，分门肄习以四年毕业。上年十二月据大学堂总监督咨称，自师范馆开学截至本年冬底止，实已历四年有奇，所有四类课程，均于年内一律授毕，自应准其毕业等因，并陆续咨送旧班学生各科讲义、履历、功课表册、年考课卷先后到部。业经臣部于本年正月十三日至十八日，就该学堂分科考试，臣等督率部员将各科试卷详悉校阅，评定分数，以毕业考试平均分数与历次学期总平均计算，查照臣部奏定学堂考试新章，计取最优等十八名，优等六十一名，中等二十一名，下等四名。臣等查该学生等专心学业，时历四载，此次试验成绩颇优，下等四名仅发给及格文凭，俟义务年满再行给奖外，其余中等以上各生，自应照章请奖。

查本年二月臣部因奏定优级师范学堂章程，应奖之国子监博士助教等官，业经裁撤按品比拟考列最优等者，为师范科举人，以内阁中书尽先补用，并加五品衔；考列优等者，作为师范科举人，以中书科中书尽先补用；考列中等者作为师范科举人，以各部司务补用。又考列最优等、优等、中等之毕业生，原有官职不愿就毕业奖励者，准其呈明以原官原班用。奉旨依议在案。此次最优等、优等、中等各生，均按照分数等第发给文凭，照章拟奖，另缮清单恭呈御览。合无仰恳天恩俯准照章给奖，以励师资而策实学。如蒙俞允，即由臣部行知内阁吏部照例办理。除举人廖道传、副贡贵恒二名据呈均系候选同知，愿就原官。现已行查度支部尚未据复，一俟该员呈验执照，咨复到部再行办理外，所有大学堂优级师范生毕业照章请奖缘由，理合恭折具陈。伏乞皇太后、皇上圣鉴。谨奏。光绪三十三年三月十五日具奏。奉旨，依议。钦此。

谨将大学堂优级师范毕业生照章分别等第请给奖励，缮单恭呈御览。(缮单见附录)

《学部官报》第十九期(光绪三十三年三月二十一日)

补奖大学堂优级师范生顾德保等折

(光绪三十三年七月初十日)

奏为补考大学堂优师范毕业生，拟请照章给奖恭折仰祈　圣鉴事。窃本年京师大学堂优级师范学生毕业案内，有第一类学生顾德保、顾德馨、顾大征三名，于去年十一月丁艰未与毕业考试。兹据大学堂总监督咨称，该生等早逾百日请准补考前来。臣部已于四月十三日至十八日，即在署内分科考试，臣等督率部员将该生等试卷详悉校阅，评定分数。以毕业考试平均分数与历次学期总平均分数平均计算，计取最优等一名、优等一名、中等一名，除按照该生等分数第发给文凭外，另缮清单恭呈御览。合无仰恳天恩俯准将补考毕业之顾德保等，按照臣部奏定优级师范学堂奖励新章分别给奖，以励师资而宏教育。如蒙俞允，即由臣部行知内阁吏部照例办理。所有补考大学堂优级师范毕业生照章给奖缘由，理合恭折具陈。伏乞皇太后、皇上圣鉴。谨奏。光绪三十三年七月初十日具奏。奉旨依议，钦此。

谨将大学堂优级师范毕业生分别等第补请给奖缮单恭呈御览。

计开

考列最优等一名

顾德保,年二十四岁,顺天附生,毕业平均分数八十七分五厘八毫。拟请奖给师范科举人,以内阁中书尽先补用,并加五品衔。

考列优等一名

顾德馨,年二十二岁,顺天附生,毕业平均分数七十六分九厘一毫。拟请奖给师范科举人,以中书科中书尽先补用。

考列中等一名

顾大征,年二十一岁,顺天监生,毕业平均分数六十七分二厘五毫。拟请奖给师范科举人,以各部司务补用。

《学部官报》第二十九期(光绪三十三年七月初一日)

请变通奖给大学堂优级师范蒙古毕业生折

(光绪三十三年七月二十日)

奏为大学堂优级师范蒙古毕业生,拟请变通给奖恭折仰祈圣鉴事。窃本年三月,臣部奏奖京师大学堂优级师范毕业生,其考列优等之增普一名,照章请给师范科举人,以中书科中书尽先补用。奉旨依议。钦此。当即行知吏部,钦遵在案。

旋准吏部咨称,查增普系正黄旗蒙古增生旗员,中书科中书系属满洲人员,额缺遇有缺出由内阁满洲典籍中书统行论俸铨选,并无蒙古人员额缺,亦无补用班次。所有此次录用之中书科中书增普一员,应如何以品调用之处,应由学部奏明请旨等因前来。臣等查增普一员,籍隶蒙古,而中书科中书既无蒙古额缺,自应按品对调。惟查蒙古官员品级,考所有钦天监从七品员缺,非精通算数者不能任用,其国子监助教等缺又经裁撤。臣等按品比拟,惟各部七品小京官其品级既与中书科中书相同,又无一定额缺,增普系师范科举人,尤为合格,请将考列优等之师范毕业生上次请奖中书科中书增普一员,改奖以各部七品小京官。如蒙俞允,即由臣部咨行吏部照例办理。嗣后优级师范学堂、高等学堂如有蒙古毕业学生考列优等者,并请援照办理。庶于变通之中仍寓核实之意。所有优级师范蒙古毕业生变通给奖缘由,谨恭折具陈。伏乞皇太后、皇上圣鉴。谨奏。光绪三十三年七月二十日具奏。奉旨依议。钦此。

《学部官报》第三十期(光绪三十三年七月十一日)

咨复吏部大学堂毕业得奖司务各员签分办法文

(宣统元年七月二十日)

为咨复事。准吏部咨称,查前准学部咨称,光绪三十三年本部具奏详议师范奖励义务章程一折,奉旨依议,钦此。钦遵在案。

原折内开,优级师范学堂毕业,考列中等者作为师范科举人,以各部司务补用等语。本年京师大学堂优级师范各生毕业,应自遵照办理。惟查近年各部官制迭经变更,此项司务员缺多已裁撤,所有该生等应得司务奖励,照章必须充当教员,义务限满后保以升阶。若照新章,司务与录事等官按品改用办法，概予签分各部，于将来保奖升阶之处，未能画一，殊多窒碍。似应各按设有司务额缺之部分别签掣，较为妥洽等因，当经本部咨复照准，本以师范毕业照章不准在部当差，将来义务限满即归升阶情形，尚无窒碍。

　　今查单内补用司务一项，师范科九十九名，外又增出预备科五十八名，人数过多，而预备科员并无教员义务，势不能令其当差。司务一官本系孤缺，自各部裁改后，所有裁缺改官人员，每月分发均萃于吏、礼、学三部，已属异常拥挤。若各部一时骤增五十余员，不为无缺可补，且恐无差可当，此后学堂毕业源源而来，益将无法。位置似应略为变通，此项毕业人员无论新旧，各部有无缺额，均令一律签分。其应尽义务者，俟限满之后归入升阶，分别核办。其在部当差者，除设有额缺衙门按班补用外，其余各部令以对品官阶借补。一切升转仍照司务原官办理，庶拥滞可资疏通而该员等亦得及时自效。惟是否可行，仍希贵部核复，以凭办理等因前来。

　　正核办间，旋据大学堂预备科中等毕业生吴友蘧、师范科中等毕业生葆谦等禀称，窃学生等毕业考列中等，蒙大部照章奏奖举人以各部司务补用，奉旨依议，钦此。在案。惟司务吏、礼、学三部现有额缺，余部均已裁撤。吏部新章以司务签分各部者，如部中无此缺，为录事书记等官，学生等伏查司务之与录事等官，品级既微，不同升阶又复殊异。且司务在部可以办事，若录事等则专供书写，其他非所得与以曾学专门之人置于抄胥之役，似非国家与学育才之意。前禀恳本堂监督咨商大部签分各部之时，尚求变通归章，畀以相当之职置之有用之地，不特不如录事之徒供缮写，且得与司务同一升阶等情。蒙大部俯鉴下情，咨行吏部专就有司务之部掣签，学生等同深铭感。昨闻吏部以三部骤分百数十人，未免拥滞，仍滞各部统分以示疏通，兼广学业致用之途，具征鼓励人才之至意。惟闻无司务之部拟对品改用他官，升阶则仍定为主事，已咨商学部。学生等伏念区区下情，大部已洞鉴于先，必能曲全于后。惟咨复吏部时，必有完善办法，而后可使学生等签分到部后，无复有改用录事书记之虞。伏查陆军部裁撤司务后，有以司务签分到部者，至今尚设司务之名，亦有改补笔帖式者。又，优拔贡及留学生廷试以七品小京官用者，分至向无小京官之部，亦仍其名。又，农工商部官制新添设八品小京官，实与司务相当，此次学生等签分十部，可否仰恳咨商吏部通咨各部，如部中向无司务缺者，或到部后仍沿司务之名，或即改为八品小京官，仍照司务直升主事。如掣无司务之部，仍必须照章改用录事、书记等官，则学生等恳仍签分吏、礼、学三部或照优拔贡及留学生廷试后分部例，添分外务部。外务部本有司务一缺，而学生等所学中外法政、外国语文等科，实于外务部需用人员尚属合格。以上各节既属下情公愿，又与奏案相符，为此仰求大部俯鉴下情，恩赐所筹办法，咨复吏部实为公便等情到部。

　　据此查大学预科、高等学堂及优级师范学堂毕业，取列中等者，照章给奖各部司务。现在各省高等学堂及优级师范学堂陆续毕业，奖给司务必多，而各部司务缺额，半多裁撤，诚不无拥滞之虞。吏部所拟变通办法，自系为疏通起见，用意至为妥周。惟据该生等所禀，斤斤以对品借补，恐改用录事、书记等官为虑。因请商吏部，通咨各部，如部中向无司务缺者，或到部后仍沿司务之名，或即改为八品小京官仍留司务原官，将来可望直升主事，或照优拔贡及留学生廷试后分部，例添分外务部等语。是否可行，相应咨复查核办理可也。须至咨者。

《学部官报》第一百期

毕业生支领派遣费具单

（宣统元年八月三十日）

日本留学师范毕业生恒隆为出具墨领事，依奉领得赵新疆服务川资京平银三百五十两，两月薪水京平银二百四十两。所具墨领是实。

恒隆
宣统元年八月卅日

日本留学师范毕业生崇文为出具墨领事，依奉领得赵新疆服务川资京平银三百五十两，两月薪水京平银二百四十两。所具墨领是实。

崇文
宣统元年八月卅日

中国第一历史档案馆·学部·文图庶务·卷344

附录1 大学堂师范生毕业分数等第单
（光绪三十三年三月十五日）

计开

考列最优等十七名

王松寿，年二十三岁，浙江监生，毕业平均分数八十五分五厘四毫；
吴鼎新，年二十八岁，广东附生，毕业平均分数八十五分零五毫；
孙昌烜，年二十三岁，江苏举人，毕业平均分数八十四分八厘八毫；
于洪起，年三十岁，山东廪生，毕业平均分数八十四分二厘七毫；
萧承弼，年三十三岁，山东增生，毕业平均分数八十四分二厘一毫；
李树滋，年二十三岁，奉天举人，陆军部主事，毕业平均分数八十三分七厘九毫；
顾宗裴，年三十二岁，江苏增生，毕业平均分数八十三分六厘一毫；
戴丹诚，年三十三岁，湖南廪贡，毕业平均分数八十三分四厘三毫；
关翰昭，年三十一岁，广东廪贡，毕业平均分数八十三分一厘六毫；
李登选，年二十九岁，山东附生，毕业平均分数八十二分三厘二毫；
关庆麟，年二十八岁，广东廪贡，度支部主事，毕业平均分数八十二分一厘九毫；
李荣黻，年二十九岁，安徽监生，毕业平均分数八十二分八毫；
任　重，年三十一岁，浙江举人，拣发广东知县，毕业平均分数八十一分五厘四毫；
吴景濂，年三十四岁，正黄旗汉军副贡，毕业平均分数八十分九厘二毫；
封汝谔，年二十六岁，直隶廪生，毕业平均分数八十分八厘八毫；
刘式谍，年二十八岁，直隶监生，毕业平均分数八十分一厘九毫；
邹应萱，年二十二岁，江苏监生，毕业平均分数八十分一厘。

以上毕业生十七名，其李树滋一名，原系举人，陆军部主事，任重一名，原系举人，拣发广东知县，拟请均以原官原班用，并加五品衔。其关庆麟一名，原系度支部主事，拟请给师范科举人，以原官原班用，并加五品衔。其孙昌烜一名，原系举人，拟请以内阁中书尽先补用，并加五品衔。其王松寿、吴鼎新、于洪起、萧承弼、顾宗裴、戴丹诚、关翰昭、李登选、李荣黻、吴景濂、封汝谔、刘式诶、邹应萱等十三名拟请均给师范科举人，以内阁中书尽先补用，并加五品衔。

考列优等六十名

韩述祖，年二十二岁，顺天监生，毕业平均分数八十四分六厘六毫；
由云龙，年二十九岁，云南举人，毕业平均分数八十四分八厘；
鲍诚毅，年二十六岁，江苏附生，毕业平均分数八十三分五厘四毫；
李恩藻，年二十八岁，江苏增生，毕业平均分数八十三分七厘；
胡汝麟，年二十四岁，河南附生，毕业平均分数八十一分八厘三毫；
谢运骐，年二十二岁，四川附生，毕业平均分数八十一分八厘三毫；
梁兆潢，年二十九岁，直隶附生，毕业平均分数八十一分一厘四毫；
程祖彝，年二十四岁，广东附贡，毕业平均分数八十分九厘五毫；
潘　敬，年二十一岁，广东监生，毕业平均分数八十分九厘一毫。

以上九名因主课内有一科不满七十分，照章不列最优等。

段廷珪，年二十九岁，湖南附生，毕业平均分数七十九分七厘二毫；
杜福堃，年二十五岁，浙江监生，毕业平均分数七十九分三厘八毫；
王荣官，年二十二岁，江苏附生，毕业平均分数七十九分三厘六毫；
黄尚毅，年二十七岁，四川举人，毕业平均分数七十九分三厘二毫；
张　灏，年二十五岁，直隶附生，毕业平均分数七十九分二厘七毫；
夏寿同，年二十五岁，直隶监生，毕业平均分数七十九分一厘五毫；
朱兆莘，年二十七岁，广东廪贡，毕业平均分数七十九分一厘一毫；
吴燮梅，年二十八岁，广东廪贡，毕业平均分数七十九分一毫；
祁　杰，年二十八岁，广东廪贡，毕业平均分数七十八分七厘六毫；
叶开寅，年三十岁，湖北廪贡，毕业平均分数七十八分五厘五毫；
张家驹，年三十岁，四川举人，拣选热河知县，毕业平均分数七十八分四厘二毫；
姚梓芳，年三十六岁，广东廪贡法部主事，毕业平均分数七十八分四厘；
陈伯骃，年二十六岁，广东监生，毕业平均分数七十八分四毫；
杨锟锘，年二十二岁，直隶附生，毕业平均分数七十八分四毫；
王廷珪，年三十三岁，直隶廪生，毕业平均分数七十七分九厘九毫；
孙鼎烜，年二十五岁，江苏附生，毕业平均分数七十七分九厘七毫；
曹　冕，年二十八岁，广东附贡，毕业平均分数七十七分八厘七毫；
王泽闾，年二十九岁，山西举人，毕业平均分数七十七分七厘六毫；
胡祥麟，年三十岁，广东监生，毕业平均分数七十七分七厘二毫；
刘盥训，年二十八岁，山西廪生，毕业平均分数七十七分六厘五毫；
余敏时，年二十七岁，浙江附生，毕业平均分数七十七分五厘八毫；
卢崇恩，年四十岁，广东增生，毕业平均分数七十七分五厘七毫；
田士懿，年三十一岁，山东举人，毕业平均分数七十七分五厘一毫；
瞿士勋，年二十八岁，江苏廪生，毕业平均分数七十七分五厘；
王道元，年二十七岁，直隶举人，吏部主事，毕业平均分数七十七分一厘四毫；
向同鏊，年二十六岁，湖南廪生，毕业平均分数七十七分一厘三毫；
伦　明，年二十九岁，广东举人，拣发广西知县，毕业平均分数七十六分八厘七毫；
念梅荫，年三十岁，山东廪生，毕业平均分数七十六分七厘；

丁嘉乃,年三十二岁,浙江监生,毕业平均分数七十六分四厘五毫;
柯 瑸,年二十九岁,浙江附生,毕业平均分数七十六分四厘三毫;
伦 叙,年二十七岁,广东举人,拣选知县,毕业平均分数七十六分九毫;
胡璧城,年三十三岁,安徽举人,毕业平均分数七十五分九厘九毫;
何焱森,年三十岁,广东附贡,毕业平均分数七十五分三厘五毫;
时经训,年二十九岁,河南拔贡,毕业平均分数七十五分三厘一毫;
姚 云,年三十三岁,江苏附生,毕业平均分数七十五分六毫;
高绩颐,年三十二岁,顺天监生,毕业平均分数七十四分八厘一毫;
卢荣光,年二十七岁,江西廪生,毕业平均分数七十四分五厘七毫;
张达琛,年三十六岁,广东拔贡候选知县,毕业平均分数七十四分五厘五毫;
伦 鉴,年二十七岁,广东监生,毕业平均分数七十四分三厘三毫;
陈继鹏,年二十五岁,湖南监生,毕业平均分数七十四分三厘二毫;
李庆明,年三十三岁,直隶廪生,毕业平均分数七十四分八毫;
邹大镛,年三十二岁,奉天副贡,陆军部主事,毕业平均分数七十三分八厘一毫;
贺同庆,年三十二岁,江苏廪生,毕业平均分数七十三分四厘三毫;
张绍言,年三十岁,四川举人,考取内阁中书,毕业平均分数七十三分三厘四毫;
陈嗣光,年二十六岁,山东监生,毕业平均分数七十二分七厘五毫;
黄嵩令,年二十九岁,广东举人,考取内阁中书,毕业平均分数七十二分七厘四毫;
阮志道,年二十三岁,江苏附生,毕业平均分数七十二分七厘;
黄甫衣,年二十九岁,安徽附生,毕业平均分数七十二分五厘九毫;
增 普,年三十岁,正黄旗蒙古增生,毕业平均分数七十一分五厘一毫;
董凤华,年二十六岁,直隶附生,毕业平均分数七十一分一厘五毫;
王世隽,年二十五岁,山东增生,毕业平均分数七十分二厘二毫。

以上毕业生六十名,其张家驹一名,原系举人,拣选热河知县,王道一名,原系举人,吏部主事,伦明一名,原系举人,拣发广西知县,伦叙一名,原系举人,拣选知县,张绍言、黄嵩令二名,原系举人,考取内阁中书,拟请均以原官原班用。姚梓芳一名,原法部主事,张达琛一名,原系候选知县,邹大镛一名,原系陆军部主事,拟请均给师范科举人,以原官原班用。其由云龙、黄尚毅、王泽闿、田士懿、胡璧城五名原系举人,拟请以中书科中书尽先补用。其韩述祖、鲍承毅、李恩藻、胡汝麟、谢运麒、梁兆璜、程祖彝、潘敬、段廷珪、杜福堃、王荣官、张灏、夏寿同、朱兆莘、吴燮梅、祁杰、叶开寅、陈伯驹、杨锟铻、王廷珪、孙鼎烜、曹冕、胡祥麟、刘盥训、余敏时、卢崇恩、瞿士勋、向同鋆、念梅荫、丁嘉乃、柯瑸、何焱森、时经训、姚云、高绩颐、卢荣光、伦鉴、陈继鹏、李庆明、贺同庆、陈嗣光、阮志道、黄甫衣、增普、董凤华、王世隽等四十六名拟请均给师范科举人,以中书科中书尽先补用。

考列中等二十一名

曾载峙,年二十九岁,湖南人,毕业平均分数七十六分九厘一毫;
张熙敬,年二十五岁,顺天廪生,毕业平均分数七十三分六厘四毫;
以上二名因主课内有一科不满六十分,照章不列优等。
朱廷佐,年二十六岁,湖北附生,毕业平均分数六十九分九厘二毫;
段以修,年二十三岁,四川举人,拣选知县,毕业平均分数六十九分八厘七毫;
丁作霖,年三十一岁,直隶增生,毕业平均分数六十九分三厘八毫;
张东烈,年三十八岁,江苏廪贡,毕业平均分数六十九分三厘三毫;

广　源，年二十八岁，镶红旗汉军附生，毕业平均分数六十九分；
　　张伯钦，年三十岁，安徽附贡，毕业平均分数六十八分九厘七毫；
　　张钜源，年三十二岁，湖南附贡，毕业平均分数六十八分八厘六毫；
　　卓　烨，年二十八岁，四川监生，毕业平均分数六十八分一厘六毫；
　　卢时立，年二十九岁，浙江廪贡，毕业平均分数六十七分六厘；
　　陈　鏴，年四十九岁，福建监生，直隶补用同知，毕业平均分数六十七分三毫；
　　刘湛霖，年二十七岁，湖南监生，度支部主事，毕业平均分数六十六分六厘三毫；
　　周尔璧，年三十四岁，江西优贡，毕业平均分数六十六分一厘二毫；
　　孙鸿烜，年二十四岁，江苏监生，毕业平均分数六十四分六厘二毫；
　　穆奎令，年二十六岁，直隶监生，毕业平均分数六十四分五厘三毫；
　　松　照，年三十六岁，镶白旗蒙古附生，沧州驻防，毕业平均分数六十四分五厘二毫；
　　马象雍，年三十岁，湖南举人，拣选知县，毕业平均分数六十四分六毫；
　　朱应奎，年二十四岁，江苏监生，毕业平均分数六十三分一毫；
　　吕志贞，年二十九岁，安徽附生，毕业平均分数六十二分二厘；
　　伍作楫，年三十岁，湖南监生，毕业平均分数六十一分八厘八毫。
　　以上毕业生二十一名，其段以修、马象雍二名，原系举人，拣选知县，拟请均以原官原班补用。其陈鏴一名，原系直隶补用同知、刘湛霖一名，原系度支部主事，拟请均给师范科举人，以原官原班用。其曾载畴、张熙敬、朱廷佐、丁作霖、张东烈、广源、张伯钦、张钜源、卓烨、卢时立、周尔璧、孙鸿烜、穆奎令、松照、朱应奎、吕志贞、伍作楫等十七名，拟请均给师范科举人，以各部司务补用。

《学部官报》第十九期（光绪三十三年三月二十一日）

2. 大学堂师范科学生毕业分数等第单

（宣统元年六月十八日）

　　计开

考列最优等二十三名

　　许维翰，年二十七岁，广东附生，毕业平均分数八十六分五厘二毫；
　　海清，年二十八岁，盛京镶蓝旗满洲附生，毕业平均分数八十五分二厘；
　　史雱，年二十八岁，江苏廪生，毕业平均分数八十四分七厘五毫；
　　周九龄，年二十八岁，江西举人，拣发广东知县，毕业平均分数八十四分一厘三毫；
　　周瑞琦，年二十八岁，广西监生，毕业平均分数八十三分二厘；
　　唐仰棪，年二十九岁，山东附贡，毕业平均分数八十二分八厘；
　　张秀升，年三十岁，山西增生，毕业平均分数八十二分七厘一毫；
　　田尚志，年三十五岁，湖南廪生，毕业平均分数八十一分九厘三毫；
　　陈兴廉，年二十六岁，云南附贡，毕业平均分数八十一分四厘四毫；
　　俞钟珽，年二十七岁，江苏附生，毕业平均分数八十一分三厘九毫；
　　宋凤纯，年二十七岁，盛京内务府正白旗汉军附生，毕业平均分数八十一分三厘三毫；
　　吴彤锡，年三十一岁，江苏附生，毕业平均分数八十一分三厘一毫；
　　吴沂，年三十八岁，安徽附生，毕业平均分数八十一分零九毫；
　　王凤昌，年三十一岁，湖南优廪生，毕业平均分数八十一分零三毫；
　　苏世樟，年二十九岁，直隶人，度支部主事，毕业平均分数八十分零七厘八毫；

高培元,年二十六岁,四川廪生,毕业平均分数八十分零六厘九毫;

刘宗向,年二十九岁,湖南优廪生,毕业平均分数八十分零六厘五毫;

石山倜,年三十三岁,湖北廪贡,毕业平均分数八十分零六厘一毫;

史树璋,年二十五岁,直隶附生,毕业平均分数八十分零三厘;

杨协元,年二十七岁,贵州附生,毕业平均分数八十分零一厘五毫;

张士麟,年三十五岁,云南举人,度支部主事,毕业平均分数八十分零八毫;

张鸿翼,年二十三岁,云南附生,毕业平均分数八十六分五厘八毫;

毛鹭,年三十二岁,江西举人,拣发广西知县,毕业平均分数八十三分一厘九毫。

以上毕业生二十三名。内周九龄一名,原系举人,拣发广东知县;苏世樟一名,原系举人,丁未科举贡,会考一等签分度支部主事,拟请均以原官用并加五品衔。张士麟、毛鹭二名,原系举人,拟请均以内阁中书尽先补用,并加五品衔。其许维翰、海清、史甯、周瑞琦、唐仰櫆、张秀升、田尚志、陈兴廉、俞钟珽、宋凤纯、吴彤锡、吴沂、王凤昌、高培元、刘宗向、石山倜、史树璋、杨协元、张鸿翼等十九名,拟请均给师范科举人,以内阁中书尽先补用,并加五品衔。

优等七十七名

裴学会,年三十一岁,陕西优廪生,毕业平均分数八十三分四厘六毫(因中国文学主课不满七十分降优等);

张景江,年三十一岁,江西廪生,毕业平均分数八十二分四厘六毫(因物理、植物、地学三门主课均不满七十分降优等);

张厚璋,年二十六岁,直隶附生,毕业平均分数八十二分四厘五毫(因算学主课不满七十分降优等);

赵晋汾,年二十九岁,湖北举人,毕业平均分数八十一分七厘(因动、植物、农学三门主课均不满七十分降优等);

高元溥,年二十三岁,盛京镶白旗汉军文童,毕业平均分数八十一分五厘三毫(因动物主课不满七十分降优等);

金兆椝,年二十七岁,浙江附生,毕业平均分数八十一分二厘二毫(因动、植物学两门主课均不满七十分降优等);

魏绍周,年三十二岁,奉天附生,毕业平均分数八十一分一厘八毫(因中国文学主课不满七十分降优等);

蔡锡保,年二十九岁,四川附生,毕业平均分数八十分五厘六毫(因中国文学主课不满七十分降优等);

齐文书,年三十五岁,直隶附生,毕业平均分数八十分零五厘二毫(因算学主课不满七十分降优等);

辛际周,年二十五岁,江西举人,毕业平均分数八十分零四厘四毫(因中国文学主课不满七十分降优等);

吴简,年三十一岁,江苏附生,毕业平均分数七十九分七厘九毫;

李曰垓,年二十六岁,云南文童,毕业平均分数七十九分六厘九毫;

毛齐焕,年二十八岁,福建廪生,毕业平均分数七十九分六厘八毫;

沈宗元,年二十四岁,四川举人,拣选知县,毕业平均分数七十九分五厘三毫;

王希曾,年三十岁,江苏文童,毕业平均分数七十九分四厘六毫;

李九华,年三十岁,直隶举人,毕业平均分数七十八分九厘九毫;

符定一,年二十七岁,湖南监生,毕业平均分数七十八分九厘四毫;

王恩第,年二十六岁,直隶附生,毕业平均分数七十八分八厘一毫;

刘福祥,年三十四岁,江苏廪生,毕业平均分数七十八分八厘一毫;

桂汝劢,年二十八岁,湖北附生,毕业平均分数七十八分七厘七毫;

陆海望，年二十九岁，浙江附生，毕业平均分数七十八分七厘一毫；
金光斗，年二十四岁，湖北附生，毕业平均分数七十八分七厘；
萧秉廉，年二十三岁，四川文童，毕业平均分数七十八分六厘四毫；
王多辅，年三十一岁，安徽附生，毕业平均分数七十八分五厘七毫；
蒋举清，年二十九岁，新疆优贡，毕业平均分数七十八分四厘六毫；
缪承金，年三十三岁，江苏附生，毕业平均分数七十八分二厘三毫；
陈与椿，年三十一岁，福建附生，毕业平均分数七十八分一厘五毫；
梅镇涵，年三十九岁，贵州廪生，毕业平均分数七十八分零五毫；
祝廷荣，年二十六岁，河南附生，毕业平均分数七十八分零一毫；
吴奎壁，年二十九岁，湖北优廪生，毕业平均分数七十七分九厘八毫；
维堃，年二十二岁，正白旗汉军恩监，毕业平均分数七十七分九厘二毫；
钱瑗，年三十三岁，贵州举人拣选知县，毕业平均分数七十七分九厘；
程兆元，年二十七岁，湖北附生，毕业平均分数七十七分八厘一毫；
刘彬，年二十七岁，浙江附生，毕业平均分数七十七分七厘九毫；
邢骐，年三十岁，湖北附生，毕业平均分数七十七分七厘七毫；
马其则，年三十一岁，安徽文童，毕业平均分数七十七分五厘八毫；
张鉴炯，年二十八岁，河南举人拣选知县，毕业平均分数七十七分四厘五毫；
黄文漩，年三十二岁，直隶附生，毕业平均分数七十七分三厘；
王念劬，年三十二岁，浙江举人拣选知县，毕业平均分数七十七分二厘五毫；
孙夔，年二十九岁，安徽附生，毕业平均分数七十七分一厘五毫；
金声，年二十二岁，镶蓝旗满洲恩监，毕业平均分数七十七分一厘三毫；
杨士京，年三十二岁，江西廪生，毕业平均分数七十六分九厘；
李连炳，年三十岁，山东廪贡，毕业平均分数七十六分七厘七毫；
李棠，年三十二岁，江西附生，毕业平均分数七十六分七厘五毫；
谭崇光，年二十九岁，广东监生，毕业平均分数七十六分四厘九毫；
方敦素，年二十九岁，贵州附生，毕业平均分数七十六分四厘六毫；
洪百庚，年三十三岁，江苏监生，毕业平均分数七十六分一厘一毫；
段吉常，年三十岁，湖北附生，毕业平均分数七十六分零二毫；
施文垚，年二十八岁，湖南监生，毕业平均分数七十五分六厘一毫；
章撷华，年三十一岁，江苏贡生，毕业平均分数七十五分四厘三毫；
方元庚，年二十五岁，安徽附生，毕业平均分数七十五分三厘六毫；
钱云鹏，年二十一岁，浙江附生，毕业平均分数七十五分零三毫；
王光烈，年二十九岁，奉天附生，毕业平均分数七十四分九厘；
陈昭卓，年三十岁，直隶附生，毕业平均分数七十四分九厘；
方观洛，年三十六岁，江苏廪贡法部主事，毕业平均分数七十四分八厘九毫；
曾楚珩，年二十五岁，湖南附生，毕业平均分数七十四分四厘八毫；
周清，年三十岁，浙江附生，毕业平均分数七十四分四厘；
郑万瞻，年二十八岁，湖北附生，毕业平均分数七十四分二厘三毫；
张洽，年三十一岁，山西廪生，毕业平均分数七十四分一厘一毫；
高茂桢，年二十七岁，山东文童，毕业平均分数七十四分零八毫；
周蔚生，年二十九岁，江西举人拣发广西知县，毕业平均分数七十三分五厘五毫；
胡光壁，年二十七岁，直隶附生，毕业平均分数七十三分二厘六毫；

隆彬，年二十七岁，正白旗满洲恩监，毕业平均分数七十三分零六毫；

张国琛，年二十九岁，奉天文童，毕业平均分数七十二分六厘；

段世徽，年二十六岁，江西附贡法部主事，毕业平均分数七十二分二厘二毫；

马汝郑，年二十六岁，四川文童，毕业平均分数七十二分零九毫；

何广荣，年三十岁，内务府正黄旗附生，毕业平均分数七十一分九厘；

周明珂，年三十二岁，湖南文童议叙盐大使，毕业平均分数七十一分四厘二毫；

周锡龄，年二十七岁，广东监生，毕业平均分数七十一分四厘；

宗室鋕启，年二十二岁，镶红旗第三族，毕业平均分数七十一分零五毫；

叶浩章，年二十六岁，广东文童，毕业平均分数七十分零九厘；

时经诠，年二十四岁，河南监生，毕业平均分数七十分零五厘四毫；

朱峻崤，年二十九岁，湖南文童，毕业平均分数七十分零四厘九毫；

邱志岳，年二十九岁，湖北附生，毕业平均分数七十分零三厘八毫；

钱诗桢，年三十一岁，江苏廪生分部主事，毕业平均分数七十分零七毫；

陶乐甄，年三十岁，河南廪生，毕业平均分数八十二分五厘二毫；

王燕晋，年三十二岁，山东优增生，毕业平均分数七十七分八厘五毫。

以上毕业生七十七名。其方观洛、段世徽二名，原系法部候补主事，拟请均以原官用，加给师范科举人。维堃、宗室鋕启照章应奖给举人，以中书科中书尽先补用。因宗室及汉军并无中书额缺，拟改请以七品小京官补用，并给师范科举人。其赵晋汾、辛际周、沈宗元、李九华、钱瑗、张鉴炯、王念勄、周蔚生八名原系举人，拟请以中书科中书尽先补用。其裴学曾、张景江、张厚璋、高元溥、金兆梓、魏绍周、蔡锡保、齐文书、吴简、李日垓、毛齐焕、王希曾、符定一、王恩第、刘福祥、桂汝劼、陆海望、金光斗、萧秉廉、王多辅、蒋举清、缪承金、陈与椿、梅镇涵、祝廷菼、吴奎壁、程兆元、刘彬、邢骐、马其则、黄文漩、孙夔、金声、杨士京、李连炳、李棠、谭崇光、方敦素、洪百庚、段吉常、施又垚、章撷华、方元庚、钱云鹏、王光烈、陈昭卓、曾楚珩、周清、郑万瞻、张洽、高茂栐、胡光壁、隆彬、张国琛、马汝郑、何广荣、周明珂、周锡龄、叶浩章、时经诠、朱峻崤、邱志岳、钱诗桢、陶乐甄、王燕晋六十五名，拟请奖给师范科举人，以中书科中书尽先补用。

考列中等一百零三名

保谦，年二十五岁，河南驻防镶红旗满洲附生，毕业平均分数八十二分（因动物主课不满六十分降中等）；

钟颂良，年二十八岁，广东监生，毕业平均分数八十分零一厘三毫（因动物主课不满六十分降中等）；

冯学壹，年二十五岁，浙江文童，毕业平均分数七十九分八厘九毫（因中国文学主课不满六十分降中等）；

李兴勇，年二十五岁，湖北附生，毕业平均分数七十九分二厘八毫（因动物主课不满六十分降中等）；

陆銎，年三十二岁，浙江监生，毕业平均分数七十八分八厘七毫（因动物主课不满六十分降中等）；

文启矗，年三十岁，湖南增生，毕业平均分数七十七分九厘八毫（因算学主课不满六十分降中等）；

宗室钟启，年二十七岁，镶红旗第三族恩监，毕业平均分数七十七分八厘三毫（因动物主课不满六十分降中等）；

张国隶，年三十六岁，直隶优廪生，毕业平均分数七十七分五厘（因算学主课不满六十分降中等）；

丁其彦，年二十七岁，云南廪生，毕业平均分数七十七分四厘一毫（因动物主课不满六十分降中等）；

吴天澈，年二十四岁，贵州附生，毕业平均分数七十七分三厘一毫（因动物主课不满六十分降中等）；

孙光宇，年三十岁，安徽增生，毕业平均分数七十七分一厘四毫（因动物主课不满六十分降中等）；

易国馨，二十九岁，湖北附生，毕业平均分数七十六分八厘五毫（因动物、植物两门主课不满六十分降中等）；

宗俊琦，年二十八岁，直隶附生，毕业平均分数七十六分八厘二毫（因外国文学主课不满六十分降中等）；

周扬埈，年三十一岁，湖南廪生，毕业平均分数七十六分七厘七毫（因动物植物两门主课均不满六十分降中等）；

柯兴耀，年二十六岁，镶蓝汉军，毕业平均分数七十六分六厘（因动物主课不满六十分降中等）；

王葆初，年三十三岁，浙江举人拣选知县，毕业平均分数七十六分五厘三毫（因算学主课不满六十分降中等）；

何师富，年二十五岁，镶红旗汉军，毕业平均分数七十六分六厘（因动物主课不满六十分降中等）；

张启聪，年三十岁，湖北增生，毕业平均分数七十六分二厘一毫（因动物主课不满六十分降中等）；

徐钟藩，年二十七岁，贵州廪生，毕业平均分数七十五分九厘四毫（因动物主课不满六十分降中等）；

王之栋，年二十六岁，奉天附生，毕业平均分数七十五分七厘八毫（因动物主课不满六十分降中等）；

张鼎治，年三十一岁，江苏优廪生，毕业平均分数七十五分七厘六毫（因植物主课不满六十分降中等）；

解名发，年二十九岁，山东监生，毕业平均分数七十五分六厘八毫（因算学主课不满六十分降中等）；

杨绪昌，年三十二岁，江西优廪生，毕业平均分数七十五分五厘（因植物学主课不满六十分降中等）；

汤葆元，年三十四岁，湖南廪生，毕业平均分数七十五分二厘九毫（因算学主课不满六十分降中等）；

郁振域，年二十六岁，江苏廪生，毕业平均分数七十五分二厘二毫（因动物、植物两门主课均不满六十分降中等）；

渊从极，年三十七岁，陕西廪贡指分甘肃试用县丞，毕业平均分数七十五分零三毫（因动物、地学两门主课均不满六十分降中等）；

唐春銮，年二十九岁，湖北附生，毕业平均分数七十五分零三毫（因动物主课不满六十分降中等）；

管望清，年三十岁，浙江附生，毕业平均分数七十四分九厘一毫（因动物主课不满六十分降中等）；

邹学伊，年三十二岁，湖南监生，毕业平均分数七十四分八厘四毫（因动物、地学两门主课不满六十分降中等）；

王汝炤，年三十一岁，贵州附生，毕业平均分数七十四分三厘四毫（因地学主课不满六十分降中等）；

冯启豫，年二十六岁，广东监生，毕业平均分数七十四分二厘九毫（因算学主课不满六十分降中等）；

毕培仁，年二十七岁，直隶优廪生，毕业平均分数七十四分二厘九毫（因动物、地学两门主课均不满六十分降中等）；

余钦钺，年三十岁，湖南廪贡，毕业平均分数七十四分二厘九毫（地学主课不满六十分降中等）；

郭丹成，年二十七岁，四川廪贡，毕业平均分数七十四分二厘八毫（因中国文学主课不满六十分降中等）；

常堉蕙，年二十八岁，直隶举人，拣选广东知县，毕业平均分数七十四分二厘五毫（因算学主课不满六十分降中等）；

陈锡琨，年三十三岁，江苏举人，毕业平均分数七十四分一厘六毫（因动物主课不满六十分降中等）；

伍思乐，年二十八岁，四川附生，毕业平均分数七十四分一厘三毫（因动物主课不满六十分降中等）；

何艮，年三十一岁，山西监生，毕业平均分数七十四分零七毫（因动物、植物两门主课均不满六十分降中等）；

邓宗，年三十岁，甘肃廪生，毕业平均分数七十四分零一毫（因外国文主课不满六十分降中等）；

张炯，年三十岁，湖南附生，毕业平均分数七十四分零一毫（因算学主课不满六十分降中等）；

徐国桢，年三十一岁，江苏附生，毕业平均分数七十三分九厘五毫（因动物主课不满六十分降中等）；

谢廷昌,年三十三岁,福建廪生,毕业平均分数七十三分九厘一毫(因动物、地学两门主课均不满六十分降中等);

孙鼎元,年三十三岁,奉天人,农工商部七品小京官,毕业平均分数七十三分八厘九毫(因动物、植物、地学三门主课均不满六十分降中等);

高鼎文,年三十一岁,江苏增生,毕业平均分数七十三分六厘六毫(因动物、植物、地学三门主课均不满六十分降中等);

靳瀛旭,年三十四岁,直隶廪生,毕业平均分数七十三分五厘六毫(因算学主课不满六十分降中等);

李华,年二十九岁,云南廪生,毕业平均分数七十三分二厘五毫(因外国文主课不满六十分降中等);

崔学材,年二十八岁,广东文童,毕业平均分数七十三分二厘三毫(因算学主课不满六十分降中等);

夏建寅,年二十七岁,安徽附生,毕业平均分数七十三分二厘二毫(因动物、地学两门主课均不满六十分降中等);

李尧勋,年三十岁,四川监生,毕业平均分数七十三分一厘八毫(因动物、植物学两门主课均不满六十分降中等);

刘善寀,年二十八岁,江西附生,毕业平均分数七十三分一厘七毫(因动物主课不满六十分降中等);

李彩章,年二十六岁,直隶文童,毕业平均分数七十二分九厘三毫(因动物主课不满六十分降中等);

朱崇理,年三十三岁,浙江文童,毕业平均分数七十二分五厘(因算学主课不满六十分降中等);

秦铭光,年三十一岁,江苏附生,毕业平均分数七十二分三厘四毫(因动物、植物、地学三门主课均不满六十分降中等);

李文鼎,年二十八岁,山东附生,毕业平均分数七十二分一厘九毫(因动物、植物、地学三门主课均不满六十分降中等);

陈去非,年三十三岁,湖北附生,毕业平均分数七十二分零八毫(因动物、植物两门主课均不满六十分降中等);

苗永年,年三十岁,山东监生,毕业平均分数七十二分三厘五毫(因中国文学主课不满六十分降中等);

杨风穆,年三十一岁,湖南附生,毕业平均分数七十二分二厘四毫(因外国文主课不满六十分降中等);

刘应嵩,年三十岁,江西附生,毕业平均分数七十一分九厘九毫(因外国文主课不满六十分降中等);

成林,年二十五岁,正蓝旗蒙古,毕业平均分数七十一分九厘八毫(因植物、地理学两门主课均不满六十分降中等);

夏纬璟,年二十八岁,江苏文童,毕业平均分数七十一分九厘三毫(因算学主课不满六十分降中等);

王道济,年二十四岁,湖北文童,毕业平均分数七十一分五厘四毫(因动物、植物、地学三门主课均不满六十分降中等);

刘瀚文,年二十七岁,直隶廪生,毕业平均分数七十一分三厘二毫(因外国文主课不满六十分降中等);

王黻灿,年二十九岁,湖北监生,毕业平均分数七十一分三厘二毫(因植物、地学两门主课均不满六十分降中等);

张鸿楷,年二十八岁,山东文童,毕业平均分数七十一分二厘九毫(因动物主课不满六十分降中等);

鸿鑫,年二十一岁,沧州驻防正白旗满洲,毕业平均分数七十一分二厘六毫(因中国文学主课不满六十分降中等);

萧秉元,年二十四岁,四川附生,毕业平均分数七十一分二厘五毫(因植物主课不满六十分降中等);

定林,年三十一岁,正白旗满洲监生,毕业平均分数七十一分二厘一毫(因动物、植物、地学三门主课均不满六十分降中等);

李鸣铎,年二十九岁,直隶廪生,毕业平均分数七十一分一厘三毫(因中国文学主课不满六十分降中等);

俞兕,年二十三岁,浙江文童,毕业平均分数七十一分一厘一毫(因中国文学主课不满六十分降中等);

吴克昌,年三十一岁,江西增生,毕业平均分数七十一分零三毫(因地学主课不满六十分降中等);
谭家临,年三十岁,安徽附生,毕业平均分数七十一分零一毫(因外国文主课不满六十分降中等);
谭凌云,年三十二岁,湖南附生,毕业平均分数七十分零九厘八毫(因动物主课不满六十分降中等);
向玉楷,年二十六岁,湖南附生,毕业平均分数七十分零九厘三毫(因地学主课不满六十分降中等);
桂芳,年三十四岁,西安驻防正白旗满洲附生,毕业平均分数七十分零八厘九毫(因动物、植物、地学三门主课均不满六十分降中等);
黄枝欣,年二十七岁,福建文童,毕业平均分数七十分零七厘七毫(因外国文主课不满六十分降中等);
彭觐圭,年三十五岁,湖南附生,毕业平均分数七十分零五厘九毫(因算学主课不满六十分降中等);
郑滋蕃,年三十岁,浙江举人内阁中书,毕业平均分数七十分零九毫(因动物、地学两门均不满六十分降中等);
陈文炳,年二十七岁,浙江附生,毕业平均分数六十九分四厘五毫;
张树基,年二十四岁,广东监生,毕业平均分数六十九分三厘一毫;
袁世霖,年二十七岁,湖北附监生,毕业平均分数六十九分一厘五毫;
德斌,年二十五岁,镶红旗满洲,毕业平均分数六十八分八厘八毫;
张星耀,年二十二岁,广东监生,毕业平均分数六十八分五厘六毫;
查振声,年三十一岁,安徽文童,毕业平均分数六十八分三厘四毫;
张壬林,年二十四岁,湖北附生,毕业平均分数六十八分一厘;
伦绰,年二十三岁,广东监生,毕业平均分数六十八分零六毫;
刘勋,年二十八岁,贵州附生,毕业平均分数六十七分五厘一毫;
德成,年二十六岁,吉林镶白旗满洲附生,毕业平均分数六十七分四厘二毫;
杨湛霖,年二十七岁,直隶副贡,毕业平均分数六十七分三厘五毫;
李钟英,年三十三岁,湖南监生,毕业平均分数六十七分二厘三毫;
李应谦,年三十一岁,云南廪贡候选训导,毕业平均分数六十七分一厘一毫;
黄必芳,年三十五岁,贵州附生,毕业平均分数六十六分五厘五毫;
汪步霄,年二十八岁,湖北监生,毕业平均分数六十六分三厘四毫;
侯寅亮,年三十五岁,陕西附生,毕业平均分数六十六分二厘八毫;
马效渊,年二十八岁,山西拣选举人,毕业平均分数六十五分九厘八毫;
锡康,年二十三岁,吉林镶白旗满洲附生,毕业平均分数六十五分八厘七毫;
杜师牧,年二十六岁,浙江附生,毕业平均分数六十五分八厘六毫;
张国威,年三十岁,直隶监生,毕业平均分数六十五分六厘九毫;
关黼钧,年二十七岁,广西文童,毕业平均分数六十五分五厘三毫;
姚守文,年三十六岁,山西优贡就职按经历,毕业平均分数六十五分三厘五毫;
加克恭,年二十八岁,山西优廪生,毕业平均分数六十四分九厘五毫;
赵黻华,年二十八岁,直隶遵化正白旗汉军,毕业平均分数六十二分二厘九毫;
刘传纯,年三十岁,安徽拔贡候补内阁中书,毕业平均分数六十一分九厘八毫;
杨昌铭,年三十五岁,贵州廪生兼袭云骑尉,毕业平均分数六十一分八厘五毫。

以上毕业生一百零三名,内常堉蕙一名,原系举人拣选广东知县,拟请以原官原班用。孙鼎元一名,原系农工商部七品小京官,刘传纯一名原系拔贡内阁中书,拟请均以原官用,加给师范科举人。郑滋蕃一名,原系举人内阁中书,拟请以原官用。王葆初、马效渊二名,原系拣选举人,陈锡琨一名,原系举人,拟请均以部司务分部补用。其葆谦、钟颂良、冯学壹、李兴勇、陆銮、文启矗、宗室钟启、张国隶、丁其彦、吴天澈、孙光宇、易国馨、宗俊琦、周扬埈、柯兴耀、何师富、张启聪、徐钟藩、王之栋、张鼎治、解名发、杨绪昌、汤葆元、郁振域、渊从极、唐春鏊、管望清、邹学伊、王汝炤、冯启豫、毕培仁、余钦篯、郭丹成、伍思乐、何艮、邓宗、张炯、徐国桢、谢廷昌、高鼎文、靳瀛旭、李华、崔学材、夏建寅、李尧勋、刘善寀、李彩章、朱崇理、秦铭光、李文鼎、陈去非、苗永年、杨风穆、刘应嵩、成林、夏纬璟、王道济、刘瀚文、王黻灿、张鸿楷、鸿鑫、萧秉元、定林、李鸣铎、俞焭、吴克昌、谭家临、谭凌云、向玉楷、桂芳、黄枝欣、彭觐圭、陈文炳、张树基、袁世霖、德斌、张星耀、查振声、张壬林、伦绰、刘勋、德成、杨湛霖、李钟英、李应谦、黄必芳、汪步霄、侯寅亮、锡康、杜师牧、张国威、关麣钧、姚守文、加克恭、赵黻华、杨昌铭等九十六名,拟请均给师范科举人以各部司务补用。

又奏大学堂学生方彦忱等分别提升等第片
再大学堂预备科学生方彦忱、王祖训、陈季玉三名,师范科学生张鸿冀、毛鸶、陶乐甄三名,其考试总平均分数均在八十分以上,师范科学生王燕晋一名,考试总平均分数在七十分以上,均因主课不满六十分,照章应降中等。嗣据该大学堂总监督咨呈称,该生等品学俱优,众所推服,为全堂中不可多得之选,并胪举在堂成绩,请免降等以示优异等情前来。臣等核阅该生等试卷,他们学科程度均优,此次虽因主课不及格拟降,但该生等所习主课不止一门,或两三门,或五六门,此门主课虽逊,而他门主课尚属可观,自未便以一眚没其众长。且此次试场前呈验各科成绩亦属相符,自应分别量予提升,当将方彦忱、王祖训、张鸿翼、毛鸶四名,附列最优等末;陈季玉、陶乐甄、王燕晋三名附列优等末,以为敦品励学者劝。谨附片声明。伏乞圣鉴。谨奏。宣统元年六月十八日奉旨依议,钦此。
中国第一历史档案馆·学部·文图庶务·卷 351,《学部官报》第九十六期·宣统元年第二十册

3. 大学堂师范科毕业仪式册

(一)预备(八点钟齐集):总监督、提调、教员率领学生齐整衣冠。
(二)万岁牌前行礼:总监督、提调、教员带领学员恭诣万岁牌前,行三跪九叩首礼。
(三)圣人位前行礼:监督、提调、教员带领学生恭诣圣人位前,行三跪九叩首礼。
(四)礼场座位:学部大臣南向坐,总监督、提调、教员暨监学等官东向坐,来宾西向坐,学生北向依次立。
(五)行谒见学部大臣礼:总监督、提调、教员率学生入礼场,即请学部大臣入场,学生一齐向上行一跪三叩礼,学部大臣答礼如仪。
(六)行谒见监督、提调、教员礼:学生向监督、提调、教员行一跪三叩礼,向外国教员行三鞠躬礼,向监学等官行三揖礼,各答礼毕,随学部大臣一同就座,学生依次序立。
(七)授毕业文凭:毕业文凭点名给发,每点一名,即趋诣总监督座前,由总监督亲自授予文凭,学生谨受,退入原立地位,候全班授毕,同向总监督行三揖礼。
(八)学部大臣训词。
(九)总监督训词。
(十)教员训词。
(十一)来宾祝词。
(十二)学生答词:由班长一人宣答。
(十三)礼毕,由学堂备茶点款客。

北京大学综合档案·全宗一·卷 74

(三)进士馆

咨复进士馆新内外班学员办法文

(光绪三十二年九月初八日)

学部为咨复事准咨开。本馆前经遵照奏准变通进士馆办法,将呈报愿派出洋之各学员陆续咨明在案。兹查,有历过三学期以下之新内班竺麟祥等二员,新外班金梁等四十员,未经呈请出洋,年内又不能毕业,若仍与旧内外班一体,听讲程度参差不齐,办理殊形窒碍,相应开列清单咨请酌定办法等因前来。查前学务大臣奏准更定进士馆章程内开,分部各员在本衙门当差者,作为外班,到馆听讲,学期考验一律办理。现在本部奏定变通进士馆办法,派遣学员出洋业将咨到各员派遣在案。所余外班学员人数无多,碍难开堂讲授,应即援照原定外班办法略为变通,凡此次未经出洋,已经历过三学期以下之新外班,各应将旧外班所授之第四、第五、第六三学期讲义按时印发各学员自行研究,除第四学期仍与旧外班同时试验外,其第五、第六两学期另行设法试验。所有津贴亦即照旧给发,惟以前未经到馆之员,不得援照办理。至新内班之竺麟祥一员,前据咨称,疆务学堂挽留充当教习,经部咨复,仍令赴东,兹该学员既未赴东,应与后期未能赴东之张成栋并与此次所定新外班办法一律办理。相应咨复,查照办理可也。须至咨者。

《学部官报》第八期光绪三十二年十月二十一日

奏陈进士馆学员毕业考试办法折

(光绪三十二年十一月二十五日)

奏为进士馆学员毕业酌拟考试办法,并遵章奏请钦派大臣会考,恭折仰祈圣鉴事。窃查奏定进士馆章程考验毕业章第三节内载,自开学起积至六学期为期满,举行毕业考验,应奏请钦派大臣会同学务大臣秉公考验等语。计该馆自光绪三十年四月开办至本年十二月,已满六学期,迭据该馆监督将学员履历册、行检分数册、功课分数册、教员各科讲义、各学员讲堂笔记,分别咨送前来。现由臣部拟于十二月初七日至初十等日举行毕业考试,届期即就该馆讲堂会集学员,按照所习各学科,分场发题,认真考验,并添试经史,以觇根柢。其会考大臣拟请先期简派,届时会同臣等莅馆考试,并核定试卷分数,以昭慎重。所有酌拟进士馆毕业考试办法,并遵章请简大臣会考缘由,谨恭折具陈。

谨拟进士馆学员毕业考试办法恭呈御览:

一、会考大臣拟由军机处开单,请简四员会同臣部秉公考验。

一、考验各学科应由该馆教习按照各学员所习科目分门拟题,视每门应考若干题,加拟一倍,密呈会考大臣临时选定缮发,其经史各题,即由会考大臣等公拟。

一、各学科试卷应由该馆教习分门校阅,各拟分数汇呈会考大臣核定,其经史各卷即由会考大臣等公同阅定,再将该馆各学期分数与此次考验分数,照章平均计算,作为毕业分数。

一、奏定章程内开,凡肄业未满六学期者,不得与毕业考验等语。现在科举已停,不再开进士新班,则此项学员因事缺欠一二学期者,无从留馆补习,应准其一体与考,惟学期分数仍以六除算。

一、癸卯科进士有呈请赴日本游学,现已毕业归国者,应准其一体与考。

一、该馆开办后,经前学务大臣奏准,将学员分为内班、外班,将来毕业一律办理。此次毕业考验,所有外班人员应准一体与考。

一、奏定章程内开,上一两科进士无论翰林部属中书,如有自愿入馆讲求实学者,准其呈请。本衙门堂官咨送入馆,一体讲习,毕业后考定等差,应如何分别给奖,与此次新进士一体办理等语,此项学员应准其一体与考。

一、此次毕业考验核定分数后,造具分数总册进呈御览。其翰林人员由臣部会同掌院学士,其部属中书由臣部会同吏部堂官,带领引见,于排单内将总分数注明,恭候钦定,分别录用,各按考试等级查照奖励章程,奏明办理。

《学部官报》第十三期

赐游学毕业学生出身谕

(光绪三十二年九月)

钦奉上谕。本日学部带领引见之考验游学毕业生陈锦涛,着赏给法政科进士;颜惠庆,赏给译科进士;谢天保,赏给医科进士;颜德庆,赏给工科进士;施肇基,赏给法政科进士;徐景文,赏给医科进士;张煜全,赏给法政科进士;田书年,赏给法政科举人;施肇祥,赏给工科举人;陈仲篪,赏给医学科医士;王季点,赏给工科举人;廖世纶,赏给工科举人;曹志沂,赏给医科医士;黎渊,赏给法政科举人;李应泌,赏给医科医士;王鸿年,赏给法政科举人;胡振平,赏给法政科举人;王荣树,赏给农科举人;路孝植,赏给法政科举人;薛锡成,赏给法政科举人;周宏业,赏给法政科举人;陈威,赏给法政科举人;权量,赏给商科举人;董鸿祎,赏给法政科举人;稽镜,赏给法政科举人;富士英,赏给法政科举人;陈耀典,赏给农科举人;罗会垣,赏给农科举人;傅汝勤,赏给医科医士;陈爵,赏给商科举人。钦此。

《光绪政要》卷三十二(三十二年)

考试进士馆毕业学员折

(光绪三十二年十二月二十日)

奏为会同考试进士馆学员毕业情形恭折仰祈圣鉴事。本年十一月二十五日学部具奏,进士馆学员毕业酌拟考试办法一折,奉旨允准在案。本月初六日准军机处片,交考试进士馆毕业学员阅卷大臣,奉朱笔圈出孙家鼐寿耆陆润庠张亨嘉,钦此。臣等钦遵于初七、初八、初九、初十等日亲往进士馆,按照各学员素习科学分门考验。由臣家鼐等择要命题,并加试经史,以觇根柢;臣荣庆等督率丞参司员轮班监察,严杜弊端。试毕后于十一日至十八等日,臣等会同将各试卷详细校阅,拟定分数,照章与该馆各学期分数平均计算,共计内班学员拟列最优等三十八名,优等二十一名,中等十六名,下等二名;外班学员拟列优等十一名,中等十七名;出洋游学毕业学员拟列优等一名。谨分别缮具分数清单,恭呈御览,候钦定后再由学部遵章办理。所有臣等会同考验进士馆学员毕业情形,理合恭折会陈,伏乞皇太后、皇上圣鉴。谨奏。光绪三十二年十二月二十日具奏。奉旨知道了,钦此。

谨将进士馆内外班及出洋游学学员毕业总平均分数开具清单,恭呈御览。(见附录)

《学部官报》第十五期(光绪三十三年二月十一日)

附奏进士馆毕业考列优等最优等各员准其呈请改外片

(光绪三十三年)

再奏定进士馆奖励章程,考列中等者翰林部属中书有自愿外用知县者,准其呈明学务大臣均以知县照散馆班次即用,先翰林次部属次中书等语。臣等查进士馆各员肄习学科多系法律、政治、交涉各门,用为地方行政官吏,均属相宜。其中等者既准改外,优等、最优等亦不乏才堪外用之员,拟请此次考列优等、最优等各员引见录用之后,如本员自愿外用知县者,准其呈明本部衙门堂官比照考列中等人员自愿外用之例,移咨吏部照章办理,是否有当,伏乞圣鉴,训示施行。谨奏。奉旨,依议。钦此。

《学部官报》第十六期(光绪三十三年二月二十一日)

奏明进士馆部属中书奖励班次折

(光绪三十三年二月)

奏为声明进士馆部属中书奖励班次恭折具陈,仰祈圣鉴事。窃查奏定学堂章程,进士馆毕业奖励部属中书,考列最优等者均保奖以原官遇缺即补,考列优等者均保归原衙门较优班次补用。其较优班次未经声明何项班次,当经臣部咨商吏部。兹据复称,本部奏定郎中等官保奖新章最优者遇缺先前即补,次遇缺即补次尽先补用,至中书一项,就原官请奖,只有劳绩遇缺及本班尽先两项,相应咨复,酌核办理等语。现在进士馆各员已经毕业,应行带领引见,除翰林各员照章办理外,其部属中书两项人员自应遵照奏章声明班次,部属最优等者,保以遇缺即补,优等者保以尽先补用。中书最优等者保以劳绩遇缺,优等者保以本班尽先,至此项本系正途人员如劳绩未及到班,遇有轮应资课及酌量题补之缺,仍准其照常序补,庶于奖励之中仍不至有向隅之虑,是否有当,谨缮折具陈。伏乞皇太后、皇上圣鉴。谨奏。光绪三十三年二月初日具奏。奉旨依议,钦此。

《学部官报》第十六期(光绪三十三年二月二十一日)

为进士馆毕业学员授职谕

(光绪三十三年二月二十九日)

此次学部会同翰林院吏部,带领引见进士馆毕业学员,所有考列最优等之修撰王寿彭、编修左霈、潘鸿鼎、潘昌熙均著记名遇缺题奏;二甲庶吉士郭则沄、胡大勋、朱寿朋、陆鸿仪、陈善同、夏寿康、顾承曾、史宝安、杨渭、汪升远、张祖荫、张濂、范之杰、王大钧、张家骏、龚元凯、徐谦、吴增甲、王震昌、商衍瀛、张恕琳均著授职编修并记名遇缺题奏；三甲庶士水祖培、林步随、马振宪均著授职检讨并记名遇缺题奏。考列优等之编修赵东阶、检讨余炳文均著赏加侍讲衔；二甲庶吉士张之照、杨廷纶、胡藻、于君彦、胡炳益、陈树勋、区大典均著授职编修并赏加侍讲衔；三甲庶吉士延昌著授职检讨并赏加侍讲衔。考列中等之二甲庶吉士路士桓、蓝文锦、赖际熙、郑家溉、刘凤起、温肃均著授职编修；三甲庶吉士周廷干著授职检讨。考列最优等之主事顾准曾、吕兴周、朱燮元、孔照晋、赵曾楢、徐彭龄均著准其留部以原官遇缺即补；考列优等之主事汪应焜、饶叔光、史国琛、张新曾、龚庆云、刘敬、丁毓骥、李玉振、赵懿鸿、栾骏声、郭铭鼎、徐冕、何启椿、任祖澜、袁祖光、何景崧、张鼎均著准其留部以原官尽先补用；考列中等之主事谈达隆、杜述琮、王枚、张荫椿、蒋尊祎、黄兆枚、吴建三、王思衍均著准其留部；考列优等之内阁中书刘启瑞、萧丙炎均著以原官本班尽先补用；庶吉士华宗智、吴功溥、罗经权、主事徐绍熙、恭正、王鼎、李汉光、杨绳藻、鲁藩、白葆端、胡位成、杨巨川均著以知县归部即选。钦此。

《直隶教育杂志》丁未年第三期（光绪三十三年三月初一日）

奏进士馆游学毕业请照章会考折
（光绪三十四年五月二十二日）

奏为进士馆出洋游学及外班肄业之翰林部属等员毕业，遵章奏请钦派大臣会考恭折仰祈圣鉴事。窃查光绪三十二年七月初七日，臣部奏准变通进士馆办法，派遣学员出洋游学折，内称所有甲辰进士在馆肄业之内班，均送入法政大学补修科。其外班之分部各员有志游学者，分别选择送入法政大学速成科，于毕业回京时一律考验，照章奖励等语。历经遵办在案。除入补修科之各员，已于上年十一月考试毕业外，其入速成科各员，现在亦已毕业先后回京，自应定期考验，照章办理。又，进士馆未经出洋之外班学员，因人数无多，碍难开堂讲授。经臣就原定办法略为变通，将旧外班所授之第四、第五、第六三学期讲义，按时印发给各学员自行研究，现在此项外班各员，亦已满六学期，自应一体准其考试毕业。臣部现拟于本月二十八、三十两日分场考试，应援照历届办理成案，及上年十一月初五日奏准进士馆游学毕业考试章程，先期奏请钦派会考大臣四员，由军机处开单请简。其余一切考试事宜，亦拟悉遵上年十一月初五日奏准各条章程办理。所有臣等先期奏请钦派会考大臣缘由，谨恭折具陈。伏乞皇太后、皇上圣鉴。谨奏。光绪三十四年五月二十二日奉旨，知道了。钦此。

《学部官报》第五十八期（光绪三十四年六月初一日）

为进士馆游学毕业学员给奖谕
（光绪三十四年九月二十一日）

此次验看进士馆游学毕业学员，所有考列最优等之翰林院庶吉士叶先圻著授职编修，并赏加侍讲衔。考列中等之翰林院庶吉士吴德镇、周杰、张成栋均著授职编修。考列最优等之法部主事周之桢著以原官留部，遇缺即补。考列优等之度支部主事楼思诰，著以员外郎留部补用。考列中等之法部主事萧湘,著以原官留部补用。考列中等之内阁中书曲卓新,著以主事分部补用。钦此。同日奉旨此次验看之学部考验游学毕业生,陈振先著赏给农科进士,陈篆著赏给法政科进士,王孝绅著赏给工科进士,廉隅著赏给法政科进士,鼓士俊著赏给工科进士,朱献文著赏给法政科进士,江顺德著赏给工科进士,虞铭新著赏给格致科进士,黄德章著赏给法政科进士,顾琅章、毓兰均著赏给格致科进士,程树德、李盛衔均著赏给法政科进士,洪熔著赏给工科进士,赵连壁著赏给商科举人,雷休著赏给医科举人,潘志愷赏给农科举人,程良楷著赏给商科举人,马德润著赏给法政科举人,任允著赏给工科举人,张联魁著赏给农科举人,周珍著赏给法政科举人,钱家澄著赏给工科举人,吴炳枞、王治辉均著赏给法政科举人,林先民著赏给工科举人,陈海超著赏给法政科举人,王永炅著赏给格致科举人,张春涛著赏给法政科举人,陈同纪著赏给商科举人,黄汝鉴、江庸均著赏给法政科举人,谈荔孙著赏给商科举人,朱孔文著赏给法政科举人,齐鼎颐著赏给农科举人,范鸿泰著赏给工科举人,刘崇祐著赏给法政科举人,齐鼎恒著赏给商科举人,彭敬时著赏给法政科举人,陈承修著赏给工科举人,黄右昌著赏给法政科举人,陆家鼎著赏给农科举人,许炳堃著赏给工科举人,汪与准著赏给医科举人,胡文藻、杨霆垣、吴家驹均著赏给法政科举人,叶于兰著赏给医科举人,吴宪仁、戚运机均著赏给法政科举人,程荫南著赏给农科举人,于锡垚著赏给工科举人,邓熔著赏给法政科举人,曹文渊著赏给农科举人,陈文哲著赏给格致科举人,李景圻、董荣光、王恩博、徐世勋、罗兆鸿均著赏给法政科举人,于书云著赏给工科举人,郭祖培著赏给农科举人,易国霖、薛大可、王家驹、金庆章、姚焕均著赏给法政科举人,李振铎著赏给商科举人,郑文易、陈家瓒均著赏给法政科举人,吴秉钊、郑联鹏均著赏给商科举人,庄泽定著赏给法政科举人,蒋以魁著赏给商科举人,卢弼著赏给法政科举人,陈亮熙著赏给工科举人,方时翮、段树滋、黄炳言、孙云奎、王镇南、郑浩、何福麟、陈绍祖、徐敬熙、陈应龙、司克熙、赵宪曾、张书诏、苏道衡、樊树勋、汪沄、区枢、卞颂元、郑礼铿、胡国洸、朱绍濂、黄成霖、吴洪元、陈官桃、安当世、徐鼎元、陈高第均著赏给法政科举人。钦此。

《教育杂志》第十五期(光绪三十四年十月初一日)

奏进士馆游学毕业学员续行回国者拟随时补考折

(光绪三十四年十二月十二日)

奏为进士馆游学毕业学员续行回国者,拟随时补考以示体恤,恭折仰祈圣鉴事。窃查进士馆游学毕业学员,其习法政专科者,业于上年及本年三次由臣部奏请钦派大臣合同考试,毕业照章给奖各在案。惟此项游学人员除习法政专科者外,尚有入各项专门学校及陆军学校之人,其毕业期限迟速各殊,势难同时来京应考,而该学员等皆系甲辰(光绪三十年——编者注)以前进士,若必俟其尽数回国后始考毕业,则旷日持久。毕业在前者未免过于向隅,而人数无多,若每次请简会考大臣又近烦渎。查礼部补考各省优拔生章程,凡后期到者不拘人数,该部会同国子监,随时奏请在部考试,分别等第名次进呈,办法尚为简易,拟请参照办理。嗣后进士馆学员毕业回国,准其随时考试,由臣部酌定试期。系庶吉士咨会翰林院,系主事、中书、知县等官咨会吏部,届期由该部院堂官一员到臣部会同考试,并会同酌定分数、等第恭候钦定。其余一切事宜悉照向章办理。所有进士馆游学毕业学员,准其随时考试缘由谨恭折具陈。伏乞皇上圣鉴。谨奏。光绪三十四年十二月十二日奉旨,知道了。钦此。

《学部官报》第七十七期

学部奏会考进士馆游学及外班各员毕业情形折

(光绪三十四年六月初六日)

奏为会考进士馆游学及外班各员毕业情形恭折会陈仰祈圣鉴事。本年五月二十二日,学部具奏进士馆游学及外班各员毕业请派员会考一折,奉旨,知道了。钦此。钦遵在案。五月二十七日,准军机处片,交考试进士馆游学毕业各员。阅卷大臣奉朱笔圈出葛宝华、秦绶章、郭会炘、戴昌。钦此。臣宝华等遵即先期到部,会同臣部调取长于法政等科学之翰林院编修袁嘉穀、林志烜、章宗元,学部二等咨议官罗振玉,为襄校官。于二十八、三十两日,在学部分场考试经史大义及所习科学,共计应考者五十七员,由臣宝华等择要命题,臣部督率司员轮班监察,严杜弊端。即于试毕后初一至初五等日,臣等公同校阅拟定分数,将两场分数合计平均作为毕业分数。共计拟列最优等八名、优等十八名、中等三十名、下等一名。谨分别缮具分数清单,恭呈御览。俟钦定后,再由臣部会同翰林院吏部咨行内阁奏请派员验看,遵章办理。所有臣等会同考试进士馆游学及外班各员毕业缘由,谨恭折会陈。伏乞皇太后、皇上圣鉴。谨奏。光绪三十四年六月初六日奉旨,知道了。钦此。

谨将进士馆出洋游学及外班学员毕业考试分数缮具清单,恭呈御览(见附录)。

《学部官报》第五十九期(光绪三十四年六月十一日)

会奏带领进士馆游学毕业学员引见折(并单)

(宣统元年)

奏为进士馆学员游学毕业遵章带领引见恭折会陈,仰祈圣鉴事。窃查本年九月二十九日,臣等具奏会考进士馆学员游学毕业事竣折内开,进士馆学员李景铭等三员,游学毕业考试均列优等,成绩尚佳,拟援照上年该馆学员楼思诰等游学毕业奖励成案,请旨给奖、升阶等语。奉旨允准在案。查历届进士馆毕业学员均系带领引见,奏请明降谕旨,给予奖励。此次该员等游学毕业,自应援照成案办理。谨由臣等将该员李景铭、方兆鳌、黄为基等列为一排,带领引见。吁请明降谕旨,奖给升阶以资鼓励。谨缮具该员等履历并应得奖励清单,恭呈御览。伏乞皇上圣鉴。再,此折系学部主稿会同吏部办理,合并声明。谨奏。宣统元年十一月初六日奉旨,李景铭、方兆鳌,以员外郎留原衙门补用。黄为基以直隶州知州仍留原省补用。钦此。

谨将会考进士馆游学完全法政科毕业学员,缮具等第履历清单。恭呈御览。
计开
李景铭,年三十一岁,福建进士,度支部学习主事,游学日本习法政科毕业;
方兆鳌,年三十四岁,福建进士,陆军部学习主事,游学日本习法政科毕业;
以上二员此次考试取列优等,均拟请旨以员外郎留原衙门补用。
黄为基,年二十六岁,江西进士,河南即用知县,游学日本习法政科毕业。

以上一员，此次考试取列优等，拟请旨以直隶州知州仍留省补用。

《学部官报》第一百十期（宣统元年十一月二十一日）

学部奏考进士馆游学毕业学员文

（宣统元年十二月）

奏为遵章会考进士馆游学英国毕业学员事竣恭折仰祈圣鉴事。窃查上年十二月，学部具奏进士馆游学毕业学员，拟随时补考折内开，嗣后进士馆学员毕业回国，准其随时考试，由臣部酌定试期。系主事、中书、知县等官，咨会吏部堂官到部会同考试，并酌定分数等第。恭候钦定等语。奉旨允准，迭经遵办在案。兹据该馆学员吏部学习主事王世澄，游学英国林肯大学，肄习法律专门学四年毕业回国，呈请考试前来。当由学部咨会吏部，定期于十二月初一、初二两日，在学部分场严密考试。于专门科学之外，加试经史，以觇根柢。试毕由臣等公同校阅，平均分数，列入优等，成绩尚佳。臣等查光绪三十四年九月，学部附奏称进士馆学员楼思诰、曲阜新二员，在日本早稻田大学本科毕业，期限在三年以上，与速成或补习科毕业者不同，奖励宜略加优异，拟就原官酌给升阶等语。奉旨允准，钦遵在案。此次该学员王世澄留英学习法律完全科，期限亦在三年以上，拟请援照楼思诰毕业成案，给予奖励。谨将该员分数缮具清单，恭呈御览。如蒙俞允，应即遵章带领引见。请旨给奖，以资鼓励。所有臣等会考进士馆学员游学毕业缘由。恭折会陈。伏乞皇上圣鉴。再，此折系学部主稿会同吏部办理，合并声明。谨奏。宣统元年十二月初十日奉旨，依议。钦此。

《学部官报》第一百十三期（宣统二年二月初一日）

奏会考进士馆游学日本毕业学员折（并单）

（宣统二年八月）

奏为遵章会考进士馆游学日本毕业学员恭折会陈仰祈圣鉴事。窃查光绪三十四年十二月学部具奏进士馆游学毕业学员，拟随时补考折内开，嗣后进士馆游学毕业学员回国，准其随时考试，由臣部酌定试期。系庶吉士，咨会翰林院，系主事、中书等官咨会吏部，会同考试，酌定分数等第。恭候钦定等语。奉旨允准，迭经钦遵办理在案。兹据该馆学员、日本早稻田大学政治经济完全科毕业之翰林院庶吉士宋育德、日本法政大学法律速成科毕业之翰林院庶吉士钱崇威、度支部主事章圭瑑等三员，呈请学部示期考试，当由学部咨翰林院吏部定期于本月二十、二十一两日在学部分场考试。于专门学科之外加试经史，以觇根柢。试毕由臣等会同校阅，酌给分数，均拟取列优等，除另由学部分别会同翰林院、吏部将该员等带领引见，请旨给予奖励外，谨将该员等分数缮具清单，恭呈御览。所有臣等会考进士馆游学毕业学员缘由，谨恭折具陈，伏乞皇上圣鉴。再，此折系学部主稿会同翰林院、吏部办理，合并陈明。谨奏。宣统二年八月二十六日奉旨知道了。钦此。

谨将会考进士馆游学毕业学员等第、分数缮具清单，恭呈御览。

计开

优等三名
章圭瑑,七十八分七五
钱崇威,七十七分五
宋育德,七十五分

《学部官报》第一百三十八期

学部等会奏考试进士馆游学毕业酌拟等第分数折(并单)

奏为遵章会考进士馆毕业学员恭折会陈仰祈圣鉴事。窃查光绪三十四年十二月学部奏准,嗣后进士馆学员毕业,准其随时补考,由臣部酌定试期。系庶吉士咨会翰林院,主事咨会吏部会同考试,酌拟分数等第。恭候钦定等因,历经遵办在案。兹据进士馆游学毕业学员、庶吉士陆光熙、法政学堂补习学员、庶吉士贺维翰、进士馆外班学员、吏部主事施尧章等三员,呈请学部示期考试,当由学部咨会翰林院、吏部定期于本月十三、十四两日,在学部分场考试。于专门科学之外加试经史,以觇根底。试毕由臣等会同校阅,酌定分数,拟取列最优等一名、优等二名。除该员等应得奖励,另由学部会同翰林院、吏部,将该员等带领引见,请旨办理外,谨将分数缮具清单,恭呈御览。所有臣等会考进士馆毕业学员缘由,谨恭折具陈。伏乞皇上圣鉴。再,此折系学部主稿会同翰林院吏部办理,合并陈明。谨奏。宣统二年十月二十九日奉旨,依议。钦此。谨将会考进士馆毕业学员等第、分数缮具清单,恭呈御览。
计开
最优等一名
陆光熙,八十一分二五
优等二名
贺维翰,七十六分二五
施尧章,七十三分七五

《学部官报》第一百四十三期

学部奏进士馆毕业奖励折

(光绪三十三年)

三十三年学部奏进士馆毕业考列优等最优等各员,准其呈请改外,略称:奏定进士馆奖励章程,考列中等者翰林部属中书有自愿外用知县者,准其呈明学务大臣均以知县照散馆班次即用,先翰林,次部属,次中书。臣等查进士馆各员肄习学科多系法律政治交涉各门,用为地方行政官吏,均属相宜。其中等者既准改外,优等、最优等亦不乏才堪外用之员,拟请此次考列优等、最优等各员,如本员自愿外用知县者,准其呈明本部,衙门堂官比照考列中等人员自愿外用之例,移咨吏部,照章办理。

又奏请派大臣会考进士游学毕业各员并酌拟考试章程,略称:见在进士馆留学补修科各员及由速成科毕业后再入补修科各员,先后毕业回国,呈验文凭笔记,听候考验。其以前进士馆学员在馆及游学毕业未经考试者,亦应准其一体与考。查上届进士馆学员考验毕业,蒙派大臣四员会同考试,此次见拟于本月十五、十七两日举行进士馆游学毕业考试,其会考大臣拟请先期简派,届时会同臣等认真考验,并核定分数,以昭慎重。

又予进士馆毕业学员、修撰王寿彭等九十人奖励有差。

又予进士馆游学毕业学员、编修杨兆麟等奖励有差。

《清朝续文献通考》卷一百七

附录1 进士馆毕业学员考试成绩单

（光绪三十二年十二月二十日）

进士馆内外班及出洋学员毕业总平均分数开具清单：
计开
内班学员最优等三十八名
郭则沄　九十四分五厘二毫
胡大勋　九十三分七厘七毫
胡寿朋　九十一分七毫
陆鸿仪　九十分三厘二毫
水祖培　九十分一厘七毫
陈云诰　九十分一厘五毫
陈善同　八十九分六毫
夏寿康　八十八分二厘六毫
顾淮会　八十七分九厘六毫
吕慰曾　八十七分一厘八毫
顾承曾　八十六分三厘九毫
朱国桢　八十六分六毫
史宝安　八十五分七厘六毫
潘鸿鼎　八十五分五厘四毫
潘昌煦　八十五分四厘八毫
杨　渭　八十五分三厘八毫
汪升远　八十五分二厘二毫
吕兴周　八十四分八厘八毫
秦曾潞　八十四分五厘八毫
张祖荫　八十四分二厘八毫
张　濂　八十四分三毫
朱燮元　八十四分
范之杰　八十三分九厘二毫
王寿彭　八十三分九厘
王大钧　八十三分七厘四毫
张家骏　八十三分六厘四毫
林步随　八十三分六厘一毫
龚元凯　八十三分一厘三毫
徐　谦　八三十分一毫
孔昭晋　八十二分六厘

吴增甲　八十二分一厘五毫
马振宪　八十二分一厘四毫
赵曾櫩　八十一分七厘三毫
王震昌　八十一分七厘三毫
左　霈　八十一分二毫
商衍瀛　八十分九厘七毫
徐彭令　八十分六厘一毫
张恕琳　八十分三厘
　内班学员优等二十一名
汪应焜　七十九分九厘三毫
赵东阶　七十九分五厘一毫
张之照　七十八分九厘五毫
饶叔光　七十八分八厘三毫
史国琛　七十八分八毫
张新曾　七十七分四厘八毫
龚庆云　七十七分二厘
杨廷纶　七十七分九毫
余炳文　七十六分五厘三毫
胡　藻　七十六分九毫
刘　敬　七十五分七厘二毫
于君彦　七十五分四厘五毫
丁毓骥　七十五分四厘
李玉振　七十五分一厘
尚秉和　七十四分七厘九毫
胡炳益　七十四分六厘
延　昌　七十三分五厘八毫
陈树勋　七十三分五厘三毫
吴　谬　七十一分三厘四毫
区大典　七十分六厘三毫
赵敝鸿　七十分五厘三毫
　内班学员中等十六名
路士桓　六十九分三厘
华宗智　六十八分九厘一毫
蓝文锦　六十八分四厘四毫
徐绍熙　六十八分一厘三毫
恭　正　六十八分二毫
胡嗣瑗　六十八分一毫
王　塌　六十七分九厘四毫
程继元　六十七分七厘五毫
赖际熙　六十七分四毫
谈道隆　六十五分二厘四毫

吴功溥　六十四分三厘六毫
周廷干　六十三分九厘三毫
朱德垣　六十三分二厘
郑家溉　六十三分八毫
罗经权　六十三分一厘六毫
刘凤起　六十分三厘六毫
　内班学员下等二名
晋　魁　五十九分二厘九毫
曾尔斌　五十八分一毫
　外班学员优等十一名
栾骏声　七十九分八毫
郭铭鼎　七十七分九厘九毫
徐　冕　七十四分六厘三毫
何启椿　七十二分九厘二毫
唐瑞铜　七十二分八厘一毫
刘启瑞　七十二分四厘五毫
任祖澜　七十二分一厘
袁祖光　七十一分八厘九毫
何景崧　七十一分六毫
田步蟾　七十一分六毫
肖丙炎　七十分三厘七毫
　外班学员中等十七名
杜述淙　六十九分九厘七毫
李汉光　六十九分五厘六毫
温　肃　六十八分六厘九毫
杨绳藻　六十八分四厘九毫
王　枚　六十八分四厘一毫
鲁　藩　六十七分七厘
白葆端　六十七分六厘五毫
张荫椿　六十七分
蒋尊祎　六十六分三厘四毫
黄兆枚　六十五分六厘六毫
胡位咸　六十五分三厘三毫
吴建三　六十五分一厘二毫
魏元戴　六十四分五厘五毫
绍　先　六十四分四厘八毫
石金声　六十三分八厘四毫
杨巨川　六十一分五厘四毫
王思衍　六十分一厘六毫
　出洋游学学员优等一名
张　鼎　七十四分六厘八毫

《学部官报》第十五期（光绪三十三年二月十一日）

附录2 进士馆出洋游学及外班学员毕业考试分数单
(光绪三十四年六月初六日)

计开

最优等八名

黎湛枝	八十六分	刘远驹	八十六分
沈秉乾	八十三分五厘	熊 坤	八十三分五厘
张则川	八十三分	龚福焘	八十二分五厘
陈正猷	八十分	陈蛰声	八十分

优等十八名

杨允升	七十九分五厘	陈熙朝	七十九分五厘
张恩寿	七十九分五厘	颜 楷	七十九分五厘
陈国华	七十九分五厘	李湛田	七十九分五厘
沈泽生	七十九分	彭运斌	七十七分五厘
随勤礼	七十七分	岑光樾	七十六分
范振绪	七十五分五厘	甘鹏云	七十五分
舒伟俊	七十四分五厘	程宗尹	七十四分五厘
田树楩	七十四分五厘	郑 言	七十四分
竺麟祥	七十三分五厘	曹典福	七十分

中等三十名

朱点衣	六十九分五厘	陈赓虞	六十九分五厘
李言藹	六十九分五厘	欧阳绍祁	六十九分五厘
段国垣	六十九分五厘	孙智敏	六十九分
李景纲	六十九分	钟刚中	六十八分五厘
方 贞	六十八分	狄楼海	六十八分
李德鉴	六十七分五厘	赛沙敦	六十七分五厘
季龙图	六十七分五厘	张国溶	六十七分
张 诒	六十七分	陈 畲	六十六分
张履谦	六十五分五厘	陈 度	六十五分
郭寿清	六十五分	许叶笏	六十四分五厘
陈世昌	六十四分	马步瀛	六十三分五厘
王慧润	六十二分五厘	李泽兰	六十二分
张介孚	六十二分	叶大华	六十一分五厘
万宝成	六十一分五厘	史之选	六十一分五厘
何毓璋	六十分	胡家钰	六十分

下等一名

张世畸	五十九分五厘

《学部官报》第五十九期(光绪三十四年六月十一日)

（四）译学馆

咨复译学馆添招丁级学生办法文

（光绪三十二年十一月初九日）

学部为咨复事。迭准咨开，添招丁级学生办法，招考章程并另设预科课程暨招考丁级学生复试卷呈送核夺各等因，先后到部，当经派员复阅各卷，文理明畅者固居多数，而议论不纯及根柢浅薄者亦所不免。盖少年子弟失学者多，故程度不能齐一，且学堂之设在以教育匡正士风，增进学力，尤非往日考试可比。所有此次取录之学生，应由贵监督于到堂后，专派教习与之讲求国文，明示宗旨，并切实考察其性行，不良议论乖谬者，随时斥退。三月期满重加考试，择其率教者，留堂肄业，如有议论奇邪敢于蔑轻非圣者，悉行屏除，不得稍姑息。甄别既定，再行体察各学生年龄、学力分隶本科、预科按程教授，较之但凭试卷以定等差必更切实。原卷一并发还，即按照所拟名次榜示，其扣除不取之二十卷，另单发还。所拟预科课程亦颇周妥，应即遴选教员届时认真举办。相应咨复查照办理可也。须至咨者。

《学部官报》第十三期（光绪三十三年正月二十一日）

咨复译学馆招考学生须在中学二年以上始予收考文

（光绪三十三年六月）

学部为咨复，准咨开本馆德文一科，现经聘得德使馆汉文参赞官郝爱礼担任教授，应即添招新班。惟定章应考取中学五年毕业者方为（及）格，此次仍拟略加变通，必曾在中学堂或与中学程度相当之学堂修业至二年以上，乃予收考以示限制。除出示通行令各学堂申送外，拟参用外国学校广告募集之法，在津、沪两地预将办法登报宣布，咨呈查核覆示遵照等因，并咨招考办法一册前来。查德文一科关系重要，既已聘有教员，自应添新班以符定章。惟招考学生应以程度为衡，其中学已经毕业者一时即难多得，至少亦须曾在中学堂修业二年以上始予收考，任阙勿滥。其未经入过中学或虽入中学而不及二年者，概不得充选。庶始基既慎，成效易期。相应咨覆查照办理可也。须至咨者。

《学部官报》第二十九期（光绪三十三年七月初一日）

札译学馆所拟优待名额应准照办唯丁级生应衹免学费文

（光绪三十四年）

为札覆事。据呈称，前奉札开据丁级学生王鼎昌等禀，请援案匀派正额等情到部。当经本部批示，正额事宜俟年终甄别后，由监督将情形报部，再行核议。查近来丁级学生之行检不修尤甚者，概行斥退。此次考试降级补习者，又共有二十余人之多，其笃学不倦束身寡过者，似亦宜示以优异，方足以昭公允而资鼓励。本馆正额一百二十名，自去年第二学期起，以二十五名作为甲级优待额，十五名作为乙级优待额，其余八十名按照三级，人数匀摊。本年第二学期甲级生之补正额者,计四十二人。乙级生之补正额者,计五十三人。丙级生之补正额者,计二十六人。甲级生均已全补正额。乙级生之未补正额者二十五人。丙级生之未补正额者二十人。若照丁级生所请,将正额归甲、乙、丙、丁四级匀摊,则丁级人数特多,以前甲、乙、丙三级匀摊之额必有过半归于丁级者,非所以优待在馆较久、学业较深之士。现拟变通旧制,以后,甲、乙、丙三级学生,每级应得正额之数均以本学期所得之额数为准,甲级补四十二名,乙级补五十三名,丙级补二十六名。其丁级以下之学生,第一学年统为自费,第二学年拟于全级人数中以十分之一作为优待名额,第三学年于全级人数中以十分之二作为优待名额,第四学年于全级人数中以十分之三作为优待名额,第五学年于全级人数中以十分之四作为优待名额,均以期考前列者充补。如此变通办理,庶几甲、乙、丙三级学生,不致骤夺其已补之正额,而丁级学生亦不致独形向隅,似较平允,应请钧部核示遵行。又,丁级学生均不寄宿,仅在馆午膳,将来补入优待名额之学生,其膳费、书籍、操衣应否一并免收之处,并请核示遵行等情前来。查该馆现在正额一百二十一名,既系甲、乙、丙三级分补在前,所拟以后甲、乙、丙三级免费之额,以此次所补额数为断。及丁级以下另设优待额各节,均尚妥洽,应准照办。嗣后甲级永占正额四十二名,乙级永占正额五十三名,丙级永占正额二十六名,此项正额俱于每级毕业之时裁撤,无庸向后递推。丁级以后按照年限另设优待额,二年生每十人补一人,三年生每十人补二人,四年生每十人补三人,五年生每十人补四人,俱尽期考在前者充补。唯丁级学生考取入学,原在部定徵收膳学各费章程之后,与甲、乙、丙三级招考时情事不同,此次虽设优待名额,应袛免其学费,所有膳费、书籍、操衣各费,仍应核实徵收,以符定章而示限制。切切特札。

《学部官报》第五十三期(光绪三十四年四月十一日)

又奏译学馆毕业学员签分京外办法片

(宣统元年闰二月)

再译学馆之设,意在造就外交人才,而其所学专门学,并有交涉理财教育等科。毕业各生,惟任之以交涉、理财、学堂、译书等事,庶无用违其长之虑。查前学务大臣奏定该馆奖励章程,内开凡毕业各生取列优等,内以主事用者,分外务部、商部补用。列优等内以中书用者,充外务部、商部译员。列最优等、优等,外以直隶州知县用者,派充翻译员、交涉委员,并准出使各国大臣,奏充翻译、领事等员各等语。惟近来官制与原定章程之时已属稍异,臣部设立以后需用译才之处亦颇多。此次该馆毕业学生,其得奖主事小京官者,拟先尽臣部择优留部补用,余者由吏部查照归章签分外务部、农、工、商部。得奖直隶州知县通判者、专分有通商口岸之省分候补。至此外各部、各省及出使各国大臣,如有需用译才之处,应准其咨商外务等部,及各该省将此项毕业之人,随时奏调,俾得尽其所长,以济时用。如蒙俞允,即由臣部咨行吏部遵照办理。谨附片具陈。伏乞圣鉴。谨奏。宣统元年闰二月二十五日奉旨,依议。钦此。

《学部官报》第八十四期

奏译学馆甲级学生毕业请奖折

(宣统元年闰二月)

奏为京师译学馆甲级学生毕业循章请奖恭折仰祈圣鉴事。窃查京师译学馆，系于光绪二十八年经前管学大臣奏设。其甲级学生，于光绪二十九年八月入馆肄业，定章五年毕业。计至三十四年八月已届毕业之期，惟因所学科学稍有欠缺，经臣部令其补习完备，故于是年十月始在臣部举行毕业考试。除霍澍霖一名在丁忧百日假内未与考外，计应考者四十一名。经臣等按照所学科目分场考试，评定分数，再照章与平时分数平均计算，计应列最优等者一名、优等者九名、中等者二十九名，列下等者二名，均分别榜示在案。查奏定译学馆奖励章程内开考列最优等者，作为举人出身，内以主事分部尽先补用；外以直隶州分省尽先补用。考列优等者，作为举人出身，内以内阁中书尽先补用；外以知县分省尽先补用。考列中等者，作为举人出身，内以七品小京官分部；外以通判分省补用各等语。此次毕业各生除取下等者应令照章补习外，其列最优等之秦锡铭一名、优等之谢式瑾等八名、中等之姚澄等二十七名均拟照章奖给举人出身。其秦锡铭等二十九名呈请内用，蔡璐等七名呈请外用，并拟准如所请，分别照章以主事、中书、知县、小京官、通判补用。又译学馆章程内开毕业考验后，其原系举人出身而有官职者，按原官优保升阶等语。此次考列优等之杨敞，中等之汤用彬、吕崇均系已有官职，惟非举人出身。以上三员拟即奖给举人出身，其原系试用者，以原官补用；原系补用者，以原官尽先补用，毋庸再保升阶以示限制。又朱式瑞、杨敞、常鼎新、陈廷骥四名，现在丁忧期内，此次所得奖励应俟服阕后再行发给凭照，并咨照吏部分发，以符定章。谨缮具清单，恭呈御览。如蒙俞允，即由臣部咨行吏部钦遵办理。所有京师译学馆甲级毕业学生，照章请奖缘由，谨恭折具陈。伏乞皇上圣鉴。谨奏。宣统元年闰二月二十五日奉旨，依议。钦此。谨将京师译学馆甲级毕业生分别等第照章请给奖励恭呈御览。(见附录1)

《学部官报》第八十四期

大学堂咨本部分科大学译学馆毕业生亦有升入资格自应一律收考请查照备案文

(宣统元年七月初九日)

大学堂总监督为咨明事：窃照分科大学业经大部奏明开办，所有升学学生以高等学堂毕业为合格。惟各省高等学堂开校较迟，尚未一律毕业，现除本堂大学预科、优级师范科毕业生以及奏准选送经科之各省举人、拔贡、优贡，准其投考外，查译学馆奏定入学毕业章第四节内，开期升入大学堂分科大学肄业者，以法政学科、文学科、商学科三科听其自择等语，是译学馆毕业生亦有升入大学之资格，自应一律收考，以宏造就。除牌示招考，并咨请译学馆传知新、旧班毕业各生外，相应咨明，请烦查照备案施行。须至咨呈者。

中国第一历史档案馆·学部，文图庶务·卷357,《学部官报》第九十九期

奏译学馆乙级学生毕业循章请奖折

(宣统元年十一月)

奏为译学馆乙级学生毕业循章请奖恭折仰祈圣鉴事。窃查京师译学馆系于光绪二十八年,经前管学大臣奏设,其甲级学生已于上年毕业,奏请奖励在案。乙级学生系于光绪三十年下学期入馆肄业,计至本年上学期五年期满,由该管监督呈请考试毕业等情前来,当经臣等定期于七月二十九至八月初五等日,按照所学科目,在臣部分场考试。除黄孝觉一名未经与考,秦中行一名未经完场外,应考者共六十九名。臣等督率司员,将各科试卷评定分数,再照章与平时分数平均计算。计列最优等一名,优等十四名,中等四十八名,下等六名。所有主课系按照本年九月十九日,臣部奏定新章计算,于九月二十四日发行该馆榜示在案。查奏定译学馆奖励章程内开,考列最优等者,作为举人出身,内以主事分部尽先补用,外以直隶州分省尽先补用;考列优等者,作为举人出身,内以内阁中书尽先补用,外以知县分省尽先补用;考列中等者,作为举人出身,内以七品小京官分部,外以通判分省补用等语。此次毕业各生除取列下等者,均应照章补用外,所有取列最优等、优等、中等之六十三名,均拟照章奖给举人出身。其龚积桢等五十六名呈请内用,冯农等三名呈请外用,并拟照章分别以主事、中书、知县、小京官、通判补用。又译学馆章程内开,毕业考验后,其原系举人出身而有官职者,按原官优给升阶等语。上次该馆甲级学生毕业,其取列优等之杨敞等原系已有官职,惟非举人出身。经臣部奏请原系试用者,以原官补用,原系补用者,以原官尽先补用,毋庸再给升阶。奉旨允准在案。此次张天元等四名,均系原有官职,自应援照办理。又李宝贤、陈士干、王树屏、杨曾翱四名,现在丁忧期内,此次所得奖励,应俟服阕后再行发给凭照,并咨照吏部分发,以符定章。谨缮具履历、分数清单,恭呈御览,如蒙俞允,即由臣部咨行吏部钦遵办理,所有京师译学馆乙级毕业学生照章请奖缘由,谨恭折具陈。伏乞皇上圣鉴,谨奏。宣统元年十一月二十九日奉旨,依议。钦此。谨将京师译学馆乙级毕业生等第。履历缮具清单,恭呈御览。(名单见附录2)

《学部官报》第一百十二期

咨吏部译学馆乙级毕业各员签分办法毋庸限制文

(宣统元年十二月初八日)

为咨行事。查译学馆乙级毕业生,本部于上月二十九日奏请奖励奉旨依议,钦此。钦遵行知吏部在案,查本年闰二月该馆甲级学生毕业经本部奏明,得奖主事小京官者,除学部留用外,余者专分外务部、农、工、商部;得奖直隶州知县通判者,专分有通商口岸之省分。唯此次乙级毕业人数较甲级为多,且宣统二年以后,该馆又有丙丁戊三级,按年递次毕业。所有签分办法,若仍照甲级毕业生办理,则在外、学、商三部及通商口岸未免过于拥挤,而其余各部及边远各省,需用译才转苦无人,不免有所窒碍。查本年甲级毕业签分原奏云:此次毕业生先尽学部留用,余分外务部、农、工、商部及专分有通商口岸之省分等语,是当时办法,本专指甲级一班而言,现在乙级毕业学生得奖主事小京官各员,除分发外务部、农、工、商部、学部外,其余各部自不妨一律签分。其得奖知县、通判各员,亦可遍分各省,毋庸限定通商口岸,庶免壅滞。相应管商查酌办理可也。须至咨者。

《学部官报》一百十七期(宣统二年三月十一日)

奏补考大学堂译学馆毕业学生分别请奖折

(宣统二年)

奏为补考大学堂译学馆毕业学生分别请奖恭折仰祈圣鉴事。窃臣部于本年三月,据大学堂译学馆将上年毕业因丁忧未与考试及补习期满各生,送请补考前来。臣等当饬令该生等,与各省来京复试之高等学堂毕业生,一律在臣部考棚分场严密扃试。试毕核其平均分数,计大学堂预科毕业生取列优等一名、中等六名;译学馆毕业生取列优等二名、中等一名。查奏定学堂奖励章程内开,大学堂预科毕业考列优等者,作为举人,内以中书科中书尽先补用;外以知县分省尽先补用。考列中等者,作为举人,内以部寺司务补用;外以通判分省补用。译学馆毕业考列优等作为举人出身,内以内阁中书尽先补用;外以知县分省尽先补用。考列中等者作为举人出身,内以七品小京官分部;外以通判分省补用各等语。此次补考各生其分数既能及格,自应照章分别请奖以资鼓励。除大学堂学生陈电祥一名现在丁忧期内,此应得奖励应俟服阕后再行发给凭照咨照吏部分发外,所有取列优等、中等各生,谨缮具履历、分数清单,恭呈御览。如蒙俞允,即由臣部咨行吏部钦遵办理。所有补考大学堂译学馆毕业学生分别请奖缘由,谨恭折具陈。伏乞皇上圣鉴。谨奏。宣统二年六月十七日奉旨,依议。钦此。

《学部官报》第一百三十一期

奏译学馆丙级毕业生请奖折

(宣统三年)

奏为译学馆丙级学生毕业循章请奖恭折仰祈圣鉴事。窃查京师译学馆,自光绪二十八年开办以来,甲乙丙班已于三十四年及宣统元年先后毕业,均照章奏请奖励在案。丙级学生系光绪三十一年下学期入馆肄业,计至本年上学期五年期满,由该馆监督呈请考试毕业等情前来。当经臣等定期于九月初九至十三等日,按照所习学科在臣部分场扃试。除胡宪生现经游美学务处考送出洋未经与考外,计应考者共四十名。臣等当即遴派司员,将各科试卷详细分校并由臣等覆加核阅,评定分数,计取列最优等三名、优等八名、中等二十七名、下等二名,已于本月初四日发行该馆照例榜示。查奏定译学馆奖励章程内开考列最优等者,作为举人出身,内以主事分部尽先补用,外以直隶州知州分省尽先补用;考列优等者,作为举人出身,内以内阁中书尽先补用,外以知县分省尽先补用;考列中等者,作为举人出身,内以七品小京官分部,外以通判分省补用。又上年臣部附片奏准,嗣后译学馆及各高等学堂毕业学生已有职官者,曾经臣部奏准原系试用者,以原官补用;原系补用者,以原官尽先补用,毋庸再保升阶各等语,历经遵办在案。此次该馆毕业生,除取列下等之徐用明、高钟二名,均应照章补习外,所有取列最优等、优等、中等各生,自应照章给奖,以资鼓励。惟取列优等之张恂、中等之汪德章、陈承遵、平士履等四名现在丁忧期内,此次所得奖励应俟服阕后再行发给执照,咨照吏部分发,以符定章。谨缮具该生等履历并奖励清单,恭呈御览。如蒙俞允,即由臣部咨行吏部钦遵办理。所有京师译学馆丙级学生毕业循章请奖缘由谨恭折具陈。伏乞皇上圣鉴。谨奏。宣统二年十一月二十九日奉旨,依议。钦此。谨将译学馆丙级毕业生履历,分数缮具清单,恭呈御览。(分数清单见附录3)

《学部官报》第一百四十五期(宣统三年二月初一日)

奏译学馆乙级补习学生毕业请奖折(并单)

(宣统三年二月)

奏为译学馆乙级补习学生毕业循章请奖恭折仰祈圣鉴事。窃查译学馆乙级学生,于宣统元年九月毕业,经臣部考试所有外国文主课不及二十分之刘际芳、陈縠芬等二名,及取列下等之黎诚、聂惠钧、李咸升、李枢祐等四名,当经札行该馆照章补习一年,再行考试在案。上年据该馆监督申称,除李咸升一名两次未应期考,应令出馆外,其刘际芳等五名,补习届满,应请定期补考,等因前来。当即定于十二月十一至十六等日,按照所学科目在臣部分场扃试,并由臣等将各科试卷详加核阅,评定分数,计取列优等二名、中等三名,已于二月初六日发行该馆分别榜示。查奏定译学馆奖励章程内开考列优等者,作为举人出身,内以内阁中书尽先补用,外以知县分省尽先补用;考列中等者,作为举人出身,内以七品小京官分部,外以通判分省补用。又宣统元年臣部附片奏准,嗣后译学馆及各高等学堂毕业学生,如有愿降等就职者,均准以内阁中书改就小京官各等语。此次取列优等、中等各生,自应照章给奖,以资鼓励。谨缮具该生等履历、分数清单,恭呈御览。如蒙俞允,即由臣部咨行吏部钦遵办理。所有京师译学馆乙级补习学生毕业循章请奖缘由,恭折具陈。伏乞皇上圣鉴。谨奏。宣统三年二月二十四日奉旨,依议。钦此。谨将译学馆乙级补习学生毕业履历、分数缮具清单,恭呈御览

计开

优等二名

　黎　诚,年二十八岁,湖北人,毕业平均分数七十三分七九;

　陈縠芬,年二十六岁,湖北人,毕业平均分数七十分三七;

　以上毕业生二名,拟请均给举人出身。黎诚一名据呈请降就中等奖励,拟请以七品小京官分部。陈縠芬一名拟请以内阁中书尽先补用。

中等三名

　刘际芳,年二十七岁,直隶人,毕业平均分数七十六分一(因外国文主课不及六十分降中等);

　聂惠钧,年二十五岁,贵州人,毕业平均分数七十一分五八(因外国文主课不及六十分降中等);

　李枢祐,年二十七岁,直隶人,毕业平均分数六十九分二八;

　以上毕业生三名拟请均给举人出身,以七品小京官分部。

《学部官报》第一百五十期(宣统三年三月二十一日)

附录1 京师译学馆甲级毕业生清单
（宣统元年闰二月）

计开

考列最优等一名

秦锡铭，年二十九岁，山东人，毕业平均分数八十五分九厘四毫；

以上毕业生一名，据呈愿归内用，拟奖给举人出身，以主事分部尽先补用。

考列优等九名

谢式瑾，年二十二岁，四川人，毕业平均分数八十一分三毫（因外国文主课不及七十分降优等）；

朱式瑞，年二十八岁，湖南人，毕业平均分数七十九分五厘三毫；

孙百英，年二十岁，浙江人，毕业平均分数七十九分三厘六毫；

蔡璐，年二十七岁，浙江监生，毕业平均分数七十八分八厘六毫；

王敬礼，年二十四岁，浙江人，毕业平均分数七十七分四厘六毫；

赵崇荫，年三十一岁，顺天附生，毕业平均分数七十五分一厘八毫；

杨敞，年二十四岁，湖南廪生分省试用道，毕业平均分数七十四分三厘四毫；

杨世震，年三十岁，顺天附生，毕业平均分数七十二分九厘；

常鼎新，年二十九岁，直隶附生，毕业平均分数七十分八厘九毫；

以上毕业生九名，其杨敞一名，原系分省试用道，拟请给举人出身，以原官分省补用。其谢式瑾、孙百英、王敬礼、常鼎新四名，据呈愿归内用，拟请均给举人出身，以内阁中书尽先补用。其朱式瑞、蔡璐、赵崇荫、杨世震四名，据呈愿归外用，拟请均给举人出身，以知县分省尽先补用。

考列中等二十九名

姚澄，年二十六岁，顺天附生，毕业平均分数七十七分四厘八毫（因国文主课不及六十分降中等）；

霓厚，年二十五岁，正黄旗汉军人，毕业平均分数七十七分四厘一毫（因国文主课不及六十分降中等）；

汤用彬，年三十一岁，湖北附贡生，陆军部候补主事，毕业平均分数七十四分九厘九毫（因外国文主课不及六十分降中等）；

朱是，年二十八岁，浙江人，毕业平均分数七十四分八厘（因外国文主课不及六十分降中等）；

王瀛，年二十七岁，直隶监生，毕业平均分数七十四分七厘三毫（因国文主课不及六十分降中等）；

王建中，年二十九岁，顺天附生，毕业平均分数七十四分一厘（因外国文主课不及六十分降中等）；

路浚，年二十四岁，顺天人，毕业平均分数七十三分七厘九毫（因外国文主课不及六十分降中等）；

何鸿璟，年二十四岁，广东人，毕业平均分数七十三分七厘二毫（因外国文主课不及六十分降中等）；

钱文选，年二十八岁，安徽附生，毕业平均分数七十三分四厘四毫（因外国文主课不及六十分降中等）；

李光荣，年二十九岁，顺天附贡生，毕业平均分数七十三分二厘二毫（因外国文主课不及六十分降中等）；

权世恩，年三十三岁，顺天增生，毕业平均分数七十二分八厘三毫（因国文主课不及六十分降中等）；

张钟霖，年二十八岁，山东附生，毕业平均分数七十二分三厘八毫（因外国文主课不及六十分降中等）；

常作舟，年二十六岁，直隶监生，毕业平均分数七十一分六厘二毫（因外国文主课不及六十分降中等）；

陈廷骧，年二十六岁，广东人，毕业平均分数七十一分三厘二毫（因外国文主课不及六十分降中等）；

杨毓璟，年二十四岁，安徽人，毕业平均分数七十分九厘六毫（因外国文主课不及六十分降中等）；

郑庆豫，年二十三岁，福建人，毕业平均分数七十分二厘二毫（因外国文主课不及六十分降中等）；

张培,年二十六岁,直隶监生,毕业平均分数六十九分九厘七毫;
陈禹谟,年二十九岁,福建人,毕业平均分数六十八分五厘八毫;
陆绍治,年二十三岁,广西监生,毕业平均分数六十八分二厘七毫;
王引孙,年二十四岁,湖北监生,毕业平均分数六十八分二厘四毫;
徐迺理,年二十六岁,安徽监生,毕业平均分数六十八分二厘三毫;
张沛霖,年二十五岁,直隶人,毕业平均分数六十七分四厘四毫;
黄寿萱,年二十六岁,浙江附贡生,毕业平均分数六十七分四厘二毫;
王赐书,年三十一岁,湖南人,毕业平均分数六十七分三厘五毫;
蔡世溶,年二十四岁,福建人,毕业平均分数六十六分九厘四毫;
吕崈,年三十三岁,直隶附生,安徽试用同知,毕业平均分数六十六分三厘三毫;
吉顺,年二十六岁,满州正兰旗人,毕业平均分数六十五分七厘五毫;
黄时俊,年二十八岁,江苏人,毕业平均分数六十三分八厘八毫;
姚长庚,年二十九岁,江苏监生,毕业平均分数六十分二厘六毫;

以上毕业生二十九名,其汤用彬一名,原系陆军部候补主事,拟请给举人出身,以原官归原衙门尽先补用。吕崈一名,原系安徽试用同知,拟请给举人出身,以原官归原省补用。其姚澄、麃厚、王瀛、王建中、何鸿璟、钱文选、权世恩、张钟霖、常作舟、陈廷骥、杨毓璟、郑庆豫、张培、陈禹谟、陆绍治、王引孙、张沛霖、黄寿宣、王赐书、蔡世溶、吉顺、黄时俊、姚长庚等二十四名,据呈愿归内用,拟请均给举人出身,以七品小京官分部补用。其朱是、李光荣、徐迺理三名,据呈愿归外用,拟请均给举人出身,以通判分省补用。

《学部官报》第八十四期

附录2 译学馆乙级学生毕业等第清单

计开

最优等一名

龚积桢,年二十八岁,安徽人,毕业平均分数八十八分八厘。

以上毕业生一名,据呈愿归内用,拟请给举人出身,以主事分部尽先补用。

优等十四名

黄康年,年二十岁,湖南人,毕业平均分数八十五分四厘六毫(因国文主课不及七十分,降优等);
张天元,年二十三岁,汉军镶兰旗附生,分部员外郎,毕业平均分数八十五分二厘(因国文主课不及七十分,降优等);
陆鸿逵,年二十三岁,江苏附生,毕业平均分数八十四分六厘六毫(因国文主课不及七十分,降优等);
冯农,年二十六岁,浙江附生,毕业平均分数八十三分六厘(因国文主课不及七十分,降优等);
王珽,年二十三岁,浙江人,毕业平均分数八十分七厘四毫(因国文、外国文两门主课均不及七十分,降优等);
郑鹏,年二十四岁,浙江附生,毕业平均分数八十分四厘五毫(因国文主课不及七十分,降优等);
郑恒庆,年二十五岁,直隶附生,毕业平均分数八十分二厘一毫(因国文主课不及七十分,降优等);
陈柏年,年二十岁,浙江人,毕业平均分数七十八分三厘三毫;
赖机,年二十三岁,四川人,毕业平均分数七十八分一厘九毫;
李国钧,年三十岁,广东人,毕业平均分数七十五分四厘三毫;
赵祖望,年二十五岁,江苏人,毕业平均分数七十三分五厘;

郑庆澄,年二十三岁,福建人,毕业平均分数七十二分三厘;

韩嘉树,年二十二岁,浙江人,毕业平均分数七十一分三厘七毫;

冯肃恭,年二十五岁,直隶人,毕业平均分数七十一分三厘五毫。

　　以上毕业生十四名,其张天元一名原系分部员外郎,拟请给举人出身,仍以员外郎分部,俟学习期满以原官尽先补用。其黄康年、陆鸿逵、王琎、郑鹏、郑恒庆、陈柏年、赖机、李国钧、赵祖望、韩嘉树、冯肃恭十一名,据呈愿归内用,拟请均给举人出身,以内阁中书尽先补用。其冯农、郑庆澄二名,据呈愿归外用,拟请均给举人出身,以知县分省尽先补用。

中等四十八名

杨曾翱,年二十一岁,江苏人,毕业平均分数七十九分九厘(因国文主课不及六十分,降中等);

童德禧,年二十九岁,湖北附生,毕业平均分数七十九分六厘五毫(因外国文主课不及六十分,降中等);

陈士干,年二十七岁,浙江附生,毕业平均分数七十八分六厘一毫(因外国文主课不及六十分,降中等);

陈培襄,年二十三岁,福建人,毕业平均分数七十七分三厘三毫(因国文主课不及六十分降中等);

何清华,年二十四岁,湖南附生,毕业平均分数七十六分八厘三毫(因外国文主课不及六十分,降中等);

张承枢,年二十四岁,浙江人,毕业平均分数七十六分六厘(因外国文主课不及六十分,降中等);

杨毓瑊,年二十七岁,安徽人,毕业平均分数七十六分四厘二毫(因外国文主课不及六十分,降中等);

杨承谋,年二十七岁,湖南附生,毕业平均分数七十六分二厘(因外国文主课不及六十分,降中等);

刘毓瑚,年二十三岁,直隶人,毕业平均分数七十五分五厘五毫(因外国文主课不及六十分,降中等);

裴维钧,年二十五岁,山西人,毕业平均分数七十五分四厘八毫(因外国文主课不及六十分,降中等);

张辉曾,年十七岁,云南人,毕业平均分数七十五分一厘二毫(因国文主课不及六十分,降中等);

曾念圣,年二十四岁,福建人,毕业平均分数七十五分零七毫(因外国文主课不及六十分,降中等);

王治焘,年十八岁,湖北人,毕业平均分数七十五分零一毫(因国文主课不及六十分,降中等);

周果,年二十八岁,湖南人,毕业平均分数七十四分六厘七毫(因外国文主课不及六十分,降中等);

刘孚璋,年十九岁,江苏人,毕业平均分数七十四分三厘三毫(因外国文主课不及六十分,降中等);

陈德恺,年二十五岁,湖北人,毕业平均分数七十二分八厘三毫(因外国文主课不及六十分,降中等),

谢开桼,年二十岁,湖南人,毕业平均分数七十二分七厘五毫(因外国文主课不及六十分,降中等);

宋庚荫,年二十五岁,河南廪贡生、法部学习主事,毕业平均分数七十二分五厘四毫(因外国文主课不及六十分,降中等);

朱维清,年二十三岁,江苏附生,毕业平均分数七十二分二厘四毫(因外国文主课不及六十分,降中等);

陈履祥,年二十四岁,贵州人,毕业平均分数七十二分零三毫(因国文、外国文两门主课均不及六十分,降中等);

黄浚,年十八岁,福建人,毕业平均分数七十一分六厘五毫(因外国文主课不及六十分,降中等);

宗室海宽,年二十四岁,正兰旗满州人,毕业平均分数七十一分三厘九毫(因外国文主课不及六十分,降中等);

曹振中,年二十六岁,江苏附生,毕业平均分数七十分九厘三毫(因外国文主课不及六十分,降中等);

沈宝璿,年二十五岁,浙江廪贡生,毕业平均分数七十分七厘七毫(因国文、外国文两门主课不及六十分,降中等);

沈觐宣,年二十五岁,福建附生,毕业平均分数七十分七厘六毫(因外国文主课不及六十分,降中等);

罗癸身，年二十七岁，广东人，毕业平均分数七十分五厘五毫（因外国文主课不及六十分，降中等）；

张泰，年二十四岁，浙江附生，毕业平均分数七十分一厘（因国文、外国文两门主课不及六十分，降中等）；

苏缙，年二十一岁，直隶人，毕业平均分数七十分零一毫（因外国文主课不及六十分，降中等）；

裘毓麟，年二十一岁，浙江附生，毕业平均分数六十九分三厘八毫；

黄麟图，年二十岁，广东人，毕业平均分数六十九分零一毫；

张铭勋，年三十岁，奉天廪生，毕业平均分数六十八分七厘四毫；

曹启文，年二十三岁，江苏人，毕业平均分数六十八分六厘四毫；

周诗蕴，年二十五岁，江苏人，毕业平均分数六十八分四厘八毫；

李宝贤，年三十三岁，山东附生，毕业平均分数六十七分九厘四毫；

张卓修，年三十二岁，广东人，毕业平均分数六十七分六厘八毫；

徐焌，年二十七岁，浙江人，毕业平均分数六十七分六厘二毫；

曹允臧，年二十六岁，福建人，毕业平均分数六十六分九厘五毫；

秦夏声，年二十四岁，江苏人，分部主事，毕业平均分数六十五分四厘三毫；

周湘，年二十五岁，广东人，毕业平均分数六十五分二厘三毫；

张谌，年二十三岁，河南人，毕业平均分数六十五分一厘八毫；

郑祖康，年二十六岁，安徽人，度支部候补主事，毕业平均分数六十三分二厘二毫；

李庭兰，年二十七岁，河南附生，毕业平均分数六十二分九厘三毫；

汪乐宝，年二十七岁，江苏人，毕业平均分数六十二分四厘二毫；

舒龙标，年三十二岁，安徽附生，毕业平均分数六十二分四厘；

张绍轩，年二十五岁，四川人，毕业平均分数六十一分七厘五毫；

五树屏，年三十二岁，直隶附生，毕业平均分数六十一分三厘四毫；

谢震，年二十三岁，四川人，毕业平均分数六十一分一厘二毫；

张大宾，年二十五岁，四川人，毕业平均分数六十分二厘九毫。

以上毕业生四十八名，其宋庚荫一名，原系法部学习主事，拟请给举人出身，仍留原衙门，俟学习期满以原官尽先补用。郑祖康一名，原系度支部候补主事，拟请给举人出身，以原官归原衙门尽先补用。秦夏声一名，原系分部主事，拟请给举人出身，仍以主事分部，俟学习期满，以原官尽先补用。其杨承翱、童德禧、陈士干、陈培襄、何清华、张承枢、杨毓瑊、杨承谋、刘毓瑚、裴维钧、张辉曾、曾念圣、王治焘、周果、刘孚璋、陈德恺、谢开棨、朱维清、陈履祥、黄浚、宗室海宽、曹振中、沈宝璿、沈觐宣、罗癸身、张泰、苏缙、裘毓麟、黄麟图、曹启文、周诗蕴、李宝贤、张卓修、徐焌、曹允臧、周湘、张谌、李庭兰、汪乐宝、舒龙标、张绍轩、王树屏、谢震、张大宾四十四名，据呈愿归内用，拟请均给举人出身，以七品小京官分部补用。其张铭勋一名，据呈愿归外用，拟请给举人出身，以通判分省补用。

又奏，此次译学馆乙级毕业考列优等者，请准其降等就奖片

再译学馆毕业奖励章程内开，考列优等者内以内阁中书尽先补用，考列中等者内以七品小京官分部，历经遵办在案。惟内阁中书一项缺额无多，而游学毕业、高等学堂、优级师范学堂毕业均有奖给内阁中书三员，若非设法疏通则序补无期，久置闲散似非鼓励人才之道。是以本年四月臣部奏请，将廷试游学毕业生之以内阁中书用者，准其援照进士馆毕业考列最优等改就知县之例，呈请吏部改为小京官，奉旨允准在案。此次译学馆乙级毕业，其取列优等三

各生中有呈请愿降就中等奖励者,臣等查该生所请系属降等改官以求自效,与进士馆毕业生及游学毕业生之降等就奖者,情事相同,似尚可以照准。嗣后高等学堂、优级师范学堂毕业各生,取列最优等之以内阁中书用者,拟请均准其降等就职,改用小京官,以归一律。如蒙俞允,即由臣部咨行吏部,遵照办理。谨附片具陈,伏乞圣鉴训示。谨奏。宣统元年十一月二十九日奉旨依议。钦此。

《学部官报》第一百十二期(宣统二年正月二十一日)

附录3　　译学馆丙级学生毕业分数单

计开

最优等三名

　　谢冰,年二十八岁,江苏人,毕业平均分数八十五分三;

　　易克枭,年二十七岁,湖南人,毕业平均分数八十四分二一;

　　朱培麟,年二十七岁,江苏人,毕业平均分数八十二分零五。

　　以上毕业生三名,其谢冰、朱培麟二名据呈愿归内用,拟请给举人出身,以主事分部尽先补用。易克枭一名据呈愿归外用,拟请给举人出身,以直隶州知州分省尽先补用。

优等八名

　　李棠书,年二十八岁,河南人,毕业平均分数七十九分六五;

　　张心澄,年二十四岁,广西人,毕业平均分数七十六分八;

　　刘耀枋,年三十二岁,湖南人,毕业平均分数七十五分;

　　涂道恺,年二十五岁,湖北人,毕业平均分数七十四分八六;

　　陈曾毂,年二十三岁,湖北人,毕业平均分数七十三分八九;

　　夏道焕,年二十三岁,湖北人,毕业平均分数七十三分八二;

　　刘先觐,年二十四岁,湖南人,毕业平均分数七十一分二八;

　　张恂,年二十五岁,直隶人,毕业平均分数七十分四九。

　　以上毕业生八名,其刘先勤(原文如此)一名,原系吏部学习员外郎,拟请给举人出身,仍留原衙门。俟学习期满后以原官尽先补用。陈曾毂、夏道焕、张恂三名,据呈愿归内用,拟请给举人出身,以内阁中书尽先补用。李棠书、张心澄、涂道恺三名,据呈愿归内用,降改中等奖励,拟请给举人出身,以七品小京官分部补用。刘耀枋一名,据呈愿归外用,拟请给举人出身,以知县分省尽先补用。

中等二十七名

　　雷孝敏,年二十二岁,广东人,毕业平均分数七十五分八二(因国文主课不及六十分,降中等);

　　汪德章,年二十一岁,江苏人,毕业平均分数七十四分六七(因国文主课不及六十分,降中等);

　　陈承遵,年二十三岁,浙江人,毕业平均分数七十四分五二(因国文主课不及六十分,降中等);

　　陈作,年二十三岁,江西人,毕业平均分数七十三分四一(因国文主课不及六十分,降中等);

　　田树藩,年二十五岁,山东人,毕业平均分数七十三分二三(因外国文主课不及六十分,降中等);

　　柴振权,年二十八岁,浙江人,毕业平均分数七十二分三四(因国文主课不及六十分,降中等);

　　张天才,年二十一岁,广州驻防汉军镶蓝旗人,毕业平均分数七十一分九一(因国文主课不及六十分,降中等);

　　万毓崧,年二十四岁,江西人,毕业平均分数七十分七四(因国文主课不及六十分,降中等);

　　孙百璋,年二十三岁,浙江人,毕业平均分数七十分四(因外国文主课不及六十分,降中等);

吴鼎铭，年二十八岁，浙江人，毕业平均分数六十九分八三；
刘祖熙，年二十六岁，河南人，毕业平均分数六十九分七二；
平士履，年二十五岁，浙江人，毕业平均分数六十九分四八；
梁同忭，年二十四岁，福建人，毕业平均分数六十九分四；
赵世城，年二十四岁，江西人，毕业平均分数六十九分二八；
胡襄，年二十二岁，江西人，毕业平均分数六十八分九一；
戴修骅，年十九岁，湖南人，毕业平均分数六十八分二三；
龚同义，年二十四岁，福建人，毕业平均分数六十八分零一；
江泽春，年二十五岁，安徽人，毕业平均分数六十七分九八；
陶大增，年二十六岁，浙江人，毕业平均分数六十七分九七；
冯锡畴，年二十四岁，江苏人，毕业平均分数六十六分六六；
陈初，年二十五岁，江西人，毕业平均分数六十六分一；
郑祖庆，年二十六岁，安徽人，毕业平均分数六十五分八四；
萧碧均，年二十九岁，四川人，毕业平均分数六十五分四；
冯澄，年二十八岁，广东人，毕业平均分数六十三分九一；
王丕谟，年二十九岁，直隶人，毕业平均分数六十三分七九；
霍泽绵，年二十五岁，安徽人，毕业平均分数六十一分二六；
朱肇新，年二十一岁，直隶人，毕业平均分数六十分二三。

以上毕业生二十七名，其刘祖熙一名，原系法部七品小京官，拟请给举人出身，仍留原衙门，俟转主事，学习期满后以主事尽先补用。雷孝敏等二十六名，据呈愿归内用，拟请均给举人出身，以七品小京官分部补用。

《学部官报》第一百四十五期（宣统三年二月初一日）

（五）仕学馆

奏仕学馆毕业学员照章分别给奖折

（光绪三十二年八月十五日）

奏为仕学馆学员毕业照章请给奖励恭折仰祈圣鉴事。窃光绪二十八年经前管学大臣奏设仕学馆，考选京外有职人员入馆肄习法政，定章三年毕业，嗣经并入进士馆内，由进士馆监督经理。本年春季据该馆监督咨报，已届毕业之期，照章考试分别内外二场，外场就本馆举行，按其所学科目分门试验，其功课分数、试卷、讲义、行检履历等册籍，均经咨送到部；复由臣部于闰四月举行内场考试，分为二场：首场以中学出题，经史各一，二场以西学出题，政治、法律各一。臣等参以平日功课分别评核，统将该学员等所得分数，按照六学期平均匀算，满八十分以上者为最优等，满六十分以上者为优等，满四十分以上者为中等。计考取最优等一名，优等二十九名，中等四名。臣等查该馆功课系属法政专科，为应时切要之学，该学员等专心肄业，成绩尚优，既经毕业试验，自应照章请奖。查奏定仕学馆奖励章程，考列最优等者各就原官优保升阶，并保送引见，候旨录用。其未经中式举人者，并准作为副榜。考列优等者，各就原官保奖升阶，分别京外，分省分部尽先前补用。自愿候选者，就其升阶保奖尽先前选用，其未经中式举人者,并准作为副榜。考列中等者,各就原官分别保奖,尽先补用选用班次各等语。此次考列最优等之朱麟藻一名,现值丁忧应俟服阕,再由臣部奏保引见。其优等、中等各员,查照定章,分保奖,另缮清单,恭呈御览,合无仰恳天恩,俯准给奖,以资策励。所有仕学馆毕业学员照章请奖缘由,谨缮折具陈。伏乞皇太后、皇上圣鉴。谨奏。光绪三十二年八月十五日具奏。奉旨,依议。钦此。谨将仕学馆毕业学员照章分别等第,请给奖励。开单恭呈御览。

　　计开

　考列优等二十九名

　　候补笔帖式吉祥请以主事分部尽先前补用。
　　户部候补主事徐承锦请以员外郎留部尽先前补用。
　　指分安徽补用布经历翁廉请以知州仍留原省尽先前补用。
　　拣选知县史锡永请以直隶州知州分省尽先前补用。
　　候选堂主事礼部笔帖式文琦请以员外郎分部尽先前补用。
　　户部候补主事蒋棻请以员外郎留部尽先前补用。
　　户部候补主事唐宗愈请以员外郎留部尽先前补用。
　　兵部候补主事雷凤鼎请以员外郎留部尽先前补用。
　　候选州同徐象先请以知州分省尽先前补用。
　　候选太常寺典簿胡嵘请以主事分部尽先前补用。
　　候选县丞梁载熊请以知县分省尽先前补用。
　　分省试用县丞周忠纬请以知县分省尽先前补用。
　　拣选知县张玉麟请以直隶州知州分省优先前补用。
　　拣选知县邵万和请以直隶州知州分省优先前补用。
　　刑部候补主事欧阳颎请以直隶州知州分省优先补用。
　　候选同知周玉柄请以知府分省尽先前补用。
　　候选县丞李文权请以知县分省尽先前补用。
　　候选同知徐焕请以知府分省尽先前补用。
　　候选教谕傅琛请以知县分省尽先前补用。
　　候选县丞杜翰煜请以知县分省尽先前补用。
　　户部候补主事严启丰请以员外郎留部尽先前补用。
　　候选主事连捷请以员外郎分部尽先前补用。

《学部官报》第五期

学部奏更正仕学馆袁励贤奖励片

(光绪三十二年)

　　附奏更正仕学馆毕业学员袁励贤奖案片再本年八月,臣部奏请仕学馆毕业学员照章给奖,其考中等之候选同知袁励贤一员,请仍以同知尽先选用,奉旨允准在案。兹准进士馆监督咨,据袁励贤呈称,窃学员前由州同加捐双月同知,后因资斧不敷无力捐足,于本年六月二十三日将原折捐双同知,改奖分省知州,并缴免保银两,经户部核准给照收执。兹蒙学部奏保毕业学员单开候选同知,袁励贤仍以同知尽先选用等因。伏思学员所捐同知执照,早经缴销,自应恳请转咨更正,请照分省知州给奖,以免向隅等情到部。当经臣部咨查户部,去后兹准复称,查袁励贤由分发试用州同,请将广西饷赈捐输第八次案内未核准银两内,以银一千四百三十二两八钱又在部库捐免保举请以知州双月,本班先选用,于光绪三十二年六月核准。该员又由双月本班先选用知州,在广东代收七项常捐第二十五次案内,捐银一千九百十四两请以知州,不论双、单月分发归新海防例试用,于光绪三十二年七月核准等因前来。臣等查仕学馆学员履历册,袁励贤原系候选同知故即据同知请奖,兹既于六、七两月改捐双月选用知州并加捐分发试用,均经户部核准,自应照案更正,合无仰恳天恩俯准,将仕学馆毕业学员分省试用知州,袁励贤以知州分省尽先补用,以资策励而免向隅,谨附片具陈。伏乞圣鉴。谨奏。奉旨依议。钦此。

《学部官报》第十一期

(六)医学馆

光绪二十九年医学馆考试

前月二十八日为医学实业馆考试之期,投考者二百余人,定额仅取三十余名。是日报英文者三十余人,另分一堂考试,题为《良药苦口利于病论》、《医学略问古今方药病名异同》。

《湖南官报》第四〇七号第33页,朱有瓛《中国近代学制史料》,第二辑上册

咨医学馆应照新章五年毕业文

(光绪三十二年五月十九日)

学部为咨行事。准咨开。本馆奏定章程,医学教法中西并重,先定普通医学课程,分三年卒业。自光绪二十九年五月开学,迄今已届三年,普通课程及年限应照章举行中西医毕业考试,请烦复核施行,等因前来。查医学馆章程,于二十九年三月具奏,是年十一月学务大臣会同湖广总督奏定,厘订学堂章程,学务纲要中列有专条,京外各学堂俱照新章,以归画一。医学馆系照中学堂办理,应照新章五年毕业,且医科关系重要,而学理又至繁赜,不独难于深造,亦不易言普通,若学员未精,遽令充当官医及医员等,实恐难免贻误。本部详细酌核,意在妥筹造就,相应咨商,如学生所习医学,具有根柢,可期深造,应即加习二年,以符新章中学堂五年毕业之例,其奖励亦即可照章办理。所有加习课程,应博采东西各国医学科目,咨部核定。其不愿留学者,即由馆中考验,给予医学修业文凭,听自营业。希即查照办理可也。须至咨者。

《学部官报》第二期(光绪三十二年八月初一日)

请奖医学实业馆毕业学生折

(光绪三十二年十二月二十六日)

奏为医学实业馆毕业学生援照奏定专章给予奖励恭折仰祈圣鉴事。窃臣部据医学实业

馆提调咨称，本年学生已届三年，普通毕业经部议定将全班学生由本馆考验，分别给予毕业修业文凭等因。兹于九月下旬，分别各科会同各科教习严密考验，详定各科分数，再照章加入品行一门与各科相加，平均为毕业考验全匀（均）分数在六十分以上者三十六名，请照中学堂章程分别给奖，以励将来等因前来。臣等查医学馆于二十八年八月奏请开办原奏内称，此项医学实业馆学生卒业出身，现拟章程准照中学堂办理。又二十八年七月，学务大臣奏定学务章程，中学堂卒业生考验及格给予贡生文凭各等语。是该馆开办在二十九年奏定章程以前，其年限及出身均与新章不合，自应援引该馆奏定专章，查照二十八年七月所奏中学堂奖励章程办理。兹据该馆咨送考卷、讲义及分数、履历各册，臣等复核无异，所有考验及格之学生长兴、吕文雄、潘颐、王赞元、冯玺臣、齐范思、姜允淮、袁其铭、史干成、徐衡、孙彝麟、吴廷耀、高佐齐、齐如璟、查潜、张世械、广善、李鸿洲、邓承昌、丁云衢、高廷翰、李崇恒、龚荫森、胡得望、钱宝璜、陆有章、马惟豫、王遵路、张振声、吴师彝、郭金寿、房景琯、董之云、俞树棻、邹济昌，均拟照章奖励，一律给予医科贡生，作为正途出身。其原系举人之吴之翰一名，拟给予毕业文凭，毋庸另给奖励。如蒙俞允，即由臣部遵奉施行。所有医学实业馆毕业学生，请奖缘由谨缮折具陈。伏乞皇太后、皇上圣鉴。谨奏。光绪三十二年十二月二十六日具奏。奉旨，依议。钦此。

《学部官报》第十五期

附奏医学馆毕业生请比照岁贡就职片

（光绪三十三年）

再，医学馆学生毕业，前经臣部奏请给予医科贡生作为正途出身。奉旨允准在案。查此项学生既经作为正途出身，应准其与各项贡生一律就职。惟是贡生就职不一，其途自应指定一项比照办理。查中学堂学生毕业，系分别等第作为拔贡、优贡、岁贡，该馆年限视中学堂较短，二年自不能作为优贡、拔贡以示区别，拟请一律比照中学堂各生等奖励作为岁贡，将来赴部就职均按照岁贡就职章程。如蒙俞允，即由臣部行知吏部、度支部、礼部遵照办理。谨附片具陈。伏乞圣鉴。谨奏。奉旨依议，钦此。

《学部官报》第二十八期

（七）博物实习科

咨复大学堂博物实习科应展习一年如无法展习应即给凭不给奖励文

（宣统元年七月二十五日）

为咨复事。准咨开本学堂附设博物实习科，咨部原案声明先办简易一班，两年毕业，所有现届毕业缘由，业经咨请察核在案。惟奖励一项，奏定章程未立专条，当日咨案亦未议及。查中等工业学堂三年毕业考列最优等、优等、中等者分别作为拔优岁贡出身，并以州判府经主簿分省补用。本堂博物实习简易班，学科程度与中等工业图稿绘画科门类相同，该生等又各由本省高等预科、两级师范及中学堂拔尤选送,其在本省经过学年准诸大部转学章程与中等工业预科年限尚无差异,兹据该生等协恳咨商前来,相应咨呈大部请烦查核,可否援照中等工业学堂毕业奖励,量减给奖优候衡夺施行。再,本堂现值开办分科,斋舍不敷配置,博物实习一科断难展办。该生等力求深造,禀请升学,自当予以求学之阶。此项毕业生,按其所学与优级师范第四类相近,能否准其升入本省优级师范,俾得兼尽义务,抑或以他项相当学堂,准其升学统希酌核赐复等因前来。查定章中等工业学堂系三年毕业,本部奏定招考限制章程中等实业学堂学生未经高等小学毕业者先入预科二年,始准入本科。该实习科性质虽与工业相近,而肄业年限不过二年,为时甚短,所学无多,断难遽予给奖。实业学堂章程,无量减给奖之文,未便迁就办理。该实习科设在招考限制章程以前,学生系由督学局及各省提学司考选咨送,尚可免扣预科年限,如为鼓励学生起见,必欲酌给奖励,应由该学堂酌量设法令该生等展习一年,酌加功课,切实教授,与定章中等工业本科年限相合,庶可比照议奖。如实无法可设,应即由该学堂给发该科学生文凭,所请给奖及升学之处,应毋庸议,相应咨复查照办理可也。须至咨者。

《学部官报》第一百期

奏京师大学堂附设博物品实习科学生毕业请照中等工业学堂给奖折

(宣统三年三月十五日)

奏为京师大学堂附设博物品实习科学生毕业,拟请比照中等工业学堂给奖,恭折仰祈圣鉴事。窃查京师大学堂于光绪三十三年六月附设博物实习科,计分三类:第一类习制造标本,第二类习制造模型,第三类习图画。各类开简易科一班,学生由京师督学局及各省提学司考选,咨送入堂,二年毕业,当经咨明臣部核准在案。宣统元年五月准大学堂咨称:该实习科学生,于光绪三十三年下学期入堂,扣至本年下学期满足二年,考试毕业。查其学科程度,与中等工业学堂之图稿绘画科相近,且该生等均系各处就中学堂及两级师范学堂择尤选送,亦可免扣预科年限,拟请比照中等工业学堂酌量给奖等因前来。臣等查所称各节尚属实情,惟定章中等工业学堂本科均系三年,该实习科仅满二年,未便遽予议奖,须再展习一年切实教授,将来展习期满,方可照此请奖,旋经咨复在案。上年十一月复准咨称:该实习科学生,业经遵照展习,于宣统元年十一月复行入堂,扣至本年十一月,一年期满,请照章转行督学局复试等因,并将各科讲义课本、学生履历、分数清册咨送到部。臣等查该生等成绩尚优,年限亦符,当将全案转送督学局复试去后,兹准该局文称:业于上年十二月举行复试,核定等第,先行榜示,合将复试全案送呈核奖等因前来,臣等复核无异,自应准其毕业。查中等实业学堂奖励章程内开:考列最优等者作为拔贡,考列优等者作为优贡,考列中等者作为岁贡。又查臣部奏准改订各学堂毕业核算分数办法片内开:分类教授之中学堂所习主课,按其科目计算,不满七十分居五分之一者,原列最优等降为优等,不满六十分居五分之一者,原列最优等仍降为优等,原列优等应降为中等等语。该实习科学生毕业,拟即按照定章办理,请给奖励,以昭激劝。除考列下等第一类之王铣、方元度二名,无庸给奖外,所有考列最优等第一类之向振风,拟请作为拔贡,降列优等第三类之程博识,及应列优等第一类之傅林炤、尹克襄、尚烈、王寅、邓聚奎、张秉钊、季宗鲁,第二类之阎永辉、杨远临、陈承蕃,第三类之李苏同、何久道、许鸿模等十四名,拟请作为优贡,降列中等第三类之布青阳,及应列中等第一类之罗家清、骆唯、马步洵,第二类之谢奋、石之锐,第三类之张廷良、赵书麟等八名,拟请作为岁贡,照章升入高等实业学堂肄业,其年在二十五岁以上,不愿升学者,拟请照章以州判府经主簿分别分省补用,无庸奖给拔贡、优贡、岁贡。如蒙俞允,即由臣部分咨钦遵办理,所有京师大学堂附设博物实习科学生毕业,拟请比照中等工业学堂给奖缘由,理合恭折具陈伏乞皇上圣鉴,谨奏。宣统三年三月十五日奉旨,依议。钦此。

《学部官报》第一百五十一期,《学部奏咨辑要》三编

八、关于学生毕业服务等

为学堂毕业生着照所拟学堂选举鼓励章程办理谕
（光绪二十七年十月二十五日）

内阁政务处会同礼部奏：遵旨核议学堂选举鼓励章程一折。学堂之设，原以鼓舞士气，作育真才，自当优其进取之途，尤应防其登进之滥。披阅所拟章程，尚属妥协。着照所请，饬令各该省将小学堂毕业学生，考取功课合格者，送入中学堂肄业。俟毕业后考取合格者，再送入该省大学堂。毕业后取其合格者，给榜作为优等学生，由该省督抚学政，按其功课严密考校，择优拟取，咨送京师大学堂复试，候旨钦定，作为举人、贡生，仍留下届应考，愿应乡试者听。俟举人积有成数，再由大学堂严加去取，咨送礼部，奏请特派大臣考试，候旨钦定，作为进士，一体殿试，分别等第带领引见，量加擢用，不拘庶吉士部属中书等项成例，以励通材而收实效。前据袁世凯奏，先于省城建立学堂，分斋督课。其备斋即寓小学堂、中学堂规制，业经谕令各省仿照开办。所有此项学生，着俟专斋毕业后，即照此次所拟选举章程一律办理，以示鼓励。

《德宗实录》卷四八八

附奏大学堂师范毕业生义务期限之内不得兼营他业并准援案免扣资俸片
（光绪三十三年三月十五日）

再查臣部奏定师范生义务章程内载：优级师范生有效力全国教育职事的义务，其年限暂定为五年。此五年中经学部或本省督抚提学司指派教育职事，不得规避，不得营谋教育以外的事业，充当京外各衙门别项差使等语。此次大学堂师范毕业生充当教员担任学务，责无可辞。现在该生等有愿留京师效力义务者，有愿赴各省效力义务者，经该学堂总监督分别造册咨送到部，臣部当通行京外各衙门，该生等于五年之内专办教育，不得委派他项差使，如有籍端规避者，一经查明，即将所得奖励照章撤销，其在义务期内，准援照教员免扣资俸章程一律不扣资俸，庶于严加督察之中而仍曲示鼓舞之意。谨附片具陈，伏乞圣鉴，谨奏。
光绪三十三年三月十五日具奏旨依议，钦此。

学部奏咨辑要卷三第三○页

通行京外查明大学堂师范毕业生效力义务情形报部文
（光绪三十四年五月初十日）

为札咨行事。查本部奏定师范生义务章程，内载优级师范生，有效力全国教育职事之义务，其年限暂定为五年。年限以内应尽心教育，不得营谋教育以外之事业，不得规避教育职事,充当京外各衙门别项差使。如实有不得已事故,请缓义务年期考查属实,仍以二年为限。如私自迁延至二年以上者,即将所得奖励撤销各等语。立法至为严密,应即遵照办理。上年京师大学堂师范班毕业,经大学堂咨明该生等,愿往效力各省分及因故续请改认他省各生,当由本部先后分咨在案。事隔年余,该生等是否已尽义务,应即详查。兹案照原咨各案,钞粘清单分咨京师督学局、各省督抚,并札行各省提学使司,按名确切考查。如果该生等现在各该处效力,应将到差年月以及所任职务、薪金数目、有无兼差详细开列报部。如或充当别项差使,未尽义务,亦应据实开报。其有未经本部咨送,而在各该处效力义务,或充当别项差使,或在各该处居住并未效力义务者,亦应一并详查报部,以凭察核。此外尚有关庆麟等六名,未经大学堂咨据呈明愿往效力省分,兹并钞粘清单应由各该处一体查明声覆。除分别咨札外,为此札咨行遵查照办理,速覆可也。须至咨者。此札。

计开上年本部咨行京师效力各生名单

顾宗裘	邹应尧	李恩藻	梁兆璜	杜福堃
王荣官	姚梓芳	王廷珪	瞿士勋	王道元
李庆明	张绍言	陈嗣光	黄嵩龄	黄甫衣
增普	曾载帱	广源	卓烽	刘湛霖
伍作楫	孙鸿烜	李荣黻	王泽闾	刘盥训
谢运麒	煦增	陈伯驱	顾德徵	顾德馨

以上三十名。上年本部咨行京师效力各生,后因故改咨他省今不复列。

计开上年本部咨行奉天效力各生名单

李树滋	夏寿同	刘式谡	吴景濂	贵恒
孙鼎烜	邹大镛	春毓		

以上八名。上年本部咨行奉天效力各生,后因故改咨他省者今不复列。

计开上年本部咨行吉林效力各生名单

杨锟铻　丁嘉乃　顾德保

以上三名。上年本部咨行吉林效力各生,后因故改咨他省者今不复列。

计开上年本部咨行黑龙江效力各生名单

谢运骐

以上一名。上年本部咨行黑龙江效力各生,后因故改咨他省(者)今不复列。

计开上年本部咨行直隶效力各生名单

王松寿　松照　封汝谔　张灏　高绩颐　丁作霖　穆奎龄　姚云

以上八名。上年本部咨行直隶效力各生,后因故改咨他省者今不复列。

计开上年本部咨行河南效力各生名单

胡汝霖　时经训　董凤华

以上三名。上年本部咨行河南效力各生,后因故改咨他省者今不复列。

计开上年本部咨行山东效力各生名单

于洪起　肖承弼　田士懿　念梅荫　王世寯

以上五名。上年本部咨行山东效力各生,后因故改咨他省者今不复列。

计开上年本部咨行山西效力各生名单

李登选　柯璜　　张达璟　张熙敬　肖开寅　胡祥麟
　　　以上六名。上年本部咨行山西效力各生，后因故改咨他省者今不复列。
　　　　　　　　　计开上年本部咨行陕西效力各生名单
吕志贞　张熙敬　张伯钦
　　　以上三名。上年本部咨行陕西效力各生，后因故改咨他省者今不复列。
　　　　　　　　　计开上年本部咨行江苏效力各生名单
陈继鹏
　　　以上一名。上年本部咨行江苏效力各生，后因故改咨他省者今不复列。
　　　　　　　　　计开上年本部咨行安徽效力各生名单
胡璧城　贺同庆　朱应奎
　　　以上三名。上年本部咨行安徽效力各生，后因故改咨他省者今不复列。
　　　　　　　　　计开上年本部咨行江西效力各生名单
鲍诚毅　余敏时
　　　以上二名。上年本部咨行浙江效力各生，后因故改咨他省者今不复列。
　　　　　　　　　计开上年本部咨行湖南效力各生名单
戴丹诚　段廷珪　向同鋆
　　　以上三名。上年本部咨行湖南效力各生，后因故改咨他省者今不复列。
　　　　　　　　　计开上年本部咨行湖北效力各生名单
朱廷佐
　　　以上一名。上年本部咨行湖北效力各生，后因故改咨他省者今不复列。
　　　　　　　　　计开上年本部咨行福建效力各生名单
陈　铢
　　　以上一名。上年本部咨行福建效力各生，后因故改咨他省者今不复列。
　　　　　　　　　计开上年本部咨行四川效力各生名单
黄尚毅　张家驹　段以修
　　　以上三名。上年本部咨行四川效力各生，后因故改咨他省者今不复列。
　　　　　　　　　计开上年本部咨行广东效力各生名单
祁杰　关翰昭　吴燮梅　卢崇恩　伦叙　　伦鉴
　　　以上六名。上年本部咨行广东效力各生，后因故改咨他省者今不复列。
　　　　　　　　　计开上年本部咨行广西效力各生名单
廖道传　吴鼎新　伦明　　张东烈
　　　以上四名。上年本部咨行广西效力各生，后因故改咨他省者今不复列。
　　　　　　　　　计开上年本部咨行云南效力各生名单
由云龙
　　　以上一名。上年本部咨行云南效力各生，后因故改咨他省者今不复列。
　　　　　　　　　计开未经呈明愿往效力省分各生名单
关庆麟，广东人，原系度支部主事，考列最优等，以原官用奖给师范科举人，并加五品衔
任重，浙江人，原系举人，考列最优等，以原官原班用，并加五品衔

孙昌烜,江苏人,原系举人,考列最优等,奖给内阁中书,并加五品衔
马象雍,湖南人,原系举人拣选知县,考列中等,以原官原班用
张钜源,湖南人,考列中等,奖给师范科举人部司务
春泽,湖北荆州驻防,原系分部主事,考列下等
　　以上六名。

《学部官报》第六十一期(光绪三十四年七月初一日)

本司呈覆学部札查京师大学堂师范毕业各生是否效力义务应饬查报文

(光绪三十四年)

　　为呈覆事。光绪三十四年五月十一日案　奉大部札饬,查明京师大学堂师范班毕业咨送直隶效力义务,各生现任职务、到差年月、薪金数目、有无兼差,详细开列报部,如或充当别项差使,未尽义务,亦应据实开报,其有未经咨送者,亦应一并查报,以凭查核等因。奉此遵查京师大学堂师范班毕业各生,自大部陆续咨送直省效力义务,当即分别派充各堂教员。惟是该生等既竭数年攻苦肄习专科,兹当学成致用之期,均愿得就优差以为相当之酬报,此亦人情之常,不得不为该生等谅。特以直省各堂经费大都不甚丰赢,而教员薪金均有一定之数,又未便因该生等数人特别加增,是以该生等均有不欲久居之志。自行改就他省之聘者有之,迁延不就者有之,亦有到堂未久旋即托故辞退者。其未经咨送各生,亦未有自行赴直就差者。以上各情正拟分别查明,呈请大部查照备案,兹奉前因,理合开具清折具文咨覆,为此呈请大部鉴核,伏乞照验施行。须至呈者。

原载《教育杂志》戊申第十一期(光绪三十四年八月初一日)

学部奏酌拟各学堂毕业请奖学生执照章程

(光绪三十四年七月三十日)

　　疏云,窃查奏定章程,自大学堂以至高等小学堂学生毕业之后,皆按其所学之浅深,分别奖以进士、举人、优拔岁贡、廪增附生有差。现在学务渐兴,各省开办学堂报部之数,日见其多,将来毕业请奖之生亦必日见其众。则就职任官诸事,既为理所恒有,而词讼讹误,亦难保其必无。若无征信之具,深恐别滋事端。查从前科举之时,进士则须赴礼部填写亲供,举人则须赴学政衙门填写亲供咨部,优拔岁贡则须由学政分给贡单,童生入学亦须由该学教官出具印结申送学政,以备考核,并酌收心红纸张之费。今拟酌仿成案,一律发给执照,凡各学堂毕业请奖得有进士、举人、贡生出身者,皆由学部发给执照。其仅得有廪增附生出身者,由学部发给执照式样。在京由督学局,在各省由提学使司衙门照式印刊发给,酌收照费,明定数目,列入报销。务使昭然共见,严杜多取少报诸弊。凡进士举人照费全数存部,拨充分科大学之用。贡生照费在京者存督学局,在各省者存学务公所,作为京城及各省城推广学堂之用。廪增附生照费在京者存督学局,在各省者存府万州县衙门,作为地方推广学堂之用。均不得移

作他项用款。其心红纸张之费,另由该管衙门在办公经费内核实支销。谨拟章程十二条,另缮清单,恭呈御览。如蒙俞允,即由臣部遵奉办理。所有酌拟各学堂毕业请奖学生执照章程缘由谨恭折具陈,伏乞皇太后、皇上圣鉴。谨奏。

《光绪朝东华录》光绪三十四年七月十八日,《光绪政要》卷三十四

咨大学堂总监督饬滇省学生依调服务文
(宣统元年闰二月十三日)

为咨行事。准云贵总督电称。提学使禀称。滇教员缺乏,请将京师师范本年毕业滇省学生,悉数调回等情,相应电咨。请饬该生等毕业即回滇尽义务等因到部。查滇省系属边远省分,师资缺少,自系实情。应由贵学堂查照所咨各节,转饬各该学生遵照办理。相应咨行查照可也。须至咨者。

《学部官报》第八十四期

咨大学堂请将滇籍各生派回服务文
(宣统元年六月十四日)

为咨行事。前准云贵总督电称,滇省教员缺乏,请将京师师范本年毕业学生悉数调回等情。曾经本部咨明在案。现复准护理云贵总督电称,前奉四月有电只悉大学堂师范二班毕业,承询滇省需员若干,当行学司详细调查核议。兹据覆称,京师师范毕业滇籍各生拟恳转请悉数派回,留充省城教员等语。应请大部即将大学堂师范二班毕业滇籍各生悉数派回服务等因到部。相应咨行转饬滇籍各生遵照可也。须至咨者。

《学部官报》第九十七期(宣统元年)

师范生分派各省

大学堂总监督特悬牌示,云此次师范毕业后应照定章,分充初级师范学堂暨中学堂教员。除愿入分科大学及已经各省调用外,其愿赴何省效力义务者,许令自行呈明,听候咨送。统限十六日以前缮具愿书,呈候核夺。毋得自误。特示。

《顺天时报》宣统元年正月初六日

咨大学堂按照川东陕桂赣等省复电酌派师范生服务文
(宣统元年五月十三日)

为咨行事。照得本届师范科毕业各生,应照章派往各省学堂令尽义务业由。本部电询各省督抚,中学及初级师范各学堂需员若干,请电示以便分派等因在案。兹接四川总督电开,川省中学师范各校需员甚多,大学堂师范毕业各川生乞并饬回服务。又,山东巡抚电称,东省已聘大学本年师范毕业生高茂梅等到堂,现尚需德文一员,请派预科毛恩旭、董嘉会来东。又电

称,山东选科需授微积学兼天文学教员,请派彭觐圭来东,如彭已他往,即于师范三类毕业生中择派一人,乞先电复。又,陕西巡抚电称,陕省现正拟筹办优级师范,如有能胜任优级第三、四类之教员请酌派三、四人,或即请派此次毕业生俞钟琏、金兆梓、沈宗元、高培元来陕为荷。至各府中学堂及初级师范学堂修金菲薄,每人每年只在三、四百金之谱,有愿就者亦请酌派二、三人。又,广西巡抚电称,本省在京师范毕业生关黻钧、周瑞琦、陆大中在调未回,而拣发广西以广西官费留京毕业者有毛鹭、周蔚生、陈培元、袁冈四员,并请发回。历史、地理现亦需材,请再派第二类生田尚志、周九龄、刘宗向到桂。如该员有席,则选派习此科者两三人。又,江西巡抚电称,请酌派五、六人,最好有长于理化者。又,奉天督抚电称,何广荣、孙鼎元、王之栋三名请饬回服务。第二类毕业江西临川举人周九龄,并请派来奉充师范教习。又,闽浙总督电称,倘闽籍学生愿归服务,请酌派二、三员,以便分配各校。又续接陕西提学司电催俞钟琏等四员迅速来陕,川资抵陕补给各等因。先后到部查各省需用教员名额各有不同,自应参照各省覆电情形酌量委派,至预科学生向无服务章程,应勿庸选派。除续接各省覆电仍应随时咨明外,相应咨行贵总监督查照办理可也。须至咨者。

《官部学报》宣统元年第十七册第九十三期

咨内阁各部大学堂师范班两次毕业生请就原官、原班得有举人奖励者仍应照章服务文

(宣统元年九月初二日)

为咨行事案查本部奏定师范奖励义务章程一折内有,凡师范生得有奖励,必俟义务年满始准服官,其义务暂定为五年各等语,是师范生所得奖励,不过予以官阶以为义务年满升转之地,自不得入署当差有妨义务。查京师大学堂师范班学生两次毕业,其有最优等、优等、中等奖给内阁中书、中书、科中书及各部司务者。业经本部咨明各该衙门,除服务期内照章不扣资俸外,至入署当差必应持有本部认为已尽义务咨文,始得照他项官员一例办理等因在案。其该生等,有请就原官、原班得有师范科举人奖励者,自应照章一律办理,以征核实。兹查有大学堂师范班第二届毕业生孙鼎元一名,原系农工商部七品小京官,以原官、原班用,加给师范科举人。大学堂师范班第一届毕业生关庆麟、刘湛霖二名原系支部主事,以原官、原班用,加给师范科举人。关庆麟并加给五品衔。大学堂师范班第一届毕业生邹大镛一名,原系陆军部主事,以原官、原班用,加给师范科举人。大学堂师范班第二届毕业生刘传纯一名,原系拔贡内阁中书,以原官、原班用,加给师范科举人。大学堂师范班第一届毕业生姚梓芳一名、第二届毕业生方观洛、段世徽二名,均原系法部主事,以原官、原班用,奖给师范科举人。曾经本部奏明办理在案,自应援照向章咨明阁部,以杜规避而重学务。相应咨行贵阁部查照办理可也。须至咨者。

中国第一历史档案馆,学部文图庶务·学部官报·卷357

学部奏请停止各学堂毕业生给予实官奖

(宣统三年七月十七日)

大事记

　　七月十七日。学部奏请停止各学堂实官奖励。并定大学堂毕业者统称进士。高等学堂毕业者统称举人。中学堂毕业者统称贡生。小学堂毕业者统称生员。奉旨依议。

《教育杂志》第三年第九期(宣统三年九月初十日)

九、留　　学

外务部为慎查出洋学生事咨京师大学堂

（光绪二十八年十一月初八日）

外务部为咨行事。光绪二十八年十月二十一日，据管理游学生总监督呈称：所有详细章程，俟到日本考察会商后，再行妥拟。惟查近年各省开设学堂，往往有堂中学生经本堂斥退，旋即自备资斧，赴东游学。拟请大部通行管学大臣及各直省督抚、学政，无论从前堂中开除之学生及将来遇有开除学生之事，即将该生姓名、籍贯、年岁、三代知照总监督存案。如有此项学生到东，详细察看，如果真心悔过，有志向学，仍当保送入学，否则即可遣送回国。慎之于送学之先与董元于入学之后，两者相辅而行，庶几实效可期等语。本部查该总监督所称：将从前及将来经本学堂开除之学生，查明各该生姓名、籍贯、年岁、三代知照存案备查，系为慎重送学起见。除札复该总督外，相应咨行贵大臣查照办理可也，须至咨者。

右咨

管理大学堂事务大臣张

北京大学综合档案·全宗一·卷19(1)

湖广总督张之洞奏陈约束鼓励出洋游学生章程

（光绪二十九年八月）

疏云窃臣前四月间面奉　皇太后懿旨，以出洋学生流弊甚多，饬筹防范之法。当经面奏，学生在外国境内，中国法令难行，必须先商彼国政府允为协助，事始有济。仰蒙慈允遵，即晤商驻京日本使臣内田康哉与筹办法，使臣以两国律法不同，办理动多窒碍，谈次颇有难色。继经剀切开譬，告以出洋学生如不妥筹约束，听其浮游废学，任性妄为，犯义干名，陷于罪戾，则此后有志之士不复敢远游就学，往取师资。其先已在外洋笃志力学者，亦目惧为牵累，废然思返，永无成就通才之日，为害不可胜言。该使臣审思再四，始谓如有妥善办法，亦愿电彼政府赞成此举，唯必须中国于安分用功，学成回国之学生，予以确实奖励，使各学生有歆羡之心，并使彼国学堂确见中国有劝学求才之实意，始于不安分学生有助我约束之法。属先酌议章程，再为商办。臣业于闰五月二十九日，召对时面奏大略在案。伏查日本学生，年少无识，惑于邪说，言动嚣张者，固属不少，其循理守法潜心向学者亦颇不乏人。自应明定章程各一通，迭次与日本使臣往返商榷，复由该使臣转达其政府与各学校校长公同会议，期于中国学生有裨而于彼国法权无碍，斟酌至于再四，日来始克议成。计拟定约束章程十款，鼓励章程十款，又另议自行酌办章程七款。凡所以严防范考察之力，广鼓舞栽成之道，纲领粗具。于是从此切实施行，则以后游学生护符逃薮，所失凭依。已往者当知敛戢，续往者亦有范围。上以示朝廷彰瘅之公，下以昭学术邪正之辨，庶足挽横流而宏造就。至鼓励章程中，拟给学生举人、进士出身,系遵光绪二十七年八月初四日上谕办理。其拟奖翰林升阶者,系于大学堂专科及大学院研究科毕业之生,学业精深,在彼国亦视为上选,计其绩学年分,已逾十五六年,较之新进士馆选,其难已加数倍,且须视回国后由钦派大臣详加察核,果系品行端谨,毫无过犯,并按照所学科目切实考验,确与所得学堂文凭相符,始行奏请给奖,似尚不致滥冒。以上各节均经随时与外务部王大臣详加商酌核定,始与日使定议。如蒙俞允,拟请旨饬下外务部,将前项约束鼓励章程照送日本使臣内田康哉转达彼国政府,分饬各学堂一律照办。一面由外务部连同自行酌办立案章程刊印成册,飞咨出使日本大臣、出洋学生总监督,照章认真举办,并通咨各直省暨京师管学大臣,一体遵照办理。谨奏疏入从之。

《光绪政要》卷二十九

管学大臣奏派学生前赴东西洋各国游学折

(光绪二十九年十一月初三日)

奏为选派学生前赴东西洋各国游学,恭折具陈仰祈圣鉴事。窃臣伏读光绪二十七年八月初六日上谕,造就人才,为当今急务。前据江南、湖北、四川等省选派学生出洋游学,用意甚善,著各省一律办理。务择心术端正、文理明通之士前往学习。学成领有凭照回华,即由该督抚学政分门考验,咨送外务部,覆加考验,奏请奖励,分别赏给进士、举人各项出身,以备任用而资鼓舞等因。钦此。仰见朝廷育才兴学因时制宜之至意,莫名钦服。上年臣百熙于召对时,曾蒙懿训,深以教习乏才为念。当经奏陈京师大学堂,宜派学生出洋,分习专门,以备教习之选。计自开学以来,将及一载,臣等随时体察,益觉资遣学生出洋之举,万不可缓。诚以教育初基,必从培养教员入手,而大学堂教习,尤当储之于早,以资任用。查日本明治八年选优等学生留学外国,至明治十三年留学生毕业归国,多任为大学堂教员。迄今博士学士,人才众多,六科大师,取材本国。从前所延欧美教员,每科不过数人,去留皆无足轻重。而日本之留学欧美者尚源源不绝,此其用心深远,可为前事之师。臣等忝膺学务,夙夜焦思,固知中国大学分科,照目前物力士风而论,求其规制完备,程度高深,恐非三四年所能猝办。而仰窥圣明垂意之殷,环顾举国属望之切,精神所注,终底于成,亟应多派学生,分赴东西洋各国,学习专门,以备将来学成回国,可充大学教习。庶几中国办理学堂,尚有不待借材操纵自如之一日,早为之计,应用无穷,及今不图,后将追悔。现就速成科学生中,选得余棨昌、曾仪进、黄德章、史锡倬、屠振鹏、朱献文、范熙壬、张耀曾、杜福垣、唐演、冯祖荀、景定成、陈发檀、吴宗栻、钟赓言、王桐龄、王舜成、朱炳文、刘成志、顾德邻、苏潼、朱深、成觋、周宣、何培琛、黄艺锡、刘冕执、席聘臣、蒋履曾、王曾宪、陈治安等共三十一人,派往日本游学,定于年内起程。俞同奎、何育杰、周典、潘承福、孙昌烜、薛序镛、林行规、陈祖良、华南圭、邓寿佶、程经邦、左承治、范绍濂、刘光谦、魏渤、柏山等共十六人,派往西洋各国游国,定于年外起程。该学生等志趣纯正,于中学均有根柢,外国语言文字,及各种普通科学,亦能通晓。大凡置之庄岳,假以岁时,决其必有成就。此外尚备取数人,防派定学生,临时或有疾病等事,可以更易。日本学费轻省,往返近便,故派数较多。颇虑其沾染近时游学恶习,臣等接见自日本来京之中外各员,一再详究,佥称凡议论嚣张任性妄为者,名为出洋学生,实则闲游生事,并未一日就学,其真在各学校肄业生徒,大都循理守法,力求进步等语。近询户部右侍郎臣铁良,新在日本所见大概相同。臣等仍当严定规条,预防流弊,于学生临行时,以忠爱大义,学成致用谆谆训勉。学期约以七年为率。西国十六人,统计需费十万余两,日本三十一人,统计需费九万余两,而川资等项,尚不在内。极知常年臣款,力有不支,然为培才起见,自当勉为筹划,拟在大学堂实存项下,按年提拨,开单奏销。其余一切事宜,悉遵外务部议覆出使各国大臣筹议出洋学生章程,及湖广督臣张之洞奏定约束奖励章程,斟酌办理。除咨部并咨行出使各国大臣随时照料考察外,所有选派学生出洋游学缘由,理合恭折具陈。伏乞皇太后、皇上圣鉴。谨奏。光绪二十九年十一月初三日,军机处交片,军机处大臣面奉谕旨,本日张百熙等,奏选派学生,前赴东西洋各国游学一折,师范学生,最关紧要,着管学大臣,择其心术纯正学问优长者,详细考察,分班派往游学,余依议,钦此。

《教育世界》第六十七期(1903年),《光绪政要》卷二十九,《光绪朝东华录》,光绪二十九年十一月

学务处为考验出洋毕业学生酌拟办法知照大学堂

(光绪三十一年四月二十七日)

总理学务处为恭录咨行事。光绪三十一年四月二十七日,本处具奏考验出洋毕业学生酌拟办法一折,奉旨依议,钦此。相应恭录谕旨,抄粘原奏。咨行贵总监督钦遵查照可也。须至咨者。
右咨(抄奏一件)
大学堂总监督
附原奏抄件

为考验出洋毕业学生酌拟办法折

奏:为考验出洋毕业学生酌拟办法恭折仰祈圣鉴事。窃臣等于上年十二月十三日议复直隶总督袁世凯奏请将游学日本毕业回国供差北洋各学生照章考验一折,奉旨依议,钦此。钦遵当经行知直隶并通咨各省在案。月内与考诸生,陆续报到,亟应照章考验。查原定章程内系分两场考试,奏请钦派大臣会同考验。惟奖给出身关系重要,拟请第一场由臣等会同大学堂总监督张亨督同教习各员,按照毕业学生所学科目详加考验,造具分数清册咨送礼部。第二场,请照乡会试复试之例,由礼部奏请钦定日期,在保和殿复试。所有应办事宜,仰恳饬下礼部照章办理。臣等为力求慎重起见,是否有当,谨恭折具陈。伏乞皇太后、皇上圣鉴。谨奏。

北京大学综合档案·全宗一·卷57

学部奏进士馆变通办法遣派学员出洋游学折

(光绪三十二年七月初七日)

窃维进士馆之设,原为初登仕版人员补求实学,以资报国之具。开办以来,癸卯、甲辰两科进士业已先后到馆,分班授课。嗣于光绪三十年七月经学务大臣奏请,分别内外两班,翰林中书为内班;分部各员愿在本衙门当差者为外班。又新进士有在学堂充当教员及总理学务事

宜三年期满实有劳绩者,准与本馆学员一律办理各等语,均经奉旨允准在案。其时各衙门整顿部务,各省举办学堂在在需才,此项人员多被留用,其有未经奏咨立案者,或因别项事故未能如期到馆,以致内外两班迄未到齐。现在馆中肄业学员,计癸卯进士内班八十余员,应于本年年终毕业;甲辰进士内班不过三十余员,应于明年年终毕业。学员日少一日,而学科不能议减,教习薪资与馆中一切经费,亦即无从节省,若使科举未停,自当接续办理,俾后来新进士皆有求学之地。惟自上年钦奉明诏,停罢制科,此馆之设势难持久,若不及早变通,不惟款项虚縻,办法亦多窒碍。查日本东京政法大学所设速成科第二班,现已毕业,于年内开设补修科,使此项毕业学生进求完全之学。又准出使大臣杨枢电开,该法政大学本年开办速成科第五班,业有成议等因,臣等再四筹商,莫若乘此时机,分别遣派新进士前赴日本游学。除癸卯进士毕业期近,仍留本馆肄习,俟毕业后,再行遣派出洋游历外,所有甲辰进士现在馆肄业之内班,均送入政法大学补修科,其外班之分部各员,有志游学者,分别选择送入法政大学速成科。至因有事故未经到馆之翰林中书,拟由臣部电咨各省,催取各员赶紧来京,与外班各员一体送入速成科肄业。查日本法政大学补修科系一年毕业,速成科一年半毕业,此次内外两班及未经到馆人员分别遣送,其入学程度大致相当,将来入补修科各员,以在馆日期并算,适足三年,其入速成科各员虽未满三年,而所习学科较多,视本馆章程较为完备,应准其于毕业回京时一律考验,按照定章分别奖励,似此变通办理,于储才致用不无裨益。如蒙俞允,拟由臣部于进士馆经费项下拨给学费,定期派遣出洋。其进士馆原有堂舍,应即筹办别项学堂,容俟拟定办法另行具奏。

《学部奏咨辑要》一编

学务处为德员拟带中国学生赴德事咨大学堂文

(光绪三十一年十月二十二日)

　　总理学务处为咨行事,外务部咨开前准德国穆使函称:德国士人安保罗明春回国,拟携带中国学生二十人在柏林关厢内安置,亲自监督一节,业经本部咨达在案,兹复准该使函称:据安保罗将立华儒德文学校于柏林京城节略五纸,请转行大学堂译学馆预备科等学堂等因,应将原节略咨送查照等因,相应将节略咨送贵总监督查照可也。须至咨者。
右咨
大学堂总监督

北京大学综合档案·全宗一·卷136

学部为师范旧班学生择送英美法等国肄业专门学校咨大学堂文

(光绪三十三年二月初四日)

　　学部为咨复事。准咨开,本堂师范旧班学生,现届毕业,其第一类以外国语文为主课,向来分习英、德、法三国文字,历有年所,根柢尚优。现在酌量情形,拟就其中慎加遴择,派送英、美、法等国肄业专门学校,其一切川资学费数目,悉照贵部定章办理,相应先将出洋游学章程黏单咨请核复施行。所有应派学生姓名,俟选定后再行咨报等因前来。查所定章程及愿书条款均尚严密,自可照行。相应咨复查照办理可也。须至咨者。

《学部官报》第十七期(光绪三十三年三月初一日)

大学堂告示出国游学事

(光绪三十三年二月初八日)

教务提调白二月初八日

总监督示。准学部准开。据准师范旧班学生,现届毕业,其第一类以外国语文为主课,向来分习英、德、法三国文字,历有年所,根底尚优。现在酌量情形,拟就其中慎加遴选,择派送英、美、法等国肄业专门学校,其一切川资学费数目,悉照贵部定章办理,相应先将出洋游学章程粘单准请核发施行。所有应派学生姓名,候选定后再行准报等因,前来,查所定章程及愿书条款,均尚严密,自可照行,相应准复查照办理等因。准此。除将应派学生选定应报学部外,合亟牌示各该生知照,特示。

计开

孙昌烜　阮志道

　　以上二名派赴英国游学

潘　敬　高继颐

　　以上二名派赴法国游学

朱垂莘　曹　冤　程祖彝　何焱森

　　以上四名派赴美国游学,兼尽华侨教育义务。

中国第一历史档案馆·大学堂告示底册

咨呈外务部译学馆出洋学生表册请查照文

(光绪三十三年九月三十日)

为咨覆事。前准咨开,查译学馆曾经派有出洋学生应请行知该馆监督,将已派出洋学生造具清册,开列姓名、籍贯、年貌、现在何国、何学堂、肄业何科、何时毕业各字样,咨送到部以凭核办等因。当据译学馆造送清册咨行在案,兹复准译学馆咨称,准大部咨开,外务部咨查译学馆出洋学生姓名、籍贯、年岁、学科各节,当将本馆先后出洋学生造册送部。旋即知照各使臣清查,一面函饬各生按期报告,兹据各使覆及各生报告,再行列表汇送察核等因前来,相应咨呈查照可也。须至咨呈者。

计开留学各国学生肄习学科及毕业年限清单

留学生姓名	留学国	学校	学科	毕业年月	出洋年月
林行规	英	伦敦大学校	法科政科	未详	二十九年十一月
范绍濂	英	播克贝克学院	未详	未详	二十九年十一月

留学生姓名	留学国	学校	学科	毕业年月	出洋年月
杨曾浩	英	在乡闲预备	未详	未详	三十一年九月
徐墀	英	伦敦大学校	预备科	未详	三十年九月
侯维良	英	北明翰大学	预备科	未详	三十一年九月
吴庆嵩	英	伦敦大学校	预备科	未详	三十一年九月
曹钧	英	皇家大学校	预备科	未详	三十一年九月
靳志	法	现赴利耳投考工艺学堂	未详	未详	三十年九月
陈祖良	法	罗盎高等工业化学校	未详	三十五年七月	二十九年十一月
周秉清	法	巴黎工程学堂	民事科	三十七年	三十一年九月
邓寿佶	法	利耳工艺学堂	未详	三十五年	二十九年十一月
周纬	法	现赴利耳投考工艺学堂	未详	未详	三十一年九月
黄广澄	法	中学堂	未详	未详	三十一年九月
王廷璋	法	岗省大学堂	工程科	未详	三十一年九月
陈浦	法	工科专门学校	未详	二十八年	三十一年九月
金国宝	法	现赴利耳投考工艺学堂	未详	未详	三十一年九月
程经邦	德	现尚在营二月后即可入校	未详	未详	二十九年十一月
张谨	德	柏林法政大学堂	法律专门	三十六年九月	三十一年九月
陈永治	德	工艺专门学校	机器专门	三十五年七月	三十一年九月
顾兆熊	德	柏林工科大学	电器工程专门	三十六年冬毕业后须工作一年	三十一年九月
柏山	俄	森彼得堡大学堂	法政专科	三十四年	二十九年十一月
麟祉	日	高等工业校	窑业科	三十四年九月	三十一年九月
胡国礼	日	早稻田大学校	政治经济科	三十四年九月	三十一年九月
徐鼎元	日	早稻田大学校	政治经济科	三十四年九月	三十一年九月

右据咨覆及报告书开有学科程级官费学生二十四名

陈大岩	德	未详	未详	未详	三十一年九月
符鼎升	日	未详	未详	未详	三十一年十月

右未接咨覆及报告书官费学生二名

徐世襄	英	未详	未详	未详	三十一年九月
熊景遇	日	未详	未详	未详	三十一年十月
钟 骏	日	未详	未详	未详	三十二年七月

右未接咨覆及报告书自费学生三名

《学部官报》第三十八期

直隶总督袁准出使比国大臣杨咨开续派学生须习法文分饬津海关道大学堂查照札

(光绪三十四年)

二月二十一日,准出使比国大臣杨咨开,窃照本大臣于光绪二十九年十二月十三日承准兼暑湖广总督部堂端咨开,查鄂省前已遵奉明诏选派学生赴德、俄等国游学在案。兹复查有肄业师范学堂学生杨荫渠等,堪以派往比国肄习各种实业专门之学,并筹备银二万二千两交监督户部候补员外郎阎海明随时支用,核实造报以凭报部查考,除恭折具奏并咨外务部暨大学堂查照外,相应咨送,为此合咨贵大臣请烦查照,希即随时照料约束考察,俾资造就,等因到本大臣承准此。查鄂省咨送来比游学学生二十五人,已于光绪二十九年十二月十二日由监督户部候补员外郎阎海明率同到比。屡经本大臣与比外部、文部大臣会晤商酌,妥为安置,查各生罕通法文,难以骤入专门学校,兹就黎业斯省自行赁屋一所,先习语言文字。比国国家高等学校荟萃,该省各生耳濡目染,进步较速,普通毕业就近分习各种专门实学。比王饬派教习四员不取修资,其兵部大臣复借与各生需用地图器具等件,已于本年正月初三日由监督率同各生前往开学。窃念三十年来,中国派赴欧美诸邦游学学生,输费悉如其国人,今比国君臣相待较优,学费较省,倘能多派学生来比肄习各种实业,实于造就人才大有裨益。惟比国素尚法文,如有续派学生,宜于方言学堂择其曾习法文三四年者,已知普通即可附入专学之末班。倘未习法文必年在十五以上中文通顺者亦克充选。现在中国学堂有专读译成之书,名速成学者,在华普通已列高等,到洋后仍须从语言文字入手;此项学生年岁差长,如欲咨送出洋,拟请先饬在华洋教习聆察口音,择可而选,庶免佶屈聱牙之病。本大臣起家诸生办理江南学堂近十稔,深悉泰西各种实业靡不以语言文字为根柢,今为抑体朝廷兴学育材力求实效起见,相应咨呈贵部堂,谨请查照施行等因,到本大臣准此合行札饬,札到即便查照。此札。

《东方杂志》第一卷第四期(光绪三十年四月二十五日)

咨外务部汇送译学馆出洋学生履历清册文

(光绪三十三年正月二十七日)

学部为咨呈事。前准咨开,查译学馆曾经派有出洋学生,应请行知该馆监督,将已派出洋学生造具清册,开列姓名籍贯年岁、现在何国何学堂肄习何科、何时毕业各字样咨送到部,以凭核办等因前来,当经咨行该馆,按照所开各项造具清册送部。兹准该馆复称,查本馆出洋学生,于光绪二十九年十一月由学务处派送留学生林行规等六名,光绪三十年九月由学务处派送出洋留学生靳志一名,光绪三十一年九月由学务处派送出洋留学生周秉清等十八名,又江西巡抚调派出洋留学生符鼎升等二名,自费出洋留学生徐世襄等六名。至入何学堂肄习何科何时毕业,查据各生报告,惟林行规一人去年已入英国伦敦大学学习法律科,其余或自行预备,或拟入工科,或拟入海军,报告尚未齐全,入校亦无实据。现已将前因知照各使臣清查咨复,一面函饬各生按照学期切实报告,一俟使臣咨复,学生报告到齐再行缮具汇送。兹将本馆先后出洋学生姓名、籍贯、年岁,并官费、自费等情先行造册呈送,应请查照转咨等因前来,相应抄录原册咨呈查照备案可也。须至咨呈者。

《学部官报》第十六期(光绪三十三年二月二十一日)

学部奏请游学毕业回国义务限内不得调派片

(光绪三十三年三月二十九日)

学部为恭录咨行事专门司案呈,本月二十五日本部附奏本部暨前学务大臣所派官费游学生毕业回国义务限内,不得调用派充他项差使一片。奉旨,依议。钦此。相应恭录谕旨印刷原片咨行贵部钦遵可也。须至咨行者。(粘印原片一件)

右咨

民政部

奏官费游学生回国后皆令充当专门教员五年片

(光绪三十三年三月二十五日)

再,此次大学堂优级师范毕业生,除照章分拨各处学堂充当教员以尽义务外,由大学堂总监督详加考校,择其性行端谨,外国文根底较优者,发给官费咨送欧美各国分习专科,以备将来高等专门教员之选。唯近来出洋毕业学生回国之后,每由京外各衙门调用,以致专门师范转多缺乏。臣等现拟咨行京外各衙门,凡此次所选派之出洋游学生,及以前学务大臣暨臣部先后所派之官费出洋游学生,将来毕业归国,皆令充当专门教员五年,以尽义务,其义务年限未满之前,不得调用派充他项差使。庶几本国之专门教育可渐振兴,亦无用违其长之虑。谨附片具陈,伏乞圣鉴。谨奏。光绪三十三年三月二十五日具奏。奉旨,依议。钦此。

中国第一历史档案馆·一九〇九·卷14;《学部奏咨辑要》卷二

为游学毕业生给奖上谕

(光绪三十三年九月十六日)

此验放之学部考验游学毕业生章宗元、王建祖均著赏给法政科进士;邝富灼、熊崇志均著赏给文科进士;程明超著赏给法政科进士;陆梦熊著赏给商科进士;稽苓孙著赏给法政科进士;叶基桢著赏给农科举人;施㬢本著赏给法政科举人;吴烓灵著赏给工科举人;郑豪著赏给医科举人；李宣威著赏给工科举人；颜志庆、高种均著赏给法政科举人；林志钧、林蔚章均著赏给法政科举人；蒯寿枢、孙海环均著赏给工科举人；张鸿藻著赏给商科举人；钱应清著赏给法政科举人；邱中馨著赏给农科举人；沈均、杨华均著赏给工科举人；赵学著赏给医科举人；陆家鼐著赏给工科举人；郭钟韶著赏给医科举人；梁志宸著赏给法政科举人；虞顺德著赏给医科举人；秦岱源著赏给工科举人；邓振瀛、屈德泽均著赏给农科举人；宋发祥著赏给格致科举人；屠师韩著赏给农科举人；黎迈著赏给工科举人；黄立猷著赏给农科举人；易恩侯著赏给法政科举人。钦此。

《教育杂志》第十五期（光绪三十三年十月初一日）

宣统元年考取游美学生

应考游美学生，经游美学务处于七月二十、二十一两日，在学部考试国文、英文、本国历史、地理等科，二十四日发案，共取六十八名。二十五日起二十九日止，分别考试物理、化学、博物、代数、几何、三角、外国古代史、外国近世史、外国地理诸科，八月初三日出复试案，计取定四十七名。闻即日由部派员率生赴沪购备行装，每人五百元，须尽八月下旬放洋。兹将名单录下：

程义法	郑煦堃	金　涛	朱　复	唐悦良
梅贻琦	罗惠侨	吴玉麟	范永增	魏文彬
贺懋庆	张福良	胡刚复	邢契萃	王士杰
程义藻	谢兆基	裘昌运	李鸣龢	陆宝淦
朱唯杰	杨永言	何　杰	吴清度	徐佩璜
王仁辅	金邦正	戴　济	严家驺	秉　志
陈　焜	张廷金	陈庆尧	卢景泰	陈兆贞
袁钟铨	徐承宗	方仁裕	邱培涵	王　健
高仑瑾	张　准	王长平	曾昭权	王　琎
李进隆	戴修驹			

《教育杂志》第一卷第九期（宣统元年九月二十五日）

宣统二年取考留美学生

本年已由外、学两部会同考试，其平均分数较优各生，即行派送赴美。余留京肄习一年，明年续派。兹将录取迳送赴美学生七十名照录如下：

杨锡仁	赵元任	王绍武	张谟实	徐志芗	谭颂瀛	朱　篆	王鸿卓	胡继贤	张彭春
周厚坤	郑鸿宜	沈祖伟	区其伟	程阆运	钱崇树	陈天骥	吴家高	路敏行	周象贤
沈艾	陈延寿	傅骝	李松涛	刘寰伟	徐志诚	高崇德	竺可桢	程延庆	沈溯明
郑达宸	席德炯	徐埛	成功一	王松海	王　预	谌　立	杨维桢	陈茂康	朱　进
施赞元	胡宣明	胡宪生	郭守纯	毛文钟	霍炎昌	陈福习	殷源之	符宗朝	王裕震

| 孙　恒 | 柯成楙 | 过探先 | 郑翼堃 | 胡　适 | 许先甲 | 胡　达 | 施　銮 | 李　平 | 计大雄 |
| 周开基 | 陆元昌 | 周　铭 | 庄　俊 | 马仙峤 | 易鼎新 | 周　仁 | 何　斌 | 李锡之 | 张实华 |

《教育杂志》第二卷第八期（宣统二年八月初十）

会奏庶吉士钱崇威等游学毕业及出洋供差期满带引折

（宣统二年九月）

奏为庶吉士游学毕业及出洋供差期满遵章带领引见恭折会陈，仰祈圣鉴事。窃查本年八月，学部会同翰林院、吏部具奏会考进士馆游学毕业折，内阁游学日本早稻田大学政治经济完全科毕业之翰林院庶吉士宋育德、日本政法大学法律速成科毕业之翰林院庶吉士钱崇威，考试分数均列优等，应由学部会同翰林院将该员带领引见请旨给予奖励等语。奉旨知道了。钦此。又，上年十二月外务部议复出使大臣隆荫图奏保驻俄参赞折内开，现署驻俄二等参赞官、翰林院庶吉士章祖申，系前进士馆派赴日本游学人员。经前出使大臣胡惟德奏充三等参赞，嗣经臣部按照新章改派升署二等参赞，接算先后积资已逾三年。该大臣以该员在洋供差，尚未授职，拟照新进士办学成案送部引见，核计该员资劳与办学三年期满，劳绩似有过之，应请照准各等语。奉旨依议。钦此。钦遵各在案。除宋育德一名系庶吉士留学五年以上奖励办法为成案所未载，应俟臣等会商妥协再行具奏外，所有钱崇威等二员自应遵章带领引见，请旨给予奖励。查光绪二十九年，前学务大臣奏定进士馆奖励章程内开，考列优等者翰林留馆授职外保加升衔，考列中等者翰林留馆授职。此次游学速成科毕业考列优等之庶吉士钱崇威，拟请旨授职编修并加诗讲升衔；出洋供差三年期满之庶吉士章祖申，据外务部议准援照历次办学期满给予进士馆中等毕业奖励成案。拟请旨授职编修。再，该员等应得奖励，拟援照庶吉士散馆成例，请明降谕旨，以示郑重。所有庶吉士游学毕业及供差期满带领引见缘由，谨恭折具陈。伏乞皇上圣鉴。再，此折系学部主稿会同翰林院办理，合并陈明。谨奏。宣统二年九月初六日奉上谕，此次引见游学毕业考列优等之庶吉士钱崇威，着授职编修并加诗讲衔。出洋供差期满之庶吉士章祖申，著授职编修。

《学部官报》第一百三十九期

十、接受留学听讲

外务部为俄员游观京师大学堂事知照学部

(宣统元年五月初二日)

外务部为片行事。准俄廊使函称兹有海参崴东方语言学堂肄业生索柏尼、齐阿尼、西柏罗诺夫、吕诺夫四名,兹届暑假前来北京寓居,本馆兵营禀请本处准其前往北京大学堂游观等情转知学部,准其前往等因前来,相应片行贵部查核见复,以凭转复该使可也。须至片者。
右片行
学部

北京大学综合档案·全宗一·卷92

学部为俄员游观大学堂事知照外务部

(宣统元年五月十九日)

总务司机要科案呈为咨呈事。准外务部片称,准俄廊使函称兹有海参崴东方语言学堂肄业生索柏尼、齐阿尼、西柏罗诺夫、吕诺夫四名,兹届暑假前来北京寓居,本馆兵营禀请本处准其前往北京大学堂游观等情转知学部,准其前往等因前来,相应片行贵部查核见复以凭转复等因前来,应由本部函告大学堂总监督照例接待,以敦睦谊,相应咨呈贵部转复该使,谕令该生持函前往可也。
右咨呈(附致大学堂函一件)
外务部

北京大学综合档案·全宗一·卷92

外务部为俄员入大学堂听讲咨学部文

(宣统元年八月初一日)

外务部为咨行事。准俄廊使函称:本国大学堂委派官费游历员兼充东省铁路学堂教习阿里克禀称,拟赴京师大学堂听讲经史二课,月余为期,并参观中小各等学堂等因。查该员驻华已历三载,习学汉文业入门径,即于本年十月杪回国,充当大学堂汉文教员。请商学部准其听讲,以广学问。即希从速见复等因前来。相应咨行贵部查核声复本部,以凭转复俄使可也。须至咨者。
右咨
学部

北京大学综合档案·全宗一·卷132

学部为俄员入大学堂听讲咨大学堂文

（宣统元年八月初五日）

　　总务司机要科案呈为咨行事。准外务部咨开：准俄廊使函称：本国大学堂委派官费游历员兼充东省铁路学堂教习阿理克禀称，拟赴京师大学堂听讲经史二课，月余为期，并参观中小各等学堂，等因前来。相应咨行贵总监督酌核，从速见复，以凭转复可也。须至咨局者。

右咨
大学堂总监督
京师督学局

北京大学综合档案·全宗一·卷132

京师大学堂为俄员入堂听讲事复学部文

（宣统元年八月初八日）

　　京师大学堂总监督刘　为咨复事。案准大部咨开，总务司案呈，准外务部咨开。准俄廊使函称本国大学堂委派官费游历员兼充东省铁路教习阿理克禀称，拟赴京师大学堂听讲经、史二课，月余为期等因转咨到堂。准此，查本堂分科大学经史开课尚未定期，现在所课经史系按高等科程度讲授，应请咨明外务部转达该教习阿里克，如系听分科大学经史二课，应俟本堂开校有期，再行知照。如日下愿来堂听讲，迅速函知以便照料，相应咨复。为此，咨呈大部，请烦查照施行。须至咨呈者。

右咨呈
学部

北京大学综合档案·全宗一·卷92

学部为俄员入大学堂听讲事知照外务部

（宣统元年八月十一日）

　　管理学部事务大臣张　总务司机要科案呈，为咨复事。准外务部咨开，准俄廊使函称本国大学堂委派官费游历员兼充东省铁路学堂教习阿理克禀称，拟赴京师大学堂听讲经、史二课月余为期，并参观中小各等学堂等因。当经本部分别行咨，兹据大学堂呈称，本堂分科大学经、史开课尚未定期，现在所课经、史系按高等科程度讲授。应请咨明外务部转达该教习，如系听分科大学经、史二课，应俟本堂开校有期再行知照。如日下愿来堂听讲，即迅速函知，以便照料等语。并据督学局呈称，该教习既拟参观中、小各等学堂，自应由局知照各该学堂照例接待，并开具各学堂地址清单，呈请转咨前来，相应咨行贵部转复俄廊使查照，并希从速见复，以便转行可也。须至咨者。
右咨（附各学堂地址清单乙纸）
外务部

外务部为俄员入大学堂听讲等事知照学部

（宣统元年八月二十二日）

外务部为咨行事。俄教习阿理克赴大学堂听讲并参观各学堂一事，前准咨复并各学堂地址清单当经函复俄廓使。去后兹准复称据该教习禀称，日下即愿赴堂听讲，并赴大学堂以前拟先参观中小等各学堂。于每日上午十一点钟只往一处，并请转达，定期示知，以便遵往等语函达前来。相应咨行贵部查照，定期见复，以便转达该使可也。须至咨者。
右咨
学部

学部为俄员入大学堂听讲等事知照外务部

（宣统元年八月二十八日）

总务司机要科案呈，为咨行事。准外务部咨称俄教习阿理克赴大学堂听讲，并参观各学堂一事，曾经据咨函复俄廓使。去后兹准复称据该教习禀称日下即愿赴堂听讲，且赴大学堂以前，拟先参观中小各学堂。于每日上午十一点钟只往一处，并请定期示知，以便遵往等语。应请查照定期，以便转达等因函部。当经本部分别行知，兹准大学堂复称该教习阿里克既愿日下前往大学堂听讲经史，遵即定期从九月初一日起接待，并开送经史课程表，请烦转复等语。并据督学局复称中小学堂功课多在上午十一点钟以前，该教习如欲参观，即请查照。前开各学堂地址清单，于每日十一点钟以前前往。已先由局知照接待，不必预定日期等语。相应咨行贵部查照函达俄廓使，以便转知该教习可也。须至咨者。（附经史课程表一纸）
右咨
外务部

附　大学堂经史课程表

敬复者。前准贵司函称据外务部咨，俄教习阿里克日下即愿堂听讲经史，敝堂遵即定期从九月初一日起接待，转复外务部为要，专此奉复，顺请大安。

大学堂公启

经史课程表
星期二日　八至九钟　九至十钟　中国历史（谭教习授）
星期四日　三至四钟　经学（饶教习授）

星期五日　三至四钟　经学（饶教习授）
星期六日　八至九钟　中国历史（谭教习授）

北京大学综合档案・全宗一・卷92

外务部为俄员入大学堂听讲咨学部文

（宣统元年九月三十日）

　　外务部为咨行事。准俄廓使函称：据驻京本国海参崴东亚语言学堂毕业生迪德生禀称：现因研究汉文起见，甚愿前往京师大学堂听讲中国历史，函请转商学部，准该生前往听讲等因。相应咨行贵部查照见复，以凭转复该使可也。须至咨者。
右咨
学部

北京大学综合档案・全宗一・卷132

学部为俄员入大学堂听讲咨大学堂文

（宣统元年十月初八日）

　　总务司机要科案呈为咨行事。准外务部咨开：准俄廓使函称：据驻京本国海参崴东亚语言学堂毕业生迪德生禀称：现因研究汉文起见，甚愿前往京师大学堂听讲中国历史，函请转商学部，准该生前往听讲等因，咨行查照见复，以凭转复该使等因到部。查俄廓使所称迪德生愿往大学堂听讲中国历史，可否照准，相应咨行贵学堂查照核复过部，以凭转咨可也。须至咨者。
右咨
大学堂

北京大学综合档案・全宗一・卷132

咨复外务部速复俄使转告毕业生迪德生前往大学堂听讲并单开星期钟点文

（宣统元年十月十九日）

　　为咨复事。前准外务部咨开俄廓使所称海参崴东亚语言学堂毕业生迪德生愿往大学堂听讲中国历史，可否照准等因，当经本部咨商大学堂，兹据复称，遵于下星期一日接待。所有中国历史讲授时间另单开呈。希即转复前来，相应开列该堂讲授历史钟点咨行贵部转复俄使告知该毕业生，按照单开时间前往听讲可也。须至咨者。
另单
中国历史
星期一日　　一钟至二钟

星期二日　　一钟至二钟

《学部官报》第一百〇九期

学部奏请准外国学生入堂折

(宣统元年十一月二十九日)

学部奏各国大学，外国人有程度相合而愿入学肄业者，无不一体收取。拟先就经科大学，准令外国人入学。从之。

《宣统政纪》卷二六

奏准外国人入经科

(宣统元年)

外国人愿在中国经科大学留学一节，外间喧传已久，兹知学部蒙尚书，已于二十九日奏明经学一科为中国所独有，准外国人入学，由部臣酌定简章以期妥洽。奉旨允准。

《顺天时报》第 2371 号(宣统元年十二月初三日)

十一、其他

大学堂学生马其则等恳请咨究劣绅植党霸阻学务禀批

(光绪三十二年六月初二日)

禀及黏单均悉。查小学教育关系綦重,必得本境廉正士绅极力提倡乃能逐渐推广,禀卢国华等阻挠朋分各节,如果属实,自应澈底清厘,以重公款而维学务。仰候咨明皖省抚部院,查核可也。此批。

《学部官报》第二期(光绪三十二年八月初一日)

大学堂师范生鲍诚毅等控本籍奸徒朋煽毁学恳电究禀批

(光绪三十二年五月初九日)

禀悉。该生本籍小学堂如果被奸徒谣煽,藉端焚毁,自应由地方官按律惩办,仰候电询苏省抚部院查明核夺可也。此批。

致苏抚查东台毁学情形电

(光绪三十二年五月初九日)

苏州陈抚台鉴。据大学堂学生鲍诚毅、王荣官等禀称,东台官立小学堂被奸徒谣煽藉端焚毁,并将学堂总理夏编修寅官家抄掠一空等情,此事是否属实,原因若何,现办情形若何,即乞电示为荷。学部。佳。

《学部官报》第二期(光绪三十二年八月初一日)

饬学部礼部议定学堂冠服程式

(光绪三十三年)

是月,湖广总督张之洞奏,请定学堂冠服程式一折。奉朱批,所奏甚是,着学部会同礼部将所拟学堂冠服程式章程,妥议具奏。钦此。旋经学部礼部会同覆奏云,查原奏内称,服色一端,各国直有制度,岂有学校士林率臆改变之理。光绪三十年,由学部大臣颁发奏定学堂章程,业经声明,各学堂学生冠服宜归画,自应钦遵奉行酌定画一冠服,以昭整肃,且于各等学堂量加区别,以示等差。至于严禁奇衺服饰尤关重要,必应定有程式,方免各学堂无所适从,意为纷更。前经臣督同湖北文武各学堂教员、管理员,详加酌核,各文学堂学生,应定礼服为一式,讲堂服为一式,操场及整列出行服均用一式,共分三项。至寻常随意游行之常服,唯不准短衣,余无定式。武学堂学生,定礼服为一式,讲堂操场及整列出行常服均用一式,共分两项。高等、初等小学堂,学生冠服从简,只用一式。似此明定格式,绝不染近日奇衺之恶习,既贵结束谨严,仍复庄重不佻,且处处与外国装饰显然有别,乃是国民教育要义。相应请旨敕下军机处、学部,将湖北所拟学堂冠服章程,详加核议奏明通行,颁为定制等语。臣等查本年三月,学部会议吕海寰奏,举行新政宜防隐患折内,业经奏明,各学堂学生或系有职人员,或系举贡生童,会典所载,均有一定冠服,已由学部通行各学堂,每逢朝廷庆贺大典,及开学散学春秋朔望,一切行礼日期,当恪遵功令,不得违异。至练习体操,意在尚武,现在各处学堂,均参仿陆军部奏定服式,尚以为便,其在讲堂自习室,准著便服,但须力崇素朴,不得染纨袴气习,不得作奇异装饰,以端趋向而肃威仪等语。实与该督所称勇敢强有力,天下无事则用之于礼义,天下有事则用之于战胜,意正相同。兹据咨送冠服式样,并据声称在湖北业经试办尚无窒碍。臣等公同酌核,拟即如原奏所订各节,将各等文学堂自大学堂以至中学之学生,定为三项服式:一礼服,一讲堂服,一操场及整列出行服。其出学堂以外随意游行之常服,唯便帽长衫,禁止短衣,戒侈华。不另立定式。至于高等、初等小学及与此项同等之学堂,皆系十五、六岁以下之学童,原章程所谓年尚未冠应循童子不衣裘裳之义,实为确论。无论礼服、讲堂服、操场服、整列出队服、寻常出门服,均用一式,以归简易。至各学堂衣服材料,必用本地产出之布,取其质实而价廉,并启重乡土之意,实于礼教纲维及国民教育之主义裨益非浅。又原奏内载,有学堂教员、管理员督率领队之冠服,仿照练军处颁发陆军冠服号式一节。查操场演习及整列出行学生概服军服,则督率领队之学务员,自应一律规定概用军服,以示严整。唯原章以学务官分为五级,比照练兵处正副参领以各官服式。查各项学务人员及各学堂教员、管理员,尚未列为专官,亦未定有品秩,其本官职任互有等差,若强为比拟殊多窒碍,应俟各项学务人员定有专官,再行分别官阶等级,奏明办理。兹谨将所拟各学堂冠章程,另缮清单,恭呈御览。如蒙俞允,即由学部通饬遵行。现在礼部奏设礼学馆正在开办,将来厘订学礼,如有应行修改之处,仍应会商妥议。除各等武学堂学生冠服,咨送陆军部核议,会同礼部具奏外,所有遵议学堂冠服程式、缘由,谨恭折会陈。伏乞皇太后、皇上圣鉴。再,此折由学部主稿会同礼部办理,合并声明。谨奏。

《光绪政要》卷三十三

学部就学生罢考和考试作弊事咨大学堂总监督

(光绪三十三年十月二十八日)

学部为钦奉事。总务司案呈本年十月十四日本部议复翰林院编修陈骧条陈学务一折,奉旨,依议。钦此。相应恭录谕旨,刷印原奏,咨行贵总监督查照钦遵办理可也。须至咨者。

右咨 (计粘原奏一件)

大学堂总监督

附原奏折

奏为遵旨议复恭折仰祈圣鉴事。准军机处片交都察院代递编修陈骧条陈制造枪炮、火药、机器及学堂弊端原呈一件,奉旨,该部议奏。钦此。遵即节抄原呈到部。臣等查高等实业学堂自商部设立以来,泊改名农工商部,皆由该衙门自行办理,不由臣部直辖。兹查该编修原呈，内称光绪三十年奏派该编修充该堂教务长，今年五月遵照奏定章程于暑假前举行期考，乃诸生竟托辞天热来请免考，因与酌拟每日卯时入考，已刻散场。该生等初皆遵诺。至五月初一日，仍坚持免考再三，未允。该生等退后，即纠众罢课。自此连日聚众礼堂，登台演说，喧嚣哄乱，并逼令监督撤去考试之谕，以至暑假，亦竟不考而即散学。聚众之初，同学有不愿与闻者，倡首诸人威逼万端，且更勒令入会。其势汹动。部中诸人乃令该员暂归以听办法。至五月初八日，会中首领印布会章，名曰研究会，而其实有报告员、纠察员、干事员、书记员等，一堂之内，严防密探，俨成敌国。其种种谬戾，皆显犯学堂禁令等语。臣等反复查阅该学生等先因自便，私图请停期考，不允，则聚众罢课滋闹，复假托研究会名目，又别设报告纠察各员。是该编修所呈各节，自以此项情形为最严重，查奏定章程学堂禁令章，各学生不准聚众要求停课罢考及联盟纠众立会演说，为有犯者，除立行斥退外，仍分别轻重，酌加惩罚等语。该学生等谬妄情形，实与定章违悖。既经该编修在都察院具呈据情入奏，相应请旨，饬下农工商部督同该监督、教务长，严切查明，照章办理。至原呈内称严定学制，凡功课一年不及二百四十日与专科毕业无制造成绩可见者，均不给予出身一节，臣等查学堂假期奏章本有定限，上年复经臣部订定学堂假期表，通行京外各学堂一体遵照，并声明偏远地方气候不同，应准量为推移，惟所定假期，不得意为增减。亟应申明定章，通行各学堂，凡例准假期之外，不得无故停课，并责成该监督堂长，年终造送功课册汇呈该管学务衙门，以备稽核。毕业时应计算在堂功课日期，并核算实在钟点与定章相符，始准毕业。至专科毕业，本应注重制造成绩，奏定章程高等工业各学科目皆定有工场实习及实验科目，学理技术不容偏废。嗣后工业专科毕业均应考验制造成绩，其无制造成绩可见者，毕业试不得列入中等以上，以昭慎重。又考试舞弊，参照科场条例一节。查科场条例定章綦严或怵于立法之已重，难于奉行，转启徇隐之渐。学堂考试有临时、学期、学年、毕业、升学考试之别，自应略示区别，酌量比拟，应请凡临时、学期、学年考试，如有怀挟、传递、乱号抢替等弊，一经发觉，即时扶出，不得应考，停其升级。其毕业及升学考试，关系较重，如查出以上各种弊端，应即行斥革，以示惩儆。其有平时要求教员增加分数，尤为学堂恶习，均应责成该监督堂长严行禁止。又纠众罢考、结党立会，照云南惩办之法一律办理一节，查云南学生滋事一案，经提学使电称，高等学堂学生因事与电报局局丁扭殴归案审办，全体学生意图挟制，抗不上课，当即斥革十九人，并追缴学膳各费在案。即系遵照定章办理，嗣后京外各学堂如有纠众罢考、结党立会情事，其为首滋事之学生即行斥革，抗不遵办者，即全体解散，亦所不恤。盖道德与法律互相维系，不能遵守法律之学生，断不能有精深之学业，而规条窳败，教科废弛，办一有名无实之学堂，滋长嚣张之习患乃滋大。此臣部不敢稍有姑息、迁就之见，并以期诸办事各员者也。如蒙俞允，即由臣部分咨该衙门及京外各学堂，一体遵照，并由臣部按照奏章随时派员考察，以端士习而儆效尤。所有遵议缘由谨缮折具陈。伏乞皇太后、皇上圣鉴。谨奏。

北京大学综合档案・全宗一・卷68

第七篇　图书与仪器

一、藏书楼与图书馆

大学堂为藏书楼提调给咨回省事咨呈吏部

（光绪二十九年四月三十日）

　　管理大学堂事务大臣张　为咨行事：案照本大学堂于光绪二十八年八月十九日片奏请，以分发湖北试用道梅光羲暂留学堂差委，即以到差之日，作为到省日期，本日奉旨依议，钦此。当派充藏书楼提调，于八月二十一日到差。旋据该道呈称，于本年六月初三日引见。奉旨著照例发往，钦此。是月十六日领照。兹蒙留京当差，合将前领执照，呈请咨缴等情，当经照准，咨行在案。查学堂开学以来，该道创办藏书楼事宜，悉心经理，渐有端绪。该道系分发人员到省一年后，例有甄别，未便久留。除给咨赍呈湖广总督湖北巡抚听候届期甄别外，相应咨明贵部查照可也。须至咨者。

　　右咨
吏部

北京大学综合档案·全宗一·卷29（一）

大学堂藏书楼所有光绪二十五年冬季添购各种书籍价银部册数目存案清册

行水金鉴	贰部	每部三十六册
经世文编	贰部	每部百册
海国图志	壹部	十册
大清一统图	壹部	十册
沿革图	壹部	一册
战国策去毒	壹部	二册
陶大毅公集	壹部	四十册
李氏五种	壹部	十册
验矿砂法	拾部	每部一册
乾隆府厅州县志	壹部	十六册
林文忠公政书	壹部	十二册
丁文成公奏议	壹部	十四册
刘中丞奏议	壹部	十六册
二程遗书	壹部	十六册
张江陵集	壹部	十六册
倭文瑞公集	壹部	八册
王阳明集	壹部	十六册

惜抱轩集	壹部	十六册
汉西域图考	壹部	四册
长江图	壹部	十二册
昌黎文集	壹部	十六册
文信国文集	壹部	
三鱼堂集	壹部	六册
练兵实纪 纪效新书	合刻 壹部	十二册
对数表	贰部	

中国第一历史档案馆·学部·教学学务·卷 68

京师大学堂续订图书馆章程

第一章

第一节　本堂藏庋书籍之所，旧名藏书楼，现照奏定章程，应称图书馆，故于楼额仍沿藏书楼之名，而于章程则标为图书馆，并设经理官以掌其事。

第二节　图书馆除遵守奏定大学堂章程，暨开办藏书楼时原有章程不再复载外，凡此次续定章程，堂内教员、办事员、学生等及本馆各员，均应一律遵守。

第三节　经理官由总监督选择委任，掌理馆中书籍事务，及节制所属供事听差各人，均禀承于总监督。

第四节　经理官应常川住馆，除星期、年暑假及有要事请假外，不得擅离职守。

第五节　图书馆供事人，掌书籍出入，登记簿录，整理各书籍图报，检查收发书籍，及各项笔墨等事，均承经理官之命。

第六节　供事人有簿记书籍之责，即有收回书籍之权，应逐日查明借期已满之书，按照借取章内第三节办理。

第七节　馆内房屋暨应用书橱等项，有须修理添置者，由经理官陈明总监督，知会庶务提调办理。

第八节　本馆立收书、借书簿各一册，每日晚膳后，供事人应将本日所录收书借书各簿，呈经理官阅看。

第二章　收储

第一节　凡图书馆所收中外书籍图画，均由供事人逐日登记号簿，呈经理官阅看，加盖本馆戳记（自此次续订章程后，其戳记即用"大学堂图书馆收藏记"九字）。书籍类盖第一本第一页内左角，图画类盖于右角，分别部居注入清册，向各橱收藏。

第二节　书籍图书及陆续所收各件，既遵原章第七条造具清册，将卷数本数、撰人译人姓氏，区为门类，以便检查，并将洋文之书，按照各国洋文书类别编成目录。

第三节　报章一类，每日供事人至憩息室检收一次，每十日装订一次，分别种类及时日先后，挨号收藏。

第四节　供事人应轮派一人，至书楼上下各橱，每日扫洁一次，或遇大风扬尘，更须不时拂拭。

第五节　凡书籍有脱线破损者,供事人随时查明修整后,依旧安置原处。

第三章　借取

第一节　凡借取书籍图报证纸,概用本馆定式印单,非此不得给发。

京师大学堂藏书楼取书单式

```
管理员
教　员
预备科
师范馆  第　　类学生　　自习室住　　字第　　号
上                      参考
楼　字　　号　文　书　　本
下                      教科
    于　　月　　日取
    限　　月　　日缴
```

光绪三十　年　月第　　号取书单

第二节　本馆借用书籍,依送到印单先后,挨次给发,以免搀越争竞。

第三节　凡教员授课至何处,应发何种教科书,由教员开条,呈明教务提调核过,于原条签字,并加盖戳记,连同教员发给学生名单,交本馆照发。如无名单或未经教务提调核过,概不能发。

第四节　各教科书计日课毕,由原取教员,向学生收回缴还本馆,如有缺少,本馆只向教员收取,不与学生间接,致有推诿。

第五节　凡教员取书,须携大部全册以备参考者,时日暂不限定,惟至多不得过一学期。每届暑假年假前十日,由经理官通知各教员,如限送还,查核一次,各办事官取书者仿此。

第六节　凡学生取书,皆须亲至本馆填写书单,方能照借。一经到限即应缴回,如未经阅毕,准其赴本馆申明,换展期取书证据一纸,仍由供事续登号簿,到限缴还。倘到限不还,又不请展限,除追缴原书外,由经理官将学生姓名牌记本馆,限止再借。

第七节　凡学生取书,逾限不缴,并抗不展限或任意遗失,除限止再借外,并将该书全部原价令学生赔偿,并于立品门内告知监学官扣分,教习、办事员或蹈此弊,禀明总监督酌夺。

第八节　凡教员、学生因事故出堂,教员由教务提调,学生由监学官知照本馆,立时查明,如曾借取书籍,须逐一缴还,方准离堂。

第九节　每届年暑假放学前十日,由经理官悬牌告知,各学生所借各书,无论缴还日期已到未到,应逐一向本馆缴清,统核数目,查明有无缺失。

第十节　教员学生有于年、暑假内不回籍者,其前取借各书,亦于此时收齐截止,俟本馆将书籍查点清楚,并查明年、暑假未回籍之教员学生名单,再行凭取书条检付。

第十一节　若遇书籍仅有一部,取借之后尚未缴还,而他人复需借阅者,应由经理官询明借书人缓急情形,或由经理官给条,令暂向原借者翻检片刻,或俟其还日知照来取,如逾三日不取,复被他人借用,经理官不能留以相待。

第十二节　不得将书籍图画,展转更借他人,一经查出,由经理官陈明总监督,此后禁用本馆书籍,若因而遗失,须由原借者赔补。

第十三节　教科书必须按计课毕归还,所以备异日新班之用。然或学生于接读第二课时,尚欲将第一课之本留住温习,似未便阻其勤学之意,拟展限至一学期,届时即行归还,不再延长假借。

第十四节　教科书用有破损,缴还时须察看情形,其或油污墨渍,妄加涂乙,或附粘图画,私自裁去,万难复用者,令学生赔缴半价,该书即与学生。其非教科书,而借取后污坏批点者,应照原章二十三条,责令赔补,不容宽假。

第十五节　本馆储有外洋图画,教员学生取去观览,仍与教科书一律办理。

第十六节　除教科书及图画外,其余外洋各种参考书,教员学生借取者,应按照原章第二十七条限期缴还。

第十七节　本馆所备东西洋文参考各书,如教习学生同时借阅,自当让与教习,以明秩序。即有已经出借者,教习登时来取,当向学生处收回,不问缴还期限之满与否。

第四章　禁约

第一节　中外书籍借取时,供事人须将书橱号数及所携册数,逐一查明,不得少报多付,并不归原有号数安置,至碍于检查。

第二节　凡借取书籍图画,须将印单交由供事检查,取出呈阅,不得由取书人自行入室信手翻检。

第三节　取书条应由供事人按日逐一检点存储,并登录册记,以备到限收书,交还原条,如有遗失,照本章第六节处治。

第四节　图书馆内除吸烟应照原章一律禁止外,至每日上灯后,书橱全行锁闭,概不取阅,以昭慎重,其或教员学生于预备堂应用之书,均于上灯前条取。

第五节　供事人遇星期放假,虽停办公事,须轮留一二人在馆,不得全班出外,平时有要事请假,须由经理官许可,不得逾限回馆,年暑假亦照星期假,不准全班回籍。

第六节　供事人须勤慎当差,如有别项嗜好,擅离职守,及遗失取书条等项,由经理官陈明总监督,分别斥退。其遗失书籍,情节较重者,仅予斥退,不足示惩,当陈明总监督,另行办理。

第七节　凡系本堂教员、办事员、学生等,如有强本馆以违背章程之事,均由经理官陈明总监督办理。

第五章　附则

第一节　此次续订章程,其实行之日,以总监督批准为始,除揭示图书馆外,并刊印多本,以期周晓。

第二节　凡原章所载各条,皆为续订章程所无,须新旧参看,一律遵守。

第三节　凡此次章程,或仍有未备与应行损益之处,随时由总监督酌度情形,另行颁布。

(录自北大图书馆藏单行本)

藏书楼史略

　　前清光绪二十四年(1898),大学初立,校内附设译书局,始行购置中外书籍,但此不过供编译之用而已。光绪二十八年(1902)正月,续兴大学,乃设藏书楼,调取江、浙、鄂、粤、赣、湘等省官书局各种书籍(康氏强学会的藏书,也收归馆中),并购入中西新旧书籍藏之。光绪二十九年(1903),先后派人赴南方,采办书籍,所以汉书甚多。光绪三十年四月,由外务部领得图书集成一部;七月,巴陵方大登氏捐赠所藏书籍(碧琳琅馆大宗藏书),计值银一万二千一百九十余两,其中有由日本佐伯文库等收还之珍本。本校图书馆中之汉文书籍,方氏所捐实占一大部分。民国元年后,国内外学者捐赠本馆的书籍很多,其中有周慕西博士捐西文书1227本,大部分为哲学及宗教书籍;日本阪谷男爵捐东西文书共407本,大部分为法政及应用科学书籍;英国亚当士教授捐赠西文书1045本,大部分为地质学书;黄树因讲师捐赠佛学书共165本。……

《国立北京大学概略》

二、有关省府部向大学堂送运借书

云南提督咨送云南通志一部呈大学堂文

(光绪二十八年十一月十二日)

云南提督为咨送事。窃照本部堂于光绪二十八年十一月十二日,自云南省城专差标弁黄玉成、承差陈荣恭赍《云南通志》稿进呈御览。除咨呈军机处代为恭进外,所有志书,相应另备一部,专差赍送。为此合咨贵堂,请烦查照施行。须至咨者。

计咨送志书一部
　右咨
大学堂

北京大学综合档案·全宗一·卷 36

江苏巡抚咨送大学堂圣谕像解百部

(光绪二十九年四月初十日)

江苏巡抚恩　为恭录咨送事。窃照本部院于光绪二十九年二月初十日,恭折具奏恭录圣谕像解一书,仿用石印,谨拟分布各省学堂,启迪愚蒙一案。兹于三月十七日差弁赍回原折。奉朱批:另有旨,钦此。又奉电钞,光绪二十九年二月二十九日,奉上谕,恩寿奏恭录《圣谕像解》进呈一折。康熙年间圣祖仁皇帝特颁上谕十六条,为化民成俗之本,海内士庶,固已家喻户晓。兹据恩寿采访原任安徽繁昌县知事梁延年编辑圣谕像解一书,恭录上谕冠首,将经史事实分载于后,并为浅明解说,俾妇孺皆易通晓,实足辅翼圣谕,启迪愚蒙。着该抚即将石印成书,分送各省,由该督抚饬发府厅州县各学堂,俾资观感,以端风化,钦此。除前咨送十部,并钦遵分别咨行外,兹又重加校订,再咨送一百部。饬委候补知县杨士晟解送。拟合咨请贵大臣请烦查收,分发各学堂,俾资观感。仍祈将收到书籍日期见复施行。须至咨者。

计咨送石印圣谕像解书一百部。
　　右咨
管理京师大学堂大臣

北京大学综合档案·全宗一·卷 36

使日大臣蔡咨送大学堂西伯利亚大地志一部

(光绪二十九年八月二十五日)

钦差出使日本国大臣蔡　为咨呈事。窃据在日本留学生礼部七品小京官王履康、浙江候补县丞经家龄、附生辛汉等禀称:生等在东留学,肄业之暇,极思编译新书,为开广内地见闻之用。查日本参谋本部,编有西伯利亚大地志一书,凡五十余万言,为地志中浩大之篇。在今日尤宜急备考核。爰于课暇,逐日编译。在日本东京印刷,运回中国出售。业经禀求,咨请苏松太道示,禁翻刻在案。兹再呈上西伯利亚大地志印本一部,求咨送管学大臣俯赐鉴定,尤足备取裁而增声价。伏乞给予转咨,等情前来。据此,除已批示奖励外,合行连书咨呈贵管学大臣察阅施行。须至咨者。

计咨呈西伯利亚大地志一部二本

右咨呈

钦命管学大臣

北京大学综合档案·全宗一·卷36

使俄大臣胡咨送大学堂铁路图五幅

（光绪二十九年九月初四日）

钦差出使俄国大臣胡　为咨送事。案照俄人建造东三省铁路,业已告竣。与其国之悉毕利铁路接续。自青泥洼、营口两处乘车,不过十三四天,直达俄都。又俄都与德、法、奥、意等国陆路相通,亦均不出数日程。自此,中外往来,更形便捷。查俄国全境铁路,均由其道路部管理。独东三省铁路,由其户部管理。该部刻有详图,经本大臣商明译印,并绘悉毕利铁路简图,一并进呈御览。事关中国境内铁路巨工告成,欧亚陆路一线贯注,极应将两国程途咨报本国,以资考证。兼有内地官员有志采风暨游学经商,有志远行者之助。为此,将译印东三省铁路图四幅,并购备悉毕利铁路简图一幅,一并咨送贵大学堂。即请察照存查。须至咨者。

计路图四幅、简图一幅

右咨

大学堂

北京大学综合档案·全宗一·卷36

江宁提学使呈送大学堂书价费用清册

（宣统二年正月二十六日）

江宁提学使李　为移请事,案照宣统元年十月十七日,准贵总监督移送书价洋四百三十二元八角七分。等因到司,遵即转饬江南官书局,迅将签注各书逐一捡齐,分装十二箱,封固解京。比因海道冻塞,不便遄行,若由京汉火车起运,费用太巨,业经该局禀明贵总监督,订定明正开洋后即行起运,所需费用另单开呈,各在案。兹据该局呈称:业将奉购书籍十二箱,于本年正月十九日送交金陵招商轮船局查收转运,取有提单一纸。另造书价细数册一本,费用清折一扣,并请补寄箱价及由宁至津运费等项洋五十二元六角五分。恳请转移前来,相应备文移请。为此合移贵总监督查照。文到即烦派员携带提单,前赴天津招商轮船局,将前项书籍十二箱提解学堂备用。一面将请补箱价及由宁至津运费等项洋五十二元六角五分,寄司发局,实为公便。须至移者。

计书价细数清册一本，费用清折一扣，提单一纸。
右移
钦命京师大学堂总监督刘

北京大学综合档案·全宗一·卷 99

江南官书局呈报大学堂书价包装费运费等项

（宣统二年正月）

　　江南官书局谨将出售江南、淮南寄售各书价值总数及板箱、包皮油纸等项，并由宁至津运费缮具清折，恭呈宪鉴。
　　计开
书价项下：
一、江南书局书价实洋二百十八元四角二分四厘；
一、淮南书局书价实洋一百六十七元九角九分四厘；
一、寄售书价实洋四十六元四角六分。
　　以上书价实洋四百三十二元八角七分八厘，已于宣统元年十月十七日奉京师大学堂总监督宪咨送江宁提学司衙门，转发到局清款登明。
箱价项下：
一、板箱十二只，每只一元三角，洋十五元六角；
一、包箱麻布套十二个，每个七角五分，洋九元；（绳索捆工在内）
一、油纸二十四张，每张五分，洋一元二角
　　以上箱价共洋二十五元八角。
由宁至津运费项下：
一、书箱由局至火车站抬力洋一元二角；（每只一角）
一、宁城火车费洋二元四角；
一、由车站搬至招商趸船夫价洋六角；
一、报新济轮船出口转天津水脚等费共龙洋二十二元六角五分。
　　以上由宁至津运费洋二十六元八角五分。查前项箱价及由宁至津运费共龙洋五十二元六角五分，均由江南书局垫用，伏候饬还归垫，理合登明。

宣统二年正月　　　日江南官书局呈

北京大学综合档案·全宗一·卷 99

江南官书局造呈出售江南淮南书局书籍及寄售各书价目清册

（宣统二年正月）

　　江南官书局谨将出售 江南/淮南 书局（书籍）及寄售各书数目缮具清册，送呈鉴核。
　　计开
江南书局各书：

四书十一经　　十部　洋六十八元（每部五十四本，洋六元八角）
仿宋相台五经　　二部　洋八元（每部三十二本洋四元）
易经程传　　二部　洋五角二分（每部三本，洋二角六分）
易经本义　　二部　洋四角六分（每部二本，洋二角三分）
书经集传　　二部　洋七角（每部四本，洋三角五分）
诗经集传　　二部　洋七角六分（每部四本，洋三角八分）
小学　　二部　洋三角六分（每部二本，洋一角八分）
校本史记　　六部　洋二十二元八角（每部二十本，洋三元八角）
校刊史记札记　　二部　洋九角六分（每部二本，洋四角八分）
仿汲古阁史记　　二部　洋六元（每部十六本，洋三元）
两汉书　　二部　洋十二元（每部三十二本，洋六元）
三国志　　二部　洋三元二角（每部八本，洋一元六角）
晋书　　二部　洋七元八角（每部二十本，洋三元九角）
南北史　　二部　洋十元八角（每部三十二本，洋五元四角）
宋书　　二部　洋五元二角（每部十六本，洋二元六角）
魏书　　二部　洋六元六角（每部二十本，洋三元三角）
齐梁陈北齐周五史　　二部　洋八元二角（每部二十四本，洋四元一角）
元和郡县志　　六部　洋六元（每部八本，洋一元）
元丰九域志　　六部　洋二元四角（每部四本，洋四角）
舆地广记　　二部　洋九角八分（每部四本，洋四角九分）
元和姓纂　　二部　洋八角（每部四本，洋四角）
太平寰宇记　　二部　洋七元二角（每部三十六本，洋三元六角）
数理精蕴　　二部　洋十四元四角（每部四十本，洋七元二角）
几何三种　　二部　洋五元四角（每部二十本，洋二元七角）
文选李善注　　六部　洋十二元六角（每部十本，洋二元一角）
仿汲古阁楚辞　　二部　洋一元八角（每部四本，洋九角）
王念孙读书杂志二部　　洋五元（每部二十四本，洋二元五角）
古今诗选　　二部　洋二元三角四分（每部十本，洋一元一角七分）
唐人万首绝句选二部　　洋四角（每部二本，洋二角）
曹集铨评　　二部　洋五角六分（每部二本，洋二角八分）
吴学士文诗集　　二部　洋九角（每部六本，洋四角五分）
临阵心法　　二部　洋一角六分（每部一本，洋八分）
老子章义　　二部　洋一角六分（每部一本，洋八分）
佩文广韵汇编　　二部　洋八角八分（每部二本，洋四角四分）
吕氏四礼翼　　二部　洋二角四分（每部一本，洋一角二分）
读史镜古编　　二部　洋一元二角六分（每部六本，洋六角三分）
大学衍义　　二部　洋一元八角（每部八本，洋九角）
蚕桑辑要　　二部　洋二角（每部一本，洋一角）
王船山年谱　　二部　洋二角八分（每部二本，洋一角四分）
湘军记　　二部　洋一元六角（每部八本，洋八角）
江苏水师章程　　二部　洋二角（每部一本，洋一角）

以上江南书局出售各书共书价洋二百二十九元九角二分。照学堂购书例九五扣,实龙洋二百十八元四角二分四厘登明。

淮南书局各书:

书古微　　二部　洋一元一角二分(每部四本,洋五角六分)
大字毛诗注疏　　二十部洋五十二元(每部二十本,洋二元六角)
大戴礼记　　二部　洋九角(每部四本,洋四角五分)
春秋集古传　　二部　洋一元四角四分(每部四本,洋七角二分)
春秋或问　　二部　洋三角六分(每部一本,洋一角八分)
仿宋本四书集注二部　　洋一元六角(每部七本,洋八角)
四书说苑　　二部　洋一元(每部四本,洋五角)
仿岳本孝经　　二部　洋七分六厘(每部一本,洋三分八厘)
白虎通疏证　　十二部洋八元四角(每部四本,洋七角)
仿宋大字本说文解字　　大部　洋七元八角(每部五本,洋一元三角)
说文解字斠诠　　二部　洋三元二角(每部六本,洋一元六角)
广雅疏证　　二部　洋二元八角八分(每部八本,洋一元四角四分)
复古编　　二部　洋一元(每部三本,洋五角)
经籍籑诂　　六部　洋二十六元四角(每部四十八本,洋四元四角)
古今韵会举要　　二部　洋三元六角(每部十本,洋一元八角)
钦定音韵阐微　　二部　洋二元四角(每部五本,洋一元二角)
隋书　　二部　洋五元(每部十二本,洋二元五角)
岑氏本旧唐书　　二部　洋二十二元四角(每部六十本,洋十一元二角)
东都事略　　二部　洋三元八角(每部八本,洋一元九角)
南北史补志　　二部　洋二元八角(每部六本,洋一元四角)
广陵通典　　二部　洋五角六分(每部二本,洋二角八分)
胜朝殉扬录　　二部　洋三角六分(每部一本,洋一角八分)
杭连扬州画舫录二部　　洋二元二角(每部四本,洋一元一角)
扬州水道记　　二部　洋八角八分(每部二本,洋四角四分)
宝应图经　　二部　洋一元四分(每部四本,洋五角二分)
两淮盐法志　　二部　洋六元(每部二十本,洋三元)
春秋繁露　　二部　洋六角(每部二本,洋三角)
仿宋孙吴司马法　　二部　洋一角二分(每部一本,洋六分)
困学纪闻　　十部　洋八元八角(每部四本,洋八角八分)
仿宋本汉宫仪　　二部　洋二角(每部一本,洋一角)
小知录　　二部　洋九角(每部四本,洋四角五分)
初唐四杰文集　　二部　洋一元(每部四本,洋五角)
陆宣公集　　二部　洋一元七角(每部四本,洋八角五分)
述学　　六部　洋一元二角(每部二本,洋二角)
古微堂内外集　　二部　洋一元一角二分(每部四本,洋五角六分)
一镫精舍甲部稿　　二部　洋二角八分(每部一本,洋一角四分)
二三家宫词　　二部　洋二角四分(每部一本,洋一角二分)
南宋杂事诗　　二部　洋六角(每部二本,洋三角)

十国宫词　　二部　洋一角(每部一本,洋五分)
金源纪事诗　　二部　洋八角四分(每部四本,洋四角二分)
秣陵集　　一部　洋六角
小学弦歌　　二部　洋一元(每部四本,洋五角)
题襟馆倡和集　　二部　洋三角二分(每部二本,洋一角六分)

　　以上淮南书局出售各书共书价洋一百七十六元八角三分六厘,照学堂购书例九五扣,实龙洋一百六十七元九角九分四厘登明。

寄售各书：
圣谕广训直讲　　二部　洋四角(每部二角)
戴氏论语古注　　二部　洋五角二分(每部二角六分)
春秋说　　二部　洋一元八角(每部九角)
左绣　　二部　洋三元四角(每部一元七角)
松阳讲义　　二部　洋一元(每部五角)
尔雅翼　　二部　洋四元(每部二元)
易说醒　　二部　洋一元(每部五角)
二论引端　　二部　洋六角四分(每部三角二分)
礼经会元　　二部　洋一元(每部五角)
金陵赋　　二部　洋一角六分(每部八分)
四书益智录　　二部　洋二角六分(每部一角三分)
四书经史摘证　　二部　洋一元(每部五角)
三礼从今　　二部　洋三角六分(每部一角八分)
石渠余记　　二部　洋一元六角(每部八角)
三才论略　　二部　洋二角八分(每部一角四分)
海岛算经　　二部　洋二角(每部一角)
汉书引经录　　二部　洋六角(每部三角)
楚汉诸侯疆域志　　二部　洋三角(每部一角五分)
经史答问　　二部　洋六角四分(每部三角二分)
宗圣志　　二部　洋一元六角(每部八角)
考订朱子世家　　二部　洋一角四分(每部七分)
唐人三家集　　二部　洋二元四角(每部一元二角)
泾川文载　　二部　洋二角八分(每部一角四分)
六书假借经微　　二部　洋八角(每部四角)
唐诗近体　　二部　洋三角二分(每部一角六分)
续古文辞纂　　二部附正集二部　洋五元六角(正续每部二元八角)
古唐诗合解　　二部　洋一元四分(每部五角二分)
香山诗选　　二部　洋五角二分(每部二角六分)
文正三十家诗钞　　二部　洋一元六角八分(每部八角四分)
宋六十一家词　　二部　洋一元三角四分(每部六角七分)
蒙香室赋　　二部　洋六角四分(每部三角二分)
唐五代词　　二部　洋三角二分(每部一角六分)
戈选七家词　　二部　洋九角二分(每部四角六分)

勾溪杂著　　二部　洋一元（每部五角）
诗韵释要　　二部　洋二角四分（每部一角二分）
空谷传声　　二部　洋二角（每部一角）
古今中外音韵通例　　二部　洋一元（每部五角）
经正录　　二部　洋二角八分（每部一角四分）
医宗己任篇　　二部　洋一元（每部五角）
筮法直解　　二部　洋八角（每部四角）
玉匣记　　二部　洋三角六分（每部一角八分）
广续方言　　二部　洋五角二分（每部二角六分）
验方新续篇　　二部　洋一元四角八分（每部七角四分）
妇科秘生篇　　二部　洋三角二分（每部一角六分）
幼科铁镜　　二部　洋四角四分（每部二角二分）

　　以上寄售各书共书价龙洋四十六元四角六分，不折不扣登明。

宣统二年正月　　　日江南官书局呈

北京大学综合档案·全宗一·卷99

广东巡抚为送书事咨大学堂

（光绪二十八年十月十九日）

　　广东巡抚为详请给咨，解送书籍事。据广东布政使丁体常详称：奉前广东抚部院德案验，光绪二十八年七月二十三日准钦派管理大学堂事务大臣张咨照得，本大学堂前经奏请附设藏书楼一所，广置应用书籍，由本大臣咨行各省，调取官书局所刊各书，业经奉旨允准通行在案。现在大学堂将次开办，所有藏书楼书籍，自应广为备置。兹特查照原奏，咨请迅饬官书局，将已刊各种经史子集，以及时务新书，每种提取十部或数部，刻日赍送来京，以备归入藏书楼存储，以资查考。至此项书籍价值，应请察核实用数目，统归本省书局项下报销，以符奏案。为此咨明，希即查照办理可也。等因，到院行司，转饬官书局，将已刊各种经史子集以及时务新书，每种提取十部或数部，刻日详请咨送赴京，并奉前两广总督部堂陶案验，行同前事。各等因奉此。当经礼饬广雅书局提调印刷呈缴。去后，兹据广雅书局提调朱守兴诉将局中已刊各种经史子集以及时务新书共一百种，每种印刷三部，钉装完好，分装六箱，呈缴前来。兹查，有候补知县周瑞霖，堪以委令赍解至京，前赴大学堂投缴。理合详请察核，给发咨文下司，以便转给委员领赍解缴等情，到本署院。据此，所有各种书籍，相应委候补知县周瑞霖赍送。为此合咨贵大臣，请烦查收见复施行。须至咨者。计送书籍六箱
右咨
管理大学堂事务大臣张

北京大学综合档案·全宗一·卷36

广东布政使为送书事呈大学堂文

（光绪二十八年十一月十四日）

　　二品顶戴广东等处承宣布政使司，为呈送书籍事。案奉钦派管理大学堂事务大臣张　　函

取粤东官书局所刊《全唐文》一部。当经饬令广雅书局提调印刷呈缴。去后，兹据广雅书局提调朱守兴，诉将局中所刊《全唐文》一部，钉装完好，载二箱申缴前来。查大学堂咨取本省官书局已刊各种经史子集，以及时务新书，共一百种。每种印刷三部，装载六箱。业经详委试用知县周瑞霖解送，并详请抚宪给发咨文下司，及将本司咨文印批暨书籍六箱，给发该员收领，赍解在案。所有前项《全唐文》一部，应即给发该员，一并带解进京，前赴大学堂投纳。为此，备由同广东官书局所刊《全唐文》一部，载二箱；书目折一扣，具呈。伏乞照验施行。须至咨呈者。
右咨呈
钦派管理大学堂事务大臣张

广东巡抚为调书事咨复大学堂

（光绪二十八年十一月二十四日）

广东巡抚为咨复事。光绪二十八年十一月二十日，接准贵大臣号电开：前咨贵处调取各项官书，每种十部或数部，现已开学，待用甚殷，望派员速解，盼切等因到本署部院。准此，查各项官书，业据广东布政使司饬局备齐，详情给咨委员、候补知县周瑞霖赍解赴京投缴在案。准电前因，除电复外，相应咨复。为此，合咨贵大臣，请烦查照施行，须至咨者。
右咨复
管理大学堂事务大臣张

管学大臣咨复湖广总督解书十七箱至大学堂事

（光绪二十九年正月十七日）

管理大学堂事务大臣张　为咨复事。案准贵督部堂咨开：前准咨，以大学堂奏请附设藏书楼一所，广置应用书籍，咨行各省调取官书局所刊各种经史子集，以及时务新书。每种提取十部或数部，赍送来京，等因。当经转行遵办。去后，兹据湖北善后总局详据官书处，将经史子集及时务新书，每种照拨十部或数部，逐一点齐，装箱十七只，开折咨请转详委解前来。除遴委补用知县刘庚管解前项书籍赴京交收，并移江汉关缮给护照外，理合开具清折，详请查核，缮给咨文，发交该员领解起程等情，到本兼署部堂。据此相应给咨，为此合咨，请烦查照。一俟该委解到前项各种书籍，按数查收，仍希示复施行，计咨送清折二扣，等因。准此，并据委员刘令庚将书籍十七箱解送到本大学堂。当饬藏书楼提调照单按数查收无误。相应咨复贵部堂查照可也。须至咨者。
右咨
湖广总督部堂

湖北巡抚为赍送书籍事咨呈大学堂

(光绪二十八年十二月初四日)

　　湖北巡抚端　为给咨委解事。案奉札准贵大臣咨开照得本大学堂前经奏请附设藏书楼一所,广置应用书籍,由本大臣咨行各省,调取官书局所刊各书,业经奉旨允准通行在案。现在大学堂将次开办,所有藏书楼书籍,自应广为备置。兹特查照原奏,咨请贵部堂迅饬官书局,将已刊各种经、史、子、集以及时务新书,每种提取十部或数部,刻日赍送来京,以备归入藏书楼存储,以资查考。至此项书籍价值,应请贵部堂察核实用数目,统归本省书局项下报销,以符奏案。为此,咨明贵部堂,希即查照办理等因,当经转行遵办去后。兹据湖北善后总局详据官书局处将经、史、子、集及时务新书,每种照拨十部或数部,逐一点齐,装箱十七只,开折。咨请转详委解前来,除遴委补用知县刘庚管解前项书籍,赴京交收,并移江汉关缮给护照外,理合开具清折,详请查核,缮给咨文,发交该员领解、起程等情,到本兼署部堂,据此相应给咨。为此合咨贵大臣,请烦查照。一俟该委解到前项各种书籍,按数查收,仍希示复施行。须至咨者。计咨送清折二合。

　　右　咨
管理大学堂事务大臣张

湖北巡抚咨送大学堂译书目一本

(光绪二十九年七月初五日)

　　湖北巡抚为咨送事。据湖北洋务译书局直隶候补道李道葆恂详称:窃照译局,前经详赍春季分章程案内声明,将译成图书名目,拟另刷详咨一案,奉宪台批示:其应编译之图书名目,即由该道悉心酌核,刷印目录多本,详请分咨各省,以免各译局重复之弊。等因遵奉在案。查职局自二十八年十一月开办起,至本年二月止,译成英、法文各书五种,五洲舆地名目经纬度表十二本,绘成图十三张。现译英、法文各书十三种,舆地名目经纬度表四本,现绘图十八张。待译英、法文各书,计共五十七种,图十四种。以上各书皆从英、法两国新出政治、外交、艺学之本,择其宗旨纯正,不涉偏宕者,严加选择。期于开通风气之中,仍寓补救新学流弊之意。其译局未开办以前,各员自译之书共五种,附寄行销。现在京外学堂林立,译务繁兴,自应遵照宪批,将本年春季所定图书,分别汉洋文名目,照刊成本,详请分咨,以资考核。庶可书无复译而款不虚糜。现将译局译成、现译、待译各图书,照刊名目,业经装订成本。除以后按季添购西书,再刊名目,续请分咨外,理合先将癸卯春季图书名目刊本,具文详请察核,分咨京师各直省转发各学堂知照等情,到本兼署部堂。据此分咨外,相应将图书名目咨送贵学堂。请烦查照,转发各学堂知照施行。须至咨者。计咨送图书名目一本。

　　右咨
京师大学堂

湖北巡抚咨送译书播告事至大学堂

(光绪二十九年十一月初八日)

　　湖北巡抚为咨送事。据湖北洋务译书局直隶候补道李道葆恂详称：窃照职局自去年十一月开办至本年九月止，计译印成书定价待售者十一种，译成待印各稿共十九种，其由翻译学塾译印成书附寄本局待售者九种。此外，绘成待印各图、待译各项书目，均已次第编列，仿外洋成例，订为夏、秋两季播告，分寄多处，以广销路。伏思职局宗旨，以精选英、法两国政治外交最新之本，分译成帙，藉以广开风气，裨益富强。在事各员，慨时事之多艰，挽新学之流弊，莫不殚心竭虑，从速编译，是以开办不及一年而成稿至八十余本之多，绘成之图亦不下数十种。职道复查译印已成各书，其中交涉、政治、学务、律学、建筑、电学各有专门，而格物课程、格致、地理教科、法语必读、试读各书，类皆英、法国蒙学之善本。目下各省交涉日繁，学堂林立，应需此项最新之书，理合将夏、秋两季新印播告，汇程五十本呈祈察核，分咨各直省。如欲采购职局各书，即可按照播告所定价目，随时备价交局咨取。并另缮播告一本，系备咨呈北京大学堂之用。除冬季播告应俟届时编订成本再行详咨外，呈祈照详施行等情，到本兼署部堂。据此，除分咨外，相应咨送。为此，合咨贵大臣，请烦查照施行。须至咨者。计咨送播告一本。
右咨
京师大学堂

北京大学综合档案·全宗一·卷 27

湖北提学使为购书事呈大学堂文

(宣统元年八月十一日)

　　湖北提学使高　为咨呈事。案准贵总监督咨开。窃照本堂开办分科，遵照奏定章程设立图书馆，广置中外各种图书以备学生参考之用。等因准此，当经移请官书局按照单开各书，饬员检送到司，书价由本司垫付在案。兹准官书局咨称查各省官书局倘遇经费困难，必由上宪拨款接济敝局。十数年前每因局用支绌，多仰给于善后局借款。自科举既停，官书之销路日绌，加以纸张工食倍于前，钱价日见低落，售出之书籍收钱、购买之纸料用银展转折扣，亏累愈深。而司道局库已无款拨。各省更开办图书馆纷至杳来，势已应接不暇。今幸承贵司先行垫款，足见维持敝局实保存国粹之深心。兹特查照单开各书，如数点齐装箱封固。所有书价按照八折扣算及板箱等项钱八百七十三串九百二十八文，相应开具目录细数清折一、分号折一、分备文咨送。为此，合咨贵司，请烦查照核收。其书价等项钱文是否到取，并希赐复。计咨送清折二、合书目一本、书箱二十二只。等因准此，除咨复官书局，俟该局书籍到司，即由司垫款给价，并俟有妥便，即将书箱二十二只押解呈交外，相应咨呈贵总监督请烦查照，并请将清折所开书价照数汇寄，以便归垫至祷。须至咨呈者。计咨送清折二、合书目一本。
右咨呈
京师大学堂总监督刘

北京大学综合档案·全宗一·卷 91

江苏巡抚为赍送书籍事咨明大学堂

(光绪二十八年八月二十九日)

江苏巡抚恩　为咨行事。光绪二十八年八月十六日准钦派管理大学堂事务大臣张　咨照得本大学堂前经奏请附设藏书楼一所，广置应用书籍，由本大臣咨行各省调取官书局所刊各书，业经奉旨允准通行在案。现在大学堂将次开办，所有藏书楼书籍，自应广为备置。兹特查照原奏，咨请贵部院迅饬官书局，将已刊各种经史子集以及时务新书，每种提取十部或数部，刻日赍送来京，以备归入藏书楼存储，以资查考。至此项书籍价值，应请贵部院察核实用数目，统归本省书局项下报销，以符奏案。为此，咨明贵部院，希即查照办理可也等因到院。准此，除行司转饬官书局遵照，将书局已刊各种经、史、子、集以及时务书，每种提取十部或数部呈送来院，以凭点交便员带解外，拟合先行咨明。为此，合咨管理大学堂大臣，请烦查照施行。须至咨者。

右咨
大学堂大臣

北京大学综合档案・全宗一・卷 24

江苏巡抚为送书事知照大学堂

(光绪二十九年四月初九日)

江苏巡抚为给咨委解事。据苏州布政使陆元鼎详称：案奉院台札准管理大学堂事务大臣咨照得，本大学堂附设藏书楼一所。所有应用书籍，自应广为备置。咨请迅饬官书局，将已刻各种经史子集以及时务新书，每种提取十部或数部，刻日赍送来京，归入藏书楼存储，以资查考等因。到院札司，转饬官书坊遵照，即将刊印各种书籍，按种提取，装箱送司，委解详咨等因到司。奉经札饬官书坊遵照，迅将刊刷各种书籍，每种提取四部，装箱送司，以便委解详咨。去后，据该官书坊委员详称：查江苏书局所刻经史子集计一百七十四种，图歌三种。遵饬每种各提四部，计共六百九十六部，图歌十二张，当即督饬司匠赶紧分别印订。现已一律铨配齐全。共分装十八箱，备批详解，察核验收，详咨派员运京交纳。等情前来，自应派员起解。查有委员候补知县杨士晟，堪以委解。除札委外，相应开具书目清折，详候缮给大学堂咨文一角，发司转给等情到院。据此，除予行咨明外，相应给咨，为此合咨贵大臣请烦查收，示复施行。须至咨者。计咨送书籍折一扣，并书籍十八箱。

右咨
管理大学堂事务大臣

北京大学综合档案・全宗一・卷 36

管学大臣为收到所解书籍咨复两江总督

（光绪二十九年五月十九日）

钦命管理大学堂事务大臣为咨复事。准贵部堂咨开，据江宁布政司详称：准江鄂编译官书局咨，奉前署督宪张札，准京师大学堂张咨调官书局书籍，每种提十部或数部，赍送来京等因。当因敝局经费异常支绌。详蒙前署督宪张，咨明京师大学堂，每种提解二部在案。又奉前署督宪张札，准翰林院咨调新译书籍，每种各检一部解送过院，以俾编译之用等因。又奉前署督张札，准管理大学堂张咨，筹办宗室觉罗八旗中小学堂，需书甚急。饬局将单开各书，每种检齐数部，派委解京交纳，等因，各到局。奉此，敝局遵将京师大学堂调取各书，每种检齐二部；翰林院及宗室觉罗八旗中小学堂调取各书，每种检齐一部，均经分别装箱分固，开单移司，札委妥员，发给运费，分别领解，并附呈清折，转详核给咨文，交委赍呈，等因到司。准此，除饬委候补直隶州宝鑫赴局具领解京，分别呈送，并酌给川资银一百二十两外，理合将清折具文详候鉴核俯赐，分别缮给咨批，随详批发下司，以便转给起程等情，并书折到本部堂。据此，除批示外，相应将书折咨送。为此，合咨贵学堂，请烦查照施行。等因准此，除将解到折开各书，饬藏书楼提调照数收明，另奉宗室觉罗八旗中小学堂各书，一律饬收，印发回照外，相应咨复贵部堂，请烦查照备案可也。须至咨者。
右咨
两江总督部堂

北京大学综合档案·全宗一·卷 36

浙江巡抚为送书事知照大学堂①

（光绪二十九年二月初六日）

浙江巡抚诚　为详咨事。据兼署布政使黄祖络详称：奉前抚院任案行，光绪二十八年八月二十七日准钦派管理大学堂事务大臣张咨开照得，本大学堂前经奏设附设藏书楼一所，广置应用书籍，由本大臣咨行各省，调取官书局所刊各书，业经奉旨允准通行在案。现在大学堂将次开办，所有藏书楼书籍，自应广为备置。兹特查照原奏，咨请贵部院迅饬官书局，将已刊各种经史子集以及时务新书，每种提取十部或数部，刻日赍送来京，归入藏书楼存储，以资查考。至此项书籍价值，应请贵部院察核实用数目，统归本省书局项下报销，以符奏案。为此咨明贵部院，希即查照办理，等因到院行司。奉经札饬官书局遵照。去后，兹据书局提调肖守申送前项书籍共计四百六部，装用大木箱十二口，分析标目，装札坚固，呈乞详请咨解等情到司。据此，查前项书籍计大木箱十二口，委员搭解殊费周章，应即移送招商总局附便转解，以期妥速。除将送到书籍移送招商总局转解外，理合详候咨明京师大学堂查照等情，到本护部院。据此，相应咨明，为此合咨贵大臣请烦查照施行。须至咨者。

---

① 光绪二十八年十月十九日，广东巡抚送书六箱 100 种 300 部，湖北送书十七箱。此外还有其他送书，均未录。——编者

计粘抄书目部数清折。
右咨
钦派管理京师大学堂事务大臣张
附送书清单

　　谨将京师大学堂调取各书部数开呈宪鉴
　　　　　计　开

御纂七经四部　　　　　　大学衍义六部
御纂诗义折中四部　　　　算法大成四部
钦定康济录六部　　　　　王文成公全书六部
钦定古今储二金鉴六部　　汉学商兑十部
御选古文渊鉴六部　　　　苏文忠诗集二部
御选唐宋文醇四部　　　　赴忠毅公誊稿二部
御选唐宋诗醇四部　　　　日本各校武学兵队纪略十部
世宗谕旨六部　　　　　　蚕桑梓编八部
御批通鉴辑览六部　　　　简便国民教育法三十部
九通六部　　　　　　　　石印浙江舆图三部
旧唐书四部　　　　　　　劝学编四部
新唐书四部　　　　　　　南湖图考二部
宋史四部　　　　　　　　铁路矿务表六部
唐鉴音注四部　　　　　　小学纂注四部
续资治通鉴长编六部　　　郑氏佚书二部
续资治通鉴长编拾补六部　理财节略十部
武备新书四部　　　　　　养蚕新法二十部
日本学校章程十部　　　　徐氏丛书二部
十三经古注一部　　　　　日本国志二部
　经义考二部　　　　　　汉书疏证二部
小学考四部　　　　　　　两浙名贤录二部
二十二子四部　　　　　　刘诚意伯集四部
平浙纪略一部　　　　　　张氏医通二部
图民录六部　　　　　　　四书约旨二部
实政录四部　　　　　　　陈文恭公手札二部
浙江通志二部　　　　　　近恩录六部
章氏遗书六部　　　　　　各国通商条约二部
十驾斋养新录二部　　　　外国师船表四部
先正遗规六部　　　　　　杭州八旗志二部
五种遗规六部　　　　　　地理学举隅三十部
玉海二部　　　　　　　　小学韵语四部
玉海附刻十三种二部　　　周季编略四部
正史约十部　　　　　　　武经四部
藩部要略十部　　　　　　浙西水利备考二部

王氏育才章程十部　　　　宏文书院章程十部
理学宗传五部　　　　　　四书身录四部
长江通商章程十部
　　以上共书七十三种，总计四百零六部

北京大学综合档案·全宗一·卷36

湖南善后局拟送书目及标价咨呈大学堂备选

（光绪二十八年十二月十八日）

总理湖南善后报销总局，谨将思贤书局现有各种书籍并价值，及酌拟咨送部数，开呈宪鉴
　　计　开
官堆十三经注疏四部　　每部钱十四千四百文
官堆句溪杂著四部　　每部钱一百四十文
官堆周易本义四部　　每部钱一百八十文
官堆班马字类四部　　每部钱三百六十文
官堆诗集传四部　　每部钱三百八十文
官堆说文逸字辨正四部　　每部钱二百四十文
官堆书集传四部　　每部钱三百文
官堆长安志图说四部　　每部钱四百四十文
官堆礼记集说四部　　每部钱七百四十四文
官堆水经注六部　　每部钱一千九百二十文
官堆春秋左传杜注四部　　每部钱七百八十文
御批通鉴辑览四部　　每部钱五千七百六十文
官堆仪礼郑注句读四部　　每部钱四百二十文
官堆周礼郑注四部　　每部钱四百八十文
官堆谷梁传四部　　每部钱三百六十文
官堆公羊传四部　　每部钱四百八十文
官堆四书典故辨正四部　　每部钱五百文
官堆尔雅郭注四部　　每部钱二百四十文
官堆孝经四部　　每部钱三十二文
官堆礼记质疑六部　　每部钱一千三百文
官堆学庸质疑六部　　每部钱二百八十文
官堆潜夫论四部　　每部钱三百二十文
官堆盐铁论四部　　每部钱二百四十文
官堆玉函山房丛书四部　　每部钱六千六百文
官堆晏子春秋四部　　每部钱二百四十文
官堆魏书校勘记四部　　每部钱九十文
官堆魏郑公谏录六部　　每部钱五百文
官堆 晋太康地记灵岩山馆本 晋书地道记 四部　　每部钱一百二十文
御制卧碑文十部　　每部钱二十四文

官堆音学五书四部　　每部钱一千九百二十文
官堆通艺堂集四部　　每部钱一百六十文
官堆畹兰斋文集六部　　每部钱二百四十文
官堆思益堂集六部　　每部钱四百六十文
官堆荀子四部　　每部钱五百六十文
官堆古诗源四部　　每部二百八十文
官堆十家四六文钞六部　　每部钱三百文
官堆郡斋读书志四部　　每部钱一千文
官堆古文辞类纂四部　　每部钱一千二百文
官堆小学辑解四部　　每部钱三百六十文
官堆地舆图说十张　　每张钱一百六十文
毛边湖南通志六部　　每部钱八千四百文
毛边六艺纲目四部　　每部钱一百二十文
圣谕广训直解四部　　每部钱五十文
毛边州县条规十部　　每部钱四十文
毛边湖南文征六部　　每部钱五千六百文
毛边李中丞集十部　　每部钱一百二十文
毛边水道源流十部　　每部钱二百四十文
毛边松阳讲义钞存四部　　每部钱二百八十文
毛边文心雕龙四部　　每部钱二百八十文
毛边庸吏庸言十部　　每部钱一百文
毛边佐治药言学治臆说四部　　每部钱一百文
毛边为学大指四部　　每部钱二十文
毛边三辅黄图十部　　每部钱一百文
毛边各国条约四部　　每部钱四百四十文
毛边荒政辑要十部　　每部钱一百五十文
毛边请雨经十部　　每部钱六十文
毛边世说新语四部　　每部钱三百文
毛边曾文正公全集六部　　每部钱六千八百文
毛边方言十部　　每部钱二百二十文

北京大学综合档案·全宗一·卷36

大学堂为选取书籍事知照湖南巡抚

（光绪二十九年二月二十日）

　　管理大学堂事务大臣张　为咨复事。准贵前抚部院俞咨开：据总理湖南善后局司道详称：饬据长沙府申赍书目，并据赍到地舆图说十张、湖南通志六部、湖南文征六部、曾文正公全集六部，共装六箱。本司道等，公同商榷，拟请先将前项订成书籍四种，详请咨送。其余各书，开折详咨，俟择取复湘再送。除由局札饬管带慈航轮船千总易光旦便带至汉口，交招商局查收听候取用外，理合具文详请察核，先期咨明大学堂，并请缮给咨送公文下局，以便发交领解等情，到本部院。据此，相应给咨，请烦查照，等因准此。当将解到书籍六箱，计地舆图说十张、湖南通志六部、湖南文征六部、曾文正公全集六部发交藏书楼提调照数收讫。所有折开各种书籍，现由本大臣择取十五种，按照原开部数注入清单。应请贵部院照单饬解，幸勿迟滞。单内未列各书，请饬照原折所拟，每种减作二部，一并解京，以备编书查检之用。盼切祷切。须至咨者。
右咨（计粘清单一纸）
湖南巡抚部院

附清单
计开
官堆说文逸字辨正四部
官堆水经注六部
官堆春秋左传杜注四部
御批通鉴辑览四部
官堆仪礼郑注句读四部
官堆周礼郑注四部
官堆谷梁传四部
官堆公羊传四部
官堆玉函山房丛书四部
官堆魏书校勘记四部
官堆晋太康地记灵岩山四部
官堆晋书地道记馆本四部
官堆荀子四部
官堆古文辞类纂四部
毛边水道源流十部
毛边方言十部

北京大学综合档案·全宗一·卷36

大学堂为提运书籍事知照湖南巡抚

（光绪二十九年八月十八日）

管理大学堂事务大臣张　为咨复事。准贵部院咨开：据总理湖南善后报销局司道详称，案奉宪台札开：案查接管卷内，光绪二十九年三月十四日准大学堂事务大臣咨开：当将湖南解到书籍六箱，发交藏书楼提调照数收讫。所有折开各种书籍，现由本大臣择取十五种，按照原开部数注入清单，应请照单饬解，幸勿迟滞等因，移交到本部院。准此合就札行札到该局，即便遵照办理计单，等因奉此，本司道等，遵即饬往思贤书局照单购办。兹据订成书籍十五种，共装二箱前来。除由局札饬管带湘帆轮船千总乐嗣彪便带至汉口交招商局查收，听候取用外，理合具文详请察阅，先期咨明管理大学堂事务大臣，电知天津上海招商局转致汉口招商局接运至京，并请缮给咨送公文下局，以便发交领解等情，到本院。据此相应给咨。为此咨请查照施行,等因准此。查书籍二箱,已据天津招商局禀知,由安平轮船装运至津。除饬提运京外,相应咨复贵部院转饬备案可也。须至咨者。
右　咨
湖南巡抚部院

北京大学综合档案·全宗一·卷36

湖南提学使为解送书籍并请归还书籍垫款事呈大学堂文

（宣统二年正月二十九日）

　　湖南提学使吴　为咨送事,案照前准贵监督咨购湘省书籍,当经咨复。并于上年十月饬承解冬饷委员李倅、蔚文等顺便搭解十三箱,备文咨送各在案。兹复饬承解春饷委员邓令、张锋等搭解二十箱,赍赴贵学堂告投。合计前今咨送之书,查照来单所列种类及部数仍未齐全。缘近来新籍盛行,旧书销场日滞,因此坊间每一书售罄,必约计能销三十部方敢再印。虽习见之书,亦必累月经年乃有印本,而著名巨帙,如湖南通志、湖南文徵、十朝东华录、惜阴轩丛书、杨刻通鉴七种之类,或以卷帙繁重,不允特印,或以版片残散,久无印本,虽极力搜索,终难多得,甚且访购无从,实有不能购备齐全之势。既经批解两次,自应饬将书价并运费等项,分别缮具清册,咨请归还,以清款目。除另札饬由该令等妥慎赍投外,相应备文连同清册咨请贵监督烦为查照验收见复。计第一次付去湘平足银八十两,洋银二百一十八元,钱五百三十六千八百一十九文;第二次付去湘平银三百六十四两,洋银九十六元,钱四百九十二千五百文。两共折合湘平足银一千二百一十五两六钱一分九厘整。希即归还,以重公帑。盼切施行。须至咨者。
(计咨送书箱二十口、清册一本)
右咨京师大学堂总监督刘
附两次送书清册

　　今将第一次咨送书十三箱价目并运费等项开列于后:
　　计开:
周易本义二部　　共钱四百三十二文
周易集解纂疏二部　　共钱一千八百文
书经集传二部　　共钱七百二十文
尚书古文辨正　古文考实　　各二部　　共钱六百八十文(少一部)
召诰日名考　诗声衍
春秋左传杜注十部　　共钱六千一百文
公羊传二部　　共钱八百四十文
谷梁传二部　　共钱五百六十文
仪礼郑注句读十部　　共钱三千四百文
礼记集说十部　　共钱八千九百文
礼记质疑二部　　共钱三千一百二十文
五礼通考各六部　　共洋一百六十八元正
读

四书朱注二部　　共钱一千二百八十文
孝经二部　　共钱九十六文
尔雅郭注二部　　共钱四百二十文
四书典故辨正一部　　钱七百文
方言二部　　共钱六百六十文
释名二部　　共钱七百六十八文
仿孙刻说文六部　　共钱六千文
说文逸字辨证二部　　共钱五千八百文
音学五书一部　　钱二千三百六十文
小学辑解二部　　共钱八百文
御批通鉴辑览五部　　共钱二十四千文
杨刻资治通鉴并目录,考异,释例,问疑,释文及释文辨误等七种各一部(是书版已残失,此系初印)共洋五十元正
纲鉴正史约二部　　共钱三千四百文
班马字类二部　　共钱九百四十文
晋书地理志新补正二部　　共钱四百二十文
晋太康地记 / 晋书地道记　各二部　　共钱三百六十文
三辅黄图二部　　共钱三百四十文
长安志图说二部　　共钱一千零五十六文
水经注十部　　共钱十六千文
图史提纲 / 水道源流　各二部　　共钱一千零四十文
湘阴图志二部　　共钱三千文
湘潭县志二部　　共钱四千四百文
魏书官氏志疏证十部　　共钱一千六百文
朱子家礼十部　　共钱一千九百文
制服成诵编二部　　共钱二百二十文
骆文忠公年谱二部　　共钱六百二十文
国朝馆选录一部　　钱三百一十五文
各国条约二部　　共钱一千二百八十文(少一部)
钦定天禄琳琅书目五部　　共钱十千文
郡斋读书志五部　　共钱五千文
老子二部　　共钱一百二十文(少一部)
晏子春秋四部　　共钱一千二百四十文(少一部)
庄子二部　　共钱二千文
韩非子二部　　共钱一千三百八十文
淮南子二部　　共钱二千文
潜夫论二部　　共钱八百文
盐铁论二部　　共钱七百二十文
圣谕广训二部　　共钱二百文
圣谕广训直解二部　　共钱三百二十文

御制卧碑文二部　　　共钱七十二文
毋不敬编二部　　共钱三百六十文
为学大指二部　　　共钱六十文
松阳讲义钞存六部　　　共钱二千八百八十文
浮邱子二部　　　共钱一千一百八十文
世说新语二部　　　共钱九百二十文
吏治辑要二部　　　共钱六十四文
名法指掌二部　　　共钱四百四十文
司牧宝鉴二部　　　共钱九十二文
庸吏庸言　读律心得
佐治药言　学治臆说　各二部　　共钱四百文
茧桑辑要二部　　　共钱一百四十八文
灵棋经二部　　　共钱四百二十文
请雨经二部　　　共钱一百六十文
文心雕龙二十部　　　共钱六千八百文
御选唐宋文醇十部　　　共钱二十千文
御选唐宋诗醇二部　　　共钱三千四百文
古文辞类纂六部　　　共钱六千文
续古文辞类纂十部　　　共钱八千四百文
古诗源二部　　　共钱五百六十文
初印湖南文徵二部（局中现无印本，此系访购）　　共钱三十千文
十家四六文钞十部　　　共钱三千文
亭林诗集二部　　　共钱三百六十文
船山遗书八部　　　共钱一百三十六千文
李中丞集二部　　　共钱三百六十文
南园集二部　　　共钱三百八十文
通艺堂集六部　　　共钱一千二百六十文
西园诗钞二部　　　共钱一百九十六文
沧溟诗集二部　　　共钱一千八百四十文
涧东诗钞二部　　　共钱二百文　（无）
云卧山庄别集二部　　　共钱四百二十文（少一部）
云海楼诗二部　　　共钱一百九十二文
麋园诗钞二部　　　共钱一百四十文
绿漪草堂诗文集一部　　　钱一千九百二十文
桦湖文集二部　　　共钱九百二十文
思益堂集二部　　　共钱一千一百文
畹兰斋文集二部　　　共钱四百二十文
养知书屋奏疏二部　　　共钱二千四百文
养知书屋文集二部　　　共钱二千四百文
养知书屋诗集二部　　　共钱九百六十文
玉池老人自叙二部　　　共钱三百二十文
曾文正公全集八部　　　共钱七十六千八百文

曾文正公 家书家训 各二部　　共钱一千六百文
　　　　　大事记
曾忠襄公全集一部　　钱十一千文（多二部）
词林正韵二部　　共钱五百四十文
知止堂词二部　　共钱一百九十二文
湘弦离恨谱二部　　共钱七十六文
宋元名词二部　　共钱九百八十文
词选　续词选　宋四家词选　唐五代词选　乐府指迷　词源　词旨　共七种　各二部　　共钱一千二百文
大版玉函山房丛书六部（局中小板，现无印本）　　共钱七十二千文

　　以上共洋二百一拾八元正，钱五百二十六千四百一十九文，外木箱十三口并杂用钱一十千零四百文，运费纹八十两正。
　　今将第二次咨送书二十箱价目并运费等项开列于后：
　　　计开
十三经注疏六部　　共钱八十二千八百文
诗经集传十部　　共钱四千六百文
周礼郑注十部　　共钱三千六百文
四书典故辨正九部　　共钱六千三百文
仿孙刻说文四部　　共钱四千文
御批通鉴辑览十五部　　共钱七十二千文
五种纪事本末十部　　共钱一百四十四千文
湖南舆地图说二张　　共钱六百文（少一部）
国朝耆献类徵六部　　共纹一百九十二两正（内有一部短四种）
十朝东华录一部（此书版已分散，现无印本）　　纹五十二两正
荀子六部　　共钱四千二百文
庸吏庸言　读律心得
　　　　　　　　　各一部　　共钱四百文
佐治药言　学治臆说
船山遗书二部　　共钱三十四千文
句溪杂著二部　　共钱四百文
曾文正公全集十二部　　共钱一百一十五千二百文
　　初印惜阴轩丛书三部（此书板亦分散，现无印本）共洋九十六元正（内有一部短一种）
　　以上共纹银二百四十四两正，洋九十六元正，钱四百七十二千一百文，外木箱二十口并杂用钱一十六千文，箱外加蓑包共钱四千四百文，运费纹一百二十两正。
　　合计两次共付湘平足纹银四百四十四两正，洋银三百一十四元折合湘平足银二百二十六两零八分正，钱一千串零二十九千三百一十九文折合湘平足银五百四十五两五钱三分九厘正。
　　总共垫付湘平足银一千二百一十五两六钱一分九厘正。

北京大学综合档案·全宗一·卷135

上海译书分局呈大学堂译书稿文

（光绪二十八年十二月十五日）

　　京师大学堂上海译书分局为呈送译稿事。窃分局发译各书，业于本年七月二十七日历将

书名、及著译人姓名呈明在案。当以需用甚急,按照原订期限严紧催促,除教育行政法、儿童教育法、教授法各论三种久延不缴,饬令停译外,余均陆续交到译稿。维时正值分校各员请假乡试,赴试者尚未尽归,而留局者又以病去。当请南洋公学译书院分校代校数种,直至前月,各分校先后销假到局,赶紧接阅。无如东文书籍名词既多生涩文字,又复晦滞,译者每托辞于惧失原意,以自文其谫陋以故,每校一稿,非经三四过不能妥适,迟至今始校成《学校改良论》二册、《欧美教育观》二册、《爱国心》一册、《中学矿物学教科书》一册、《垤氏实践教育学》五册、《新体欧洲教育史要》三册、《实验学校行政之职员儿童篇》三册。遵照督办南洋公学前商务大臣盛咨送、译书分局章程第五、第六两条,谨将校定各书汇呈钧鉴。伏祈察核施行。现在校阅未竣者,尚有东西洋伦理学史、格氏特殊教育学、独逸教授法、实验学校行政法之泛论设备篇、立法司法外政篇五种;此外又续译日本大村仁太郎之儿童矫弊论、本庄太郎之教育古典,均已成;有贺长雄之斯氏教育学、美国孟戈麦锐之美国通史,均未成,合并陈明,须至呈者。计呈送译稿十七册,原书七册,估计印价清单一扣,样纸三页,书样一页。
右呈
钦派管理大学堂事务大臣张

北京大学综合档案·全宗一·卷37

沈兆祉请撤销上海译书分局附设印书局事呈咨大学堂文

(光绪二十九年正月二十八日)

委派京师大学堂上海译书分局总办内阁中书沈兆祉为申呈事:窃中书于上年十二月十一日奉到管学大臣张札开,照得本大臣于本月初六日附片具奏,于上海译书分局附设印书局一所酌给官本,就近责成该分局总办、经理等因,奉旨依议,钦此,钦遵在案。合行札知上海译书分局总办内阁中书沈兆祉遵照,仰即发给官本银二万两,垫本银一万两,按照所定章程十条认真办理,仍将开办情形申报本大臣,以便查核毋延等因。旋由大学堂支应处,照发京二两平足色纹银三万两,在京如数领讫当即陈明,所有印字机器、铜模、洋墨等件,须赴日本东京、神户等处采买。因将官本京平银二万两,在北京日商正金银行兑换金洋二万一千六百二十二元二角二分,垫本银一万两汇沪申,合规银一万零零八十两零零一分,自行携带票据,于十二月二十八日到沪。查上海地方近来设立印书商店不少,因即就近访查一切,则沪地近因新书畅行之故,工价昂贵异常,上等诚朴工匠更无处觅雇,且现在承印官书甚少,势不得不兼收商利维持局用。然自去年以来,各商店增添机器、铜模等件不下一百余副,商家尚且群困,官局何能独支?况学堂课本刷印极难,舆地标本等图,非用电气钢铜等板不能精审,若但用石印铅字,则承印课本各件仍未完全,如一律照办,则目前所发之款尚属不敷甚巨,亦岂能以无穷之糜费印有限之官书?中书再四筹维,就目下情形,于上海设立印书官局一层,实属诸多窒碍,毫无把握。或请于京师旧有官书局内略购铅字机器一、二副,专印用墨无图等件,另将彩色图绘各片提出,发付日本承印,于此则费省易举,似尚可行。管见如此,是否有当?至上海印局目前万难办理缘由,惟有仰恳钧裁,准将中书原领兑换日本金洋之官本京平银二万两,合日本金洋汇票二万一千六百二十二元二角二分,并汇来上海之垫本京平银一万两,合上海规银一万零零八十两零零一分,计两款一并呈缴,所有原派中书兼理印书局务准予撤销,专候批

示遵行，实为公便。谨呈

钦派 管理大学堂事务大臣张
会同管理大学堂事宜大臣荣

北京大学综合档案・全宗一・卷39

沈兆祉呈大学堂译书稿文

（光绪二十九年四月二十五日）

  委派京师大学堂上海译书分局总办内阁中书沈兆祉为呈送译稿事。窃分局发译各书，除去岁十二月译成各种业经呈送外，兹又陆续译成四种：计《实验学校行政法内之立法司法外政篇》四册；《泛论设备篇》二册；又《格氏特殊教育学》二册；《西洋伦理学史》二册，共十册。汇呈钧鉴，伏祈察核施行。须至呈者。

计呈送译稿十册，原书四册。

右呈

钦派管理大学堂事务大臣张

会同管理大学堂事宜大臣荣

北京大学综合档案・全宗一・卷37

沈兆祉呈大学堂译书稿文

（光绪二十九年八月二十九日）

  委派京师大学堂上海译书分局总办内阁中书沈兆祉为呈送译稿事。窃分局发译诸书，所有译成各种除经叠次呈送外，兹又陆续译成五种，计：《美国通史》五册；《教育古典》两册；《德意志教授法》四册；《儿童矫弊论》三册；《博物学教科书植物部》二册，共一十六册，并原书四册，共二十册，一并汇呈钧鉴，伏祈俯赐察核施行。中惟美国通史一种原本英文系向外洋定译，未将原书寄沪，合并陈明。须至呈者。

计呈送原书四册，译稿十六册。

右呈

钦派管理大学堂事务大臣吏部尚书张

会同管理大学堂事宜大臣礼部尚书荣

北京大学综合档案・全宗一・卷37

沈兆祉呈大学堂译书稿文

（光绪二十九年十一月二十九日）

  委派京师大学堂上海译书分局总办内阁中书沈兆祉为呈送译稿事。窃分局发译诸书，所有译成各种除经叠次呈送外，兹又陆续译成五种，计：《财政学》六册；《地文学》四册；《矿物学教科书》一册；《博物学教科书生理部》二册；《经济统计学》上编四册，共十七册，并原书五册，总共二十一册,一并汇呈钧鉴,伏祈府赐察核施行。须至呈者。
计呈送译稿十七册,原书五册。
右呈钦派管理大学堂事务大臣吏部尚书张
会同管理大学堂事宜大臣户部尚书荣

北京大学综合档案·全宗一·卷 37

沈兆祉为送译稿事呈学务大臣文

(光绪三十年六月初二日)

　　委派京师大学堂上海译书分局总办内阁中书沈兆祉为呈送译稿事。窃分局发译诸书所有译成各种,除经迭次呈送外,兹又陆续译成四种,计《今世欧洲外交史》上篇十册;《经济统计学》下篇四册;《天文浅说》四册;《博物学教科书·动物部》四册,共二十二册,并原书四册,总共二十六册,一并汇呈钧鉴,伏祈俯赐察核。须至呈者。
　　计呈送译稿二十二册、原书四册(原书送编书局)
　　右　　呈
　　　　吏 部 尚 书 张
　　钦派学务大臣东阁大学士孙
　　　　户 部 尚 书 荣

北京大学综合档案·全宗一·卷 48

大学堂收藏顺天府志知照顺天府

(光绪二十九年五月十三日)

　　管理大学堂事务大臣张　为咨复事。本年五月十一日准贵府咨开:顺天府志一书,版存署内。庚子之变,几毁于兵。嗣经设法保护,而残缺不少。去年夏间,取而补之,现已刊刷成书。为此,咨送贵大臣查收见复等同到大学堂。除饬藏书楼照数收存外,合行备文咨复贵尹堂查照可也。须至咨者。
　　右　咨
　　顺天府

北京大学综合档案·全宗一·卷 36

大学堂为领到大清会典三部咨复学部

(宣统二年二月二十六日)

　　钦命京师大学堂总监督刘为咨复事。宣统二年二月十九日准大部函开,上年本部具奏请赏大　学　堂
京师高等学堂《大清会典》二部奉旨允准。兹定于月之二十日,派员前往外务部衙门领取,嘱即派员会同验收,等因准此。查此书共计三部,均已承领到堂,敬谨庋藏。所有收到书籍缘由,相应咨复，为此咨呈大部，请烦查照备案。须至咨呈者。
右咨呈
学部

北京大学综合档案·全宗一·卷100

国子监为借书事咨复大学堂

（光绪二十八年八月初十日）

　　国子监为片复事。准大学堂文开：奏请设立编书局，需用各项书籍，一时未能购置。现在行文各省调取书籍，亦尚需时。拟暂由大学堂备文咨请国子监，借用辰厅书籍，将应用各书开单送请照发，用后随时可以缴还。倘原书或有遗失，应由学堂购书补缴，希即照准咨复等因前来。查本监辰厅书籍，曾经礼部借用，现在恐有不全。今既据贵学堂来文借用，相应片行贵学堂将借用书籍名目，开单咨送过监，再行查核片复可也。须至片者。
右片行
大学堂

北京大学综合档案·全宗一·卷24

翰林院知照大学堂送新译各书

（光绪二十九年十二月十七日）

　　翰林院为片行事。本处现在编译书籍，需用各种新书。相应行文贵学堂将新译各种书籍，务于即日咨送过院，以便编译可也。须至片者。
右片行
大学堂

北京大学综合档案·全宗一·卷36

轮船招商总局为运送书籍事知照大学堂

（光绪二十九年六月十九日）

　　轮船招商总局为申请事。案准署浙江黄藩司移开：奉前抚宪任案行，光绪二十八年八月二十七日准钦派管理大学堂事务大臣张咨开照得，本大学堂前经奏请附设藏书楼一所，广置应用书籍，由本大臣咨行各省，调取官书局所刊各书，业经奉旨允准通行在案。现在大学堂将次开办，所有藏书楼书籍，自应广为备置。兹特照原奏，咨请贵部院迅饬官书局，将已刊各种经史子集以及时务新书，每种提取十部或数部，刻日赍送来京，以备归入藏书楼存储，以资查考。至此项书籍价值，应请贵部院察核实用数目，统归本省书局项下报销，以符奏案。为此咨明贵部院，希即查照办理。等因到院行司查照，准咨事理，立即转饬官书局提调遵照，酌量先备各书数部送司存。俟解饷便员赴京，详请给咨，委令搭解投交，仍先声复详咨。等因奉经札饬官书局遵照。去后，兹据书局提调肖守申送前项书籍，共计四百六部，装用大木箱十二口,分析标目,装札坚固,呈乞详请咨解等情到司。据此查前项书籍,计大木箱十二口,委员搭解殊费周章,应即移送贵局附便转解,以期妥速。除详明抚宪咨明京师大学堂查照外,合将书籍移送查收转解,计移送书籍十二箱,等因准此。遵将前项书籍附装局轮,运赴天津招商分局查收。应请宪台饬派妥员,前赴该分局提取。理合具文申请,仰祈宪台鉴核。为此备由,伏乞照验施行。须至申者。
右申
钦命管理大学堂事务大臣张

直隶候补道　徐杰
前台湾道　顾肇熙
记名道　杨士琦
前通永道　沈能虎
浙江补用道徐润
北京大学综合档案·全宗一·卷 36

通知天津招商局发运大学堂所译各书

(光绪二十九年七月初三日)

　　管理大学堂事务大臣张　为札饬事。照得本大学堂新译各书,由官书局排印装订,发往上海译书分局,以便东南各省可以就近派员购买。现在各省学堂待官定教科书甚为急切。津沪转运应由招商局代为经理,庶足以昭慎重而免迟延。为此札饬,札到该局,即便遵照。一俟京师官书局运书到津,验明封条,迅即发运,毋稍迟误。所有应付之五成运费,归官书局与该局随时算结可也。切切。此札。
右札天津招商局准此。

北京大学综合档案·全宗一·卷 37

三、图书仪器的购置

大学堂委派屠寄搜集新书

(光绪二十九年六月二十七日)

管理大学堂事务大臣张　为札饬事。照得编译新书一事于教科极有关系。近时私家译辑日出不穷,志士苦心之作与坊间射利之书,判若雅郑,抉择宜严。应派员在上海等处荟萃各书,送候审定。查有散馆主事呈致候选知县屠寄学问渊深,究心教育,堪以札委。札到该员,即便遵照,迅赴上海等处,访明各种新书,无论稿本、印本,但系宗旨纯粹有裨学堂实用者,随时搜集,呈由本大臣悉心鉴核,是所殷盼。切切。此札。
右札　散馆主事呈致候选知县屠寄准此。

北京大学综合档案·全宗一·卷 37

大学堂札委姚锡光采办书籍仪器

(光绪二十九年十月十五日)

大学堂为札委事。照得本大学堂现需派员赴沪,采访书籍仪器价值。查有副总办直隶试用道姚锡光堪以札委。札到,该道即便遵照赴沪,将各项书籍仪器近时价值详细采访,禀候察核。切切,此札。
右札副总办直隶试用道姚锡光准此

北京大学综合档案·全宗一·卷 29(一)

大学堂为购办书籍事呈学务大臣文

(光绪三十一年十月十八日)

京师大学堂总监督张　为咨明事,案照本学堂应购仪器标本书籍,前经咨准照办在案。兹据洋教习函称,数学、物理、动物、教育、历史五科书籍,共一百八十五部,二百二十三本,已交本学堂藏书楼收存。价银日本金元一千六百七十八元零八钱,请由贵处函汇驻日公使发给。并请行文前预示日期,以便通知该公司丸善株式会社,俾赴使署领款。等情前来,为此备文,并黏书目一单,请烦查照施行,从速赐复。须至咨呈者。
右咨呈
学务大臣
附书单
　　计开服部所交教育、数学、动物、物理、历史五科书目:
教育学:

卡斯鲁氏德英及英德辞书　　一本
陈巴尔氏人名辞典　　一本
希腊英吉利辞书　　一本
佛教统一论第三编佛陀论　　一本
佛教统一论第一编大纲论　　一本
日本阳明学派之哲学　　一本
日本古学派之哲学　　一本
哲学及心理学辞林　　二本
印度宗教史考　　一本
喇嘛佛像图解　　一本
日本医学史　　一本
日本法令大全　　一本
英文大辞书　　一本
古文辞典　　二本
拉英辞书　　一本
世界事汇　　一本
达顿的教育之社会的方面　　一本
孟笃模仁西氏英国教育国权影响　　一本
古林吴特氏教育原理　　一本
魏雅氏商工业之教育的基础　　一本
兰格氏女子高等教育　　一本
萨气氏理想的学校　　一本
普列雅氏幼儿之心　　一本
沙普列斯氏英国初等及中等教育　　一本
米拉氏二十世纪教育问题　　一本
垤铁斯氏教育关系诸学集　　一本
垤克斯塔氏亚美利加众国教育史　　一本
垤卡尔模氏黑尔伯尔特及其学派　　一本
米卡利斯氏幼稚园保育法讲义　　一本
卡尔利克氏简易教授法讲义　　一本
刘利氏一新时代以后之教育思想　　一本
佛尔布时氏关乎男儿之问题　　一本
可鲁萨氏儿童游戏之心理及教育　　一本
黑尔伯尔特氏教育学楷梯　　一本
小学地理历史教授法讲义　　一本
麻提阿斯氏实际教育学　　一本
气衣库拉尔氏教育学史　　一本
每时配当国定算术教授细目　　二本
科学的教育学讲义　　一本
新编教育学教科书　　一本
实用教育学及教授法　　一本

达必得孙氏教育史　一本
裴气氏教授法讲义　一本
哈尔利克氏商业教育　一本
岷金氏英国公学校　一本
黑路本氏普通教育学　一本
文齐氏教育上之问题　一本
克烈顿氏教育论　一本
陪因格氏教育史　一本
哈吴拉氏男女　一本
昆陪列氏儿童　一本
达德氏教育法　一本
布列雅氏年表　一本
魏路曼氏训育论　二本
西列氏教育史　一本
日本近世教育史　一本
理科教授法讲义　一本
小学校各教科教授法　一本
论理实验竞技运动　一本
各科教授法精义　一本
改正普通体操法　一本
手工科教授书　一本
教授法沿革史　一本
欧米教育乃实际　一本
最近大教育学　一本
小学校管理法　一本
教授法教科书　一本
幼稚园保育法　一本
国定教科书编　二本
帝国主义上教育　一本
美国教育年报　一本
英国功利教派　一本
各科教授法　一本
铁时氏教授法　一本
国民教育论　一本
欧洲教育史　二本
各科教授案　四本
日本教育史　一本
教育学讲义　一本
实验新游戏　二本
修身教授法　一本
实用教育学　一本
普通教育学　一本

近世德育史传　　一本
训练法撮要　　二本
小学校事汇　　一本
教育辞书　　一本
儿童研究　　一本
教育行政　　一本
青年教育　　一本
静思余录　　一本
家庭小训　　一本
教育学　　一本
教育史　　一本

数理学：
希斯氏通俗星学二十世纪新图　　一本
钮客母氏星辰论　　一本
巴尔巴氏云论　　一本
和布孙氏平面三角法　　一本
气陪尔特氏微分学　　一本
拉母氏初等微分学　　一本
莫累氏微分学初步　　一本
噶乌斯氏对数及八线表　　一本
克列斯答尔氏代数学教科书　　一本
勃雷米葛氏对数八线合表本　　一本
斯噶盘尔脱数学论及娱乐　　一本
陶脱亨特尔氏积分表　　一本
狄莫尔痕氏微积分学浅释　　一本
希路巴尔驾氏几何学尔论　　一本
楼氏几何学问题折纸解法（附纸一封）　　一本
姊烈姆孙氏微分学　　一本
气陪尔特氏积分学　　一本
卡局列氏数学史　　一本
拉克兰极初等数学　　一本
弗因克氏数学小史　　一本
狄莫尔痕数学之研究及困难　　一本
卡腮氏几何原本　　一本
巴斯氏微分学　　一本
内鲁氏对数表　　一本
贝嘎氏对数表　　一本
巴楼氏诸表　　一本

动物学：
一般生理学　　一本
人体生理学　　一本

生理学初步　　　一本
日本动物图谱　　　四本
物理学：
以帮斯氏物理化学定数表　　　一本
巴伦氏十九世纪发明之进步　　　一本
梅巴氏美国电信法及电信辞典　　　一本
叩路劳时氏物理学实验教科书　　　一本
叩路劳时氏物理学实验入门　　　一本
梅巴尔氏无线电信法　　　一本
阿底满氏X光线利用法　　　一本
希斯科克斯氏压榨空气法　　　一本
斯求阿特氏初等物理学实验教科书　　　一本
利和氏物理学现象之晚近学说　　　一本
惹恩斯氏物理学问题集　　　一本
魏巴氏电气学问题集　　　一本
胡巴氏与引力之关系　　　一本
索底氏物质辐射力论　　　一本
库帊氏一次电池论　　　一本
魏得氏二次电池论　　　一本
便查民氏电池论　　　一本
布伦德洛氏光线　　　一本
罗斯叩氏分析论　　　一本
地理学：
可布得亚细亚奥地旅行记　　　一本
布路加中央亚细亚问题　　　一本
果洛克芬中国变迁记　　　一本
斯克来因俄国扩张记　　　一本
斯密斯印度古代史　　　一本
徐威欧罗巴近世史　　　一本
郡松德国维新史　　　一本
尼果斯陕西旅行记　　　一本
俄国势力东渐史　　　一本
扎克中国旅行记　　　一本
威勒比西藏旅行记　　　一本
中央亚细亚与西藏　　　二本
兰得尔西藏旅行记　　　二本
德瑞渐氏历史地图　　　一本
东洋历史大辞典　　　一本
葡人经营印度史　　　二本
荷领时代之台湾　　　一本
支那人名辞书　　　一本

耶格尔世界史	四本
斯巴玛世界史	十一本
莫毋先罗马史	五本
布路加中国史	二本
俄领亚细亚	二本
兰波俄国史	三本
古代神人辞典	一本
波罗中国事典	一本
夫列查印度史	一本
印度古代地理	一本
印度旅行指南	一本
罗斯法国革命史	一本
兰格雷史学入门	一本
欧罗巴近世史	一本
政治家年鉴	一本
基督教会史	一本
太平天国史	一本
大清全地图	一本
朝鲜开化史	一本
愿尔中兴	一本
印度史略	一本
菲律宾志	一本
雕刻史	一本

学部为国外购书汇款事知照大学堂

（光绪三十一年十一月十七日）

　　学部为片复事，查接管卷内准咨开，据洋教习函称：数学、物理、动物、教育、历史五科书籍，共一百八十五部，价日本金圆一千六百七十八元零八钱；请由贵处函汇驻日公使发给，并请行文前预示日期，以便通知该公司丸善株式会社，俾赴使署领款等情。除即日如数由正金银行电汇出使日本大臣查收，转交丸善株式会社领收外，相应片复贵总监督函复洋教习，通知该公司丸善株式会社赴使署领取可也。须至片者。
右片行
大学堂总监督

大学堂咨请各省提学使购书寄京文

（宣统元年八月初九日）

　　京师大学堂为咨请事，窃照本堂开办分科，遵照奏定章程，设立图书馆，广置中外各种图书,以备学生参考之用。查江苏、江宁、江西、浙江、广东、湖南、湖北诸行省,向有官书局,并省城内外各书局、书坊出售各种图书,兹特开单寄呈,敢祈照单饬购,觅便寄京,或由委员携解来京交本堂查收。如一时未能齐全,即将所有者先行买取,其余陆续购寄。价值及运费若干,统俟书籍到日,遵照来文汇解归款,决不延误。惟须九月运解到京,以为开学之用,至为感纫本堂托购图书缘由,除分咨外,相应咨请,为此合咨贵司,请烦查照办理赐复施行。须至咨者。

右咨(计粘单一册)
江苏提学使司
江宁提学使司
江西提学使司
浙江提学使司
广东提学使司
湖南提学使司
湖北提学使司

北京大学综合档案·全宗一·卷 91

大学堂为购买仪器款银呈文学务大臣

(光绪三十一年四月初九日)

　　京师大学堂总监督张　为咨明事。案照本学堂前请购买仪器银共一万八千两,准贵大臣咨开,发给京足银一万两,其八千两于出使日本大臣杨存款项下拨付等因,业经咨会杨大使拨付应用在案。兹准贵支应处单开大学堂所用日本使馆金洋八千八百一十一元一角一分,照原价应合银八千一百五十两。核计实多拨一百五十两等因前来,相应补具印领纸,请烦查照备案可也。须至咨呈者。

右咨呈
学务大臣

北京大学综合档案·全宗一·卷 59

大学堂为进口标本请免税事呈学务大臣文

(光绪三十一年九月二十四日)

　　京师大学堂总监督张　为咨明事。案据本学堂服部教习函称,前在东洋代买博物标本四十箱,业已抵津。相应咨请贵大臣札饬津海关道并咨明崇文门监督,照例免税放行。此二件公文,请即交本学堂,以便付该教习前往提件时自行投递。须至咨呈者。

右咨呈
学务大臣

北京大学综合档案·全宗一·卷 59

大学堂请领矿物标本呈学部文

(宣统二年十二月初七日)

　　钦命京师大学堂总监督刘　　为咨呈事。窃查大部总务司现尚存有日本矿物一箱,此项标本原系从前大学开办时由日本购运到京,未经移付。兹特备文具领,即请拨入本学堂工科,以资参考。须至咨呈者。
右咨呈
学部

北京大学综合档案・全宗一・卷100

光绪二十九年至三十年大学堂译书局购买西国书籍报销清册

谨将译书局所购西文书籍等开呈钧鉴
计开

著者姓名	所论著	卷数	价目
韦柏	农学浅说	一	略
丹那	农学浅说	一	略
荷呼、乃德	代数术	一	略
同上	代数初阶	一	略
韩布林斯密	代数	一	略
洛克思	布算浅说	一	略
同上	布算	一	略
布鲁克斯密	布算	一	略
韩布林斯密	布算	一	略
洛契尔	天文分课	一	略
普洛脱尔	星图	一	略
妥安敦	帐法	一	略
爱得蒙	植物学	一	略
倭立华	植物学	一	略
叶肯	植物学	一	略
营门思	营造	四	略
鲁士戈	化学	一	略
林蒙森	化学	一	略
洛克思	动力学	一	略
仑尼	静力学	一	略
霍什特	计学启蒙	一	略
普押斜	电磁学	一	略
普押斜	同,高等	一	略

汤孙	慈学	一	略
可安倭律	文规	一	略
贺律	文规	一	略
迈克尔宗	英文论	一	略
斯密特	英文论	一	略
和硕特	英国史	一	略
布来脱	英史分期	四	略
戞的涅	英史	一	略
休蒙大辟	英史	一	略
桑得臣	英天下	一	略
里理耶	英文词	一	略
美野呼	幼稚园课	一	略
国学理窦		四	略
地舆理窦		二	
荷罗	形学	一	略
韦理生	形学	一	略
福履门	欧史略	一	略
师图登	今世史	一	略
同上	今法史	一	略
马监	法史		略
戚休龙	舆地	一	略
克来得	舆地	一	略
可安倭律	舆地	一	略
休思	舆地	一	略
迈克尔宗	舆地	一	略
白尔德	地贸学	一	略
佑格思	同课本	一	略
瓦特思	同初级	一	略
几凯	地文学	一	略
约翰士敦	舆地	一	略
马克突厥	舆地	一	略
马监	德史	一	略
斯图登	希腊古史	一	略
布鲁尔	希腊古史	一	略
古灵希略	微积术	一	略
牛休蒙	卫生学	一	略
费耳得、讷特	卫生学	一	略
费耳得、讷特	居室卫生	一	略
科沁	科学拾级	一	略
布鲁尔	科学拾级	一	略
马格那	历史问答	一	略
斯密	拉丁拾级	三	略

耶方思	名学迩言	一	略
仑尼	力学水学	一	略
马格农	力学	一	略
斯美德	古神录	一	略
斯美德	希腊神怪	一	略
牛德思	格物	一	略
斯爵尔	格物	一	略
安哲勒	动物内景	一	略
赫胥黎	内景学	一	略
弼得门	快笔术	一	略
赞普	对数表	一	略
赞普	商务诸表	一	略
布鲁尔	罗马史	一	略
伊番福	俄文规则	一	略
李倭拉	俄文问津	一	略
李倭拉	俄文读本	一	略
仑尼	动力学	一	略
洛克思	动力学	一	略
洛克思	三角术	一	略
伯叠	英稗史	二	略
伯叠	罗马稗史	一	略
培根	文集	一	略
巴提烈	杂引	一	略
富仑能	诗集	二	略
布票格兰	自然奇观	四	略
赞博士	智环广略	十	略
泰唔士	岁时记	二	略
孤屋克	海行纪记	一	略
但丁	诗集	一	略
达尔文	海行纪见	一	略
达尔文	原人	一	略
伊谟孙	文集	二	略
吉贲	罗马倾亡录	八	略
骨灵思	英民史	三	略
伊尔文	大食故宫	一	略
庆世理	西去录	一	略
岋卜林	印度杂录	二十	略
马可黎	图德史	二	略
马可黎	文集	四	略
博士威	约翰孙行述	三	略
马倮礼	亚达传	二	略
怀德	世尔滂动物状	一	略

第七篇 图书与仪器

斐罗町	汤唔宗传	二	略
括罗敦	钓术悬谈	一	略
奥理烈	语录	一	略
米勒敦	天园失复诗	一	略
讷白尔	半岛战记	一	略
洛戛德	拿破仑本纪	一	略
乌子斯里	拿破仑末造	一	略
伯理斯恪	墨西哥史	一	略
伯理斯恪	秘鲁史	一	略
昆衍思	医典	一	略
荷腊士金	近世画家	六	略
荷腊士金	尘土伦理	一	略
荷腊士金	画术论	一	略
荷腊士金	营造七镫	一	略
斐芝洛	波斯诗译	一	略
斯考德	苏格兰稗史	二十四	略
马韩	南非战述	一	略
泰唔士	英字典	八	略
泰唔士	天下地名考	一	略
泰唔士	南非战国	一	略
泰唔士	支那战国	一	略
格尔谛	格言	一	略
亚儿诺	布匿战纪	一	略
黑格儿	哲学历史	三	略
启罗文、忒特	力学参微	二	略
达歇尼	七学	四	略
路易	哲学二案	一	略
福芳德	凯撒本纪	一	略
罗哲思	哲学简史	一	略
斯宾塞尔	第一义海	一	略
斯宾塞尔	生学天演	二	略
斯宾塞尔	心学天演	二	略
斯宾塞尔	群学天演	三	略
斯宾塞尔	人伦天演	二	略
斯宾塞尔	文集	三	略
麦音思	古法典	一	略
培因	外籀名学	一	略
培因	内籀名学	一	略
培因	英文雕龙	二	略
培因	心灵学	一	略
白儿格	议院宣词	三	略
福劳特	大事论	四	略

戛奴	七学统宗	一	略
罗林生	埃及古史	一	略
郎博	俄罗斯史	三	略
汗德	神思界域	一	略
哈博托	杂引	一	略
沙罗门	割锥通系	一	略
佛思脱	浑休代	一	略
几连生	微分术	一	略
几连生	积分术	一	略
柏捷	物理人政	一	略
古罗特	希腊古史	九	略
凯因思	计学界术	一	略
彭忒里昂	计学纯理	一	略
嘉来勒	英雄录	一	略
嘉来勒	法政转轮史	三	略
嘉来勒	弗烈夯本纪	八	略
荷呼、思知文	几何	一	略
荷呼、思知文	三角术	一	略
鲁宾孙	罗马史略	一	略
洛克	高等三角术	一	略
罗林孙	亚西古史	一	略
边沁	民俗法制论	一	略
吐易思	列国法	一	略
培根	求道新机	一	略
蒲山基	名学	二	略
拔德勒	论说	二	略
呼蒙礼、卫孙	德行论	一	略
黑格尔	名学	二	略
黑格尔	心灵学	一	略
休蒙	人性论	一	略
休蒙	知识探原	一	略
洛克	知识论	二	略
洛克	知识发现	一	略
赖伯聂子	极微论	一	略
罗支	名学	二	略
罗支	哲学	二	略
马廷讷	伦理正宗	二	略
马廷讷	宗教穷理	二	略
朱叶、乃德	柏拉图学	二	略
斯宾诺查	伦理学	一	略
华赖斯	伦理学	一	略
怀斯门	传种论	二	略

达尔文	行录	一	略
马格尔	国民教育	一	略
眭苓	商务须知	一	略
吉贲	罗史削繁	二	略
拨可儿	进化史	三	略
猎得	心灵学	一	略
列伎师	欧洲民德论	二	略
斯茵芬	法国转轮史	二	略
库士林	路得传	一	略
马穆勒	喇嘛言行	一	略
荷梦思	维多利亚本纪	一	略
淮得利	培根文注	一	略
培因	丛书	五	略
克鲁支	进化论	一	略
克鲁支	民智演	二	略
古灵思	文集	三	略
汗德	哲学	一	略
汗德	名学	一	略
猎得	心灵学	一	略
猎得	同上初级	一	略
李支们	小儿心脑	一	略
沙黎	心灵学	二	略
沙黎	心灵学略论	一	略
沙黎	同提要	一	略
哲勒	斯多葛学	一	略
哲勒	希哲略论	一	略
哲勒	柏拉图	一	略
哲勒	苏格拉谛	一	略
哲勒	亚理斯多德	二	略
地华斯	计学	一	略
力加卑	第一义	一	略
古拉罕	疑似别明	一	略
马穆礼	言语学	二	略
柏捷	食货丛谈	一	略
穆勒	计学	二	略
沙仁蒙	计学入门	一	略
鲁勒	社会古初	一	略
罗美仁	达学三际	三	略
解尔谛	包士诗	一	略
比恭思尔	小说	十一	略
赫加得	非洲小说	十八	略
赫图翼	海中奇物	一	略

赫图翼	赤道奇物	一	略
赫图翼	二极奇物	一	略
赫图翼	地中奇物	一	略
普罗脱	科学浅谈	一	略
穆勒	名学	二	略
英门思	数表	一	略
马河里	年谱	一	略
汤生忒特	力学后编	一	略
罗顿	风雨海潮	一	略
荷力格利	数学集题	一	略
士达布	立宪史	二	略
韦廉生	积分术	一	略
巴得赖耶	名学	一	略
克西拉	仪器用法	一	略
库伦	海防论	一	略
约翰生	曲线解题	一	略
佛赖尔	三方指数	一	略
加涅特	力学	一	略
摩礼利	英文谋篇	一	略
颉德	穆氏名学析义	一	略
汤蒙生	恩理公例	一	略
侯失勒	格物肆言	一	略
李扶烈	格物浅说	一	略
亚摩思	立宪考	一	略
耶方思	名学分课	一	略
比阿	公司法律	一	略
比阿	谈术	一	略
阿只勒威	英字典	一	略
雅各生	画名学	一	略
路奇乃沙	计学宗派录	一	略
赫胥黎	全集	十二	略
摩利	全集	十一	略
狭思丕尔	全集	一	略
侯失勒	谈天	一	略
麦里飞	驾驶学	一	略
韩布林	水学	一	略
斯宾塞	说公	一	略
亚丹斯密	原富	二	略
劳挨略	政宪论	二	略
马格密兰	法语通律	三	略
赫加特	小说	一	略
赫加特	李思白	一	略

李肯	练心法	一	略
穆勒	名学小本	一	略
虎哥	公法	三	略
倭克尔	公法读本	一	略
倭克尔	公法历史	一	略
士提耳门	义大利合邦	一	略
庚布立之	史学教法	一	略
费此	教育目的	一	略
崔林	教育理法	一	略
劳里	师范陶成	一	略
洛克	教育论	一	略
马孔	造就德器	一	略
宝勒	天文入门	一	略
巴特勒	集语	一	略
斯特门	会计录	一	略
戴洛尔	人道论	一	略
马密兰	英政家	二十一	略
马密兰	英文家	十三	略
马密兰	续英文家	四	略
马密兰	英实行家	十一	略
马密兰	外国政家	十	略
雅各孙	咀鲁阿师德	一	略
泰唔士	名人行述	六	略
布列脱	帝国纲纪	一	略
法拉	宗教前驱	一	略
吉撮	法国教桀	一	略
劳芝	科学前茅	一	略
马理若	义大里建国	一	略
杨渚	名人传	一	略
杨渚	金行录	一	略
阿维里	科学讲义	一	略
卑礼	存不同论	一	略
华赖斯	达氏阐宗	一	略
褒洛和	科学十种	十	略
多白思	化学实用	一	略
可栳	学堂治法	一	略
政初	教育世界	三	略
马密兰	舆地读书	七	略
亚格敦	读史法	一	略
布鲁克	进化退化	一	略
阿利	哈拉仙史	一	略
博士和	希腊史	一	略

博士和	罗马史	一	略
古理时	宇内十二大战	一	略
福迭斯鸠	英战史	二	略
赫沙尔	欧史纲	一	略
佛力门	史课本	八	略
马密兰	史读本	七	略
洛士柴	法史名人	一	略
施利	国家讲义	一	略
苏俟勒	史选	二	略
挥勒	印度史	一	略
几洛比	卫生学	一	略
伊木白	寓言	一	略
古灵	英史图象	三	略
费支洛	鄂麻开宴	一	略
白威克	佛罗传	一	略
白威克	哲家传奇	一	略
洛绮尔	天学	一	略
保罗	算家传	一	略
墨疏	兵法学	一	略
亚狄生	文集	一	略
马老里	王子录	二	略
朴伯	人道篇	一	略
马密兰	高等读本	一	略
淮脱	物植学	一	略
保林	哲学字典	一	略
汗德	心理判	二	略
赖伯尼	人知识	一	略
罗哲思	哲学史	一	略
伯山阶	国家学	一	略
马密兰	计学经	六	略
马协律	实艺计学	一	略
白冷	财赋论	一	略
洗立民	税学	一	略
倭克尔	计学初级	一	略
戛安	政论	一	略
弗士德	内景学	一	略
叶诸无逸	伦理学	一	略
郎费路	但丁诗	三	略
伯理士各	史学	十二	略
柏捷	群学	一	略
嘉来勒	说衣	一	略
汗德	说教育	一	略

兰顿	学堂理法	一	略
徒拉卜	文辞选	一	略
斯达路	形气理极	一	略
斯爵耳	力体常住	一	略
伊墨孙	文集	六	略
宓克	中英交涉	二	略
道格利士	全集	十一	略
礼沁	老公录	一	略
施利	斯丹因传	三	略
威远	内景学	一	略
博士皆	国家学	一	略
柏联	财政学	一	略
西里	国家讲义	一	略
版克	理财须知	一	略
和洛登	钓术	一	略
边沁	道德政治	一	略
荷兰	公法	一	略
休蒙	尺牍集	一	略
约翰生	尺牍集	二	略
黑格儿	宗教哲学	三	略
黑格儿	美术哲学	一	略
黑格儿	名学	三	略
马丁	驾驶全书	一	略
瓦洛克	英大字典	二	略
又五部	英大字典	十	略
森周里	智环略	一	略
又五部	智环略	五	略
保灵	第二卷哲学字典	一	略
国会	知环广略	二十六	略
费士安文	古今列国史余	六十五	略

中国第一历史档案馆·学部·财经·卷217

第八篇 经 费

一、户部等拨京师大学堂经费文

户部筹拨京师大学堂兴办经费及常年用款奏折

(光绪二十四年六月)

谨奏为遵旨筹拨京师大学堂兴办经费及常年用款恭折,仰祈圣鉴事。和硕礼亲王世铎等奏,筹办京师大学堂,并拟开办详细章程一折。光绪二十四年五月十五日奉上谕,京师大学堂为各行省之倡,必须规模宏远,始足以隆观听,而育人才。所需兴办经费及常年用款,着户部分别筹拨。所有原设官书局及新设之译书局,均着并入大学堂,由管学大臣督率办理。等因钦此,钦遵由内阁抄出到部。臣等伏查京师议建大学堂,一需兴办经费,一需常年用款。兴办经费,原奏预算表内开载:建筑学堂书楼、购置书籍仪器、聘洋教习川资、约共需银三十五万两。常年用款原奏预算表内开载:教习俸薪、学生膏火、各项杂用约共需银十八万八千六百三十两。又片奏新设译书局,每月需银一千两。核计每年需银一万二千两,连俸薪、膏火、杂用等项,实共需银二十万零六百三十两,既经王大臣详拟章程奏准开办。臣部自应遵旨分别筹拨,以期款集事举,及早观成,仰副朝廷作养人才,振兴学校之至意。第京师大学堂之设,迭奉谕旨催办。若将款项由各省指拨,诚恐报解迟滞,难应急需。惟查华俄银行前由臣部拨给库平银五百万两,第一年四厘行息。计本年应得库平息银二十万两,申合京平银二十一万二千两。该行已将上年息银备齐,听候部拨有案。臣等拟将前项京平银二十一万二千两全数拨作大学堂开办经费,尚不敷京平银十三万八千两,即由部库正项内支给,以足三十五万两之数。至常年用款须有专款提存,方足以资用度。今华俄银行息银系属常年新增之款,自可源源接济。除将本年息银拨作开办经费外,其本年以后息银,每年申合京平银二十一万二千两。臣等亦拟由该行按年提出京平银二十万零六百三十两拨作大学堂常年用款。下余京平银一万一千三百七十两仍存该行候拨。如大学堂用款在先,该行缴息在后,即暂由臣部垫发,期免迟误。以上筹拨开办经费及常年用款两项,统俟承修大学堂工程王大臣及管学大臣承领到部,即行札饬华俄银行及臣部银库分别如数拨给。将来领用以后,何项动支若干,应由该管官开列细数报部查销,以昭核实。所有遵旨筹拨京师大学堂兴办经费,及常年用款缘由,理合恭折具陈。伏乞皇上圣鉴。谨奏。

北京大学综合档案·全宗一·卷7

户部为增拨大学堂经费事知照吏部

(光绪二十四年七月初二日)

户部为知照事,北档房案呈光绪二十四年六月二十九日奉上谕,孙家鼐代奏译书局购置机器及中外书籍所费不赀,所请开办经费一万两,尚恐不足以资恢扩。着再加给一万两。其常年用项亦应宽为核计。着于原定每月经费一千两外,再行增给每月二千两。以上各款均由户部即行筹拨。以后自七月初一日起,每月应领经费,并着预先发给。等因钦此,由内阁抄出前来,除札行银库郎中验明印领平单,照数开放外,相应知照贵部查照可也。须至知照者。
右知照
吏部

北京大学综合档案·全宗一·卷 7

孙家鼐代奏译学馆经费折

(光绪二十四年七月初七月)

臣孙家鼐跪奏为据呈代奏恭折仰祈圣鉴事。窃据办理译书局举人梁启超呈称奉旨办理京师译书局谨条列译缉学堂功课书及筹开办加增经费章程前来。臣唯京师大学堂将办之先,必须编出功课书籍。其开办与加增经费,示所必须。梁启超所拟各章程,皆实在情形。唯查开办大学堂原奏章程,所筹经费皆各抵各款,别无余项,总散统计未能符合尚短银数千两。臣尚木(疑为"未"之误——编者)及奏请更正,其译书局每月经费共有一千两,今请每月添一千两,又请拨开办经费一万两。大学堂经费内无可分拨,应请旨饬下户部筹拨交该举人妥速开办。谨将原呈章程一并附陈。伏乞皇上圣鉴训示。谨奏。奉旨已录。

《京报》光绪二十四年七月初七

户部知照大学堂具领经费时间事

(光绪二十四年七月初八日)

户部为片行事。所有大学堂常年经费及购买中西功课书等,银三万七千二百四十五两三钱二分。银库定于初十日开放相应片行。贵学堂务于是日卯刻持具印领,赴部关支可也。须至片者。
右片行
管理大学堂事务大臣

北京大学综合档案·全宗一·卷 7

许景澄为大学堂经费事呈孙家鼐文

(光绪二十五年十一月二十五日)

暂行管理大学堂事务大臣许为咨复事。案照贵大臣咨开:大学堂自开办之日起至本月二十四日止,在户部、银行两处领过经费银两,除已用之款业经奏销各处立有案册备查外,所有现存未经动用本息及暂存各款开明清单并行单赈折各件移送前来,本大臣查收无异,相应开明收数清单,咨复贵大臣查照可也。
右咨复(计粘清单一纸)
管理大学堂事务大臣孙

附清单
计开

华俄银行开办经费（存折壹件）

计库平二十万两合公砝平银二十万零七千两，划出公砝平银五万一千七百五十两作为浮存，实存公砝平足银十五万五千二百五十两整，存六个月，周年四厘行息，扣至二十四年十二月初四日期满，应得息银三千一百零五两，合前本息共银十五万八千三百五十五两。即于是日接存一年，周年五厘生息，扣至二十五年十二月初四日周年期满，应得息银七千九百一十七两七钱五分，合前本息统共公砝平足银十六万六千二百七十二两七钱五分。

前划出公砝平足银五万零七百七十六两二钱九分系属浮存，于二十四年十月初一日起改为存款半年，四厘行息，扣至二十五年三月三十日半年期满，应得息银一千零十五两五钱二分。又因前款浮存并未动用，商酌给四个月二十五天息银，共四百八十六两六钱，共合本息公砝平足银五万二千二百七十八两四钱一分。

另二十五年二月二十五日译书局拨还京平足银一千两，合公砝平银九百七十三两七钱一分。

华俄银行二十五年经费存折一件（附存单一纸）

计库平足银十万两，周年五厘生息，扣至二十六年四月十三日期满。

又另折一件（附存单一纸）

计库平足银五万两，八个月期满，四厘五毫生息，至本年十二月十四日期满。

中国通商银行存票一件（附取息折一件）

计京平足银壹万五千两，周年六厘生息，扣至二十六年十月初十日期满。

又存票一件（附取息折一件）

计京平足银六百三十两（前收蔚泰厚百川通一年息）华俄银行浮存经费折一件（折存支应所）

计截至二十五年十一月二十四日止，除用净存三万四千零五十七两零八分四厘五毫。

北京大学综合档案·全宗一·卷 8

许景澄奏大学堂经费、学生额数折

（光绪二十六年三月十五日）

暂行管理大学堂事务大臣许　奏。为大学堂开办经费现未动用，拟仍缴还户部，并酌定学生额数，以重度支，而资节省。恭折仰祈圣鉴事。窃上年十一月间，业将大学堂一年期满用过经费银两截数奏销，并声明另存开办经费，俟动用竣后再行具报在案。臣查光绪二十四年六月，准户部拨到华俄银行息银二十万两。按照奏定章程，作为开办经费，以备购仪器书籍之用。原以西洋天文历算、一切精美仪器动费巨款，必须宽为筹备起见，兹开学以来，所有应用书籍及西法寻常权度等器，已在常年用款随时购置。将来学生所习测算功夫渐熟，需购大宗仪器，尚可在上届报销余存款内支给。是此项开办经费即可无庸动用，自应缴还部库，稍济饷需。该款经前管学大臣孙家鼐奏明，仍存该银行照章生息。现已转饬，将随时候提之十万两，听候户部兑收。其余十万两，订定存息尚未期满。应俟本年十二月初四日到期后，连一年息银续行解部。至大学堂常年经费，上年孙家鼐等奏销第一年用款，声明因学生尚未足额，专门洋教习亦未延聘，所用较能节省。然值此库项支绌，以后凡可裁减之处，自应详核妥筹。查学生额数，原定五百人，本年开学后续有添传。计住堂学生共二百十余人。现拟按月招录至三百人为限，即以此数为定额。其专门洋教习拟但添订算学一人，其余各专门暂从缓议。似此分别节减,按照原定经费每年二十万两之数,大约可节省银六七万两。拟俟本年七月续届一年期满,核得确数,再行奏闻所有缴还开办经费并酌定住堂学生数额缘由。理合恭折具陈。伏乞皇太后、皇上圣鉴训示。谨奏。

北京大学综合档案・全宗一・卷10

大学堂为支领经费知照户部

(光绪二十六年四月十二日)

大学堂为支领事。光绪二十四年七月初八日,准户部咨开,总理衙门原奏并议复原奏内称:大学堂常年用款,须有专款提存,方足以资用度。今华俄银行息银,系属常年新增之款,自可源源接济。除将本年一年息银拨作开办经费外,其本年以后息银,每年拨由该行,按年提出京平银二十万零六百三十两,拨作大学堂常年用款等因。嗣于光绪二十五年四月十五日,准户部将华俄银行五百万两之周年四厘息银二十万两;仍照上年,由该行尽数拨交前来。当经将二十五年经费照数收讫在案。查现届光绪二十六年,应照领本年之常年经费。相应移咨贵部查照。希即将本年经费银两照案拨交,以备应用可也。须至咨领者。

右　咨
户　部

北京大学综合档案・全宗一・卷10

张百熙奏请将华俄银行息银全数拨归大学堂片

(光绪二十八年正月十一日)

再,大学堂经费,经臣前折叙明,户部向有存放华俄银行库平银五百万两,四厘生息,应得库平银二十万两,申合京平银二十一万二千两。光绪二十四年,经户部奏准,以此项息银,由该行按年提出京平银二十万零六百三十两,拨作大学堂常年用款,仅余一万一千三百七十两未拨。今请将此项存款银两,全数拨归大学堂,仍存放华俄银行生息,由学堂自与银行结算。每届年终,开单呈览,免其造册报销等情。

再,自光绪二十四年开办以来,学堂未经用完各款,并光绪二十六年停办以后,学堂未经支领等款,现均存放华俄银行,拟即向该行支用,以为现在增修房屋、购买书籍仪器、聘请教习川资。一切开办经费,即以学堂未支之款,仍供学堂现在之用,无须另请指拨。

所有恳恩准将华俄银行存款本息全数拨归大学堂,并支用大学堂历年未经用完息银以为开办经费缘由,谨再附片陈请,伏乞圣鉴。谨奏。

军机处片交,本日贵大臣具奏请拨华俄银行本息并支用历年息银等语,奉旨:依议。钦此。相应传知贵大臣钦遵可也。

《清代档案史料丛编》

张百熙为华俄银行存款结算事致外务部咨呈

(光绪二十八年正月三十日)

钦派管理大学堂事务大臣·吏部尚书张,为咨呈事。正月二十二日,准户部片复,大学堂存留华俄银行款项各单折,前因联军入城,衙署被焚,全行遗失,经本部咨呈外务部转饬该行查照在案。相应片行贵处,即将应存款项数目,向华俄银行查明,结算清楚。等因前来。

查华俄银行存款各单折,户部既经遗失,自应由学堂查明逐年长息及存留各数目,结算清楚,补取单折存案,并订嗣后每年年终由大学堂向华俄银行结算一次,再行咨报贵部及户部查核,以清款目。相应咨呈贵部札饬华俄银行查照户部来文,即将原存款项并长息各数目开具清晰单折,由学堂派员结算。嗣后支领长息各款,即由大学堂径与该银行往还,以免周折而便奏销。须至咨呈者。

右咨呈
外务部

《清代档案史料丛编》

张百熙为请曾广铨协办交涉事宜致外务部咨呈

(光绪二十八年二月初七日)

钦派管理大学堂事务大臣张,为咨呈事。照得本学堂延聘西文教习稽查功课,并现与华俄银行来往核结帐目等事,需用熟习洋文通知交涉之员随时办理。查有贵部差遣之候补五品京堂曾广铨,于前项事宜夙称练习,本大臣去年奉旨管理学堂,遇有学堂与银行交涉事件,深资臂助。嗣后遇有交涉各事,仍应知照该员随时到堂商办。理合咨请贵部查照可也。须至咨呈者。

右咨呈
外务部

(外务部档)

张百熙为大学堂与华俄银行自行结算支用事致外务部咨呈

(光绪二十八年二月二十七日)

钦派管理大学堂事务大臣张,为咨呈事。照得本大臣于正月十一日具奏,请将华俄银行存本息银全数拨归大学堂,为开办学堂及常年经费一片,本日准军机处片交,贵大臣具奏请拨华俄银行本息并支用历年息银等语,奉旨:依议。钦此。相应钞录原片,咨请贵部将从前开办银行奏案合同底稿,以及历年与银行结算细帐算至何时为止,钞录全分,并将历年所有息银余存若干,开列清单,咨送本学堂,并札知该银行,以凭本学堂嗣后自与该行结算支用,而免周折。为此备文咨呈贵部查照办理,希即赐复可也。须至咨呈者。
右咨呈
外务部

《清代档案史料丛编》

外务部为补立大学堂存款单折并亟待拨款事致璞科第札文稿

(光绪二十八年三月)

　　和会司呈,为札行事。本部接准管理大学堂张大臣咨称:准户部片复,大学堂存留华俄银行款项各单折,前因联军入城,衙署被焚,全行遗失,经本部咨呈外务部转饬该行查照在案,应片行贵处即将应存款项数目,向华俄银行查明,结算清楚。等因。查华俄银行存款各单折,户部既经遗失,自应由学堂查明逐年长息及存留各数目,结算清楚,补取单折存案,并订嗣后每年年终由大学堂向华俄银行结算一次,再行咨报贵部及户部查核,以清款目。应咨呈贵部札饬华俄银行查照户部来文,即将原存款项并长息各数目,开具清晰单折,由学堂派员结算。嗣后支领长息各款,即由大学堂径与该银行往还,以免周折,而便奏销。等因。前来。

　　本部查华俄银行,中国伙开股款库平银五百万两,每年先按四厘息交银二十万两,如有余利,再行补交。计光绪二十四年收到俄历一千八百九十七年周年利息库平银二十万两,并余利库平银一万八千一百零七两四钱,均由户部拨交大学堂应用。光绪二十五年收到俄历一千八百九十八年周年利息库平银二十万两,亦由户部拨交大学堂应用,又余利库平银十二万一千二百八十五两九钱二分,提留银六万两存在银行,常年按五厘行息,俟利薄之年,再议提拨。其余银六万一千三百八十五两九钱二分,除再遵案拨留东省铁路学堂本年经费银一万两外,找交银五万一千三百八十五两九钱二分,内银三万五千两拨归顺天提用,余银一万六千三百八十五两九钱二分,转交户部,历经办理在案。所有大学堂存留华俄银行款项各单折,前既因乱遗失,自应查明原存款项并长息各数目,补立单折,相应札行华俄银行代办璞科第查照,即与大学堂所派之员会同结算,并嗣后径行往还,以省周折。其光绪二十五年以后中国应得利息,未据开报,现在大学堂需款孔殷,亟待拨付,应即由该代办一并详晰声复,以凭转咨核办可也。须至札者。

　　右札华俄银行代办璞科第。准此。

《清代档案史料丛编》

张百熙为清算息银及支用筹款事致外务部咨呈

(光绪二十八年四月二十八日)

　　钦派管理大学堂事务大臣张,为咨呈事。本月十九日,准贵部咨称:据华俄银行代办璞科第禀称,现准来札,饬将大学堂款项清算,并将二十五年以后中国应得利息详晰声复。等因。

查光绪二十六年拳匪乱前利银,业由管学大臣张札令清厘,当与所派委员会同稽核,已经结算清楚,并将单折送呈张大臣处在案。至二十五、六两年之利,委因乱后有尚未清厘各帐,碍难悬计,兹承札询,当即转致上海分行暨彼德堡总行查照核明,即行声复。一俟复到,再行统为筹算,专案达知。惟大学堂刻下需款孔殷,亟待拨付,自不得不先其所急,勉为筹措。现谨筹备银四十万两,听候提用,似可支应要需。请即转咨大学堂查照。等因。本部查华俄银行息款,既据该代办禀称二十五、六两年之利尚须查核统算,现先筹备银四十万两以应要需,除咨户部查照外,相应咨行贵大臣查照提用,余俟该银行算清禀复,再行随时知照可也。等因。准此。查此项息银,现经奏准由大学堂自与该银行结算,亟需清厘,既据该银行向贵部禀称前情,自应俟其查核明晰,再行办理。至所有该银行现先筹备之银四十万两,除由本大臣饬知该银行详立单折,送大学堂以凭随时支用外,相应咨请贵部仍行札知该银行遵照办理可也。须至咨呈者。

右咨呈

外务部

《清代档案丛编》

外务部为筹款径送大学堂查收应用事致璞科第札文稿

(光绪二十八年五月)

和会司呈,为札行事。前据华俄银行代办璞科第禀称,光绪二十六年拳匪乱前,大学堂所存利银,业由管学大臣张派员会算清楚,至二十五、六两年之利,委因乱后有尚未清厘各帐,碍难悬计,当即转致上海分行暨森彼德堡总行查核声复,复到再行统为筹算,专案达知。惟大学堂刻下需款孔殷,谨筹备银四十万两听候提用,请即转咨大学堂。等因。当经本部咨行大学堂查照提用去后,兹准复称,查此项息银。现经奏准由大学堂自与该银行结算,亟需清厘,既据该银行向贵部禀称前情。自应俟其查核明晰,再行办理。至所有该银行现先筹备之银四十万两,除由本大臣饬知该银行详立单折,送大学堂以凭随时支用外,应请贵部仍行札知该银行照办。等因。前来。相应札行该代办查照,即将筹备银四十万两详立单折,径送管学大臣张查收应用,并俟此项息银查核明晰,即行声复可也。须至札者。

右札华俄银行代办璞科第。准此。

(清代档案史料丛编)

张百熙为华俄银行筹款业经照提事致外务部咨呈

(光绪二十八年五月十七日)

钦派管理大学堂事务大臣张,为咨呈事。准贵部咨称,据华俄银行代办璞科第禀称,二十五、六两年之利,尚须查核统算,现先筹备银四十万两,以应要需。相应咨行贵大臣查照提用,余俟该银行算清禀复,再行随时知照。等因。前来。兹于四月二十八日,经本大臣派员前赴该银行照提银四十万两，业据该银行立具单折，呈交本大臣，以凭学堂随时支用。相应咨明贵部查照可也。须至咨呈者。

右咨呈

外务部

《清代档案史料丛编》

外务部为拨用华俄银行息银事致管学大臣暨户部咨文稿

（光绪二十八年八月十九日）

和会司呈，为咨行事。光绪二十八年八月十一日，本部按准华俄道胜银行代办璞科第禀称：本年三月二十日接札，以光绪二十五年以后，中国应得利息未据开报，现在大学堂需款孔殷，亟待拨付。等因。当于本年四月初三日禀复，以大学堂刻既需款，自不得不勉为筹措，谨先备银四十万两，听候拨用。其二十五年以后之利，俟总行核明，再行声复，禀陈在案。嗣于五月初四日奉札，准饬将所备之库平银四十万两详立单折，径送管学大臣张查收，并俟此项息银查核明晰，即行声复。先后查行前来。查此项息款，刻已算清，自应详细陈明。按西历一千八百九十九年即华历二十五年，应交息银库平三十六万八千零九两七钱六分；一千九百年即华二十六年，应交息银库平三十九万六千二百四十七两二钱二分；一千九百零一年即华二十七年，应交息银库平四十六万七千四百二十五两五钱六分。三共合库平银一百二十三万一千六百八十二两五钱四分，内扣还垫拨大学堂之库平四十万两外，下余银八十三万一千六百八十二两五钱四分。又查光绪二十五年九月二十二日来札内开，龙州铁路拟托华俄银行预行担承一百二十万两，另与该行订借库平纹银六十万两，陆续候札拨付费务林公司，周息七厘。等因。当经先后奉札照拨，于西历一千八百九十九年十二月起，至一千九百年五月止，五次遵札拨借库平银十二万零五百四十两零二钱，均经随时报明在案。迄今此款尚未还清，本行究未敢格外计利，只遵订借原札，自一千八百九十九年二月起，至一千九百年十二月止，一年计利。均系从实款借出后，扣足一年，取息七厘，共利合库平银七千八百十二两零八分。二共本利合库平银十二万八千三百五十二两二钱八分，亦拟于此款扣还。又，遵照本年五月初十日札，在于二十五、六、七三年余利项下，按每年二万五千两经费，共筹拨银七万五千两，归俄文学堂支用。以上各款，除于总数内扣还外，尚余银六十二万八千三百三十两二钱六分。又按照五月初十日来札，应备存大学堂常年经费二十万两，作为二十七年拨款，此外实余银四十二万八千三百三十两二钱六分，专候提拨。谨此缕晰陈明。所有备存大学堂之二十万两，可否照案拨付，暨余款四十二万八千三百三十两零二钱六分作何应用之处，统候示遵。等因。

本部查本年二月二十七日，准贵大臣、管学大臣张咨钞正月十一日具奏，请将华俄银行存本息银，全数拨归大学堂，为开办学堂及常年经费一片，奉旨：依议。钦此。等因。在案。兹据该银行代办璞科第所禀，二十五、六、七年应交息银库平一百二十三万一千六百八十二两五钱四分，除已拨大学堂四十万两外，所有拨借龙州铁路库平银十二万零五百四十两二钱，并利银七千八百十二两零八分，应准扣还，以清款项。又，俄文学堂每年应拨二万五千两，共拨库平银七万五千两，亦经本部照拨，尚余库平银六十二万八千三百三十两二钱六分。所有备存大学堂之二十万两，作为二十七年拨款，自可照案拨付。余银四十二万八千三百三十两零二钱六分，应照_{贵大臣奏案，一并拨交大学堂应用。}_{管学大臣奏案，由本部札行该代办，一并拨交大学堂应用。}除由本部札行璞科第如数照拨及咨行户部备案外，相应咨行贵_{大臣查收并声复本部}_{部查照备案}可也。须至咨者。

右咨
管学大臣张
户部

《清代档案史料丛编》

张百熙为已札华俄银行提用息银事致外务部咨呈

（光绪二十八年八月二十九日）

　　钦派管理大学堂事务大臣张，为咨呈事。光绪二十八年八月十九日，接准贵部咨开：据华俄银行代办璞科第禀称，光绪二十五年以后应得息款，刻由总行算清，详细陈明，听候拨付。等因。本部查本年二月二十七日准贵大臣咨钞正月十一日具奏，请将华俄银行存本息银全数拨归大学堂，为开办学堂及常年经费一片，奉旨：依议。钦此。等因。在案。兹据该银行所禀，二十五、六、七年应交息银库平一百二十三万一千六百八十二两五钱四分，除已拨大学堂四十万两外，所有拨借龙州铁路库平银十二万零五百四十两二钱，并利银七千八百一十二两零八分，应准扣还，以清款项。又，俄文学堂每年应拨二万五千两，共拨库平七万五千两，亦经本部照拨。尚余库平银六十二万八千三百三十两二钱六分，所有备存大学堂之二十万两，作为二十七年拨款，自可照案拨付。余银四十二万八千三百三十两零二钱六分，应照贵大臣奏案，一并拨交大学堂应用。除由本部札行璞科第如数照拨，及咨行户部备案外，相应咨行贵大臣查收，声复过部可也。等因。到本学堂。

　　现于八月二十二日札饬该行照数提存，分别开立单折，呈送本大学堂听候拨用。

　　除咨行户部备案外，相应咨呈贵部查照可也。须至咨呈者。

右咨呈
外务部

《清代档案史料丛编》

宝至德为息银余款如何办理事致外务部禀文

（光绪二十九年六月二十二日）

　　华俄道胜银行副代办宝至德谨禀，为禀请事。窃查本行所存贵国银五百万两，周年历照四厘行息，均经禀请照收，拨归大学堂应用。嗣复遵札，拨留东省铁路俄文学堂每年经费一万两。等因。各在案。后因乱停，未交利，旋经大部札饬清厘。因大学堂需款孔亟，曾经勉为筹措银四十万两。当时并声明此项五百万息银，不专为大学堂一处所需，拟定每年以二十万两专为大学堂岁提之款。又遵札每年以二万五千两专归俄文学堂应用。等因。伏查本年应交息银库平四十万七千二百八十三两五钱三分。谨遵历次札饬成案，仍照旧例，以二十万两拨归大学堂,听候提用,并照案拨付东省铁路俄文学堂常年经费二万五千两。下余库平银十八万二千二百八十三两五钱三分。是否存储本行,听候大部指拨,抑或另交何处,统候王爷、中堂大人批示遵行。专此具禀陈明。伏乞钩鉴。

宝至德谨禀

堂批:暂存该行,听候本部指拨。

《清代档案丛编》

大学堂为华俄银行拨付经费事呈外务部文

(光绪二十九年六月二十八日)

　　管理大学堂事务大臣张　　为咨呈事。案查光绪二十八年八月十九日准贵部咨开,据华俄银行代办璞科第禀称,光绪二十五年以后应得息款,刻由总行算清,详细陈明,听候拨付等因。本部查本年二月二十七日准贵大臣咨钞,正月十一日具奏,请将华俄银行存本息银,全数拨归大学堂,为开办学堂及常年经费一片,奉旨依议,钦此。等因在案。兹据该银行所禀二十五、六、七年应交息银库平一百二十三万一千六百八十二两五钱四分,除已拨大学堂四十万两外,所有拨借龙州铁路库平银十二万零五百四十两零二钱,并利银七千八百一十二两零八分应准扣还,以清款项。又俄文学堂每年应拨二万五千两,共拨库平七万五千两,亦经本部照拨,尚余库平银六十二万八千三百三十两二钱六分。所有备存大学堂之二十万两,作为二十七年拨款,自可照案拨付,余银四十二万八千三百三十两零二钱六分,应照贵大臣奏案,一并拨交大学堂应用。除由本部札行璞科第如数照拨及咨行户部备案外,相应咨行查收,声复过部。等因准此,本学堂当于八月二十二日札饬该行,照数提存,分别开立单折,听候拨用在案。所有华俄银行应交光绪二十八年利息银两,计又届期,如已拨交贵部,拟即派员承领,抑须循案,由贵部札饬该行照拨,再由本学堂照数提存,分别开列单折,均候咨复到堂,俾可照办,盼切施行。须至咨呈者。
右咨呈
外务部

北京大学综合档案・全宗一・卷 39

外务部为拨发大学堂息银事致华俄银行副代办札文稿

(光绪二十九年七月)

　　和会司呈,为札行事。　本年六月二十一日接据来禀,以该行所存银五百万两,本年应交息银库平四十万七千二百八十三两五钱三分,仍照旧例,以二十万两拨大学堂,并照案拨付东省铁路俄文学堂二万五千两,下余库平银十八万二千二百八十三两五钱三分,是否存储本行,听候指拨,抑或另交何处,统候示遵等因。查此款前经管理大学堂大臣于上年正月十一日奏请,将华俄银行存本息银全数拨归大学堂,为开办学堂及常年经费之用,奉旨允准在案。此次应交息银,除照案提拨俄文学堂二万五千两外,余共三十八万二千二百八十三两五钱三分,应尽数拨归大学堂提用。相应札行,该副代办查照办理可也。须至札者。

右札华俄银行副代办。准此。

《清代档案史料丛编》

宝至德为拨交大学堂息银事致外务部禀文

(光绪二十九年七月)

华俄银行副代办宝至德谨禀,为禀复事。现准札开,此项应交息银,除照案提拨俄文学堂二万五千两外,下余共三十八万二千二百八十三两五钱三分,应尽数拨归大学堂提用。等因。承准此。

除函知大学堂外,理合遵札如数拨存,听候提用。相应具禀声复,伏乞王爷、中堂大人均鉴。

宝至德谨禀

《清代档案史料丛编》

外务部为声复逐年拨交大学堂息银数目事致户部咨文稿

(光绪二十九年七月)

和会司呈,为咨行事。 本年七月初八日接准片称,查华俄银行所存生息一款,业经划归大学堂动用,此项生息银两,自开办大学堂以来,截至现在止,已拨归该学堂银两若干,现存若干,应饬该银行查明声复等因。查华俄银行所有拨交大学堂生息银两,均经本部随时咨行贵部有案。此项息银均系按年结算,拨解清楚,并无存留之款。相应开列逐年拨款数目,咨复贵部查核可也。须至咨者

计开:

光绪二十四年八月,拨交二十三年息银二十一万八千一百零七两四钱;光绪二十五年八月,拨交二十四年息银二十万两;光绪二十八年四月,拨交二十五、六、七年息银四十万两;光绪二十八年八月,拨交二十五、六、七年息银六十二万八千三百三十两二钱六分;光绪二十九年七月,拨交二十八年息银三十八万二千二百八十三两五钱三分。

右咨
户部

《清代档案史料丛编》

学务大臣知照华俄道胜银行改写存款名目

(光绪三十年二月初二日)

总理学务大臣孙　为札饬事。案照京师大学堂奉旨派总监督管理,管学大臣改为学务大臣,总理全国学务。所有从前大学堂与华俄道胜银行来往款项,无论长存浮存各项票折,此后均须一律改写总理学务处名目,以清界限。为此札饬。札到,该银行即与学务处支应提调绍英、襄办杨宗稷,将款项名目改写清楚,是为至要。切切。此札。

右札华俄道胜银行准此。

北京大学综合档案·全宗一·卷 41

总理学务处为提存华俄银行息银事致外务部咨呈

(光绪三十年六月二十三日)

总理学务处为咨呈事。准贵部咨开,据华俄道胜银行代办宝至德禀称,窃查敝行所存贵国五百万两之息银,历经禀请,照拨大学堂应用。又奉札于息银内提出二万五千两,拨归铁路俄文学堂,作为常年经费,历经遵办在案。伏查本年息银共计库平三十二万三千六百四十五两二钱二分,现由总行汇寄前来,自应照案拨归俄文学堂二万五千两,其余扫数拨归大学堂存储敝行,听候随时提用。等因。已札复该行代办,将此次应交息银,除照案提拨俄文学堂二万五千两外,下余银两,尽数提交大学堂应用。相应咨行查照,派员赴行照数提存。等因。

除派员前赴该行照数提存外,相应咨呈贵部查照备案可也。须至咨呈者。
右咨呈
外务部

《清代档案史料丛编》

学部为大学堂新建斋舍、添置木器等项费用咨复大学堂

(光绪三十一年正月十一日)

学务部为咨复事。准贵总监督咨开本学堂开办预科及添招师范生,应添新生斋舍、床几桌椅一切木器,先领定制价银二千两;又东洋绘图银三百七十两;又购置木器银六千九百六十二两;又原有食堂改为讲堂,另建大食堂一所,计用银一千二百两;又八月以后,购置新式床及桌椅计银三千四百两;又各讲堂、实验室、标本室、图书馆、储藏室架橱柜桌等共银二千六百七十八两。统共银一万四千六百一十两。除已领二千两外,不敷之款由庶务提调面请,备文领款前来,应请饬支应处筹拨等因。查此项续办工程及木器等件,应由大学堂经办各员造具简明册籍,呈请贵总监督核定,将册籍咨送本处,以凭饬发支应处核数备款,望切施行。须至咨复者。
右咨
大学堂总监督

北京大学综合档案·全宗一·卷 60

学务处奏光绪三十年分收支各款折稿(附清单)

(光绪三十一年九月二十九日)

奏,为核明学务处三十年分收支各款,照章开报,恭折仰祈圣鉴事。

窃臣等于上年九月间,将光绪二十九年分大学堂等处用款开单奏报,并咨户部在案。兹查自光绪三十年正月起,至十二月底止,所有学务处收支各款跟接开报,计旧管京平足银一

百四十四万二千二百一十八两零七分，新收京平足银四十八万五千九百两零二钱七分，管收两项共京平足银一百九十二万八千一百一十八两三钱四分。开除各项，共京平足银五十四万零五百九十九两二钱，实存京平足银一百三十八万七千五百一十九两一钱四分，俟归入下届旧管项下。造报开除项内，如大学堂、推广师范、开办预科、译学馆、添招学生，以及资遣新进士，与各学生分赴东、西洋留学，均属当务之急，无一可缓。学务既随时推广，支款即逐渐加增。常年经费，除华俄银行息款外，专待各省协济，恳饬下各省督抚源源照解，以应急需。臣等于动支各项，无论巨细，均商同各监督再三确核，不敢稍涉虚糜。所有学务处光绪三十年分收支各款，循例开具清单，恳恩准销，并饬部查照，以清款项。除咨户部外，理合恭折具陈，伏乞皇太后、皇上圣鉴。谨奏。

光绪三十一年九月二十九日具奏，同日奉旨：知道了。钦此。

附清单

谨将学务处自光绪三十年正月初一日起，至三十年十二月底止，收支、实存各款，开列四柱奏销清单，恭呈御览。谨开。

旧管：

一、长存华俄银行库平申公砝合京足银八十四万六千六百五十九两八钱一分；

一、长存汇丰银行库平申公砝合京足银三十二万一千二百五十三两八钱六分；

一、长存正金银行库平申公砝合京足银一十万零五千零一十五两四钱二分；

一、余存学务处库平申公砝合京足银一十六万九千二百八十八两九钱八分；

以上旧管项下共申合京平足银一百四十四万二千二百一十八两零七分。

新收：

一、外务部拨交华俄银行光绪二十九年利息库平申公砝合京足银三十一万七千三百六十八两一钱；

一、华俄银行长存利息公砝合京足银二万九千六百八十五两五钱一分；

一、汇丰银行长存利息公砝合京足银一万二千八百五十两零一钱五分；

一、正金银行长存利息公砝合京足银六千四百一十一两三钱二分；

一、福建司道解到上年大学堂经费库平申公砝合京足银三千一百八十八两零八分；

一、湖北巡抚解到上年大学堂经费库平申公砝合京足银一万零六百二十六两九钱三分；

一、河南藩司解到上年大学堂经费库平申公砝合京足银五千三百一十三两四钱六分；

一、直隶藩司解到上年大学堂经费库平申公砝合京足银五千三百一十三两四钱六分；

一、云南巡抚解到本年大学堂经费库平申公砝合京足银五千三百一十三两四钱六分；

一、四川总督解到本年大学堂经费库平申公砝合京足银一万零六百二十六两九钱三分；

一、湖南巡抚解到大学堂常年经费库平申公砝合京足银五千三百一十三两四钱六分；

一、江西藩司解到大学堂一年经费库平申公砝合京足银一万零六百二十六两九钱三分；

一、陕西藩司解到本年大学堂经费库平申公砝合京足银一万零六百二十六两九钱三分；

一、山西藩司解到本年大学堂经费库平申公砝合京足银五千三百一十三两四钱六分；

一、山东藩司解到本年大学堂经费库平申公砝合京足银一万零六百二十六两九钱三分；

一、江宁藩司解到本年大学堂经费库平申公砝合京足银一万零六百二十六两九钱三分；

一、安徽藩司解到本年大学堂经费库平申公砝合京足银五千三百一十三两四钱六分；

一、浙江藩司解到本年大学堂经费库平申公砝合京足银八千五百零一两五钱四分；

一、河南藩司解到本年大学堂经费库平申公砝合京足银五千三百一十三两四钱六分；

一、直隶藩司解到本年大学堂经费库平申公砝合京足银五千三百一十三两四钱六分；
一、大学堂缴还上年发给东、西文助教薪水共合京足银三百四十九两正；
一、上海译书分局缴还经费余款规平折合京足银七百七十八两三钱五分；
一、瓦窑地户冯毓祺等呈缴本年地租共京平足银四百九十八两九钱六分。
以上新收项下共申合京平足银四十八万五千九百两零二钱七分。
以上管、收两项共申合京平足银一百九十二万八千一百一十八两三钱四分。
开除：
一、大学堂经费京平足银一十二万五千两正；
一、大学堂添修学舍工程、购买木器京平足银五万六千五百两正；
一、大学堂购买仪器京平足银一万两正；
一、大学堂正月分上半月火食、杂用、工食等项京平足银八百一十两零九钱五分；
一、进士馆经费京平足银五万五千正〔两〕正；
一、进士馆添盖讲堂、购买木器京平足银一万五千两正；
一、译学馆经费京平足银六万一千两正；
一、译学馆添修学舍、购买木器京平足银四万零二百七十五两正；
一、译学馆文典处译书经费京平足银五千两正；
一、医学馆经费京平足银一万一千两正；
一、医学馆购买仪器京平足银一千两正；
一、八旗小学堂经费京平足银三千两正；
一、实业学堂经费京平足银二万两正；
一、内务府三旗小学堂经费京平足银一万八千两正；
一、译书局经费京平足银五千四百六十九两五钱一分；
一、编书局经费京平足银三万七千一百七十六两六钱六分；
一、大学堂进士馆、译学馆、赴东、西洋留学生学费京平足银四万五千五百四十七两五钱六分；
一、赴东、西洋留学生川资、津贴、邮电费京平足银一万五千五百八十九两九钱三分；
一、学务处购买铁匠胡同殷姓房屋京平足银七千零三十五两正；
一、学务处办事人员薪水、火食京平足银五千一百五十两零七钱五分；
一、学务处修理、裱糊、笔墨、纸张、杂役、工食、杂用共京平足银三千零四十三两八钱四分。
以上开除项下共京平足银五十四万零五百九十九两二钱。
实在：
一、长存华俄银行库平申公砝合京足银四十七万零一百九十五两二钱八分；
一、长存汇丰银行库平申公砝合京足银六十七万一千二百五十三两三钱八分六；
一、长存正金银行库平申公砝合京足银一十一万四千三百八十八两四钱九分；
一、余存学务处京平足银一十三万一千六百八十一两五钱一分。
以上实在项下共申合京足银一百三十八万七千五百一十九两一钱四分。

《清代档案史料丛编》

学务大臣奏为学务经费折

(光绪三十一年十一月)

总理学务大臣户部尚书张	十一月初二
总理学务大臣大学士孙	十一月初二奏为学务紧要经费支绌，拟请提解各省科场款项，
总理学务大臣户部尚书荣	十一月初二

恭折仰祈圣鉴事。窃维科举停止专办学堂。京师为总汇之区，尤应实力倡导以树风声，未可视为缓图安于苟简。惟学务随时推广，支款即逐渐加增，就已办各事言之，自上年迄今，如大学堂续添师范生、开办预备科、译学馆添招学生以及资遣新进士与各学生分赴东西洋留学需款繁多，有加无已，除上年收支各款业经奏销外，本年用项约在六十万两内外，常年经费向恃华俄银行息款。本届止有十六万两有零。各省协济之款实解不足十万。出入数目相去悬殊，至于应办之事有业经奏定者，均以经费无着尚待筹划。查各省报部之款，如文、武乡试经费，廪粮、岁贡旗匾、花红、进士花币、举人、进士牌坊银两、举人盘费、主考盘费、协济会试等项，各省名目不同，皆为科举例支款项。现在科举既停，拟请饬下各将军督抚，尽数解京，专备学务用款，科场外销款项，数尤繁巨，应并解京。近据各省电复户部，多称外销各款，拟留为本省办理学堂之用。查各省地方公款如学田、书院、义学宾、兴册局等类，但能实心清理，专作兴学之需，就本地款目办本地学堂，挹彼注此足资应用。此外凡关于科举各项无论报部外销，应一律提解京师至各省认解大学堂协济款项，并乞饬下各督抚源源照办以应要需。所有经费支绌拟请提解各省科场款项缘由，谨恭折具陈，伏乞太后、皇上圣鉴。谨奏。

中国第一历史档案馆藏档案·学部·财经·卷225

学部为提取大学堂华俄银行息银事致外务部咨呈

（光绪三十三年五月二十三日）

学部为咨呈事。会计司案呈，准大部咨开，据华俄道胜银行禀称，所有中国五百万之息银，历经遵饬拨归铁路俄文学堂经费二万五千两，下余全数拨归大学堂听候提用在案。兹当一千九百零六年交息之期，计共合库平足银四十三万一千零十五两六钱八分，除照案留拨铁路俄文学堂经费二万五千两外，下余四十万零六千零十五两六钱八分，应否仍拨归大学堂，听候示遵。等因。本部已札复该行将此次应交息银，除照案提拨俄文学堂二万五千两外，下余银两，尽数拨交大学堂应用。相应咨行查照，派员赴华俄银行照数提存等因。本部于五月十四日，派员前赴该银行照提银四十万零六千零一十五两六钱八分，业据该银行立具单折，呈交本部，以凭大学堂随时支用。相应咨明大部查照可也。须至咨呈者。
右咨呈
外务部

《清代档案史料丛编》

学部为请拨美国减收庚子赔款作分科大学经费奏折

（光绪三十三年九月十八日）

总务司机要科奏为大学分科经费，请饬指拨立案，以广教育而宏造就，恭折仰祈圣鉴事：窃查光绪三十一年十一月，学务大臣议复大学堂总监督张亨嘉请择地建置分科大学折内声称，奏定大学堂章程，分别八科，目前骤难全设，拟先设政法科、文学科、格致科、工科，此外四科以次建置，并请将德胜门外操场地方拨给大学堂应用，均奉旨允准在案。现在大学堂预备科，明年冬闲即可毕业，各省高等学堂学生亦将陆续毕业，极应开办分科大学，以为升学之地。规划伊始,经纬万端,尤以筹定经费为下手办法。查日本文部省明治三十八年报告书,本年岁出经费三百五十八万余元,而东京大学与京都大学经常临时经费合占一百七十余万元。中国开办之初,自难骤几及此,尤当预筹大宗的款,俾敷开办,徐图推廓。惟臣部经费专藉华俄银行息款、国子监照费及各省协济之款,而应需学务用款,如现已开办之大学堂预备科、译学馆、法政学堂、满蒙文高等学堂、八旗高等学堂及现应开办之优级师范学堂开办、经常各费,并各国留学生学费,暨臣部堂司各官定额养廉数目,勉强开支,诸形竭蹶,已苦不敷应付。至此项分科大学修建堂舍以及常年经费,更属款无所出,又为势所难缓,若不筹定的款,实属无所措手。闻美国减收庚子赔偿溢款计美金二千二百万元,已由该国外部知照驻美使臣有案,声称请中国办理有益之事。分科大学考求专门学问,实为当务之急,五洲万国观瞻所属,臣等公同商酌,拟恳天恩,请于美国减收赔款一项,每年拨给三、四成,为分科大学用款,明知不敷尚巨,但有此专款,自可徐图规划。百年树人,实关大局,如蒙俞允,应由臣部分咨外务部、度支部立案,每年按数拨给,其开办及常年经费,即由臣等核实估计,随时奏明办理。所有吁请指拨大学分科经费缘由,谨缮折具陈,伏乞皇太后、皇上圣鉴。谨奏。

北京大学综合档案·全宗一·卷 77

学部奏分科大学经费、选址等事折

(光绪三十四年七月二十日)

学部奏。查奏定学堂章程内开京师大学堂为各省弁冕,规模建置当力求完善,以树首善风声,早收实效等语。现在京师大学堂预科学生,本年冬间即当毕业,自应遵章筹办分科,以资深造。查分科大学列为八科,经学、法政、文学、医科、格致、农科、工科、商科,皆所以造就专门之人才,研究精深之学业,次第备举不可缺一。所有分科大学开办经费及常年经费,允宜指定的款,分年筹办,以宏造就。明知财政困难,度支奇绌,应办之新政待款方殷,水旱之偏灾赈需尤亟;但念人才为百事之根本,现在整饬吏治,筹议边防,储备外交,振兴实业,若不养成以上各项人才,则虽曰言变法,龟勉图功,恐事事乏才,断无成效。臣之洞与臣载泽等再三商酌,内顾物力之艰难,远维树人之大计,分科大学实难缓办。虽东西各国大学规模宏廓,用费动至千百万计,而就中国现在财力与部库拮据情形,只宜撙节动用,徐图推广。拟恳天恩准由度支部拨给开办经费二百万两,分为四年拨给,每年五十万两,俾资应用,仍分年筹拨,应付或不至为难。而建筑设备所需,更可以从容筹备,逐渐扩充,以仰副朝廷兴学育才之至意。

又奏,大学分科明年必须设立,以备高等学生升入之地。按照奏定章程,大学应分设八科:一经学、二法政学、三文学、四医学、五格致学、六农学、七工学、八商学。门目均属紧要,缺一即不完备,查德胜门外校场地方,前经臣部奏蒙恩准拨为分科大学之用,当经派员详细勘估,圈筑地基,绘具图式,分建各科大学。该处地方广阔,远隔市廛,以之建造经、法、文、医、格致、工、商等七科,均属敷用。唯农科大学,应以附近林麓河渠之地为宜,该处地势高旷,林泉缺乏,不甚合用。臣部复经咨由步军统领衙门派员履勘,查有阜成门外望海楼地方苇塘官地,约计十六七顷,南〔北〕甚狭,东西较长,若就其地势,开浚沟渠,堪为农事实验场之用。附近民地亦可设法购买,建筑农科大学。唯该地段系归奉宸苑收租,当经商明该管理王大臣堪以拨归臣部应用,拟恳天恩允准,赏给臣部作为开办农科大学之用,出自鸿慈。

又奏,分科大学现拟开办,兹当图始之时,举凡审定规制,建筑堂舍,厘订学科各事宜,极为繁重。亟应派员出洋考察,以资参证。兹查有翰林院编修商衍瀛、学部专门司主事何燏时,均在大学堂办理学务,条理秩然,拟即派遣前往日本考察大学制度。其一切建筑设备事宜,亦即详细调查。以期斟酌适宜,克期开办。往返日期,以两个月为限。即由臣部发给川资,以利遄行。得旨如所议行。

《光绪朝东华录》光绪三十四年七月

会同度支部奏分科大学开办经费按年筹拨部款折

(光绪三十四年七月二十日)

奏为分科大学开办经费商明按年筹拨部款恳恩允准立案恭折会陈。仰祈圣鉴事。窃查奏定学堂章程,内开京师大学堂为各省弁冕,规模建置当力求完善,以树首善风声,早收实效等语。现在京师大学预科学生,本年冬间即当毕业,自应遵章筹办分科,以资深造。

查分科大学列为八科,经学、法政、文学、医科、格致、农科、工科、商科,皆所以造就专门之人才,研究精深之学业,次第备举,不可缺一。所有分科大学开办经费及常年经费,允宜指定的款分年筹办,以宏造就。明知财政困难,度支奇绌,应办之新政待款方殷,水旱之偏灾赈需尤亟,但念人才为百事之根本,现在整饬吏治,筹议边防,储备外交,振兴实业,若不养成以上各项人才,则虽曰言变法,黾勉图功,恐事事乏才,断无成效。

臣之洞与臣载泽等,再三商酌,内顾物力之艰难,远维树人之大计,分科大学实难缓办。虽东西各国大学规模宏廓,用费动至千百万计,而就中国现在财力与部库拮据情形,只宜撙节动用,徐图推广。拟恳天恩准由度支部拨给开办经费二百万两,分为四年拨给,每年五十万两,俾资应用。似此分年筹拨,应付或不至为难,而建筑设备所需更可以从容筹备,逐渐扩充,以仰副朝廷兴学育才之至意。臣等往复筹商,意见相同,所有恳恩赏拨部款缘由,谨合词具陈。伏乞皇太后、皇上圣鉴,训示施行。再,此折系学部主稿会同度支部办理,合并声明。谨奏。光绪三十四年七月二十日奉旨,依议。钦此。

《学部官报》第64期(光绪三十四年八月初一日)

学部为大学堂提取华俄银行息银事致外务部咨呈

(宣统元年六月初十日)

学部为咨呈事。会计司案呈,准贵部咨称,华俄银行禀称,所有中国五百万两之息银,历经遵奉札饬,拨归铁路俄文学堂常年经费二万五千两,下余全数拨归大学堂听候提用,历经遵办在案。兹当一千九百零八年交息之期,计共合库平足银二十一万四千八百二十八两六钱三分,除照案留拨铁路俄文学堂常年经费二万五千两外,下余十八万九千八百二十八两六钱三分,应否仍行拨归大学堂,候示遵行。等因。本部已札复该行代办,将此次应交息银,除照案提拨俄文学堂二万五千两外,下余银十八万九千八百二十八两六钱三分,尽数拨交大学堂应用。相应咨行查照,派员赴该银行照数提存等因。本部于五月二十七日,派员前赴该银行照提银十八万九千八百二十八两六钱三分,业据该银行立具单折,呈交本部。相应咨明贵部查照可也。须至咨呈者。
右咨呈
外务部

《清代档案史料丛编》

译学馆、大学堂支领经费文

译学馆监督邵恒浚为领取事。所有本馆九月份经费京平足银五千九百两整。现奉札行,定于九月初三日如数发给,届期持具印领赴部承领等因到馆,兹派庶务提调李深持具印领前赴大部承领,所具印领是实。
右申呈
学部

京师译学馆总监督
宣统元年九月初三

钦命京师大学堂总监督刘为领款事,窃照本学堂博物实习科展习一年,前经咨请大部酌领开办费银八百两,为教员来华川资及租修校舍、添置器具之用。本月初二日准大部咨复,定于本月初三日如数发给,届期派员持具印领赴部承领等因。兹由庶务提刘带具印收前往领取,业已如数收讫。须至印收者。

京师大学堂总监督
宣统元年九月初三日

钦命京师大学堂总监督刘为领款事。案查本学堂咨领九月分预算经常、临时两项经费银八千六百五十两零五钱。本月十五日准大部咨开,定于本月十六日如数发给,届期派员持具印领赴部承领等因。兹由庶务提调刘带具印收前往领取,业已如数收讫。须至印收者。

京师大学堂总监督
宣统元年九月十六日

中国第一历史档案馆·学部·文图庶务·卷344(学部黏件簿)

复大学堂前学务处及本部奏筹奏提各款各省当永远遵行已驳复浙抚并咨度支部在案文
(宣统二年七月十九日)

为片复事。准大学堂总监督咨。准浙江巡抚咨。据清理财政局司道详称,邀集监理官及各议绅等公同核议,京师大学堂经费银八千两,暂时照解等情。据此合咨贵堂请烦查照核复施行等因。查大学堂为造就高深学问之地,需费较多,因各省不能举办,故建设于京师,以造就各省之人才,自应各省分认款项。浙江每年应解经费银八千两,已属不敷甚巨,今意欲停解,是该省高等毕业之学生不复升学,而后可也。应如何核复之处,相应咨呈,请烦察核迳复施行等因到部。查度支部清理财政章程,凡解京各款,应属国家行政经费。又,章程第十四条载,但减税时不得有碍国家行政经费各等语。是前学务处及本部奏筹奏提各款各行省当谨遵。光绪三十一年十一月初三日钦奉上谕,咨行之案永远遵行,万无暂时照解之理。前准浙江来咨即经驳复,并咨度支部在案。相应片复贵监督查照可也。须至片者。

《学部官报》第一百三十八期

学部为减经费事知照大学堂

(宣统三年五月二十五日)

　　学部为咨行事。会计司案呈,案准度支部单开:图书局编订名词馆、八旗学务处、分科大学、京师高等学堂、法政学堂各于自减之外,资政院又复议减,本部尚未承认。惟案经具奏,恐难更正。相应咨行贵学堂查照。务希再行设法极力撙节可也。须至咨者。

右咨(计粘单一件)

分科大学堂

附:分科大学堂岁出经常门共库平银十三万五千三百五十二两三钱九分二厘。查分科大学堂原预算共银二十二万八千四百九十五两二分九厘。学部核减册开:薪水减银二万四千五百九十四两一钱二分八厘。资政院议决,除照减外,又减薪水工食银六万八千五百四十八两五钱九厘。岁出临时门共库平银十万七千四百四十四两七钱九分五厘。查分科大学堂原预算共银十万七千七百三十一两四分八厘。学部核减册开:火食减银二百八十六两二钱五分三厘。资政院议决照减。

北京大学综合档案·全宗一·卷107

二、各省认解京师大学堂经费文

山西巡抚为筹解大学堂经费事咨呈大学堂文

(光绪二十八年五月初十日)

山西巡抚为咨呈事。案照本部院于光绪二十八年四月二十五日附奏筹解京师大学堂经费银两一片,除俟奉到朱批另行恭录咨呈外,拟合抄奏咨送。为此咨呈贵大臣,谨请查照施行。须至咨呈者。计抄送原奏一纸。
右咨呈
管理大学堂事务大臣

附原奏

再,准管理大学堂事务大臣张百熙咨开:光绪二十八年正月初六日,奉上谕:张百熙奏筹办学堂大概情形一折,所需经费著各省督抚量力认解等因,钦此。粘抄原奏,恭录知照前来,当经钦遵转行在案。兹据布政使吴廷斌详称:查原奏第五条内称各省合筹经费,大省每年筹银二万两,中省筹银一万两,小省每年筹银五千两。晋省虽在原奏单开中省之列,惟向号瘠区,常年出款浮于所入者,已有数十万之多。自庚子祸变以来,师旅饥馑交集,一时饷赈吃紧,司库搜罗一罄。京协各饷积欠至二百余万,现又加以大案赔款、本省教案偿款,并办理新政,如简练常备续备各军、创办大小学堂以及农工各事,一切经费在在均需巨款,库储支绌万分,本属无从筹措,惟查兴学为今日要政,京师大学堂尤为各省根本,自宜于无可为计之时,设法筹措。兹拟恪遵谕旨,量力认解,于每年上下两忙收齐以后,勉为筹解京师大学堂经费银五千两,以资应用等情,请具奏前来。臣复查晋省库款匮竭,至今而极取于商民者,已有林空泽竭之虞,勉应协拨者,更多日益月增之慨。即如奉派前项经费,筹本计虽义无可诿,论晋库则力实不支。但事关兴学,何敢过存推卸,致碍通行?惟有恪遵谕旨,量力认解,以副朝廷兴学育才之意。除分咨查照外,谨附片具奏,伏乞圣鉴。谨奏。

北京大学综合档案·全宗一·卷25

江苏巡抚为筹解大学堂经费事咨京师大学堂文

(光绪二十八年五月十七日)

江苏巡抚为详情咨复事。据苏州布政使陆元鼎详称:窃奉院台札开:光绪二十八年三月十四日,准钦派管理大学堂事务大臣张咨:照得本大臣钦奉谕旨,管理大学堂事务,业经陈奏大概情形、开办在案。惟学堂系培植人才为富强基础,现当开办伊始,需款浩繁。查贵省前经部咨,酌令各属于所征丁漕内,每银一两、漕米一石各提银四分,另款存储,专为学堂经费。现在大学堂需款甚急,此次经本大臣奏准,大省常年认解二万金。江苏系大省地方,若能将前项学堂经费拨助大学堂,作为此次认解之款,洵属一举两得。兹派委二品衔军机处存记、直隶试用道陆道树藩禀商,请烦查照。希将前存所征学堂经费银两迅赐拨解,以济要需,足纫公谊,望切等因到院。札司遵照,迅即核明详咨等因到司。奉此伏查此案,前奉部行,按征收丁漕折纳钱数,每银一两、米一石各提出制钱五十文,另款存储,以为学堂经费之用等因,当经通饬遵办。旋据太仓、长洲等三十三州县联衔禀请,邀免提捐,由聂前外司以该牧令等沥陈为难情形。悉心察核,尚属实情,详请核示。复经前署宁藩司详请丁漕提捐学堂经费,应请毋庸再议等情。先后奉批:宁属既未提捐,苏属应一律办理等因,由司通饬遵照各在案。兹奉前因,理合具文详复,伏候核案咨复查照等情到院。据此查此项学堂经费,宁、苏两属各州县,皆因办公竭蹶,均未提捐,无从解济,相应咨复。为此,合咨贵大臣,请烦查照施行。须至咨者。

右咨

钦派管理大学堂大臣张

北京大学综合档案·全宗一·卷 25

江西巡抚为筹解大学堂经费事咨呈大学堂

(光绪二十八年七月)

江西巡抚柯为筹解京师学堂经费,详请奏咨事:窃本护院于布政使任内具详,案于光绪二十八年三月十九日奉行准钦派管理大学堂事务大臣张 咨开照得本大臣具奏筹办大学堂大概情形一折,光绪二十八年正月初六日具奏。本日奉上谕,张百熙奏筹办学堂大概情形一折披阅,所议章程,大致尚属周妥,着即认真举办,切实奉行。朝廷于此事垂意甚殷,原冀兴学储才,以备国家任使,务各殚精竭虑,争自濯磨。总之学术纯疵为人才消长之机,亦即风俗隆污所系,一切条规将来即以通行各省,必当斟酌尽善,损益得中,期于一道同风,有实效而无流弊。张百熙责无旁贷,仍著悉心筹划,逐渐扩充,次第兴办,以副委任。所需经费,着各省督抚量力认解。其有未尽事宜应随时具奏,钦此。恭录咨行各省,合筹经费,大省每年二万金,中省一万金,小省五千金,常年拨解京师,作为学堂的款。应请协力接济,源源提解,则学堂可以及早兴办,常年亦藉可措置裕如,咨请查照,转移到司准此。当经本司筹议,请在庐陵县周绅锡蕃报效银二万两内,提出银一万两,作为本年应解京师大学堂经费,详请复奏分咨各在案。现闻京师大学堂开办在即,自应赶紧起解,以资应用。兹在于庐陵县周绅锡蕃报效银内,先行提拨银五千两。查有试用知县张远猷赴京之便,自应派委搭解,前赴管理大学堂大臣衙门交收,理合详请查核附奏分别挂发咨批,并请先行咨报 户部 管理大学堂 查照等情到本护院据此除附片具奏外,相应给咨。为此,咨呈贵大臣谨请查收施行。须至咨呈者。

右咨呈

管理大学堂大臣

北京大学综合档案·全宗一·卷 25

江苏巡抚为解大学堂经费事咨大学堂

(光绪二十八年八月二十七日)

　　江苏巡抚恩　为咨明事。据江宁布政使李有棻呈称,案奉院台札开,光绪二十八年四月初九日准钦派管理大学堂事务大臣张咨照得本大臣具奏筹办大学堂大概情形一折,光绪二十八年正月初六日具奏。本日奉上谕,张百熙奏筹办学堂大概情形一折披阅,所拟章程,大致尚属周妥,著即认真举办,切实奉行。朝廷于此事垂意甚殷,原冀兴学储才,以备国家任使,务各殚精竭虑,争自濯磨。总之学术纯疵为人才消长之机,亦即风俗隆污所系,一切规条将来即以通行各省,斟酌尽善,损益得中,期于一道同风,有实效而无流弊。张百熙责无旁贷,仍着悉心筹划,逐渐扩充,次第兴办,以副委任。所需经费,著各省督抚量力认解。其有未尽事宜,应随时具奏,钦此。相应恭录谕旨,咨行贵部院,钦遵办理。附呈发刊原奏一件,第五条内,请各省合筹经费,大省每年二万金,中省一万金,小省五千金,常年拨解京师,作为学堂的款。现在开办伊始,需用尤繁,京师为风气之先,学堂尤根本之地,应请贵部院体察前情,协力接济,能将常年认解之款,源源提解,则学堂可以及早兴办,常年亦藉可措置裕如,咨请查照等因到院。准此札司查照,迅速核明筹解,详咨等因到司奉此。查此案前奉院台札准张大臣咨以查贵省,前经部咨,令于丁漕内,每银一两、米一石,各提银四分,专为学堂经费。若能将前项拨助大学堂,作为此次认解之款,洵为一举两得等因。当因丁漕带征学堂经费,苏省未能遵办,无可拨助,即经苏藩司详请院台咨复在案。兹奉前因,查前项经费,江苏大省,奉派银二万两,自应宁、苏各半分筹,除咨请苏藩司分筹外,所有宁司应筹银一万两。值此库储支绌异常,赔款既数巨、期迫,新政尤需用孔殷,罗掘既穷,本难捱注,惟京师学堂振兴教育,系各省学堂之领袖,既奉札饬筹解,不得不勉力筹银,以济要需。除于本年六月二十五日堂期备批放交号商宝善源汇兑库平银一万两,限七月二十日以前解到,除饬库动放呈解外,理合具文呈候鉴核等情,前来当查此案。来呈未据声明曾否详请督部堂核,咨批饬查明具复核办。复据该司呈称,奉查宁属匀筹前项经费银一万两,前经放解时,一面移会苏藩司,将应行分筹银一万两,赶筹径解。已奉督部堂批,令补呈抚部院核咨等因在案。奉饬前因,理合具文呈复,伏候分咨
管理大学堂大臣
户部
　　　　　　　查考等情到院,据此相应咨明。为此合咨贵大臣,请烦查照施行。须至咨者。
右咨
管理大学堂事务张大臣

北京大学综合档案・全宗一・卷25

福建布政使为解大学堂经费事出具印领文凭

(光绪二十八年九月)

　　总办闽省大学堂福建　布政使司　为具领事。今着源丰润号商管解福建省应解光绪二十八年
　　　　　　　　　　　　盐法道
分经费纹银五千两,前赴钦命,管理京师大学堂事务大臣张辕下投纳。理合出具印领,交付该

号商换领批回销照，所具印领是实。

福建 布政使周莲
盐法道鹿学良

福建巡抚为汇解大学堂经费事咨京师大学堂文

（光绪二十八年十月初七日）

福建巡抚为给咨汇解事。案准贵大臣咨具奏筹办京师大学堂一折，钦奉谕旨：所需经费，著各省督抚量力认解等因，咨行钦遵办理。附呈发刊原奏一件第五条内，各省合筹经费：大省每年二万金、中省一万金、小省五千金，常年拨解京师，作为学堂的款。现在开办伊始，需用尤繁，应请体察前情，将常年认解之款源源报解等因。饬据司道议，以京师大学堂为各省学堂根本，奉派常年经费，本当照数筹解，以济要需。第闽省库藏支绌异常，本省办理大学堂筹款，殊觉为难，兼顾实力有未逮。惟有在于各项捐款内，每年勉筹银五千两，汇解应用。详情咨复在案。所有本年分认解前项经费银两，据福建全省大学堂司道设筹纹银五千两，连同汇费，由该司道给批发交源丰润号商汇解晋京，前赴贵大臣辕下投纳，详情给咨等情到本部堂。据此，除详批示外，相应给咨汇解。为此，合咨贵大臣，请烦查照兑收，见复施行。须至咨者。

右咨

钦差管理大学堂事务大臣张

浙江巡抚为认解经费事咨大学堂

（光绪二十八年十月十六日）

浙江巡抚为详咨事。据布政使诚勋详称：窃照浙省现经遵旨于藩运粮三库，每年合筹、认解京师大学堂经费库银八千两，已另行详请奏咨作正开销在案。所有本年应解银两，应请提前发交号商汇京投收，以期迅速而资应用。除备具文批呈报钦派管理京师大学堂事务张，并移知札库在于光绪二十八年地丁款内动支银四千、并同运粮二库解到银四千两，共库平银八千两，发交源丰润号商汇解外，理合详请咨明 户部／管理京师大学堂事务大臣 查照等情到本部院。据此，除咨户部外，相应咨明。为此，合咨贵大臣，请烦查照施行。须至咨者。

右咨

钦派管理京师大学堂事务大臣张

两广总督为广东省认解大学堂经费事咨大学堂文

（光绪二十九年八月二十八日）

两广总督岑　为咨明事。光绪二十九年八月二十二日，据广东海防兼善后总局会同广东布政司详称，光绪二十九年八月初二日奉宪台札开，光绪二十九年七月二十四日准管理大学堂大臣张 会同管理大学堂大臣荣 会咨开，案照本大学堂奏准各省认解常年经费，以资协济。查自奉旨分咨后，除云南一省已解至二十九年分春季，此外，各省多将二十八年分经费解清，尚有已认未解，暨解仅及半者，至二十九年分经费均未报解，各省筹划赔款竭蹶情形，诚可想见。惟兴学为今日要务，京师大学堂造就师范，备充各学堂教习，原定办法本寓联络贯通之意，现在速成一科尚拟添招师范生，以广乐育。各省新进士入学读书，系钦奉特旨施行，常年用项尤应预筹统计，现办各事，无一可缓，而常款未充，入不敷出，每一综核，焦灼殊深。本大臣已于七月初二日奏事折内，声明催解各省常年解款，以资协济。相应咨请查照定案，饬筹全数解京，以应急需，实所殷盼等因到本署部堂。准此合就札饬札局即便会同布政司，迅将应解大学堂常年经费银两，赶紧全数筹解，勿稍玩延，切切！又于是月初四日奉抚宪案，行同前事，仰局即便遵照定案，迅速筹解毋违，各等因奉此。查大学堂经费，粤省上年虽认解银一万两，嗣因库储入不敷出，派解新旧案洋款赔款，及本省应放水陆营勇薪粮，均岌岌难支，无从筹措，致未请咨起解。现既奉准咨催前因，自当勉任其难，经饬局员先其所急，照数筹支洋银一万零三百七十七两六钱，合京平足色纹银一万两，给交源丰润商号，限十一月二十一日汇解京师大学堂兑收。余俟饷力稍纾，再行随时酌筹办理。除备具文批汇解，暨详报抚宪外，理合具文详复，察核俯赐，咨明管理大学堂大臣查照，并请批示祗遵，实为公便等由到本部堂，据此，除详批回外，拟合咨明。为此合咨贵大臣，请烦查照施行。须至咨者。

右咨

管理京师大学堂大臣

北京大学综合档案·全宗一·卷39

广东巡抚为解大学堂经费事复大学堂文

(光绪二十九年九月二十四日)

广东巡抚李 为详复事：据善后局司道会同布政司详称，奉署两广督部堂岑 札开光绪二十九年七月二十四日准管理大学堂大臣张 会同管理大学堂大臣荣 会咨开，案照本大学堂奏准各省认解常年经费，以资协济。查自奉旨分咨后，除云南一省已解至二十九年分春季，此外各省多将二十八年分经费解清，尚有已认未解，暨解仅及半者，至二十九年分经费，均未报解，各省筹划赔款竭蹶情形，诚可想见。惟兴学为今日要务，京师大学堂造就师范，备充各省学堂教习，原定办法本寓联络贯通之意，现在速成一科尚拟添招师范生，以广乐育。各省新进士入学读书，系钦奉特旨施行，常年用项，尤应预筹统计，现办各事，无一可缓，而常款未充，入不敷出，每一综核焦灼殊深。本大臣已于七月初二日奏事折内，声明催解各省常年解款，以资协济，相应咨请查照定案，饬筹全数解京以应急需，实所殷盼，等因到本署部堂，准此合就札饬札局即便会同布政司，迅将应解大学堂常年经费银两，赶紧全数筹解，勿稍玩延。又奉署广东抚部院李案，行同前事，仰局即便遵照定案，迅速筹解各等因奉此。查大学堂经费，粤省上年虽认解银一万两，嗣因库储入不敷出，派解新旧案洋款赔款，及本省应放水陆营勇薪粮，均岌岌难支，无从筹措，致未请咨起解。现既奉准咨催前因，自当勉任其难，经饬局员先其所急，照数筹支洋银一万零三百七十七两六钱，合京平足色纹银一万两，给交源丰润商号，限十一月二十一日汇解京师大学堂兑收。余俟饷力稍纾，再行随时酌筹办理。除备具文批汇解外，理合具文详复，察核俯赐，咨明管理大学堂大臣查照，并请批示祗遵，实为公便等情，到本署部院，据此相应咨会。为此合咨贵大臣，请烦查收、示复施行。须至咨者。
右咨
管理大学堂大臣 张荣

北京大学综合档案·全宗一·卷39

江西巡抚为筹解大学堂经费事咨大学堂文

（光绪二十九年九月二十九日）

江西巡抚夏为详请咨复事：据署布政使事按察使陈庆滋详称，案于光绪二十九年七月二十六日奉行准钦命管理大学堂事务大臣吏部尚书张荣会同管理大学堂事务大臣刑部咨开，案照本大学堂奏准各省认解常年经费，以咨协济。查自奉旨分咨后，除云南一省已解至二十九年分春季，此外各省多将二十八年分经费解清，尚有已认未解，暨解仅及半者，至二十九年分经费均未报解，各省筹划赔款竭蹶情形，诚可想见。惟兴学为今日要务，京师大学堂造就师范，备充各省学堂教习，原定办法本寓联络贯通之意，现在速成一科尚拟添招师范生，以广乐育。各省新进士入学读书，系钦奉特旨施行，常年用项尤应预筹统计，现办各事，无一可缓，而常款未充，入不敷出，每一综核，焦灼殊深。本大臣已于七月初二日奏事折内声明，催解各省常年解款，以资协济。咨请查照定案，饬筹全数解京以应急需，实所殷盼等因，咨院行司奉此。伏查江省奉文，应认京师大学堂经费银两，当经奏明，自二十八年起，每年认解银一万两，嗣于光绪二十八年七月内在于庐陵县周绅锡蕃报效银内，先行提银五千两，发交便员搭解交收在案。兹奉行准前因，自应在于该庐陵县周绅报效银内，再行提拨银五千两，俟有解饷便员进京，即行搭解报收，以济要需，而清二十八年之款。现在江省筹解赔款，库藏悉数无余，所有二十九年以后经费，惟有设法另筹，俟有的款，再行报解。合先详请咨复京师大学堂查照等情到本署院，据此相应咨复。为此咨呈贵大臣，谨请查照施行。须至咨呈者。
右咨呈
京师大学堂

附，再，江西认解京师大学堂光绪二十八年经费银一万两，前已解过银五千两，奏明在案。兹据署布政使陈庆滋详称，在于庐陵县职员周锡藩报效江西开办学堂经费内动放银五千两，作为解清二十八年大学堂经费，派委管解京饷便员试用知县许德芬、王朝贺搭解，前赴大学堂交收，详请具奏前来，臣复查无异，除咨管学大臣并户部外，理合附片陈明，伏乞圣鉴。谨奏。

江西巡抚为解送大学堂经费事咨明大学堂

（光绪二十九年十月初五日）

江西巡抚夏　为抄片咨明事：窃照江西省解清光绪二十八年大学堂经费，委员搭解缘由，经本署院于光绪二十九年十月初五日附片具奏。除抄片咨明户部查照外，相应抄片咨明。为此咨呈贵大臣谨请查照施行，须至咨呈者。计呈送抄片一件。
右咨呈
管理大学堂大臣

北京大学综合档案·全宗一·卷 39

直隶详解京师大学堂经费银两折

（光绪二十九年十一月初二日）

直隶等处承宣布政使司为详解事：案照详解京师大学堂光绪二十九年下半年常年经费银两一案，除另册备叙外，拟合具文详请宪台查收，俯赐印发批回备案。为此，备由具呈，伏乞照详施行。须至呈者。计汇解光绪二十九年下半年常年经费库平银五千两解批一张。
右呈
京师大学堂

布政使杨士骧

北京大学综合档案·全宗一·卷 39

直隶总督为解大学堂经费事咨大学堂文

（光绪二十九年十一月十四日）

直隶总督袁　为咨明事：据布政使杨士骧呈称，蒙督院札开，光绪二十九年九月二十七日准户部咨开，福建司案呈军机处交出管学大臣张等奏大学堂二十八年分一年用款截数开单奏报一折。查原奏内称，常年经费除华俄银行利息外，专待各省协济，拟恳饬下各省督抚源源照解，以应要需之处，应抄录原奏，移咨直隶总督遵照办理可也，等因准此，札司即便遵照办理，等因蒙此。伏查本省应解本年常年经费银一万两，已于七月间将应解上一半银五千两，随同应解上年下半年常年经费，一并详咨委员解交在案。兹蒙前因，所有应解本年下半年常年经费银五千两，除由司照案在于库存耗羡银内照数借拨，批发省城商号义善源承领汇解京师大学堂查收应用外，拟合详请查核俯赐。咨明京师大学堂户部查照等情到本督部堂，据此，除分咨外，相应咨明贵大臣，烦请查照施行。须至咨者。
右咨
京师管学大臣张

北京大学综合档案·全宗一·卷 39

湖南巡抚为在京湘生津贴事咨大学堂、译学馆

（光绪三十一年正月）

为咨行事准湖南巡抚陆咨开，据奏办湖南学务处司道呈详案，据京师译学馆学生杨承业、王赐书、周启丰、何清华、朱式瑞、杨昌炽、黄康年、谢开桼禀称，窃京师译学馆自去年开学规模扩张，教育完备，广招士类，罔有畛域。各省士子闻风兴起，赴馆就学者先后考取二百余人。惟是肄业诸生，大都远历数千里，近或数百里负笈而来，学费川资为数已巨，衣服书籍日有所需。是以江浙各省学生均已禀请本省大吏筹拨津贴，得邀允准，有案可稽。生等立志求学，讵不知刻苦自励，极力樽节。但译学馆章程，学生初入馆者须缴学费，而功课注重外国文，添购课本书籍其费尤重，合之寻常日用每人年需多金，卒业之期远在五年，以生等之家境贫寒借贷支持，深恐难乎为继，若竟中途辍学，则不特有乖来学初志，更负朝廷兴学盛心。况江浙各省人数甚多，津贴之资尚复优厚。湘省肄业此馆不过数人，费既不多，事亦易举。用敢合词具禀呈恳转详俯鉴下情，量予津贴，俾得安心响学不胜待命之至等情。据此，查译学馆功课注重外国文学，禀内所称添购课本书籍及一切用度均系实在情形，自应准予津贴，俾得安心响学。惟据折开江浙各省津贴数目甚巨，湘省瘠区尤乏专款，碍难仿照。拟定每人每年给津贴银四十两，合计八人，年共需银三百二十两。至师范馆由湘咨送五名，前经每年合给银二百两，现除李钟奇、刘冕执业经出洋外，在馆者止段廷珪、向同鋆、戴丹诚三名，人数既少，应予酌加。亦拟一律每人每年给津贴银四十两，合计三名，共需银一百二十两。昨奉宪台札开准总理学务处大臣咨催饬即办理在案，应即如数汇解，两项津贴，总共计银四百四十两。即在前次详定盐款另扣项下开支。乞即咨明京师大学堂查照等情到本署部院。据此相应咨呈，为此咨请查照施行等因，相应咨行贵总监督／监督查照可也，须至咨者。

右咨外抄单一件
大学堂总监督
译学馆监督
计开
一、译学馆学生
杨承业　王赐书　周启丰　何清华　朱式瑞　杨昌炽　黄康年　谢开桼
以上八名每年各给银四十两
一、师范馆学生
段廷珪　向同鋆　戴丹诚
以上三名每年各给银四十两

中国第一历史档案馆藏档案·学部·财经·卷225

广东巡抚为缓解大学堂经费事咨大学堂

（光绪三十一年四月十九日）

广东巡抚为咨复事，据广东布政司会同海防兼善后局司道呈称，案奉广东抚院张札行，

准北京学务处电开贵省应解大学堂经费,望饬司查照奏案,新旧并解,以应急需,等因到院。札局会同布政司速即筹解,等因奉此。本司道等伏查京师大学堂经费,上年八月间奉准北京学务处电饬,当查粤省司局各库,支绌情形日甚一日,所有大学堂经费银两,拟俟库款稍裕再行筹解,申请咨复查照在案。现在司局各库支绌愈甚,水陆勇饷尚属无款应付,兹复奉催前因,惟有仍请俟库项稍裕再行筹解外,理合具文申复,察核俯赐。咨复北京学务处查照,实为公便等情,到本部院据此相应咨复。为此合咨贵大臣,请烦查照施行。须至咨者。

右咨

学务处大臣

北京大学综合档案·全宗一·卷 39

支应处咨复各省督抚解到各种津贴银收到日期

(光绪三十二年三月)

　　支应处呈为咨复事。查　　报解　　银　　两,本部于光绪　　年　　月　　日照数收讫,相应咨覆贵督抚查照可也。须至咨者。

　　计开

　　两江学务处呈解苏籍学生陆鸿逵等十九名津贴银一千三百六十八两正(正月十九日由商号宝善源解到)。

　　江苏藩司呈解三十二年分进士津贴银五千三百六十两正(正月十九日由仁和商号解到)。

　　河南藩司呈解仕学馆津贴银二千两正(正月十九日由大德通商号解到)。

　　江宁藩司批解大学堂学生孙昌烜等津贴银一百八两正(正月二十六日裕宁官银号解到)。

　　安徽巡抚藩司委解进士津贴京平足银一千零八十两正(二月初三日由该省知县殷慎徽解到)。

　　两江学务处批解大学堂师范生张宗元津贴银一百四十四两正(二月十四日由商号宝善源解到)。

　　湖南巡抚批解进士津贴湘平银二千五百六十两正(二月十九日由商号蔚泰厚解到。)

　　署直隶藩司批解进士津贴库平银二千六百一十五两四钱四分八厘(二月三十日由商号大德恒解到)。

　　署浙江藩司批解成均高等学堂师范生陈润芳等六名全年加闰津贴洋六百二十四元(二月二十六日由商号源丰润解到)。

　　署浙江藩司批解译学馆、高等实业学堂、大学堂、医学馆各学生全年津贴共洋元四千七百八十四元(二月二十六日由商号源丰润解到)。

　　湖南巡抚批解各学堂津贴湘平银七千六百三十二两正(二月三十日由商号大德通解到)。

　　右咨

直隶总督
两江总督
江苏巡抚
河南巡抚
安徽巡抚
浙江巡抚
湖南巡抚

中国第一历史档案馆藏档案·学部·财经·卷 225

京师大学堂第三、第四学期各省津贴汇报

安徽第三学期津贴京平足银九百六十两,旧欠京平足银二千零八十两,共结欠京平足银三千零四十两正。

山东第三学期津贴京平足银一千二百八十两。第四学期津贴京平足银一千七百六十两,旧存京平足银二百四十两零五钱七分,解到申合京平足银五千一百零八两六钱三分,实结存京平足银二千三百零九两二钱正。

山西第三学期津贴京平足银三百六十两。第四学期津贴京平足银八十两,旧存京平足银七百四十七两三钱四分。解到申合京平足银七百六十六两六钱二分,实结存京平足银一千零七十三两九钱六分。

河南第三学期津贴京平足银二千零八十两。第四学期津贴京平足银二千两,旧存京平足银八十两,解到京足银四千两,收支两清。

陕西第三学期津贴京平足银八百八十两。第四学期津贴京平足银九百六十两,旧存京平足银一百零七两一钱,解到申合京平足银一千一百零七两三钱三分,实结欠京平足银六百二十五两五钱七分。

甘肃第三学期津贴京平足银四百两,旧欠京平足银三百二十两,实欠京平足银七百二十两正。

福建第三学期津贴京平足银一千四百四十两。第四学期津贴京银一千三百六十两,旧存京平足银六百三十两零二钱二分,解到申合京平足银二千一百二十九两四钱九分,实结欠京平足银四十两零二钱九分。

浙江第三学期津贴京平足银八百两。第四学期一千五百二十两,旧存二千五百一十六两八钱三分,解到二千九百八十一两二钱九分,实存三千一百七十八两一钱二分。

江西第三学期津贴京平足银一千零四十两,第四学期津贴京平足银二千两,旧存五百六十两,解到四千零八十两,实存一千六百两正。

湖北第三学期津贴京平足银八百八十两,旧欠二百八十两,实欠一千一百六十两正。

湖南第三学期津贴京平足银三百六十两。第四学期五百二十两,旧欠二百七十两零四钱,解到一千五百五十两零四钱,实存四百两正。

四川第三学期津贴京平足银六百两,第四学期三百二十两,旧欠四百四十两,解到一千三百六十两,收支二清。

广东第三学期津贴，京平足银一千二百两。第四学期一千八百两，旧欠一千八百八十两，解到九千一百九十九两四钱四分，实存四千三百一十九两四钱四分。

广西第三学期津贴，京平足银六百四十两。第四学期五百六十两，旧存二百八十两，解到二千零四十两，实存一千一百二十两正。

云南第三学期津贴，京平足银三百六十两。第四学期四百四十两，旧存九百四十五两六钱，解到二千二百零四两零八分，实存二千三百四十九两六钱八分。

贵州第三学期津贴，京平足银三百二十两。第四学期三百二十两，旧存八百四十八两零六分，解到二千六百四十两零五钱七分，实存二千八百四十八两六钱三分。

奉天第三学期津贴，京平足银二百两。第四学期三百二十两，旧存八两，解到六百五十二两八钱，实存一百四十二两八钱。

中国第一历史档案馆藏档案·学部·财经·卷225

咨催各省速解大学堂欠解经费文

（光绪三十二年九月二十六日）

学部为咨行事。案查京师大学堂常年经费，经前管学大臣奏奉谕旨著各省认解，以资接济。嗣于上年十一月初三日钦奉上谕各省认解大学堂协济各款，仍当源源照解以应要需等因，钦此，业经行知各该省遵照在案。查各省认解京师大学堂常年经费，自光绪二十八年起截至光绪三十二年止，除山东、陕西两省业已如数解齐，毫无蒂欠外，其余各省欠解数目综计至一十六万余两之多，刻值部务纷繁，款项支绌无从筹垫。合再咨催各省遵照谕旨源源照解以应要需。除咨度支部外，相应咨行饬司将欠解大学堂经费银两迅速筹解，勿任延缓可也。须至咨者。

咨度支部各省认定大学堂经费已解、欠解数目简明列表，请转催赶解文。

学部为咨行事，案查京师大学堂常年经费，经前管学大臣奏准由各省认解以资接济，所解之款作正开销。惟历年各省认解经费未能年清，年款积欠之数颇巨。现在大学堂岁费日繁，极应催解此款，以免支绌。兹将各省认定及解过数目自二十八年起至三十二年止，以五年合计已解若干，欠解若干，简明列表，咨请贵部查核，转咨各省督抚饬司将欠解之数迅速筹解，以应急需，盼切施行。须至咨者。

各省认定大学堂经费已解欠解简明表

经费\各省	认解	二十八年	二十九年	三十年	三十一年	三十二年截至八月止	欠解
直隶*	一万两	八月五千两	八月一万两十一月五千两	九月五千两十一月五千两		正月补上年一万两	一万两
江苏*	未认二万两	七月一万两八月一万两	七月一万两十月一万两	六月一万两	二月补上年一万两，五月一万两	四月补上年一万两，五月一万两	一万两

第八篇 经 费

经费 各省	认解	二十八年	二十九年	三十年	三十一年	三十二年截至八月止	欠解
安徽中	五千两		十月五千两	七月五千两	四月五千两	闰四月五千两	五千两
江西大	一万两	十一月五千两	十二月补上年五千两	十二月一万两		二月补上年一万两，六月一万两	一万两
浙江大	八千两	十一月八千两	九月八千两	八月八千两	十月八千两		八千两
福建大	五千两	十二月五千两		二月补上年三千两	十月补上年三千两		一万四千两
湖北中	未认一万两		正月补上年一万两	正月补上年一万两	二月一万两	闰四月补上年一万两	一万两
湖南中	一万两	七月五千两		十二月五千两		五月补二十八、九两年二万两	二万两
河南大	一万两	五月五千两	九月五千两，又补上年三千两	七月补上年五千两，十月五千两	三月五千两		二万二千两
山东大	一万两	八月一万两	十月一万两	十二月一万两	四月一万两	闰四月一万两	
山西中	五千两	十月五千两	捐月五千两	八月五千两	九月五千两		五千两
陕西中	一万两		十月一万两	十月一万两	四月一万两又补二十八年一万两	闰四月一万两	
四川大	一万两	五月补上年一万两，十二月一万两		十月一万两	十月一万两		一万两
广东大	未认一万两		十二月一万两			闰四月一万两	三万两
广西小							

经费\各省	认解	二十八年	二十九年	三十年	三十一年	三十二年截至八月止	欠解
云南中	五千两	十一月三千两	闰五月二千两、十一月三千两	五月二千两 九月三千两	五月二千两 九月三千两	闰四月二千两	五千两
贵州小	未认二千两		三月补上年二千两，十二月二千两		四月二千两	闰四月补上年二千两	二千两
甘肃小							
新疆小							
合计	一十四万两	七万一千两	一十三万五千两	一十一万一千两	一十万零三千两	一十一万九千两	一十六万一千两

中国第一历史档案馆·学部·文图庶务·卷357

三、大学堂部分收支项目

许景澄呈报大学堂光绪二十五年九月分收支情况

(光绪二十五年十月十二日)

　　暂行管理大学堂事务大臣许　谨将光绪二十五年大学堂九月分收支各款第十五结开列四柱备查呈请钧鉴。
　　旧管
　　〇上月实存库平足银壹拾伍万两，京平足银柒万陆仟玖百肆拾肆两肆钱伍分陆厘肆毫。
　　新收
　　无项
　　开除
〇交官书局九月分经费京平足银壹仟两。
〇交医学堂九月分经费京平足银壹仟两。
〇总办处移支英文洋教习秀购备功课书籍京平足银柒拾两零捌钱伍分(计洋钱玖拾柒元零壹分按柒叁申合)。
〇总办处移支化学教习于购备炼矿器具七种京平足银拾肆两伍钱。
〇总办处移支垫发前文案总办瑞三月分薪水京平足银陆拾两。
〇总办处移支购办中俄交界全图二十分京平足银肆拾两。
〇总办处移支西学各教习九月分薪水京平足银叁仟零伍拾壹两伍钱。
〇总办处移支添购仪器四种京平足银肆百肆拾两零伍钱贰分。
〇杂务处移支九月分杂款京平足银贰仟两。
〇总办杂务处移支九月分奖赏京平足银肆百两。
〇总办余九月分薪水京平足银伍拾两。
〇邦总办李九月分薪水京平足银叁拾两。
〇藏书楼提调骆九月分薪水京平足银贰拾伍两。
〇仪器院提调周九月分薪水京平足银贰拾伍两。
〇支应所提调涂九月分薪水京平足银贰拾伍两。
〇杂务处提调黄九月分薪水京平足银贰拾伍两。
〇教习朱九月分薪水京平足银贰拾伍两。
〇教习田九月分薪水京平足银贰拾伍两。
〇教习段九月分薪水京平足银贰拾伍两。
〇教习刘九月分薪水京平足银贰拾伍两。
〇教习杨九月分薪水京平足银贰拾伍两。
〇教习饶九月分薪水京平足银贰拾伍两。
〇教习王九月分薪水京平足银贰拾伍两。
〇学长许九月分薪水京平足银拾伍两。

○学长缪九月分薪水京平足银拾伍两。
○学长唐九月分薪水京平足银拾伍两。
○学长程九月分薪水京平足银拾伍两。
○学长符九月分薪水京平足银拾伍两。
○学长王九月分薪水京平足银拾伍两。
○算学学长张九月分薪水京平足银拾贰两。
○英文学长爱九月分薪水京平足银拾贰两。
○斋长八员,每员各应支薪水肆两,共京平足银叁拾贰两。
○收掌三员,每员各应支薪水捌两,共京平足银贰拾肆两。
○誊录供事折班二十四员,每员各应支薪水肆两共京平足银玖拾陆两。
○誊录供事二十二员,每员各应支火食叁两,共京平足银陆拾陆两。
以上开除共京平足银捌仟柒百捌拾玖两叁钱柒分。
实在
○存华俄银行库平足银壹拾伍万两。
○存蔚泰厚号京平足银壹万两。
○存百川通号京平足银伍千两。
以上存折均交中堂收存
○暂存华俄银行京平足银伍万叁仟壹百伍拾伍两零捌分陆厘肆毫。
以上共存库平足银壹拾伍万两,京平足银陆万捌仟壹百伍拾伍两零捌分陆厘肆毫。

北京大学综合档案·全宗一·卷8

照译大学堂账目

照译大学堂账目甲
西历一千八百九十八年　　　收款。
七月十二——十二月十二
西历一千八百九十九年正月
收公砝一万八千六百八十两六钱二分。
收利六百九十二两六钱五分。
共收银二十八万六千四百四十六两四钱一分。
西历一千八百九十八年　　　付款。
七月二十二提长存库平十五万两,合公砝十五万五千二百五十两。
西历一千八百九十九年正月初十
共付公砝二十四万五千二百五十三两。
除付下存公砝四万一千九十三两三钱一分。
照译大学堂账目乙
西历一千八百九十九年　　　收款。
前存公砝四万一千一百九十三两三钱一分。
二月初——六月十二

共收公砝十五万零七百七十七两八钱七分。

西历一千八百九十九年　　　付款。

正月十七——七月初十

共付公砝足六万四千七百五十一两五钱八分。

除付下存八万六千二十六两二钱九分。

照译大学堂账目丙

西历一千八百九十九年　　　收款。

前存八万六千二十六两二钱九分。

九月十八收公砝九十七两四钱九分。

西历一千九百年　　　收款。

正月初四——初六

共收入八万七千二百三十八两四钱四分。

西历一千八百九十九年　　　付款。

七月至十二月

西历一千九百年正月

共付公砝六万五千五百九十三两六钱四分。

除付下存公砝二万一千六百四十四两八钱。

中国第一历史档案馆·学部·财经·卷214

汪大燮为大学堂托办经费事咨大学堂

（光绪二十九年五月二十三日）

　　管理游学生总监督汪　为咨呈事。光绪二十九年五月十六日接准大学堂派委考察日本学校委员内阁中书沈兆祉函称，在沪奉管学大臣电谕，将原领印书局经费所换日本金洋提出若干元，赴东京交存汪总监督，以为大学堂在日本托办各件之用等因。兹提出日本金洋一万零八百一十一元一角一分，祈验收，即日赐给回文，一面仍望咨报大学堂查照等语。兹将沈中书所交日本金洋一万零八百一十一元一角一分，暂存日本正金银行，听候大学堂拨用。如有采办各件之处，请由大学堂派员前来日本经理，敝处即当照拨，除函复沈中书外，理合咨呈。为此，咨呈大学堂，请烦查照施行。须至咨呈者。

右咨呈

管学大臣　张
　　　　　荣

北京大学综合档案·全宗一·卷39

汪大燮为移交大学堂托办经费事宜咨大学堂文

（光绪二十九年八月初十日）

　　管理游学生总监督汪　为咨呈事。前准大学堂派委考察日本学校委员内阁中书沈兆祉遵奉管学大臣电谕，提出日本金洋一万零八百一十一元一角一分，交存敝处，为大学堂在日本托办各件之用，业于五月二十三日备文咨呈在案。旋于七月十九日钦奉电旨，汪大燮现已补授外务部左参议，所有日本游学生总监督著杨枢兼管，钦此。兹新任出使日本杨大臣，于八月二十日行抵日本东京，所有总监督事宜，业已移交杨大臣接管。大学堂前此提存之日洋一万零八百一十一元一角一分，未经动用，亦即如数移交杨大臣接管，理合咨呈。为此咨呈大学堂，请烦查照备案施行。须至咨呈者。

右咨呈

管理大学堂事务大臣 张荣

北京大学综合档案·全宗一·卷39

杨枢为大学堂托办经费事咨大学堂

(光绪二十九年九月初七日)

　　使日大臣兼管游学生总监督杨　为咨呈事。窃照本大臣于光绪二十九年八月二十六日准前管理游学生总监督汪咨开，案照本总监督于本年五月二十三日准大学堂派委考察日本学校委员内阁中书沈中书兆祉函称，在沪奉管学大臣电谕，将原领印书局经费所换日本金洋提出若干元，赴东京交存汪总监督，以为大学堂在日本托办各件之用等因。兹提出日本金洋一万零八百一十一元一角一分，祈验收，赐给回文，仍望咨报大学堂查照等情。当即于是日备文咨报大学堂在案。兹贵大臣兼管总监督事，所有本总监督前收日洋一万零八百一十一元一角一分，并未动用，自应如数咨送贵大臣查收。为此，备文咨送贵大臣查收，请烦验收见复，并咨明管理大学堂大臣查照备案等因准此，计咨送日本银票一万零八百一十一元一角一分前来，本大臣当经验收，除咨复汪总监督外，相应咨呈贵大臣，谨请查照备案。须至咨呈者。

右咨呈

钦命管理大学堂大臣 张荣

北京大学综合档案·全宗一·卷39

宣统二年大学堂经费收支账残页

大学堂

旧管

无

新收

一、收学部拨一千七百二十二元一角七分。

开除

一、支官费学生二十名月费六百一十八元。
　另列清表。

一、支官费学生医药费五百五十六元一角七分。另列清表。

一、支官费学生蒋履曾毕业川资一百五十元。

一、支官费学生施恩曦器械费五十元。

一、支官费学生陈治安己酉冬季旅行四十五元。

一、支官费学生朱炳文、成隽、王舜成三名己酉冬季旅行费每名四十元共一百二十元。

一、支官费学生王桐龄己酉冬季旅行费三十二元。

一、支官费学生张耀曾己酉冬季旅行费三十一元。

一、支官费学生施恩曦、钟赓言、黄艺锡、吴宗栻四名己酉冬季旅行费每名三十元共一百二十元，共支日币一千七百二十二元一角七分。

实在

无

庚戌上学期大学官费生月费表以中历计。

姓 名	每月学费数目	十二月	正月	二月	三月	四月	五月	上期余款
蒋履曾	六元	发	发	发	毕业			十八元
钟赓言	同	发	发	发	发	发	发	三十六元
陈发檀	同	发	发					十二元
陈治安	同	发	发	发	发	发	发	三十六元
余荣昌	同	发	发	发	发	发	发	同
朱 深	同	发	发	发	发	发	发	同
张耀曾	同	发	发	发	发	发	发	同
冯祖荀	同	发	发					十二元
席聘臣	同	发	发	发	发	发	发	三十六元
王桐龄	同	发	发	发	发	发	发	同
施恩曦	同	发	发	发	发	发	发	同
苏振潼	同	发	发	发	发	发	发	同
吴宗栻	同	发	发	发	发	发		三十元
成 隽	同	发	发	发	发	发		
朱炳文	同	发	发	发	发	发		三十六元
黄艺锡	同	发	发	发	发	发		同
王舜成	同	发	发	发	发	发		同
王曾□	同	发	发	发				十二元
屠振鹏	同	发	发	发	发	发	发	三十六元
何培琛	同	发	发	发	发	发	发	同

以上二十名共支日币六百一十八元。

庚戌上学期大学堂官费生医药费表

姓 名	病院	住院日期	金 额	应扣额	实发金额
屠振鹏	京都府	自十月二十二日至十二月七日	上学期册银付清未扣	补扣二十八元二角	
何培琛	金杉	自十一月十二日至十一月二十九日	同	补扣十元零八角	

陈发檀	铃木	自十二月二十六日至一月二十四日	六十一元八角三分		六十一元八角三分
又	顺天	自一月二十八日至二月八日	三十七元二角		三十七元二角
又	铃木	自二月十三日至四月二十七日	二百八十一元一角二分		二百八十一元一角二分
陈治安	杏云	自二月二十一日至三月十七日	九十四元三角二分	扣过三元	九十一元三角二分
陈发檀	外诊	十五件			六十五元五角八分
陈治安	同	六件			十八元二角七分
施恩曦	同	四件			八元五角二分
苏振潼	同	三件			四元三角三分
吴宗栻	同	三件			十一元
成隽	同	一件			六元六角
屠振鹏	同	二件			四元八角二分
何培琛	同	一件			四元五角八分

共支五百九十八元一角七分
扣回四十二元
实支五百五十六元一角七分

中国第一历史档案馆·学部·财经·卷150

光绪三十一年至宣统二年京师大学堂经费统计

清光绪二十四年五月议设大学。请筹开办经费银三十五万两,常年经费银十八万两。别置译书局,需开办费银一万两,常年费银三万六千两。嗣经户部将向存华俄道胜银行库平银五百万两,年息四厘,库平银二十万两,申合京平银二十万二千两,提出京平银二十万零六百三十两,拨作为大学堂常年用款。二十八年续兴大学,将华俄银行存款本息全数拨作学堂经费,仍存放该行生息,由校直接与银行结算,并支历年未经用完息银,以为开办经费。另由各省分别大省,每年筹拨银二万两,中省一万两,小省五千两,补助常年经费。二月由校资助翰林院编纂书籍银一万二千两,分作两年拨给。又开办译书局暨沪分局,由华俄银行息银项下,每月拨给京局银二千两,沪分局银一千两,附入本校常年用款。二十九年三月,开办医学实业馆,应需经费亦附入本校常年用款。十一月资遣本校学生前赴东西各国留学,约以七年为率,计西洋十六人,统计需费十万余两;日本三十一人,统计需费九万余两,由本校实存项下,按年提拨。三十年本校所有各项经费及各省解到学生津贴,均汇储诸学务处,每月由校向处领用。三十一年十月,学务处改为学部。嗣后大学经费,即由学部领发。是年全年收支总数如下表:

收　　入	支　　出	实　　存
上年旧存　两 　　　　8808.430	临时　两 　　12760.060	共入　两 　　208808.430
本年共收学部拨给 　　　　200000.000	经常　182172.640	共出　194932.700
合　　计　208808.430	合计　194932.700	抵余　13857.730

三十二年全年收支总数如下表：

收　　入	支　　出	实　　存
上年旧存　两 　　　　13875.730		共入　两 　　223914.170
本年共收学部拨给 　　　　210038.440		共出　216961.890
合　　计　223914.170	合计　两 　　216961.890	抵余　6952.280

三十三年全年收支总数如下表：

收　　入	支　　出	实　　存
上年旧存　两 　　　　6952.280		共入　两 　　192053.000
本年共收学部拨给 　　　　185100.720		共出　183263.570
合　　计　192053.000	合计　两 　　183263.570	抵余　8789.430

又是年各省摊解大学经费汇存学部数目如下表：

省　别	银　数	省　别	银　数
江　宁	10627	浙　江	8502
江　苏	10627	安　徽	5313
江　西	10627	河　南	3188
陕　西	10627	山　西	5313

省别	银数	省别	银数
湖 北	3188	云 南	5313
湖 南	10220	贵 州	2125
四 川	10627	广 东	10000
合 计	106297		

按照学部教育统计图表，光绪三十三年分大学堂岁入共银为十八万五千一百零一两，岁出共银十八万零六百五十六两。其用途区别如下表：

科 目	银数	科 目	银数
职员薪津	11774	教员薪修	99380
司事薪水	3137	仆役工食	9196
服食用品	30044	试验消耗	4073
图书标本器具	4623	营造修缮	7518
房 租	51	附属学堂及他科	3592
杂 用	7278	合 计	180656

三十四年十月以筹办分科，需建筑费银二百万两，由度支部分作四年匀拨。是年全年收支总数如下表：

收 入	支 出	实 存
上年旧存 两 8789.430	临时经常共计 两 177007.120	共入 两 198000.000
本年共收学部拨给 189210.570	晋益升号 18167.590	共出 195174.710
合 计 198000.000	合 计 195174.710	抵余 2825.290

又是年各省摊解大学经费汇存学部如下表：

江 西	10627	安 徽	5313
陕 西	10627	四 川	10627
云 南	5513	直 隶	10574
河 南	3188	山 西	5313
湖 北	7439	合 计	69021

按据学部教育统计图表，光绪三十四年分大学堂岁入共银十九万八千两，岁出共银十七万六千九百六十六两。其用途区别如下表：

职员薪津	12538	教员薪修	103264
司事薪水	2761	仆役工食	6952
服食用品	25681	试验消耗	4145
图书标本器具	2582	营造修缮	2361
附属学堂及他科	10482	印刷	2616
杂用	3584	合计	176966

宣统元年全年收支总数如下表：

收入		支出		实存	
上年旧存	两 2825.290	临时经常共计	两 86084.220	共入	两 92779.680
本年学部拨给	74422.020	博物实习科	5607.350	共出	91691.570
学膳费	8160.100				
博物实习科开办费	800.000				
晋升益倒款收回	6572.270				
合计	92779.680	合计	91691.570	抵余	1088.110

按据学部教育统计图表，宣统元年分大学堂岁入共银九万二千八十两，岁出共银九万一千六百九十二两。其用途区别如下表：

科目	银数	科目	银数
职员薪津	30017	教员薪修	28276
司事薪水	2316	仆役工食	4605
服食用品	8761	试验消耗	101
图书标本器具	1107	营建修缮	3293
附属学堂及他科	5607	印刷	893
杂用	6716	合计	91692

又是年各省摊解大学经费汇存学部数目如下表：

直 隶	10627	湖 南	10220
山 东	10627	江 宁	10627
陕 西	10599	江 苏	10627
河 南	5313	安 徽	5313
湖 北	10613	浙 江	17003
江 西	10627	四 川	10627
广 东	20000	云 南	5213
贵 州	2125	福 建	3188
合 计	153449		

宣统二年度支部以库款支绌,所有大学分科建筑费银二百万两,除前已拨付五十万两外,其余百五十万两展期分作六年匀拨,每年拨银二十五万两,至宣统七年付尽。是年全年收支总数如下表:

共 收 入	共 支 出	抵销实存
两 258198.000	两 211706.620	两 46491.380

此项存银四万六千四百九十一两三钱八分即存诸本校,作为游学专款。宣统三年预算大学岁入岁出数目如下表:

科 目 岁入出别	分 科	预 科
临时经常共岁入	两 330864.800	两 11949.500
同 共岁出	330864.800	11949.500

是年全年收支总数如下表:

共 收 入	共 支 出	抵销实存
两 214057.650	两 190016.820	两 24040.830

《国立北京大学廿周年纪念册》

第九篇 房产与基建

一、房舍与家具

为派奕劻等办理大学堂工程上谕

(光绪二十四年五月十六日)

建设大学堂工程事务,着派庆亲王奕劻、礼部尚书许应骙迅速办理。

《光绪朝东华录》光绪二十四年五月

总理衙门奕劻等奏筹办大学堂工程折

(光绪二十四年六月初二日)

为遵旨覆奏,仰祈圣鉴事。光绪二十四年五月二十九日准军机处片交:本日管理大学堂大臣孙家鼐奏开办学堂,权假邸舍,应用何处官房,请饬督办大学堂工程王大臣,速即指拨知照等语。军机大臣面奉谕旨:著奕劻、许应骙迅即查照办理。钦此。

臣等奉命承修大学堂工程,业经电知出使日本大臣裕庚,将日本大学堂规制广狭、学舍间数,详细绘图贴说,咨送臣衙门参酌办理。现在尚未寄到,将来按图察勘地基,庀材鸠工,亦尚需时日,自不得不权假邸舍,先行开办。臣等查地安门内马神庙地方,有空间府第一所,房间尚属整齐,院落亦甚宽敞,略加修葺,即可作为大学堂暂时开办之所。如蒙俞允,应请饬下总管内务府大臣,遵照办理。

《戊戌变法档案史料》

为大学堂校舍上谕

(光绪二十四年六月初二日)

军机大臣等。本日奕劻、许应骙奏请将地安门内马神庙地方空间府第,作为大学堂暂时开办之所一折。著总管内务府大臣量为修葺拨用。

《德宗实录》卷四二一

许景澄为移交大学堂房屋、家具等呈内务府文

(光绪二十六年六月二十九日)

大学堂为咨会事。本大学堂房屋业经备文移请定期派员接收在案。兹查原册所列正所

寝殿五间,系大学堂作为藏书楼安放书籍;又后楼五间安放仪器。现值地面未靖,搬移不便,自应暂为封锁安放,又有铁柜壹架、书柜两架,内存各项册籍亦应暂存。相应咨会贵衙门,请烦查照。须至咨者。

右咨
内务府

北京大学综合档案·全宗一·卷9

许景澄为移交大学堂房屋事咨复内务府

(光绪二十六年六月二十九日)

　　大学堂为咨复事。案准贵衙门咨称:将学堂房间详细造具清册,定于何日交对,先期知照本府,以便前往接收等因。查本大学堂原领房屋共伍百零柒间半,有贵衙门原送清册,毋庸另行开造外,其拆卸间数及添盖楼房边屋,造具清册,一并移交贵衙门查照,迅即定期派员前来接收可也。须至咨者。

右咨复
内务府

北京大学综合档案·全宗一·卷9

内务府为移交校舍知照大学堂

(光绪二十七年十二月十四日)

　　总管内务府为咨复事。官房租库案,呈准钦派大学堂管学大臣张　咨称照得京师大学堂于去岁撤归贵府管理。现在本大臣钦奉谕旨,管理大学堂事务。应请贵府将该学堂移交本大臣接管,以便派员修理,择期开办等因。咨行前来。查本府官房租库,现在暂看之大学堂房间,缘于去年五月间,经管学大臣奏明移交本府,尚未接收。旋于七月间,联军入城。彼处房间被俄、德两国洋兵迭次占据。嗣经退出,所有内外檐装修及游廊门扇等项,全行拆毁。本府当饬该库派役,于上年九月十三日复行看守在案。今准大学堂管学大臣咨会,本府应将该学堂房间照数移交。相应咨复贵学堂查照。定于何日何时接收,以便派员指兑可也。须至咨复者。

右咨复
钦派管学大臣张

北京大学综合档案·全宗一·卷14

学务大臣为大学堂修建斋舍复大学堂文

(光绪三十年二月十七日)

　　总理学务大臣孙　为咨复事。准贵总监督咨开。案照本学堂现办预备科,并添招师范学生。拟分咨各省遵章考选。定于暑假前咨送到京。本学堂斋舍无多,亟宜添建,以备居住。应先就西偏旷地营造,请派曾经办过工程之员专司其事,刻日兴工,务于五六月之交蒇功,免致学生到时无地安置等因。准此,查本处办事并无多员,应请贵总监督派庶务提调就近监修,以期迅速。为此,咨复贵总监督,请烦查照可也。须至咨者。
右咨
钦命大学堂总监督

北京大学综合档案·全宗一·卷 44

奏请拨望海楼地方苇塘官地建筑农科大学片

(光绪三十四年)

　　再,大学分科明年必须设立,以备高等学生升入之地。按照奏定章程,大学应分设八科:一经学、二法政学、三文学、四医学、五格致学、六农学、七工学、八商学。门目均属紧要,缺一即不完备。查德胜门外校场地方,前经臣部奏,蒙恩准,拨为分科大学之用。当经派员详细勘估,圈筑地基,绘具图式。分建各科大学,该处地方广阔,远隔市廛,以之建造经、法、文、医、格致、工、商等七科,均属敷用。唯农科大学,应以附近林麓河渠之地为宜,该处地势高旷,林泉缺乏,不甚合用。臣部复经咨由步军统领衙门派员履勘查,有阜成门外望海楼地方,苇塘官地约计十六七顷,南北甚狭,东西较长。若就其地势开浚沟渠,堪为农事试验场之用。附近民地亦可设法购买,建筑农科大学。唯该地段,系归奉宸苑收租,当经商明该管理王大臣,堪以拨归臣部应用。拟恳天恩允准,赏给臣部作为开办农科大学之用。出自鸿慈。谨附片具陈。伏乞圣鉴。谨奏。奉旨,依议。钦此。

《学部官报》第 64 期(光绪三十四年八月初一日)

建筑大学堂图书馆意见书

(宣统三年三月初一日)

　　大学堂图书馆现经真水工程师着手计划,前曾函征工程处意见以资参考。兹拟定办法数条谨呈钧览。
　　一、建筑费。据真水来函云:图书馆系大学堂最重要之建筑,前定二十五万恐不能完成一完全计划,可否再行增加若干云云。惟真水于我国建筑情形尚未深悉,前经文两科渠曾估作二十余万后,经申泰以十二万包定。据此类推,似此时较预定数略为增加,将来包工仍可在二十五万预定数之内。故拟以三十万为限。
　　一、现今藏书总数,已由真水至大学堂藏书楼参观一次。
　　一、阅览人额数。此项最为重要,惟工程处办事人于图书馆均无经验,拟就预定学额算出(经、文、法、商四科定额),并与真水面商再行决定。
　　一、阅览人。以学生为限。
　　一、职员。馆长一人,其余司事、书记等应俟规模渐次完成,员数渐次增加,此时未敢确定。
　　一、职员均不在馆内住宿,惟备值宿室一间,每晚派司事、书记一二人轮流料理。
　　一、附属之讲堂及参考室,已与真水面商,如款有余裕,不妨计划在内,否则从略。
　　一、差役人数。本非重要,应随时酌定。

一、房屋之种类

　　藏书室若干间。

　　阅览室兼礼堂一大间。

　　馆长室兼应接室一间。

　　教员及上级办事员阅览室一间。

　　事务所一间。

　　值宿室一间。

　　学生置物室一间。

　　差役室一间。

　　以上均系照真水原函逐条作答，此外如有应增应减之处，均随时禀请鉴核。

中国第一历史档案馆·学部·实业·卷123

二、京西购地及德外建校

京师大学堂在京西购地统计

(光绪二十六年至二十八年)

大学堂收买京西小屯村、郭家庄、瓦窑村等地新旧契共九十一张,计旧契三十张,新契六十一张(以大学收买之契为新契,余为旧契)。其统计表如下:

号数	地址	亩数	卖主姓名	契纸数 旧契	契纸数 新契	备考
大学第一号	小屯村	12	郑福	2	1	旧契二卖主,曰郑兴,曰郑二等。新契卖主如上。
二	小屯村	3	张文洽	1	1	旧契卖主商进富,新契卖主如上。
三	小屯村	59	郭俊	1	3	旧契卖主郝禄,新契十亩一张,二十四亩一张,二十五亩一张,卖主如上。
四	小屯村	8.5	陈贵		1	新契卖主如上。
五	小屯村	7	王国梁		2	新契一卖主刘德海,一卖主如上。
六	小屯村	22	敬吉甫	1	1	旧契出典主觉罗毓麟,新契卖主如上。
七	小屯村	30	宝聚恒	2	1	旧契二卖主,曰张佩等,曰刘智,新契卖主如上。
八	小屯村	0.5	张大小		1	新契卖主如上。
九	小屯村	27.5	张湧		1	新契卖主如上。
十	小屯村	72	田才		2	新契二十亩半一张,五十一亩半一张,卖主如上。
十一	小屯村	30	王承孚	3	1	旧契三卖主:曰刘文芳,曰琦璞僧颧,曰崇光等,新契卖主如上。
十二	小屯村	15	崔德寿		1	新契卖主如上。

号数	地址	亩数	卖主姓名	契纸数 旧契	契纸数 新契	备考
十三	小屯村	14.5	史成林		1	新契卖主如上。
十四	小屯村	5	张成淦		1	新契卖主如上。
十五	小屯村	6.8	王汉英		1	新契卖主如上。
十六	小屯村	108.4	冯毓芬	2	1	旧契二卖主:曰魏张氏,曰郭礼新,新契卖主如上。
十七	小屯村	63	王斌	2	1	旧契二卖主:曰田文启,曰郭成玉,新契卖主如上。
十八	小屯村	13	郭二		1	新契卖主如上。
十九	小屯村	50	赵生龙	2	1	旧契卖主曰郭瑞堂,曰郭士钰,新契卖主如上。
二十	郭家庄	55	王承孚		2	新契四十三亩一张,十三亩一张,卖主均如上。
二十一	郭家庄	8	郭荣		1	新契卖主如上。
二十二	郭家庄	3	赵生瑞	2	1	旧契二卖主:曰孙殿卿,曰韩云,新契卖主如上。
二十三	郭家庄	5.5	董连福		1	新契卖主如上。
二十四	郭家庄	24.5	郭俊	1	3	旧契卖主阎世珍,新契十八亩半一张,五亩半一张,半亩一张,卖主均如上。
二十五	郭家庄	15	蔡永长		1	新契卖主如上。
二十六	郭家庄	28	刘八		1	新契卖主如上。
二十七	郭家庄	10	郭士文	1	1	新旧契各一,卖主均如上。
二十八	郭家庄	10	孙玉珍		1	新契卖主如上。
二十九	郭家庄	10	孙玉章		1	新契卖主如上

号数	地址	亩数	卖主姓名	契纸数 旧契	契纸数 新契	备考
三十一	郭家庄	10	孙玉岚		1	同
三十二	郭家庄	13.4	石成山		1	同
三十三	郭家庄	1	张永福		1	同
三十四	郭家庄	14	刘殿元	1	1	旧契卖主韩振铎,新契卖主如上。
三十五	郭家庄	21	赵生龙		2	新契十四亩一张,七亩一张,卖主均如上。
三十六	郭家庄	47.1	赵生鳖	1	3	旧契卖主段政,新契三十亩一张,十四亩二分一张,二亩九分一张,卖主均如上。
三十七	瓦窑村	18	奎姓		1	新契卖主如上。
三十八	瓦窑村	58	李增发	1	2	旧契卖主田文漳,新契三十亩一张,二十八亩一张,卖主均如上。
三十九	瓦窑村	29	马廷瑞		1	新契卖主如上。
四十	瓦窑村	60	刘晋藻		1	同
四十一	瓦窑村	55	李得才		1	同
四十二	瓦窑村	10	张义春		1	同
四十三	瓦窑村	14	张景岐		1	同
四十四	瓦窑村	5	宋怀仁		1	同
四十五	瓦窑村	13	王永贵	2	1	旧契破烂,字迹不明,新契卖主如上。
四十六	张遗村	60	雷文辰		1	新契卖主如上。
四十七	五里店	84.5	雷献章	1	1	旧契卖主郭蕙林,新契卖主如上。

号数	地址	亩数	卖主姓名	契纸数		备 考
				旧契	新契	
四十八	五里店	8.5	杨崇光		1	新契卖主如上。
四十九	五里店	80	马锐之等	4	1	旧契卖主：曰韩玉枚，曰于士佑(二张)，曰于文清，一张新契卖主如上。
五十		12	赵荣才		1	新契卖主如上。

北京大学综合档案・全宗一・卷124

顺天府为原卖户在大学堂地基私自栽种饬查等事咨复大学堂

(光绪二十九年八月初三日)

顺天府为咨复事。准贵大臣咨开案照上年本大学堂价买彰义门外瓦窑村地基一千三百余亩，当经立石定界，以备建筑学堂之用。近闻原卖各户在该处私自栽种，并有串通包庇之人。业派本大学堂总办各员约同宛平县知县，于七月二十六日前往复勘，私种属实。查该处田亩，既经大学堂价买立石，其为官地，人所共知。乃原卖各户，竟敢私自栽种，是否有人指使，冒名收租？亟应彻究。相应咨请饬提田亩较多之冯姓等研泛明确，照例科罚，以儆将来。并请饬县严防差役扰累，是为至要。等因准此。除饬宛平县立即票传单开送究人等拘集讯办外，相应咨复贵大学堂大臣查照可也。须至咨呈者。
右咨呈
管理大学堂大臣

北京大学综合档案・全宗一・卷30

学部奏准以黄寺地方建分科大学事咨行大学堂、直隶总督

(光绪三十一年十一月十六日)

为钦奉事。查接管卷内，本月初九日，学务大臣奏议复大学堂总监督奏京师分科大学择地建置一片。本日奉旨，著照所请该衙门知道，钦此。

查折内所请改建分科大学之操场，系属德胜门外黄寺地方，俟本部酌定兴修日期，即派监工人员前往该处查照原折，量勘丈尺，陆续兴工，相应先行。恭录谕旨，钞黏原奏咨行，贵钦遵查照转行可也。须至咨者。
右咨(计钞黏原奏一件)
值年旗大臣

第九篇　房产与基建　　563

相应恭录谕旨钞黏原奏咨行贵监督／督钦遵查照可也。须至咨者。
右咨（计黏原奏一件）
大学堂总监督
直隶总督

北京大学综合档案·全宗一·卷60

学部咨请步军衙门派兵看守建分科大学之地基

（光绪三十一年十二月十五日）

　　为咨行事。查德胜门外黄寺地方旧有操场，东西相距四百八十丈，南北相距四百一十四丈，前经学务大臣派员丈量明析，奏奉谕旨，赏作另建大学堂之地。现由本部札派前北城副指挥截取知县吕长纯，会同安定营参将王汉池，查明该处地段，妥加标识，报明本部。并令该参将派拨兵丁，常川看守，严禁居民刨挖黄土。相应咨请贵衙门查照，札知该参将迅速办理，实为公便。须至咨者。
右咨
步军统领衙门

北京大学综合档案·全宗一·卷60

学部札饬吕长纯会同办理黄寺分科大学建筑基地

（光绪三十一年十二月二十三日）

　　为札饬事，查德胜门外旧操场东西相距四百八十丈，南北相距四百一十四丈，前经学务大臣丈量明晰，奏奉谕旨赏作另建大学堂之地。现由本部咨请步军统领衙门，派委安定营参将王汉池查明该处地段，妥加标识，亟应派员前往会同办理。兹查有前北城副指挥截取知县吕长纯堪以派委，为此札饬。札到，该员即便遵照迅速前往，会同该参将妥为办理，报明本部查核，切切此札。右札仰前北城副指挥截取知县吕长纯准此。

北京大学综合档案·全宗一·卷60

吕长纯等报德外校址四界不清事

（光绪三十二年正月初七日）

　　前北城副指挥截取知县吕长纯京城巡捕北营参将王汉池／游击王云龙　为详复事奉提宪衙门传抄准学部来文内开，查德胜门外黄寺地方，旧有操场东西相距四百八十丈，南北相距四百一十四丈，前经学务大臣派员丈量明晰，奏奉谕旨，赏作另建大学堂之地。现由本部札派前北城副指挥截取知县吕长纯会同北营参将王汉池，查明该处地段，妥加标识，报明本部。并令该参将派拨兵丁常川看守，严禁居民刨挖黄土，相应咨请贵衙门查照，札知该营参将迅速办理等因。抄录到营将官等,已回那中堂面谕照办,等谕奉此详查。前经学务大臣丈量德胜门外教场地段时,并未札知营汛,今经札饬,碍难悬查所量地段。复与委员吕长纯面商,据吕委员声称,亦不知当时丈量地段四址界限。似此难以指准,暂时未能标识,相应禀请学部派员定期前来,卑职等随同前往丈量该处地段,以便标识。并请大部行文顺天府,札饬大兴、宛平两县知县,会同委员详勘该处地亩有无契纸、房间、坟座、树株,俟查明丈量标识后,将官等派拨弁兵弹压照料。谨此会衔,据实详复。伏乞中堂阁前 大人台前 查复施行。

北京大学综合档案·全宗一·卷60

德胜门外建分科大学需派兵弹压知照步军统领衙门

(光绪三十四年七月十六日)

总务司机要科案呈为咨行事。查德胜门外黄寺地方旧有操场东西相距四百八十丈,南北相距四百一十四丈。经前学务大臣奏准作为建筑分科大学之地。本年五月十二日经本部咨行步军统领衙门,派安定营参将会同本部员外郎刘经绎、主事汪馨丈量立石,以清界限在案。本部现择于本月二十日前往动工,应由步军统领衙门仍派该参将在工弹压,以免滋生事端,相应咨行贵衙门查照,届期派该参将弹压,实为公便。须至咨者。

右咨
步军统领衙门

北京大学综合档案·全宗一·卷85

德胜门外建分科大学通告

(光绪三十四年七月十七日)

总务司机要科案呈为晓谕事。照得德胜门外黄寺地方旧有操场东西相距四百八十丈,南北相距四百一十丈,经前学务大臣奏准作建筑分科大学之地。本年五月十二日,经本部咨行步军统领衙门,派安定营参将会同本部员外郎刘经绎、主事汪馨丈量立石,以清界限在案。本部现择于本月二十日前往动工,诚恐无知之徒在工滋扰,为此,示仰军民人等知悉,自示之后,尔等务知分科大学事关重要,勿得在工滋事,致干挈究。切切毋违。此示。

右仰通知

北京大学综合档案·全宗一·卷85

学部为分科大学工地派兵事知照步军统领衙门

(宣统元年三月十八日)

总务司机要科案呈为咨行事。查德胜门外黄寺操场地方前奉谕旨赏作建筑大学分科之用,现已奉派分科监督不日鸠工兴筑,本部前以民间时向该地挖取黄土,曾于光绪三十一年十二月咨行贵衙门札饬北营参将派兵常川看守。现在开工在即,惟恐防范稍疏,民间复往挖取,以致有碍要工,相应咨行贵衙门札知北营参将转饬所派兵丁,严行查禁,毋稍疏懈可也。须至咨者。
右咨
步军统领衙门

北京大学综合档案·全宗一·卷94

学部为分科大学工地派弁勇巡逻事知照步军统领衙门

(宣统元年四月初十日)

　　总务司机要科案呈为咨行事。案照德胜门外校场旧址,前经本部奏请作为大学堂各分科大学基地,奉旨允准在案。现在各分科大学一律筹办,次第兴筑,竟有附近愚民,或诈称王府,或冒言军卫,往往在于该处刨取黄土,罔知忌惮。查校场一带地势低下,夏潦甚虞,本部筹建各科,正谋培垫疏浚,岂宜任意刨掘,愈致低洼。事关兴学,自非咨请书示严禁,并派弁勇巡梭不可。相应咨请贵衙门,希即查照书示严禁。无论何色人等,均不准在校场一带刨取黄土。一面妥派弁勇巡逻,足纫公谊。望切施行,须至咨者。
右咨
步军统领衙门

工程处办稿

北京大学综合档案·全宗一·卷94

筹办分科大学工程处人员名单

(宣统二年)

　　奉堂谕,现在筹办大学分科工程,应设立工程处。以丞参总司其事,并派何燏时、周景涛、马浚年、彦德、刘经绎、柯兴昌、范源廉、宋树枬、立保、陈嘉会、彭祖令、徐亮羲、陈希彭、兴安等分任职事,时商承丞参办理。此谕。丞参堂嘱请派出各员于本月初七日午后一钟进署会商办法。

总务司谨传

　　筹办分科大学工程处,嗣后办理稿件、设立簿据开列各员衔名,理宜分定次序,兹谨将奉堂谕所派各员,按照官衔具清单。伏候钧定。
谨开
普通司员外郎范源廉
专门司员外郎彦思□
会计司员外郎彭祖令
会计司员外郎宋树枬
专门司主事何燏时
候补郎中刘经绎

候补主事周景涛
候补主事柯兴昌
候补主事陈希彭
学习主事徐亮羲
行走立保
行走陈嘉会
三等书记官兴安

中国第一历史档案馆·学部·实业·卷105

筹办分科大学工程意见书

筹办分科大学工程关系重要，燏时等蒙派规划敢不竭尽所知，惟对于建筑各项既非专门研究又乏经验，深恐贻误，兹谨就管见所及略陈一二，以备采择。

一、各科宜先定全体计划书也。筹办分科大学之议发端已久，全体计划迄今未定，凡学堂开办之初，所须经费多少，全视规模之大小而定，此时苟无完全计划，将来建筑各费即无从预算，虽现在各省高等学堂方从事改设，毕业学生尚属无几，而数年以后，各处学堂毕业者必多，规划分科势不能就目前情形为苟且省费之计，须通盘筹算。预计各科办理完全时最多学额应设若干名，经常费、临时费及扩张费等每年以若干为极限。拟先将各科作一完全计划书呈请鉴核以定全体规制，纵将来事实变迁，不能绝无更动，而大段已定，此时动手要不至毫无把握也。

一、各科宜预定先设门类也。各科门类颇多，势不能同时并设全体计划，所以为将来分期扩充起见，此时开手建筑只宜斟酌现情就各科中最紧要者，每科选择数门或一门先行设备，门类既定，始能计算现在需用各项建筑及讲堂大小等。惟究应先设何门，拟请会同总监督酌定。

一、宜从速聘请工程师专司计划也。大学建筑为永久计划，非可随时增损改易者，且格致、工、医、农各科之实验场、工场、图书馆等均须有专门学智识，断非寻常木厂所能包造。燏时等以为延聘工程师专司计划实为刻不容缓之图。虽聘用外国工程师，月非数百金不可，较之木厂承办者用费为多，然此项关系宜就工程大小上全体打算。如系中、小学堂建筑经费不过数万或数千金，聘用外国工程师，其款之用于计划一部者已占全额若干分之一，诚为不合。若建筑经费达数十万或百万以上，则其工程极为繁重，关系亦甚紧要，非得专门家详细计划难保处处合法。即其用费于计划一部者为数不过数千金或多至万金，而按金额计算，只二百分或百分之一，不为甚钜。至谓聘用外国工程师恐其遇事干涉或勾串木厂通同作弊，则工由我估，工程师与木厂毫无关系，合同具在，办事权限规定甚明，待遇有方，实不足虑也。

一、建筑工事著手之初宜筹定者如左：

第一，划定地段：各科除农科以外所需面积以医科为最广，工科、格致科次之，经、法、文、商诸科又次之，此时面积虽不必截然分划，而方法、区域不妨先为指定。据校场形势，经、法、文、商四科宜于中间一部，以便联络。工科有工场、实验室等需地稍广，宜位于西南。格致科即在工科之东北。留东方为医科之用。

第二，道路：地址既经指定，则宜按各科之方向、位置预定路线，以便交通。

第三，去水沟：校场地势西高于东，夏秋颇患水潦，非设法排泄不可，应开沟道之处亦宜于此时先定。

第四，围墙：校场地势辽阔，如四面建筑围墙费当不赀，究竟此外有无省费之法，亦宜研究。

第五，水道：日本东京大学每年用水约在二十万立方米突，而汽锅室等所用之水尚不计焉。该处地方不通河，究竟掘井所得之水能否供用？俟切实调查以后始能确定。

一、建筑之种类如左：

甲、公共之建筑。

礼堂总办事处、斋舍、中国教员及办事人寄宿舍、外国教员寄宿舍、总图书馆。

乙、各科之建筑。

一、法科：讲堂、大讲堂、研究室、教员休憩室，学生休憩室、陈列室等。

二、文科：大致与法科同。

三、经科：同上。

四、商科：大致同上，惟多商品陈列室及化学讲堂等。

五、格致科：讲堂、实验室、教员研究室、图书室此系特别图书应另室储藏，工、医、农诸科同。标本室、天文台、工场等。

六、工科：讲堂、试验室、教员研究室、工场标本室、图书室、电机室、汽锅室。

七、医科：讲堂、实验室、教员研究室、解剖室、标本室、图画室、动物疗养室、病院。

八、农科：讲堂、实验室、教员研究室、图书室、标本室、温室、养蚕室、畜类解剖室等。

以上不过举其种类之大略，如详言之，则各门均有不同之处，不能一言以概之也。

一、建筑上宜注意之处如左：

一、规模：凡学堂之建筑只求坚牢合用，外观之优美与否不必计及，但外观二字美其名即可谓之规模。大学为研究最高学术之所。我国事在创始，东西洋各国均甚属目，将来成立，外人参观者必多，若规模过于局促未甚相宜，故此堂形式虽不必务求华美，亦究不可过形简陋。

二、布置：吾国旧式学堂办公室与办事人寄宿室往往联合一处，界限混杂不清，为办事人计，诚属甚便，惟于管理形式上实多不合。燏时等愚见以为公、私诸室均宜截然划分，以期各不相混，似于形式更为得体。

三、讲堂、斋舍、寄宿舍要置暖汽管、电气灯，一时装置颇费而日后之维持费甚省。

何燏时　陈嘉会
范源廉　彦　德　谨呈

中国第一历史档案馆·学部·实业·卷110

京师大学堂房舍概况

清光绪二十四年五月间，筹设大学。议择地构建学堂。朝旨派奕劻、许应骙办理建设工程事务。嗣以清高宗额驸福长安故第马神庙八公主府拨充大学校舍，由内务府稍为修葺，遂行开校。二十六年庚子，迭经拳匪外兵之蹂躏，校舍残毁，又从前地基不广，四面周垣东西仅四十丈,南北仅六十丈。至二十八年重兴大学,派员估修,增拓校舍百二十余间,合原有百四十余间,共计二百六十余间。三十年二月,复就西偏旷地营造斋舍,八月借拨内务府所属汉花园,即沙滩旧址,南北二十丈,东西三十九丈,旧房十七间,改建操场。三十二年四月添建会议室一所。三十三年终,计马神庙旧校及陆续添拨不动产,俱开列于下:

(甲)校内房舍

西式评议室一间;讲堂十一所,共六十间;西式楼房讲堂八所,南北楼二座,共九十间(楼上制造标本室,楼下标本学生住室);礼堂一间;总监督住室二间;自习室共三十一间;寝室共一百六十三间;提调管理员住室共二十四间;教员住室共十间;教员憩息室共九间;管理员接待所共五间;学生接待所共三间;庶务办事处共四间;讲堂办事处共三间;监学办事处一间;储藏室共二十四间;缮印处共十二间;书记住室共十六间;差役住室共十四间;食堂一座;调养室共十六间;藏书楼上下共十四间;动、植、矿物标本室三处共十三间;化学、物理仪器室二处共六间;化学实验室五处共二十一间;化学药品材料室三处共八间;天平室共三间;暗室共三间;电话室一间;浴所共九间;厨房共十二间;合计共十九所、三座、十三处、五百七十九间。

(乙)校外房地

体操场一处,在学堂外迤东;植物园一处,在学堂外迤东;教员住宅一所共八间,在西老胡同,置价银八百五十两;合计二处、一所、八间。

(丙)校内外房地面积

堂舍东西所占地面五十六丈一尺,南北所占地面六十一丈六尺,系奏拨内务府官产;体操场东西所占地面三十丈五尺,南北所占地面二十丈零二尺,系借用内务府官地;植物园东西所占地面二十丈零一尺,南北所占地面二十二丈零五尺,系典松公府基地,典价一千五百两;合计东西所占地面一百零六丈七尺,南北所占地面一百零四丈三尺。三十四年续建预科及优级师范两处讲堂。宣统元年增建校内外堂舍房室开列于下:

校内讲堂六座,共二十四间;教员憩息室一座,共四间;斋舍共九十六间;正房共五间;左右游廊共十八间;大门两旁横房共十二间;厕所五间;校内迤北隙地添建调养室五间;诊治所三间;听差室三间;厕所三间;合计七座,共一百七十八间。

《国立北京大学廿周年纪念册》

三、其 他

民政部为大学堂围墙坍塌待修事咨学部文

（光绪三十三年七月十一日）

民政部为咨行事。准钦命京师大学堂总监督咨称：查本学堂西邻皇墙，上年六月间，大雨时行，坍塌数丈，其余墙势亦复岌岌可危。曾经咨请工部查勘，仅将此数丈坍塌之墙修补在案。本届伏夏以来，连日大雨。所有西邻皇墙，上年修补之处迤南，又复坍塌十余丈。本学堂西院讲堂暨学生寝室、自习室等处所，院墙不高，全恃皇墙保障，藉资严密。相应咨请贵部，从速饬员查勘修葺，以惠学界，而壮观瞻等因，咨行到部。查此项工程，本部业于七月初八日奏请简派大臣估修。奉朱笔圈出理藩部尚书宗室寿　，民政部右侍郎赵　。钦此。业将前卷移送该大臣钦遵办理。贵部查照可也。须至咨者。
右咨
学部

北京大学综合档案·全宗一·卷76

学部为修复大学堂围墙事咨大学堂文

（光绪三十三年七月二十二日）

总务司机要科案呈为片行事。准民政部咨开，准京师大学堂总监督咨称：查本学堂西邻皇墙，上年六月间，大雨时行，坍塌数丈，其余墙势亦复岌岌可危。曾经咨请工部查勘，仅将此数丈坍塌之墙修补在案。本届伏夏以来，连日大雨，所有西邻皇墙，上年修补之处迤南，又复坍塌十余丈。本学堂西院讲堂，暨学生寝室、自习室等处所，院墙不高，全恃皇墙保障，藉资严密，相应咨请贵部，从速饬员查勘修葺，以惠学界，而壮观瞻等因，咨行到部。查此项工程，本部业于七月初八日奏请简派大臣估修。奉朱笔圈出理藩部尚书宗室寿　民政部右侍郎赵　钦此，业将前卷移送该大臣钦遵办理等因前来，相应片行贵监督查照可也。须至片者。
右片行
京师大学堂总监督

北京大学综合档案·全宗一·卷76

巡警部为大学堂西墙外污水秽土事咨学部文

（光绪三十二年五月二十四日）

巡警部为咨明事。据内城巡警总厅申称：地安门内大学堂西面界墙，有大小地沟七处。所有秽水俱流入墙外明沟之内。又往南有暗沟，上覆石盖，通入筒子河内。又马神庙西口外，有秽土二堆，长约三四丈不等。查询该处污水秽土，均系由大学堂倾弃所致。该处为大街通衢，岂宜倾注污水堆积秽土，刻值天气炎热，秽气薰蒸，实于卫生有碍。拟由厅拨派土车，雇募夫役，将此次所积污水秽土设法清理洁净，并请行知该学堂，嗣后饬役，务将污水秽土另择僻静处所倾弃，不得再向该处猪积等情。查该厅所拟办法于卫生不无裨益，除批饬将该处污水秽土从速清理外，相应咨行贵部转行大学堂查照可也。须至咨者。

右咨
学部

北京大学综合档案·全宗一·卷63

京师大学堂总监督为卫生事复学部文

（光绪三十二年六月初四日）

钦命京师大学堂总监督学部右丞李为咨复事。本月初一日准贵部片行准巡警部咨开：大学堂污水秽土须另择僻静处所倾弃，并抄录原文等因前来。查本学堂西墙外沟内淤塞已久，秽气薰蒸，实属有碍卫生，曾经本堂屡次雇工修整疏泄，稍得流通。至于堂内倾弃污水，自四月中起，已饬专雇夫役二十名，每日抬往本堂迤东城根沟内倾弃，地尚僻静，所离又远，并未倾入西墙外沟内。惟本堂每日应倾之污水甚多，而逐日扫除秽土亦属不少，应请转咨警部饬厅详加查勘，于本堂附近指明一定地方，俾可随时倾弃，以归清洁。须至咨复者。

右咨呈
学部

北京大学综合档案·全宗一·卷63

学部为大学堂卫生事复巡警部文

（光绪三十二年六月十一日）

总务司案呈为咨复事。准贵部咨开：大学堂污水秽土，须另择僻静处所倾弃等因，当即转行大学堂查照。兹准复称：本学堂西墙外沟内淤塞已久，秽气薰蒸，实属有碍卫生，曾经本堂屡次雇工修整疏泄，稍得流通。至于堂内倾弃污水，自四月中起，已饬专雇夫役二十名，每日抬往本堂迤东城根沟内倾弃，地尚僻静，所离又远，并未倾入西墙外沟内。惟本堂每日应倾之污水甚多，而逐日扫除秽土亦属不少，应请转咨警部饬厅详加查勘，于本堂附近指明一定地方，俾可随时倾弃，以归清洁等因前来，相应咨行贵部转饬查照办理可也。

右咨复
巡警部

北京大学综合档案·全宗一·卷63

第十篇　学生运动

一、大学堂学生爱国拒俄运动

记京师大学堂学生拒俄事

(《大公报》1903年5月3日)

(四月三十日)京师大学堂两馆学生因东三省事,商之副总教习,上堂会议,当蒙副总教习允准,即鸣钟上堂。先由范助教演说利害,演说毕,全班鼓掌,有太息者,有流涕者。次由各学生登台议论,思筹力争善策,拟办四事:

一、各省在京官绅告电该省督抚电奏力争;
二、全班学生电致各省督抚,请各督抚电奏力争;
三、全班学生电致各省学堂,由各省学堂禀请该省督抚电奏力争;
四、大学堂全班学生上禀管学代奏力争。

当学生会议时,各教习、各职事员均在座点头叹息。两馆学生,惟有河南进士、现在仕学馆学生靳某独不到堂会议。盖彼尚在寄宿舍习演殿试策子,以便今年补行殿试。真可谓至死不悟云。

京师大学堂师范、仕学两馆学生
上书管学大臣请代奏拒俄书

(光绪二十九年四月)

师范、仕学馆学生恭上书于管学大人钧右:

天下事有欲言而不得,不言而不能,言之则不免有越职之嫌,不言则坐视瓜分之惨而不忍,如今日之东省问题是也。

夫虎狼之俄,扼于黑海之约,不能西出,转而之东,竭全国之死力,疾速经营西伯利亚铁路,及其告成,即高掌远蹠,实行大彼得并吞世界之遗策,此各国人人所习闻而稔知者也。俄之外交手段,率以甘言重币饵于先,恫喝虚声慑于后,阴贼险狠,以灭人之国。其与我国之交涉也,又无一事不予我以难堪,无一时不置我于死地。强据我东三省,虽迫于各国共同之和约,而至今延不交还;近且迫我以恭赠主权之七约。此又我国人所忧愤而切齿者也。

英、日以切己之利害,倡共保太平主义,于是乎前年有联盟之举。当时我国之闻知者,率私心窃幸,谓可以庇他人之宇下而长存。而学生等固早愧愤畏惧,以为断无有受人之保护而能立国者也。俄既彰明较著割据我东三省,英、日必出而干预,而日尤为丝毫不相假借,于是乎迩来有日俄开衅之说。窃料我国之闻知者必谓日俄之战与我国无涉,我国且幸强邻多事,不暇谋我。而学生等固切切悲痛,以为大祸即在眉睫,存亡之机即决于此也。

四月初四日(4月30日),果有日使照会外部:俄据东三省,中国果否承认?若果承认,即与中国为敌云云。确闻伊国即时遣军舰二十七艘向高丽及我国海面进发,乘机战取。我国此时拒日乎?拒俄乎?抑两国皆徐与磋磨而即可了事乎?窃以为若联俄以拒日,联盟之英日必皆以我为公敌,又相率问我破坏平和之背约。交战即不胜,必各尽其势力之范围以分敌人之产业。无论东三省既归俄,内外蒙古亦不保。吾知沿江诸省必归英,福建、浙江必归日,法、德亦必偿其觊觎两广、云、贵、山东、河南之志,美、意、奥诸国亦必乘机择一适宜之地,为均沾之利益。二万里幅员、四万万民庶皆将奴隶牛马受压制于他国之下,而波兰、印度之矣。且自亡其国,而又牵掣全球平和之局,则亡亦不义,而又处于必亡之势者也。

　　若联英、日以拒俄,无论俄惮于英、日之势强,不战而自退,即还我东三省之故物。纵俄一旦与我决裂,英、日必以水陆各军麇集于东三省、海参崴左右,猛力扑击。俄国虽有西伯利亚铁路运兵之迅速,亦日不暇给,我国即调衰军、马军各劲旅防守边境。战事之结果,虽至微利益,亦必得收回东三省之主权,保二十年之和平。且脱兰斯瓦尔之与英,斐利宾之与美,皆以蕞尔无援,与地球最富强之大国血战,至二三年之久而不屈;岂吾国得英、日之奥援,犹畏怯寒栗而不若脱兰斯瓦尔、斐利宾耶!

　　即以我国战守之大势而论,拒俄不过北边一面之防,而又得英、日之助;拒英、日则沿海万里,皆敌人攻入之地,而防不胜防。俄方盘踞东三省之不暇,则英、日必乘势蹂躏东南诸省,顷刻无一完土,此又情势之显然可决者也。

　　夫联俄以拒日,则危亡如彼;联英、日以拒俄,则情势如此。存亡之机,间不容发。积火将燃,共为劫灰;大厦将倾,同受覆压。学生等之一身一家,亦莫不在其中,故敢垂涕而道。即祈奏请我皇上迅速乾断,联英、日以拒俄,措天下于安也。

　　夫以大人之深谋宏识,固有百计图度,而不待学生等之喋喋渎陈者。然国家之设学也,专以养成忠君爱国之思想为目的,今当危急存亡之秋,间不容发,譬如一家火起,父兄长老皆焦思疲力以求一熄,而少而壮者乃袖手旁观,而以为不与己事,岂尚复有人心也耶!此学生等所以欲言而不得,不言而不能,言之而不免有越职之嫌,不言而坐视瓜分之惨而不忍也。谨恭禀以闻,不胜惶恐待命之至!

师范生:

俞同奎	王德涵	谷钟秀	王道元	成㒞	梁兆璜	华南圭	张灏	薛序镛	瞿士勋
刘成志	董凤华	陈发檀	高绫颐	冯祖荀	顾宗衮	朱深	张葆元	王舜成	刘冕执
周钜炜	何育杰	李思浩	施恩曦	朱贵华	蔡日曦	丁嘉乃	叶开寅	任重	朱廷佐
何培深	邹钟铨	丁作霖	春泽	姚梓芳	朱应奎	张达琭	戴丹诚	廖道传	李恩藻
苏振潼	贺同庆	封汝谔	陈祖谟	余敏时	吴宾驹	黄艺锡	陈鉴周	阮志道	林仲干
王桐龄	何炎森	杜福垣	程臻	杜福堃	张耀曾	王运震	刘式训	张谨	炎舒
张培	孙鸿烜	李钟奇	伍作楫	向同銮	曾有翼	段廷珪			

仕学生:

朱锡麟　欧阳弁元　胡嵘　周忠纬　魏震　翁廉

《大公报》1903年5月7日

京师大学堂师范馆学生请政务处代奏疏争俄约事

(光绪二十九年四月)

为东省军事危急,瓜分之祸即在眉睫,请旨绝俄约以联英日,冀以维持大局,稍可图存,呈请代奏事:

生等窃惟我国之误,未有甚于联俄者也。十数年以来,枢府诸臣以联俄为唯一不二之宗旨,一误再误,遂至酿成今日之巨祸,此诚生等所为痛哭流涕、仰天太息而无可如何者也。

自喀希尼条约许俄人以不冰之良港,于是各国纷起,援为成例,而割我土地,旅顺、大连湾、威海卫、胶州湾、广州湾相继丧失。至于东三省,尤为我祖宗发祥之地,俄人窥伺有年。甲午之役,俄人仗义执言,绐日本之臂而夺之,久已视为囊中之物。因庚子之事,借口平乱,以五千兵保护铁路,遂唾手而收其地。厥后遂名为退兵,实则阴图久远之计。此诚我国臣民所共闻者也。顷闻俄人要我以东三省七款之约,遂至日、英诸国起而干预。夫日、英与俄之冲突,已在人人意料之中,不待智者而知也。

生等以为今日之战役,英、日、俄诸国为政,无论谁胜谁败,而东三省必非我所有,可预言也。不特此也,恐战端一起,大局破坏,有形之瓜分即在旦夕,言念及此,可为寒心。生等再四筹持,值此时局阽危,计无从出。圣主忧愤于庙堂,生民涂炭于水火,深念古圣教忠之遗训,旁考欧美爱国之热情,思尽子弟之职,一分君父之忧,故敢干犯忌讳,而敬刍荛之一言焉。敬为我皇太后、皇上椎心泣血而陈之。

夫今日百虎眈视,万鬼环瞰,既不能发奋自强,又不能闭关自治,虽有善者,无可如何。救亡之道,别无良策,计惟有联日、英以拒俄而已。

夫俄人以阴鸷险狠之手段,行其彼得大帝之遗训,久为地球万国所怒。昔既思并吞土耳其,会为英、法诸国所阻,于是一变其方针,转而经营西伯利亚铁路,至于今日,遂骎骎有骏马下阪、一日千里之势。其国之大臣,长于外交,诱我以币重言甘,阳引为同情,而阴行其兼并之政策。其在东三省也,锐意以开化土人为己任。铁路之旁,设立市村城镇,凡一切通商、矿山、铁路、兵制之权,悉归其掌握。三省将军,奉命惟谨。今又要我以七款之约,于我国之主权蔑视已甚,其心目中尚视此地为我之地乎?此而不图所以拒绝之策,使各国效而尤之,持利益均沾之说,将二万余里之地,四百余兆之民,任彼白种人分割烹宰,其谓之何?当事诸臣将如何使皇太后、皇上上对祖宗、下对臣民乎?

或曰:俄人固强悍无理,然英、日诸国,即可信其助我耶?此又生等所不得不辨者也。

夫以公理言之:凡国之强,未有他人能强之者;凡国之亡,亦未有他人能亡之者;惟视乎我之自取。此至易明之说也。今日、英虽不必仗义相助,然以时势而论,日则与东省比邻,苟一旦东省折而入俄,彼势必孤。英于我国,商业极大,有范围扬子江流域之势力。苟大局决裂,彼亦不利,故前年联盟拒俄,以保东方太平之局。此诚英、日两国之内情,出于势之不得已也。我苟乘此机会,因其势而从之,与之联盟以拒俄,一则可以阻俄人之蚕食,二则可以保全大局而亟图自强,此诚一时之机会,不可失也。

故联俄则有害而无利,联英、日则有利而无害,大势如此,不待蓍龟。昔土耳其至弱之国也,犹敢结英、法诸国以与俄战。塞里米亚之役,使俄人不得逞其志,而土借以图存。向使土于战役之后,改革其内政,必为地球之强国,而今犹孱弱无能者,是非英、法诸国之有负于土,而土之有负于诸国明矣。今我国虽弱,不必至下比于土,若犹迟疑不决,不敢拒俄,此真生等所不解也。

生等闻皇太后、皇上忧居深宫,愤主权之丧失,列强之凭陵。生等以为此次若许俄约,大势遂去,牵以一发而动以全身,土崩瓦解,束手可待,此生等所为涕泣沾襟而每饭不忘者也。

夫以皇太后、皇上之明圣,加以政府诸臣之老成,计周虑密,何烦生等喋喋哉!然生等皆国民之一分子,有报效国家之责任,平居窃叹,念国制之抢攘如此,列国之强横又如彼,故不避斧钺之诛,冒渎上陈。伏乞皇太后、皇上上断自圣心,中察枢臣、疆臣之言,下采全国之舆论,莫不以力抵俄约为然者,非生等数人之臆见也。

盖力拒俄约,以保全大局,一面乘时展布新政,以图自强,数年之后,国势必有可观,生等可断言也。越勾践卧薪尝胆而沼吴国,德维廉第一发愤为雄而墟法京,国不患弱,患不自强,安知厄我者之不玉成我也?不然,俄约既立,各国舰队水陆并进,我祖宗天府之膏腴,跨亚细亚全洲之顶颠,版图具有法兰西、西班牙两国之广,不崇朝而为墟,而东南各省亦蹂躏无全土矣。神州陆沉,四海为鱼,我列圣在天之灵,其将何以为情?

国家存亡,间不容发。《易》曰:"其亡其亡,系于苞桑。"愿皇太后、皇上深念祖宗付托之重,下哀生民之多艰,力拒俄约,联盟英、日,庶大局或可图存,得藉手以行新政,宗庙幸甚!国家幸甚!

生等草野愚贱,罔识忌讳,竭露愚诚,干冒宸颜,不胜战栗惶恐之至!伏惟代奏皇太后、皇上圣鉴。谨呈。

《光绪政要》卷二十九,光绪二十九年

京师大学堂学生公致鄂垣各学堂书

(光绪二十九年4月)

南北异处,素未晤面,怅甚怅甚!但覆巢之祸,燕雀何分;游釜之鱼,汤火并受。事急言直,唐突之罪,谅所不免。奈迫于万不得已之衷,只有奔号呼救,愿诸兄发大志愿,结大团体,为四万万人请命。

俄国近密约政府割东三省,弟等虽就学都中,初未之知(政府秘密之至,管学来敝堂亦未示知),而外人已先知之。英调兵船,迫政府不准允俄;日本继之。威海卫一带兵船布满,声言与俄开战,并电政府:东三省是清国否?属清则当问俄罪,不属清,则我等协力征为万国公地。政府央央无策。又电政府:如将东三省割俄,则应将各国范围圈所有之地割于我等。惟俄与日,兵船弹药俱装好,俟政府电覆,即开战。

呜呼!瓜分之期至矣!平日识时之士所言之瓜分,乃虚拟之瓜分;至今日,某等与诸兄为目不忍见、耳不忍闻之瓜分,而目又不能不见、耳又不能不闻。处此之境,思此之情,诸兄以为何如?

敝学日本教习纷纷请假,弟等初不知何故,因法律教习岩谷先生谓:"中国存亡,在此一举。乃外而观士夫,歌舞升平,安然无恙;内而观学堂,学生出入讲堂,绝无忧色。士夫无论已,若中国所有几希之望在教育,教育者,养全国忠爱之精神者也。处亡国之时,学生绝无影响;

以日本学生例之，当痛哭流涕，结大团体，发大志愿，决不令政府以此地与俄。中国学生俱属亡国性质，我不屑教，当即回国矣！"其实某等皆不知政府之秘事也。

是日，仕、师两馆鸣钟上堂，来者二百余人。首系范静生助教演说利害，我辈宜阻此举，并述岩谷先生讥学生等语。是人素有血性，言至痛哭流涕。同学齐声应许，震撼天地。依次演说者近数十人，无暇细述。现在某等约办宗旨四条：一、仕、师两馆联名禀管学代奏；二、电各省督抚阻政府；三、电各省学生合禀督抚阻政府；四、各省在京官绅电告该省督抚力争。其中有阻挠之人，诸同学拟不用大学堂名色（此中苦衷，难以尽述）。望诸兄发大志愿，结大团体，合禀端兼督电阻政府。

总之，东三省系我等四万万人之东三省，非政府私有之东三省；割之而能弭中国患犹可，割之而扬子江一带保能不与英乎？山东保能不与德乎？福建、云南保能不与法、与日本乎？然此犹割东三省以后之情形，至未割之前，俄以索东三省为目的，英、日以不允俄得东三省为目的，势必两虎相斗，爪牙相持。试问：中国联俄乎？亦联英、日乎？联俄则东三省失，而又不仅东三省失；联英、日则两国所用之兵费势必出自我。庚子之乱，数年割膏吸髓尚不能敷；又添英、日之兵费，中国尚能存乎？总之，联俄则中国为有形之亡，联英、日则中国为无形之亡。诸兄之高才卓识，自能烛其厉害，岂待某等赘言！但某等身寄都中，以目所已睹、耳所已闻，以补诸君所未睹、所未闻。诸君乎！诸君乎！某等固无足论也，独不见岩谷先生之讥某等，安知不以某等之腐质转以概诸兄乎？

某等与诸兄同为中国之人，当事中国之事。明知此举无济大局，与其坐而亡，不如争而亡，庶海外各国见中国尚有士气也！庚子之乱，薛锦琴以一女士，犹能争东三省之约；某等同为男子，独甘出女子下乎？锦琴今游美矣，中国既无第二之薛锦琴以争之，则此约之争之必在某等与诸兄，决然无疑。设犹疑而不争，恐锦琴将笑中国无男子也。

此事万不可迟，务速联名转请端兼督力阻政府，毋将东三省予俄，是为至要！

《苏报》1903年5月20日

二、限制学生干预政事及参与社会活动

关于学生读经书、习洋文、着操服以及限女学生参与社会活动等规定

(光绪三十三年四月十八日)

　　学部为通行事。总务司案呈本年四月初六日本部议复候选道许珏条陈学务一折，奉旨依议，钦此。相应恭录谕旨，排印原奏，除分行外，咨行贵监督钦遵办理可也。须至咨者。
右咨　（计粘印原奏一件）
大学堂总监督

附原奏折

　　奏为尊旨议复恭折仰祈，圣鉴事。三月初三日，军机处抄交都察院代递候选道许珏条陈学务一折，奉旨，该部议奏。钦此。钦遵到部。查原奏内称，学堂奏定章程非不重四书五经，然大概多视为具文。盖办学之人既多尚新异，而教科太形粃杂，势亦相妨。上年在里见十龄以外幼童入学堂四五年尚未读四书者，可为叹息。今宜申明奏定章程，凡十龄以前必诵读孝经、四书，十龄以外，仿从前专经之例，许专读一经等语。臣等查奏定章程，由初等小学堂至中学堂所以匀配读经钟点至详且备，于学务纲要，特标明注重读经以存圣教专条，声明学堂不读经书，则是尧舜禹汤文武周公孔子之道，所谓三纲五常者，尽行废绝。学失其本，则无学；政失其本，则无政。其本既失，则爱国爱类之心亦随之而易。虑之深，故不惮言之切。今章程颁布已届四年，上年复通行各省，调查各府州县学堂课程，文电交催。今春直隶、山西、河南、浙江、广西等省先后送到。臣等督饬司员逐一钩稽，大致均照章程办理，其有偏重西学荒弃经训以及墨守旧习科学不备，均经随时指驳，并一面派员抽查，若有如原奏所云视章程为具文以及十龄外幼童入学已四五年尚未读四书者，应饬知各提学使，严行查察。如仍玩忽不遵，即当指名参办，以正宗旨而重部章。至该道员所称凡十龄以前必诵读孝经四书，十龄外许生徒专读一经等语，较之奏定章程限读经书较为减少，自系为儿童日力有限，期于核实起见。臣等亦筹议及之，窃以为限制年龄不如就小学年限酌量分配约计两等，小学于孝经四书之外，亦必须再读一经。惟两等小学为教育初基，关系重要。拟由臣部参酌现在情形，酌量修订，再行具奏请旨遵行。

　　又原奏内称中学堂以上，不必人人尽习外国语言文字，合各省中学堂以上人数苟十人中得两三人兼习语言文字已足供国家之用，凡诚悫笃实之资口舌类不能灵敏，愈多劳而愈寡效，故陕甘等省尤非所宜。今当于原定章程中将外国语言文字亦分别裁减，以求尽善等语。臣等查该道所称，系专备译才之用，故十人中得两三人则已足。前管学大臣等系为因时势以造人才，统中外而求优胜。盖鉴于当日不通洋文者，于交涉游历等事无不窒碍，而粗通洋文者，

往往居奇。其猾黠悖谬者,则专采外国书报异乎中国礼法,不合中国政体者割裂而翻译之,更附以私意故为增损,以求自圆其说。假令中国通洋文者多,则此种荒谬悖诞之翻译,决无所施其伎俩。故中学堂以上各学堂必令勒习洋文,而大学堂经学、理学、中国文学、史学各科尤必深通洋文,而后其用乃为最大。斯实为通中外、消乱贼、息邪说、距诐行起见,其用意各有不同。且定章中学堂外国文钟点不过十分之三,其余修身读经、中国文学以及历史、地理均以中文授课,实占十分之六七。果使咸守课程,自无偏重西文之弊,拟即分饬各提学使申明定章,严行督查,务期造通才而保国粹。至原奏所称分别裁减之处,拟俟中国科学大明,承学之士各有专家,一切专门学问皆能以国文授受再行酌议办理。

又原奏内称西式操服必宜禁革,今学堂多习体操未甚为非,乃因体操而遂著西服,宜由学部通行各直省亟改各学堂西式操服等语。查本年臣部会同陆军部议复都统吕海寰折内声明练兵处奏定新军服式尚以为便,学堂操服应仿照办理,惟学堂以外不得滥用。奉旨允准在案。是学堂操衣准用军服,并非准用西服。应本原奏再行严饬各学堂一体遵照。且闻京外各学堂操服多用洋呢、洋布,既多漏卮,亦有乖于土物爱厥心臧之议,应请由臣部通饬各学堂嗣后一律改用内地自制土布,以昭划一。又原奏内称女学堂宜遵守中国礼教,不可参用西俗。近日学部奏定女学堂章程,学龄以七岁至十四岁为限,似已深知各省女学之弊,而思拔去其根株。惟是此辈好新尚异,多视功令为弁髦。即如外城女学传习所一处,其招考学生告白显与此次奏定章程相悖;近日复有妇女借口江北赈灾,屡次开会出卖茶座,列市售物,女学生登台唱歌此等情形,学部宜查明严禁,并申明女子学龄。即女教习亦必年过四十方许充当。并乞将顺治十三年御纂内则衍义一书,命儒臣敬谨较刊等语。臣等查女学关系至重,东西各国以逾闲荡检为可忧,未尝不以坐食交谪为大戒。本年臣部奏定女学堂章程内称,凡东西各国成法有合乎中国礼俗,裨于教育实际者,则仿之。其于礼俗实不相宜者,则罢之等语,实于启发知识、保存礼教二者之间权衡。至孰本年二月南城开女学慈善会,以江北赈灾列肆售物,令女学生在会执事,于中国礼教实不相合。经臣部督学局查知,即日淳切晓谕克期禁阻,并咨行民政部会同示禁在案。嗣后京外女学堂凡与此次奏定章程有相抵牾者,均由管理学务人员及地方官随时考察,实力纠正以杜流弊。至原奏所称女教习必年过四十始许充当一节,现在女学教员至为缺乏,若过于限制,转恐迁就。似宜查其性行,未便过拘年岁。女学兴办伊始,修身一科莫要于函养德性实践躬行。臣等恭读世祖章皇帝御纂内则衍义一书,为卷十六为目有八允为化民成俗之要典。拟由臣部敬谨刊刻成书,一律颁发京外女学堂,随时宣讲以端教化之原、立家庭之则。如蒙俞允,即由臣部遵奉施行。所有臣等遵议缘由谨缮折具陈。伏乞皇太后、皇上圣鉴。谨奏。

北京大学综合档案·全宗一·卷 68

学部为查禁学生开会结社事咨行大学堂

(光绪三十三年十二月初一日)

学部为咨行事。据督学局呈准外城总厅函开,现在本京地方开会演说业经奉旨查禁。近闻有五城中学堂学生吕文斌等,拟于初二日开会,惟无传单在外,究竟是否举行,抑系传闻之误,敝厅无从预断。据外间风传,此次开会系由学生发起,自应钦遵此次谕旨办理,除将学生名单抄送外，并祈设法先期解散等因前来。查学生干预政事，开会结社，历奉严旨查禁，经本部恭录通行在案。各学堂学生自应一体懔遵，潜心向学，各学堂管理员等亦当随时随事训戒劝导，仰副朝廷兴学育才之意。兹准外城总厅函称各节，不胜诧怪，如果实有其事，自应钦遵谕旨，严切办理。相应抄粘原单，咨行贵学堂查办可也。须至咨者。

右咨
大学堂
附抄件
京师大学堂董嘉惠
法律学堂胡宏恩
实业学堂王一夔
译学馆钱文选
顺天高等学堂李兰秀
测绘学堂李锜
五城中学堂吕文斌
第一师范学堂蔡以观

北京大学综合档案·全宗一·卷75

学部为遵旨不许学生干预国家政治、联盟纠众、立会演说等知照大学堂

（光绪三十三年十二月初六日）

　　学部为钦奉事。总务司案呈，本年十一月二十一日内阁奉上谕："朕钦奉慈禧端佑康颐昭豫庄诚寿恭钦献崇熙皇太后懿旨：国家兴贤育才，采取前代学制及东西各国成法，创设各等学堂，节经谕令学务大臣等详拟章程奏经核定，降旨颁行。奖励之途甚优，董戒之法亦甚备，如不准干预国家政治及离经叛道、联盟纠众、立会演说等事，均经悬为厉禁。原期海内人士束身规矩，造就成材，所以勖望之者甚厚。乃比年以来，士习颇见浇漓，每每不能专心力学勉造通儒，动思逾越范围，干预外事。或侮辱官师，或抗违教令，悖弃圣教，擅改课程，变易衣冠，武断乡里。甚至本省大吏拒而不纳，国家要政任意要求，动辄捏写学堂全体空名电达枢部，不考事理，肆口诋谋，以致无知愚民随声附和，奸徒、游匪籍端煽惑，大为世道人心之害。不独中国前史、本朝法制无此学风，即各国学堂亦无此等恶习。士为四民之首，士风如此，则民俗之敝随之，治理将不可问，欲挽颓风，非大加整饬不可。著学部通行京外有关学务各衙门，将学堂管理禁令定章广为刊布，严切申明，并将考核劝戒办法前章有未备者，补行增订，责令实力奉行。顺天府尹、各省督抚及提学使皆有教士之责，乃往往任其偭越，违道干誉，貌似姑息见好，实系戕贼人才。即如近来京外各学堂纠众生事、发电妄言者纷纷皆是。然亦有数省学堂从不出位妄为者，是教法之善否，即为士习之优劣所由判，确有明征。嗣后该府尹、督抚、提学使务须于各学堂监督、提调、堂长、监学、教员等慎选器使，督饬妥办。总之，以圣教为宗，以艺能为辅，以理法为范围，以明伦爱国为实效。若其始敢为离经叛道之论，其究必终为犯上作乱之人。盖艺能不优，可以补习；智识不广，可以观摩；惟此根本一差，则无从挽救。故不率教，必

予屏除,以免败群之累,违法必加惩儆,以防履霜之渐,并著学部随时选派视学官,分往各处认真考察,如有废弃读经、讲经,功课荒弃,国文不习,而教员不问者,品行不端,不安本分,而管理员不加惩革者,不惟学生立即屏斥惩罚,其教员、管理员一并重处,决不姑宽。倘该府尹、督抚、提学使等仍敢漫不经心,视学务士习为缓图,一味徇情畏事,以致育才之举,转为酿乱之阶,除查明该学堂教员、管理员严惩外,恐该府尹、督抚、提学使及管学之将军、都统等均不能当此重咎也。其各懔遵奉行,俾令各学堂敦品励学,化行俗美,贤才众多,从副朝廷造士安民之至意。'此旨即著管学各衙门,暨大小各学堂一体恭录,一通悬挂堂上,凡各学堂毕业生文凭,均将此旨刊录于前,俾昭法守。钦此。"相应恭录通行,一体钦遵可也。须至咨者。
右咨
大学堂

北京大学综合档案·全宗一·卷 75

学部为董戒学生专心向学不得干预他事咨大学堂文

(宣统二年四月二十九日)

  学部为通行事。总务司案呈,查奏定学堂章程,各学堂管理通则学堂禁令章内开,各学堂学生不准联盟纠众、立会演说及潜附他人党会等语。又光绪三十三年十(一)月二十一日内阁奉上谕:"朕钦奉慈禧端佑康颐昭豫庄诚寿恭钦献崇熙皇太后懿旨:国家兴贤育才,采取前代学制及东西各国成法创设各等学堂,节经谕令学务大臣等详拟章程奏经核定,降旨颁行。奖励之途甚优,董戒之法亦甚备,如不准干预国家政治及离经叛道、联盟纠众、立会演说等事,均经悬为厉禁。原期海内人士束身规矩,造就成材,所以勖望之者甚厚。乃比年以来士习颇见浇漓,每每不能专心力学勉造通儒,动思逾越范围干预外事,或侮辱官师,或抗违教令,悖弃圣教,擅改课程,变易衣冠,武断乡里。甚至本省大吏拒而不纳,国家要政任意要求,动辄捏写学堂全体空名电达枢部,不考事理,肆口诋諆,以致无知愚民随声附和,奸徒、游匪借端煽惑,大为世道人心之害,不独中国前史、本朝法制无此学风,即各国学堂亦无此等恶习。士为四民之首,士风如此,则民俗之敝随之,治理将不可问,欲挽颓风,非大加整饬不可。着学部通行京外有关学务各衙门,将学堂管理禁令定章广为刊布,严切申明,并将考核、劝戒办法前章有未备者,补行增订,责令实力奉行。顺天府尹、各省督抚及提学使皆有教士之责,乃往往任其偭越,违道干誉,貌似姑息见好,实系戕贼人才。即如近来京外各学堂纠众生事,发电妄言者,纷纷皆是,然亦有数省学堂从不出位妄为者,是教法之善否,即为士习之优劣所由判,确有明征。嗣后该府尹、督抚、提学使于各学堂监督、提调、堂长、监学、教员等慎选器使,督饬妥办。总之,以圣教为宗,以艺能为辅,以理法为范围,以明伦爱国为实效。若其始敢为离经叛道之论,其究必终为犯上作乱之人。盖艺能不优可以补习,知识不广可以观摩,惟此根本一差,则无从挽救。故不率教,必予屏除,以免败群之累,违法律必加惩儆,以防履霜之渐。并着学部随时选派视学官分往各处认真考察,如有废弃读经、讲经,功课荒弃,国文不习,而教员不问者,品行不端,不安本分,而管理员不加惩革者,不惟学生立即屏斥、惩罚,其教员、管理员一并重处,决不姑宽。倘该府尹、督抚、提学使等仍敢漫不经心,视学务士习为缓图,一味徇情畏事,以致育才之举转为酿乱之阶,除查明该学堂教员、管理员严惩外,恐该府尹、督抚、提学使及管学之将军、都统等均不能当此重咎也。其各懔遵奉行,俾令各学堂敦品励学,化行俗美,贤才众多,以副朝廷造士安民之至意。此旨即着管学各衙门暨大小各学堂一体恭录,一通悬挂堂上,凡各学堂毕业生文凭均将此旨刊录于前,俾昭法守,钦此。"钦遵抄出,通行在案。乃查近来各学堂未能实力奉行,学生仍不免有立会演说,并与闻各会之事,非为显背谕旨,玩视定章,且于国家之教育学生之功课大有妨碍。本部职司全国学务,惟有恪遵圣训,重申诰诫,凡京外学堂之教员、管理员,务当随时、随事董戒学生专心向学,不得开会演说及与闻各会之事,俟将来学术有成,出为世用,慎勿干与外事,致荒学业,是为至要。须至咨者。
右咨
京师大学堂

北京大学综合档案·全宗一·卷101

学部为严禁学生干预政事、罢课纠众等情咨明大学堂

(宣统二年十一月二十六日)

　　学部为咨行事。前据直隶学司电称,天津各校学生罢课,要求国会等语。本部当即电致直督饬司谕令各校学生照常上课,如果抗拒,应即从严究办。嗣据直督复电。现在津校一律上课,惟肇事之始,难保不无津校各生函电来京,借图煽惑。本月二十五日本部尚书召见,奉监国摄政王面谕,本月二十三日谕旨以缩改议院年限,前经降旨宣示,不准再行联名要求,并严饬开导、弹压,如不服劝谕,纠众违抗,即行查拿严办。学生职在求学,尤当遵守理法,监督为全堂表率,教习为学生师资,自应申明禁令,严加防范等因。应请贵学堂将本月二十三日谕旨及监国摄政王面谕,传知各学生,一体遵守,至各学堂监督、堂长等有管辖全堂员生之责,应随时稽查,先事防维。如学生有被人诱惑,敢于干涉政事,或教员等从中鼓动等情,即予分别开除斥退,毋稍宽纵,是为至要。相应咨行贵学堂遵照办理可也。须至咨者。
右咨
京师大学堂

北京大学综合档案·全宗一·卷101